성공하는 프로젝트관리자를 위한

PMP
챌린저

PMI의 PMBOK®
7판 중심

민택기·이형근·최용운 공저

NODE MEDIA
노드미디어

세상은 많은 변화를 경험하고 있다. 특히 미래에 대한 불확실성을 더욱 실감하는 계기를 맞고 있다. 프로젝트 시대가 도래 한지 오래되었지만, 그 프로젝트들은 더욱 복잡해지고 다이내믹하게 변화하여, 전통적인 관리 방법의 적용이 그 효과를 발휘하지 못하고 있다. 가장 두드러진 변화는 전통적인 예측형 프로젝트 방법에서 애자일 방법과 같은 적응형 프로젝트 방법으로의 확산이 바로 그것이다.

모든 비즈니스맨들이 미래에 대한 불확실성에 대응하는 방법으로 자기계발에 집중하고 있고, 자신의 전문 분야와 관련된 지식 및 경험의 축적과 함께 해당 분야의 공인된 자격을 획득하려는 노력들을 하고 있다. 프로젝트관리 분야는 과거로부터 많은 실무 경험과 관행들에 대한 필요성과 함께 각종 자격 인증에 대해 관심이 증대되어 왔다. 대표적으로 PMI(Project Management Institute)의 PMP(Project Management Professional) 자격은 그 대표적인 사례이다.

오늘날 프로젝트는 복잡성과 모호성은 물론 규모에서 대형화된 형태들이 점차 늘어나고 있다. 프로젝트 관리자는 프로젝트를 성공적으로 수행하기 위해 개인의 관리 역량은 물론 조직의 프로젝트관리 성숙도를 높여야 하는 추세이다. 이를 위해 본서는 프로젝트 관리자나 프로젝트 엔지니어들에게 프로젝트관리에 대한 역량을 높이고, 스스로 조직의 관리 성숙도를 높이기 위한 리더가 될 수 있는 기반 지식과 조언을 제공한다. 특히 PMI의 PMP® 자격의 인증을 원하는 분들에게 그 방향과 구체적인 지식들을 체계적으로 습득할 수 있는 내용으로 구성하였다.

본서는 PMI의 프로젝트관리 지식 체계인 PMBOK®을 중심으로 그 내용의 해설과 부가적인 설명을 포함하고 있다. 2021년 중반에 PMBOK®는 제7판이 발행되었고, 그 내용은 과거 예측형 프로젝트 방법과 프로젝트관리 프로세스 중심이었던 PMBOK® 6판에 비해 원칙과 성과 중심으로 상당히 다른 형식으로 기술하고 있다. 본서는 PMBOK® 7판을 기준으로 설명하고 있으나, 6판과 7판은 서로 많은 연관성을 갖고 프로젝트관리에 모두 적용될 수 있는 내용이므로 6판 내용 또한 본서에 포함하고 있다. PMP® 자격 인증을 준비하는 분들은 6판과 7판의 내용을 모두 이해해야 한다는 것이 PMI의 설명이다. 다만 6판에 대한 내용을 해설하고 다룬 서적들은 이미 많이 있기에 본서에서는 6판 내용들에 대해서는 요약 형식으로 정리하고 7판을 중심으로 상세하게 설명한다. 물론 PMBOK® 7판과 함께 한 권으로 출간되어 있는 PMI의 프로젝트관리 표준서(Project Management Standard)에 대한 내용도 본서에 포함한다.

본서의 내용 중에 PMBOK® 6판의 내용이 부족하다고 생각되는 독자는, PMI 회원일 경우에 PMI 사이트에 있는 PMIstandards+를 함께 이용할 것을 권장한다. PMP® 자격 인증에 응시할 예정인 독자는 우선적으로 PMI 유료 회원으로 가입하여 각종 자료나 디지털 컨텐츠를 PMI 사이트에서 무료로 이용할 것을 권장한다. 비회원인 경우에는, 저자가 운영하는 네이버 카페인 "PMP Study Group"(cafe.naver.com/pmpgokorea)을 이용하여 PMBOK® 6판에 대한 상세 설명이나 자료들을 볼 수 있다. 이 카페에는 PMBOK® 6판에 대한 해설 동영상, 용어 해설, 연습 문제 등 각종 정보들이 무료로 제공된다. 카페 내에 PMBOK® 7판에 대한 학습 보조 자료는 본서의 출간 이후에 점차 구축될 예정이다.

PMP 자격 인증을 준비하는 독자는 본서에만 전적으로 의존하지 말고 PMI의 PMBOK®을 반드시 함께 읽을 것을 권장한다. 특히 PMBOK®의 전반적인 흐름과 의도를 파악하는 것이 우선되어야 하며, 인증 시험에 대비하여 연습 문제 등을 우선하고 이를 중심으로 학습하는 것을 전적으로 만류하고 싶다. 해당 연습 문제 등은 본서에 포함하지 않으며, 앞서 소개한 네이버 카페를 비롯하여 여러 사이트에서 접할 수 있다. 본서가 PMBOK®의 내용을 요약하고 그 내용을 설명하는 형식으로 기술되어 있기에 군이 PMBOK®를 우선적으로 읽지 않아도 될 것으로 생각할 수 있지만, PMBOK®에서 설명하는 많은 프로젝트관리 개념의 의도와 뉘앙스를 정확히 이해하기 위해서는 PMBOK®의 해독이 우선되어야 한다. 한마디로 정리하면 자격 인증 준비를 위해서는 PMBOK®, 본서, 연습 문제 순으로 반복해서 학습할 것을 권장한다.

PMI의 PMBOK®는 프로젝트관리 표준이 아니다. 이는 프로젝트관리 지식체계에 대한 지침서일 뿐이다. 비즈니스 세계의 프로젝트의 성격은 응용 분야나 전문 분야별로 다양하다. 건설, 정보통신, 연구 개발, 제품 개발 등 다양한 프로젝트에 모두 적용 가능한 만능의 프로젝트관리 표준은 존재할 수 없다. 그러므로 독자들은 PMBOK® 및 본서의 내용을 기반으로 하여 각자 수행하는 프로젝트의 특성에 적합한 프로세스나 방법론을 수립하여 적용하여야 한다.

끝으로 본서가 프로젝트관리에 대한 전문성을 높이려는 독자들뿐만 아니라 PMP 자격 인증을 준비하는 독자들에게 많은 도움이 되기를 기대한다. 아울러 어려운 상황에서도 집필에 많은 시간을 할애하고 열정을 보여주신 집필진들에게도 감사의 뜻을 전한다.

프로젝트관리 표준서 및 PMBOK® Guide의 변환

PMBOK® Guide-6판

프로젝트관리지식체계 지침서

- 서론, 프로젝트 환경 및 프로젝트 관리자 역할
- 지식 영역
  - 통합관리
  - 범위관리
  - 일정관리
  - 원가관리
  - 품질관리
  - 자원관리
  - 의사소통관리
  - 리스크관리
  - 조달관리
  - 이해관계자관리

프로젝트관리 표준서

- 착수 프로세스 그룹
- 기획 프로세스 그룹
- 실행 프로세스 그룹
- 감시 및 통제 프로세스 그룹
- 종료 프로세스 그룹

PMBOK® Guide-7판

프로젝트관리 표준서

- 서론
- 가치 인도 시스템
- 프로젝트관리 원칙
  - 스튜어트십
  - 팀
  - 이해관계자
  - 가치
  - 시스템 사고
  - 리더십
  - 조정
  - 품질
  - 복잡성
  - 리스크
  - 적응성/복원력
  - 변경

프로젝트관리 지식체계 지침서

- 프로젝트 성과영역
  - 이해관계자
  - 팀
  - 개발접근방식 및 생애주기
  - 기획
  - 프로젝트 작업
  - 인도
  - 측정
  - 불확실성
- 조정
- 모델, 방법 및 가공품

PMI standards + TM 디지털 콘텐츠 플랫폼

- 이 플랫폼은 행당 콘텐츠를 확장하면서 모델, 방법, 가공품을 통해 PMBOK® Guide에 연결
- 플랫폼에는 플랫폼을 위해 새로 개발한 콘텐츠와 PMI 표준 콘텐츠도 포함
- 콘텐츠는 최근 실무 사례를 비롯한 실제 실무사례의 '방법(how to)'을 반영

저자소개

민택기(dalbitmoa@gmail.com)

쌍용자동차 중앙연구소 PM실 선임연구원
미국 Project Advisors Intl. Senior Consultant
넥스트피엠 대표컨설턴트(PMP)
숭실대학교 경영학부 조교수(경영학 박사)
(현)숭실대학교 경영대학원 초빙교수

저서
프로젝트관리를 알면 프로젝트가 보인다(노드미디어)
프로젝트관리 템플릿(노드미디어)
프로젝트관리학(북파일)

이형근(ineeju@yahoo.com)

PMP(Project Management Professional)
숭실대학교 경영대학원 프로젝트경영학 MBA
T3엔터테인먼트 전략기획실 PMO
롯데e커머스 EC통합개발본부 PMO
(현)오라클자바교육센터 프로젝트관리부문 전임강사

최용운(dragoo3@naver.com)

PMP(Project Management Professional)
한양대학교 생물학(학사)
한양대학교 화학공학(석사)
아주대 분자과학기술학과(공학박사)
(현)GC녹십자 신약개발 연구 프로젝트 리더
QbD 교육과정 및 프로젝트관리 교육과정 사내강사
NCS 개발위원
백신산업 KS제정위원

■ **머리말**

Chapter 4 부록

Chapter

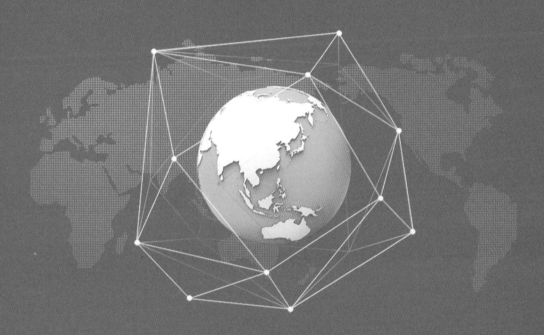

프로젝트관리 방법

1.1 프로젝트와 프로젝트관리

> **프로젝트란**
>
> 고유한 제품, 서비스 또는 결과물을 산출하기 위해 한시적으로 투입하는 노력

프로젝트는 고유한(unique) 제품을 산출하는 것으로, 이전에 산출된 동일한 제품이 아닌 매 프로젝트마다 다른 제품이 산출된다. 즉, 동일한 결과물이 산출되는 프로젝트는 없으며, 동일하고 반복적으로 산출되는 경우는, 프로젝트가 아닌 운영(operation)이다. 예를 들면, 신제품을 개발하는 것은 프로젝트이지만, 개발된 제품을 지속적이고 반복적으로 생산하는 것은 운영 업무에 해당된다.

프로젝트는 매번 고유한 제품을 산출하기에 이전에 경험하지 못한 부분이 포함되므로, 태생적으로 불확실성을 갖고 시작된다. 이러한 불확실성 때문에 프로젝트는 계획을 수립하기도 어려울 뿐만 아니라 수립된 계획대로 진행하기도 어렵기에 관리의 노력이 더욱 필요해진다.

프로젝트는 한시적으로 수행하는 사업으로, 그 시작과 끝이 명확히 정해져 있다. 일반적으로 목표한 기간이 있기에 이를 지키기 위한 여러 노력이 프로젝트관리에 포함된다. 물론 프로젝트는 목표가 완료되어 끝나는 경우도 있지만, 여러 이유로 중간에 중단되는 경우에도 프로젝트가 종료된다. 모든 프로젝트 종료 결정을 위해서는 그 승인권자의 승인이 있어야 한다.

> **프로젝트관리란**
>
> 프로젝트 요구사항을 충족하기 위해 지식, 기술, 도구, 기법 등을 프로젝트 활동에 적용하는 것

프로젝트관리는 프로젝트를 수행하는데 필요한 프로젝트관리 방법, 활동, 프로세스 등을 적용하여 전체적으로 통합하도록 조정하는 노력을 한다. 프로젝트관리 활동에는 다음과 같은 예를 들 수 있다.

- 프로젝트 요구사항 식별
- 이해관계자의 다양한 요구사항과 관심사항, 기대사항 해결
- 이해관계자들과 원활한 의사소통 채널 구축 및 유지

- 자원 관리
- 다음과 같이 서로 상충하는 다양한 제약요인 간 균형 유지
  - 범위, 일정, 원가, 품질, 자원, 리스크

프로젝트는 범위, 일정, 원가 등이 대표적인 목표로 설정되므로, 이들 목표 달성 결과가 프로젝트의 성공과 실패를 가늠하는 기준이 되기도 한다. 그러므로 일부에서는 프로젝트관리를, '주어진 시간 내에(일정), 주어진 원가 예산으로(원가), 해야 할 업무를(범위) 모두 수행하는 것이 프로젝트관리이다.'라고 정의하기도 한다. 범위, 일정, 원가의 세 가지 요소는 프로젝트 목표가 될 수 있지만, 이들 사이에는 경합(trade-off) 관계로 상충되는 상황이 발생한다. 예를 들면, 프로젝트 범위를 늘리거나 줄이면 이에 상응하는 일정과 원가도 조정해야 하며, 일정을 단축하기 위해서는 추가로 원가가 투입되어야 하는 것과 같이 상호 충돌이 발생한다. 이러한 세 가지 요소를 전통적으로 삼중 제약이라 하며, 프로젝트관리는 이를 상호 조정하고 통합하는 노력을 포함한다.

1.2 프로젝트(Project), 프로그램(Program), 포트폴리오(Portfolio)의 관계

프로젝트는 조직의 전략을 이행하기 위한 수단 중 하나이다. 예를 들면, 어떤 기업이나 조직이 미래에 대한 전략을 수립하였고, 이 전략을 달성하기 위해 여러 사업들을 진행하려 한다고 가정하자. 그 사업에는 신제품 개발 사업, 기존 제품 업그레이드, 조직 재정비, 종합 연구소 설립, 새로운 원천기술 확보 등이 포함되어 있다면, 바로 이 사업들이 프로젝트이다. 일부 응용분야에서는 프로젝트를 사업으로 번역하여 사용하기도 한다. 이렇게 전략 목표 달성을 위해 예상하는 후보 프로젝트를 모두 실행에 옮기기 위해서는 많은 자원과 비용이 요구된다. 그러나 조직은 자원과 비용에 대한 한계를 갖고 있기에, 이들 후보 프로젝트를 모두 수행할 수 없다. 이들 중에서 우선순위가 높은 프로젝트부터 일부를 선정하여 실행에 옮길 대상들로 구성할 수 있는데, 이를 프로젝트 포트폴리오를 구성한다고 한다.

포트폴리오(Portfolio)

- **포트폴리오란**
  전략적 목표를 달성하기 위해 통합적인 방식으로 관리되는 프로젝트, 프로그램, 하위 포트폴리오 및 운영 업무들
- **포트폴리오관리란**
  전략적 목표를 달성하기 위해 하나 또는 그 이상의 포트폴리오를 중앙집중식으로 관리하는 기법

포트폴리오관리에서는 조직의 목표와 일치하는 방향으로 포트폴리오가 수행되고 있는지 확인하고, 자원 할당을 최적화하기 위해 포트폴리오 구성요소를 평가하는 데 중점을 둔다. 포트폴리오에는 프로젝트가 아닌 운영(operation)의 특성을 가진 작업이 포함될 수 있다. 조직의 목표와 일치하는 방향으로 포트폴리오가 수행되고 있는지 포트폴리오 구성요소를 평가하여 기존에 구성된 포트폴리오 중에서 일부 프로젝트를 제외하거나 중단시킬 수도 있고 새로운 프로젝트를 결정하여 포트폴리오에 포함시킬 수도 있다. 또한 일부 프로젝트 시점을 앞으로 당기거나 반대로 뒤로 미룰 수도 있다. 이러한 구성 요소들의 승인, 변경 또는 종료 등의 포트폴리오 관리는 조직의 전략적 목표에 일치되도록 주기적으로 혹은 지속되어야 한다.

프로그램(Program)

- **프로그램이란**
  개별적 관리를 통해서는 실현되지 않는 편익을 달성하기 위해 통합된 방식으로 관리하는 다양한 관련 프로젝트, 하위 프로그램 및 프로그램 활동들로 구성
- **프로그램관리란**
  프로그램 목표를 달성하고 관련 프로그램 구성요소를 개별적으로 관리해서는 실현되지 않는 편익과 통제를 얻기 위해 지식, 스킬 및 원칙을 적용하는 기법

[그림 1-1]과 같이 포트폴리오를 구성하는 요소들은 여러 프로젝트뿐만 아니라 운영 작업, 프로그램들이 포함된다. 운영 작업은 대량 생산이나 유지보수와 같은 지속적이고 반복적인 작업으로 기업의 생존을 위해 지속성을 위한 전략을 이행하는 하나의 요소가 된다. 포트폴리오를 구성하는 요소 중 하나인, 프로그램이란 개별적 관리를 통해서는 실현되지 않는 편익을 달성하기 위해 통합된 방식으로 관리하는 다양한 관련 프로젝트, 하위 프로그램 및 프로그램 활동들로 구성된다. 여기서 편익(benefit)이란 프로젝트 구현으로 기대되는 유무형의 가치나 재무적 가치 등을 말한다. 프로그램의 예를 들면, 인공위성을 발사하는 프로젝트는 항공우주 프로그램(space program)이라고 부르기도 한다. 이 프로그램에는 인공위성 제작 프로젝트, 발사체 개발 프로젝트, 발사대 구축 프로젝트, 발사 통제 시스템 개발 프로젝트 등으로 구성된다. 이들 각 프로젝트는 독립적으로 수행하는 것이 아니라 상호 연계성을 갖고 진행되며, 각 프로젝트들의 결과는 특정 편익을 가져다 준다. 발사대는 인공위성 로켓을 성공적으로 발사하는 편익을, 발사체는 인공위성을 우주로 이동시키는 편익을 가져다 준다. 이들을 독립적으로 운영한다면 각 프로젝트의 관점에서만 진행될 수 있기에 이들을 통합된 방식으로 관리하는 것이 효과나 효율성 측면에서 이점이 있다. 이 프로그램관리는 프로그램 목표를 달성하고 관련 프로그램 구성요소를 개별적으로 관리해서는 실현되지 않는 편익과 통제를 얻기 위해 지식, 스킬 및 원칙을 적용하는 기법이다. 프로그램에도 운영의 특성을 가진 작업이 포함될 수 있다. 프로그램관

리에서는 프로젝트를 승인, 변경 또는 종료하고 상호 의존관계를 관리함으로써 조직의 전략을 지원한다.

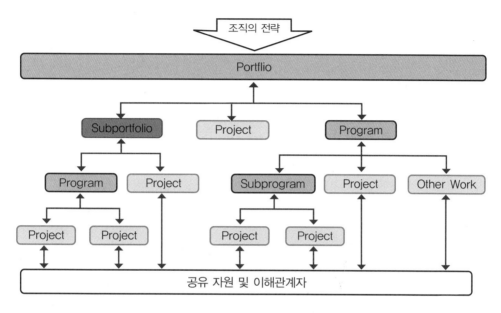

[그림 1-1] 포트폴리오의 예

프로그램 관리가 하는 일

프로그램 관리에서 프로젝트 상호 의존관계를 관리하기 위해서 해야 할 작업들은 다음과 같다

- 프로그램의 다양한 구성요소에 영향을 미치는 자원 제약 및 충돌 사항 해결
- 프로그램의 목적과 목표에 영향을 미치는 조직차원 전략에 맞춘 연계
- 공유된 거버넌스 구조 내에서 이슈관리 및 변경관리 활용
- 하나 이상의 요소에 영향을 미칠 수 있는 프로젝트 및 프로그램 리스크 해결
- 구성요소 상호 의존관계의 효과적인 분석, 순서배열 및 감시를 통해 프로그램 편익 관리

모든 프로젝트가 포트폴리오나 프로그램에 속하지 않는다. 프로젝트는 포트폴리오 또는 프로그램에 포함되지 않은 독립 실행형 프로젝트, 프로그램 내부, 혹은 포트폴리오 내부에 포함되는 세 가지 별도 시나리오로 관리할 수 있다. 프로젝트가 포트폴리오나 프로그램에 포함될 때 프로젝트관리, 포트폴리오관리, 프로그램관리 사이에 상호작용이 발생한다.

포트폴리오는 연관성 있는 작업의 효과적인 거버넌스와 관리를 촉진하고 조직 차원의 전략과 우선순위가 높은 사업 목표인 과제를 달성하기 위해 포트폴리오 구성요소들을 그룹으로 분류한다. 조직의 자금과 자원의 한계 등으로 이 요소들을 우선순위화하여 순차적으로 착수하게 된다. 이들 우선순위 결정은 포트폴리오 계획수립 동안에 리스크, 자금 조성, 기타 고려사항 등을 기준으로 정함으로써 포트폴리오를 어떻게 구성할 지에 영향을 주게 된다. 그 결과로 조직은 포트폴리오에 전략적 목표를 반영하고, 적절한 포트폴리오, 프로그램, 프로젝트 거버넌스를 제정하며, 어떻게 인적, 재무적 또는 물적 자원을 승인하는지에 대한 방식을 전반적으로 파악할 수 있게 된다. 이들에 대한 자원 배정에는 가치 등의 기대 실적과 편익이 기준이 된다. 그림과 같이 조직의 전략이 우선순위에 의해 구성된 포트폴리오와 연결되며, 이 포트폴리오는 다시 프로그램, 프로젝트들과 연결되어 관계가 만들어진다. 이들 관계는 반드시 계층 구조로만 형성되는 것은 아니다.

전사적 프로젝트관리라고 부르기도 하는 조직차원프로젝트관리(OPM: Organization Project Management)는 포트폴리오, 프로그램, 프로젝트 관리를 활용하는 전략 실행 프레임워크이다. 조직차원 프로젝트관리(OPM)는 포트폴리오, 프로그램, 프로젝트의 결과로 얻어지는 조직의 개선된 성과 및 결과 달성, 지속 가능한 경쟁 등을 통해 조직의 전략을 이행할 수 있는 프레임워크가 된다.

다음은 프로젝트, 프로그램, 포트폴리오의 관계와 차이점을 설명하는 예이다.

	포트폴리오	프로그램	프로젝트
범위	조직의 전략적 목표에 따라 변경되는 조직 범위	프로그램 구성 요소의 범위를 포괄하는 범위. 산출물과 결과물이 조율되고 상호보완적인 방식으로 인도되도록 함으로써 조직에 편익을 제공	정의된 목표. 생애주기 전반에 걸쳐 점진적으로 구체화.
변경	폭넓은 내부 및 외부 환경에서 변경을 지속적으로 감시	편익의 인도를 최적화하기 위한 관리	변경을 예상하고, 관리 및 통제되는 상태로 변경을 유지하기 위한 프로세스를 실행
계획	집계 포트폴리오와 관련하여 필요한 프로세스와 의사소통을 생성하고 유지	프로그램 구성요소의 상호 의존관계와 진행 상황을 추적하는 상위 수준 계획을 사용하여 관리	프로젝트 전반에 걸쳐 상위 수준 정보를 세부 계획으로 점진적으로 구체화
관리	집계 포트폴리오에 보고할 책임을 가졌을 수 있는 포트폴리오관리 팀원 또는 프로그램 및 프로젝트 팀원을 관리하거나 조율	프로그램 구성요소의 상호 의존관계와 진행 상황을 추적하는 상위 수준 계획을 사용하여 관리	프로젝트 전반에 걸쳐 상위 수준 정보를 세부 계획으로 점진적으로 구체화
성공	포트폴리오의 편익 실현과 집계 투자 성과 측면에서 측정	프로그램이 조직에게 의도된 편익을 인도할 수 있는지 여부와 프로그램이 그러한 편익을 효율적이고 효과적으로 인도하는 지 여부로 측정	제품과 프로젝트 품질, 적시성, 예산준수 및 고객 만족도 수준을 기준으로 측정

1.3 조직 거버넌스와 프로젝트 거버넌스

거버넌스란 공동의 목표를 달성하기 위하여, 주어진 자원 제약하에서 모든 이해 당사자들이 책임 감을 갖고 투명하게 의사 결정을 수행할 수 있게 하는 제반 장치이다.

거버넌스(Governace)

- 조직 구성원의 행동을 결정하고 그 행동에 영향을 주도록 고안된 조직 내 모든 수준에서 조직적 또는 구조적 합의 사항
- 이런 의미에서 거버넌스의 개념은, 사람, 역할, 구조, 정책에 대한 고려를 포함하며, 데 이터와 피드백을 통해 지침을 제시하고 감독해야 하는 것을 시사

거버넌스는 조직에서 권한이 행사되는 기본 체계로, 규칙, 정책, 절차, 규범, 관계, 시스템, 프로세 스 등과 같은 거버넌스 프레임워크들을 포함한다.

거버넌스에는 조직의 거버넌스, 조직차원프로젝트관리(OPM) 거버넌스, 포트폴리오, 프로그램 및 프로젝트 거버넌스를 포함하여 다양한 종류가 있다.

조직 거버넌스와 프로젝트 거버넌스

- **조직 거버넌스**
  조직의 거버넌스는 전략 및 운영상 목표를 충족하기 위하여, 정책과 프로세스를 통해 방향과 통제를 제시하는 체계적인 방법
- **프로젝트 거버넌스**
  프로젝트 거버넌스는 조직 차원, 전략적, 운영상 목표를 달성하기 위해 고유한 제품, 서비스 또는 결과를 산출하는 방향으로 프로젝트관리 활동을 이끄는 프레임워크, 기 능, 프로세스

기업은 일반적으로 이해관계자들에게 책임감, 공정성, 투명성을 보장하기 위해 이사회가 조직의 거버넌스를 수행한다. 조직 거버넌스의 원칙, 의사결정, 프로세스 등이 포트폴리오/프로그램/프로젝 트의 거버넌스에 미치는 영향은 다음과 같다.

- 법률, 규제, 표준에 대한 요구사항 시행
- 윤리적, 사회적, 환경적 책임 사항의 정의
- 운영상, 법적, 리스크 등의 정책 규정

이에 비해 프로젝트 차원의 거버넌스에는 다음과 같은 활동이 포함된다.

- 프로젝트작업 관리 지도 및 감독
- 정책, 표준, 지침의 준수 여부 확인
- 거버넌스 역할, 담당, 권한을 규정
- 리스크 상부 보고, 변경 및 자원에 관한 의사결정
- 이해관계자의 적절한 참여 여부 확인
- 성과 감시

프로젝트 거버넌스의 프레임워크는 이해관계자들에게 프로젝트관리에 활용할 구조, 프로세스, 역할, 담당, 책임, 의사결정 모델 등을 제시한다. 프로젝트 거버넌스의 프레임워크를 구성하는 요소에는 다음과 같은 작업 원칙이나 프로세스를 포함한다.

- 단계 심사나 단계 검토
- 리스크와 이슈 식별, 상부 보고, 해결
- 역할, 담당 업무, 권한 정의
- 프로젝트 지식관리, 교훈 수집 프로세스
- 프로젝트 관리자의 권한을 벗어나는 사항에 관한 의사결정, 문제해결, 상부 보고
- 프로젝트 관리자의 권한을 벗어나는 프로젝트 변경 및 제품 변경 검토와 승인

다음은 일반적인 관리(management)의 개념과 거버넌스(governance)의 개념을 비교한 것이다.

거버넌스(Governance)	관리(Management)
프로젝트, 프로그램, 포트폴리오 프로세스에 대한 승인	프로젝트, 프로그램, 포트폴리오 프로세스 이행
프로젝트, 프로그램, 포트폴리오 결과에 대한 책임 (accountability)	프로젝트, 프로그램, 포트폴리오 수행에 대한 담당 (responsibility)
프로젝트, 프로그램, 포트폴리오 승인, 취소	프로젝트, 프로그램, 포트폴리오 승인 요청
자원, 예산 공급	자원, 예산 식별 및 요청
우선순위 결정기준 정의	우선순위 결정
리스크 허용도, 기준 정의	리스크 식별, 리스크 에스컬레이션
성과지표 정의 및 승인	성과지표 측정 및 분석
단계 심사 활동 승인	단계 심사 실시 및 후속조치 관리

성공하는 프로젝트관리자를 위한 **PMP 챌린저**

1.4 프로젝트 이해관계자

> **프로젝트 이해관계자(Stakeholder)**
>
> 이해관계자란 프로젝트의 의사결정, 활동 또는 결과에 영향을 주거나 그로 인해 영향을 받을 수 있거나 스스로 영향을 받는다고 여기는 개인, 집단 또는 조직

일반적으로 프로젝트의 결과에 따라 만족하거나 실망할 수 있는 모든 대상이 프로젝트 이해관계자라고 생각할 수 있다. 프로젝트 이해관계자는 프로젝트 내부나 외부에 있는 관련자일 수 있고, 프로젝트에 적극적이거나 수동적으로 참여하는 관련자일 수도 있다. 심지어는 프로젝트 자체를 인지하지 못하는 관련자일 수도 있다. 프로젝트 이해관계자는 프로젝트에 긍정적 혹은 부정적 영향을 미치거나, 반대로 프로젝트에 의해 긍정적 또는 부정적 영향을 받을 수 있다. 다음은 이해관계자의 예이다.

◉ 내부 이해관계자
- 스폰서, 자원관리자, 프로젝트관리오피스(PMO), 포트폴리오 운영위원회, 프로그램 관리자, 다른 프로젝트의 프로젝트 관리자, 팀원

◉ 외부 이해관계자
- 고객, 최종 사용자, 공급업체, 주주, 규제기관, 경쟁업체

이해관계자가 프로젝트에 미치는 영향이 큰 만큼, 그들을 프로젝트에 적절하게 참여시키는 것이 중요하다. 예를 들어, 고객이나 사용자는 프로젝트 초기부터 제품에 대한 그들의 기대와 요구를 정확히 파악하기 위해 적극 참여시켜야 한다. 이해관계자의 참여도는, 설문조사 및 핵심전문가 그룹으로 참여하는 것에서부터 재무적, 정치적, 기타 지원 제공을 비롯한 전체 프로젝트 지원에 이르기까지 광범위하다. 프로젝트 참여의 유형과 수준은 프로젝트 생애주기를 거치면서 변경될 수 있다. 따라서 프로젝트 생애주기 전반에 걸쳐 이해관계자의 성공적인 식별과 분석, 참여, 프로젝트 기대 사항의 효과적인 관리가 프로젝트 성공에 매우 중요하다. 이해관계자 참여를 위해 가장 중요하면서 기본이 되는 것은 이해관계자와의 의사소통이다. 프로젝트 진행이나 현황 등의 정보를 지속적으로 제공하거나 피드백을 받음으로써 이해관계자의 참여를 이끌어 낼 수 있다. 그러므로 이해관계자관리의 기본은 그들에 대한 의사소통관리와 직결된다.

2.1 프로젝트 생애주기의 개념

프로젝트 생애주기는 시작부터 완료에 이르기까지 프로젝트가 거치는 일련의 단계로, 프로젝트관리를 위한 프레임워크를 제공한다. 프로젝트 생애주기는 제품 생애주기 내에 포함된 하나의 요소이다. 프로젝트 생애주기의 개념과 이것이 프로젝트에서 필요한 이유는 다음과 같다.

- **프로젝트 시작과 끝을 명확하게 정의**
  프로젝트 이해관계자들마다 프로젝트 시작 시점과 종료 시점을 다르게 생각할 수 있기에 프로젝트 생애주기 정의를 통해 명확히 한다.

- **단계적 수행으로 프로젝트의 불확실성을 감소**
  한 번에 프로젝트를 진행하는 것이 아니라, 한 단계를 완료한 후에 결과를 검토하고, 검토 결과를 다음 단계에 반영하는 방법으로 한 단계씩 진행하여 불확실성을 줄인다.

- **프로젝트의 전체 구조를 통해 프로젝트 범위를 정의**
  프로젝트 생애주기는 프로젝트 전체를 한 눈에 볼 수 있게 표현하며, 각 단계의 구성이 프로젝트에서 수행해야 할 전체적인 범위를 의미한다.

- **프로젝트 수행 방법론을 개발할 수 있는 기반을 제공**
  프로젝트 생애주기는 여러 단계로 구분하고, 각 단계의 산출물, 각 단계에서 수행할 업무, 각 단계에서 요구되는 기술과 인력 등을 상세히 기술한 후에 필요한 프로세스나 절차 등을 더하여 프로젝트 방법론으로 발전시킬 수 있다.

프로젝트 단계는 논리적으로 연관된 프로젝트 활동들로 구성되며, 한 단계는 한 가지 이상의 인도물이 완성되면서 끝난다. 프로젝트 생애주기 단계는 각 단계에 대한 명칭과 함께, 해당 단계에 대한 진입 기준(예: 문서화된 승인, 문서작성 완료)과 각 단계 완료를 위한 프로젝트 종료 기준(예: 문서화된 승인, 완성된 문서, 완성된 인도물) 등이 정의되어야 한다. 각 단계 명칭의 예로는, 컨셉 개발, 타당성 조사, 고객 요구사항, 해결책 개발, 설계, 프로토타입, 제작, 테스트, 이전, 시운전, 마일스톤 검토, 교훈 등이 있다.

프로젝트 생애주기는 단계와 단계 사이에 단계 심사(phase gate)가 있다. 단계 심사는 해당 단계의 끝에서 이루어지며, 프로젝트의 성과와 진척도는, 프로젝트 비즈니스 케이스, 프로젝트헌장, 프로젝트관리 계획서, 편익관리 계획서 등과 같은 다양한 프로젝트 및 비즈니스 문서와 비교하여 판단한다. 비교 작업의 결과에 따라 다음 단계로 진행, 수정, 반복, 프로젝트 중단 여부 등을 결정한다. 단계 심사를 단계 검토(phase review), 단계 관문(stage gate), 중단 시점(kill point), 단계 진입(phase entrance) 또는
단계 종료(phase exit) 등의 다른 용어로 부르기도 한다.

프로젝트 생애주기 내에는 일반적으로 제품, 서비스 또는 결과물의 개발과 연관되는 하나 이상의
단계가 있으며, 이 단계들을 개발 생애주기라고도 한다.

2.2 프로젝트 생애주기의 종류

프로젝트는 여러 형태와 특성을 보유하고 있으며, 다양한 방식으로 수행할 수 있다. 기존의 프로
젝트관리는 보다 전통적인 접근 방식인, 순차적 폭포수(waterfall) 방식, 즉 예측형 생애주기로 수행하
는 것을 기반으로 접근하였기에 계획 중심의 관리 방법을 강조하였다. 그러나 오늘날 프로젝트 관리
는 프로젝트 특성에 적합한 개발 방법을 적용할 수 있도록 프로젝트 생애주기에 대한 다양한 접근 방
식을 제시하고 있다. 크게는 전통적인 예측형 생애주기, 반복형 생애주기, 증분형(점증형) 생애주기, 애
자일 방식의 적응형 생애주기로 구분한다. 물론 이들을 혼합한 혼합형(하이브리드) 방식도 있다. 이들
생애주기 개념의 양 끝단에는 예측형과 적응형(애자일)이 자리잡고 있다.

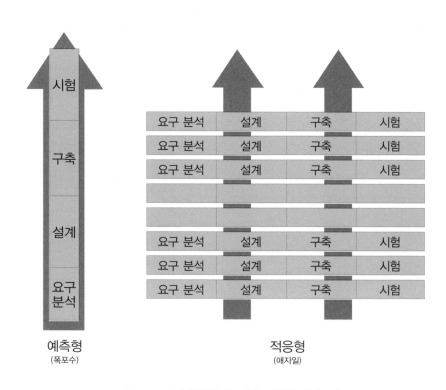

[그림 1-2] 예측형 생애주기와 적응형 생애주기

이러한 생애주기의 종류는 다음과 같다.

▶ 예측형(Predictive) 생애주기
- 익숙한 제품에 적용, 계획 중심 생애주기, 실행 전 상세 계획 수립
- 생애주기 초반에 프로젝트의 범위, 시간, 원가 결정(범위 변경은 신중하게 관리)
- 워터폴(waterfall) 방식, 순차적 프로세스

▶ 반복형(Iterative) 생애주기
- 주로 생애주기 초기에 프로젝트 범위가 결정되나, 명확한 요구사항에 대한 고객과 팀간의 견해 차이가 클 경우에 적용
- 프로젝트팀의 제품에 대한 이해도가 높아짐에 따라 시간과 비용 산정치가 정기적으로 수정
- 반복적 주기를 통해 반복해서 제품을 정확하게 개발하며, 정확하지 못한 부분에 대해서는 고객이 지속적으로 피드백 전달
- 반복(iterative)이란 일련의 반복적인 주기를 통해 제품을 개발하는 것을 의미하는 반면, 점증(incremental)은 지속적으로 제품의 기능을 추가하는 것

▶ 점증형(Incremental) 생애주기
- 점증(혹은 증분)이란, 제품 기능을 지속적으로 추가한다는 의미
- 프로젝트 초기에 정의한 범위를 우선순위로 구분하고, 4주 전후 단위로 추가 범위(증분 범위)를 주기적으로 배포 혹은 출시
- 범위와 기능이 추가되는 각 개발 기간은 동일한 주기로 하지 않음
- 완료된 인도물을 반복적으로 고객에게 인도함으로써 빠른 결과물 획득
- 사전 정해진 기간 내에 기능을 추가해 가는 일련의 반복(iteration) 과정을 통해 인도물 산출
- 최종 반복(iteration) 단계 이후에만 완성된 것으로 간주되는 필요 충분 역량이 인도물에 포함

▶ 적응형(Adaptive) 생애주기
- 반복형과 점증형이 혼합된 개념
- 반복(iteration)을 시작하기 전에 자세한 범위가 정의되고 승인
- 애자일(agile) 또는 변경주도형 생애주기라고도 함
- 애자일 스크럼(agile scrum)이나 XP 등이 적응형에 해당됨

▶ 혼합형(Hybrid) 생애주기
- 예측형 생애주기와 적응형 생애주기의 조합
- 요구사항이 확실히 정해진 프로젝트 일부 요소들은 예측형을 따르고, 계속 진화하는 일부 요소들은 적응형 개발 생애주기를 따름

2.3 프로젝트 생애주기의 특성

접근법	요구사항	활동	인도	목표
예측형	고정적	프로젝트 전체에서 1회수행	1회(프로젝트 종료 단계)	원가 관리
반복형	유동적	정확할 때까지 반복 수행	1회(프로젝트 종료 단계)	솔루션 정확성
점증형	유동적	해당증분에서 1회 수행	빈번한 인도 (작은 크기)	속도
적응형	유동적	정확할 때까지 반복 수행	빈번한 인도 (작은 크기)	빈번한 인도/ 피드백 통한 고객 가치

[그림 1-3] 생애주기별 특성

▶ 예측형 생애주기

예측형 생애주기에서는 잘 알려져 있고 입증된 제품 개발에 활용한다. 이렇게 감소된 불확실성과 복잡성은 팀으로 하여금 작업을 예측 가능한 순차적인 그룹들로 세분화할 수 있도록 해준다. 예측형 생애주기에서는 확정된 요구사항, 안정적인 팀, 낮은 리스크로 인한 높은 확실성이라는 장점을 기대할 수 있다.

이 접근방식을 적용하려면 인도할 항목과 방법을 파악할 수 있는 상세한 계획이 필요하다. 이러한 프로젝트는 잠재적 변경이 제한적일 때 적합하며, 팀 리더의 목표는 변경을 최소화하는 것이기 때문이다. 프로젝트 초기에 구체화된 계획을 진행함에 따라 프로젝트 범위, 일정, 예산에 영향을 미칠 수 있는 변경을 감시하고 통제한다.

예측형 프로젝트는 순차적 방식으로 일련의 작업 순서를 강조하는 방식이므로 프로젝트가 끝나는 시점까지 사업 가치를 인도하지 못한다. 프로젝트 요구사항에 대한 변경으로 예기치 않은 비용이 발생할 수 있다.

[그림 1-4] 예측형 생애주기의 예

▶ 반복형 생애주기

반복형 생애주기는 부분적으로 완료된 작업이나 미완성 작업에 대한 피드백을 수용하여 작업 결과를 개선하고 수정할 수 있다. 이는 연속적인 프로토타입 또는 개념 증명을 통해서 제품을 개선하는 방법으로, 새 프로토타입을 통해 매 주기마다 이해관계자 피드백을 새로 수집하고, 프로젝트를 더 명확히 한다. 팀은 주어진 반복에서 타임박스를 사용하여 필요한 정보를 수집한 다음, 그 지식을 바탕으로 재작업을 수행할 수 있다. 프로젝트가 복잡하거나 잦은 변경이 발생할 때, 혹은 프로젝트 범위가 이해관계자의 관점과 다를 경우에 반복형 생애주기가 적합하다. 반복적 생애주기는 인도 속도보다 학습의 최적화로 솔루션의 정확도에 초점을 두기에 시간이 더 오래 걸릴 수 있다.

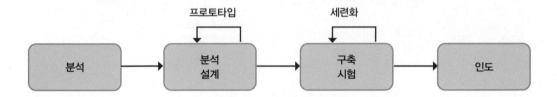

[그림 1-5] 반복형 생애주기의 예

점증형 생애주기

점증형 생애주기는 고객이 즉시 사용할 수 있는 완성된 인도물을 제공하는 방법으로, 일부 프로젝트는 인도 속도에 맞춰 최적화 된다. 많은 사업들은 모든 것이 완벽해질 때까지 기다릴 여유가 없기에, 고객은 전체 솔루션에 속한 일부 결과물을 기꺼이 인도 받으려 할 것이다. 이 같이 작은 단위 인도물을 자주 제공하는 방식을 점증적 생애주기라고 한다.

점증적 생애주기에서는 고객에게 최종 완제품을 인도하기 보다 더 자주 가치 있는 결과를 제공하도록 작업을 최적화한다. 프로젝트팀은 작업 시작 전에 초기 인도물을 계획하고, 최대한 빨리 첫 인도에 필요한 작업을 시작한다. 조기에 가치를 인도하기 때문에 팀이 비전에서 벗어나는 편차를 관리할 수 있다.

예를 들어, 빌딩을 건축하는 프로젝트에서, 나머지 영역으로 공사를 계속하기 전에 완공된 사무실이나 층을 보여주려는 경우가 여기에 해당된다. 이러한 경우에 다음 층으로 진행하기에 앞

[그림 1-6] 점증형 생애주기의 예

서 고정 부착물과 페인트 작업 등, 해당 층의 모든 것을 마무리 지을 수 있다. 고객은 시간과 자본을 추가로 투자하기 전에 스타일, 색상 및 기타 세부 사항을 확인한 후 필요한 조정을 수행하도록 승인할 수 있다. 이러한 방식으로 잠재적인 재작업이나 고객 불만을 줄일 수 있다.

◉ 애자일 생애주기

애자일 방법은 반복적 특성과 점증적 특성의 두 가지 측면을 모두 활용한다. 애자일 방식은 팀이 제품 생산까지 반복 작업을 통해 다수의 완성된 인도물을 산출하는 것이다. 팀은 조기에 피드백을 받고 고객에게 제품에 대한 가시성, 확신, 통제력을 제공한다. 팀이 조기에 릴리즈할 수 있고, 따라서 최고 가치의 작업을 우선적으로 인도할 수 있기 때문에 프로젝트의 투자 회수 기간을 단축할 수 있다.

애자일 방법은 요구사항이 변경될 것으로 예상한다. 반복적, 점증적 접근방식은 프로젝트의 다음 부분에 대해 더 나은 계획을 수립하는 데 유용한 피드백을 제공하지만, 애자일에서는 노출되지 않았거나 잘못 이해된 요구사항들이 점증적 인도 과정에서 드러난다. 애자일 생애주기는 조기에 가치 있는 제품의 지속적인 인도로 고객 만족을 높이며, 더 나아가 기능을 수행하고 가치를 제공하는 점증적 인도물은 진척의 기본척도이다. 애자일 생애주기는 상당한 수준의 변경에 적응하고 프로젝트 가치를 더 자주 인도하기 위해 반복적 방식과 점증적 방식을 혼합한다.

예를 들어, 책을 집필할 때, 여러 챕터를 개략적으로 작성하면서 점차적으로 완성도를 높이는 것은 반복형이지만, 한 개의 챕터를 완성한 후에 고객에게 인도하고 다음 장을 집필하는 방식은 점증형이 된다. 즉 반복형은 정확한 결과물을 위해 반복 수행한 후에 프로젝트 종료 때 제품을 인도하는데 반해, 점증형은 매 챕터를 1회 증분으로 생각하여 완성하고 이를 빈번하게 인도하는 방법이다. 이에 비해 적응형 애자일은 점증형과 같이 빈번한 인도를 하지만 1회 증분 내에서 정확한 결과물을 위해 반복하는 반복형을 혼합하는 방법이다. 결국 빈번한 인도와 동시에 피드백을 통한 정확한 결과물을 만들어 고객에게 가치를 부여하는 것이다.

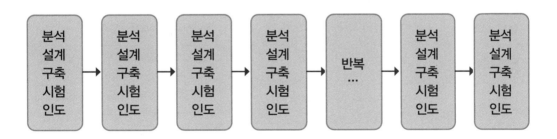

[그림 1-7] 애자일 생애주기의 예

◉ 혼합형 생애주기

프로젝트에서 종종 특정 목표를 달성하기 위해 여러 가지 생애주기의 요소들을 혼합하기도 한다. 예측형과 애자일 방식 등을 조합한 것이 혼합형 접근방식이다. 예를 들면, 스마트 빌딩을 건설할 때, 건설 부분은 예측형으로 진행하고, 내장될 스마트 빌딩 소프트웨어는 애자일 방식으로 진행할 수 있다.

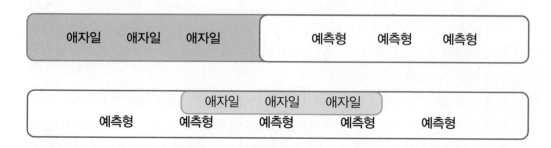

[그림 1-8] 혼합형 생애주기의 예

프로젝트 생애주기 양끝에 있는 예측형 방식과 애자일 방식에 대한 차이점을 정리하면 다음과 같다.

항목	예측형 방식	애자일 방식
요구사항의 명확성	요구사항이 명확하고 변경 가능성이 높지 않음	요구사항이 불명확하고 범위의 변경가능성이 높음
범위 정의의 상세화	프로젝트 초기에 전체 범위에 대해 상세하게 정의함.	전체 범위는 개략적으로만 정의하고, 한번에 한 이터레이션(iteration)에 대해서만 상세히 정의
이해관계자 참여	프로젝트 초반에 요구사항 설명과 후반에 범위 검증 시 주로 관여	고객 대표자가 프로젝트에 지속적으로 관여하고 피드백을 제공
요구사항 정의	요구사항 문서의 형식으로 정의	사용자 스토리의 형식으로 정의
범위 정의	WBS 형식으로 정의	Backlog 형식으로 정의
우선순위	우선순위 설정이 필수는 아님	사용자 스토리에 우선순위를 반드시 설정하고 높은 우선순위를 먼저 인도
범위검증	완성된 최종 결과에 대해 검증	범위 증분(increments)에 대해 이터레이션(iteration) 종료 시 마다 검증

3 전통적 프로젝트관리와 예측형 개발방식

3.1 전통적 프로젝트관리 개요

전통적 프로젝트관리란 사전에 많은 계획을 수립한 다음, 순차적 프로세스를 통해 프로젝트를 실행하는 접근방식을 말한다. 프로젝트 초기에 설정한 업무 범위와 일정, 비용을 모두 지켜가면서 프로젝트의 각 단계에서 이전 단계가 완료되고 나면 다음 단계를 실행하는 순차적이고 선형적인 방식이어서 폭포수(waterfall) 개발 방식이라고도 한다. 전통적 프로젝트 관리는 처음부터 필요한 결과물을 고객과 프로젝트팀 모두 명확히 파악하고, 주어진 범위, 일정, 예산을 가지고 구체적인 계획을 사용하기 때문에 예측형 개발 방식이라고도 한다. 개발해야 할 일부 내용을 주기적으로 반복해서 결정하고 계획하는 적응형 개발 방식과 대비되는, 예측형 개발 방식은 프로젝트 초기에 최종 프로젝트 성과를 위한 전체 계획을 수립하고 프로젝트 종료까지 지속적으로 수행한다. 예를 들면 건축물 공사와 아파트 공사 등과 같이 주로 불확실성이 적고, 변동이 적은 프로젝트 환경에서 가장 잘 작동한다.

PMI의 PMBOK 7판 이전의 6판까지는 이러한 예측형 개발방식을 중심으로 한 프로젝트관리 방법에 대한 지침을 제시했으며 이는 프로젝트관리를 프로세스 중심으로 표현하였다.

프로젝트 관리 프로세스(Project Management Process)

프로세스란 기술적인 작업이 진행되는 과정이나 진행되는 상태를 포함하며, 조직이나 프로젝트에서 수행하는 업무들을 뜻한다. 프로젝트 관리 프로세스란 즉 프로젝트 관리 업무라고 할 수 있다. PMBOK 6판에서는 총 49가지의 프로세스를 소개하고 있으며, 프로젝트 생애주기에 걸쳐 수행하는 일련의 프로젝트 관리 활동들을 보여주고 있다. 예를 들면, 일정 관리를 위한 프로젝트 관리업무에는 활동 정의, 활동 순서 배열, 활동 기간 산정, 일정 분석 및 개발, 일정 통제 등의 프로세스들로 구성하고 있다. 이 프로젝트 관리업무들을 프로세스 형식으로 표현함으로써 이들을 프로젝트 관리 프로세스라고 한다.

하나의 프로세스는 하나 이상의 입력물(input)을 받아 도구 및 기법(tool & technique)을 사용하여 하나 이상의 산출물(output)을 만들어 낸다. 이렇게 만들어진 산출물(output)은 다른 프로세스의 입력물(input)이 되거나 프로젝트 또는 단계의 인도물(deliverable)이 되기도 한다.

프로젝트 관리 성숙도가 높은 조직은 프로젝트 관리 업무들의 프로세스를 잘 정리하고, 구체적인 방법을 구축함으로써 체계적으로 프로젝트를 관리한다.

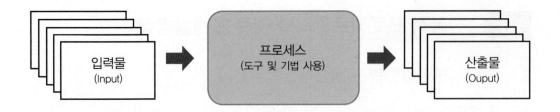

프로세스 그룹(Process Group)

프로젝트 관리 프로세스들을 논리적으로 그룹화한 것으로 PMBOK 6판에서는 5개의 프로세스 그룹으로 구성하고 있다. 각 프로세스 그룹의 정의는 아래와 같다.

- 착수 프로세스 그룹: 프로젝트 또는 단계의 시작에 대한 승인을 받아서 기존 프로젝트의 새 단계 또는 새 프로젝트를 정의하기 위해 수행하는 프로세스 그룹
- 기획 프로세스 그룹: 프로젝트의 범위를 설정하고, 목표를 구체화하고, 프로젝트 목표를 달성하기 위해 필요한 일련의 활동을 정의하는 프로세스 그룹
- 실행 프로세스 그룹: 프로젝트 요구사항에 맞게 프로젝트관리 계획서에 정의된 작업을 완료하는 과정에서 수행되는 프로세스 그룹
- 감시/통제 프로세스 그룹: 프로젝트의 진척과 성과를 추적, 검토 및 규제하고, 계획의 변경이 필요한 영역을 식별하여, 이에 상응하는 변경을 착수하는 과정에서 필요한 프로세스 그룹
- 종료 프로세스 그룹: 프로젝트, 단계 또는 계약을 공식적으로 완료하거나 종료하는 과정에서 수행되는 프로세스 그룹

프로젝트관리 프로세스 그룹은 프로젝트 단계와는 구분된다. 프로세스 그룹은 유사한 관리 성격을 갖는 프로세스들의 묶음이며, 단계는 프로젝트를 수행하는 업무를 순차적 묶음으로 구분하는 것이다. 예를 들면, 기획의 성격을 갖는 프로세스들을 묶어서 기획 프로세스 그룹이라고 하지만, 이와 별개로 프로젝트 수행하는 과정에서 업무들을 분석, 설계, 구축 등의 단계로 표현할 수 있다. 프로세스의 산출물(output)이 다른 프로세스의 인도물(input)이 되는 관계는 동일 프로세스 그룹에서만 발생하는 것이 아니며, 다른 프로세스 그룹의 프로세스들과도 상호작용한다. 기획 프로세스 그룹에서 산출되는 프로젝트관리 계획서와 프로젝트문서는 업데이트가 수행되는 실행 프로세스 그룹으로 제공되는 경우가 있다.

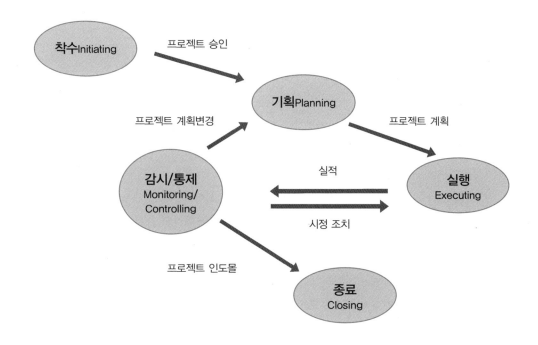

프로젝트 관리 지식 영역(Project Management Knowledge Area)

프로젝트 관리 프로세스는 착수, 기획, 실행, 감시/통제, 종료 등의 특성으로 구분할 수도 있지만, 업무 특성을 관리 분야별 기준으로 구분할 수도 있다. 지식 영역은 지식 요구사항에 의해 구분되는 프로젝트 관리의 영역을 말한다. 예를 들어, 범위관리, 일정관리, 원가관리 등으로 구분할 수 있다. 지식 영역은 상호 작용하지만 프로젝트 관리 관점에서 각각 분리하여 아래와 같이 정의할 수 있다.

- 프로젝트 통합관리: 프로젝트관리 프로세스 그룹에 속하는 다양한 프로세스와 프로젝트관리 활동들을 식별, 정의, 결합, 통합 및 조정하는데 필요한 프로세스와 활동이 포함된다.
- 프로젝트 범위관리: 프로젝트를 성공적으로 완료하기 위해 필요한 모든 작업을 빠짐없이 프로젝트에 포함시키는 과정에서 수행하는 프로세스들이 포함된다.
- 프로젝트 일정관리: 적시에 프로젝트를 완료하도록 관리하는 프로세스들이 포함된다.
- 프로젝트 원가관리: 승인된 예산 범위에서 프로젝트를 완료할 수 있도록 원가를 기획 및 산정하고, 예산을 책정하고, 필요한 자금을 조성 및 관리하고 원가를 통제하는 프로세스들이 포함된다.
- 프로젝트 품질관리: 이해관계자의 기대사항을 충족하기 위해 프로젝트 및 제품 품질요구사항의 기획, 관리 및 통제에 관한 조직의 품질 정책을 반영하는 프로세스들이 포함된다.
- 프로젝트 자원관리: 프로젝트를 성공적으로 완료하는 데 필요한 자원을 식별하고, 확보하여 관리하는 프로세스가 포함된다.

- 프로젝트 의사소통관리: 프로젝트 정보를 적시에 적절히 기획, 수집, 생성, 배포, 저장, 검색, 관리, 통제 및 감시하고 최종 처리하는 프로세스들이 포함된다.
- 프로젝트 리스크관리: 프로젝트의 리스크에 대해 리스크 관리 기획, 식별, 분석, 대응 기획, 대응 실행 및 감시하는 프로세스들이 포함된다.
- 프로젝트 조달관리: 프로젝트팀 외부에서 제품, 서비스 또는 결과물을 구매하거나 획득하기 위해 필요한 프로세스들이 포함된다.
- 프로젝트 이해관계자관리: 프로젝트에 영향을 주거나 프로젝트의 영향을 받을 수 있는 모든 사람, 집단 또는 조직을 식별하고, 이해관계자의 기대 사항과 이해관계자가 프로젝트에 미치는 영향을 분석하고, 프로젝트 의사결정 및 실행에 이해관계자의 효율적인 참여를 유도하기에 적절한 관리 전략을 개발하는 과정에서 수행해야 하는 프로세스들이 포함된다.

PMBOK 6판에서 정의한 49개 프로젝트 관리 프로세스 각각은 하나의 지식 영역과 하나의 프로세스 그룹에 속하게 된다. 지식 영역과 프로젝트 관리 프로세스 그룹에 하나하나 매핑한 결과는 아래의 표와 같다.

- **프로세스 그룹과 지식영역의 연결 관계 매핑**(mapping)

지식 영역	프로세스 그룹				
	착수	기획	실행	감시 및 통제	종료
4. 통합관리	4.1 프로젝트 헌장 개발	4.2 프로젝트관리 계획서 개발	4.3 프로젝트작업 지시 및 관리 4.4 프로젝트지식 관리	4.5 프로젝트작업 감시 및 통제 4.6 통합 변경 통제 수행	4.7 프로젝트 또는 단계 종료
5. 범위관리		5.1 범위관리 계획수립 5.2 요구사항 수집 5.3 범위정의 5.4 WBS 작성		5.5 범위확인 5.6 범위통제	
6. 일정관리		6.1 일정관리 계획수립 6.2 활동정의 6.3 활동순서배열 6.4 활동기간산정 6.5 일정개발		6.6 일정통제	
7. 원가관리		7.1 원가관리 계획수립 7.2 원가산정 7.3 예산책정		7.4 원가통제	
8. 품질관리		8.1 품질관리 계획수립	8.2 품질관리	8.3 품질통제	
9. 자원관리		9.1 자원관리 계획수립 9.2 활동자원산정	9.3 자원확보 9.4 팀개발 9.5 팀관리	9.6 자원통제	

지식 영역	프로세스 그룹				
	착수	기획	실행	감시 및 통제	종료
10. 의사소통 관리		10.1 의사소통 관리 계획수립	10.2 의사소통 관리	10.3 의사소통 감시	
11. 리스크 관리		11.1 리스크관리 계획 수립 11.2 리스크식별 11.3 정성적 리스크 분석 수행 11.4 정량적 리스크 분석 수행 11.5 리스크대응 계획 수립	11.6 리스크대응 실행	11.6 리스크대응 실행	
12. 조달관리		12.1 조달관리 계획 수립	12.2 조달수행	12.3 조달통제	
13. 이해관계자 관리	13.1 이해관계자 식별	13.2 이해관계자 참여 계획수립	13.3 이해관계자 참여	13.4 이해관계자 참여감시	

프로젝트 관리 데이터와 정보

프로젝트 생애주기 전반에 걸쳐 많은 데이터가 수집, 분석 및 변환되어 프로젝트 정보로 활용되고 정보는 다양한 이해관계자들에게 보고서의 형식으로 배포된다. 프로젝트 관리 데이터와 정보로는 작업성과 데이터, 작업성과 정보, 작업성과 보고서가 있으며, 각각의 설명은 아래와 같다.

분류	설명
작업성과 데이터 (Work Performance Data, WPD)	프로젝트 업무 진행 중 얻게 되는 가공되지 않은 데이터 예를 들어, 실제 시작날짜, 실제 완료날짜, 변경 요청 수, 결함 수, 실제 비용, 실제 기간, 작업 완료율 등
작업성과 정보 (Work Performance Information, WPI)	다양한 통제 프로세스를 통해 분석된 성과 정보 예를 들어, 인도물 품질, 완료시 까지 필요한 예산에 대한 전망 등
작업성과 보고서 (Work Performance Report, WPR)	이슈를 제기하거나, 의사 결정을 요청하기 위해 작업성과 정보를 문서화 한 것 예를 들어, 성과 보고서, 전자 대시보드, 정당성, 권장 보고서 등

예를 들면, 작업 A의 계획된 종료일이 5월15일인데 작업 실행으로 5월18일에 실제 종료된 것으로 확인되었다면, 이는 작업성과 데이터이다. 프로젝트가 계획대로 잘 진행되도록 통제하기 위해 이 데이터를 분석한 결과, 3일 지연된 작업 A가 주경로(critical path)에 있지 않기에 프로젝트 전체 기간에는 영향이 없음을 알 수 있다면, 이는 작업성과 정보가 된다. 이 정보를 포함하여 프로젝트 전체의 통합적 차원에서 정리하여 "프로젝트 일정에는 영향이 없으나 이를 만회하기 위해서는 추가 자원이 요구됨"이라는 종합적이고 권장 의견이 포함된 보고서가 발행된다면 이는 작업성과 보고서가 된다.

이 보고서는 자원변경을 요청하고 승인을 받아서 다른 프로세스에 반영된다. 그 과정에서 작업 성과보고서나 변경된 사항들은 프로젝트 의사소통을 통해 팀원과 이해관계자에게 전달된다.

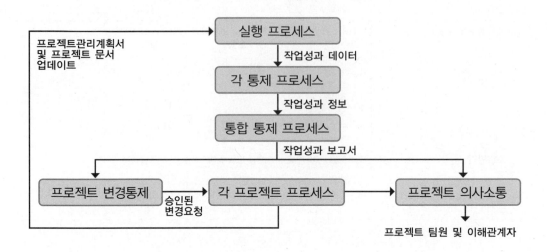

프로젝트 관리 비즈니스 문서(Project Management Business Documents)

프로젝트의 투자 타당성, 편익에 대한 분석을 한 문서로 비즈니스 케이스와 편익 관리 계획이 있다. 비즈니스 문서는 프로젝트 시작 전에 작성되며, 프로그램 수준에서 개발 및 유지될 수 있다. 비즈니스 문서는 프로젝트 생애주기에 걸쳐 지속적으로 수정되며 프로젝트 관리자는 프로젝트의 접근방법이 비즈니스 문서의 목적에 부합하다는 것을 보장해야 한다.

◉ 프로젝트 비즈니스 케이스
- 프로젝트 투자에 대한 경영진의 의사 결정에 사용
- 프로젝트의 경제적 타당성 분석을 한 문서
- 비즈니스 목표, 이슈, 기회 등 프로젝트 착수 이유를 파악하기 위해 필요성 평가를 비즈니스 케이스 작성 전에 선행
- 비즈니스 케이스에 대한 책임은 프로젝트 스폰서
- 비즈니스 케이스를 구성하는 요소
  - 프로젝트 착수 이유, 위기나 기회 등 비즈니스 필요성, 조직의 전략적 목표
  - 수행 활동에 대한 의사결정 기준
  - 비즈니스 필요성을 다루기 위한 옵션
  - 프로젝트가 가져올 편익에 대한 설명

◉ 프로젝트 편익 관리 계획

- 프로젝트 편익(benefit)이란 스폰서 조직 및 수혜자에게 가치를 가져다 주는 성과물(outcome)
- 편익이 언제 어떻게 달성되고, 어떻게 측정할 지에 대해 기술한 문서
- 프로젝트 편익 관리 계획의 구성요소
  - 목표 편익, 전략과의 연계성, 편익 실현을 위한 기간, 편익 소유자
  - 측정지표, 가정, 위험 등

[참고] 프로젝트 스폰서(Sponsor)

- 프로젝트에 자원 및 자금을 제공하는 개인 또는 그룹
- 프로젝트 성공에 대한 책임(accountability)을 가짐
- 프로젝트의 최고 의사결정권자이자 가장 중요한 핵심 이해관계자

프로젝트와 환경

프로젝트는 프로젝트에 영향을 미치는 환경에서 수행된다. 기업환경요인과 조직 프로세스 자산, 조직 시스템이 대표적인 환경요인이다.

◉ 기업환경요인(Enterprise Environment Factors, EEF)

- 프로젝트에 긍정적, 부정적인 영향을 미치는 프로젝트 통제 범위 밖에 있는 기업 내부 또는 외부의 환경 요인들

구 분	설 명
조직내부 기업환경요인	• 조직문화, 구조, 거버넌스 • 설비, 전산시스템과 같은 인프라 • 조직내부의 자원 가용성 • 직원들의 역량 • 자원 및 설비의 지리적 배치
조직외부 기업환경요인	• 시장환경, 정치 상황, 사회적 이슈, 문화적 이슈 • 법적 규정, 산업계 표준 • 환율, 유가, 물가 상승률, 관세 • 상업적 데이터 • 물리적 환경요소 • 학계 연구 결과

▶ 조직 프로세스 자산(Organizational Process Assets, OPA)

- 프로젝트 수행 중 조직에 의해 관리되는 각종 절차, 정책, 지식, 기록 등의 자산

구 분	설 명
프로세스, 정책, 절차	• 조직이 정한 표준 및 정책 • 프로젝트 개발 방법론, 방법, 절차 • 업무 매뉴얼, 업무 가이드, 제안서 평가 기준, 성과 평가 기준 • 템플릿, 양식, 체크리스트 • 허가된 의사소통 수단
기업지식 베이스	• 이전 프로젝트 파일 • 교훈 저장소 • 이슈 및 결함 데이터 저장소, 재무 데이터 저장소

▶ 조직 시스템(organizational systems)

- 조직을 구성하는 다양한 요소들의 집합
- 구성요소로는 거버넌스 프레임워크, 관리요소, 조직 구조 유형 등
- 프로젝트 관리자는 조직 시스템과 시스템 내의 담당업무, 책임, 권한, 힘 등이 어디에 있는지를 이해하고 활용할 수 있어야 함

프로젝트관리 오피스(Project Management Office, PMO)

프로젝트관리 오피스(PMO)는 프로젝트 관련 거버넌스 프로세스를 표준화하고 자원, 방법론, 도구 및 기법의 공유를 촉진하는 관리 구조로, 조직 전체에 걸쳐 프로젝트, 프로그램, 포트폴리오 관리가 조직의 전략과 부합하고 기대하는 가치를 인도할 수 있도록 지원한다. 자세한 내용은 본서의 제 4부 2장의 프로젝트관리 오피스를 참고할 수 있다.

▶ PMO의 기능

- 공유 자원의 관리
- 프로젝트 관리 방법론, 표준, 정책, 템플릿의 개발과 관리
- 교훈 및 모범 사례의 관리와 공유
- 코칭, 멘토링, 교육, 감독
- 프로젝트 심사를 통해 조직의 표준 및 절차를 준수하는지 확인
- 여러 프로젝트들에 걸쳐 의사소통을 조정

프로젝트 관리자(Project Manager)

프로젝트 목표 달성의 담당 업무를 가지고 팀을 리드하는, 수행 조직으로부터 임명된 개인을 말한다. 프로젝트 관리자의 권한과 역할은 조직마다 상이하며, 프로젝트 특성에 맞게 조정될 필요가 있다. 프로젝트 관리자의 보고 체계는 조직의 구조와 프로젝트 거버넌스를 기반으로 한다.

▶ 프로젝트 관리자의 담당업무(responsibility)

- 프로젝트 목표 달성을 위해 프로젝트 팀을 리드
- 가용 자원 내에서 상충하는 제약들의 균형을 유지
- 대인관계 기술을 사용하여 이해관계자들의 목표를 조정하고 합의를 이끌어냄
- 프로젝트 스폰서, 팀원들, 이해관계자들과 의사소통
- 최신 산업 기술 동향 등을 파악하고 프로젝트 관리에 대한 전문성을 발전

PMI Talent Triangle: 프로젝트 관리자가 갖추어야 하는 세 가지 측면의 역량으로 균형을 유지해야 한다.

- 프로젝트 관리기술
- 전략 및 비즈니스 관리 기술
- 리더십

프로젝트 관리자의 역할

프로젝트 관리자는 프로젝트에 필요한 특정 기술과 일반적인 관리 역량뿐만 아니라, 아래 사항 중 한 가지 이상을 갖추어야 한다.

- 프로젝트관리, 비즈니스 환경 및 다양한 기술적 측면에 관한 지식, 그리고 프로젝트를 효과적으로 관리하는데 필요한 기타 정보
- 효과적으로 프로젝트팀을 이끌고, 작업을 조정하고, 이해관계자들과 협업하며 문제를 해결하고 의사결정을 내리는 데 필요한 역량
- 프로젝트의 범위, 일정, 예산, 자원, 리스크, 계획서, 발표자료 및 보고서를 개발하고 관리할 수 있는 능력
- 프로젝트를 성공적으로 관리하는데 필요한 그 밖의 특성(예, 인격, 태도, 윤리의식 등)

프로젝트 관리자는 프로젝트팀과 그 밖의 이해관계자들과의 협업을 통해 작업을 완수해야 하고, 아래와 같은 다양하고 중요한 대인관계 기술이 요구된다.

- 리더십
- 팀 구축
- 동기부여
- 의사소통
- 영향력
- 의사결정
- 정치적 및 문화적 인식
- 협상
- 촉진
- 갈등관리
- 코칭

프로젝트 목표가 달성되었을 때 프로젝트 관리자의 책임이 성공적으로 완수되는 것이며, 관련 이해관계자를 만족시키기 위해 이해관계자의 요구사항, 관심 및 기대 사항을 해결해야 한다.

프로젝트 성공을 위해 프로젝트 관리자는 프로젝트 및 제품 요구사항을 충족할 수 있도록 프로젝트 접근방식과 생애주기, 프로젝트관리 프로세스를 조정해야 한다.

3.2 프로젝트관리의 지식 영역별 요약

프로젝트 통합관리(Project Integration Management)

프로젝트 통합관리 영역에는 프로젝트관리 프로세스 그룹에 속하는 다양한 프로세스와 프로젝트 관리 활동들을 식별, 정의, 결합, 통합 및 조정하는데 필요한 프로세스와 활동이 포함된다. 프로젝트 관리의 본질은 통합관리이며, 범위, 일정, 원가의 상호관계를 통합한 계획수립 및 감시/통제 활동이 중요하며, 프로젝트 통합관리는 프로젝트 생애주기 전 단계에서 반복적으로 적용되어야 한다. 특히 프로젝트 통합관리는 통일, 취합, 의사소통 및 상관관계 특성을 포함한다.

본 과정에서 아래에 대한 의사결정을 내리게 된다.

- 자원 할당
- 경합하는 요구사항들간 균형 조정
- 모든 대안 검토
- 프로젝트 목표를 충족하도록 프로세스 조정
- 프로젝트관리 지식영역들간 상호 의존관계 관리

프로젝트 통합관리는 다음과 같은 프로세스들을 포함한다.

	그룹	프로세스	설 명
4.1	착수	프로젝트 헌장 개발	프로젝트를 공식적으로 허가한 문서를 개발하고, 프로젝트 활동에 조직의 자원을 적용할 수 있는 권한을 프로젝트 관리자에게 배정
4.2	기획	프로젝트관리 계획서 개발	프로젝트 모든 계획 구성요소들을 정의, 준비 및 조정하고 프로젝트 관리 계획서로 통합
4.3	실행	프로젝트 작업 지시 및 관리	프로젝트 목표 달성을 위해 프로젝트 관리 계획에 정의된 작업을 리드 및 수행하고 승인된 변경을 이행
4.4	실행	프로젝트 지식 관리	프로젝트 목표달성과 조직 학습에 기여하기 위해 존재하는 지식을 사용하고 새로운 지식을 창출
4.5	감시 통제	프로젝트 작업 모니터링 및 통제	프로젝트 관리 계획에 정의된 성과 목표 달성에 대한 전반적인 진행상황을 추적, 검토 및 보고
4.6	감시 통제	통합 변경 통제 수행	프로젝트 변경 요청을 검토, 승인 또는 기각하고 모든 변경이 공식적으로 처리될 수 있도록 관리
4.7	종료	프로젝트 또는 단계 종료	프로젝트 단계 또는 계약 관련 모든 활동을 종료

프로젝트 및 프로젝트 관리는 본질적으로 통합되어야 한다. 다른 지식 영역은 전문가에 의해 관리될 수 있으나, 통합관리는 프로젝트 관리자의 책임이며, 위임될 수 없다. 프로젝트가 복잡해질수록 이해관계자들은 다양한 기대수준을 가지며, 통합에 대해 더욱 정교한 접근 방법이 필요하다.

이 부분의 주요 용어 및 정의는 다음과 같다.

- 프로젝트 헌장(Project Charter) : 프로젝트 스폰서에 의해 공표된 프로젝트 존재를 공식적으로 허가하고, 조직의 자원을 프로젝트에 할당할 수 있는 권한을 프로젝트 관리자에게 배정한 문서를 말한다.
- 프로젝트 킥오프미팅(kick-off meeting) : 프로젝트 목표에 대한 소통, 프로젝트에 대한 팀의 수행 약속 확보, 각 이해관계자들의 역할과 담당업무에 대한 설명을 목적으로 한다. 프로젝트 비전, 미션은 스폰서에 의해 발표되는 것이 바람직하다.
- 변경요청(Change Requests) : 문서, 인도물 또는 기준선 변경에 대한 공식적인 제안을 말한다. 프로젝트 수행 중 이슈가 발생하면 변경 요청이 제출되고, 프로젝트 범위, 일정, 원가, 품질 등 다양한 부분이 수정되어야 한다.
- 감시(Monitoring) : 성과 현황을 이해하고 문제 영역을 식별할 수 있도록 측정하고, 데이터를 수집하고, 평가하는 행위를 말한다.
- 통제(Controlling) : 감시를 통해 파악한 정보를 기반으로 시정 및 예방조치를 결정하고 성과 이슈를 해결하기 위한 조치 계획을 세우거나 재 계획하는 행위를 말한다.

- 변경 통제 위원회(Change Control Board, CCB) : 기준선에 영향을 미치는 중요 변경에 대한 평가, 의사결정을 위해 공식적으로 구성된 그룹을 말한다. 프로젝트 관리자가 결정할 수 없는 중요 변경의 건은 변경 통제 위원회로 에스컬레이션하고, 중대 변경의 건은 스폰서의 추가 승인이 필요하다.

프로젝트 또는 단계 종료 기준을 충족시키기 위한 활동은 아래와 같다.

- 최종 결과물이 고객에게 인도되고, 공식적으로 인수 되었는지 확인
- 모든 인도물과 문서들이 최종 버전인지 확인
- 모든 이슈가 해결되고, 모든 비용이 처리되었음을 보장
- 프로젝트 종료보고서를 작성
- 최종 기록의 업데이트와 교훈 정리, 향후 사용을 위한 프로젝트 정보의 기록 및 보관
- 조직의 정책이나 절차에 대한 개선사항을 관련 조직에 전달
- 이해관계자 만족도 측정

프로젝트 범위 관리(Project Scope Management)

프로젝트 범위 관리 영역에는 프로젝트를 성공적으로 완료하기 위해 필요한 모든 작업을 빠짐없이 프로젝트에 포함시키는 과정에서 수행하는 프로세스들이 포함된다.

프로젝트 범위 관리는 무엇이 프로젝트에 포함되고, 무엇이 포함되지 않는지를 명확히 하고 통제하는 것에 초점을 둔다.

프로젝트에서 범위는 관리 업무에 대한 범위와 제품에 대한 범위를 모두 포함한다. 프로젝트 범위는 제품을 개발하기 위해서 프로젝트 업무를 어디까지 수행하는지를 의미하며, 제품 범위는 프로젝트 결과물의 형상이나 기능을 어디까지 개발할 지를 의미하는 것이다. 이는 우선적으로 계획한 프로젝트 결과물을 얻기 위하여 해야 할 업무들을 정하는 것이다.

- 제품 범위: 제품, 서비스 또는 결과의 특성과 기능을 말한다.
- 프로젝트 범위: 지정된 특성과 기능을 갖춘 제품, 서비스 또는 결과를 제공하기 위해 수행하는 작업을 말하며, 때로는 "프로젝트 범위"가 제품 범위를 포함하기도 한다.

범위 관리란 프로젝트 업무를 어디까지 진행해야 할지 상세히 결정하고, 그것들을 나열한 후, 누락된 업무는 없는지 확인하는 것을 말한다. 프로젝트 진행 중에 누락된 것을 발견하여 업무 범위를 추가하거나 더 이상 필요 없는 업무는 제외시키는 방법도 범위 관리업무에 포함된다.

프로젝트 범위관리에는 다음과 같은 프로세스들이 있다.

	그룹	프로세스	설 명
5.1	기획	범위 관리 계획수립	제품 및 프로젝트 범위를 정의, 검증, 통제하기 위한 방법을 문서화하고 범위 관리 계획을 수립
5.2	기획	요구사항 수집	프로젝트 목표 달성을 위해 이해관계자의 필요성과 요구사항을 수집, 분석, 정의
5.3	기획	범위 정의	제품 및 프로젝트 범위에 대해 세부적으로 정의
5.4	기획	WBS 작성	프로젝트 인도물(deliverable)과 업무(work)를 좀 더 작고 관리 가능한 요소들로 분할
5.5	감시 통제	범위 검증	완성된 프로젝트 인도물을 공식적으로 인수
5.6	감시 통제	범위 통제	제품 및 프로젝트 범위 상태를 모니터링하고 기준선에 대한 변경을 관리

　예측형 생애주기에서는 프로젝트를 시작할 때 프로젝트 인도물이 정의되며 범위 변경이 점진적으로 관리되는 반면, 적응형 또는 애자일 생애주기에서는 여러 번의 반복을 거쳐 인도물이 개발되며 이 과정에서 반복이 시작될 때 각 반복에 대한 자세한 범위가 정의되고 승인된다.

프로젝트 일정 관리(Project Schedule Management)

　프로젝트 일정관리 영역에는 계획한 목표 일정에 프로젝트를 완료하도록 관리하는 프로세스들이 포함된다. 프로젝트의 일정을 관리한다는 의미는 프로젝트 일정표에 따라 진행되도록 관리하고, 프로젝트 종료일이 지연되지 않도록 관리하는 것이다. 일정 계획을 수립하고 기준이 되는 일정표를 작성하고 주기적으로 프로젝트를 수행하면서 일정에 대한 진척과 현황을 파악하는 업무도 포함된다. 이렇게 파악된 일정 현황 정보를 이용하여 일정 성과에 대한 분석을 통해 향후 일정 계획을 변경요청하는 업무도 포함된다.

　프로젝트 일정관리에는 다음과 같은 프로세스들이 있다.

	그룹	프로세스	설 명
6.1	기획	일정 관리 계획수립	프로젝트 일정을 계획 및 통제하는 방법, 절차를 수립
6.2	기획	활동 정의	프로젝트 인도물(작업패키지)를 구현하기 위해 수행되어야 하는 활동들을 정의
6.3	기획	활동 순서 정의	프로젝트 활동 사이의 관계를 식별하고 문서화
6.4	기획	활동 기간 산정	산정된 자원을 기반으로 개별 활동들을 완료하는데 필요한 작업 기간을 산정

	그룹	프로세스	설 명
6.5	기획	일정 개발	활동 순서, 자원 요구사항, 기간, 일정 제약을 분석하여 프로젝트 수행, 모니터링 및 통제를 위한 일정 모델을 개발
6.6	감시 통제	일정 통제	프로젝트 일정 상태를 모니터링하고, 일정 기준선에 대한 변경을 관리

프로젝트 통합관리를 제외한 대부분의 지식분야에서는 첫 번째 프로세스가 "관리 계획 수립"이 된다. 이 관리 계획은 그 지식 분야에 대한 관리 방법, 기준, 절차 등을 계획하는 것으로, 뒤에 이어지는 프로세스들에 대한 수행 방법이나 기준을 말한다.

프로젝트 관리팀은 주경로법(critical path method), 애자일 접근방식 등 일정 모델을 선정하고 활동, 자원, 기간, 의존관계, 제약조건 등 일정 데이터들을 일정 도구에 입력하여 프로젝트 일정 모델을 개발한다. 프로젝트 생애주기에 걸쳐 정보들이 가용해 짐에 따라 일정 계획은 상세화되며 유연하게 유지될 수 있어야 한다. 최근에는 높은 불확실성, 잦은 변경, 급변하는 시장에 대한 빠른 대응을 위해 애자일과 같은 새로운 방식을 활용하는 경향이 높아지고 있다.

이 부분의 주요 용어 및 정의는 다음과 같다.

- 연동 계획수립(Rolling Wave Planning): 현실적인 계획수립이 가능한 시간적 한계를 고려하여 가까운 시기는 상세하게, 먼 미래는 개략적으로 계획하면서 반복적으로 상세화하는 기법을 말한다.
- 주경로법(Critical Path Method, CPM): 일정 모델의 논리적 네트워크 경로상 일정의 여유와 최소 프로젝트 기간을 산정하기 위한 기법을 말한다.
- 일정단축 기법: 범위를 줄이지 않고 일정을 단축시키는 기법으로 크래싱(crashing)과 패스트 트래킹(fast tracking)이 있다.

프로젝트 원가 관리(Project Cost Management)

프로젝트 원가관리 영역에는 승인된 예산범위에서 프로젝트를 완료할 수 있도록 원가를 기획 및 산정하고, 예산을 책정하고, 필요한 자금을 조성 및 관리하고 원가를 통제하는 프로세스들이 포함된다.

원가에 미치는 영향력은 프로젝트의 초기 단계에서 가장 크기 때문에 초기에 범위를 정의하는 일이 매우 중요하다. 예산을 정하고 주어진 예산 내에서 프로젝트를 종료하는 것이 프로젝트를 성공했다고 볼 수 있다.

예산 내에서 원가를 집행하기 위해서는 예산을 편성해야 하고, 예산을 편성하기 위해서는 예산을 구성하는 각각의 원가 내역을 추정하고 취합해야 한다. 주기적인 확인을 통해 예산에 맞추어 집행하려는 노력을 하는 것도 원가관리 업무에 포함된다. 예를 들어, 가족여행 프로젝트를 위해 항목별로 비용을 추정하고 이를 합산하여 전체 예산으로 결정한 후에, 교통비, 숙박비, 식비 등의 예산 계정으로 편성할 수 있다. 또한 여행 도중에 집행된 실적이 계획을 초과하였다면 주기적으로 전체 예산을 고려하여 나머지 여행 활동이 예산 범위 내에 집행되도록 숙박비나 식비 등에 대한 시정 조치를 하거나 최초 계획된 예산을 조정하거나 추가 변경할 수 있다.

프로젝트 원가관리를 위한 프로세스들은 다음과 같다.

	그룹	프로세스	설 명
7.1	기획	원가 관리 계획수립	프로젝트 원가 산정, 예산 결정, 원가 모니터링 및 통제 방법을 계획
7.2	기획	원가 산정	프로젝트 완료를 위해 필요한 금전적 자원의 근사치를 산정
7.3	기획	예산 결정	승인된 원가 기준선을 정하기 위해 개별 활동 또는 작업패키지의 추정 원가를 합산
7.4	감시 통제	원가 통제	프로젝트 원가를 업데이트하기 위해 프로젝트 상태를 모니터링하고 원가 기준선의 변경을 관리

프로젝트 원가 관리는 프로젝트 활동 수행에 필요한 자원 비용과 관련되어 있다. 대부분의 경우 프로젝트 투자 성과에 대한 전망은 프로젝트 범위 밖에서 수행하지만, 만일 프로젝트 내에서 해야 한다면 투자수익, 현금흐름할인, 투자 회수 기간 분석 등 다양한 재무 관리 기법이 필요한 프로세스가 추가될 수 있다.

이 부분의 주요 용어 및 정의는 다음과 같다.

- 예비 분석(Reserve analysis) : 불확실성에 대한 원가 예비로 우발사태 예비(contingency reserve)와 관리 예비(management reserve)가 있다.
- 획득 가치 관리(Earned Value Management) : 범위, 일정, 원가를 통합하여 정량적으로 성과를 통제하는 기법으로 자세한 것은 본서의 제 3부와 4부에서 다루어 진다.

프로젝트 품질 관리(Project Quality Management)

프로젝트 품질관리 영역에는 이해관계자의 목표를 달성하기 위해 프로젝트 및 제품 품질 요구사항의 기획, 관리 및 통제에 관한 조직의 품질 정책을 반영하는 프로세스들이 포함된다.

프로젝트 품질관리는 수행 조직을 대신하여 실행되는 지속적인 프로세스 개선활동을 지원한다.

프로젝트의 관리 품질은 프로젝트 성과와 같이 프로젝트가 계획대로 잘 수행되고 있는지를 대상으로 하고, 프로젝트 제품의 품질은 고객의 품질 요구사항을 반영하여 수립한 기능, 성능 등의 품질 기준/표준과 관련된다. 결론적으로 목표 기준을 정의하고 이를 달성할 수 있도록 여러 품질 활동을 수행하고 점검하는 것이 프로젝트 품질관리 업무이다.

프로젝트 품질관리에 대한 프로세스는 다음과 같다.

	그룹	프로세스	설 명
8.1	기획	품질 관리 계획수립	프로젝트 및 제품 품질 요구사항과 표준을 식별하고, 이를 준수하기 위한 활동과 방법을 계획
8.2	실행	품질 관리	품질 관리 계획을 수행하여 조직 및 프로젝트의 품질 정책이 프로젝트에 반영될 수 있도록 보장
8.3	감시 통제	품질 통제	품질 관리 활동의 실행 결과를 모니터링 및 기록하고 프로젝트 결과물이 완전하고 올바르며 고객의 기대사항을 충족하는지 확인

이들 중에서 두 번째 프로세스인 품질관리 프로세스는 품질보증 프로세스를 확장한 개념이다. 품질보증이 예방 차원으로 프로세스 감사를 중심으로 한다면, 품질 통제는 제품 차원의 검사를 중심으로 한다고 볼 수 있다.

프로젝트 품질 관리는 프로젝트 인도물(deliverable)/제품(product)품질과 관리품질 모두를 다룬다. 품질 요구사항 달성에 실패하면 이해관계자에게 심각한 부정적 결과를 초래하고, 일정 준수를 위해 품질 검사를 서두르거나, 과다하게 초과 근무를 하게 되면 팀원간 마찰, 오류, 재작업, 위험 증가와 같은 문제를 초래한다.

품질관리는 검사보다는 예방 우선이 중요하다. 실수를 예방하는 데 드는 비용이 검사 또는 사용 중에 발견되어 시정하는 비용보다 적게 소요되기 때문이다.

이 부분의 주요 용어 및 정의는 다음과 같다.

- 품질비용(Cost of Quality): 제품 생애주기 동안 발생하는 품질과 관련된 총 비용을 말한다.
- 감사(Audit): 조직 및 프로젝트의 정책, 절차, 프로세스를 준수하는 지 판별하기 위한 체계적이고 독립적인 점검활동을 말한다.
- 검사(Inspection): 제품이 문서화된 표준과 품질 기준을 충족하는지 판별하기 위해 제품을 조사하는 활동을 말한다.

프로젝트 자원관리(Project Resource Management)

　프로젝트 자원관리 영역에는 프로젝트를 성공적으로 완료하는 데 필요한 자원을 식별하고, 확보하여 관리하는 프로세스가 포함된다.

　자원을 관리한다는 의미는 필요한 순간에 적합한 자원을 투입할 수 있도록 목표하는 것이며, 프로젝트 관리자와 프로젝트팀이 적시에 필요한 곳에서 올바른 자원을 확보하는데 도움을 준다.

　프로젝트 자원에는 인적자원과 물적자원이 있다. 물적 자원은 자원을 계획하고 확보된 자원을 적시에 투입하면 문제가 없지만, 인적 자원은 투입되는 인력의 개인적 역량에 따라 성과가 달라질 수 있다. 그러므로 팀원들의 역량을 높이고 유지하기 위한 노력도 자원관리에 포함된다.

　프로젝트 자원관리를 위한 프로세스는 다음과 같다.

	그룹	프로세스	설 명
9.1	기획	자원 관리 계획수립	팀 및 물적 자원을 산정, 확보, 관리 및 활용하는 방법을 정의
9.2	기획	활동 자원 산정	프로젝트 활동 수행에 필요한 인적 및 물적 자원을 산정
9.3	실행	자원 확보	프로젝트를 완료하는데 필요한 인적 및 물적 자원을 확보
9.4	실행	팀 개발	프로젝트 성과를 향상시키기 위해 팀원의 역량을 개발하고 팀워크를 개선
9.5	실행	팀 관리	프로젝트 성과를 최적화하기 위해 팀원의 성과 추적, 피드백 제공, 이슈 해결 및 팀 변경사항을 관리
9.6	감시 통제	자원 통제	프로젝트 성과를 최적화하기 위해 팀원의 성과 추적, 피드백 제공, 이슈 해결 및 팀 변경사항을 관리

　계획 수립 및 의사 결정에서부터 전체 팀원이 참여하면 팀원들의 지식이 향상되고 프로젝트에 대한 사명/수행약속(commitment)을 확보하는데 도움이 된다. 최근에는 명령, 지시에 의한 통제가 아닌 의사결정권을 팀에게 위임하고 힘을 북돋아주는 협력적 방식으로 변화하고 있으며, 애자일 방식의 채택이 증가하면서 중앙의 통제 없이 운영되는 자율 구성 팀(self-organizing team)으로 운영되는 조직이 증가하고 있다. 자율 구성 팀은 팀원 스스로 계획하고 관리하는 조직으로, 이 팀에서 프로젝트 관리자의 역할은 팀에 대한 신뢰를 바탕으로 필요한 환경과 지원을 팀에 제공하는 섬김형 리더십을 보이는 것이다.

　효과적인 팀 구축은 프로젝트 관리자의 책임이며, 다음과 같은 측면들을 고려해야 한다.

- 팀 환경, 팀원들의 지리적 위치
- 이해관계자들과의 의사소통
- 정치적, 문화적 인식

프로젝트 자원관리와 관련된 주요 용어 및 정의는 다음과 같다. 이들 내용에 대한 자세한 내용은 본서의 제 4부를 참고하면 된다.

- **프로젝트팀**: 공동의 프로젝트 목표 달성을 위해 함께 일하는 역할과 담당업무(Role & Responsibility)가 배정된 개인들로 구성된 집단을 말한다.
- **팀 헌장**(Team Charter): 팀 가치, 의사소통 지침, 의사결정 및 갈등 해결 프로세스, 회의 규칙, 팀원들간 행동 방식에 대한 약속 등 팀의 운영 지침을 규정하는 문서를 말한다.
- **터크만의 사다리**(Tuckman Ladder): 팀이 생성되어 발전해가는 팀 개발 5단계이다.
- **갈등 관리**(Conflict Management): 팀원들간 갈등이 존재할 때 일차적으로 당사자인 팀원들이 해결해야 하며, 갈등이 고조되면 프로젝트 관리자가 해결책을 찾도록 지원하나 파괴적인 갈등이 지속될 때는 징계 조치를 비롯한 공식적인 절차를 따를 수 있다.

프로젝트 의사소통 관리(Project Communication Management)

프로젝트 의사소통관리 영역에는 효과적인 정보 교환을 위해 설계된 도구 개발과 활동 수행을 통해 프로젝트와 이해관계자들의 정보 요구사항을 확실히 충족시키는 데 필요한 프로세스들이 포함된다.

의사소통은 회의, 프레젠테이션, 제품설명회와 같은 활동이나, SNS, 이메일, 보고서와 같이 의사소통 도구를 이용하여 정보를 주고받는 방법을 말한다. 의사소통 관리는 프로젝트를 수행하는 동안 정보를 효율적으로 공유하는 것이며, 이해관계자들과 효과적인 의사소통을 유지하기 위한 전략을 개발하고, 의사소통 전략을 구현하기 위해 필요한 활동을 수행하는 것이다.

프로젝트 의사소통관리를 위한 프로세스는 다음과 같다.

	그룹	프로세스	설 명
10.1	기획	의사소통 관리 계획수립	이해관계자의 정보 요구사항과 가용한 조직 자산 기반으로 프로젝트에 적합한 의사소통 방식과 계획을 수립
10.2	실행	의사소통 관리	프로젝트 정보를 적시에 적절한 방식으로 생성, 수집, 저장, 배포 및 관리
10.3	감시 통제	의사소통 감시	프로젝트와 이해관계자들의 정보 요구사항이 충족되는지 감시

프로젝트 의사소통 관리는 이해관계자들의 정보 요구사항을 파악하고 원하는 시점에 원하는 정보를 제공함으로써 이를 충족시키는 것이다. 프로젝트 관리자는 팀원, 조직의 모든 계층 및 이해관계자들과 의사소통에 대부분의 시간을 할애해야 하며, 효과적인 의사소통을 위해서는 의사소통 목적을

명확히 하고 의사소통 대상자, 회의 요구사항 및 선호도에 대해 충분히 이해하고 의사소통의 효과를 감시하고 측정해야 한다.

의사소통 방법은 아래와 같이 구분되며, 가장 효과적인 의사소통 방법은 대화식 의사소통이다.

구 분	설 명
전달식 의사소통 (push communication)	특정 수신자들에게 직접 전송 또는 배포하는 방식 서신, 메모, 보고서, 이메일, 팩스 등
유인식 의사소통 (pull communication)	많은 정보와 많은 수신자가 있을 때 사용하는 방식 수신자가 콘텐츠에 본인 의도로 접근 인트라넷 사이트, 온라인 학습, 교훈 데이터베이스 등
유인식 의사소통 (pull communication)	둘 이상의 당사자 간 실시간으로 정보를 교환 회의, 전화, 화상회의 등으로 가장 효과적인 방식

프로젝트 리스크관리(Project Risk Management)

프로젝트 리스크관리에는 프로젝트 리스크관리 기획, 프로젝트 리스크 식별, 분석, 대응 기획, 대응 실행 및 감시 과정에서 실행하는 프로세스들이 포함된다.

프로젝트 리스크관리의 목표는 프로젝트 성공 가능성을 최적화하기 위해 프로젝트에서 긍정적인 사건의 발생 확률 및 영향은 증가시키고, 부정적인 사건의 발생 확률 및 영향은 줄이는 것이다.

리스크 관리의 가장 중요한 개념은 리스크에 대한 선제적 대응으로 사전에 리스크를 제거하거나 완화시키는 행위를 말한다.

프로젝트 리스크관리는 다음과 같은 프로세스들을 포함한다.

	그룹	프로세스	설 명
11.1	기획	리스크 관리 계획수립	프로젝트 리스크 관리 활동을 수행하는 방법을 정의
11.2	기획	리스크 식별	개별 프로젝트 리스크와 포괄적 프로젝트 리스크의 원인을 식별하고 각 리스크의 특성을 문서화
11.3	기획	정성적 리스크 분석 수행	리스크의 발생 확률과 영향, 그 밖의 특성을 평가하여 추가 분석 또는 조치를 위한 개별 리스크들의 우선순위를 결정
11.4	기획	정량적 리스크 분석 수행	식별된 개별 프로젝트 리스크와 그 밖의 전체 프로젝트 목표에 영향을 미치는 불확실성의 원인을 수치로 분석
11.5	기획	리스크 대응 계획수립	개별 프로젝트 리스크에 대한 대응 및 포괄적 프로젝트 리스크 노출도를 낮추기 전략을 개발 및 선정하고, 대응 조치에 대한 합의를 도출
11.6	실행	리스크 대응 실행	합의된 리스크 대응 계획을 실행
11.7	감시 통제	리스크 모니터링	기존 리스크를 추적하고 신규 리스크을 식별하며, 합의된 리스크 대응 현황을 모니터링

프로젝트에서 리스크는 긍정적, 부정적 영향을 미치는 모든 사건을 포함하며, 긍정적 영향을 미치는 기회(opportunities)와 부정적 영향을 미치는 위협(threats)이 있다. 모든 프로젝트는 태생적으로 불확실성을 가지고 있기 때문에 리스크가 존재한다. 조직은 리스크를 감내함으로써 성과를 얻게 되고, 가치를 창출하게 된다. 프로젝트 생애주기에 걸쳐서 신규 리스크들이 계속 나타나기에 새로운 리스크들이 식별될 수 있고 기존 리스크들은 상황이나 노출도가 변화하므로, 리스크관리 프로세스는 반복적 혹은 주기적으로 프로젝트 전 기간에 걸쳐 수행해야 한다.

예측 불가능한 리스크는 사전에 예방할 수 없으며, 발생 후 높은 회복 탄력성(resilience) 역량으로 극복하기 위해서 다음 사항들이 필요하다.

- 공식적 변경 관리 등 기본적 절차는 유지하면서 갑작스러운 위험에 대처할 수 있는 유연한 프로세스를 갖춤
- 극복할 수 있다고 신뢰할 수 있는 충분한 역량을 가진 프로젝트 팀
- 조기 경고 신호에 대한 주기적 검토

프로젝트 조달 관리(Project Procurement Management)

프로젝트 조달관리에는 프로젝트팀 외부에서 제품, 서비스 또는 결과물을 구매하거나 획득하기 위해 필요한 프로세스들이 포함된다. 계약서, 발주서, 합의각서(MOA) 등의 협약을 작성하고 관리하기 위해 필요한 계약 관리 및 통제 프로세스 등도 프로젝트 조달관리에 포함된다. 프로젝트에 필요한 재화 또는 서비스 조달 권한을 부여 받은 담당자는 프로젝트팀, 관리팀 또는 조직의 구매부 소속 팀원일 수 있다. 프로젝트 조달관리는 프로젝트 전체나 일부를 외부에 의뢰하는 외주관리, 장비나 원료를 단순히 구매하는 구매관리, 조달업체와의 관계를 관리하는 계약관리가 모두 포함된다.

프로젝트 조달관리를 위한 프로세스는 다음과 같다.

	그룹	프로세스	설 명
12.1	기획	조달 관리 계획수립	프로젝트 조달 결정 사항과 조달 방법을 계획하고 잠재적 공급업체를 식별
12.2	실행	조달 수행	업체의 응답을 획득하고, 업체를 선정하며, 계약을 체결
12.3	감시 통제	조달 통제	조달 관계를 관리하고, 계약 성과를 감시하며, 계약을 종료

조달 관리는 구매, 계약, 법무 부서의 전문 인력들이 함께 수행하는 프로세스이며 프로젝트 관리자는 이들과 협력하면서 조달이 프로젝트의 요구사항을 충족시키고 조직의 조달 내규를 준수할 수 있도록 힘써야 한다. 조달 관리는 구매자와 판매자, 두 당사자간 관계를 설명하는 협약이 포함된다.

업체는 계약 생애주기를 통해 입찰자, 선정된 공급자, 계약을 체결한 공급업체 또는 벤더로 상태가 바뀐다. 단순 납품이 아닌 경우, 선정된 업체도 계약 이행을 프로젝트로 관리한다.

조달관리계획은 어떤 품목을, 언제, 어디서, 얼마만큼, 어떤 방법으로 조달할 것인지를 계획하는 것이며, 조달 수행은 해당 품목을 프로젝트 해당 시점에 발주하고 업체를 선정하여 계약을 체결하는 것이다. 조달 통제는 판매자가 계약 내용에 따라 계약 의무를 이행하는지 계약 종료 때까지 지속적으로 확인하고 통제 및 조치하는 프로세스이다.

다음은 계약 유형과 입찰 문서의 종류로 상세한 내용은 본서의 제3부를 참조할 수 있다.

◉ **계약 유형**
- 고정가 계약(fixed price contracts)
- 원가 정산 계약(cost-reimbursable contracts)
- 시간 자재 계약(time and material contracts)

◉ **입찰 문서**
- 정보 요청서(Request for information, RFI)
- 제안 요청서(Request for proposal, RFP)
- 견적 요청서(Request for quotation, RFQ)

프로젝트 이해관계자 관리(Project Stakeholder Management)

프로젝트 이해관계자관리에는 프로젝트에 영향을 주거나 영향을 받을 수 있는 모든 사람, 집단 또는 조직을 식별하고, 이해관계자의 기대 사항과 그들이 프로젝트에 미치는 영향을 분석하고, 프로젝트 의사결정 및 실행에 이해관계자의 효과적인 참여를 유도하기 위해 적절한 관리 전략 개발에 필요한 프로세스들이 포함된다.

이해관계자 기대 사항을 분석하고, 이해관계자들이 프로젝트에 미치는 영향 또는 프로젝트로부터 받는 영향을 평가하며, 프로젝트 의사결정, 프로젝트 작업 계획수립 및 실행 지원에 이해관계자의 효과적인 참여를 유도할 전략을 개발하기 위한 프로젝트팀의 작업을 지원하는 프로세스들이 수반된다.

프로젝트 이해관계자관리에는 다음과 같은 프로세스들이 포함된다.

	그룹	프로세스	설 명
13.1	착수	이해관계자 식별	프로젝트 이해관계자를 정기적으로 식별하고 이해관계자들의 이해관계, 참여도, 상호 의존관계, 영향력 및 프로젝트의 성공에 미칠 잠재적 영향을 분석하여 문서화
13.2	기획	이해관계자 참여 계획수립	이해관계자들의 요구, 기대사항, 이해관계 및 프로젝트에 미치는 잠재적 영향을 바탕으로 프로젝트 이해관계자의 참여를 위한 접근 전략을 수립

	그룹	프로세스	설 명
13.3	실행	이해관계자 참여 관리	이해관계자의 요구 및 기대사항을 충족하기 위해 이해관계자와 의사소통하고 협력하면서 이슈를 해결하고, 관련 이해관계자의 참여를 촉진
13.4	감시 통제	이해관계자 참여 감시	이해관계자 관계를 감시하고 참여 전략 및 계획 수정을 통해 이해관계자 관리 전략을 조정

이해관계자 관리를 위해서는, 착수를 위한 프로젝트 헌장이 승인된 후 최대한 빨리 이해관계자 식별 및 참여 관리 프로세스를 진행해야 한다. 효과적인 이해관계자 관리를 위해서는 프로젝트 의사결정 및 활동에 이해관계자들의 참여를 촉진하고, 모든 이해관계자들과 지속적으로 의사소통을 유지하는 것이 중요하다.

이해관계자관리는 프로젝트에 영향을 주거나 받을 수 있는 사람을 식별하는 것으로부터 시작된다. 식별된 사람들 중에는 프로젝트에 도움이 되는 긍정적인 대상과 반대로 부정적인 대상이 있을 수 있기에 이를 구분하고 각자에 적합한 대응을 하여 프로젝트에 지속적으로 참여 혹은 도움을 받을 수 있도록 계획을 세우고 실행에 옮겨야 한다. 대표적인 예로, 중요 이해관계자에게는 프로젝트 상황이나 그들이 필요로 하는 정보를 지속적으로 제공하여 프로젝트에 도움을 줄 수 있게 참여를 이끄는 것이다. 프로젝트가 진행되면서 관련된 이해관계자는 달라질 수 있으며, 사전에 식별된 이해관계자의 요구사항 만족 여부를 파악하여 적절한 조치를 할 필요가 있다.

3.3 프로젝트관리 프로세스 그룹의 요약

착수 프로세스 그룹

착수 프로세스 그룹은 프로젝트 또는 단계의 시작에 대한 승인을 받아서 기존 프로젝트의 새로운 단계 또는 새로운 프로젝트를 정의하기 위해 수행하는 프로세스들로 구성되어 있다.

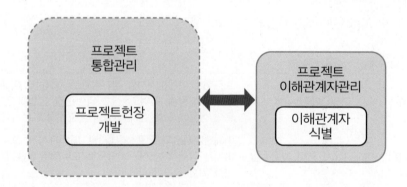

각 프로세스에 대해서는 작업 순서가 아닌 정보의 흐름을 표시하는 그림을 참고할 수 있으며, 각 흐름도 중간에는 해당 프로세스의 도구 및 기법들을 명시하였다.

◯ 프로젝트헌장 개발(4.1)

- 프로젝트의 채택을 공식적으로 승인하고 프로젝트 관리자에게 조직의 자원을 프로젝트 활동에 투입할 수 있는 권한을 부여하는 내용의 문서를 개발하는 프로세스이다.
- 주요 이점(benefit)은 프로젝트와 조직의 전략적 목표를 직접 연결하고, 프로젝트의 공식적 기록을 작성하며, 프로젝트에 대한 조직의 헌신을 보여준다는 점이다.

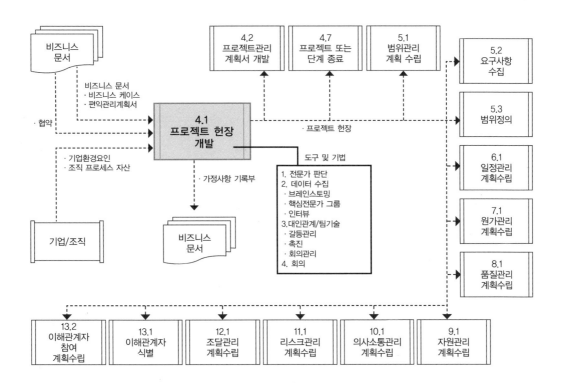

◎ 이해관계자 식별(13.1)

- 프로젝트 이해관계자를 정기적으로 식별하고 이해관계자들의 이해관계, 참여도, 상호의존관계, 영향력 및 프로젝트의 성공에 미칠 잠재적 영향을 분석하고 문서화하는 프로세스이다.
- 주요 이점(benefit)은 프로젝트팀이 이해관계자 개개인 또는 이해관계자 집단의 참여에 적절한 주안점을 찾을 수 있게 해준다는 점이다.

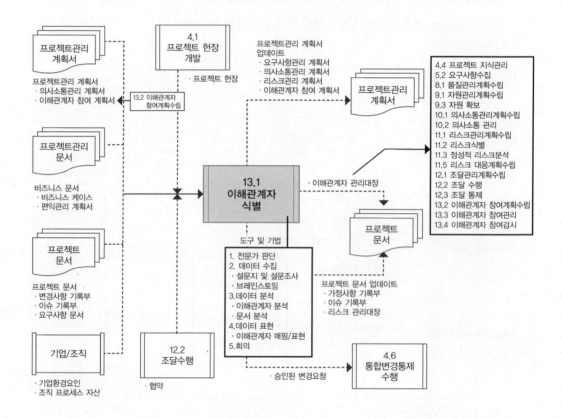

기획 프로세스 그룹

기획 프로세스 그룹은 전체 업무 범위를 설정하고, 목표를 정의 및 구체화하며, 이러한 목표를 달성하기 위해 필요한 일련의 활동을 개발하는 프로세스들로 구성되어 있다. 프로젝트관리 계획서의 구성요소들과 프로젝트 수행에 사용할 프로젝트 문서가 작성된다. 프로젝트의 특성상 추가적인 분석을 위하여 반복적인 피드백 순환 과정이 필요할 수도 있다.

프로젝트 생애주기에 걸쳐 중대한 변경이 발생하는 경우, 한 가지 이상의 기획 프로세스를 재검토해야 하고, 때로는 착수 프로세스도 일부 재검토해야 한다. 프로젝트관리 계획서를 지속적으로 구체화하는 과정을 거친다. 이를 "점진적 구체화"라 말한다. 기획 및 문서화 작업은 반복적이며 지속적인 활동이다.

기획 프로세스 그룹의 주요 이점(benefit)은 프로젝트나 단계를 성공적으로 완료하기 위한 작업 과정을 정의한다는 점이다.

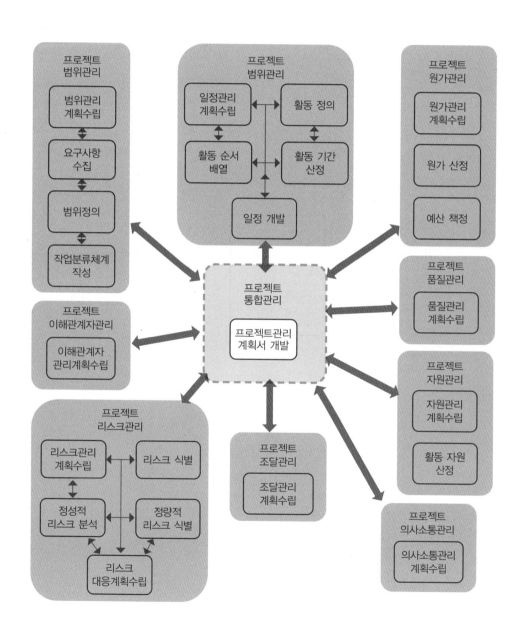

○ 프로젝트관리 계획서 개발(4.2)

- 계획서를 구성하는 모든 요소를 정의, 준비 조정하여 하나의 통합 프로젝트관리 계획서를 취합하는 프로세스이다.
- 주요 이점(benefit)은 모든 프로젝트 작업의 기준과 작업의 수행 방식을 정의하는 종합적인 문서가 작성된다는 점이다.

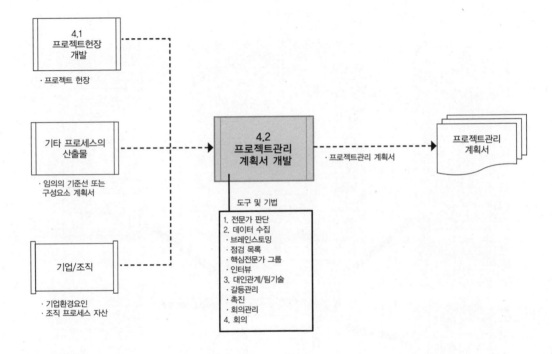

◐ 범위관리 계획수립(5.1)

- 프로젝트와 제품의 범위를 정의, 확인 및 통제하는 방법을 기술한 범위관리 계획서를 작성하는 프로세스이다.
- 주요 이점(benefit)은 프로젝트 전반에 걸쳐 프로젝트 범위를 관리하는 방법에 대한 지침과 방향을 제공한다는 점이다.

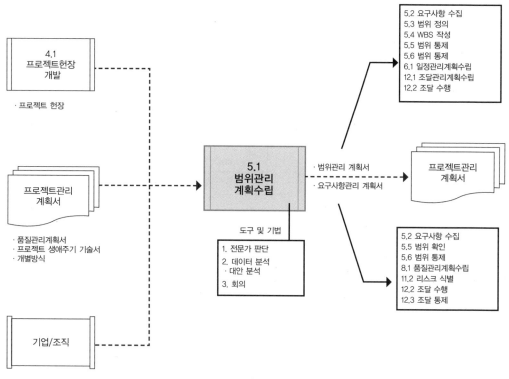

🔘 요구사항 수집(5.2)

- 프로젝트 목표 달성에 필요한 사항과 이해관계자의 요구를 판별하여 문서화하고 관리하는 프로세스이다.
- 주요 이점(benefit)은 제품 범위와 프로젝트 범위를 정의하기 위한 기준을 제시한다는 점이다.

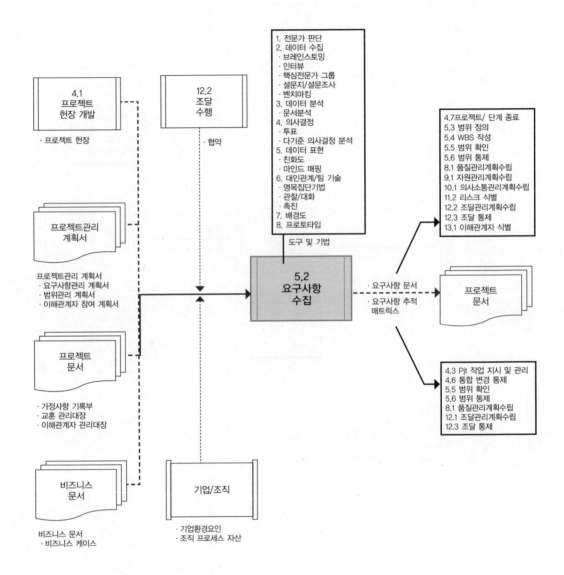

⊙ 범위정의(5.3)

- 프로젝트와 제품에 대한 상세한 설명을 개발하는 프로세스이다.
- 주요 이점(benefit)은 제품, 서비스 또는 결과물의 경계와 인수 기준을 설명한다는 점이다.

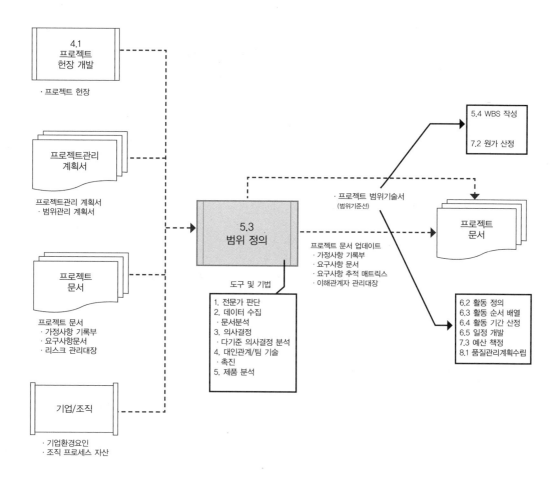

○ 작업분류체계(WBS) 작성(5.4)

- 프로젝트 인도물과 프로젝트작업을 관리하기 편하도록 작은 구성요소로 세분하는 프로세스이다.
- 주요 이점(benefit)은 인도할 결과물에 대한 프레임워크를 제시한다는 점이다.

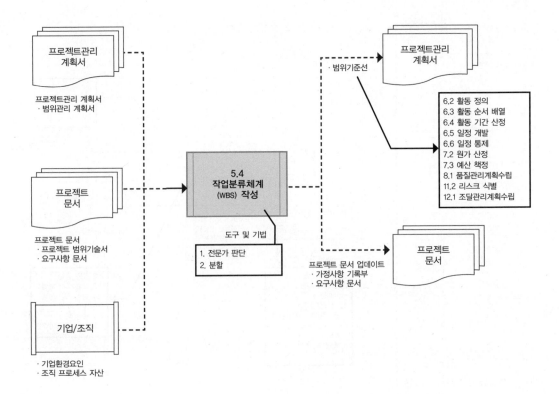

◑ 일정관리 계획수립(6.1)

- 프로젝트 일정의 기획, 개발, 관리, 실행 및 통제에 필요한 정책과 절차, 문서화 기준을 수립하는 프로세스이다.
- 주요 이점(benefit)은 프로젝트 전반에 걸쳐 프로젝트 일정을 관리하는 방법에 대한 지침과 방향을 제시한다는 점이다.

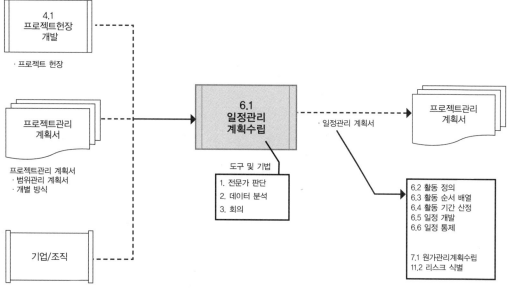

⊙ 활동정의(6.2)

- 프로젝트 인도물을 생산하기 위해 수행할 관련 활동들을 식별하고 문서화하는 프로세스이다.
- 주요 이점(benefit)은 프로젝트작업의 산정, 일정계획, 실행, 감시 및 통제에 대한 기준을 제공하는 활동들로 작업패키지를 세분한다는 점이다.

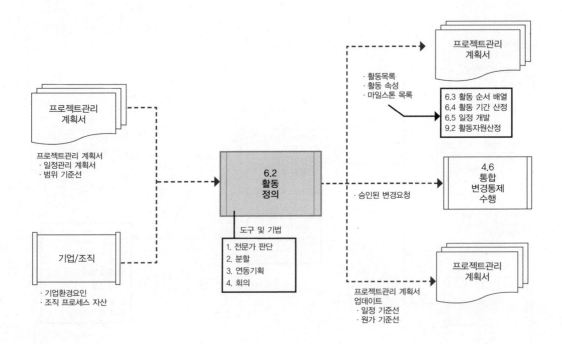

◑ 활동순서 배열(6.3)

- 프로젝트 활동 사이의 관계를 식별하여 문서화하는 프로세스이다.
- 주요 이점(benefit)은 주어진 모든 프로젝트 제약 조건에서 최고의 효율을 달성할 수 있도록 논리적 작업 순서를 정의한다는 점이다.

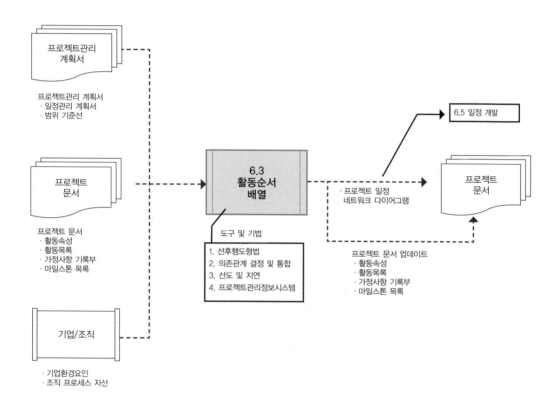

◎ 활동기간 산정(6.4)

- 산정된 자원으로 개별 활동을 완료하는데 필요한 총 작업 기간을 추정하는 프로세스이다.
- 주요 이점(benefit)은 각 활동을 완료하는 데 걸리는 기간을 파악한다는 점이다.

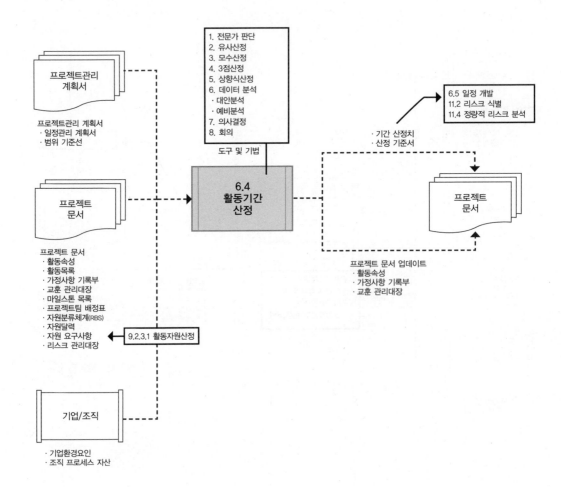

성공하는 프로젝트관리자를 위한 **PMP 챌린저**

◎ 일정개발(6.5)

- 활동 순서, 기간, 자원 요구사항, 일정 제약을 분석하여 프로젝트를 실행, 감시 및 통제하기 위한 프로젝트 일정 모델을 생성하는 프로세스이다.
- 주요 이점(benefit)은 프로젝트 활동들의 완료예정일이 정해진 일정 모델을 생성한다는 점이다.

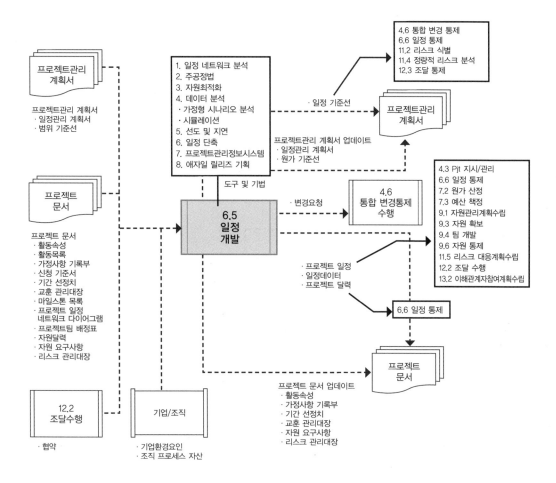

◐ 원가관리 계획수립(7.1)

- 프로젝트 원가를 산정하고, 예산을 책정하고, 관리 및 감시하며 통제하는 방법을 정의하는 프로세스이다.
- 주요 이점(benefit)은 프로젝트 전반에 걸쳐 프로젝트 원가를 관리하는 방법에 대한 지침과 방향을 제시한다는 점이다.

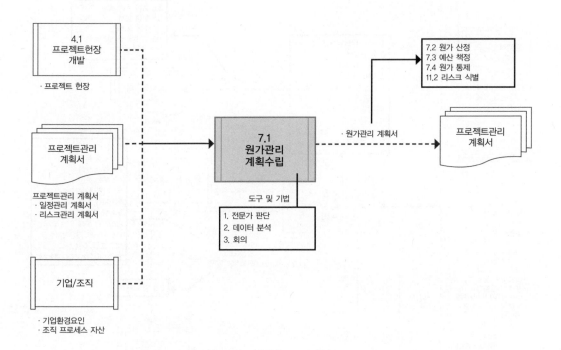

성공하는 프로젝트관리자를 위한 **PMP 챌린저**

◐ 원가산정(7.2)

- 프로젝트 작업을 완료하는데 필요한 금전적 자원의 근사치를 추정하는 프로세스이다.
- 주요 이점(benefit)은 프로젝트에 필요한 금전적 자원을 결정한다는 점이다.

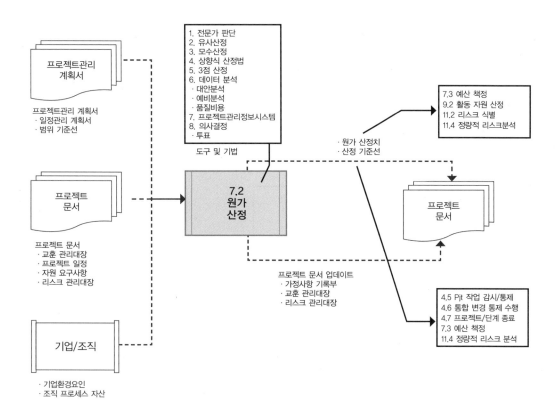

예산책정(7.3)

- 개별 활동 또는 작업패키지별로 산정된 원가를 합산하여 승인된 원가 기준선을 세우는 프로세스이다.
- 주요 이점(benefit)은 프로젝트 성과를 감시 및 통제할 수 있는 기준이 되는 원가 기준선을 결정한다는 점이다.

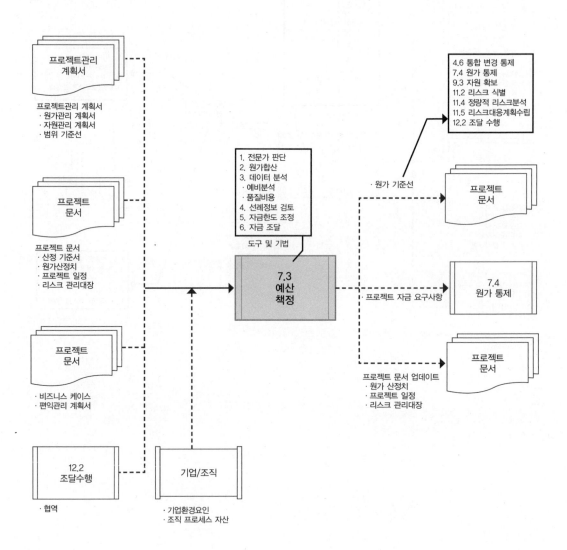

품질관리 계획수립(8.1)

- 프로젝트 및 인도물에 대한 품질 요구사항과 표준을 식별하고, 프로젝트가 품질 요구사항 및 표준을 준수함을 입증할 방법을 문서화하는 프로세스이다.
- 주요 이점(benefit)은 프로젝트 전반에 걸쳐 품질을 관리하고 검증하는 방법에 대한 지침과 방향을 제시한다는 점이다.

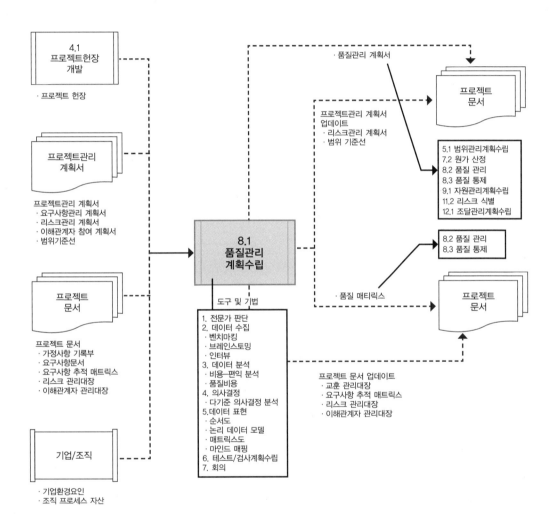

○ 자원관리 계획수립(9.1)

- 실물 자원과 팀의 인적자원을 산정, 확보 및 관리하고, 활용하는 방법을 정의하는 프로세스
- 주요 이점(benefit)은 프로젝트의 유형과 복잡성에 따라 프로젝트 자원을 관리하는 데 필요한 관리 작업 방식과 수준을 정립한다는 점이다.

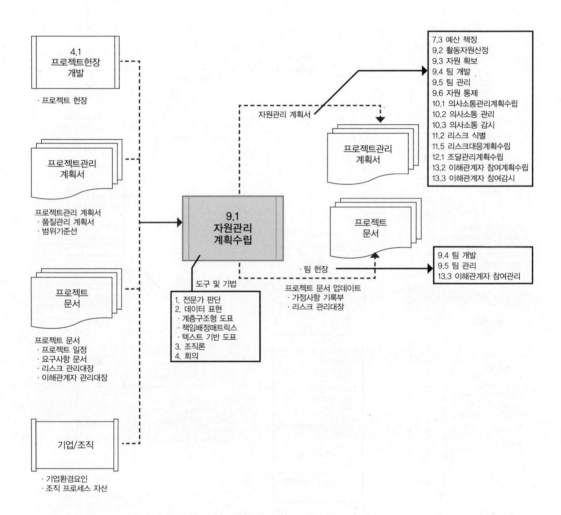

● 활동자원 산정(9.2)

- 프로젝트 작업을 수행하는데 필요한 팀원 및 자재, 장비 또는 보급품의 종류와 수량을 산정하는 프로세스이다.
- 주요 이점(benefit)은 프로젝트를 완료하기 위해 필요한 자원의 종류와 수량, 특성을 식별한다는 점이다.

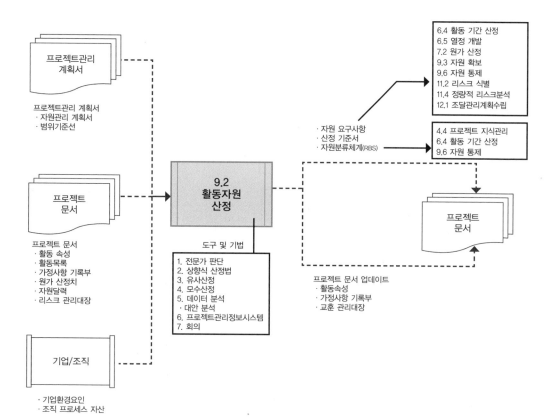

◉ 의사소통관리 계획수립(10.1)

- 이해관계자 개개인 또는 집단의 정보 요구사항과 가용한 조직 자산, 프로젝트 요구사항을 바탕으로 프로젝트에 적합한 의사소통 방식과 계획을 수립하는 프로세스이다.
- 주요 이점(benefit)은 적시에 관련 정보를 제시하여 이해관계자가 효과적이고 효율적으로 참여하는 방식을 문서화한다는 점이다.

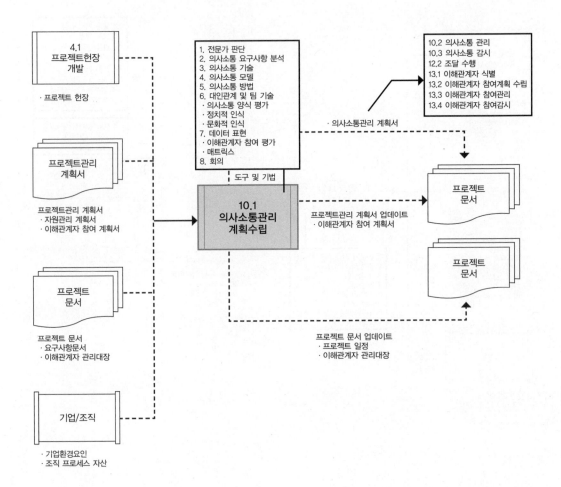

◑ 리스크관리 계획수립(11.1)

- 프로젝트에 대한 리스크관리 활동을 수행하는 방법을 정의하는 프로세스이다.
- 주요 이점(benefit)은 조직과 그 외 이해관계자의 관점에서 리스크관리의 수준, 유형 및 가시성이 프로젝트의 중요성과 리스크 모두에 비례하는지 확인한다는 점이다.

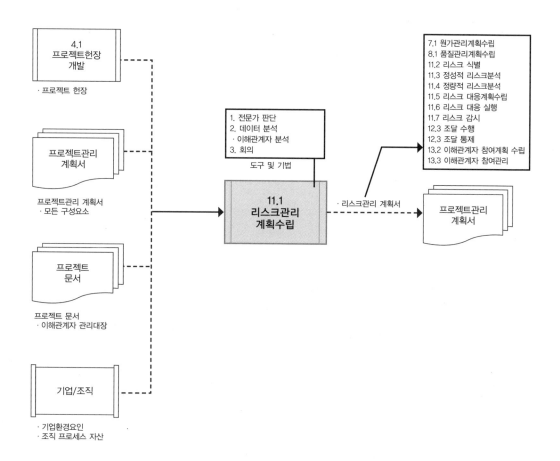

리스크 식별(11.2)

- 프로젝트 포괄적 리스크의 발생 근원과 개별 프로젝트 리스크를 식별하고 각 리스크의 특성을 문서화하는 프로세스이다.
- 주요 이점(benefit)은 개별 프로젝트 리스크와 프로젝트 포괄적 리스크의 발생 근원을 문서화한다는 점이다.
- 프로젝트팀이 식별된 리스크에 적절히 대응할 수 있도록 수집된 정보도 제시한다.

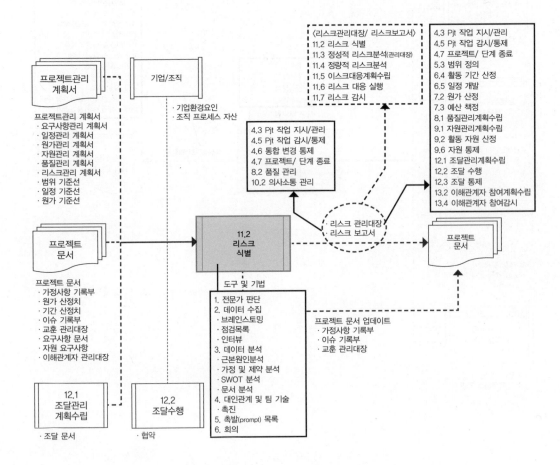

⊙ 정성적 리스크분석 수행(11.3)

- 리스크의 발생 확률과 영향, 그 밖의 특성을 평가하여 심층 분석 또는 조치를 위한 개별 리스크들의 우선순위를 결정하는 프로세스이다.
- 주요 이점(benefit)은 우선순위가 높은 리스크에 집중할 수 있다는 점이다.

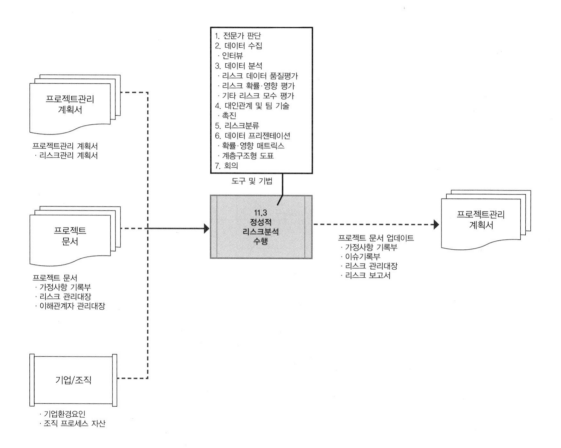

⊙ 정량적 리스크분석 수행(11.4)

- 식별된 개별 프로젝트 리스크와 그 밖의 전체 프로젝트 목표에 영향을 미치는 불확실성 유발 근원을 수치로 분석하는 프로세스이다.
- 주요 이점(benefit)은 프로젝트 포괄적 리스크 노출도를 수치화하고 리스크 대응 계획을 뒷받침할 추가적인 정량적 리스크 정보를 제공할 수 있다는 점이다.

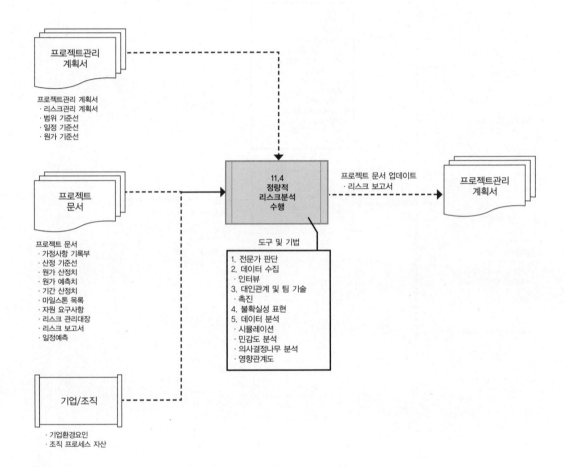

○ 리스크대응 계획 수립(11.5)

- 개별 프로젝트의 리스크를 처리할 뿐만 아니라, 프로젝트 포괄적 리스크 노출도를 낮추기 위해 옵션을 마련하고, 전략을 선정하고, 대응조치에 합의를 도출하는 프로세스이다.
- 주요 이점(benefit)은 프로젝트 포괄적 리스크와 개별 프로젝트 리스크를 적절히 처리할 방법을 찾는다는 점이다.
- 필요에 따라 자원을 할당하고 프로젝트 문서와 프로젝트관리 계획서에 활동을 추가하는 작업도 이 프로세스를 통해 진행된다.

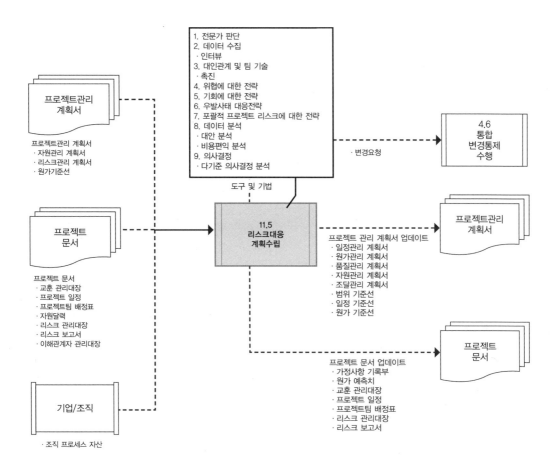

◑ 조달관리 계획수립(12.1)

- 프로젝트 조달 결정사항을 문서화하고, 조달 방식을 구체화하며, 참여자격을 갖춘 판매자를 식별하는 프로세스이다.
- 주요 이점(benefit)은 프로젝트 외부에서 재화와 서비스를 조달할 지 여부를 결정하고, 외부 조달이 필요할 경우 조달 품목과 방식 및 시기를 결정한다는 점이다.
- 재화와 서비스는 수행 조직 내 다른 팀이나 외부 출처로부터 조달할 수 있다.

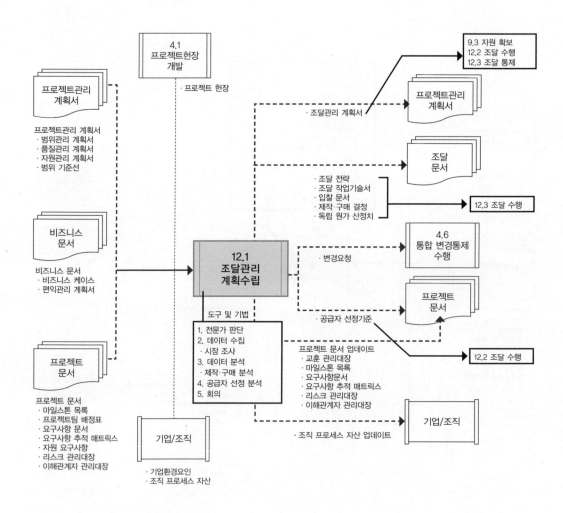

○ 이해관계자참여 계획수립(13.2)

- 이해관계자들의 요구, 기대사항, 이해관계 및 프로젝트에 미치는 잠재적 영향을 바탕으로 프로젝트 이해관계자의 참여를 위한 접근 방식을 개발하는 프로세스이다.
- 주요 이점(benefit)은 이해관계자들과 효과적인 의사소통에 필요한 실행 계획을 제시한다는 점이다.

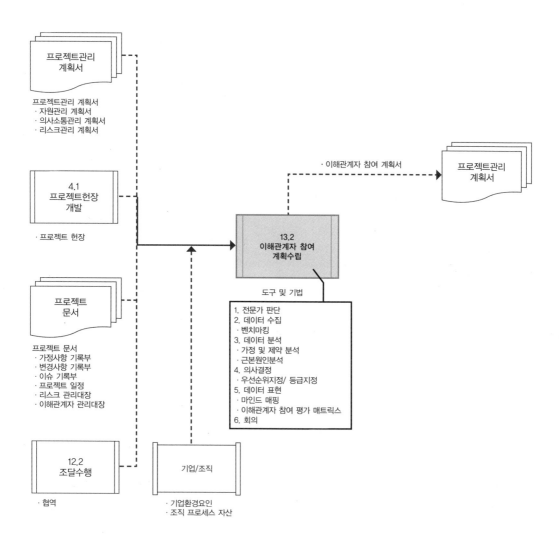

실행 프로세스 그룹

실행 프로세스 그룹은 프로젝트 요구사항에 맞게 프로젝트관리 계획서에 정의된 작업을 완료하는 과정에서 수행되는 프로세스로 구성되어 있다.

프로젝트관리 계획서에 따라 자원을 통합 조정하는 프로세스, 이해관계자 참여 프로세스, 프로젝트 활동을 통합하고 수행하는 프로세스 등이 실행 프로세스 그룹에 포함된다.

주요 이점(benefit)은 프로젝트 요구사항과 목표를 충족하는 데 필요한 작업이 계획서에 따라 수행되도록 한다는 점이다.

프로젝트 예산과 자원, 시간의 상당한 분량이 실행 프로세스 그룹의 프로세스를 수행하는 데 소요된다.

승인된 변경요청으로 인해 하나 이상의 기획 프로세스가 유발되고, 그 결과로 수정된 관리 계획서와 프로젝트 문서, 그리고 새로운 기준선까지 생성될 수도 있다.

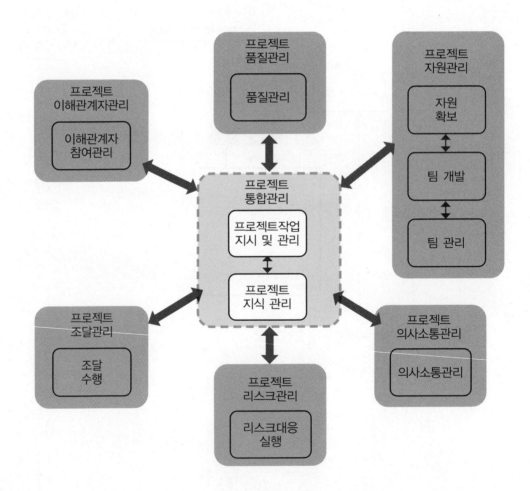

◎ 프로젝트작업 지시 및 관리(4.3)

- 프로젝트 목표를 달성하기 위해 프로젝트관리 계획서에 정의된 작업을 지도 및 수행하고, 승인된 변경사항을 실행하는 프로세스이다.
- 주요 이점(benefit)은 프로젝트작업과 인도물을 전반적으로 관리함으로써 프로젝트 성공 가능성을 높인다는 점이다.

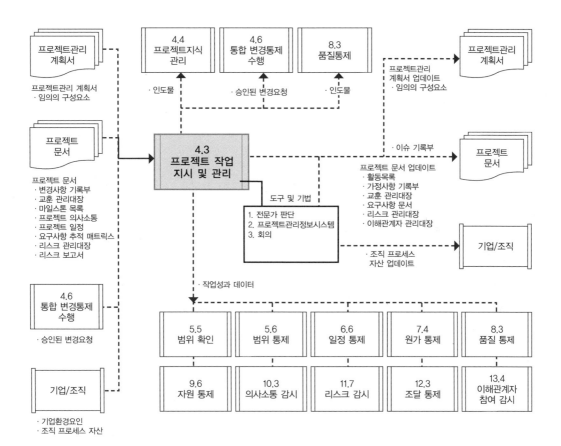

○ 프로젝트 지식 관리(4.4)

- 프로젝트의 목표를 달성하고 조직의 학습에 기여할 수 있도록 기존 지식을 활용하고 새로운 지식을 만들어가는 프로세스이다.
- 주요 이점(benefit)은 이전 조직의 지식을 활용하여 프로젝트 결과를 산출하거나 개선하고, 프로젝트에서 습득한 지식으로 조직의 운영 업무, 향후 프로젝트 또는 단계를 지원할 수 있다는 점이다.

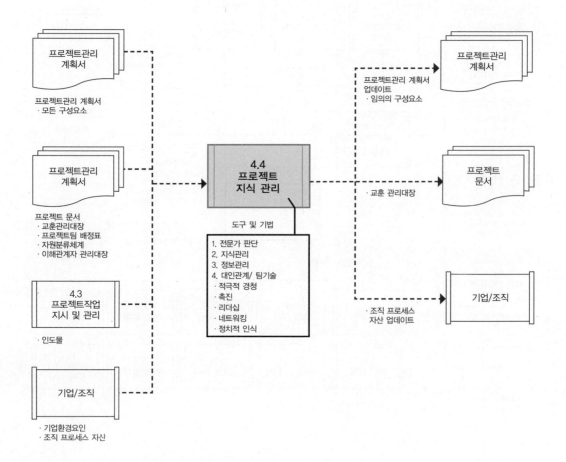

◑ 품질 관리(8.2)

- 조직의 품질 정책을 프로젝트에 반영하여 품질관리 계획을 실행 가능한 품질 관련 활동으로 변환하는 프로세스이다.
- 주요 이점(benefit)은 품질 목표의 달성 확률을 높이고 비효율적인 프로세스와 품질 저하 원인을 파악할 수 있다는 점이다.

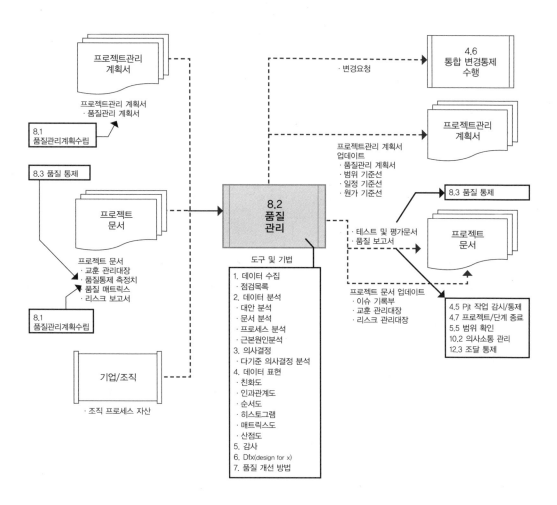

◑ 자원 확보(9.3)

- 프로젝트 작업을 완료하는 데 필요한 팀원, 설비, 장비, 자재, 보급품 및 기타 자원을 확보하는 프로세스이다.
- 주요 이점(benefit)은 자원 선정에 관한 기본 지침과 방향을 제시하고 각각의 활동에 대해 자원을 할당한다는 점이다.

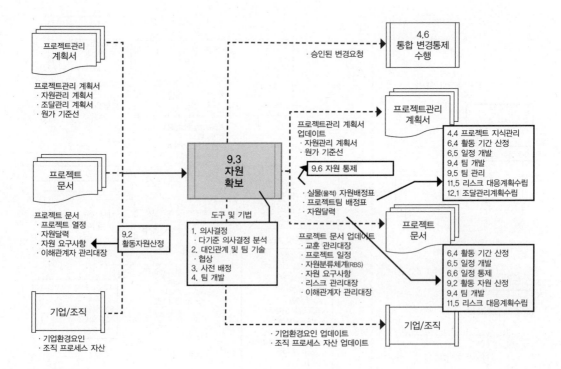

◑ 팀 개발(9.4)

- 프로젝트 성과를 향상시키기 위해 팀원들의 역량과 팀원 간 협력, 전반적인 팀 분위기를 개선하는 프로세스이다.
- 주요 이점(benefit)은 팀워크 개선, 대인관계 기술 및 역량 향상, 팀원에게 동기부여, 팀원 이탈 감소, 전반적 프로젝트 성과 향상을 실현한다는 점이다.

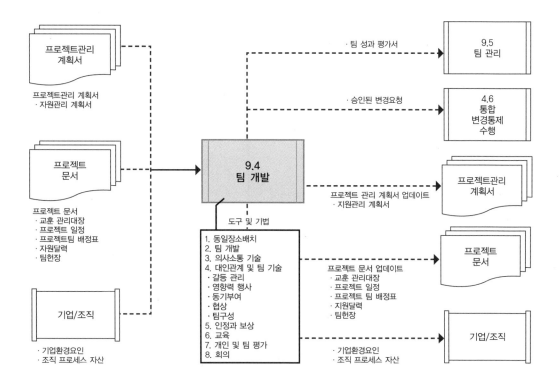

⊙ 팀 관리(9.5)

- 프로젝트 성과를 최적화하기 위하여 팀원의 성과를 추적하고, 피드백을 제공하며, 이슈를 해결하고, 팀 변경사항을 관리하는 프로세스이다.
- 주요 이점(benefit)은 프로젝트팀의 행동에 영향을 미치고, 갈등을 관리하며, 이슈를 해결한다는 점이다.

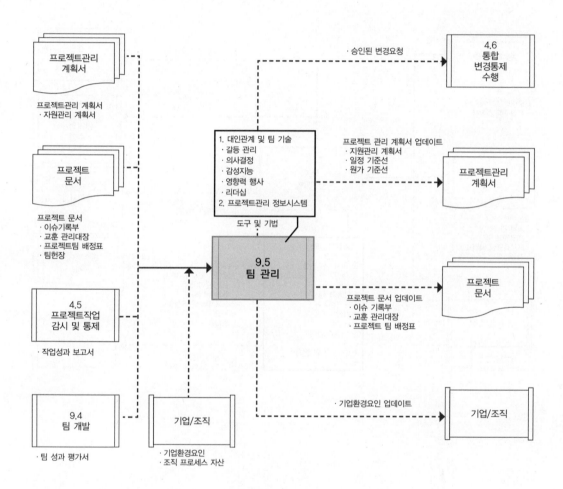

◯ 의사소통 관리(10.2)

- 프로젝트 정보를 적시에 적절한 방식으로 수집, 생성, 배포, 저장, 검색, 관리 및 감시하고, 최종 처리하는 프로세스이다.
- 주요 이점(benefit)은 프로젝트 팀과 이해관계자 사이에 효율적이고 효과적인 정보 흐름을 가능하게 한다는 점이다.

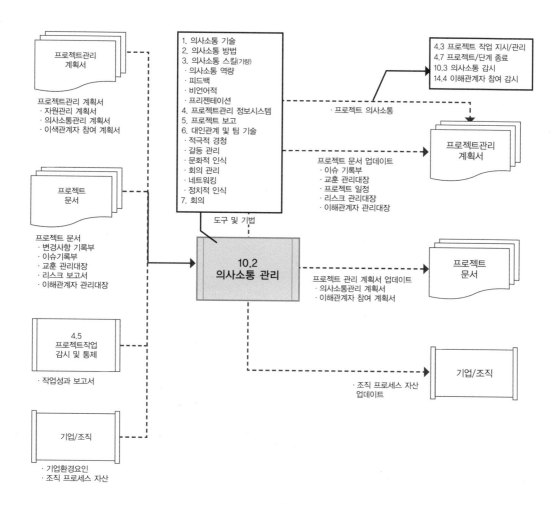

◎ 리스크 대응 실행(11.6)

- 합의된 리스크 대응 계획을 실행하는 프로세스이다.
- 주요 이점(benefit)은 프로젝트의 포괄적 리스크 노출을 해결함과 동시에 개별 프로젝트 위협은 최소화하고 개별 프로젝트 기회는 최대화하기 위해 합의된 리스크 대응 조치가 계획대로 정확히 실행되도록 한다는 점이다.

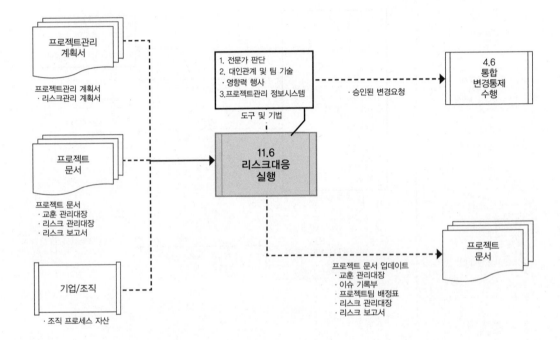

◑ 조달수행(12.2)

- 판매자들의 응찰서를 받아서 판매자를 선정하고, 계약을 체결하는 프로세스이다.
- 주요 이점(benefit)은 적격 판매자를 선정하고 인도에 관한 법적 협약을 체결한다는 점이다.

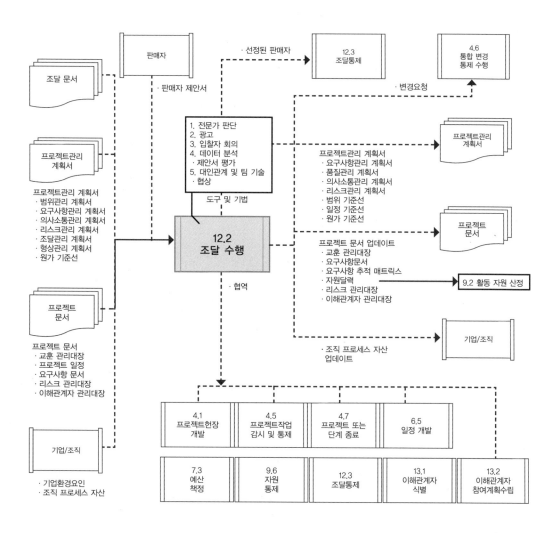

○ 이해관계자 참여 관리(13.3)

- 이해관계자의 요구사항 및 기대사항을 충족하기 위해 이해관계자와 의사소통하고 협력하면서, 이슈를 해결하고, 관련 이해관계자의 참여를 유도하는 프로세스이다.
- 주요 이점(benefit)은 프로젝트관리자가 이해관계자의 지지는 확대하고 반발은 최소화할 수 있다는 점이다.

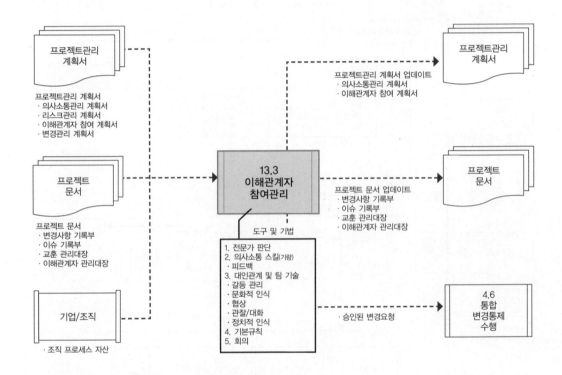

감시 및 통제 프로세스 그룹

감시 및 통제 프로세스 그룹은 프로젝트의 진척과 성과를 추적, 검토 및 조절하고, 계획에 변경이 필요한 영역을 식별하여, 이에 상응하는 변경을 착수하는 과정에서 필요한 프로세스들로 구성되어 있다.

감시는 프로젝트 성과 데이터를 수집하고, 성과 측정치를 산출하고, 성과 정보를 보고 및 배포하는 활동이다. 통제는 계획 성과와 실제 성과를 비교하여 차이를 분석하고, 프로세스 개선에 영향을 미치는 추세를 평가하고, 가능한 대안을 평가하고, 필요에 따라 적절한 시정조치를 제안하는 일련의 활동이다.

이 프로세스의 이점은 프로젝트관리 계획서에서 벗어난 차이를 식별하고 바로 잡기 위하여 정기적으로 또는 해당하는 사건이나 예외 조건 아래서 프로젝트 성과를 측정하고 분석한다는 점이다.

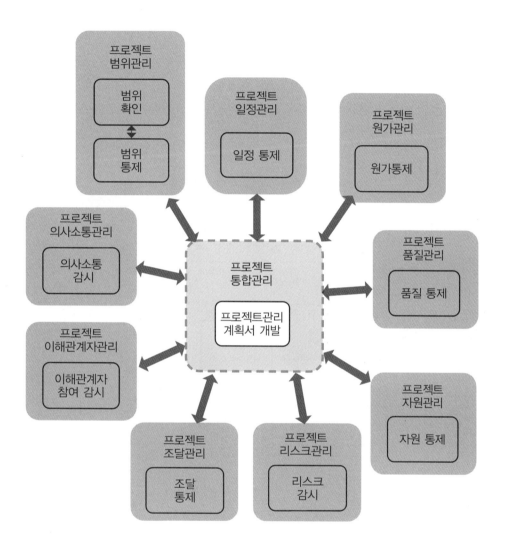

감시 및 통제 프로세스 그룹에는 아래와 같은 활동도 포함된다.

- 변경요청을 평가하고 적절한 대응조치 결정
- 발생 가능한 문제에 대비하여 시정 또는 예방 조치 권유
- 진행되는 프로젝트 활동을 감시하면서 프로젝트관리 계획서 및 프로젝트 기준선을 따르는지 확인
- 변경통제 프로세스를 피할 수 있는 요인을 조정하여 승인된 변경사항만을 구현하도록 조치

지속적인 감시 활동을 통해 프로젝트팀과 그 밖의 이해관계자가 프로젝트의 상황을 파악하고 추가적인 주의가 요구되는 영역을 식별할 수 있다.

◑ 프로젝트작업 감시 및 통제(4.5)

- 프로젝트관리 계획서에 정의된 성과 목표를 달성하는 과정에서 프로젝트 진척을 추적 및 검토하고 보고하는 프로세스이다.
- 주요 이점(benefit)은 이해관계자들이 프로젝트 현황을 파악하고 성과 이슈를 해결하기 위한 조치를 확인하며 원가 및 일정 예측치를 토대로 향후 프로젝트 상태를 확인할 수 있다는 점이다.

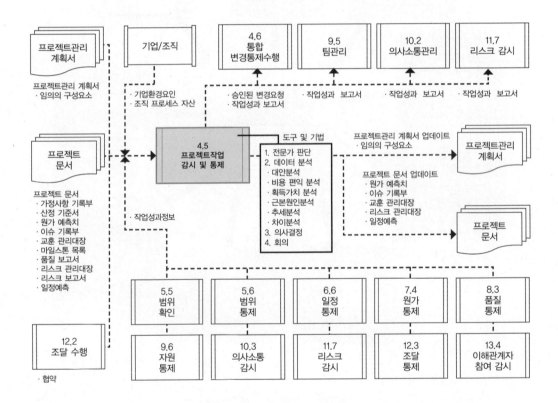

◐ 통합 변경 통제 수행(4.6)

- 모든 변경요청을 검토한 후, 변경사항을 승인하고, 인도물과 조직 프로세스 자산, 프로젝트 문서 및 프로젝트관리 계획서의 변경을 관리하며, 결정사항에 대해 의사소통하는 프로세스이다.
- 프로젝트 문서, 인도물 또는 프로젝트관리 계획서에 대한 모든 변경요청을 검토하고 변경요청의 해결책을 결정한다.
- 주요 이점(benefit)은 전체 프로젝트 목표 또는 계획을 고려하지 않은 변경으로 인해 종종 발생하는 프로젝트 포괄적 리스크를 해결하면서 프로젝트 내에서 문서화된 변경사항을 통합된 방식으로 고려할 수 있도록 한다는 점이다.

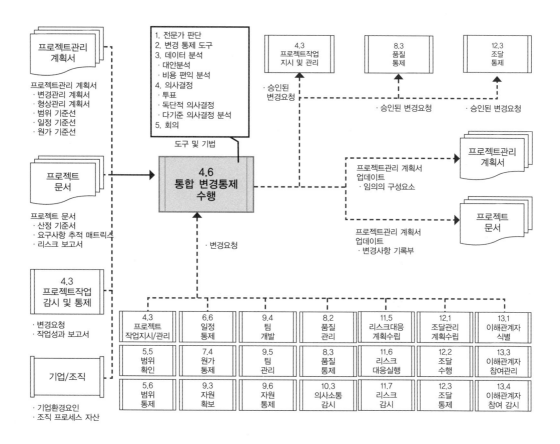

◑ 범위 확인(5.5)

- 완료된 프로젝트 인도물의 인수를 공식화하는 프로세스이다.
- 주요 이점(benefit)은 객관적인 인수 프로세스를 통해 각 인도물을 확인함으로써 최종 제품, 서비스 또는 결과물의 인수 확률을 높인다는 점이다.

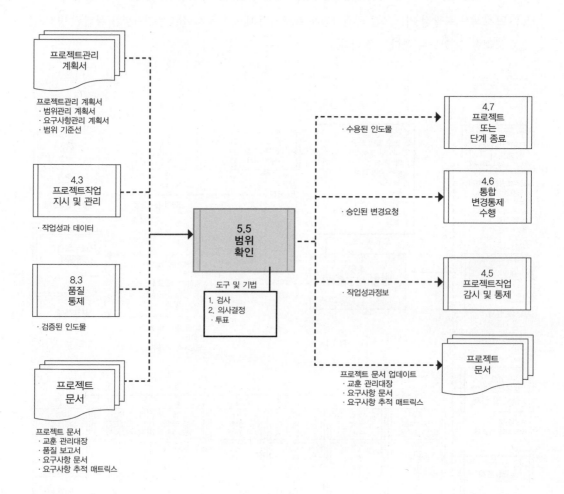

◐ 범위 통제(5.6)

- 프로젝트 및 제품 범위의 상태를 감시하고 범위 기준선에 대한 변경을 관리하는 프로세스이다.
- 주요 이점(benefit)은 프로젝트 전반에 걸쳐 범위 기준선이 유지되도록 한다는 점이다.

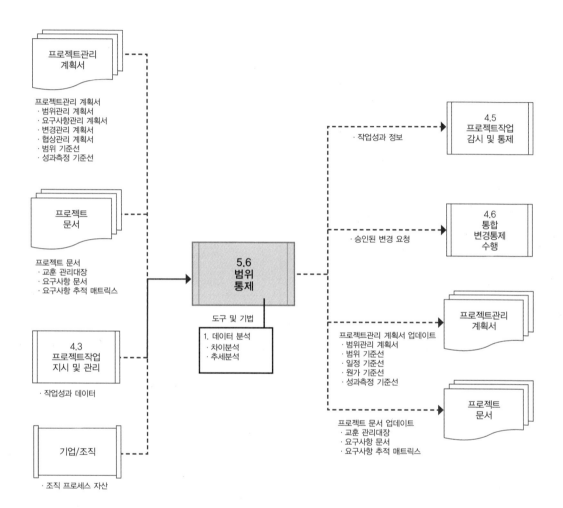

◎ 일정 통제(6.6)

- 프로젝트의 상태를 감시하면서 프로젝트 일정을 업데이트하고 일정 기준선에 대한 변경을 관리하는 프로세스이다.
- 주요 이점(benefit)은 프로젝트 전반에 걸쳐 일정 기준선이 유지되도록 한다는 점이다.

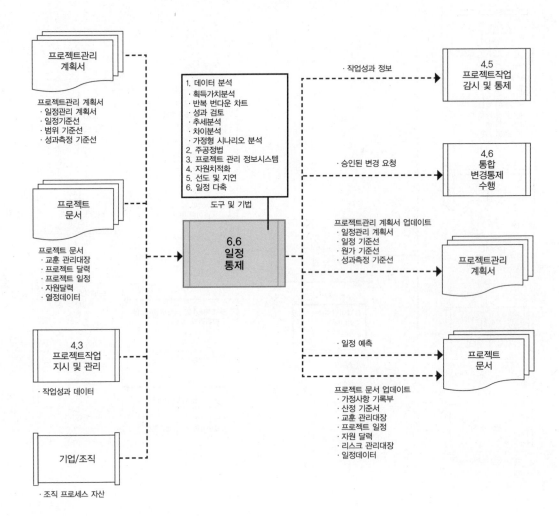

◉ 원가 통제(7.4)

- 프로젝트의 상태를 감시하면서 프로젝트 원가를 업데이트하고 원가 기준선에 대한 변경사항을 관리하는 프로세스이다.
- 주요 이점(benefit)은 프로젝트 전반에 걸쳐 원가 기준선이 유지되도록 한다는 점이다.

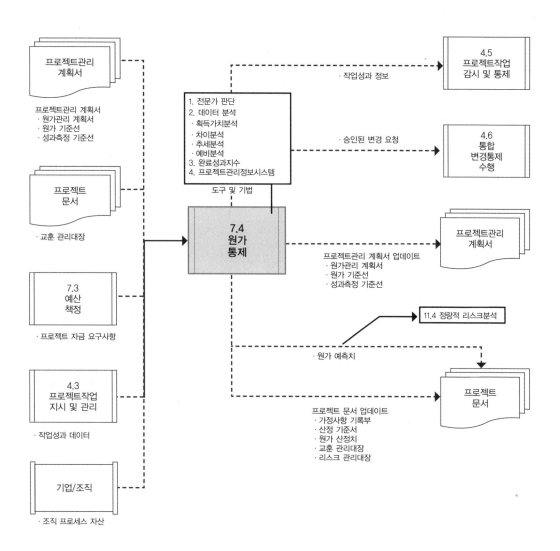

◑ 품질 통제(8.3)

- 품질관리 활동의 실행 결과를 감시하고 기록하면서 성과를 평가하고 프로젝트 산출물이 완전하고 정확하며 고객의 기대사항을 충족하는지 확인하는 프로세스이다.
- 주요 이점(benefit)은 프로젝트 인도물과 작업이 핵심 이해관계자가 최종인수조건으로 명시한 요구사항을 충족하는지 검증할 수 있다는 점이다.

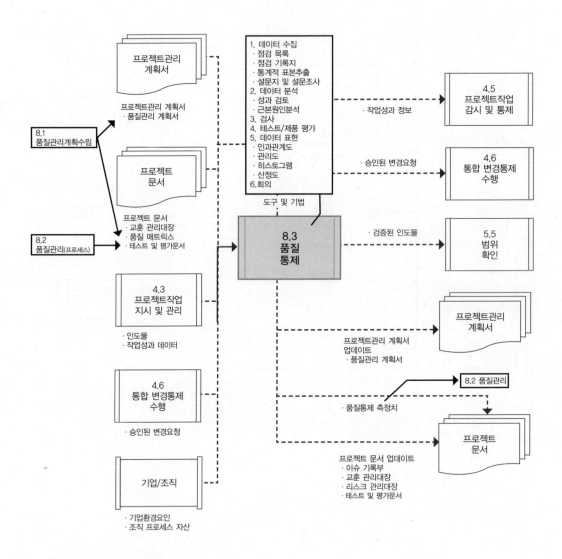

○ 자원 통제(9.6)

- 프로젝트에 할당되고 배정된 실제 자원을 계획대로 사용할 수 있는지 확인하고, 계획 대비 실제 자원 활용률을 비교하며, 필요에 따라 시정조치를 수행하는 프로세스이다.
- 주요 이점(benefit)은 배정된 자원이 적시에 프로젝트에 투입되고 더 이상 필요 없는 자원을 해산할 수 있도록 한다는 점이다.

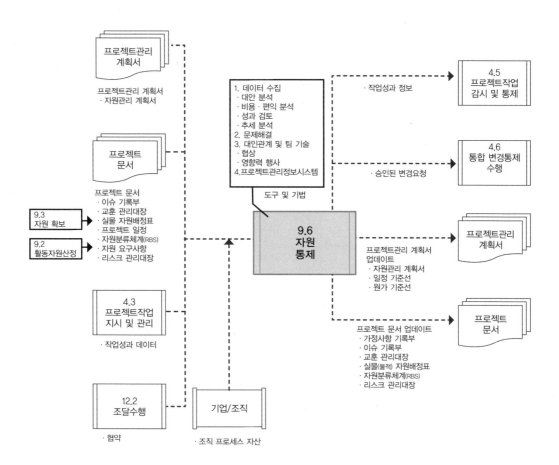

○ 의사소통 감시(10.3)

- 프로젝트와 이해관계자의 정보 요구사항이 충족되는지 확인하는 프로세스이다.
- 주요 이점(benefit)은 의사소통관리 계획서와 이해관계자 참여계획서에 정의된 대로 최적의 정보 소통을 유지한다는 점이다.

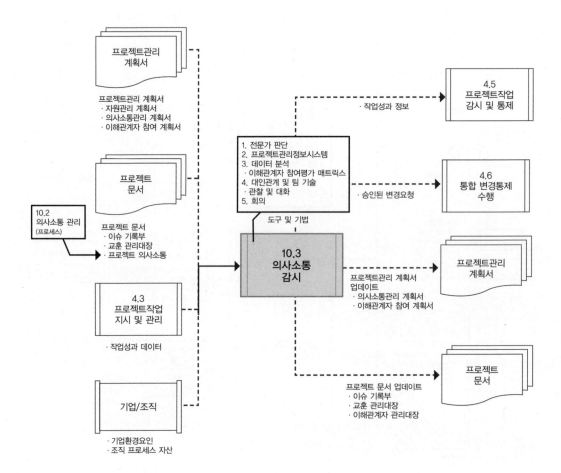

🔵 리스크 감시(11.7)

- 프로젝트 전반에 걸쳐, 합의된 리스크 대응 계획이 실행되는지 감시하며, 식별된 리스크를 추적하고, 새로운 리스크를 식별 및 분석하고, 리스크 프로세스 유효성을 평가하는 프로세스 이다.
- 주요 이점(benefit)은 프로젝트 포괄적 리스크 노출도와 개별 프로젝트 리스크에 관한 최신 정보를 근거로 프로젝트 의사결정을 내릴 수 있다는 점이다.

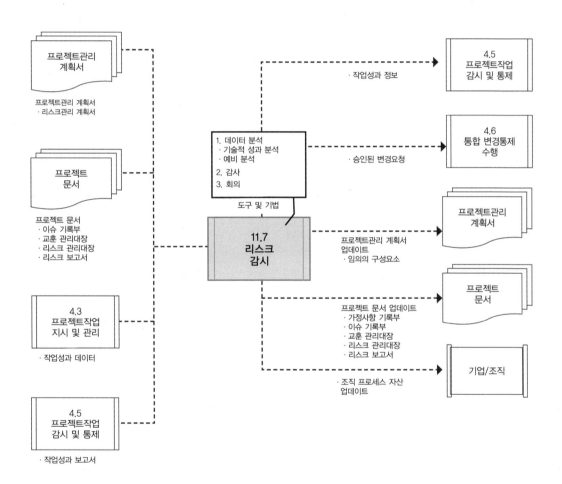

❏ 조달 통제(12.3)

- 조달 관계를 관리하고, 계약의 이행을 감시하고, 적절한 변경 및 시정 조치를 수행하고, 계약을 종결하는 프로세스이다.
- 주요 이점(benefit)은 법적 협약의 조항에 따라 판매자와 구매자 모두의 성과가 프로젝트 요구사항을 충족하는지 확인한다는 점이다.

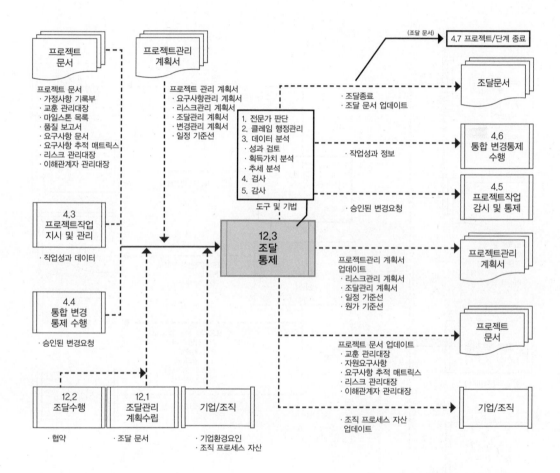

이해관계자참여 감시(13.4)

- 프로젝트 이해관계자 관계를 감시하면서 이해관계자의 참여 전략 및 계획 수정을 통해 이해관계자 참여 전략을 조정하는 프로세스이다.
- 주요 이점(benefit)은 프로젝트가 진전되고 환경이 변화함에 따라 이해관계자 참여 활동의 효율과 효과가 유지 또는 증가된다는 점이다.

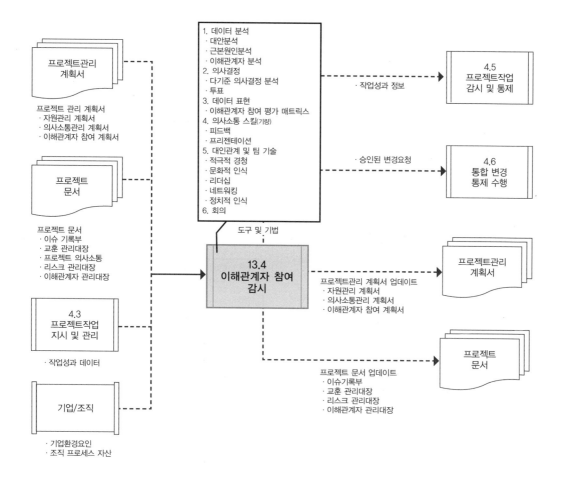

종료 프로세스 그룹

종료 프로세스 그룹은 프로젝트, 단계 또는 계약을 공식적으로 완료하거나 종료하는 과정에서 수행되는 프로세스들로 구성되어 있다. 프로젝트 또는 프로젝트 단계를 적절히 종료하기 위하여 모든 프로세스 그룹에 정의된 프로세스가 완료되었는지 검증하고, 프로젝트 또는 단계가 완료됨을 공식적으로 확정한다.

이점은 단계와 프로젝트, 계약이 적절히 종결된다는 점이다.

● 프로젝트 또는 단계 종료(4.7)

- 프로젝트, 단계 또는 계약에 속한 모든 활동을 종료하는 프로세스
- 주요 이점(benefit)은 프로젝트 또는 단계 정보가 보관되고, 계획된 작업이 완료되며 새로운 작업이 가능하도록 조직의 자원을 해산한다는 점이다.

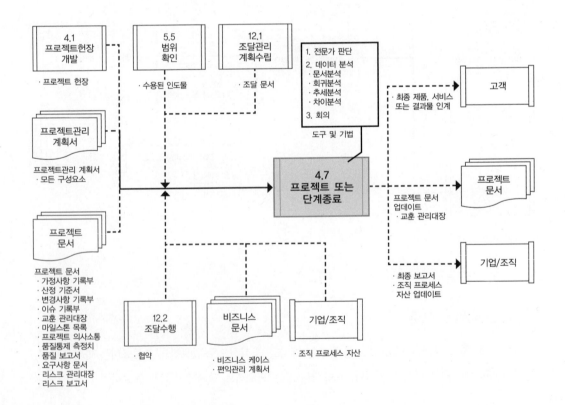

4.1 애자일 프로세스의 전반적 흐름

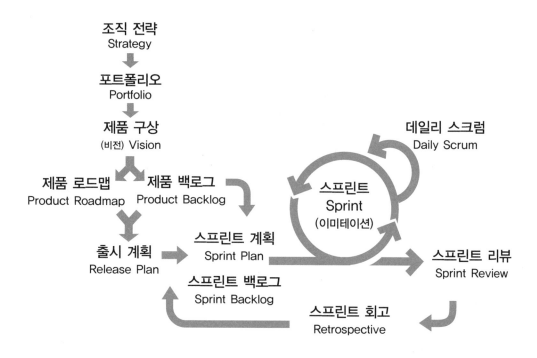

[그림 1–9] 애자일 프로세스

○ **조직 전략**

조직의 전략은 10년 이상의 장기적인 사업 방향이며, 각 프로젝트는 조직의 전략을 이행하기 위한 수단들이 된다. 선정된 프로젝트들을 수행하여 전략을 달성하는 것이다.

조직 전략의 예를 들면, 한국관광공사에서 "2032년까지 한국을 관광 대국으로 만들기"라고 정할 수 있다.

○ **포트폴리오**

포트폴리오는 조직의 전략을 이행하기 위해 수행해야 하는 사업들, 즉 선정된 프로젝트들의 구성을 말한다. 사업 포트폴리오는 여러 후보 사업들 중에서 어떤 사업 혹은 프로젝트를 할 것인지를 결정하여 구성하는 것이다. 구체적 예를 들면, 어떤 제품들을, 어떤 순서로, 언제, 어느 정도의 기간 동안 만들 것 인지 결정하는 활동이다.

포트폴리오의 예를 들면, 조직의 전략인 "관광 대국 만들기"로 가기 위해 필요한 관광객 유치 사업들로 "지역별 특화 사업, 국가 홍보 사업, 컨텐츠 개발 사업"으로 포트폴리오를 구성할 수 있다.

▶ 비전/제품 구상

비전/제품 구상은 크게 1~3년 정도 소요되는 사업에 대한 개괄적인 개념, 혹은 개발하고자 하는 특정 제품에 대한 개략적인 개념을 정의한 것이다. 하나의 프로젝트는 개괄적인 개념에서 시작해서 상세한 내용의 계획까지 점진적으로 구체화 되는 특성을 갖고 있으며, 비전은 프로젝트의 개략적인 개념이 된다.

비전/제품 구상의 예를 들면, 포트폴리오를 구성하는 요소 중에서 '컨텐츠 개발 사업'을 구체적으로 구상하여, "2032년 전세계에 한국 트로트를 홍보하여 년간 관광객 3000만명 돌파하기"라고 표현할 수 있다.

▶ 제품 로드맵

앞에서 기술한 비전을 이행하기 위한 프로젝트 결과물인 제품에 대한 전반적인 로드맵을 의미한다. 이 로드맵의 작성은 반드시 필요한 것은 아니고, 개발하려는 제품의 일부를 특정 시점의 이벤트와 연계할 필요가 있을 경우에 필요하다. 로드맵이 필요 없는 제품 개발의 경우는 비전을 기반으로 곧바로 제품 백로그를 작성할 수 있다.

제품 로드맵의 예를 들면, 다음과 같다.

(1분기) 한국을 대표하는 트로트 가수 발굴
(2분기) 트로트 홍보 자료 제작
(3분기) 세계적 가수들과 트로트 콜라보
(4분기) 전세계 투어 콘서트

▶ 제품 백로그(Backlog)

백로그는 남겨진 일, 즉 해야 할 일들을 뜻한다. 즉, 제품 백로그란, 제품을 개발하기 위해 해야 할 일들의 목록이다.

앞서 결정된 로드맵 중에서 "(1분기) 한국을 대표하는 트로트 가수 발굴"을 위해 해야 할 일들에 대한 제품 백로그의 예를 들면 다음과 같다.

- 한국을 대표하는 트로트 가수 2명 발굴하기
- 트로트 홍보 영상 및 자료 제작 배포하기
- 세계적 가수들과 트로트 콜라보 신곡 발표하기
- 전세계 투어 콘서트하기

여기서는 개괄적으로 4개의 제품 백로그 예를 들고 있지만, 실제로는 해야 할 일들이 더 많을 것이다. 추후에는 이 제품 백로그들이 스프린트 백로그라는 이름으로 더욱 상세하게 분할될 것이다.

◐ 출시(릴리즈) 계획

앞서 기술된 제품 로드맵이 있었는데, 이는 특정 이벤트 등에 맞춰 주요 결과물을 완료하겠다는 의미이고, 출시(릴리즈) 계획은 이보다 고객에게 보여줄 수 있는 중간 결과물을 제공할 기간을 더 상세하게 구분한다. 즉, 제품 기능의 흐름을 고려하여, 점진적인 출시를 위한 날짜를 결정하는 것이다.

출시(릴리즈) 계획의 예는 다음과 같다.

- (2월15일) 가수 선발
- (3월20일) 선발된 가수의 트로트 신곡 발표
- (5월31일) 트로트 홍보 포스터 및 안내서 제작
- (6월 3일) 트로트 홍보 영상 제작

◐ 스프린트(이터레이션) 계획과 스프린트 백로그

스프린트 백로그의 예는 다음과 같다.

Sprint1(1월) : 한국을 대표하는 트로트 가수 2명 발굴하기
- "트로트 가수 지망 연습생 중 최종 대상자 선발"을 위해 해야 할 일들
- "기존 트로트 가수 경연대회를 통한 대상자 선발"을 위해 해야 할 일들

앞서 수립된 제품 백로그에서 가장 우선순위가 높은 것은 "한국을 대표하는 트로트 가수 발굴하기"였는데, 우선순위가 높은 것을 조금 더 상세한 수준으로 세분화하여야 한다. 예를 들면, "트로트 가수 지망 연습생 선발", "트로트 가수 경연대회를 통한 선발"로 세분화할 수 있는데, 이들 중에 우선 순위가 높은 "트로트 가수 지망 연습생 선발"을 이번 스프린트1(이터레이션1)에서 수행하고, 다음 우선순위가 되는 "기존 트로트 가수 경연대회를 통한 대상자 선발"을 위한 일들은 다음 스프린트2에서 수행할 수 있다. 우선 이번 스프린트1에서 수행할 "트로트 가수 지망 연습생 선발"을 위해 수행해야 할 구체적인 작업들이 스프린트 백로그이다.

Sprint1(1월 1~2주) : 한국을 대표하는 트로트 가수 2명 발굴하기
- "트로트 가수 지망 연습생 중 최종 대상자 선발"을 위해 해야 할 일들

· · · · · ·

Sprint2(1월 3~4주) : 한국을 대표하는 트로트 가수 2명 발굴하기

- "기존 트로트 가수 경연대회를 통한 대상자 선발"을 위해 해야 할 일들

  · · · · · ·

이렇게 해야 할 일들을 실행하기 위해 '스프린트(Sprint)'라는 2~4주 정도의 짧은 기간의 실행을 정하고, 같은 기간 단위로 이를 반복적으로 수행한다. 단거리 경주를 '스프린트'라 하듯이, 한 번의 경주를 전력 질주하여 완주하고, 휴식하고 나서 다음 경주를 또 전력 질주하듯이, 이렇게 반복하는 것이다. 스프린트는 이터레이션(iteration)이라는 용어와 혼용하여 사용한다. 두 용어를 모두 기억하면 유용할 것이다.

짧은 기간인 한 번의 스프린트가 끝나면, '작동하는 소프트웨어' 혹은 '출시 가능한 제품 증분'이 고객에게 전달되어야 한다. 물론 반드시 '출시 가능'하거나 '작동하는 결과물'이 나오지 않을 수 있지만, 고객에게 가치가 있는 결과가 스프린트를 통해 나와야 한다.

이 스프린트를 실행하기 위해 '스프린트 계획'이 먼저 이루어져야 하는데, 대표적인 스프린트 계획 중 하나가, 앞서 수립된 '제품 백로그'를 세분화하여, 구체적인 '스프린트 백로그'로 만드는 일이다. 즉, "트로트 가수 지망 연습생 중 최종 대상자 선발을 위해 해야 할 일들"을 작업 단위로 세분화하는 것이다.

만약 스프린트 기간을 2주로 결정했다면, 2주짜리 스프린트를 프로젝트 끝까지 반복한다. 한 차례의 스프린트 기간인 2주 동안에 스프린트 백로그에 있는 산출물을 위해 요구되는 작업들을 수행한다.

◎ 스탠드업 미팅

스프린트(이터레이션) 동안에는 매일 아침마다 스크럼팀이 모여서 스탠드업 미팅을 하는데 이를 '데일리 스크럼'이라고도 한다. 이 미팅은 15분 이내로 짧게 근무 시작 전에 수행하며, 어제 완료한 업무와 오늘 진행할 업무에 대해 이야기 하거나 문제가 되는 사항에 대해 말한다. 이렇게 2주간의 스프린트가 끝나면 '작동 가능한 소프트웨어' 혹은 '잠재적으로 출시 가능한 제품 증분'이 나온다.

◎ 스프린트(이터레이션) 검토(리뷰)

스프린트 결과로 산출된 제품 증분에 대해 팀 및 이해관계자가 모여 스프린트 결과물을 확인하고 의견을 교환한 후에 이를 다음 스프린트나 제품 백로그에 반영하는데, 이를 '스프린트 리뷰'라고 한다.

◎ 스프린트 회고

스프린트 리뷰가 끝나면, 스프린트 회고를 하는데, 이는 팀원들끼리만 모여서, 어떻게 일했는지 혹은 어떻게 하면 일을 잘할 수 있는지 등의 프로세스나 업무 방법에 대한 개선을 위한 이야기를 나눈다. 이렇게 하면 한 번의 스프린트(이터레이션)가 완료된다.

4.2 애자일 방법론의 개념

여행의 참 맛은 무작정 떠나는 것이라고 주장하는 사람들이 있다. 만일 해외 여행을 가기 위해 일정 중심의 상세 여행 계획을 미리 수립하고 숙소와 교통 등 모든 예약까지 완료해 두는 방법과 무작정 비행기표와 도착지 숙소만 예약해서 출발하는 방법이 있다. 비행기가 중간 기착지에 도착했을 때, 기상 악화로 인해 갈아탈 비행기가 취소되었다면, 미리 상세 계획을 세워놓은 경우에는 모두 물거품이 된다. 그러나 비행기 표만 구매한 경우에는 숙소 예약 비용만 손해 보면 된다. 이렇게 상세 계획을 수립하는 방법이 전통적인 예측형 프로젝트 방법이며, 후자가 애자일 방법이라고 볼 수 있다. 애자일은 '빠른 시도를 통해 실패를 배우고, 그 실패를 통해 새로운 계획을 세우고'하는 방법을 반복한다. 한 번에 완전한 계획을 세우기 위해 많은 시간과 노력을 들이기 보다는, "일단 한 번 해보자"라는 방식으로 접근한다.

[그림 1-10]과 같이, 사람들이 자동차를 원할 것으로 생각해서, 바퀴, 바닥, 차체, 지붕 순으로 작업을 해서 완성해서 출시했는데 판매되지 않으면 전체가 손실이 된다. 그러나 사람들이 '바퀴달린 탈 것'을 원한다는 것을 먼저 파악한 후에, 바닥 판에 바퀴만 달아서 스케이트 보드를 우선 보여준다. 그 결과 균형 잡기를 원하면 앞에 막대기를 하나 꽂아서 핸들을 만들고, 다시 보여준 후에 서서 가기 힘들다고 하면 앉아서 갈 수 있도록 자전거를 만들어 보여 준다. 힘들이지 않고 빨리 가는 것을 원하면 엔진을 달아서 오토바이를 만들어 주고, 이것이 위험하다고 생각되면 뚜껑을 덮어서 자동차를 만들

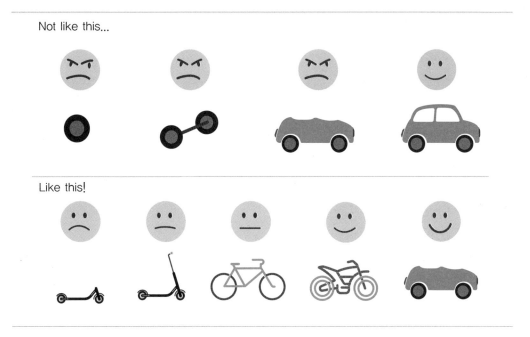

[그림 1-10] Henrik Kniberg의 애자일 개발 풍자

어 주면 된다. 처음부터 한번에 자동차를 만드는 방법은 전통적인 프로젝트 방법인 예측형(폭포수) 방법이며, 고객의 요구를 반영해서 하나씩 발전시켜 나가는 방법이 적응형(애자일) 개발 방법이다. 애자일은 최소 비용으로 가능한 빨리 핵심적인 아이디어만 구현해서 고객에게 보여주고, 그 반응을 반영하여 점차 더 나은 고객이 원하는 것을 만들어가므로 실패의 가능성을 줄일 수 있다.

이와 같이 주기적으로 가치가 있는 결과물을 전달하는 것이 애자일의 핵심 개념이다. 이를 실천하기 위해서는 다음과 같은 사항이 요구된다.

◐ 큰 문제들을 작은 문제들로 세분화하기

2주 정도로 반복해서 전달한다면 큰 덩어리 일을 그 기간 내에 마치기에는 시간이 부족하다. 짧은 반복 기간에 완료하기 위해서는 어려운 문제를 작고 관리하기 좋은 크기로 나누는 것이 좋다.

◐ 가장 중요한 것부터 실행하고 나머지는 과감히 버리기

전통적 프로젝트관리에서는 프로젝트 종료 후에 전달한 결과물에 고객이 가치를 느끼지 못하는 부분들이 많이 포함되곤 한다. 매 반복 기간에 고객에게 가치가 있는 결과물을 전달하기 위해서는 중요한 것만을 우선적으로 선정해서 개발하고, 나머지는 우선 잊고 나서 다음에 다시 고려해야 한다.

◐ 매번 전달하는 결과물이 제대로 작동하는지 확인하기

매 반복에서 가치가 있는 결과를 전달한다는 의미는, 일부이지만 잘 작동되는 제품으로 사용할 수 있는지 테스트까지 완료되어야 한다는 것이다. 반드시 잘 작동되는 제품은 아니어도 가치 있는 제품 증분이 되어야 한다.

◐ 피드백 구하기

고객에게 묻지 않고 그들의 요구를 알 수 없듯이, 지속적으로 고객에게 제품 인도와 그 결과에 대한 의견 등의 피드백을 받아서 반영해야 한다.

◐ 필요시 계획 수정하기

프로젝트는 진행과 함께 고객의 새로운 요구나 환경 변화 등의 다양한 요인으로 인해 불가피하게 계획을 수정해야 한다. 애자일은 모든 내용을 미리 기획하지 않기에 부담 없이 계획을 수정하고 방향을 설정할 수 있다.

◐ 책임감 갖기

매번 반복을 통해 고객에게 가치 있는 결과를 전달하여 그들의 돈이 어떻게 쓰이고 있는지 보여주어 그들로부터 믿음을 갖게 만들어야 한다. 즉, 고객의 돈을 내 돈처럼 생각하고 쓸 수 있어야 한다. 또한 자율적인 통제와 관리를 통해 개발과정에 임하는 책임감도 가져야 한다.

프로젝트는 태생적으로 불확실성을 갖기 때문에 계획을 수립하기도 어렵고, 계획을 수립하더라도 계획대로 잘 진행되지 않는 속성을 갖는다. 이를 위해 조직들은 제대로 된 계획을 아예 수립하지 않거나 계획을 수립하는데 많은 노력을 들여 틀릴 가능성이 적은 계획을 내놓는다. 그럼에도 불구하고 계획은 항상 변경되고 재수립되기를 반복한다. [그림 1-11]과 같이 배리 보임(Barry Boehm)은 프로젝트에서 추정과 계획이 어렵다는 것을 보여주었다. 이 그림은 예측형 개발 방법인 '폭포수(waterfall)'라고 불리는 순차적 개발 방법을 사용했을 때, 불확실성이 어떻게 변화하는지를 보여준다. 이를 '불확실성 원추'라고 하며, 계획에 대한 프로젝트 기간 추정치의 편차를 지름으로 표현하고 시간이 지남에 따라 줄어드는 것을 보여준다.

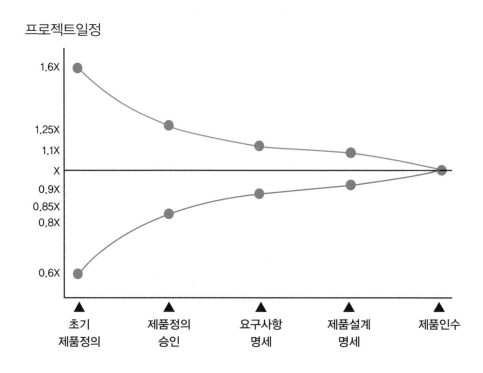

[그림 1-11] 베리 보임의 불확실성 원추

이러한 이유로 인하여 전통적인 예측형 프로젝트 개발 방법이 적절하지 않은 프로젝트의 경우에는 적응형 개발 방법을 적용할 수 있다. 적응형 개발 방법 중에 가장 대표적인 것이 바로 애자일 방법이다. 애자일(agile)은 원래 기민하고 민첩하다는 의미를 갖고 있으며, 프로젝트에서 개발 중에 기민하고 민첩하게 요구사항을 반영하고 기타 프로젝트 환경이나 상황에 적응할 수 있는 방법이다. 특히 애자일에서 계획 방법은 계획 그 자체가 아니라 계획 과정에 무게를 둔다. 즉, 애자일 계획법은 프로젝트 진행 중에 계속해서 계획을 수정하게 될 것이라는 전제하에 계획 과정에 투입되는 노력과 비용을 적절히 조정하려고 한다.

프로젝트에서 새로운 내용이 추가되거나 환경이 바뀌면 계획에 영향을 미칠 수 있다. 그러므로 계획이 손쉽게 변경될 수 있어야 한다. 그러나 계획 변경이 곧 일정 변경으로 연결되는 것은 아니다. 변경이 필요할 때 추가되는 범위와 함께 기존 범위를 동시에 줄일 수도 있기 때문이다. 아무튼 프로젝트에 요구되는 계획 작업을 초기에 모두 수립하려는 시도는 바람직하지 않다. 애자일적인 과정은 프로젝트 전체에 걸쳐 균등하게 이루어져야 한다. 즉, 릴리즈 계획 과정을 통해 큰 그림을 만들고, 다음으로 이터레이션 계획 과정을 수차례 반복하는 프로세스의 전체 과정을 반복한다.

애자일 접근 방식에는 다음은 종류들이 있다.

종류	설명
Scrum	복잡한 문제들을 적응형 해결을 통하여 가치 창출을 위해 프로젝트 팀과 조직을 지원하는 애자일 프레임워크
XP (eXtreme Programming)	소프트웨어 기법의 생성을 다루고 작업을 제어하기 위한 가장 중요한 프레임워크로 사용
DSDM	지속적 참여와 비즈니스 시스템의 반복 개발에 집중하는 프로젝트 프레임워크로 정의된 프로세스와 8개 원칙 적용
Kanban	시각화와 진척 중인 작업의 통제로 시스템 개선을 유도하는 방법
Lean	낭비 요인을 제거하여 가치를 극대화하고 프로세스를 개선하는 도요타 생산 시스템
Lean Startup	원래 창업 회사의 사업을 생성하고 관리하는 접근법

애자일 접근 방식은 다음과 같은 특성을 지닌 프로젝트에 적합하다.

- 연구 개발이 요구되는 프로젝트
- 높은 변경 비율을 가진 프로젝트
- 알 수 없거나 불명확한 요구사항, 불확실성, 리스크가 있는 프로젝트
- 설명하기 어려운 최종 목표를 가진 프로젝트

소프트웨어 분야의 리더들은 2001년 매니페스토의 출판과 함께 애자일 소프트웨어 개발을 위한 애자일 운동을 공식화 했다. 이들의 애자일 선언에서 파생된 12가지 원칙은 다음과 같다.

① 우리의 가장 높은 우선순위는 가치 있는 소프트웨어를 조기에 지속적으로 전달하여 고객을 만족시키는 것이다.

② 개발이 막바지에 있을지라도 요구사항의 변경을 환영한다. 애자일 프로세스는 고객의 경쟁 우위를 위해서 변화를 적극 활용한다.

③ 동작하는 소프트웨어를 몇 주나 몇 개월까지 짧은 간격으로 고객에게 자주 전달한다.

④ 요구사항을 내는 사업 담당자와 개발자는 전체 프로젝트 동안 매일 함께 일해야 한다.

⑤ 동기가 부여된 개인들 중심으로 프로젝트를 구성한다. 그들에게 필요한 환경과 지원을 제공하고, 일을 잘 완수할 것을 신뢰하라.

⑥ 개발팀 내부에서 정보를 전하는 가장 효율적인 방법은 서로가 얼굴을 맞대고 대화하는 것이다.

⑦ 작동하는 소프트웨어가 진척을 측정하는 가장 주된 지표이다.

⑧ 애자일 프로세스는 지속 가능한 개발을 장려한다. 스폰서, 개발자, 사용자는 정해진 기간 없이 일정한 개발 속도를 계속 유지해야 한다.

⑨ 기술적 우위와 좋은 설계에 대한 지속적 관심이 민첩성을 높인다.

⑩ 해보지 않은 작업의 양을 최대화하는 기술인 단순성이 필수적이다.

⑪ 최고의 아키텍처, 요구사항, 설계는 자기 조직화된 팀에서 발현된다.

⑫ 정기적으로 어떤 방법이 팀에 더 효과적일지 숙고하며 이에 따라 팀의 행동을 조율하고 조정한다.

프로젝트 팀은 다양한 방법을 혼합하여 개발하는 것이 유용하기에, 애자일을 소개할 때, 린, 칸반 등의 개념이 자연스럽게 함께 등장한다. 이들 방법 사이의 관계는, 애자일과 칸반 방법이 린 씽킹 (lean thinking)의 후예라고 생각하면 된다. 다시 말해, 린 씽킹은 애자일과 칸반의 속성을 공유하는 큰 집합이다. 이러한 공유되는 부분은, 가치 전달, 사람에 대한 존중, 낭비 최소화, 투명성, 변화에 적응하고 지속적으로 개선하는 데 초점을 맞추는 것이다.

칸반 방법은 원래의 린 제조 시스템에서 유래되었으며 특별히 지식 작업에 사용되었다. 그것은 2000년대 중반에 널리 유행한 애자일 방법의 대안으로 등장했다. 칸반 방법은 원래 'start-where-you-are(현 상태에서 시작)' 접근 방식이기 때문에 애자일 접근 방식보다 덜 규범적이고 덜 파격적이다. 칸반 방법에 대한 많은 논쟁이 있고 앞으로도 있을 것이며, 그것이 린 운동에 속하는지 아니면 애자일 운동에 속하는지 여부에 대한 논쟁이 있을 것이다.

4.3 애자일 프로세스의 탐구

앞에서 애자일 프로세스에 대한 전체 흐름을 간단한 예와 함께 소개하였다. 여기서는 제품 구상 단계부터 시작하는 하나의 프로젝트를 대상으로 조금 더 상세하게 그 개념을 설명한다. 아래 그림을 참고하여 어떤 절차와 순서에 따라 애자일 방법을 적용하는지 이해할 수 있다.

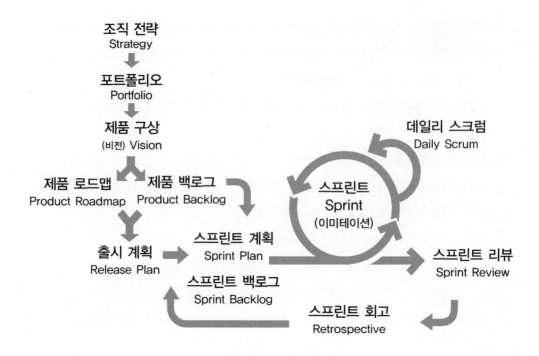

비전/제품 구상

프로젝트의 착수를 위해서는 프로젝트의 배경을 이해하고 큰 그림을 설정해야 한다. 모든 계획은 점진적으로 구체화된다. 개괄적인 컨셉에서부터 시작하여 세부 내용들로 구체화되는 것이 일반적이다. '비전'은 개괄적인 제품 구상을 통해 제품에 대한 큰 그림을 그리는 것이다. 이들 큰 그림을 그리기 위해서는 프로젝트의 배경이나 환경, 그리고 조건, 고객 니즈 등을 파악하는 것이 우선이다. 다음과 같은 '프로젝트의 이해'를 통해서 프로젝트를 정확히 파악하고 표현할 수 있다.

[프로젝트의 이해]

- 우리가 여기에 왜 모였는가?
- 우리 프로젝트의 엘리베이터 피치는?
- 우리 제품을 광고한다면 어떻게 표현할까?
- 우리가 하지 말아야 할 것은 무엇인가?
- 프로젝트 이해관계자 중에 알아두어야 할 사람은?

비전은 간단하게 한 줄로 표현 할 수도 있고, 한 문장 정도로 표현 할 수도 있다. 모든 프로젝트는 이렇게 한 문장으로 표현된 비전으로부터 시작되어 상세한 계획으로 구체화 된다. 그 비전을 만드는 방법 중 하나가 바로 엘리베이터 피치이다. 앞에서 예를 들었던 내용으로, "한국관광공사에서 2021

년 전세계에 한국 트로트를 홍보하여 년간 관광객 3000만명 돌파하기"라는 개괄적인 비전을 대상으로 엘리베이터 피치 방식을 이용한 비전을 작성하면 [그림 1-12]와 같다.

Pop음악	에 해당하는
한국 트로트는	는
새로운 K-Pop에 심취하고 싶어	하는
전세계 Pop 음악 애호가들	에게
지금까지의 K-Pop	과 달리
트로트라는 구체적인 장르	를 갖고
새로운 K-Pop 세계의 정서	를 제공한다.

[그림 1-12] 엘리베이터 피치 방식을 이용한 비전 작성

이렇게 비전을 작성하는 이유는 모든 팀원들이 정확하게 프로젝트의 의도와 방향을 이해하고 함께 같은 방향으로 가기 위함이다. 예를 들어, 팀이 트로트 말고 재즈 관련한 내용도 진행하고 싶다고 해서 추진하면 프로젝트가 엉망이 되어버릴 것이다. 또한 이런 엘리베이터 피치는 제품에 대한 이해뿐만 아니라 고객 입장에서 원하는 것이 무엇인지를 알 수 있도록 해준다.

제품 로드맵

비전이 수립된 후에, 가장 먼저 그 비전을 달성하기 위해 개략적인 상위 수준의 제품 백로그를 작성하는 것이 일반적이다. 이는 프로젝트에서 해야 할 일을 개략적인 큰 덩어리로 표현하는 것이다. 일부 프로젝트의 경우에는 비전과 상위 수준의 제품 백로그를 기반으로 동시에 '제품 로드맵(product roadmap)'이 작성될 수도 있다.

1/4 분기	2/4 분기	3/4 분기	4/4 분기
한국 대표 트로트 가수 발굴하기	트로트 홍보 자료 제작 및 배포	세계적 가수들과 트로트 콜라보	전세계 투어 콘서트
서울 세계 가요제 출전 (3/28)	영국 세계 엔터테인먼트 축제 참가 (6/16)	미국 그래미 시상식 (9월 중순)	

'제품 로드맵'은 시간이 지남에 따라 어떻게 제품이 만들어지고 인도될 지에 대한 점진적인 속성을 설명한다. 특정한 제품 기능이 어떤 시점까지는 출시되어야 할 경우에 제품 로드맵이 필요하지만, 작

은 제품의 프로젝트 경우에는 굳이 제품 로드맵을 필요로 하지 않는다. 제품 로드맵은 프로젝트에서 점진적 배치의 첫 번째 대략적 윤곽이다. 점진적으로 각 출시에는 이해관계자가 합의한 '최소 출시 가능 기능(MRF: minimum releasable features)'을 내놓아야 한다. 여기서 MRF는 '반드시 있어야 하는' 제품 기능의 가장 작은 단위, 즉 출시할 때 고객 가치와 기대를 충족시키기 위해 꼭 개발해야 하는 기능을 말한다. 이러한 일련의 제품 기능을 '최소 기능 제품(MVP: minimum viable product)' 혹은 '최소 시장성 제품 기능(MMF: minimum marketable features)'이라 한다. 이렇게 '최소 출시 가능 기능'을 중심으로 목표를 설정하거나, 예시에서 '서울 세계 가요제'와 같은 특정 외부 이벤트와 같은 목표로 출시할 수 있다. 일부 조직에서는 '최소 출시 가능 제품'을 보완하기 위해 '분기별 출시 로드맵'과 같이 고정되고 주기적인 출시 전략을 사용한다.

제품 백로그

제품 백로그란 제품 개발을 위해 수행해야 할 일들을 리스트로 만든 것으로, 이 리스트는 프로젝트의 비전을 충족시키기 위한 제품 기능들을 중심으로 한다. 프로젝트가 점진적으로 구체화되는 특성 때문에, 제품 구상 단계에서 이미 상위 수준의 개략적인 제품 백로그가 만들어졌을 수도 있다. 이를 '에픽(epic)'이라고 부르는데, 더욱 큰 덩어리의 해야 할 일들이다. 일부에서는 에픽과 테마(theme)를 다르게 해석하기도 하는데, 테마는 에픽과 마찬가지로 큰 덩어리의 해야 할 일들이지만, 백로그들을 특정 주제로 묶은 것을 의미한다. 그러므로 에픽을 세분화하여 테마가 되는 경우도 있고, 테마를 세분화하여 에픽이 되는 경우도 있다. 백로그는 '밀린 일'들이라는 의미를 갖고 있듯이, 제품 백로그는 개발해야 할 새로운 제품 기능, 기존 제품에서 변화해야 할 제품 기능, 개선이 필요한 부분, 기술적인 개선 등의 할 일들이다. 일반적으로는 백로그라고 부르지만, 초기에 만드는 백로그와 추후 이터레이션(스프린트)에서 구체화되는 백로그를 구분하기 위해 제품 백로그와 스프린트 백로그라고 칭하기도 한다.

제품 백로그는 제품을 개발할 때 목적을 달성하기 위해 해야 할 일들로 제품 기능들을 중심으로 작성되는 항목들이다. 팀과 이해관계자들은 제품 백로그를 통해 소통하며, 그들의 의견을 반영하여 가치가 높은 항목을 기준으로 우선순위를 정한다. 제품 백로그 항목들의 우선순위는, '반드시 개발해야 할 것(must have)', '개발하면 좋은 것(nice to have)', '현재로서는 개발하지 않을 것(won't have)' 순으로 구분한다. 이와 유사한 방법으로 'MoSCoW(필수 요소, 선호 요소, 보유 가능 요소, 불필요 요소)'를 이용하여 우선순위를 정할 수 있는데, 이는 본서의 '방법(Method)' 중에서 '기타 방법'내에 있는 '우선순위 스키마'를 참고하면 된다.

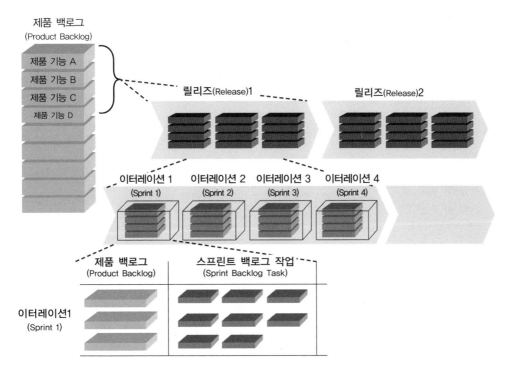

[그림 1-13] 제품 백로그와 계층적 계획

제품 백로그는 계속해서 진화하는 산출물로, 개략적인 내용에서 우선순위가 높은 순으로 상세하게 분할하여 기술한다. 또한, 먼저 수행한 이터레이션(스프린트) 결과를 반영한 피드백을 통해 점진적으로 구체화하거나, 프로젝트 진행 중에 환경이 변하거나 고객 요구사항이 변했을 때, 항목을 추가나 삭제, 혹은 변경할 수 있다. 제품 백로그 항목을 만들거나, 예상치를 추정하고, 우선순위를 다듬는 일련의 과정을 그루밍(grooming)이라고 한다.

(1순위) ~~한국을 대표하는 트로트 가수 2명 선발하기~~
- 트로트 가수 지망 연습생 모집 및 훈련
- 가수 경연 대회 개최
- 최종 선발 가수 트로트 신곡 발표하기
(2순위) 트로트 영상과 홍보 자료 제작 및 배포하기
(3순위) 세계적 가수들과 트로트 콜라보 신곡 발표하기
(4순위) 전세계 20개국 투어 콘서트하기

[그림 1-14] 우선순위와 구체화된 제품 백로그

제품 백로그는 일반적으로 유저스토리 형식, 혹은 유저 케이스 형식으로 기술한다. 가장 많이 사용되는 유저 스토리는, 원래 고객이 자신의 소프트웨어에 원하는 기능을 짧게 인덱스 카드에 표현하는 것이다. 애자일 유저 스토리는 반드시 업무와 관련해 가치가 있어야 한다.

유저스토리의 형식	예
~은(는) ~을(를) 위해 ~을(를) 원한다.	(제품 백로그) 　　트로트 가수 지망 연습생 모집 및 훈련 (유저 스토리) '전세계 K-Pop 팬들은 코로나로 지친 몸과 마음의 위로를 위해 새로운 K-Pop 장르와 힐링을 위한 신선한 가수를 원한다.'

만일 제품 백로그를 한 줄로 간단하게 기술하지 않고, 유저 스토리 형식으로 길게 쓰면, 유저 스토리가 고객 관점에서 기술하기 때문에, 팀은 자연스럽게 고객 입장에서 생각할 수 있으며, 아울러 해당 제품 백로그 항목이 무엇을 위한 것인지, 그리고 원하는 바가 무엇인지 이해도를 높여 더 나은 제품 기능을 도출해 낼 수 있다. 아울러 유저스토리 형식으로 길게 쓰면 별도로 업무를 수행하기 위해 별도로 상세 계획을 수립할 필요가 없다.

제품 백로그의 기본은 우선순위와 그 크기의 추정이다. 플래닝 포커는 개발팀원들이 각자 제품 백로그의 크기를 추정한 후에 서로 비교해서 결정하는 방법 중 하나이다. 제품 백로그의 크기를 추정할 때, 소요 기간으로 산정하지 않고 일반적으로 '스토리 포인트(story point)'라는 단위로 산정한다. 소요 기간이 아닌 스토리 포인트라는 낯선 단위를 쓰는 이유는, 산정치 자체가 추정일 뿐 정확하지 않다는

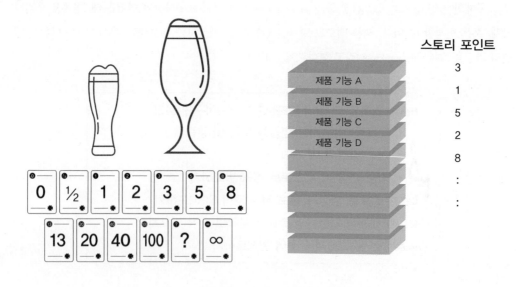

[그림 1-15] 유저스토리의 크기 추정

점이며, 이 또한 추후 투입 자원의 수나 팀원의 기술 능력 등에 따라 소요 기간이 달라질 수 있기 때문이다. 그래서 우선은 제품 백로그의 크기를 절대적 크기 보다 상대적 크기를 이용하여 추정하는 스토리 포인트 사용을 권장한다.

[그림 1-15]의 맥주잔의 크기는 정확히 몇 cc인지 모르지만, 작은 것에 비해 큰 것이 대략 2배라는 것을 추정하기 용이하다. 작은 잔을 1이라는 점수로 하여, 이와 비교하여 큰 잔을 2라는 점수로 할 수 있다. 티셔츠 크기를 개략 S, M, L, XL 라고 구분하는 것과 같다. 이와 같이 제품 백로그 항목 중에서 잘 알 수 있는 항목을 1점(스토리 포인트)이라 하고 다른 항목들을 이와 비교해서 점수를 추정할 수 있다. 이 때 한사람의 의견보다는 여러 사람의 의견을 반영하는 것이 정확도를 높일 수 있으므로, 각자 생각하는 해당 항목의 크기를 플래닝 포커를 이용하여 자신의 추정치를 제시하는 방법이 있다. 일반적으로 0, 1, 2, 3, 5, 8과 같이 앞의 두 수를 더해 다음 수를 정하는 피보나치 수열이 있는 카드를 사용한다. 하나의 스토리를 대상으로 여러 사람이 플래닝 포커를 이용하여 각자 생각하는 점수 카드를 뽑아 동시에 내민 후에, 최저나 최고 점수의 이유를 설명하고, 다시 카드로 추정하는 반복을 통해 의견을 수렴해 가는 방법이다. 이 스토리 포인트로 추정한 크기는 추후 팀의 각종 조건과 제약을 고려하여 작업 속도와 스프린트 기간을 결정하는데 이용하며 프로젝트 종료 시점을 예측하는데 이용된다.

전통적인 예측형 프로젝트관리에서 예상 기간에 익숙한 사람에게는 과연 상대적 크기인 스토리 포인트가 어떻게 계획을 수립하는데 도움이 될지 궁금할 것이다. 그 점수는 일반적으로 '스토리 포인트'라고 할 뿐, '점', '포인트' 등, 아무 이름이나 붙여서 사용해도 좋다. 예를 들면, 10개의 스토리에 각각 상대적 점수인 스토리 포인트를 추정해보니 총합계 점수가 100점이라고 가정하자. 우선순위가 높은 것부터 실행을 했을 때, 2주 단위로 반복되는 이터레이션 중에서 첫 번째 이터레이션을 마치고 보니 완료된 스토리들의 점수 합계가 20점이라면, 모두 5번의 이터레이션이 필요하고 기간은 10주가 소요될 것으로 예상할 수 있을 것이다. 이렇게 반복해서 수행하는 이유는 이미 앞에서 애자일 방법의 장점에서 설명되었다.

릴리즈(출시) 계획

> **[릴리즈 계획]**
> - 릴리즈 1 : (2월15일) 가수 선발
> - 릴리즈 2 : (3월20일) 선발 가수 트로트 신곡 발표
> - 릴리즈 3 : (5월31일) 트로트 홍보 포스터 및 안내서 제작
> - 릴리즈 4 : (6월3일) 트로트 홍보 영상 제작

조직은 고객에게 제품 기능을 릴리즈(출시 혹은 제공)하기 위한 적당한 리듬(cadence)을 정해야 한다. 몇 번의 스프린트 때마다 출시, 매 스프린트 마다 출시, 혹은 제품 기능마다 출시 등이 가능하지만, [그림 1-16]과 같이 몇 번의 이터레이션(스프린트)를 거친 후에 릴리즈(출시)하는 방법이 가장 일반적이다. 이와 같이 스프린트보다 더 넓은 범위로 보는 장기적인 출시 방법뿐만 아니라, 유저 컨퍼런스와 같은 특정 마일스톤을 중심으로 주도하는 출시 계획도 있다. 일반적으로는 '실행 가능한 최소한의 기능'의 완성 시점, 혹은 '최소한의 시장성 있는 기능' 등에 출시를 맞추는 경향이다.

프로젝트 초기의 제품 구상단계나 제품 로드맵에서 '최소 출시 가능 제품(MRF)'을 정의했지만, 제품 출시 계획 동안에도 '최소 출시 가능 제품'이 고객 관점에서 '최소 기능 제품(MVP: minimum viable product)'인지 명확히 해준다. 릴리즈 계획은, 현재 개발단계에 적합한 수준의 정확성, 언제 끝나는지, 어떤 기능을 얻게 될지, 비용이 얼마나 될지를 알려준다.

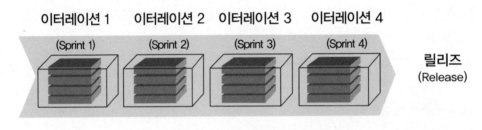

[그림 1-16] 이터레이션과 릴리즈

스프린트(이터레이션) 계획

릴리즈 계획으로 첫 번째 릴리즈를 통해 대략 앞으로 2~3개월 동안 우선적으로 해야 할 제품 백로그들이 정해졌다면, 이제 2~4주 단위로 이터레이션(스프린트)을 수행해야 하는데, 한 번의 스프린트에서 얼마만큼의 일을 할지 그 속도를 고려하여 반복해야 할 스프린트 기간 단위를 결정해야 한다. 이 반복을 애자일 방법론의 종류에 따라 이터레이션 혹은 스프린트라고 부른다. 이터레이션은 앞서 설명한 리듬과 같은 케이던스와 같이 동일 기간으로 반복하는 것을 원칙으로 한다. 또한 이터레이션 계획에서는 각 스프린트에서 할 일인 스프린트 백로그와 더 구체적인 작업(task)들을 정해야 한다. 이는 다가올 이터레이션에 대해서 정하는 것이지 모든 이터레이션에 대해 정하는 것은 아니다. 한 번의 이터레이션이 끝나고 그 결과를 반영하여 백로그 추가, 우선순위 재평가, 작업 속도 등을 반영하여 다시 다음 이터레이션에서 해야 할 일을 매번 결정하는 것이다. 다시 정리하면 이터레이션 계획에는 다음 사항을 포함한다.

- 프로젝트 속도 및 스프린트 길이 결정
- 스프린트 백로그 결정
- 작업(Task) 결정
- 우선 순위 결정
- 기간 추정
- 스프린트 목표 설정

2~4주의 짧은 스프린트를 반복하는 이유는 계속 전력 질주할 수 없기 때문에 짧게 전력 질주한 후에 쉬고 다시 전력 진주를 반복하는 것이다. 애자일은 빠른 실패를 통한 피드백을 중요하게 생각하므로, 일단 하나를 끝까지 해보고 확인 후에 다시 하거나 개선하는 방법을 적용한다. 그러므로 하나의 스프린트는, '좋은 품질의 작동하는 소프트웨어', 혹은 '잠재적으로 출시 가능한 제품 증분(potentially shippable product increments)'이 산출물이 된다. 여기서 '작동하는 소프트웨어'나 '출시 가능한 제품 증분'이 한 번의 스프린트 결과물로 반드시 나올 수는 없다. 다만 고객에게 '가치'를 부여하는 결과물이어야 한다.

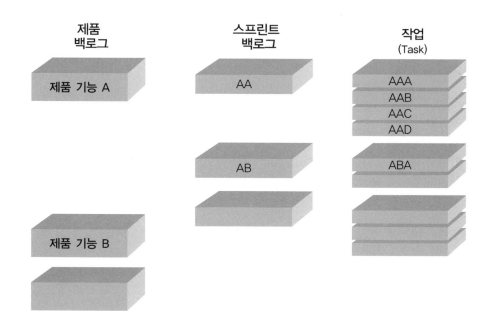

[그림 1-17] 제품 백로그와 스프린트 백로그

이터레이션(스프린트) 계획은, 스프린트 길이와 함께 한 번에 얼마나 많은 양의 스토리들을 처리할 것인지의 속도를 결정하고, 이 속도를 근거로 프로젝트 동안 몇 번의 스프린트를 수행할지 결정한다.

또한 당장 다음 스프린트에서 수행할 스프린트 백로그와 작업들을 결정하고, 그 우선순위와 작업의 기간을 추정한다. 하나의 스프린트에 확정된 시간적 기간(fixed time period) 개념이 적용되는 것을 '타임 박스(time box)'라고 한다.

스프린트 길이는 2~4주 정도의 반복되는 일정한 기간으로, 처음부터 스프린트의 길이를 정하는 것은 어려운 일이다. 처음에는 일반적인 길이인 2주로 시작하면서 프로젝트와 팀에 적합한 길이로 점차 기간을 조정해 갈 수 있다. 2~3번의 스프린트를 실행 한 후에 그 길이를 평균하여 정할 수도 있다. 애자일에서 '속도'는 스프린트 계획 시 한 번의 스프린트 동안 인도할 수 있는 제품 백로그 항목의 양인 총 점수(스토리 포인트)이다. 그러므로 몇 번의 스프린트가 필요한지 스프린트의 수를 계산하기 위해서는, 총 작업량(전체 스토리 포인트)을 팀의 업무 속도(한 스프린트 동안 할 수 있는 포인트)로 나누면 된다.

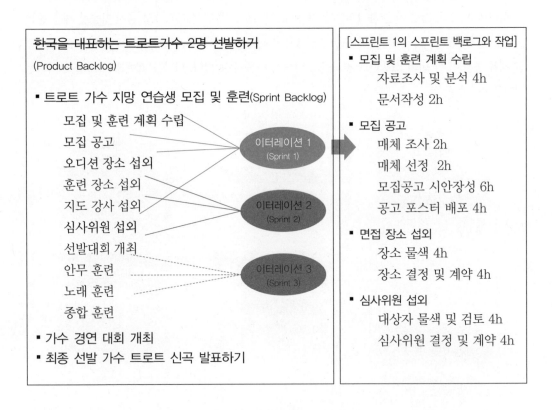

[그림 1-18] 스프린트 백로그 만들기

앞서 상위 수준의 제품 백로그 중에 "(1순위) 한국을 대표하는 트로트 가수 2명 선발하기"를 다음과 같이 구체화된 백로그로 세분화하였다.

- 트로트 가수 지망 연습생 모집 및 훈련
- 가수 경연 대회 개최
- 최종 선발 가수 트로트 신곡 발표하기

그 중에서 다시 우선순위가 높은 제품 백로그인 "트로트 가수 지망 연습생 모집 및 훈련"을 [그림 1-18]과 같이 스프린트 백로그로 세분화하였고, 첫 번째 이터레이션(스프린트) 목표에 맞는 백로그들을 작업 속도에 맞게 선정하였다. 이터레이션이 시작되면, 이번 스프린트에서 수행할 스프린트 백로그들을 작업(task)으로 분할한 후에 팀에서 업무를 배정하고 실행한다.

스프린트(이터레이션) 실행

스프린트 계획이 끝나면 스프린트를 본격적으로 실행한다. 실행 동안, 즉 스프린트 기간 동안에는 일일 스탠드업 미팅을 수행하고, 스프린트 끝에서 결과물인 '잠재적으로 출시 가능한 제품 증분'이 나오면, 이를 대상으로 이해관계자들이 모여 그 결과물을 검토하는 스프린트(이터레이션) 검토를 수행한다. 스프린트 검토 후에는 스프린트의 마지막인 스프린트 회고를 수행하는데, 스프린트 동안 수행한 방법이나 프로세스들을 점검하고 개선한다.

전통적인 프로젝트관리 방법에서의 주간 회의는 이번 주에 시작되거나 끝나는 작업뿐만 아니라 다음주에도 계속 진행되어야 할 작업이 있다. 또한 새롭게 요청되는 추가 작업도 주간 회의에서 프로젝트에 반영된다. 그러나 애자일에서는 하나의 스프린트 동안에는 새로운 업무 범위가 추가되면 안되고, 스프린트에 계획된 모든 일은 스프린트 내에서 시작되고 완료되어야 한다.

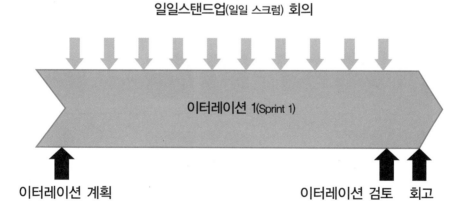

[그림 1-19] 이터레이션 실행

데일리 스크럼(daily scrum)은 일일 스탠드업(standup) 형식으로 15분 이내 수행한다. 이터레이션 첫 날의 이터레이션 계획과 마지막 날의 이터레이션 검토 및 회고를 제외하고 매일 수행한다. 일일 스탠드업은 팀이 일을 더 잘할 수 있도록 자기조직화(Self-organizing)하는 것을 돕는 검토 활동, 동기화 활동, 일일 적응계획 활동이다. 회의 동안에는 라운드 로빈 방식으로 돌아가면서, 어제 무엇을 했는가, 오늘은 무엇을 할 것인가, 오늘 어떻게 그 작업을 끝낼 것인가(혹은 특별한 이슈는 없는가)를 논의한다. 업무 진행 보고나 문제 해결을 논의하는 회의가 아니고, 일일 스탠드업을 통해 각자 상황을 파악하고 도움을 주거나 받을 수 있게 하기 위한 회의이다.

일일 스탠드업에서는 가시화된 도표들을 이용하여 프로젝트 상황을 파악하고 의사소통을 한다. 대표적인 방법이 업무 상황판(task board)과 번다운/번업(burn down/burn up) 차트이다. 먼저 태스크 보드(업무 상황판)는 프로젝트 상황판(project dashboard), 스토리 보드(story board)라고 부르기도 한다. [그림 1-20]과 같이, 해당 제품 백로그와 관련 된 작업(task)들 중에서, '해야 할 작업(to do)', '진행 중인 작업(doing)', '완료된 작업(done)'으로 구분하여 현황을 쉽게 식별할 수 있는 방법을 이용한다. 일일 스탠드업에서는 이 현황판을 매일 업데이트한다. 이 태스크 보드는 어느 누가 아침 일찍 출근해도 다음에 할 일이 무엇인지 정확히 알 수 있게 해주기 때문에 유용하며, 지금 개발 중인 제품에서 어디가 병목(bottleneck)이고, 자원을 어느 작업에 배치해야 하는지를 알 수 있게 해준다.

제품백로그 Product Backlog	해야 할 업무 To Do		진행 중인 업무 Doing		완료된 업무 Done	
유저 스토리 #1	메뉴얼 리스트 6	테스트 케이스 정의 4	신규 화면 구축 4		비즈니스 로직 실행 4	솔루션 설계 2
유저 스토리 #2	단위 테스트 작성 2	자동화 테스트 구축 6	기존 화면 수정 2	비즈니스 로직 실행 4	솔루션 설계 2	
유저 스토리 #3	자동화 테스트 구축 6		신규 화면 구축 2	데이터 베이스 변경실행 4	솔루션 설계 2	

[그림 1-20] 태스크 보드의 예

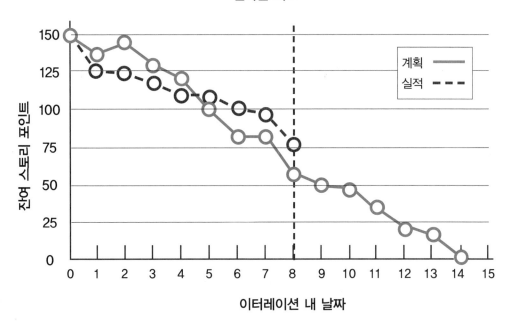

번다운 차트

[그림 1-21] 번다운 차트의 예

번다운 차트는, 세로 Y축은 남아있는 일의 양(즉, 스토리 포인트)이며, 가로 X축은 기간이나 스프린트를 나타낸다. 이는 각 기간마다 잔여 작업량인 점수를 기록하고, 이를 이어서 그래프로 만들면 된다. 이때 선의 기울기가 팀의 업무 속도이다. 번다운 차트는 프로젝트 전체의 상황이나 하나의 릴리즈를 대상으로 표현할 수도 있고, 하나의 스프린트의 상황만을 나타낼 수도 있다. 그림에서 가장 진한 실선이 계획을 나타낸다. 이 계획선에 대해 세로축인 Y축을 보면, 첫 번째 스프린트에서 작업해야 할 프로젝트의 총 스토리 포인트는 150에서 시작한다. 즉, 이 스프린트에서 수행해야 할 제품 백로그들의 스토리 포인트를 모두 합한 것이 150포인트인 것이다. 그리고 이터레이션 날짜 1이 끝났을 때, 잔여 백로그는 137점 정도 된다. 이터레이션 날짜 1을 통해 13점을 완료해야 한다는 계획이다. 가로축인 X축은 시간 흐름으로 총 14일(2주) 걸리는 스프린트를 표시한다. 마지막 날에 검정색 선은 0 스토리 포인트가 된다. 14일인 2주 동안 150 스토리 포인트를 완료해야 하는 목표 계획이다. 점선의 경우를 보면, 이터레이션 날짜 1이 끝났을 때, 잔여 스토리 포인트 실적은 125점으로, 계획인 137점보다 더 많은 작업을 완료한 상황이 된다. 이터레이션 날짜 2가 완료된 후에 잔여 작업에 대한 계획이 증가하였는데, 이는 프로젝트 범위 추가 등으로 추가된 백로그가 있다는 것을 의미한다. 이 번다운 그래프는 작업이 얼마나 완성되었고 얼마나 남았는가, 우리 팀의 업무 속도는, 그리고 예상되는 출시 날짜는 언제인가 등을 분석할 수 있게 한다. 번업(burn up) 차트의 경우는 이와 반대로 잔여 작업

포인트 대신, 계획된 작업과 완료된 작업에 대해 누적으로 표시하여, 그래프가 우상향하게 된다.

이터레이션 검토

스프린트 계획이 끝나면 스프린트를 실행하고, 스프린트 기간 동안 일일 스탠드업 미팅을 반복 수행하면 결국 스프린트 결과물인 '잠재적으로 출시 가능한 제품 증분'이 나온다. 이 제품을 대상으로 이해관계자들이 모여 그 결과물을 검토하는 이터레이션 검토를 수행한다. 이때 개발된 제품에 대한 데모를 주로 수행하는 조직도 있다. 이터레이션 검토 후에는 스프린트의 마지막인 스프린트 회고를 수행하는데, 스프린트 동안 수행한 방법이나 프로세스들을 점검하고 개선한다.

애자일에서는 하나의 스프린트 동안에는 새로운 업무 범위가 추가되면 안되고, 스프린트에 계획된 모든 일은 스프린트 내에서 시작되고 완료되어야 한다. 만일 업무 추가가 필요하면, 다음 이터레이션 계획에서 검토하여 새로운 제품 백로그로 추가하거나 필요시 이후 진행하는 스프린트에 추가하면 된다. 이터레이션 검토의 목표는 다음과 같은 내용을 포함한다.

- 스프린트 종료를 위한 제품 검토
- 일의 결과인 출시 가능한 제품 증분을 검토
- 스크럼 팀과 이해관계자들이 참석
- 제품에 대한 데모, 관찰, 질문, 제안
- 애자일 프레임워크에서 가장 중요한 학습 고리

스프린트 종료가 가까울 때, 팀은 이터레이션 검토와 회고라는 중요한 검토 및 적응 활동을 한다. 이터레이션 검토는 제품 자체에 초점을 맞추고, 회고는 제품을 만들기 위해 사용한 프로세스를 살펴본다. 이터레이션 검토는 스프린트에서 완료한 일의 결과에 대해 이야기하거나 완료하는 과정에서 있었던 일을 함께 이야기 할 수도 있다. 예를 들면, '트로트 가수 지망 연습생 모집'을 위해 '오디션 장소 섭외' 작업을 했는데, 장소가 다소 협소해서 다음 스프린트에서 수행할 '오디션 심사위원 섭외'에서 그 인원수를 조정할 필요가 있을 수 있다는 것이다.

이터레이션 검토의 목표는 제작되고 있는 제품을 검토하고 적응하는 것으로 스프린트 결과물인 '출시 가능한 제품 증분'을 검토한다. 팀과 이해관계자들이 참석해서 결과물에 대한 데모/ 관찰/ 질문/ 제안 등 수행하는데, 대화의 초점은 전체적인 개발 맥락에서 이번에 막 완성된 제품 기능을 검토하는데 맞춘다. 실제는 팀원이 아닌 사람들이 스프린트 결과의 제품 기능을 검토하고 피드백을 제공함으로써 팀이 스프린트 목표를 잘 성취하도록 돕는다. 이는 참석자 모두가 앞으로 어떤 일이 일어날지에 대해 명확히 알고 비즈니스에 가장 적합한 해결책을 만들 수 있도록 개발 지침을 수립하는데 도움되는 스크럼에서 가장 중요한 학습 고리이다.

회고

이터레이션 검토 후에는 스프린트의 마지막인 스프린트 회고를 수행하는데, 이 회고는 스프린트 동안 수행한 방법이나 프로세스들을 점검하고 개선하는 회의이다.

회고는 스프린트가 끝날 때마다, 지속적인 개선을 위해 팀원들만 모여서 팀이 일하는 방식에 대해 되돌아보고 이야기하는 시간이다. 스프린트에서 발생한 일이나 일하는 방식을 분석하고 개선을 위한 방식을 찾고 이를 실행하기 위한 계획을 수립한다. 운동 선수들이 경기 후에 모여서 경기를 시청하거나 회고하면서 잘한 점과 잘못한 점을 확인하고 개선하는 노력을 하지 않으면 발전이 없을 것이다. 그러나 회고 미팅은 팀원의 잘잘못을 따지는 자리가 아니고 업무 방식인 프로세스 개선을 위해 편하기 이야기 나누는 회의이다. 애자일에서 가장 중요하지만 가장 과소평가되어 형식적인 회의로 그치는 문제점이 있다.

회고는 이터레이션 혹은 시간이 정해진 타임박스 내에 다음과 같은 일을 한다.

- 일어난 일들 살펴보기
- 일하는 방식 분석하기
- 개선 방법 찾기
- 개선을 실행할 계획 수립하기

회고 동안에 논의할 사항은 다음과 같다.

- 이번 스프린트에서 잘되어서 지속하고 싶은 것은?
- 이번 스프린트에서 잘 되지 않아 중단하고 싶은 것은?
- 팀이 새롭게 시작하거나 개선해야 할 것은?

애자일의 역할과 책임

애자일 방법론에는 대표적인 스크럼, XP 외에 여러 방법들이 있다. 본서에서는 가장 대표적인 스크럼 방식에서의 역할과 책임을 소개한다.

스크럼 팀은 다음과 같은 특징을 갖는다.

◐ 자기조직화 팀(Self-organized Team)
전통적인 관리 방식은 관리자에 의해 지시와 통제를 받지만, 애자일의 스크럼 팀은 자기조직화 된 팀으로서 스스로 계획하고 조정하며 통제하는 자율적인 조직이다.

◉ 교차기능 팀(Cross-functional Team)

팀 내에 각 직능 인력이 구성되어, 팀 내에서 분석, 설계, 구현, 테스트 등의 모든 작업을 스스로 완료할 수 있는 팀을 만든다.

◉ T자형 인력

팀 내에서 프로젝트의 모든 작업을 스스로 완료하기 위해서는 서로 협력하고 지원해야 한다. 그러므로 특정 기술 분야에만 능통한 전문가(I자형 인력) 대신에 자신의 전문 분야 외에서 폭넓게 다른 분야에 대한 기술도 보유한 인력(T자형 인력)이 요구된다.

애자일에서는 전통적인 프로젝트 관리자(PM)이라는 개념을 사용하지 않는다. 스크럼 팀에서의 역할과 책임은 다음과 같다.

◉ 제품 책임자(Product Owner)

무엇을 개발할지, 어떤 순서로 개발할지 결정하는 책임자

◉ 스크럼 마스터(Scrum Master)

스크럼 프레임워크를 기반으로 팀이 자체적으로 만들고 따르도록 가이드하는 역할자

◉ 개발 팀(Development Team)

제품 책임자가 요구하는 것을 어떻게 인도할 것인지를 책임지고 결정하는 그룹

제품 책임자는 제품 리더십에 권한을 가진 핵심 인물이다. 그는 어떤 특성과 기능을 갖고 어떤 순서로 제품을 개발해야 하는지 결정하는 권한을 가지며, 조직의 전략과 비전을 유지하고 팀원들에게 비전을 전달하여야 한다. 이처럼 개발되거나 유지되는 제품의 전체적인 성공에 책임이 있다. 일부 고객 주도의 프로젝트인 경우에는 고객이 제품 책임자 역할을 수행한다.

스크럼 마스터는 모든 구성원이 애자일 스크럼의 가치/원리/활용방법을 이해하고 받아들일 수 있도록 돕는 역할을 한다. 코치로서 모든 프로세스 진행을 돕고 팀이 좋은 성과를 낼 수 있는 자신만의 접근 방법을 개발하여 적용한다. 그는 촉진자로서 애자일 스크럼 적용상의 문제점을 해결하고 애자일 스크럼을 잘 실천하도록 도우며, 팀의 문제를 해결하도록 돕거나, 팀의 외부 장애 요인으로부터 보호하는 역할을 수행한다. 전통적 프로젝트관리자와 다르며 리더의 역할이지만 관리자가 아니며 권한도 없다.

개발 팀은 디자인, 설계, 테스트를 책임지는 다양한 교차기능적 집합을 말한다. 제품 책임자가 설정한 목표를 달성하기 위한 최상의 방법을 결정하기 위해 자기조직화된다. 보통 5~9명으로 구성되며, 시스템 설계자/프로그래머/테스터/DB관리자/UI디자이너 등의 필요 기술을 가진 팀원들이 '출시 가능한 제품'을 만들 수 있어야 한다. 특히 자기조직화된 팀의 주역이 되어 프로젝트에서 스스로 의사결정하고 협업하여 프로젝트를 수행한다.

애자일에서의 공통적인 역할은 교차기능팀원, 제품 책임자, 팀 촉진자의 세 가지를 들 수 있다. 이러한 팀 역할을 다음과 같다.

역할	설명
교차기능팀원 (Cross-functional team member)	• 교차기능팀은 제품 생산에 필요한 모든 기술을 갖춘 팀원들로 구성 • 소프트웨어 개발에서 교차기능팀은 일반적으로 설계자, 개발자, 테스터 및 기타 필요한 역할로 구성 • 교차기능 개발팀은 잠재적으로 릴리스 가능한 제품을 정기적으로 제공하는 전문가로 구성 • 교차기능팀은 외부 의존성 없이 최대한 짧은 시간 내에 완성품을 더 높은 품질로 제공할 수 있기 때문에 중요함

제품 책임자
(Product Owner : PO)
	• PO는 제품 방향에 대한 안내 책임
	• PO는 비즈니스 가치에 따른 작업 순위 결정
	• PO는 매일 자신의 팀과 함께 제품 피드백을 제공하고 개발/인도할 다음 기능에 대한 방향을 설정
	• PO는 이해 관계자, 고객 및 팀과 협력하여 제품 방향을 정의
	  – 일반적으로 PO는 비즈니스 배경을 가지고 있으며, 의사결정에 심층적인 주제 전문 지식을 제공
	  – PO는 설계자와 같은 심층적인 분야 전문 지식을 보유하나 때로는 제품 관리자와 같은 심층적인 고객 전문 지식을 가진 사람에게 도움 요청
	• PO는 팀을 통해 작업 흐름을 구성하고 관리하는 방법에 대한 교육 필요
	• PO는 팀과 함께 백로그를 작성
	  – 백로그를 통해 팀은 낭비없이 최고의 가치를 제공하는 방법을 확인
	• 애자일 팀의 중요한 성공 요인은 강력한 제품 소유권(ownership)

팀 촉진자 (Team facilitator)	• 애자일 팀에서 팀 촉진자는 서번트 리더 • 서번트 리더 역할에는 프로젝트 관리자, 스크럼 마스터, 프로젝트 팀장, 팀 코치 또는 팀 촉진자 등이 있음 • 촉진, 코칭, 장애물 제거 등의 서번트 리더십 기량 구축에는 시간이 필요 • 초기에 내부 코칭 능력이 완전히 개발되지 않은 경우 외부 애자일 코치를 초대

애자일을 이용한 프로젝트는 팀 내외의 협업을 향상시킬 수 있는 프로젝트팀 구조의 장점을 갖는다. 다음은 협업팀 구성원들의 생산성 향상과 혁신적 문제해결을 촉진하는 방법의 예이다.

속성	목표
헌신적인 사람들	• 집중력 및 생산성 증가 • 소규모 팀, 10명 미만
교차 기능팀 (Cross-functional team)	• 잦은 개발 및 인도 • 독립적 팀으로서 완성된 가치 제공 • 모든 작업 활동을 통합하여 완료된 작업 인도 • 팀 내부 및 기타 사용자로부터 피드백 제공(예: 제품 책임자, PO)

속성	목표
동일장소 배치 또는 다양한 장소에 대한 관리 능력	• 커뮤니케이션 개선 • 팀 활력 개선 • 지식 공유 • 학습 비용 절감 • 상호 업무 협력에 대한 수행 약속
Generalist(박학다식 인력)와 Specialist(전문 인력)의 혼합팀	• Specialist는 전담 전문 지식을 제공하고 Generalist는 누가 무엇을 할지에 대한 유연성 제공 • 팀은, Specialist 역량을 갖추며, 집중적 전문성과 다양한 기량을 통해 여러 경험을 쌓아 종종 일반직화된 Specialist가 되도록 함
안정적인 작업 환경	• 인도를 위한 상호 의존 • 작업에 대한 합의된 접근방법 • 단순화된 팀 원가 계산(실행 속도) • 지적 자산의 보존 및 확대

4.4 애자일 접근 방식의 혼합

애자일을 적용하기 위해서는 정해진 하나의 방법을 이용하는 것이 아니라, 다양한 접근 방식을 이용하여야 한다. 즉, 프로젝트 속성에 가장 적합한 접근 방식으로 조정해서 적용해야 한다. 다음은 적합성을 높이기 위해 프로젝트의 요인과 이에 대한 조정 대안을 제시하는 몇 가지 예시이다.

프로젝트 요인	조정 대안
수요 패턴이 안정적 또는 산발적인 경우	케이던스(일반적인 타임 박스 형태)를 사용하여 시연하고, 회고하고, 새로운 작업을 포함시킬 수 있으며, 팀은 더 많은 작업을 수용할 수 있는 유연성이 필요하기에, 이를 활용하기 위해 케이던스와 함께 흐름 기반의 애자일을 사용
팀 경험 수준에 따른 프로세스 개선 비율이 요구되는 경우	더 자주 회고하고 개선 사항을 선택
일의 흐름이 종종 여러 가지 지연이나 장애에 의해 방해를 받는 경우	흐름을 개선하기 위해 칸반 보드를 사용하여 작업을 가시화하고 작업 프로세스의 다양한 영역에 대한 한계를 실험하는 것을 고려
저품질 제품 증분의 경우	다양한 테스트 기반 개발 방식 사용을 고려하여, 실수 방지 절차가 결함을 놓치지 않게 함
제품 구축을 위해 여러 팀이 필요한 경우	운영 중단을 최소화하면서 하나에서 여러 개의 애자일 팀으로 확장하려면 먼저 애자일 프로그램 관리 또는 공식적인 확장 프레임워크에 대해 학습한 후에 프로젝트 상황에 맞는 접근 방식을 만듦
프로젝트 팀 구성원들이 애자일 접근 방식 사용에 대한 경험이 없는 경우	팀원들에게 애자일 사고 방식과 원칙의 기본을 교육 할 것을 고려하고, 팀이 스크럼이나 칸반과 같은 특정 접근 방식을 사용하기로 결정한 경우에 팀 구성원이 어떻게 사용하는지 배울 수 있도록 해당 접근 방식에 대한 워크숍을 제공

프로젝트의 여러 속성에 따라 주어진 상황에 적합한 방법을 찾아 프로젝트를 수행할 수 있도록 조정해야 한다. 애자일 접근 방식을 어느 경우에 어떻게 조정할 수 있는지에 대한 각 상황 별 조정 권장사항을 명시한 조정 가이드라인은 다음과 같다.

◑ 대형 프로젝트 팀
- 대규모 프로젝트를 몇 개의 작은 단위 프로젝트로 재구성
  - 기술 시험 프로젝트를 먼저 시도하고 나서 구현 프로젝트를 시도
- 프로젝트팀 규모를 줄일 수 있게 매번 인도하는 기능 수를 줄여 더 자주 릴리즈하는 방식을 고려
  - 혼돈과 비용을 줄일 수 있도록 핵심 팀원들로만 팀을 축소하는 것을 고려
- 대규모 팀을 여러 팀으로 나누고 프로그램관리를 통해 팀들을 동기화하고 조율
  - 애자일 및 린(Lean) 프로그램 관리를 통해 업무량 구성 단위를 늘림
- 확장형 애자일 또는 린(Lean) 프레임워크를 고려
  - 프레임워크마다 유용한 아이디어를 제공하며, 또한 구현 리스크와 프로세스 가중치/비용 수반

◑ 분산형 팀
- 여러 프로젝트에 팀원들이 분산 배정되는 경우에는, 메시지나 화상 회의, 전자 게시판 등의 도구가 의사소통 간극을 좁혀 줌
- 팀이 안정되어 가고 있으면 최대한 빨리 대면회의계획을 세워서 더욱 효과적인 원격 대화가 가능하도록 조치
  - 얼굴 표정과 몸짓으로 정보를 전달받지 못하는 원격 회의의 경우, 돌아가며 의사표현을 하여 의사결정에 대한 참여와 합의 여부를 표시하게 함
- 반복 기반의 애자일 접근방식도 고려
- 팀원들이 여러 시간대에 분산되어 있는 경우, 개별 회의(한 번에 2-3명)를 더 자주 갖도록 장려하고 전체 단위의 소통 빈도는 축소

◑ 애자일 프로세스로 감당이 어렵고, 부가적 문서와 적합성 검사가 필요하며 안전성이 중요시 되는 제품
- 이 경우에 애자일 접근방식을 사용할 수 있지만 도메인 별로 요구하는 적합성 검토, 문서화 및 인증 단계를 추가
  - 이때 작성된 문서는 팀이 완성한 기능과 함께 제공하는 인도물에 포함
- 제품 환경에 요구되는 엄격한 기준을 추가하여 혼합형 접근방식(복수 애자일 접근방식)을 사용하여 협업과 의사소통을 개선

◎ **안정적인 요구사항 및 실행 프로세스**

- 요구사항에 대한 불확실성이나 변경률이 낮거나 실행 리스크가 최소 수준인 경우, 전체 범위의 애자일 접근방식은 불필요
  - 프로젝트가 협업과 투명성 증가로 성과를 내지만 일부 반복 빌드 및 검토 주기는 과도한 수준임
- 빌드/피드백 주기의 정기적 진행 과정에서 요구사항의 식별 또는 구체화되지 못할 때, 검토 시간에 미치는 비용 영향을 최소화하기 위해 주기를 연장
- 프로젝트 설계 및 개발 과정에는 많은 변경이 있음에도 불구하고 고객에게 정해진 주기로 반복해서 배포해야하는 경우, 프로젝트 단계별로 적절한 생애주기 모델을 사용하는 혼합형 접근방식이 적합

◎ **기능 조직 내 기능 사일로 안에 있는 팀**

- 애자일은 교차기능팀이라는 개념 위에 형성
- 사람들에게 경영진의 개입 없이 스스로 몇 개의 교차기능팀을 구성하도록 지시하는 것을 고려하고 진행 경과를 확인
- 보상체제가 기능 자체만을 인정하고 보상하기 위한 것이라면 먼저 보상체제 변경을 고려
  (참고 : 사일로 팀이란, 곡식을 저장하는 큰 탑 모양의 저장고처럼 조직이 서로 차단되어 서로 통하지 않는 상황)

◎ **투명성이 공포를 야기하는 경우**

- 중간 인도물을 공유하고 성공과 실패, 현재 상태를 정직하게 공개하는 것이 투명성
- 애자일은 투명성 문화를 조성하는데, 개발 전반에서 자신의 작업물을 공개하고 공유
- 투명성에는 용기가 필요하며, 본보기로 팀을 이끌고 현황게시판이나 화이트보드를 사용하여 의사결정 프로세스 투명성을 보여줌

◎ **기술 영역에 대한 팀원들의 지식 부족**

- 애자일 접근방식은 작업 순서 배정, 문제해결 사용할 방식 등과 같은 작업 항목에 관한 현지 의사결정이 가능하도록 자율팀을 장려하고 활용
- 다수의 팀원이 경험이 없는 경우, 합의 중심 접근방식 보다는 팀에 필요한 기술을 습득할 때까지 추가적인 "배정"과 "지시"가 유용
  - 단순히 애자일 채택을 선언하지 않고, 경험이 부족한 팀이 스스로 하도록 모든 것을 시도하게 두지 않음
- 역량강화 센터 조성으로 지침을 제시하고 도메인 지식 구축 지원을 고려

◯ 경영진의 후원(수용) 부족

- 경영진 후원이 없으면 애자일 사고방식의 접근과 예측형 사고 방식의 접근을 놓고 충돌 발생
- 조직의 필요에 따라 공통점과 개선 영역을 찾은 다음, 실험과 회고를 반복하며 프로젝트를 진행
- 경영진 대상의 교육/훈련을 고려
- 개선 정도가 작은 단기 주기, 소단위 배치(batch), 잦은 검토 및 회고를 적용하는 린(Lean) 씽킹 측면에서 애자일을 설명하는 방법도 고려

◯ 애자일 용어와 언어가 조직 문화에 부적합한 경우

- 애자일 언어를 이해할 수 없는 경우, 사람들이 활동을 이해하고 동의할 수 있도록 용어를 수정하고 각 용어의 의미를 구체적으로 설명
  - 예를 들어, 조직에서 '게임'이라는 단어를 비전문적이라고 생각한다면, '계획수립 게임'과 같은 용어 대신 '계획수립 워크숍'이라는 용어를 사용

4.5 애자일 문제점과 해결 방법

애자일 접근은 프로젝트가 잦은 변경과 함께 불확실성 및 복잡성이 높은 경우에 이를 적절하게 관리할 수 있는 방식이다. 이는 예측형 프로젝트에서 발생하는 다양한 문제들을 해결할 수 있는 다양한 방법들을 제공한다. 다음은 프로젝트에서 발생할 수 있는 다양한 문제들에 대해 애자일 방식에서 어떻게 해결하는 지에 대한 예들을 보여준다.

- 불명확한 팀의 목적 또는 미션
  - 목적(비전, 미션, 미션 테스트)을 위한 애자일 헌장 수립

- 불명확한 팀의 작업 합의
  - 조정(가치, 원칙, 작업 합의)을 위한 애자일 헌장 수립

- 불명확한 팀의 상황(컨텍스트)
  - 상황 컨텍스트(경계, 집행된 자산, 사전 분석)를 위한 애자일 헌장 수립

- 불명확한 요구사항
  - 스폰서와 이해관계자가 제품 비전을 수립할 수 있도록 지원
  - 사용자 스토리 매핑, 영향 매핑, 사양 등을 이용한 제품 로드맵 구축
  - 팀과 제품 책임자(PO)가 함께 요구사항에 대한 기대와 가치를 명확하게 함
  - 로드맵을 점진적으로 소규모의 구체적 요구사항으로 분할

- 낮은 수준의 사용자 경험(UX)
  - 개발팀에 포함된 사용자 경험(UX) 설계 실무에 사용자를 조기부터 자주 참여

- 부정확한 산정치
  - 스토리를 분할하여 스토리 크기를 줄임
  - 추정을 위해 전체 팀과 상대적 산정치를 사용
  - 애자일 모델링이나 스파이크로 스토리 내용을 파악

- 불명확한 작업 배정 또는 진척
  - 팀이 자신의 작업을 자율 관리하게 배울 수 있도록 지도
  - 업무 흐름을 보기 위해 칸반 보드를 고려
  - 일일 스탠드업 보드를 검토하여 항목 검토와 작업 위치 파악을 고려

- 팀이 장애물에 부딪힌 상황
  - 서번트 리더는 장애물을 제거를 도움
  - 팀이 선택할 수 있는 옵션을 모르는 경우에는 코치를 고려함
  - 때로는 팀이나 서번트 리더가 제거하지 못한 스토리를 에스컬레이션

- 제품 백로그 항목 상세화 부족으로 인한 작업 지연이나 초과 실행
  - 제품 책임자와 팀의 워크샵이 함께 스토리를 제공
  - 스토리를 위한 준비의 정의를 생성
  - 작은 스토리를 사용하기 위한 스토리 분할을 고려

- 결함
  - 환경에 적합한 기술적 실무를 고려
  - 일례로 페어 작업, 공동의 제품 소유권, 전반적(pervasive) 테스트(테스트 주도 및 자동화된 테스트 접근) 및 확고한 완료 정의

- 작업 상태 미완료
  - 팀은 인수 기준을 포함하여 스토리에 대한 작업의 완료 정의를 수립
  - 프로젝트에 대한 릴리스 기준도 추가

- 기술 부채(저품질 코드)
  - 리팩토링, 애자일 모델링, 전반적 테스트, 자동화된 코드 품질 분석, 완료 정의

- 제품의 높은 복잡성
  - 소프트웨어 프로젝트인지 여부와 상관없이, 팀은 항상 "가장 단순한 방법이 무엇일까?"라고 생각하고 "단순성(simplicity) – 미완료 작업의 양을 최대한 세분화하는 기술"이라는 애자일 원칙을 적용하도록 장려하여 복잡성을 축소

- 팀워크 프로세스가 느리거나 개선되지 않음
  - 각 회고에서 개선할 항목을 세 개 이하로 선정
  - 서번트 리더에게 팀이 이런 개선 항목을 통합하는 방법을 지도하도록 요청

- 재작업으로 이어지는 많은 선행 작업
  - 선행 작업을 줄이고 대신 팀 스파이크를 통해 배움
  - 프로젝트 시작 시 진행 중인 작업(WIP)를 측정하고 설계 대신 가치를 인도하기 위한 대안 확인
  - 반복(이터레이션) 기간을 단축하고 확고한 완료 정의를 수립

- 시작 단계의 실패 및 노력 낭비
  - 제품 책임자에게 팀의 핵심 구성원이 될 것을 요청

- 비효율적 순서로 된 제품 백로그 항목
  - 지연을 기간으로 나눈 비용(CD3) 및 기타 가치 모델 등의 가치로 순위 정함

- 작업의 도래와 대기가 고르지 않은 흐름
  - 팀의 처리 능력을 초과하지 않고 최대한 발휘하도록 계획
  - 멀티태스킹을 중단하고 한 팀에 전념할 것을 요청
  - 페어링(pairing), 스워밍(swarming), 집단동일작업(mobbing) 방식으로 작업하여 전체 팀에 고르게 역량을 분산하도록 팀에 요청

- 불가능한 이해관계자 요구
  - 이 이해 관계자(제품 소유자 포함)와 협력할 수 있는 서번트 리더십

- 예상 또는 예측 못한 지연
  - 팀에게 더 자주 체크인 하도록 요청하고, 칸반 보드를 사용하여 작업의 흐름을 확인하여, 진행 중인 작업의 한계를 확인하여 요구가 팀이나 제품에 미치는 영향을 파악
  - 또한 장애(impediment) 보드의 장애 요인 및 장애 제거 상황의 추적

- 교차기능팀이 아닌 사일로팀
  - 프로젝트 참여자들에게 교차기능팀으로 자기조직화(self-organize)하도록 요청
  - 애자일 팀들이 교차 기능적인 팀을 왜 필요로 하는지 관리자들이 이해할 수 있도록 돕기 위해 서번트 리더십 기량을 활용

[참고] 스파이크(spike)

- 어떤 의문에 답이나 지식을 얻기 위해 이터레이션 계획에 포함된 작업을 말한다. 어떤 기능은 작업으로 나누기 힘들어 작업 내용의 파악과 추정이 어려울 경우가 있다. 예를 들면, '코드 수정'을 위해 소요되는 시간을 추정하려 하는데, 우선은 코드 내용을 들여다 보아야 추정할 수 있다면 이것을 두 개의 작업으로 분할할 수 있다.
  - 코드 내용 중에 어떤 부분이 영향을 받아 수정이 필요한지 확인한다 – 2시간
  - 코드를 수정한다 – 10시간
- 여기서 첫 번째 작업을 스파이크(spike)라고 한다. 이 스파이크를 통해 일을 어떻게 풀어 가야 좋을지 배울 수 있다.

[참고] 리팩토링(refactoring)

소프트웨어의 쉬운 이해와 수정을 위해 외관상 동작의 변화 없이 소프트웨어 구조 변경

[참고] 페어링(pairing), 집단동일작업(mobbing), 스워밍(swarming)

- 이들은 소프트웨어 개발 시 무리를 지어 작업을 하는 방법으로 다음과 같은 가치가 있다.
  - 팀은 진행 중인 작업(WIP)을 제한하여 작업을 완료하는 데 집중할 수 있다.
  - 팀은 무리를 지어 함께 배울 수 있다.
  - 팀이 협력하므로 팀워크를 강화하며, 누가 무엇을 할 수 있는지, 누가 무엇을 배우는지 알 수 있다.
  - 팀은 작은 작업 덩어리에 대해 여러 관점을 가지므로 검토의 이점을 얻을 수 있다.
- 이들 방법은 다음과 같은 차이가 있다.
  - 페어링: 하나의 작업(WIP), 개발자 2명, 하나의 키보드(공유 PC)
  - 모빙: 하나의 작업(WIP), 전체 팀, 하나의 키보드
  - 스워밍: 하나의 WIP, 팀이 협력하여 하나의 항목 완료
- 특히 스워밍(swarming)은 새로운 항목에 대한 작업을 시작하기 전에 적절한 역량과 기술이 있는 팀원들이 이미 시작된 항목을 마치기 위해 협력해서 일하는 것으로 많이 알려져 있으며, 이를 위해 T자형 기술 인력이 유용하다.

[참고] CD3(Cost of Delay Divided by Duration)

- 제품 백로그의 우선순위 결정 기법으로, CD3는 지연 비용을 기간으로 나눈 값을 말한다. 지연 비용(CoD: cost of delay)이란, 기능 구현(출시)이 늦어져서 발생되는 손실 비용을 말하며, CD3 기법은 지연 비용과 기간을 기준으로 우선순위를 정하는 것이다.

항목	기간(week)	가치/week	CD3	지연 비용
기능 1	8	50,000	6.25	400,000
기능 4	2	8,000	4	80,000
기능 3	9	20,000	2.22	380,000
기능 2	1	750	0.75	15,000
			총 CoD	875,000

- 위 표는 CD3 기준으로 기능 항목을 우선순위화한 것으로, CD3는 가치를 기간으로 나눈 값이다. 기능1의 비용은 지연 기간(8주)과 주당 가치(50,000)를 곱한 것이며, 기능2의 비용은 지연 기간(8+2=10주)과 주당 가치(8,000)를 곱한 값이다. 그러므로 총 지연비용(CoD)은 875,000이다.
- 만약에 우선순위 기준을 개발기간이 짧은 기능을 우선으로 하거나, 가치가 큰 기능을 우선으로 하여 총 CoD를 계산한다면, 개발기간 기준의 총CoD가 가장 크고 CD3 기준의 총CoD가 가장 작은 결과가 나온다.

2
Chapter

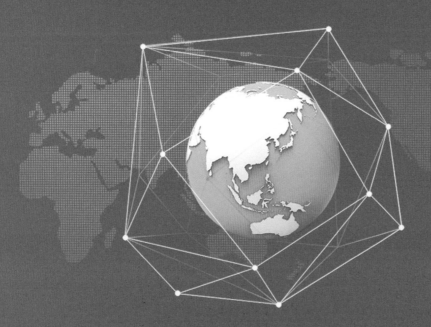

프로젝트관리 표준서
(The Standard for Project
Management)

프로젝트관리 표준서는 프로젝트 작업을 수행하거나 프로젝트에 참여하는 프로젝트 전문가 및 기타 이해관계자의 행동과 활동을 안내하는 프로젝트관리 원칙을 식별한다. 서론에서는 표준서의 목적을 설명하고, 주요 용어와 개념을 정의하고, 표준서의 사용 대상자를 설명한다.

1.1 프로젝트관리 표준서의 목적
(Purpose of the Standard for Project Management)

> **프로젝트관리 표준서의 목적**(Purpose of the Standard for Project Management)
>
> - 표준서는 프로젝트관리 및 이를 통해 의도한 결과(intended outcomes)를 얻을 수 있는 방법을 이해할 수 있는 기반을 제공
> - 표준서는 산업, 지역, 규모 또는 인도 접근법(예: 예측형, 혼합형 또는 적응형)에 관계없이 적용 가능
> - 거버넌스, 가능한 기능, 프로젝트 환경, 프로젝트관리와 제품관리의 관계에 대한 고려사항과 같은 프로젝트가 운영되는 시스템을 설명

표준서란 당국이나 관습 또는 일반적 합의에 따라 정해지는 표본 또는 모범 사례로 수립된 문서이다. 미국표준협회(ANSI, American National Standards Institute) 표준서로서 프로젝트관리 표준서는 합의와 개방성, 공정한 법적 절차, 균형 등의 개념을 바탕으로 프로세스를 통해 발전되었다. 프로젝트관리 표준서는 PMI의 프로젝트관리 전문 개발 프로그램 및 프로젝트관리 실무 사례에 관한 기본적인 참고서이다. 표준서에서는 대부분의 경우 대다수 프로젝트에서 우수 실무 사례로 간주되는 프로세스들에 대해 설명을 하지만, 특정 프로세스나 실무사례를 반드시 수행해야 하는 것은 아니다.

1.2 주요 용어 및 개념(Key terms and concepts)

- 산출물(output): 프로젝트가 인도하는 결과물(deliverables/products)로 프로세스에 의해 생성된 제품, 결과 또는 서비스
- 성과(outcome): 산출물(output)을 활용하여 발생한 비즈니스 관점의 변화

- 편익(benefit): 성과(outcome)를 정량적으로 측정한 개선을 말하며, 조직 및 수혜자에게 가치를 가져다 주는 성과(outcome)
- 비즈니스 가치(business value): 비즈니스 업무에서 파생된 정량적 순 편익을 나타내는 수치로서, 편익은 유형이거나 무형이거나 두 가지 모두에 해당

주요 용어 및 개념(Key terms and concepts) (1)

- **성과(Outcome)**
  프로세스나 프로젝트의 최종 결과물(end result or consequence).
  성과에는 산출물(outputs)과 결과물(artifacts)이 포함될 수 있지만 프로젝트를 통해 인도하려는 편익과 가치에 초점을 맞추면 의미가 더 넓어질 수 있음
- **포트폴리오(Portfolio)**
  전략적 목표를 달성하기 위해 통합적으로 관리되는 프로젝트, 프로그램, 하위 포트폴리오 및 작업
- **제품(Product)**
  생산되어 정량적으로 표현될 수 있고, 자체가 완제품이거나 다른 제품의 구성요소인 품목
- **프로그램(Program)**
  개별적 관리로 실현되지 않는 편익을 달성하기 위해 통합적인 방식으로 관리하는 다양한 관련 프로젝트, 하위 프로그램 및 프로그램 활동
- **프로젝트(Project)**
  고유한 제품/서비스/결과 창출을 위해 일시적으로 투입하는 노력.
  프로젝트의 일시적 속성은 프로젝트 작업 또는 단계에는 시작과 끝이 있음을 의미하며, 프로젝트는 독립적이거나 프로그램 또는 포트폴리오의 일부

예를 들어, 새로운 소매점 개발 프로젝트를 진행할 때, 아래와 같이 표현할 수 있다.

- 설비를 갖춘 상점의 구축: 프로젝트의 산출물(output)
- 상점의 인력 배치와 재고 상품을 상점에서 고객에게 판매하는 것: 성과(outcome)
- 상점 운영으로 발생하는 매월 판매 수익: 편익(benefit)
- 년간 수익에 비례하는 잠재적 '매출액'은 신규 비즈니스에 의해 생성된 것: 가치(value)

인도물(deliverables)의 성공적 전달은 시간/비용/범위 등의 특정 요구사항을 달성하는 것이다. 프로젝트 산출물(output)은 성과(outcome)를 창출하기 위한 조직의 관리에 사용된다.

성과(outcome)는 새로운 인도물(deliverable)을 운영에 통합함으로써 발생되는 변화를 말하며, 성과가 예견된 효과가 있을 때, 계획된 편익 실현(benefit realization)이 이루어진다. 편익 실현(benefit realization)은 일반적으로 프로젝트관리자에게 배정되는 목표 범위를 벗어난다.

- 인도물/산출물/결과물(artifact) → 성과(outcome) → 편익(benefit) → 가치(value)

• 산출물, 성과, 편익의 비교

산출물(Output)	성과(Outcome)	편익(Benefit)
운영되는 조직 일부에서 새로운 성과(outcome) 가능	원하는 운영상의 결과(result)	성과(outcome)의 측정, 혹은 성과의 일부로, 최종 편익은 전략적 목표에 직접 기여하는 것
기능(feature)의 설명	부문이나 새로운 조직의 상태(state)를 설명	성과(outcome)로부터 발생하는 이점을 설명
다음 기본적 질문에 최소한의 답: 유용한 변화를 실현하기 위해 새롭고 다른 것이 필요할까?	다음 질문의 답 : 이러한 새로운 것들을 사용하는 조직의 바람직한 운영 상태는 무엇인가?	다음 질문의 답 : 왜 이것이 필요한가?
(예1) 새로운 병원 빌딩	(예1) 현재 추가된 병원이 운영 중이며, 지역 내 병원 진료 수요에 대응함으로 대기자 수를 줄일 수 있다.	(예1) 수술 대기 시간을 평균 10주에서 2주로 단축하는 것이다.
(예2) 전자상거래 시스템	(예1) 수술 대기 시간을 평균 10주에서 2주로 단축하는 것이다.	(예2) 판매 수익 10% 증가

프로젝트팀이 편익 실현의 범위를 담당하지 않아 직접적으로 편익을 제공할 수 없지만, 역량을 최대한 발휘해야 할 책임이 있다. 조직이 전체적인 목표를 달성하도록 촉진하는데 필요한 것을 프로젝트팀이 제공해야 하는 것이다. 가치 공동 창출 프로세스로서 프로젝트 개념은 프로젝트를 고객과 연결하고, 가치 창출을 위해 이해관계자들이 협력해야 하는 필요성을 강조한다. 단순하게 '정시(on time) 완료'와 같은 협의의 기술적 성과에 집중하는 것은 원하는 편익을 달성하려는 조직의 전반적 목표에 도움이 되지 않는다. 그러므로 조직의 편익에 도움이 될 수 있도록 프로젝트 성공을 위해 역량을 발휘해야 한다.

프로젝트 관리란, 프로젝트를 성공적으로 끝마치기 위해 프로젝트 관리자가 수행하는 활동으로 지식, 기술, 도구, 기법 등을 프로젝트 활동에 적용하여 프로젝트 요구사항을 충족시키는 것이다.

프로젝트 관리자란, 수행 조직에서 프로젝트 목표를 달성할 책임을 가지도록 팀의 리더로 선임된 책임자이다. 프로젝트 관리자는 프로젝트팀을 이끌면서 프로젝트의 목표와 이해관계자의 기대 사항을 충족시키며, 가용한 자원을 활용하여 프로젝트에서 보여지는 제약사항 간의 균형을 조절한다. 프

- **프로젝트관리**(Project Management)

  프로젝트 요구사항을 충족시키기 위해 지식, 기술, 도구, 기법 등을 프로젝트 활동에 적용하는 조치

  ○ 프로젝트관리란 의도한 성과를 인도하기 위해 프로젝트 작업을 안내하며, 프로젝트 팀은 다양한 접근방식(예: 예측, 혼합형, 적응형)을 사용하여 성과를 달성

- **프로젝트 관리자**(Project manager)

  프로젝트 목표를 달성할 책임을 지고, 프로젝트팀을 이끌도록 수행 조직에 의해 선임된 책임자

  ○ 프로젝트 관리자는 프로젝트팀 작업을 촉진하여 성과를 달성하고 프로세스를 관리하여 의도한 성과를 인도하는 등 다양한 기능을 수행

- **프로젝트팀**(Project team)

  정해진 목표를 달성하기 위해 프로젝트작업을 수행하는 집단

- **가치 인도 시스템**(System for value delivery)

  조직의 구성, 유지 및/또는 발전에 목표를 두는 전략적 비즈니스 활동의 집합으로 포트폴리오, 프로그램, 프로젝트, 제품 및 운영은 모두 조직의 가치 인도 시스템의 일부

- **가치**(Value)

  어떤 것의 값어치(worth), 중요성(importance) 또는 유용성(usefulness)

  ○ 이해관계자마다 가치를 인식하는 방식이 다름
  ○ 고객은 제품의 특정 기능 및 특징을 사용할 수 있는 능력으로 가치를 정의
  ○ 조직은 재무 지표(예: 어떤 편익을 얻는 데 드는 비용보다 그 편익이 적음)에 따라 결정된 비즈니스 가치에 중점을 둘 수 있음
  ○ 사회적 가치에는 사람, 지역사회 또는 환경 그룹에 대한 기여도가 포함

로젝트 관리자의 역할은 기능 조직 관리자나 운영 관리자의 역할과 다르다. 일반적으로 기능 조직 관리자는 기능조직이나 사업부를 관리 감독하는 데 주력하며, 운영관리자는 비즈니스 운영을 효율적으로 유지할 책임을 진다.

프로젝트 팀 개발은 프로젝트 팀원들의 프로젝트 수행 역량을 향상시키고, 팀워크를 다지는 프로세스이며, 팀워크는 프로젝트 성공을 위한 중요한 요인이 된다. 프로젝트 팀 개발은 프로젝트 관리자의 중요한 업무이며, 팀원들에게 동기를 부여하고, 성과를 지속적으로 피드백하고, 상호 협력하여 문제를 해결하고 의사결정을 하는 환경을 제공해야 한다.

가치 인도 시스템은 포트폴리오, 프로그램, 프로젝트, 제품 및 운영의 조직 환경에서 이루어지며,

[그림 2-1]과 같이 구성된다.

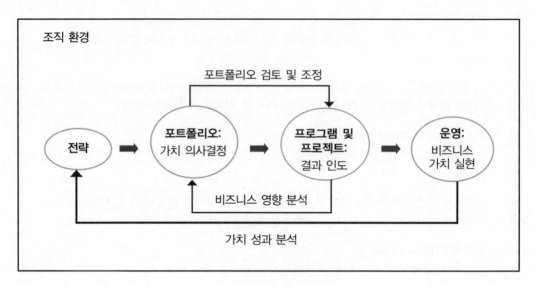

[그림 2-1] 가치 인도 시스템

2 〉 가치 인도 시스템(A System for Value Delivery)

섹션	제목	설명
2.1	가치창출	조직 및 이해관계자를 위한 가치를 창출하기 위해 시스템내에서 프로젝트를 운영하는 방법 설명
2.2	조직 거버넌스 시스템	조직 거버넌스가 가치 인도를 위해 시스템을 지원하는 방법을 설명
2.3	프로젝트 관련 기능	프로젝트를 지원하는 기능 설명
2.4	프로젝트 환경	프로젝트 및 가치 인도에 영향을 미치는 내부 및 외부 요인 설명
2.5	제품 관리 고려사항	포트폴리오, 프로그램, 프로젝트 및 제품이 관련된 방법 설명

2.1 가치 창출(Creating value)

가치를 창출하는 방식의 예

- 고객 또는 최종 사용자의 요구를 충족하는 새로운 제품/서비스 개발 또는 결과 산출
- 조직이 추구하는 미래 상태로 쉽게 전환하도록 하는 데 필요한 변경 지원
- 효율성, 생산성, 효과 또는 대응성 향상
- 이전 프로그램, 프로젝트 또는 비즈니스 운영을 통한 편익 유지
- 긍정적인 사회적 또는 환경적 기여 창출

PMI는 비즈니스 가치를 비즈니스 업무에서 파생된 정량적 순 편익으로 정의한다. 프로젝트의 비즈니스 가치는 특정 프로젝트의 결과가 이해관계자들에게 제공하는 편익을 의미한다. 프로젝트로 창출되는 편익은 유형 또는 무형이거나 두 가지 모두에 해당한다. 유형요소로는 금전적 자산, 주주 지분, 설비, 비품, 도구, 시장 점유율 등이 있으며, 무형요소로는 호감도, 브랜드 인지도, 공공 편익, 상표, 전략적 연계, 평판 등이 있다. 편익은 최종적으로 사회적 및 환경적 기여와 같은 가치를 창출하게 된다.

가치 인도 구성요소

- 가치 인도 시스템은 조직의 전략에 부합하는 가치를 인도
  - 가치를 창출할 수 있는 포트폴리오, 프로그램, 프로젝트, 제품(product), 운영 (operation)과 같은 다양한 요소로 구성
  - 외부 환경(경제, 경쟁 환경, 법적 제약 등) 내에 조직 내부 환경(정책, 절차, 방법론, 프레임워크, 거버넌스 구조 등)이 있고, 가치 인도 시스템은 내부 환경의 일부
- 포트폴리오, 프로그램 및 프로젝트는 운영 뿐만 아니라 상호간에도 영향을 미침
- 운영은 포트폴리오, 프로그램, 프로젝트 뿐만 아니라, 급여, 공급망 관리 등의 기타 비 즈니스 기능을 직접 지원하고, 이에 영향을 미침
- 가치 인도 시스템의 구성요소는 인도물을 생성
  - 인도물은 성과(outcome)를 생성하는데, 이 성과는 프로세스나 프로젝트의 최종결과 나 결과물(end result or consequence)임
  - 성과는 편익을 생성하며, 이 편익은 가치를 창출

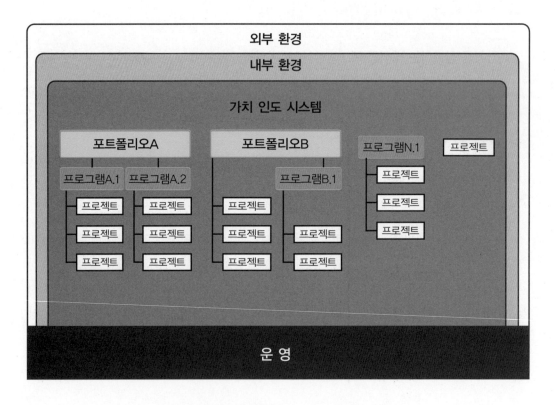

[그림 2-2] 가치 인도 시스템 구성의 예

성공하는 프로젝트관리자를 위한 **PMP 챌린저**

산출물(output)은 고가 차도, 문서관리 시스템, 소프트웨어 개발 등과 같이 측정이 쉬우며, 유무형의 결과를 말한다. 성과(outcome)는 산출물보다 측정이 더 어려우며, 산출물에서 변화된 최종 결과이다. 고가 차도로 인한 낮은 교통 혼잡이나 원활한 교통 흐름, 문서관리 시스템에 의한 문서관리 에러 감소나 빠른 문서 접근, 소프트웨어 개발로 인한 서비스 개선이나 사용자 만족 등이 성과(outcome)이다. 편익(benefit)은 측정이 가장 어려우며, 이해관계자에게 이익이 되는 측정 가능한 성과로부터 개선

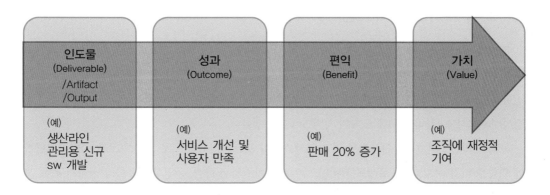

[그림 2-3] 가치 인도의 흐름

정보 흐름(Information flow)

가치 인도 시스템은 모든 구성요소 간에 정보와 피드백을 지속적으로 공유하고 시스템을 전략과 일치시킴

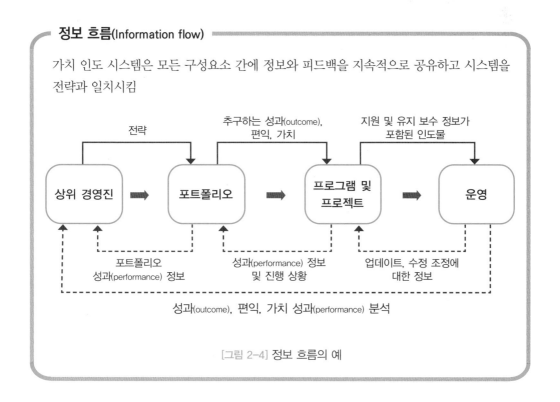

[그림 2-4] 정보 흐름의 예

결과를 정량적으로 표현한다. 예를 들면, 고가 차도의 결과로 출근 시간 30분 단축 또는 정체로 인한 사고율 50% 감소, 소프트웨어 결과로 운영비용 5% 절감이나 판매 20% 증가 등을 들 수 있다. 가치(value)는 조직 및 이해관계자의 가치(worth), 중요성(importance) 또는 유용성(usefulness)을 말하며, 예를 들어 조직에 대한 재정적 기여, 사회적 기여 등이 있다.

2.2 조직 거버넌스 시스템(Organizational governance systems)

거버넌스(governance)는 기존 정책, 실무 사례 및 기타 관련 문서를 통해 조직을 이끄는 프레임워크를 말한다. 조직의 거버넌스는 전략 및 운영상 목표를 충족하기 위하여, 정책과 프로세스를 통해 방향과 통제를 제시하는 체계적인 방법이다. 일반적으로 이사회에서 이해관계자들에게 책임감과 공정성, 투명성을 보장하기 위해 조직의 거버넌스를 수행한다.

조직 거버넌스의 원칙, 의사결정 및 프로세스들이 포트폴리오와 프로그램, 프로젝트의 거버넌스에 영향을 미칠 수 있다. 프로젝트 거버넌스는 조직 차원의 전략적, 운영상 목표를 달성하기 위해 고유한 제품, 서비스 또는 결과를 산출할 수 있도록 프로젝트 관리 활동을 안내하는 기본 구조와 기능, 프로세스를 말한다.

조직 거버넌스 시스템(Organizational governance systems)

- 거버넌스 시스템은 가치 인도 시스템과 함께 작동하여 원활한 작업 흐름을 지원하고, 이슈를 관리하고 의사결정을 지원
- 거버넌스 시스템은 활동을 안내하는 기능 및 프로세스를 갖춘 프레임워크를 제공
- 거버넌스 프레임워크에는 감독, 통제, 가치 평가, 구성요소 간 통합, 의사결정 역량 요소를 포함
- 거버넌스 시스템은 환경 및 가치 인도 시스템의 모든 구성요소와 관련된 변경, 이슈 및 리스크를 평가하기 위한 통합 구조를 제공하며, 여기에는 포트폴리오 목표, 프로그램 편익, 프로젝트에서 산출된 인도물이 포함
- 프로젝트관리오피스(PMO)가 포트폴리오 내의 프로그램 및 프로젝트를 지원
- 프로젝트 거버넌스는 변경을 승인하고 프로젝트와 관련된 다른 비즈니스 결정을 내릴 수 있는 권한에 대한 정의를 포함
- 프로젝트 거버넌스는 프로그램이나 조직 거버넌스와 연계

프로젝트 거버넌스의 핵심내용은 다음과 같다.

- 전사 차원에서 적용할 프로젝트관리 프로세스나 규정을 정의
- 프로젝트 거버넌스는 프로그램 거버넌스 포트폴리오 거버넌스와 상호작용
- 거버넌스는 관리활동을 가이드

조직 거버넌스 시스템의 구체적인 내용은 제1부, '1.3 조직 거버넌스와 프로젝트 거버넌스' 부분에서 설명하였다.

2.3 프로젝트 관련 기능(Functions associated with projects)

프로젝트 관련 기능(Functions associated with projects)

- **감독 및 조율 제공**(provide oversight and coordination)
  계획, 감시/통제 활동을 주도하며, 사전 프로젝트 평가 및 분석 활동, 팀원의 건강/안전/복지의 개선 감시 및 작업 등을 포함
- **목표 및 피드백 제시**(present objectives and feedback)
  고객 및 최종 사용자의 관점, 통찰력, 명확한 방향 제시에 기여
- **촉진 및 지원**(facilitate and support)
  프로젝트 팀원의 참여, 협업, 작업 산출물에 대한 공동 책임의식을 북돋움
- **업무 수행 및 통찰력 기여**(perform work and contribute insights)
  제품 생산 및 프로젝트의 성과 실현에 필요한 지식, 기술 및 경험을 제공
- **전문 지식 적용**(apply expertise)
  프로젝트의 특정 주제에 대한 지식, 비전 및 전문 지식을 제공
- **비즈니스 방향 및 통찰력 제공**(provide business direction and insight)
  프로젝트 또는 제품 성과가 나아갈 방향을 안내하고 명확히 함
- **자원 및 방향 제공**(provide resources and direction)
  프로젝트 활동 진행을 위해 의사결정, 자원 및 권한 확보가 가능하도록 지원하여 프로젝트와 팀을 지원
- **거버넌스 유지관리**(maintain governance)
  프로젝트의 권장사항을 승인 및 지원하고 원하는 성과를 얻을 수 있도록 프로젝트 진행상황을 감시

◎ 감독 및 조율 제공

- 조율(coordination)에는 경영층과 함께 프로젝트 목표 변경, 프로젝트 성과 개선, 고객 요구의 충족 등을 위해 필요한 방안이나 조치 등을 논의할 수 있다. 그 밖에도 프로젝트 착수를 위한 비즈니스 분석이나 비즈니스 케이스 개발, 프로젝트 수주를 위한 입찰 및 계약 협상 등도 조율이 필요하다.

- 감독(oversight)은 프로젝트 인도물의 최종 완료 후 프로젝트 공식 종료하기 전에, 프로젝트 성과를 통한 편익 실현과 이에 대한 지속을 위한 후속 활동들을 말한다. 해당 프로젝트가 소속된 프로그램이나 포트폴리오의 목표와 일치하는 노력이 될 수 있다.

- 애자일 프로젝트에서 작업할 때, 프로젝트 관리자의 지위는 팀의 중심에서 팀과 경영진을 지원하는 지위로 전환되며, 섬김형 리더로서 조력을 필요로 하는 팀원을 지도하고 더 큰 규모의 팀 협업을 촉진하며 이해관계자 요구사항을 조율하는 일로 그 중심 역할이 바뀐다.

- 대규모 애자일 프로젝트의 목표는 고객에게 가치를 인도하기 위해 필요한 여러 팀의 업무를 조율하는 것이며, 애자일 사고를 적용하여 프로그램관리 방식을 조정한다.

◎ 목표 및 피드백 제시

- 프로젝트 팀은 고객의 프로젝트 요구사항, 성과, 기대치 등을 반영한 목표를 제시해야 한다.

- 프로젝트를 요청하는 고객과 프로젝트 인도물을 직접 사용할 최종 사용자는 동일한 사람이 아닐 수 있으며, 프로젝트는 고객뿐만 아니라 최종 사용자의 요구와 기대를 반영한 목표에 대해 지속적인 피드백이 요구된다.

- 피드백은 의사소통, 인도물 또는 상황에 대한 반응 관련 정보이며, 예를 들어, 지도, 멘토링, 협상 등이 있다. 피드백은 프로젝트 관리자와 팀, 그 밖의 모든 프로젝트 이해관계자들 간 대화식 의사소통을 지원한다.

- 적응형 프로젝트에서는 반복(iteration)을 통한 제품의 증분이 이루어지므로, 매 이터레이션을 통해 구현할 제품 증분을 탐색 및 개발하기 위한 지속적인 피드백이 더 필요하다. 이는 스폰서와 고객 대표가 지속적으로 참여하면서 진행 과정에서 생성되는 인도물에 대한 피드백을 제공하고 프로젝트 팀은 제품 백로그가 현재 요구사항을 반영하고 있는지를 확인하는 것이다.

- 프로젝트 관리자는 전략적 목표를 이해하고 프로젝트 목표와 결과를 포트폴리오, 프로그램 및 비즈니스 영역의 목표와 결과에 연계시키기 위해 프로젝트 스폰서와 협력하는 과정에서 목표 제시와 피드백을 확인한다.

◎ 촉진 및 지원

- 촉진은 원활한 업무가 진행되도록 하는 것으로, 프로젝트팀의 솔루션에 대한 합의 도출, 갈등 해결, 의사 결정에 도움을 준다.

- 성과 평가, 개인 및 팀의 학습, 적응과 개선을 위한 피드백 제공 등을 포함하여 적절한 변경 (변화)을 통해 사람들을 지원한다.
- 촉진자의 역할은 효과적 참여, 팀원 공감대 형성, 모든 관련 사항의 고려, 결과가 정해진 의사결정 프로세스에 따라 철저히 뒷받침되고 있는지, 도출된 조치와 합의사항이 향후 적절히 이행되었는지 등을 확인하는 것이다.
- 프로젝트 팀 관리에는 팀워크를 촉진하고 팀원의 업무를 통합하여 팀 성과를 향상시킬 수 있는 다양한 관리 및 리더십 기량이 필요하다.

◑ 업무 수행 및 통찰력 기여

- 교차 기능(cross functional) 프로젝트 팀원들은 조직의 여러 기능 부문의 대표이므로 그들로부터 프로젝트 전체와 부분에 대한 통찰력을 얻을 수 있다. 팀원들 또한 자신의 기능 영역에 대한 대표 역할을 수행할 수 있다.
- 프로젝트 관리자는 우수한 팀 성과를 달성하고 프로젝트 목표를 충족하기 위해 프로젝트팀을 식별, 구축, 유지, 동기 부여, 통솔 및 격려하는 능력이 필요하다.
- 프로젝트 관리자는 글로벌 환경에서 문화적 다양성이 존재하는 프로젝트를 운영할 수도 있다. 프로젝트 관리자는 문화의 차이를 이해하고 프로젝트 생애주기 전반에 걸쳐 프로젝트팀을 개발 및 유지하는 데 주력하면서 상호신뢰 속에서 협력하는 환경을 조성해야 한다.
- 개인 및 팀 평가 도구는 프로젝트 관리자와 프로젝트팀에게 강점과 약점을 파악할 수 있는 통찰력을 제공한다.

◑ 전문 지식 적용

- 전문가 판단(expert judgment)은 수행 중인 활동에 해당하는 응용분야, 지식영역, 전문분야, 산업분야의 전문지식에 근거하여 제시되는 판단으로 이러한 전문지식은 전문 교육, 지식, 기술, 경험 또는 훈련이 축적된 개인이나 그룹에서 제공할 수 있다.
- 전문 지식 적용은 조직 전체에 조언과 지원을 제공하며 프로젝트팀의 학습 프로세스와 작업 정확도에 기여한다.
- 프로젝트 관리자는 프로젝트의 효율적인 수행을 위해 전문가 판단에 의존하는 경우가 많다. 개인의 전문지식을 파악하고 필요한 전문지식을 갖춘 인재를 어디서 찾을 수 있는지 아는 것이 프로젝트 관리자로서 성공에 중요하게 작용한다.
- 프로젝트의 성공적인 인도와 관련하여 최상의 의사결정을 내리기 위해 프로젝트 관리자는 조직에서 비즈니스를 운영하는 운영관리자의 전문지식을 구하고 고려한다.

◑ 비즈니스 방향 및 통찰력 제공

- 비즈니스 방향 및 통찰력을 제공하는 궁극적인 목표는 프로젝트 인도물의 가치를 극대화하는 것이다.

- 비즈니스 가치, 의존관계, 기술 또는 운영 리스크를 기준으로 요구사항이나 백로그 항목의 우선순위를 지정하며, 프로젝트팀에 피드백을 제공하고 개발 또는 인도할 다음 증분 또는 요소에 대한 방향을 설정한다.
- 이러한 역할은 적응형 프로젝트에서 제품 책임자(product owner)가 수행하며, 다른 이해관계자, 고객 및 해당 프로젝트팀과 상호 작용하여 제품 방향을 정의한다.
- 적응형 및 혼합형 환경에서는 이터레이션과 같은 특정 주기적 일정을 사용하여 방향과 통찰력을 제공하며, 예측형 환경에서는 정해진 체크포인트에서 프로젝트 진행 상황에 대한 피드백을 통해 방향을 제시할 수 있다.
- 비즈니스 방향은 추가 자금이나 자원이 필요할 수 있으므로 자금 조달 및 자원 조달 기능과 상호 작용하며 조정해야 한다.

❍ 자원 및 방향 제공

- 자원 확보는 프로젝트 작업을 완료하는데 필요한 팀원, 설비, 장비, 자재, 보급품 및 기타 자원을 확보하는 프로세스이다.
- 원활한 프로젝트 진행을 위해서는 의사결정을 포함한 각종 권한과 자원의 확보가 필요하며 해당 담당자에게 이를 확보할 수 있도록 지원한다. 이들은 고위 경영진과 팀 사이의 연락 담당자로, 비즈니스 목표에 맞는 프로젝트 조율, 장애물 제거, 팀의 의사결정 권한 밖의 이슈 해결을 위한 지원 역할을 수행한다. 예를 들면, 자금이나 자원 부족 또는 기한 불이행 등의 팀의 조치 능력에서 벗어난 이슈나 리스크에 대해 경영층에 에스컬레이션하거나, 프로젝트에서 예상되는 기회를 식별하여 경영진에게 전달함으로써 혁신을 촉진한다.
- 프로젝트 종료 후에 프로젝트 성과 감시와 비즈니스 편익 실현도 이 기능에 포함된다.

❍ 거버넌스 유지관리

- 조직은 포트폴리오에 전략적 목표를 반영하고, 적절한 포트폴리오, 프로그램 및 프로젝트 거버넌스를 제정하며, 인적, 재무적 또는 물적 자원을 승인하는 방식을 전반적으로 파악한다.
- 프로젝트 진행 과정에서 변경될 수 있는 전략적 목표나 비즈니스 목표는 프로젝트 동안 변경될 수 있기에 거버넌스 기능을 수행하는 사람은 이들 목표를 프로젝트 팀과 지속적으로 연결해야 한다.
- 프로젝트 차원의 거버넌스에는 다음의 활동을 포함한다.
  - 프로젝트작업 관리 지도 및 감독
  - 정책, 표준 및 지침 준수 여부 확인
  - 거버넌스 역할, 담당 및 권한 규정
  - 리스크 상부 보고, 변경 및 자원에 관한 의사결정
  - 적절한 이해관계자 참여 여부 확인
  - 성과 감시

2.4 프로젝트 환경(The project environment)

프로젝트는 다양한 내부와 외부의 환경 하에 있는 가치 인도 시스템에서 운영된다. 이들 내외 환경은 프로젝트 계획과 다양한 프로젝트 활동에 영향을 미친다.

내부 환경(Internal environment)

조직 내부 요인은 조직 자체, 포트폴리오, 프로그램, 다른 프로젝트 또는 이들의 조합에서 발생되며, 결과물(artifacts), 실무 사례 또는 내부 지식이 포함된다. 지식에는 교훈과 이전 프로젝트의 완성된 결과물(artifacts)이 포함된다.

- **프로세스 자산**(Process assets)
  도구, 방법론, 접근방식, 템플릿, 프레임워크, 패턴(양식), 프로젝트관리오피스 자원 등
- **거버넌스 문서**(Governance documentation)
  정책과 프로세스 등
- **데이터 자산**(Data assets)
  데이터베이스, 문서 라이브러리, 메트릭스, 데이터, 이전 프로젝트의 결과물(artifacts) 등
- **지식 자산**(Knowledge assets)
  프로젝트 팀원, 분야별 전문가, 기타 직원 간의 암묵적 지식 등
- **인프라**(Infrastructure)
  인프라는 기존 설비, 장비, 조직의 통신채널, 정보 기술 하드웨어, 가용성 및 생산능력 등
- **보안 및 안전**(Security and safety)
  시설 접근, 데이터 보호, 기밀 수준 및 독점 비밀 정보에 대한 절차와 실무사례 등
- **조직 문화, 구조, 거버넌스**(Organizational culture, structure, and governance)
  비전, 사명, 가치, 신념, 문화규범, 리더십 유형, 계층구조 및 권위 관계, 조직 유형, 윤리 및 행동강령 등
- **자원 가용성**(Resource availability)
  계약 및 구매 제약사항, 승인된 공급업체 및 협력업체, 협업 협약 등
- **시설 및 자원의 지리적 분포**(Geographic distribution of facilities and resources)
  작업 위치, 가상 프로젝트팀, 공유 시스템 등
- **정보 기술 소프트웨어**(Information technology software)
  일정 관리 소프트웨어, 형상관리 시스템, 온라인 자동화 시스템에 대한 웹 인터페이스, 협업 도구 등
- **직원 역량**(Employee capability)
  일반적인 지식 및 전문 지식, 기술, 역량, 기법 등

시스템 관점에서 프로젝트는 조직, 산업, 국가, 글로벌 환경 속에서 수행하는 아주 작은 요소이다. 프로젝트에 긍정적, 부정적으로 영향을 미치는 프로젝트 통제 범위 밖에 있는 기업 내부 혹은 외부 환경요소들이 존재한다.

PMBOK 6판에서는 외부 환경을 기업환경요인(EEF: Enterprise Environmental Factors)이라고 하였다. 기업환경요인(EEF)은 프로젝트팀이 통제하지 못하지만 프로젝트에 영향을 미치는 환경요인을 말하며, 주어진 환경에 순응하거나 환경을 기회로 이용할 뿐, 환경을 바꿀 수는 없다.

외부 환경(External environment)

조직 외부의 요소는 프로젝트 성과를 개선 또는 제약하거나 프로젝트 성과에 중립적인 영향을 미칠 수 있다.

- **시장 상황**(Marketplace conditions)
  경쟁업체, 시장 점유율, 브랜드 인지도, 기술 동향, 상표 등
- **규제 환경**(Regulatory environment)
  보안, 데이터 보호, 비즈니스 행동, 고용, 라이센스 부여, 조달과 관련된 국가 및 지역 법률과 규정 등
- **학술 연구**(Academic research)
  산업 연구, 간행물, 벤치마킹 결과 등
- **산업 표준**(Industry standards)
  제품, 생산, 환경, 품질 및 제작 능력 등
- **상용 데이터베이스**(Commercial databases)
  표준화된 비용 산정 데이터 및 산업 리스크 연구 정보 등
- **재무적 고려사항**(Financial considerations)
  환율, 이자율, 인플레이션, 세금, 관세 등
- **사회적, 문화적 영향 및 이슈**(Social and cultural influences and issues)
  정치적 분위기, 지역 관습 및 전통, 공휴일 및 행사, 행동 강령, 윤리 및 인식 등
- **물리적 환경**(Physical environment)
  작업 조건 및 날씨 등

내부 환경과 외부 환경의 내용과 활용 예는 아래의 표와 같다.

구분	내용	활용 예
내부 환경	조직의 문화, 조직 구조	프로젝트 조직 구조 정의
	조직의 가용 자원	자원 제약 반영한 계획 수립
	인적자원 채용, 평가, 보상 정책	인적자원관리 계획 수립
	인력의 지리적 분포	지리적 분포에 적합한 의사소통 계획수립, 정보 배포
	프로젝트관리 시스템	프로젝트 성과 및 교훈 등록, 조회
외부 환경	정부 또는 산업표준	품질목표 정의
	시장 및 경쟁사 현황	프로젝트 선정, 착수
	상용 데이터베이스	출판된 데이터를 활용한 일정, 원가, 자원 산정
	법적 제한사항	국가별 근로기준 고려한 인력관리

2.5 제품 관리 고려사항(Product management considerations)

프로젝트관리 표준서는 단일 프로젝트와 관련한 내용으로, 포트폴리오, 프로그램, 제품 관리에 대한 내용은 표준서의 범위를 벗어나지만 이들 사이의 관계를 이해하면 인도물이 제품인 프로젝트에서 가치인도 시스템 차원의 유용한 상황정보를 이해하고 제공할 수 있다.

제품 관리(Product management) 관련 개념

- 제품은 생산되어 정량적으로 표현될 수 있고, 자체가 완제품이거나 다른 제품의 구성 요소인 품목
- 제품 관리는 생애주기에 걸쳐 제품이나 서비스를 생산, 유지 및 발전시키기 위한 사람, 데이터, 프로세스 및 비즈니스 시스템의 통합
- 제품 생애주기는 도입에서부터 성장, 성숙 과정을 거쳐 폐기 단계에 이르기까지 제품의 진화를 나타내는 일련의 단계
- 제품 관리는 특정 구성요소, 기능 또는 역량을 만들거나 향상하기 위해 제품 생애주기의 어느 시점에서도 프로그램 또는 프로젝트를 시작 가능
- 초기 제품은 프로그램이나 하나의 프로젝트의 인도물로 시작할 수 있으며, 생애주기 동안 새로운 프로그램이나 프로젝트는 고객과 후원 조직을 위한 추가적 가치를 창출하는 특정 구성요소, 특성 또는 기능을 추가하거나 개선함

- 프로그램은 제품 또는 서비스의 전체 생애주기를 포괄하여 편익을 관리하고 조직을 위한 가치를 보다 직접적으로 창출 가능

제품들은 외부 환경의 영향을 받으면서 성장하고 때로는 위기를 겪기도 하며, 성숙해지기도 하고, 시간이 흘러 쇠퇴하여 사라진다. 기업들은 제품의 생애주기를 각 단계별로 구분하여 맞춤형 전략 수립 및 마케팅, 제조 전략 및 시설 배치, 커뮤니케이션 도구를 개발하고 접목시켜 수익을 극대화하는 방안을 모색한다.

예를 들면, 일명 '삐삐'라고 불렀던 무선호출기(pager)를 많은 사람들이 사용하던 시기가 있었다. 최초의 프로젝트를 통해 무선호출기가 개발되었고, 다음 프로젝트에서는 무선호출기에 진동 기능과 문자 외에 심볼이 표시되는 기능이 추가되는 프로젝트를 통해 업그레이드된 제품이 개발되었다. 여기에 벨트 클립이 추가되는 개발 프로젝트가 이어졌고, 시장에서 대중화로 성숙기가 되었을 때는 제품 소형화를 비롯한 다양한 디자인과 형식의 제품들이 개발되었다. 그러나 무선전화기의 등장으로 어느 시점에서는 쇠퇴기를 맞아 시장에서 무선호출기가 사라졌다. 이러한 과정들이 바로 제품 생애주기이며, 그 주기 내에 다수의 프로젝트나 프로그램이 착수되고 종료된다.

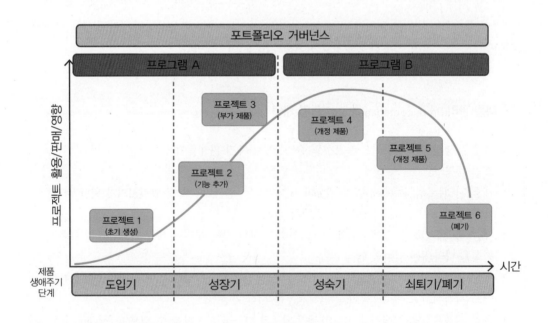

[그림 2-5] 제품생애주기의 예

제품생애주기는 다음과 같이 일반적으로 4개 단계로 구분한다.

- 도입기(Introduction)
  - 도입기는 제품이 처음으로 시장에 등장하는 시기이다.
  - 제품의 인지도가 낮고 잠재 구매 고객이 정확하게 파악되지 않는 경우가 많기 때문에 이익이 많이 창출되지 않으며, 제품 인지도를 높이기 위한 마케팅에 많은 투자가 필요한 시기이다.

- 성장기(Growth)
  - 성장기는 제품이 어느 정도 인지도를 얻게 됨에 따라 판매가 급속도로 증가하는 시기이다.
  - 어떤 제품이 성장기에 들어서게 되면 반드시 경쟁업체에서 모방상품을 내놓게 되는데, 이런 경우에 기업은 자사제품의 장점을 강조하는 마케팅을 펼쳐 고정 소비자를 확보하는 동시에 소비자들의 선택적 수요를 자극한다.

- 성숙기(Maturity)
  - 성숙기는 판매 증가율이 감소하기 시작하면서 판매량이 일정수준에서 꾸준히 유지되는 시기이다.
  - 기업의 목표는 자사 제품의 경쟁 우위를 점하고 고정 고객을 꾸준히 관리하는 것이다.
  - 자사의 성공 지점을 오랫동안 유지하기 위해 브랜드 파워를 강화하고 품질개선을 지속적으로 실시한다.

- 쇠퇴기(Decline/Retirement)
  - 제품은 시간이 지남에 따라 과도한 경쟁, 트랜드의 변화, 기술혁신에 따른 기존 제품의 불필요, 열악한 시장 환경과 같은 여러 가지 요소들로 인해 쇠퇴기에 접어든다.
  - 판매량이 지속적으로 감소하는 시기이며, 마케팅 활동도 점차적으로 줄인다.
  - 제품이 기업에게 적자를 발생시킨다면 생산을 중단하고 제품 계열에서 폐기시킨다.

다양한 형태의 제품 관리(Various forms of product management)

- **제품 생애주기 내 프로그램 관리**(Program management within a product life cycle)
  - 관련 프로젝트, 서브 프로그램(sub-program) 및 프로그램 활동을 통합
  - 매우 크거나 오래 실행되는 제품의 경우 하나 이상의 제품 생애주기 단계가 여러 프로그램과 프로젝트를 함께 작업하기에 충분히 복잡
- **제품 생애주기 내 프로젝트관리**(Project management within a product life cycle)
  - 지속적인 비즈니스 활동으로 제품 기능의 개발 및 성숙을 감독
  - 포트폴리오 거버넌스는 개선 및 개선을 수행하거나 기타 고유한 성과를 도출하기 위해 필요에 따라 개별 프로젝트를 인가함

- **프로그램 내에서 제품 관리**(Product management within a program)
  - 특정 프로그램의 범위와 경계 내에서 전체 제품 생애주기를 적용
  - 일련의 서브 프로그램 또는 프로젝트가 제품의 특정 편익을 얻기 위해 인가되며 이러한 편익은 경쟁 분석, 고객 확보, 고객 옹호 등 제품 관리 역량을 적용하여 개선

제품 생애주기 내 프로그램 관리

예를 들면, 하나의 새로운 모델의 자동차 개발 프로그램에는 신차 개발 프로젝트, 신규 엔진 개발 프로젝트, 신규 운행 시스템 개발 프로젝트 등으로 구성될 수 있다. 이는 장기적인 제품 생애주기 내에 다수의 신모델 자동차 개발 프로그램들이 있을 수 있다.

제품 생애주기 내 프로젝트관리

앞서 예를 들었던 무선호출기와 같은 경우에 제품 생애주기 내에 다수의 프로젝트들이 수행될 수 있다.

프로그램 내에서 제품 관리

이는 린 스타트업이나 애자일과 같은 적응형 프로젝트가 고객의 초기 요구를 파악하여 제품을 개발하고, 다시 개선된 제품을 반복적으로 개발하는 것과 유사하다. 다만 매번 수행하는 프로젝트가 단순한 기능 추가나 개선이 아닌 특정 편익을 위한 프로젝트들을 수행하고 최종 프로젝트로 모든 제품에 대한 사항이 종결된다.

제품 관리는 자체 지식 체계가 있는 별도의 분야이지만 프로그램관리 및 프로젝트관리 분야 내의 주요 통합 지점을 나타내며, 제품을 포함한 인도물이 포함된 프로그램 및 프로젝트는 모든 관련 지식 체계 및 관련 실무 사례, 방법 및 결과물을 통합하는 맞춤형 통합 접근방식을 사용한다.

프로젝트는 조직의 포트폴리오 및 프로그램 업무와 밀접한 관계가 있으며, 비즈니스 또는 조직의 운영 업무 변경에 주목한다.

새로운 제품 또는 서비스 공급의 결과로 비즈니스 운영에 상당한 변동이 발생되는 경우 진행 중인 운영 업무는 프로젝트 범위를 벗어나지만, 두 영역이 교차하는 시점이 곳곳에서 나타난다. 즉, 이미 개발된 제품이 생산(운영)되고 있는 중에 기능이 추가된 신제품 프로젝트를 시작하거나 과거 프로젝트로 건설된 공장이 노후되어 폐기된 후에 새 공장을 건설하는 프로젝트를 시작할 수도 있다.

- 프로젝트들이 제품 생애주기 동안 다양한 시점에서 운영 업무와 교차될 수 있다.
  - 신제품 개발, 제품 업그레이드 또는 결과물 증가 시점
  - 운영 또는 제품 개발 프로세스 개선 시점
  - 제품 생애주기가 끝나는 시점

◦ 각 종료 단계 시점

• 위의 각 시점에서 인도물과 지식은 인도된 작업을 수행하기 위해 프로젝트와 운영 간에 이전된다.

포트폴리오, 프로그램 및 프로젝트는 조직의 전략에 맞춰 조정되거나 조직 전략에 의해 주도되며, 각각이 전략 목표 달성에 기여하는 방식은 서로 다르다.

3 > 프로젝트관리 원칙(Project Management Principles)

개요(Overview)

- 전문분야의 원칙은 전략, 의사결정 및 문제 해결을 위한 기본 지침 역할
- 전문적 표준 및 방법론은 원칙을 기반으로 하며, 프로젝트관리의 원칙은 사실상 규범적이지 않고, 프로젝트 관련자들의 행동을 안내
- PMI 윤리 및 직무 행동 강령은 책임, 존중, 공정성, 정직의 네가지 가치에 기반하며, 자세한 내용은 본서의 제4부 참조
- 프로젝트관리의 12가지 원칙은 PMI 윤리 및 직무 행동 강령에 명시된 가치에 부합하며, 원칙과 윤리강령은 상호 보완적임
- 프로젝트관리 원칙은 단순히 지침이므로 적용 수준이나 방법은 조직, 프로젝트, 인도물, 프로젝트팀, 이해관계자 및 기타 요소의 상황에 따라 다름
- 원칙들은 중첩 가능함
  - (예) 복잡성 탐색의 지침이 시스템 상호 작용의 인식/평가/대응, 혹은 리스크 대응의 최적화에 유용한 정보를 제공
- 프로젝트관리 원칙과 일반적인 관리 원칙도 중복 가능
  - (예) 프로젝트와 비즈니스 모두 가치 인도에 중점을 두기에, 방법의 차이만 있을 뿐, 가치에 중점을 두는 것과 관련된 기본 원칙은 두가지 모두에 적용 가능

- **프로젝트관리의 12가지 원칙**

섹션	원칙	원칙 레이블
3.1	스튜어드십(stewardship)	성실하고 존경할 만하며 배려심 있는 관리자 되기 (be a diligent, respectful, and caring steward)
3.2	팀(team)	협력적인 프로젝트팀 환경 형성 (create a collaborative project team environment)
3.3	이해관계자(stakeholders)	이해관계자와의 효과적인 관계 (effectively engage with stakeholders)
3.4	가치(value)	가치 중심(focus on value)
3.5	시스템 사고 (system thinking)	시스템 상호작용에 대한 인식, 평가 및 대응 (recognize, evaluate, and respond to system interactions)
3.6	리더십(leadership)	리더십 행동 보여주기(demonstrate leadership behaviors)
3.7	조정(tailoring)	상황에 따른 조정(tailor based on context)

섹션	원칙	원칙 레이블
3.8	품질(quality)	프로세스 및 인도물의 품질 체계 구축 (build quality into processes and deliverables)
3.9	복잡성(complexity)	복잡성 탐색(navigate complexity)
3.10	리스크(risk)	리스크 대응 최적화(optimize risk responses)
3.11	적응성과 복원력 (adaptability & resiliency)	적응성 및 복원력 수용 (Embrace adaptability and resiliency)
3.12	변화(change)	계획한 향후 상태 달성을 위한 변화 (enable change to achieve the envisioned future state)

3.1 성실하고 존경할 만하며 배려심 있는 관리자 되기
(Be a diligent, respectful, and caring steward)

> **스튜어드십(Stewardship)**
>
> - 관리자는 내부 및 외부 지침을 준수하면서 청렴성, 관심 및 신뢰성을 가지고 활동을 수행하기 위해 책임감 있게 행동
> - 관리자는 자신이 지원하는 프로젝트의 재무적, 사회적, 환경적 영향에 대한 광범위한 헌신이 필요
>   - 스튜어드십은 조직 내부 및 외부에 대한 책임을 포괄
>   - 스튜어드십은 청렴성(integrity), 관심(care), 신뢰성(trust)과 규정준수(compliance)를 포함
>   - 스튜어드십의 전체적인 관점에서는 재무적, 사회적, 기술적 및 지속 가능한 환경 인식을 고려

스튜어드십은 PMBOK 7판에 처음 소개되는 단어이며, 스튜어드는 영어 사전의 의미로 관리인, 집사, 청지기로 해석되지만, PMBOK에서는 프로젝트 내부 및 외부 이해관계자를 존중하고 이해관계자의 이익을 지켜주는 성실한 관리자라 볼 수 있다.

스튜어드십은 윤리를 준수하는 범위 내에서 조직 내부와 외부의 이해관계자의 이익을 추구하는 관리활동이라 볼 수 있다. 프로젝트 관리자는 성실하고, 주의 깊고, 신뢰할 수 있는 행동을 하고, 조직 내부와 외부 규정을 준수해야 하며, 재무적 가치뿐만 아니라, 사회적 가치, 환경적 가치를 고려해야 한다.

스튜어드십은 조직 내부 및 외부에 대한 책임

- 스튜어드십의 의미와 적용
  - 어떤 것에 대한 관리를 위임 받는 것
  - 자원의 책임 있는 계획, 사용 및 관리에 집중하는 것
  - 가치와 윤리를 유지하는 것

- 조직 내부에서의 스튜어드십
  - 조직, 조직의 목표, 전략, 비전, 사명 및 장기적 가치의 지속에 부합하는 방식으로 운영
  - 보상, 기회에 대한 접근, 공정한 대우 등 프로젝트 팀원의 참여에 대한 노력
  - 프로젝트 내에서 사용되는 조직 재무, 자료, 기타 자원을 성실하게 감독
  - 리더 직급에서 권한, 책임의 적절한 사용 이해

- 조직 외부에서의 스튜어드십
  - 환경적 지속 가능성과 조직의 자재 및 천연 자원 사용
  - 파트너 및 채널과 같은 외부 이해관계자와 조직의 관계
  - 조직 또는 프로젝트가 운영되는 시장, 지역 사회 및 지역에 미치는 영향
  - 전문 산업의 실무사례 현황 개선

스튜어드십의 의미와 적용은 상황에 따라 다르지만, 관리를 위임 받고 가치와 윤리를 유지하는 것을 의미하며, 자원의 책임 있는 계획/사용/관리에 집중하는 것이다.

프로젝트 관리자는 조직 내부의 이해관계자들에게 1) 조직의 전략, 비전, 미션과 연계해서 프로젝트를 수행해야 하고, 2) 팀원들에게 보상과 성장 기회 제공 및 공정한 대우를 해야 하며, 3) 조직의 인적, 물적 자원을 낭비하지 않고, 4) 프로젝트 관리자의 권한, 책임, 역할을 정확하게 이해하고 적용해야 한다.

프로젝트 관리자는 조직 외부의 이해관계자들에게 1) 천연 자원 및 친환경 자재를 사용하고, 2) 프로젝트 파트너와 공정한 관계를 유지하고, 3) 프로젝트 수행 결과가 지역사회에 피해가 없도록 하며, 4) 자신의 산업 전문분야 발전을 위해 실무 관행에 대한 개선 노력을 해야 한다.

스튜어드십 유지를 위한 4가지 의무

- **청렴성**(Integrity)
  관리자는 모든 참여와 의사 소통에서 관리자는 정직하고 윤리적으로 행동
- **관심**(Care)
  관리자는 자신이 책임지는 조직 문제의 수탁자로, 이러한 문제를 근면하게 감독

- **신뢰성**(Trustworthiness)

  조직 내외에서 자기 자신, 맡은 역할, 자신의 프로젝트팀, 권한을 정확하게 나타내어, 지원/결정/승인이 가능함을 보여줌
- **규정준수**(Compliance)

  관리자는 조직 내부 또는 외부에서 적절하게 승인된 법률, 규칙, 규정 및 요구사항을 준수

◎ 청렴성

- 관리자는 가장 높은 수준의 표준 준수, 조직 내 기대되는 가치/원칙/행동을 반영, 역할 모델(role model) 되기, 업무 활동 및 의사결정에 개인적 가치와 조직적 가치 실천을 통해 이를 입증하여 신뢰를 쌓는다.

◎ 관심

- 관심은 조직의 내부 비즈니스 업무와 관련이 있으며, 환경에 대한 관심, 지속 가능한 천연 자원 활용, 전 지구 인구의 상태에 대한 관심이 조직의 정책과 원칙에 반영되어야 한다.
- 프로젝트는 여러 이유로 변경이 발생하며, 프로젝트 실무자는 이해관계자가 이를 인식할 수 있도록 프로젝트 성과의 하락 가능성을 파악 및 분석하고 관리해야 한다.
- 관심에는 투명한 작업 환경, 개방적인 의사소통 채널, 이해관계자가 불이익이나 보복의 두려움 없이 우려 사항을 말할 수 있는 기회를 만드는 것도 포함된다.

◎ 신뢰성

- 관리자로서 역할과 권한을 나타냄으로써 프로젝트 수행을 위한 자원/결정/승인이 가능함을 신뢰하게 한다.
- 신뢰성에는 개인적 이해와 조직 또는 고객의 이해 간의 갈등을 사전에 파악하고 갈등을 관리하는 것이 중요하다.

◎ 규정준수

- 관리자는 스스로 높은 수준의 규정 준수는 물론, 자신과 조직을 포함한 이해관계자 및 대중을 보호하기 위한 지침을 준수할 수 있도록 노력해야 한다.
- 고성과 프로젝트는 규정 준수를 프로젝트 문화에 통합하여 잠재적으로 상충되는 다양한 지침에 적절히 부합할 수 있게 한다.

관리자는 정직하고 윤리적으로 소통해야 하며, 이해관계자의 피드백을 오픈 마인드로 존중해야 한다. 관리자는 조직 내부와 외부 이해관계자를 돌봐야 하며, 이해관계자들의 입장에서 프로젝트를 성실하게 모니터링하고 이슈를 해결해야 한다. 관리자는 조직 내부와 외부에서 정해진 법과 규정 등

을 준수해야 하며, 준수해야 할 규정들이 상호 상충될 경우 전문가 또는 이해관계자들과 협의하여 해결책을 찾아야 한다.

스튜어드십을 위해서는 투명성과 신뢰성을 갖춘 리더십이 필요하다. 예를 들어, 프로젝트 성과와 별개로 발생 가능한 부정적인 영향과 결과를 투명하게 관리하고, 프로젝트 수행을 위해 타인과 타국의 인권을 해쳐서는 안 된다. 조직의 리더는 조직 및 프로젝트 목표와 전 세계 이해관계자의 큰 요구 및 기대가 상충되지 않게 균형을 맞추고 조정하여 책임 있는 결정을 내려야 한다. 재무, 기술, 사회, 환경 성과를 동시에 고려하는 통합적인 관점으로 비즈니스를 접근해야 한다.

3.2 협력적인 프로젝트팀 환경 형성
(Create a collaborative project team environment)

팀(Team)

- 프로젝트팀은 다양한 기술, 지식 및 경험을 갖춘 개인으로 구성
- 협력적으로 작업하는 프로젝트팀은 독자적으로 작업하는 개인보다 공유 목표를 더 효과적이고 효율적으로 달성
  - 프로젝트는 프로젝트팀에서 인도함
  - 프로젝트팀은 조직적, 전문적 문화와 지침 내에서 업무를 수행하며, 종종 자체적인 '현지'문화를 구축
  - 협력적 프로젝트팀 환경은 다음 사항을 촉진
    - 다른 조직 문화 및 지침과 연계
    - 개인 및 팀의 학습 및 개발
    - 원하는 성과를 인도하기 위한 최적의 기여

프로젝트팀은 배정된 역할과 담당업무를 통해 공통의 프로젝트 목표 달성을 위해 협력하는 개인들로 구성되며, 프로젝트 관리자는 프로젝트팀의 팀원 확보, 관리, 동기 부여 및 권한 부여에 적합한 노력을 기울여야 한다. 프로젝트 기획 및 의사결정에 전체 팀원이 참여하는 것이 유리하며, 팀원의 전문지식이 향상되고 프로젝트에 대한 팀원의 소속감이 높아진다.

협력적인 팀 환경 구성요소

협력적인 프로젝트팀 환경 형성을 위한 요소

- **팀 협약서**(Team agreements)
  - 프로젝트팀이 수립한 일련의 행동 집합과 작업 규범을 나타내며 개인 및 프로젝트팀의 노력이 요구됨

- **조직 구조**(Organizational structures)
  - 프로젝트팀은 프로젝트 작업과 관련된 개별 업무를 조정하는 데 도움이 되는 구조를 사용, 조정 및 구현
  - 조직 구조는 프로젝트 작업 요소와 조직 프로세스 간의 모든 합의 또는 관계

- **프로세스**(Processes)
  - 프로젝트팀은 작업 및 작업 배정을 완료할 수 있는 프로세스를 정의
  - 작업분류체계(WBS), 백로그 또는 작업 보드를 사용하는 분할 프로세스에 동의

프로젝트 관리자는 팀에 영향을 미치는 다양한 측면을 인지해야 한다. 예를 들면, 팀 환경, 팀원의 지리적 위치, 이해관계자 간의 의사소통, 조직 변경 관리, 내/외부의 정치적 상황, 문화적 이슈 및 조직의 특성, 프로젝트 성과를 바꿀 수 있는 기타 요인 등을 인지해야 한다. 다양한 배경의 사람들이 모이는 프로젝트에서는 착수 시기에 프로젝트 팀원들이 준수해야 할 규정을 정의해야 하는데 이것이 팀 협약서이다.

팀 협약서는 표준화해야 할 업무를 표준화하는 것이며 협업하는 팀을 만들기 위한 기본 업무로, 프로젝트팀이 협업하는 과정에서 프로세스 개선사항을 식별하고 지속적으로 개선할 때 협업의 효과는 높아진다.

협업을 개선할 수 있는 조직 구조의 예는 다음과 같다.

- 역할과 책임 정의
- 프로젝트팀에 직원 및 공급업체 배정
- 특정 목표를 담당하는 공식 위원회
- 특정 주제를 정기적으로 검토하는 스탠딩 미팅

프로젝트팀은 프로젝트와 관련된 조직의 문화, 프로젝트의 특성 및 프로젝트 운영 환경의 영향을 받으며, 자신만의 팀 문화를 확립한다. 프로젝트팀은 프로젝트 목표를 가장 잘 달성할 수 있도록 구조를 조정하고, 포용적이고 협력적인 환경을 조성함으로써 지식과 전문지식을 보다 자유롭게 교환하여 더 나은 성과를 얻는다.

프로젝트 작업 수행을 위해서는 작업에 대한 위임이나 선택을 할 수 있도록 역할과 책임이 명확해야 한다. 명확한 역할과 책임은 팀 문화 개선에 도움이 된다.

팀의 권한/책무/책임

- **권한(Authority)**
  - 주어진 상황 내에서 관련 의사를 결정하고, 절차를 확립 또는 개선하고, 프로젝트 자원을 적용하거나, 자금을 지출하거나, 승인을 부여할 권리가 있는 상태
  - 권한은 명시적 또는 암시적이든 간에 한 주체로부터 다른 주체에게 부여

- **책무(Accountability)**
  - 성과(outcome)에 대한 책임을 질 수(answerable) 있는 상태.
  - 책무(accountability)는 공유되지 않음

- **책임(Responsibility)**
  - 무언가를 수행하거나 이행할 의무가 있는 상태
  - 책임(responsibility)은 공유할 수 있음

특정 프로젝트 작업에 대한 책무 또는 책임자가 누구이든 관계없이 협력적 프로젝트팀은 프로젝트 성과(outcome)에 대해 공동의 책임(ownership)을 갖음

[참고] Accountability와 Responsibility

이들 두 영어 단어는 단독으로 사용될 경우에 모두 '책임'으로 번역하지만, 두 단어가 함께 등장하는 경우에는 구분하여 번역하여야 한다. PMBOK 7판에서는 'Accountability'와 'Responsibility'를 각각 '책무'와 '책임'으로 번역하고 있으나, 이전 6판에서는 '책임'과 '담당'으로 번역하였다. 일반적인 개념으로 'Accountability = Responsibility + Authority'로 알려져 있다. 정확한 의미 파악을 위해 이들 단어는 항상 영문과 함께 확인할 필요가 있다.

프로젝트팀은 협업을 할 때, 책임과 역할을 명확하게 정의하는 것도 불필요한 갈등을 최소화할 수 있다.

협력적 프로젝트팀(Collaborative project team)

- 서로 존중하는 팀 문화는 차이를 허용하고 이러한 차이를 생산적으로 활용하는 방법을 찾아내 갈등을 효과적으로 관리

- 협력적 프로젝트팀 환경의 또 다른 측면은 프로젝트팀과 조직 내에서 전문 작업의 일부인 실무사례 표준, 윤리 강령 및 기타 지침을 통합
- 협력적인 프로젝트팀 환경은 정보와 개별 지식의 자유로운 교환을 촉진하여 학습 공유 및 개인 개발 능력을 높이는 동시에 성과를 인도
- 협력적 프로젝트팀 환경에서는 누구나 조직에 원하는 성과를 인도하기 위해 최선을 다하며, 조직은 그 기본 가치, 원칙 및 문화를 존중하고 개선하는 인도물과 성과로부터 편익을 얻음

3.3 이해관계자와 효과적으로 교류한다
(Effectively engage with stakeholders)

이해관계자(Stakeholders)

프로젝트 성공 및 고객 만족도에 기여하는데 필요한 수준으로 선제적으로 이해관계자를 참여시킴

- 이해관계자는 프로젝트, 성과(performance) 및 결과(outcome)에 영향을 미침
- 프로젝트팀은 참여를 통해 다른 이해관계자에게 서비스를 제공
- 이해관계자 참여는 가치 인도를 선제적으로 발전시킴

프로젝트마다 긍정적 또는 부정적 방식으로 프로젝트의 영향을 받거나 프로젝트에 영향을 미칠 수 있는 이해관계자들이 존재한다. 프로젝트 관리자와 프로젝트팀이 적절한 방식으로 모든 이해관계자를 정확히 식별하고 이해관계자들의 참여를 관리하는 역량이 프로젝트의 성공과 실패를 가른다. 프로젝트 성공 가능성을 높이려면 프로젝트헌장이 승인되고 프로젝트 관리자가 배정되어 팀이 구성되기 시작한 후 최대한 빨리 이해관계자 식별 및 참여 관리 프로세스를 진행해야 한다.

변화가 많은 프로젝트에는 프로젝트 이해관계자들의 적극적인 참여와 관여가 요구되며 프로젝트 전반에 걸쳐 이해관계자 공동체와 정기적인 교류를 통해 리스크를 완화하고 신뢰를 구축해야 한다.

이해관계자가 프로젝트에 미치는 영향

- **범위/요구사항**(Scope/requirements)
  범위 및/또는 프로젝트 요구사항의 요소를 추가, 조정 또는 제거해야 할 필요성을 공개

- **일정**(Schedule)

  인도를 위한 앞당기는 아이디어를 제공하거나 주요 프로젝트 활동의 인도 속도를 늦
  추거나 인도를 중단

- **비용**(Cost)

  계획된 지출을 줄이거나 없애도록 지원하거나 비용을 증가시키거나 추가 자원을 필
  요로 하는 단계, 요구사항 또는 제한을 추가

- **프로젝트팀**(Project team)

  의도한 성과를 인도하고 학습 문화를 장려하는 데 필요한 기술, 지식 및 경험이 있는
  인력에 대한 접근을 제한하거나 가능하게 함

- **계획**(Plans)

  계획에 대한 정보 제공 및 합의된 활동/작업에 대한 변경을 옹호

- **성과**(Outcomes)

  추구하는 성과를 얻기 위해 필요한 작업을 가능하게 하거나 차단

- **문화**(Cultures)

  프로젝트팀 및 조직의 참여 수준과 특성을 설정하거나 이에 영향을 미치거나 정의함

- **편익 실현**(Benefits realization)

  프로젝트가 의도된 식별 가치를 인도하도록 장기적인 목표를 생성하고 식별

- **리스크**(Risk)

  프로젝트 리스크 한계선 정의 및 이후의 리스크 관리 활동에 참여

- **품질**(Quality)

  품질 요구사항을 식별하고 요구

- **성공**(Success)

  성공 요인을 정의하고 성공 평가에 참여

긍정적인 영향을 받는 이해관계자는 프로젝트 성공을 위해 노력하고, 부정적인 영향을 받는 이해관계자는 성공하지 못하도록 방해할 것이다. 그러므로 프로젝트 관리자가 다양한 이해관계를 조율하고 조정하는 역할은 정치가가 하는 것과 유사하다고 할 수 있다.

이해관계자는 요구사항의 추가/삭제/변경을 요청할 수 있으며, 프로젝트 일정 단축, 예산 삭감을 요청할 수 있고, 팀원 투입 반대 및 교체를 요청할 수 있다. 이해관계자는 프로젝트 성과 평가를 할 수 있으며, 달성해야 할 목표를 정의하고, 정의된 인도물을 검수할 수 있다.

이해관계자 참여

- 이해관계자는 프로젝트의 생애주기 내내 영향력을 나타내며, 관심 및 영향력의 정도는 시간이 지남에 따라 변경됨
- 영향력이 크고 프로젝트에 대해 비우호적이거나 중립적인 시각을 가진 이해관계자를 효과적으로 참여시키고, 이러한 우려를 해결하여 성공적인 프로젝트 성과를 얻음
- 프로젝트 시작부터 끝까지 이해관계자를 식별 및 분석하고 이들과 적극적으로 소통하는 것은 성공에 도움
- 의사소통은 참여의 핵심 부분이지만, 참여는 다른 사람들의 아이디어에 대한 인식, 다른 관점에 대한 완전한 이해, 공유된 해결방안의 공동 구성 등을 포함
- 참여에는 자주 이루어지는 양방향 의사소통을 통해 견고한 관계를 구축하고 유지하는 것을 포함
  - 참여는 대화형 회의, 대면 회의, 비공식적인 대화, 지식 공유 활동을 통해 협업을 촉진하며, 주도적, 협업, 존중, 공감, 자신감 등 대인관계 기술에 의존
  - 참여는 프로젝트 팀이 정보, 데이터, 의견 등의 검색, 수집, 평가를 하는데 도움되며, 프로젝트에 대한 공통된 이해와 연계가 형성
- 프로젝트팀은 잠재적으로 부정적인 영향을 최소화하고 긍정적인 영향을 극대화하기 위해 프로젝트 전반에 걸쳐 다른 이해관계자와 적극적으로 소통
- 이해관계자 참여는 더 확실한 프로젝트 성과와 결과의 기회 제공, 이해관계자 만족도 높이기, 이해관계자와 소통으로 팀이 보다 광범위한 이해관계자에게 적합한 솔루션 탐색에 도움

프로젝트에 미치는 영향력은 크고 프로젝트에 부정적인 이해관계자를 잘 관리해야 하며, 중요한 이해관계자가 프로젝트 관리자를 대변하여 다른 이해관계자를 설득한다면 프로젝트팀은 강력한 스폰서를 확보한 것이다. 이해관계자 참여 관리의 핵심은 수시로, 효과적인 쌍방 의사 소통을 하는 것이다.

효과적이고 효율적인 참여와 의사소통에는 이해관계자가 어떤 상황에서 어떻게, 언제, 얼마나 자주 참여하고 싶은지 그리고 참여해야 하는지 결정하는 것이 중요하다. 프로젝트 수행 기간 동안 이해관계자들의 관심사항과 프로젝트 참여 수준을 지속적으로 모니터링 해야 한다.

3.4 가치 중점(Focus on value)

가치(Value)

비즈니스 목표 및 의도한 편익과 가치에 맞게 프로젝트 연계를 지속적으로 평가 및 조정

- 가치는 프로젝트 성공의 궁극적인 지표
- 가치는 프로젝트 전반에 걸쳐, 프로젝트 종료 시 또는 프로젝트 완료 후에 실현
- 가치와 가치에 기여하는 편익은 정량적 또는 정성적 용어로 정의
- 성과에 집중하면 프로젝트팀이 가치 창출로 이어지는 의도한 편익을 지원하게 함
- 프로젝트팀은 진행 상황을 평가하고 예상 가치를 극대화하도록 조정

프로젝트의 가치란 프로젝트 인도물의 성과에 따른 조직에 대한 재정적 기여를 의미한다. 예를 들면, 프로젝트의 결과를 통해 사회적 편익이 발생되거나 고객이 인지한 편익 등의 공적인 이익에 대한 척도가 가치이다. 앞부분에서 설명한 예와 같이, 새로운 관리시스템 프로젝트의 성과(outcome)로 처리 속도가 빨라졌고, 그 결과 운영비용이 10% 절감되는 편익이 발생했다면, 이를 재무적 가치로 환산하면 가치가 된다. 프로젝트가 프로그램의 구성요소일 경우에는 프로그램 성과에 대한 프로젝트의 기여도가 가치가 된다.

프로젝트 관리자 입장에서는 프로젝트를 잘 끝내는 것이 목표이지만, 조직의 입장에서는 프로젝트가 착수한 목표를 달성해야 한다. 예를 들어, 상품 개발 프로젝트를 주어진 예산 및 기간 내에 완료했다면 프로젝트 관리자 입장에서는 주어진 목표를 달성했다고 볼 수 있으나, 상품 개발을 통해 기대했던 가치를 달성하지 못하였다면 조직의 입장에서 상품 개발은 실패이다.

따라서, 고객이나 사용자 관점에서 프로젝트 성과로 인한 가치는 프로젝트 성공의 궁극적인 지표가 된다.

비즈니스 케이스(Business case)

- 프로젝트는 비즈니스 케이스에 따라 시작하며, 비즈니스 케이스에는 전략적 조정, 리스크 노출도 평가, 경제적 타당성 조사, 투자 수익, 예상되는 주요 성과 측정, 평가 및 대체 접근방식에 대한 정보가 포함되고, 프로젝트 성과의 의도된 가치 기여도를 정성적 또는 정량적 측면으로 기술
- 비즈니스 케이스에 포함되는 지원 및 상호 관련 요소
  - 비즈니스 요구사항(Business need). 비즈니스는 프로젝트에 대한 이론적 근거를 제시하며 프로젝트가 수행되는 이유를 설명

○ 프로젝트 타당성(Project justification). 프로젝트 타당성은 비용 편익 분석 및 가정이 수반되며, 투자 가치와 요구사항 이유와 함께 비즈니스 요구사항에 연결

○ 비즈니스 전략(Business strategy). 비즈니스 전략은 프로젝트의 이유이며 모든 요구사항은 가치를 달성하기 위한 전략과 관련

프로젝트 비즈니스 케이스는 문서로 정리된 경제적 타당성 연구자료로서 비즈니스 케이스는 정의가 충분하지 못한 구성요소가 제공할 혜택의 타당성을 확인하고 추가적인 프로젝트 활동을 승인하기 위한 기초자료로 사용된다. 비즈니스 케이스에는 프로젝트 착수의 목표와 이유가 열거되며, 비즈니스 케이스 문서는 목표 및 식별된 성공 기준을 산출 결과와 비교함으로써 프로젝트 생애주기 전반에 걸쳐 프로젝트의 성공과 진척도를 측정하기 위한 기초자료가 된다.

프로젝트가 끝나는 시점에서는 프로젝트 목표 대비 프로젝트의 성공 여부를 측정하는데 비즈니스 케이스가 유용하게 사용된다. 비즈니스 요구사항, 프로젝트 타당성 및 비즈니스 전략, 편익 및 가능한 협약 외에도 프로젝트팀이 의사결정을 통해 의도한 비즈니스 가치를 충족하거나 초과하는 정보를 얻을 수 있는 정보를 제공한다.

프로젝트 가치의 실현 가능성은 지속적으로 확인

- 원하는 성과를 명확하게 기술하고 반복적으로 평가하며 프로젝트 전반에 걸쳐 업데이트해야 함
- 프로젝트팀은 원하는 산출물, 기준선 및 비즈니스 케이스를 기준으로 프로젝트 진행 상황 및 방향을 지속적으로 평가하여 프로젝트가 요구사항에 부합하고 의도한 성과를 인도할 수 있는지 확인해야 함

대부분의 프로젝트 가치는 프로젝트 완료 이후 운영 단계에서 실현되지만, 예를 들어, 건축물 건설 프로젝트와 같은 프로젝트 완료 이후에 가치가 실현되는 프로젝트에서도 수행 도중 프로젝트가 창출할 예상 가치를 지속적으로 평가해야 한다. 프로젝트 수행 도중에는 비즈니스 케이스를 기준으로 프로젝트 진행 상황을 지속적으로 평가하여 프로젝트 목표에 부합하는 가치를 실현 가능한지 확인해야 한다. 만일 해당 건축물이 초기에 예상했던 가치가 없거나 낮다면 그 프로젝트는 중단하거나 종료할 수 있다.

가치란 특정 대상의 값어치, 중요성, 유용성을 의미하지만, 매우 주관적이다. 그 가치를 갖는 대상에 따라 재정적 이득에서 비재정적 요소까지 다양하기에 이해관계자들 사이에 균형과 고객 관점에서의 가치를 항상 고려해야 한다.

프로젝트 가치 실현

- 가치 엔지니어링(Value engineering)
  - 가능한 한 적은 자원을 사용하고 낭비를 방지하는 동시에 허용 가능한 리스크 노출 도로 필요한 기능과 품질 수준을 인도
  - 적응형 프로젝트의 경우, 프로젝트팀은 고객과 협력하여 투자 가치가 있는 기능과 산출물에 추가할 가치가 충분치 않은 기능을 결정함으로써 가치를 최적화
- 프로젝트 가치 실현 지원을 위해 팀은 인도물을 의도한 성과로 전환하는 데 중점을 둠으로써, 단순히 특정 결과물(인도물)을 만드는 것이 아니라 프로젝트의 비전 또는 목적을 인도하게 됨
- 가치 평가에서는 프로젝트 산출물의 전체 측면과 전체 생애주기를 고려
- 프로젝트 인도물 사용 책임이 있는 조직 리더와 협력하여 계획된 성과를 실현할 수 있는 위치에 인도물을 배치

프로젝트 가치 실현은 프로젝트 인도물을 통한 성과뿐만 아니라 그 성과가 프로젝트의 비전이나 목적을 달성하여야만 한다. 예를 들어, 고객은 재고관리 문제를 해결하기 위한 해법으로 새로운 시스템을 원하여 개발하였으나 이 프로젝트의 결과물인 시스템이 문제해결에 도움이 되지 않을 수 있다. 이 경우에 적합한 소프트웨어 운영을 위한 교육과 코칭 인도물을 추가하면 효과를 나타낼 수 있다.

프로젝트팀이 가치보다 인도물에만 집중하면 가치가 실현될 수 없다. 상품을 개발하는 프로젝트의 경우, 상품이 고객에게 제공하는 가치에 집중해야 한다. 예를 들어, 실제 영상과 동일하게 구현하는 TV 상품 개발에 성공하였지만 가격이 1억 원이라면, 본 상품이 고객에게 제공하는 가격 대비 효용성을 확인하여 매출이 발생하지 않는다면 프로젝트는 성공하였지만, 가치를 인도하지 못하는 경우가 된다.

프로젝트 산출물이 효과를 발휘하지 못할 경우에 이해관계자들은 프로젝트의 실패로 생각하므로, 인도물을 성과로 전환하는 가치 실현에 중점을 두어 이해관계자들이 인도물과 그 의도된 결과를 모두 이해하게 해야 한다.

3.5 시스템 상호작용에 대한 인식, 평가 및 대응
(Recognize, evaluate, and respond to system interactions)

시스템 사고(System thinking)

프로젝트 성과에 긍정적인 영향을 미치기 위해 총체적인 방법으로 프로젝트 내부 및 주변의 동적 상황을 인식하고 평가하고 대응

- 프로젝트는 상호 의존적이고 상호 작용하는 활동 영역의 시스템
- 시스템 사고는 프로젝트 각 부분이 서로 간에 그리고 외부시스템과 어떻게 상호 작용하는지에 대한 전체적인 관점을 수반
- 시스템은 계속해서 변하므로 내부 및 외부 조건에 지속적으로 주의를 기울여야 함
- 시스템 상호 작용에 반응함으로써 프로젝트팀은 긍정적인 성과를 활용

시스템의 일반적 정의는 필요한 기능을 실현하기 위하여 관련 요소를 어떤 법칙에 따라 조합한 집합체를 말한다.

시스템적 사고는 모든 구성요소들이 어떤 조합과 집합을 형성하여 서로 상호작용하며 목적에 따라 어떤 창발적 성질들을 발생시켜야 하는지 관찰하고 인지하며 문제를 발견하거나 해결책을 찾는 총체적(holistic) 접근의 사고방식이다.

- 어떻게 부분들이 서로 영향을 미쳐 하나의 전체로서 작동하는가를 이해하는 프로세스
- 문제를 전체 시스템의 일부로 인식하고, 분해 및 결합을 통해 양질의 요소를 도출하고 분석하는 접근방법
- 공동의 문제 해결에 부분최적화가 아닌 전체최적화를 위하여 해결책을 설계

프로젝트를 수행하는 조직을 시스템 관점에서 정의할 수 있고, 프로젝트 구성요소도 시스템 관점에서 파악할 수 있다. 프로젝트도 시스템처럼 상호 작용하고, 상호 의존적인 구성요소로 이루어져 있다.

프로젝트의 시스템적 특성

- 시스템은 통합된 전체로 작동하는, 상호 작용하고 상호 의존적인 구성요소의 집합을 말하며, 프로젝트는 시스템의 특성을 포함
  - 프로젝트팀은 프로젝트를 자체 작업 부분이 있는 시스템으로 인식하면서 프로젝트의 전체적 관점을 인정

- 프로젝트는 다른 대규모 시스템 내에서 작동하며, 프로젝트 인도물은 편익을 실현하기 위한 보다 큰 시스템의 일부
- 프로젝트에는 의도한 성과를 인도하기 위해 효과적으로 통합해야 하는 인도물내 개별 구성요소와 같은 하위 시스템이 존재
- 시스템 사고는 시간 경과에 따라 프로젝트에서 인도하는 것 또는 활성화하는 것과 같은 시스템의 타이밍 요소를 고려
  - 프로젝트 인도물의 각 증분은 이전 버전의 성과나 기능을 확장하므로, 팀은 프로젝트 종료 후 인도물의 운영 상태에 대해 생각해 보고 의도한 결과를 실현

특정 시스템의 결과는 다른 시스템이 활용하거나 진행에 영향을 미칠 수 있으며, 특정 시스템의 변경은 다른 시스템의 변경을 초래한다. 예를 들면, 제품 제조 회사의 정보 시스템은 인사관리 시스템, 구매 시스템, 생산 시스템, 재무 시스템, 영업 시스템 등 여러 가지로 구성되어 있으며 상호 의존적이고, 상호 작용하여 다른 시스템에 영향을 미친다.

프로젝트 또한 진행 과정에서 다양한 내/외부 환경과 조건에 의해 계속 변경된다. 주요 요구사항에 대한 변경은 프로젝트의 범위, 일정, 비용에 영향을 주거나 프로젝트 성과에 영향을 줄 수 있다. 아울러 필요 자원이나 조직 구조, 판매자와의 계약관계, 기관 승인 등의 다양한 부분에도 변경을 유발한다.

시스템의 상호 작용

- 프로젝트는 생애주기 동안 프로젝트에 다양한 영향을 주며 많은 변경이 실시간으로 발생하므로 내/외부 조건에 대한 지속적인 관심을 포함한 시스템 사고를 통해 프로젝트팀은 다양한 변경과 영향을 탐색해 관련 이해관계자들과 프로젝트를 일치시켜야 함
- 시스템 사고는 프로젝트팀이 자신을 바라보는 방식과 프로젝트 시스템 내의 상호작용에도 적용되며, 프로젝트 시스템은 일반적으로 공통의 목표를 위해 작업하는 다양한 프로젝트팀을 통합

프로젝트 시스템의 다양성은 프로젝트팀에 가치를 부여하지만, 프로젝트팀이 긴밀하게 작업할 수 있도록 지원해 주어야 한다. 예를 들어 정부기관이 신기술 개발을 위해 민간 기업과 계약할 경우, 개발팀은 두 조직의 프로젝트 팀원으로 구성할 수 있다. 프로젝트 팀원은 자신의 원 조직 내의 해당 팀원이 작동하는 방식과 관련된 가정, 업무 방식 및 사고 체계를 가질 수 있다. 민간 기업과 정부 기관의 문화가 결합된 이 새로운 프로젝트 시스템에서는 공통된 비전, 언어 및 도구를 만드는 종합적 팀 문화를 구축하고 효과적으로 참여하고 기여할 수 있도록 프로젝트 시스템을 작동해야 한다.

프로젝트 생애주기 동안 발생하는 변경 사항은 여러 부분에 변경을 초래한다. 시스템 사고는 프로젝트를 구성하는 각 부분이 상호 간에 혹은 외부 시스템과 어떻게 상호작용하는 지를 통합적으로 분석하는 것이다. 통합적 관점의 핵심은 특정 시스템의 이익보다 전체 이익을 고려하는 것이다. 예를 들어, 구매 시스템에서는 최저가 입찰을 통해 물품을 구매하였으나, 사용하는 입장에서는 유지 비용이 더 들어간다면 통합적으로 분석을 진행하지 않은 사례이다.

프로젝트의 시스템적 관점을 지원하는 기술

프로젝트팀은 변화하는 시스템 역학을 인식하고 경계해야 하므로, 다음과 같은 프로젝트의 시스템적 관점(view)을 지원하는 기술이 필요하다.

- 비즈니스 영역에 대한 공감
- 전체에 중점을 둔 비판적 사고
- 가정 및 사고 체계의 도전
- 외부 검토 및 조언 구하기
- 통합된 방법, 결과물 및 실무사례 사용(프로젝트 작업, 인도물 및 성과에 대한 공통된 이해 발생)
- 모델링과 시나리오를 사용하여 시스템 역학이 상호 작용하고 반응하는 방식 구상
- 비즈니스 성과를 달성하는 데 도움이 되는 사전 예방적 통합 관리

시스템 사고의 긍정적 성과

시스템 상호작용을 인식, 평가, 대응할 경우 다음과 같은 긍정적인 성과를 얻는다.

- 프로젝트 내의 불확실성 및 리스크에 대한 조기 인식, 대안 탐색, 의도하지 않은 결과에 대한 고려
- 프로젝트 생애주기 전반에 걸친 가정 및 계획의 조정 능력
- 계획 및 인도에 영향을 미치는 지속적인 정보 및 통찰력 제공
- 계획, 진행 상황 및 예상 결과를 관련 이해관계자에게 명확히 전달
- 고객 조직의 목표 및 비전에 맞춘 프로젝트 목표 조정
- 프로젝트 인도물의 최종 사용자, 스폰서, 고객의 변화 요구에 맞추는 조정 능력
- 조정된 프로젝트 또는 이니셔티브 간의 시너지 효과 및 절감 효과 파악 능력
- 달리 포착되지 않는 기회를 활용하거나 다른 프로젝트 또는 이니셔티브에 야기된 위협을 확인할 수 있는 능력
- 최고의 프로젝트 성과 측정과 이 측정 결과가 프로젝트에 참여자들의 행동에 미치는 영향을 명확히 파악
- 조직 전체에 도움이 되는 의사결정
- 보다 포괄적이고 정보에 기반한 리스크 식별

시스템적 사고를 가지고 시스템간 상호작용을 분석하고 대응하면 프로젝트 업무 진행 시 긍정적인 효과를 기대할 수 있다. 외부 상황에 맞추어 프로젝트 계획 및 실행을 위한 중요한 정보를 얻고, 보다 포괄적인 정보를 이용하여 조직 전체에 도움이 되는 의사결정을 할 수 있다.

최종사용자, 스폰서, 기타 이해관계자의 요구사항에 적시에 대응하고, 프로젝트 목표와 목적을 조직의 비전과 목표에 연계할 수 있다.

3.6 리더십 행동 보여주기[Demonstrate leadership behaviors]

리더십(Leadership)

개인 및 팀의 요구를 지원하기 위해 리더십 행동을 보여주고 조정

- 효과적인 리더십은 프로젝트 성공을 촉진하고 긍정적인 프로젝트 성과에 기여
- 어떤 프로젝트팀 구성원이라도 리더십 행동을 보여줄 수 있음
- 리더십은 권위(authority)와 다름
- 효과적인 리더는 상황에 맞게 자신의 스타일을 조정
- 효과적인 리더는 프로젝트 팀원 간의 동기부여의 차이를 인식
- 리더들은 정직성, 청렴성 및 윤리적 행동 영역에서 바람직한 행동을 보임

리더십은 조직의 비즈니스 목표를 달성할 수 있도록 팀을 이끌고 동기 부여하며, 지시하기 위해 필요한 지식, 기술 및 행동을 말한다. 리더십 기술에는 협상, 탄력성, 의사소통, 문제 해결, 비판적 사고, 대인관계 기술과 같은 것도 포함되며, 관리자는 훌륭한 리더가 되기 위해 사람들의 행동과 동기를 연구해야 한다.

리더십(leadership)과 관리(management)의 비교는 다음과 같다.

리더십	관리
관계적 힘을 사용하여 안내, 영향, 협업	위치 권력을 사용하여 지시
개발	유지
혁신	행정
사람들과의 관계에 집중	시스템과 구조에 집중
신뢰 고취	통제에 의존
장기 비전에 집중	단기 목표에 집중
대상과 이유 묻기	방법과 시기 묻기

섬김형 리더십은 팀원들에게 봉사하고 경청하며, 팀원들이 성장할 수 있도록 지원하고, 지도와 통제 사이 균형을 유지하고, 안전, 존중 및 신뢰 증진에 노력하는 특성을 보여주고, 섬김형 리더는 협업 촉진자로, 조직의 장애를 제거하는 리더로, 다른 사람들이 공헌할 길을 열어주는 리더로서 역할을 수행한다.

고성과 프로젝트와 리더십

- 프로젝트는 효과적인 리더십에 대한 특별한 요구가 있으며, 고성과 프로젝트는 더 많은 효과적인 리더십 행동을 더 자주 보임
- 비전, 창의성, 동기, 열정, 격려, 공감을 우선시하는 프로젝트 환경은 더 나은 성과를 뒷받침하며, 리더십은 원하는 성과를 달성하도록 프로젝트팀 내/외부의 개인에게 영향을 미치는 태도, 재능, 성격, 행동을 포함
- 프로젝트에 대한 작업을 수행하는 누구나 프로젝트팀이 필요한 결과를 수행하고 인도하는 데 도움이 되는 효과적인 리더십 특성, 스타일 및 기술을 보여줌
- 성과가 더 뛰어난 프로젝트에는 역설적으로 더 많은 영향력 행사자가 결합하여 영향을 미치는데, 각 개인은 보완적인 방식으로 더 많은 리더십 기술을 제공
- 성공적인 리더십은 어떤 상황에서든 사람들에게 영향을 주고, 동기를 부여하고, 지도하고, 코칭할 수 있어야 함

프로젝트는 여러 조직에서 다양한 배경을 가진 개인들로 구성되고, 내/외부 환경도 자주 변하고, 상충되는 이해관계도 많아 갈등이 자주 발생하므로, 리더십이 프로젝트에 미치는 영향이 대단히 크다. 프로젝트팀의 누구든지 프로젝트 팀원과 이해관계자를 대상으로 긍정적인 영향력을 미칠 수 있으며, 동기 부여된 팀원은 자발적으로 업무를 수행하기 때문에 리더십을 발휘하기 위해서는 개인마다 동기 부여시키는 요인들을 이해할 필요가 있다.

리더십과 권한(Leadership and authority)

- 프로젝트 수행은 권한만으로 충분하지 않으며, 공통의 목표를 향해 나아가도록 그룹에게 동기를 부여하고, 집단적 업무를 위해 개인의 이해를 조율하도록 영향력을 행사하며, 개인보다는 프로젝트팀으로서 성공을 달성하도록 리더십을 발휘
- 권한은 특정 상황에서 특정 활동, 개인 행동, 의사결정에 대한 책무
- 리더십은 전반적으로 효과적이고 효율적인 기능을 촉진하기 위해 조직 내 개인에게 주어진 통제 위치인 권한과 혼동하면 안됨
  - 권한은 권력을 행사할 수 있는 권리로 일반적으로 헌장 문서 또는 직책 임명과 같은 공식적인 방법으로 개인에게 위임되어 역할이나 직책을 가짐

- 권한이 있는 개인이 그 권한을 이용하여 타인에게 영향 미치기, 동기 부여, 타인에게 방향 제시 등을 행동할 수 있지만 이는 리더십과는 다름
- 리더십 스타일은 독재형, 민주형, 자유방임형, 지시형, 참여형, 적극형, 지원형, 합의형 등이 있으나 상황에 맞게 적용
- 주어진 상황에 가장 잘 맞는 효과적인 리더십의 예
  ◦ 혼란 상황에서는 지시적 조치가 협력적 문제해결 방식보다 추진력이 높음
  ◦ 유능하고 참여도가 높은 직원이 있는 환경에서는 중앙에서 조율하는 방식보다 권한을 위임하는 방식이 생산성을 더 높임

권력을 행사하는 권한과 리더십은 다르다. 권한은 다른 사람들에게 특정 행동을 요구하거나 지시할 수 있고, 의사결정을 내릴 수 있다. 리더십 없는 권한은 실패하기 쉽지만, 권한 없는 리더십은 성공할 수 있다. 권한만으로 팀원들의 마음을 움직일 수 없으며, 팀원들의 마음을 움직이는 것은 리더십을 발휘하는 것이다.

리더십 기술 및 기법

효과적인 리더십 기술은 개인에게는 직무 자산이, 프로젝트 및 그 이해관계자에게는 편익이 된다. 프로젝트 팀원은 다양한 기술 또는 기법의 조합을 추가하거나 연습하여 리더십 감각을 발전시킬 수 있으며, 이를 위해 다음의 기술과 기법들이 있다.

- 협력적인 의사결정 촉진
- 효과적인 대화와 적극적인 경청
- 프로젝트 팀원에게 권한 및 책임 위임
- 책임을 맡아 해내는 화합의 프로젝트팀 구축
- 프로젝트팀 및 이해관계자의 관점에 공감 표현
- 자신의 편견과 행동에 대한 자기 인식
- 프로젝트 생애주기 동안 변경 관리 및 변경에 적응
- 실수를 인정하고 신속하게 실패를 파악해 학습하는 자세
- 원하는 행동의 역할 모델링
- 프로젝트 성과에 대한 동기 부여 비전 제시
- 프로젝트에 필요한 자원 및 지원 찾기
- 향후 최선의 방법에 대한 합의 도출
- 프로젝트 진행의 장애 극복
- 프로젝트팀 내부 및 프로젝트팀과 기타 이해관계자 간의 충돌 협상 및 해결
- 상대방에게 적절한 의사소통 스타일 및 메시지 조정

- 동료 프로젝트 팀원 코칭 및 멘토링
- 긍정적인 행동과 기여에 대해 감사 및 보상
- 기술 성장 및 개발을 위한 기회 제공

리더에게 개인적인 성격은 중요하며, 리더는 정직성, 청렴성, 윤리적 행동 분야에서 롤 모델이 되어야 한다. 리더가 팀원에게 동기 부여할 것을 인지할 때 프로젝트가 원활하며, 동기부여 요인에는 재정, 인정, 자율성, 설득력 있는 목적, 성장 기회 및 개인적 기여 등이 포함된다. 사람들과의 소통과 동기 부여하는 방법, 필요한 조치를 취하는 방법을 알면 프로젝트 성과 개선은 물론 프로젝트 장애물 관리에 도움이 될 수 있다.

여러 사람에게 소유한 공유된 리더십은 리더의 역할이나 권한을 약화시키지 않으며, 리더가 적절한 리더십 스타일과 기술을 적용할 수 있게 한다. 프로젝트 팀원과 이해관계자는 역할이나 직책에 관계없이, 스타일을 결합하고, 기술을 성장시키고, 동기 부여 요소를 활용하여, 영향을 미치고, 프로젝트팀을 지도하고 발전시킬 수 있다.

3.7 상황에 따른 조정(Tailor based on context)

조정(Tailoring)

가치를 극대화하고, 비용을 관리하고 속도를 개선하는 동시에 추구하는 성과를 달성하기에 '충분한' 프로세스를 사용하여 프로젝트, 목표, 이해관계자, 거버넌스 및 환경의 맥락에 기반하여 프로젝트 개발방식을 설계

- 각 프로젝트는 고유성을 지님
- 프로젝트의 성공은 프로젝트의 고유한 맥락에 적응하여, 원하는 성과를 내기에 가장 적절한 방법의 결정과 관련
- 접근방식 조정은 반복적이므로 프로젝트 전반에 걸쳐 지속되는 프로세스

프로젝트 상황에 적합한 개발방식과 프로세스를 정의하고, 프로젝트 목표를 달성하기 위해 개별 프로젝트에 맞는 조정은 필요하다.

PMBOK 7판에서는 조정을 매우 강조하고 있다. 프로젝트관리 표준서에서는 별도의 원칙으로 '상

황에 따른 조정'을 설명하고 있으며, 본서의 "제3부 3장. 조정"에서 조정 대상과 조정 프로세스에 대해 상세히 설명하고 있다.

개요(Overview)

- 고유한 목표, 이해관계자 및 환경의 복잡성에 적응하면 프로젝트의 성공에 도움
- 조정은 접근방식, 거버넌스 및 프로세스를 주어진 환경과 당면 과제에 적합하게 만드는 의도적 적용
- 프로젝트팀은 프로젝트 생애주기 내에서 긍정적 성과를 도출할 수 있는 유연성을 제공하는 적절한 프레임워크를 조정
- 비즈니스 환경, 팀 규모, 불확실성의 정도, 프로젝트의 복잡성은 모두 프로젝트 시스템의 조정 방식에 영향
- 프로젝트 시스템은 상호 관련된 복잡성을 고려하여 전체적인 관점에서 조정
- 조정은 원하는 성과를 얻을 수 있도록 '충분한(just enough)' 프로세스, 방법, 템플릿 및 결과물을 사용하여 가치 극대화, 제약 관리, 성능 개선을 목표로 함

프로젝트는 고유한 특성을 갖기에 모든 프로젝트를 동일한 방법과 프로세스로 수행할 수 없다. 그러므로 프로젝트 상황을 고려하여 프로젝트에 적용할 방법론, 프로세스를 적용하는 활동을 조정(tailoring)이라 말하며, 프로젝트 환경에서 조정은 개발방식, 프로세스, 프로젝트 생애주기, 인도물 및 참여자의 선택을 고려하고, 프로젝트 상황, 목표 및 운영 환경에 대한 이해를 통해 조정 활동을 한다.

조정이란 프로젝트의 고유한 특성에 맞게 관련된 필요 요소를 선택하고 혼합하는 명시적 작업이다. 이러한 조정은 변경과 지속적 학습을 통해 다양한 방법이나 접근방식을 사용하거나 개발할 수 있다.

개별 프로젝트의 규모, 기간, 복잡성을 고려하고, 원하는 성과를 얻기 위해 가장 적합한 프로세스를 채택하고 조정해야 한다. 모든 프로젝트는 프로젝트 팀원, 이해관계자, 프로젝트 인도물, 방법론, 적용 도구 등이 동일하지 않기에, 프로젝트마다 적합한 프로세스를 다르게 적용해야 한다. 이를 위해 프로젝트의 규모, 중요도, 팀원의 역량, 이해관계자의 리스크 허용 정도 등도 함께 고려해야 한다.

방법론의 조정

- 프로젝트팀은 PMO와 함께 거버넌스를 고려하여 프로젝트별로 성과를 도출하는 데 필요한 인도 접근방식 및 자원을 논의하고 결정
  - 여기에는 사용할 프로세스, 프로젝트 결과를 인도하는 데 필요한 개발 접근방식, 방법 및 결과물 모음이 포함
- 방법론은 전문분야 종사자들이 사용하는 실무사례, 기법, 절차 및 규칙 체계를 말하며, 각 프로젝트에 적합하게 조정이 필요
- 프로젝트팀은 상위 조직의 방법론(프로젝트 실행 방법에 대한 지침을 제공하는 프로세스, 거버넌스, 방법 및 템플릿 시스템)을 그대로 채택하여 적용할 수 있으나, 방법론 자체는 프로젝트에 맞게 조정
- 적절한 프로세스, 방법 및 결과물과 함께 접근방식을 조정하면 프로젝트팀이 프로세스 관련 비용 및 프로젝트 결과 관련 가치 기여에 대한 결정에 도움

프로젝트 팀은 조직이 제공하는 방법론, 프로세스, 도구 등을 이용하여 조정하고, 대부분의 조직에서는 프로젝트관리오피스(PMO)에서 조직에 적용할 표준 프로세스, 방법론, 도구를 정의하기 때문에 프로젝트팀은 프로젝트관리오피스의 도움을 받아 프로젝트에 적용할 방법론을 선정하여 조정한다.

조정은 한번에 끝나는 것이 아니라 프로젝트를 진행하면서 반복적으로 보완해 가는 것이 바람직하며, 조정은 완벽함보다는 적정 수준의 완성도를 추구한다. 왜냐하면, 많은 시간과 노력의 투입은 조정의 완성도를 높이는데 효과적이지 않기 때문이다.

조정된 프로젝트 접근방식의 편익

조정된 프로젝트 접근방식은 조직에 다음과 같은 직간접적인 편익을 제공한다.

- 프로젝트 팀원의 접근방식 정의에 참여함으로 팀원이 더욱 헌신적인 업무 수행
- 행동 또는 자원 측면의 낭비 감소
- 고객 중심적 관점 – 고객 및 기타 이해관계자의 요구사항은 프로젝트 조정에 중요한 영향을 미치는 요인이므로
- 프로젝트 자원의 효율적인 사용 – 프로젝트팀이 프로젝트 프로세스의 가중치를 의식하므로

프로젝트 조정의 긍정적 성과

- 혁신, 효율성 및 생산성 향상
- 교훈 – 특정 인도 접근방식의 개선 사항을 공유하고 향후 적용
- 새로운 실무사례, 방법 및 결과물을 통한 조직의 방법론 개선
- 실험을 통해 개선된 성과, 프로세스 또는 방법 발견
- 프로젝트 결과 인도에 사용되는 방법 및 실무사례를 다기능 프로젝트팀 내에서 효과적으로 통합
- 장기적으로 조직에 대한 적응성 향상

프로젝트 접근방식을 프로젝트의 고유한 특성과 환경에 맞게 조정하면 프로젝트 성과 수준이 높아지고 성공 가능성이 높아지는 데 기여할 뿐만 아니라, 여러 이점을 제공한다. 조정 과정을 통해 프로젝트에 투입되는 다양한 분야의 팀원들의 업무 진행 방법이나 모범적 실무사례 등 새로운 방법론을 발견할 수 있으며, 프로세스를 조정하는 과정에서 조직의 방법론과 조정 가이드를 개선할 수도 있다. 프로젝트 조정을 통해 불필요한 자원 낭비를 최소화할 수 있으며, 지속적인 개선 활동으로 조직의 프로세스에 도움을 준다.

3.8 프로세스 및 인도물의 품질 체계 구축
(Build quality into processes and deliverables)

품질(Quality)

프로젝트 목표를 충족하고 관련 이해관계자가 제시하는 니즈, 사용 및 인수 요구사항에 부합하는 인도물을 생산하는 품질에 계속해서 초점을 맞춤

- 프로젝트 품질에는 이해관계자의 기대를 충족하고 프로젝트 및 제품 요구사항을 충족하는 것이 수반
- 품질은 인도물의 인수 기준을 충족하는 데 중점
- 프로젝트 품질에는 프로젝트 프로세스가 적절하고 최대한 효과적인지 확인하는 작업이 수반

품질은 제품, 서비스 또는 결과의 고유한 특성이 요구사항을 충족하는 정도이며, 품질에는 고객의 명시적 요구나 암묵적 요구를 충족시킬 수 있는 능력이 포함된다. 제품, 서비스 또는 프로젝트의 인

도물은 인수기준 및 사용 적합성을 모두 측정한다.

품질관리는 고객 기대치를 파악/평가/정의/관리하여 고객 요구사항을 충족시키는 고객 만족(customer satisfaction)이다. 이를 위해, '요구사항/사양에 일치성(conformance to requirement)', 즉 프로젝트가 목표한 것이 반드시 산출되어야 하며, '용도에 적합성(fitness for use)'인 제품/서비스가 실질적 필요를 충족할 수 있도록 하는 것이 요구된다. 또한 품질관리의 기본적 원칙은 '검사 이전에 예방(prevention over inspection)'이 되어야 하는데, 이는 일반적으로 예방 비용보다 오류 수정 비용이 많이 소요되기 때문이다.

품질과 관련한 다른 차원

- **성과**(Performance)
  인도물이 프로젝트팀 및 기타 이해관계자의 의도대로 작동하는가?
- **적합성**(Conformity)
  인도물이 사용에 적합하고 사양서를 충족하는가?
- **신뢰성**(Reliability)
  인도물이 수행되거나 생성될 때마다 일관된 지표를 생성하는가?
- **복원력**(Resilience)
  인도물이 예상치 못한 장애에 대처하고 신속하게 복구할 수 있는가?
- **만족**(Satisfaction)
  인도물이 최종 사용자로부터 긍정적 피드백을 이끌어내고 있는가?
  여기에 유용성과 사용자 경험이 포함되는가?
- **균일성**(Uniformity)
  인도물이 동일한 방식으로 생산된 다른 인도물과 동일한가?
- **효율성**(Efficiency)
  인도물이 최소한의 투입물과 업무로 최고의 산출물을 만들어내는가?
- **지속 가능성**(Sustainability)
  인도물이 경제적, 사회적, 환경적 변수에 긍정적인 영향을 미치는가?

품질 활동

- 품질 측정을 위해 팀은 요구사항(비즈니스 요구를 충족하기 위해 제품, 서비스 또는 결과물에 구현해야 하는 조건이나 역량)을 기반으로 지표 및 인수기준을 사용

- 품질은 작업기술서 또는 기타 설계 문서에 설명된 대로 제품 인수기준과 밀접하게 연결되며, 이 기준은 인수 프로세스의 일부로서 실험 및 우선순위 때문에 검증되고 업데이트되어야 함
- 인도물의 품질은 검사 및 테스트를 통해 평가하는 반면, 프로젝트 활동 및 프로세스는 검토 및 감사를 통해 평가
- 품질 활동의 목표는 미리 정의된 요구사항들을 처리하거나, 점진적 구체화 및 점증적 인도에 의한 요구사항을 처리

프로젝트의 요구사항을 정의할 때, 인수 기준을 함께 정의하며, 인수기준은 이해관계자가 작성하는 것이 바람직하다. 인도물의 인수기준은 프로젝트 결과물(인도물)이 요구사항을 충족한다는 것을 확인하는 방법과 기준을 포함한다. 인도물의 레벨에 따라 인수기준을 별도로 작성할 수도 있으며, 인수기준은 품질의 충족여부를 측정하는 기본이 된다.

품질관리의 긍정적인 효과

품질관리 프로세스 및 실무 사례는 프로젝트 목표 달성과 이해관계자의 기대, 사용 및 인수기준에 부합하는 인도물과 성과 산출에 도움이 되며, 프로젝트 프로세스 및 인도물의 품질 관리는 다음과 같은 긍정적인 효과를 얻는다.

- 인수기준에 따라 정의된 목적에 적합한 프로젝트 인도물
- 이해관계자의 기대와 비즈니스 목표를 충족하는 프로젝트 인도물
- 결함이 없거나 최소화된 프로젝트 인도물
- 적시 또는 신속한 인수
- 비용 통제의 향상
- 제품 인도 품질 향상
- 재작업 및 폐기 감소
- 고객 불만 감소
- 적합한 공급망 통합 양호
- 생산성 향상
- 프로젝트팀의 사기 및 만족도 증가
- 강건한 서비스 인도
- 의사결정 개선
- 지속적으로 개선되는 프로세스

3.9 복잡성 탐색(Navigate complexity)

복잡성(Complexity)

접근방식 및 계획에 따라 프로젝트팀이 프로젝트 생애주기를 성공적으로 탐색할 수 있도록 프로젝트 복잡성을 지속적으로 평가하고 탐색

- 복잡성은 인간의 행동, 시스템 상호작용, 불확실성 및 모호성으로 인해 발생
- 복잡성은 프로젝트 진행 중 어떤 지점에서도 발생
- 복잡성은 가치, 범위, 의사소통, 이해관계자, 리스크 및 기술 혁신에 영향을 미치는 이벤트 또는 조건에 의해 발생
- 프로젝트팀은 복잡성의 요소를 파악하는데 주의를 기울이고, 복잡성의 규모나 영향을 줄이기 위해 다양한 방법을 사용

복잡성의 개념과 특성

- 프로젝트는 서로 상호작용하는 요소로 구성된 시스템이며, 복잡성은 인간의 행동, 시스템 작용, 모호성 등으로 인해 관리하기 어려운 프로젝트 또는 그 환경의 특성
- 복잡성은 프로젝트 요소, 프로젝트 요소 간 상호작용, 다른 시스템과 프로젝트 환경과의 상호작용에서 발생하여 통제할 수 없지만, 프로젝트팀은 복잡성으로 인해 발생하는 영향을 해결하기 위해 활동을 수정
- 복잡성은 프로젝트 내에 많은 상호작용의 결과이기에 복잡성 발생 예측도 어렵고 구체적 원인 파악도 어려움
- 이해관계자들은 개별적 및 집단적으로 프로젝트의 복잡성에 큰 영향을 미침
  - 예를 들어 내부 이해관계자 뿐만 아니라 공급자, 공공기관 등의 다양한 외부 이해관계자가 존재하면 복잡성이 더욱 높아짐

복잡성이란, 인간의 행동, 시스템 작용, 모호성 등으로 인해 관리하기 어려운 프로그램이나 프로젝트 또는 그 환경의 특성을 의미한다. 프로젝트는 알지 못하거나 예측할 수 없는 상태인 불확실성이 있으며, 이 불확실성과 관련된 것이 리스크, 모호성, 복잡성이다. 리스크가 미래의 사건을 알 수 없는 것과 관련된다면, 모호성은 현재나 미래의 조건을 인식 못하는 것과 관련된다. 이에 비해 복잡성은 예측할 수 없는 결과를 내는 동적시스템과 관련된다.

복잡한 환경에서 개별 요소가 모여 예상치 못한 결과나 의도하지 않은 결과가 발생하는 것은 일반적인 일이다. 복잡성의 영향은 잠재적인 결과의 가능성에 대해 정확하게 예측할 방법이 없거나 결과가 어떻게 나타날 수 있는지 알 방법이 없다는 것이다.

> ## 복잡성의 원인(Common sources of complexity)
>
> - **인간의 행동**(Human behavior)
>   인간의 행동은 프로젝트의 목표와 목적에 상충되는 개인적 문제 등의 주관적 요소를 도입함으로써 복잡성에 기여
>
> - **시스템 동작**(System behavior)
>   프로젝트 요소 내부 및 프로젝트 요소 간의 동적 상호의존성의 결과인 시스템 동작으로 인한 복잡성
>
> - **불확실성과 모호성**(Uncertainty and ambiguity)
>   모호성은 최적의 선택을 위한 옵션이 많은 경우 또는 명확성이 부족한 경우 발생하며, 불확실성은 대안적인 행동, 반응 및 성과의 가능성을 다룸
>
> - **기술 혁신**(Technological innovation)
>   기술 혁신으로 인한 제품, 서비스, 작업 방식, 프로세스, 도구, 기법, 절차 등의 중단

인간의 행동(Human behavior)

인간의 행동은 개인의 행동과 상호간의 관계뿐만 아니라 서로 다른 문화나 지역 등이 다양하게 상호작용하여 복잡성을 만든다. 특히 개인적인 관심이나 이해관계 등이 프로젝트의 목표나 목적과 상충되는 경우에 주관적 요인의 작용으로 복잡성을 더한다.

시스템 동작(System behavior)

프로젝트를 시스템 관점에서 볼 때 프로젝트의 내외 요소들 사이에 발생하는 상호의존성으로 시스템 동작이 발생한다. 프로젝트에서 기존 요구사항에 이질적인 추가 요구를 반영한다면 이에 대한 구성 요소간 상호작용으로 상충되는 결과를 초래할 수 있다. 이로 인해 리스크가 생성되고 이것이 이슈로 이어지는 복잡성을 야기한다.

불확실성과 모호성(Uncertainty and ambiguity)

모호성은 "무엇을 예상해야 하는지" 또는 "상황을 어떻게 이해할 수 있는지" 모르는 불분명한 상태를 말하며, 예상하지 못하고 명확하게 이해 못하는 사건 상황이나 이슈 등이 모호성이 된다.

불확실성은 이슈, 사건, 추구하는 해결방안에 대한 이해와 인식이 부족한 상태로, 어떤 일이 발생할지 혹은 이를 어떻게 처리할 수 있을지에 대한 가능성을 말한다. 전혀 예측 불가능한 리스크(unknown unknowns)도 포함한다.

복잡성 환경 내에서 불확실성과 모호성이 결합되면 인과 관계 파악도 흐려져 불확실성과 모호성을 줄이는 것이 어려워진다.

기술 혁신(Technological innovation)

기술 혁신은 프로젝트의 제품뿐만 아니라 프로세스, 절차, 기법, 절차 등에 영향을 줄 수 있다. 일반적 컴퓨터로 관리하던 시스템에 모바일 기술이 도입되면서 이런 기술 적용에 대한 불확실성과 함께 복잡성이 늘어날 수 있다.

복잡성은 프로젝트 전체에 걸쳐 발생할 수 있으며 프로젝트에 지속적으로 영향을 미친다. 프로젝트는 복잡할수록 계획 수립이 어렵고 변경 가능성이 높아지며 변경에 대한 대응이 어렵기에 결국은 목표 달성 예측이 어려워진다. 그러므로 프로젝트팀은 프로젝트 구성요소와 프로젝트 전체에서 복잡성의 징후가 있는지 지속적으로 살펴봄으로써 프로젝트 전체에서 복잡성의 요소를 파악하여야 한다.

시스템적 사고, 복잡한 적응형 시스템, 프로젝트 경험, 실험, 시스템 상호작용과 관련된 지속적인 학습을 통한 지식은 복잡성 탐색을 위한 역량의 강화가 될 수 있다. 복잡성의 징후를 잘 파악하면 사전에 접근방식과 계획의 조정을 통해 프로젝트의 여러 이슈나 문제들을 효과적으로 탐색할 수 있다.

3.10 리스크 대응 최적화(Optimize risk responses)

리스크(Risk)

프로젝트와 그 성과에 대한 긍정적인 영향을 극대화하고 부정적인 영향을 최소화하기 위해 리스크에 대한 노출 즉, 기회 및 위협을 지속적으로 평가

- 개별적인 리스크와 전반적인 리스크가 프로젝트에 영향
- 리스크는 긍정적(기회) 또는 부정적(위협)일 수 있음
- 리스크는 프로젝트 전반에 걸쳐 지속적으로 처리
- 리스크를 대하는 조직의 태도, 리스크 선호도 및 한계선은 리스크 처리방식에 영향
- 효과적 리스크 대응
  - 리스크 심각성에 적합
  - 비용 대비 효과적
  - 프로젝트 맥락 내에서 현실적
  - 관련 이해관계자의 동의
  - 담당자 결정

리스크관리에 대한 상세한 설명은 본서의 제3부에 "불확실성 성과 영역"을 참고하면 된다.

리스크는 발생할 경우에 한 가지 이상의 목표에 긍정적 또는 부정적인 영향을 미칠 수 있는 불확

실한 사건이나 조건이다. 리스크 관리는 긍정적인 리스크(기회)를 극대화하고 부정적인 리스크(위협)에 대한 노출을 줄이는 노력이다.

- 위험은 지연, 비용초과, 기술적 장애, 성능 저하 또는 평판 상실 등의 이슈 유발
- 기회는 시간단축, 비용절감, 성능향상, 시장점유율 증가, 평판 향상 등의 편익 유발

리스크 관리의 일반적 절차는 잠재적 리스크에 대한 식별, 분석, 대응, 감시 등이다. 이러한 노력은 프로젝트 전체 기간 동안 반복되어야 한다.

프로젝트 리스크에는 개별적 리스크는 물론 전체(overall) 프로젝트 리스크도 있다. 전체 프로젝트 리스크는 프로젝트의 불확실성이 프로젝트 전체에 미치는 영향을 말한다. 예를 들면, 프로젝트 전체 기간 목표에 대한 높은 실패 가능성이나 전체 예산 목표의 높은 초과 가능성, 혹은 프로젝트 전체의 리스크 정도(노출도) 등이 있다. 전체 리스크는 개별적인 리스크들이 모여 발생하거나 프로젝트의 전반적 불확실성의 여러 요인으로부터 발생한다. 이는 프로젝트 결과에 대해 이해관계자들이 느끼는 긍정적 및 부정적 영향의 정도(노출)를 나타낸다. 전체 프로젝트 리스크 관리는 경영층이나 프로젝트 관리자가 설정한 프로젝트 리스크 노출 정도의 허용 범위 내에서 유지하는 것이 목표이다.

리스크 한계와 대응

- 리스크 선호도(appetite) 및 리스크 한계선(threshold)은 프로젝트팀이 프로젝트에서 리스크를 어떻게 탐색하는지 알려주기 때문에, 프로젝트 팀원은 이해관계자와 협력하여 리스크 선호도 및 리스크 한계선을 파악해야 한다.
  - 리스크 선호도: 개인/조직이 보상을 기대하고 감수하려고 하는 불확실성 정도
  - 리스크 한계선: 조직과 이해관계자의 리스크 선호도를 반영한 목표 위주의 허용 가능한 변이를 측정한 것

조직내에서도 리스크관리에 대한 문화가 다르다. 리스크를 선호하는 조직도 있고, 리스크를 회피하려는 조직도 있다. 리스크 태도는 조직이나 이해관계자가 리스크를 추구하거나 리스크를 회피하는 정도를 의미하며, 리스크 회피, 리스크 중립, 리스크 추구의 세 가지 유형으로 구분할 수 있다.

프로젝트의 이해관계자와 조직은, 특정 리스크를 대상으로 그 리스크의 크고 작은 정도를 느끼는 리스크 태도(attitude)가 각자 다르다. 특정 리스크가 작다고 느낀다면 아무런 대응 없이 두고 볼 것이며, 일정 수준 이상의 리스크 크기가 된다면 대응 조치를 할 것이다. 그러므로 어느 정도의 리스크 수준(크기) 이상이면 대응 조치를 할 것인지에 대한 허용 범위를 리스크 한계선(threshold)이라고 한다. 예를 들면, 프로젝트 비용 지출 현황을 보니 정해 놓은 한계선인 ±10%를 벗어난다면 즉각적인 원인

파악과 대응 조치를 하지만, 한계선 이내일 경우에는 계속 감시만 할 수 있다. 이 때, 비용 목표를 중심으로 리스크 한계선이 ±5%이면 리스크 한계선 ±10%보다 리스크 선호도가 낮다고 할 수 있다.

리스크 대응 조치를 위해서는 대응 전략을 계획하여야 하는데, 효과적이고 효율적인 대응을 위해서는 다음과 같은 대응 특성을 지켜야 한다.

- 리스크의 크고 작은 정도인 심각성에 맞게 대응을 해야 하며, 시급성을 고려하여 적절한 시점에 대응해야 한다.
- 가급적 적은 비용으로 큰 대응 효과를 낼 수 있어야 한다.
- 프로젝트의 상황이나 배경을 고려하여 무리 없이 실행 가능하고 현실적이어야 한다.
- 해당 리스크와 관계된 이해관계자들로부터 동의를 얻어야 한다.
- 해당 리스크에 대한 대응을 실행과 대응에 대한 효과를 감시하고 조치하는 각 리스크 담당자를 결정하여야 한다.

리스크는 조직, 포트폴리오, 프로그램, 프로젝트, 제품 내에서도 존재할 수 있으며, 프로젝트를 수행하는 것 자체가 프로그램이나 포트폴리오의 리스크가 될 수도 있다. 하나의 프로젝트가 프로그램의 편익 실현 즉, 가치를 잠재적으로 개선시키거나 감소시킬 수 있는 구성요소이거나, 포트폴리오의 전반적인 가치와 비즈니스 목표 실현을 잠재적으로 향상시키거나 감소시킬 수 있다. 리스크관리는 이슈와 같이 이미 발생된 사건에 대한 대응 조치가 아니고 사전에 리스크를 식별하고 대응하는 선제적 조치이다. 그러므로 일관된 리스크 평가, 계획, 선제적 리스크 조치를 도입한 조직 및 프로젝트팀은 리스크가 구체화될 때, 이슈에 대응하는 것보다 비용이 적게 드는 경우가 많다.

3.11 적응성 및 복원력 수용(Embrace adaptability and resiliency)

적응성과 복원력(Adaptability and resiliency)

조직 및 프로젝트팀의 접근방식에 적응성과 복원력을 구축하여, 프로젝트가 변경을 수용하고, 좌절에서 회복하며, 프로젝트 작업을 발전시킬 수 있도록 지원

- 적응성은 변화하는 조건에 대응할 수 있는 능력
- 복원력은 충격(영향)을 흡수하고 좌절 또는 실패로부터 신속하게 회복하는 능력
- 산출물(outputs)보다는 성과(outcomes)에 중점을 두면 적응성을 촉진

프로젝트를 수행하다 보면 불확실한 환경에서 예상하지 못한 도전이나 장애물에 직면하게 되고, 적응력과 복원력은 외부의 상황 변화에 대응하여 프로젝트를 성공하는데 기여한다. 적응은 외부 변화에 나를 바꾸는 개념이며, 복원은 나를 바꾸지 않고 비상사태를 준비하는 개념이다.

예를 들어, 고객이 빠르게 이동할 수 있는 휴대용 이동 수단을 원해서 스케이트 보드를 만들어 주었다. 이를 받아본 고객은 중심잡기가 어려우니 개선을 해달라고 하여 보드 앞에 손잡이를 세워 주었다. 이렇게 이해관계자의 요구사항과 영향에 적절하게 대응할 수 있는 것이 적응성이다.

그러나 고객이 이를 휴대하기에 너무 불편하여 더 간단한 것을 원하여, 이를 다시 생각하고 계획하여 신발에 바퀴가 달린 힐리스 운동화를 개발하여 제공하였다. 이와 같이 일부 실패, 혹은 요구사항이나 기대에 미달하는 경우에 빠르게 다시 진행할 수 있는 능력이 복원성이다. 그러므로 적응성과 복원력은 상호 보완적이다.

적응성과 복원력의 개념

- 적응성은 변화하는 조건에 대응할 수 있는 능력이며, 복원력은 영향을 흡수하는 능력과 좌절 또는 실패로부터 신속하게 회복하는 능력으로 이렇게 두 가지 상호 보완적 특성으로 구성됨
- 프로젝트는 상호작용 체계 내에 존재하는 내/외부 요인들, 그 중에서도 새로운 요구사항/이슈/이해관계자의 영향을 받으므로 처음에 계획한 대로 정확히 수행되는 경우는 거의 없음
- 프로젝트 내의 일부 요소가 실패하거나 기대 수준에 미치지 못할 수 있는데, 이 경우에는 프로젝트팀이 다시 그룹화하고, 다시 생각하고, 다시 계획해야 함
- 범위 추가 등과 같은 문제를 방지하려면 적절한 변경 통제 프로세스와 같은 전체적인 관점에서 적응해야 함
- 프로젝트에 대한 프로젝트팀의 접근방식에서 적응성과 복원력이 결합된 특성은 프로젝트가 영향을 수용하고 발전하는 데 도움이 됨

적응력과 복원력은 변동성이 높은 프로젝트에 적응하기 위한 중요한 역량이다. 적응력의 대표적인 개념은 생물의 진화이다. 생태학적으로 생물체는 변화하는 환경에 적응하고 예상치 못한 환경에 대처한다. 기업 환경 역시 생태계와 같아서, 새로운 환경에 적응하지 못하면 시장에서 도태될 수밖에 없다. 예를 들어, 핸드폰의 대표 기업인 노키아가 새로운 스마트폰 시장에서는 도태된 사례를 볼 수 있다. 복잡성이 증가할수록 대응하기 위해서는 프로젝트 계획을 변경하고, 리스크에 대응 전략을 수립하는 것이 적응력의 예가 될 수 있다.

복원력은 리스크를 예방하기 보다는 위협이 실제로 발생하였을 때 원래대로 빠르게 복구하는 역

량을 의미하며, 복잡한 상황에서 리스크는 언제든지 발생할 수 있으며, 이럴 때 원래대로 복구할 수 있는 역량이 중요하다. 예를 들어, 정전 사태가 일어나더라도 비상 발전을 통해 생산라인이 멈추지 않고 원래대로 생산할 수 있도록 하는 것이 중요하다.

적응성과 복원력을 지원하는 역량

- 빠르게 적응할 수 있는 짧은 피드백 루프(예, 애자일의 이터레이션)
- 지속적인 학습 및 개선
- 개방적인 조직 대화
- 다양한 기술, 문화 및 경험을 갖춘 전문가를 포함한 다양한 프로젝트팀
- 과거의 노력으로부터 학습한 교훈을 바탕으로 이해
- 잠재적인 시나리오를 예측하고 여러 상황에 대비하는 능력과 의지
- 책임이 따르는 마지막 순간(LRM, last responsible moment)까지 의사결정 지연
- 관리 지원
- 속도와 안정성을 균형 있게 유지하는 개방형 디자인(설계)
- 각 기술 분야에 대해 폭넓은 지식을 갖춘 개인과 프로젝트팀(T자형 인재)
- 개선 기회 파악을 위한 정기적 프로젝트 작업 검사 및 조정
- 다양한 프로젝트팀 구성으로 다양한 경험 축적
- 내/외부 이해관계자가 참여하는 개방적이고 투명한 계획
- 아이디어 테스트와 새로운 접근방식 시도를 위한 소규모 프로토타입 및 실험
- 새로운 사고 및 업무 방식의 활용 능력
- 작업 속도와 요구사항의 안정성을 균형 있게 유지하는 프로세스 설계

[참고] 책임이 따르는 마지막 순간(LRM, last responsible moment)

성급한 의사결정도 문제이지만 결정과 계획에 지나치게 많은 시간과 노력의 투입은 과도한 기획이 된다. 지연 손실 비용이 성급한 의사결정에 따른 비용보다 더 커지기 직전의 순간을 책임이 따르는 마지막 순간(LRM, last responsible moment)이라고 하는데, 의사결정이 너무 늦지 않으면서도 충분한 정보가 수집될 수 있는 시간의 마지노선이라고 할 수 있다.

프로젝트를 수행 중에 꼭 필요한 적응력과 복원력을 높이는 활동으로는 지속적인 학습 및 개선이 필요하며, 프로젝트 및 제품에 대한 빠른 적응을 위해 자주 피드백을 받을 수 있는 기회를 마련하는 것이 필요하다. 또한, 전문지식들을 광범위하게 보유하고, 다양한 경험을 축적하는 것도 필요하며,

프로젝트마다 교훈을 통한 학습도 필요하며, 잠재적 시나리오에 대해 미리 대비하는 것도 필요하다. 새로운 환경 적응을 위해 새로운 지식과 업무방식을 도입하는 것도 도움이 된다.

적응성과 복원력의 실현

- 인도물보다 성과(outcome)에 초점을 두고 구상하면 더 나은 해결방안이 가능하여 적응성이 촉진됨
- 프로젝트 진행 동안 적응의 기회가 나타난다면, 팀은 기회 포착을 위해 프로젝트 스폰서, 제품 책임자(PO), 고객에게 그런 케이스를 만들어야 하며, 그들의 지원을 받아 기회를 활용할 수 있도록 계획과 활동을 조정할 준비가 되어 있어야 함
- 프로젝트 시스템의 예상치 못한 변경 및 상황도 기회를 제공할 수 있음
  - 가치 인도를 최적화하려면 프로젝트팀이 변경 및 계획되지 않은 이벤트에 대해 문제 해결 뿐만 아니라 전체적 사고 방식을 사용해야 함
  - 계획되지 않은 사건이 발생하면 팀은 얻을 수 있는 잠재적인 긍정적 결과를 찾아야 함
- 프로젝트에서 적응성과 회복력을 쌓으면 팀은 내/외부 요소가 변경될 때 원하는 성과에 집중할 수 있으며, 실패에서 회복(복원)하는 데 도움

프로젝트 진행 도중 상황은 언제든지 변경될 수 있으나, 이에 적응하여 다른 해결방법을 정의하면 보다 더 나은 성과를 얻을 수 있다. 프로젝트 중간에 발생된 위협이 반드시 나쁜 성과를 만드는 것이 아니며, 적응성과 복원력이 있는 조직은 새로운 관점에서 접근하고 해결방안을 수립하여 종국에는 더 나은 성과를 만들 수 있는 기회가 될 수도 있다.

단기적인 산출물 보다는 프로젝트가 제공하는 가치에 집중하면 더 좋은 성과를 낼 수 있으며, 보다 적응성을 높일 수 있다. 현재의 프로젝트 목표나 인도물을 바라보기 보다 그 인도물에 의해 창출될 가치에 집중해야 한다. 프로젝트팀은 예기치 않은 변경에 대해서도 전체적인 관점에서 분석하고 해결 방안을 만들어 긍정적인 기회로 만드는 것이 적응성이다. 예를 들어, 프로젝트 기간 후반에 발생하는 변경 사항도 전체에 반영하고 통합하여 시장에서 경쟁우위를 갖는 기능을 보유한 제품이 되는 기회로 만들 수 있다.

적응력과 복원력이 높은 프로젝트팀은 팀의 학습과 개선을 통해 장애나 실패가 발생했을 때 신속하게 회복하고 가치 인도를 위한 지속적인 발전이 가능하다.

3.12 계획된 미래 상태 달성을 위한 변화
(Enable change to achieve the envisioned future state)

> **변화(Change)**
>
> 현재 상태에서 프로젝트 성과에 의해 생성되는 의도된 미래 상태로 전환하는 데 필요한 새롭고 다른 행동과 프로세스의 채택 및 지속에 대비해 영향을 받는 사람들을 준비시킴
>
> - 변화에 대한 구조적인 접근방식은 개인, 그룹 및 조직이 현재 상태에서 미래 지향적 상태로 전환하는데 도움
> - 변화는 내부 영향 또는 외부 요인에서 비롯
> - 모든 이해관계자가 변화를 수용하는 것은 아니므로 변화를 가능하게 하는 것은 어려움
> - 짧은 시간내에 많은 변화를 시도하면 변화에 대한 피로감이나 저항으로 이어짐
> - 이해관계자 참여와 동기부여식 접근방식은 변화를 채택하는 데 도움

조직은 기본적으로 비즈니스 환경에서 관련성(relevant)을 유지하기 위해 노력해야 한다. 여기서 관련성(relevant)이란 "특정 목적을 위해 정확하거나 적당함"을 의미한다. 프로젝트의 관련성을 위해서는 이해관계자의 요구와 니즈에 대한 대응이 필요하며, 이를 위해 이해관계자 편익을 위한 제공물의 지속적 평가, 변화에 대한 신속 대응, 변화를 위한 동인 역할 등을 수행해야 한다. 결국 프로젝트 관리자는 관련성 유지를 위해 조직이 변화에 대응하도록 준비해야 한다. 프로젝트는 전략을 이행하는 하나의 수단이므로, 결국 새로운 것을 만들어내는 변화의 수단이며 동인이 된다.

> [참고]
>
> 프로젝트관리 표준서와 PMBOK 7판에서는 'change'에 대한 번역을 '변화'와 '변경'으로 혼용하고 있다. 원래 의미가, '변화'는 "사물의 성질, 모양, 상태 따위가 바뀌어 달라짐"이며, '변경'은 "다르게 바꾸어 새롭게 고침"이다. 그러므로 본서에서는 조직의 중장기적 관점이나 프로젝트 환경 등과 관련한 내용은 '변화', 프로젝트 내에서 제품이나 프로젝트 목표와 관련된 내용은 '변경'으로 기술한다.

변화와 변경통제

- 변화 관리 또는 변화 활성화(enablement)는 현재 상태에서 원하는 편익을 실현할 수 있는 미래 상태로 전환하기 위한 포괄적, 주기적, 체계적 접근방식
- 변화는 프로젝트의 문서, 인도물, 기준선 등에 대한 수정 사항의 식별, 문서화, 승인 또는 거부되는 프로세스인 프로젝트 변경통제와는 다름

프로젝트는 미래로의 변화를 유도한다. 프로젝트가 유도하는 변화에 대해서 변화를 싫어하는 개인이나 그룹이 존재한다. 새로운 정보시스템을 구축하여 운영할 때에도 여러 사람들은 불편하고, 사용하기 어렵다고 불평함으로써 변화에 대해 저항감을 보인다. 변화의 정도가 큰 프로젝트일수록 조직의 변화관리에 실패하면 최종 프로젝트의 성공은 어렵다. 프로젝트 변화 관리는 고객 및 이해관계자의 동의가 꼭 필요하며, 가치를 창출하도록 함께 노력해야 한다.

효과적인 변화관리

- 조직의 변화 발생 원인
  - 내부 요인: 새로운 기능의 필요성, 성과 격차에 대한 대응 등
  - 외부 요인: 기술적 발전, 인구통계학적 변화, 사회경제적 압박 등
- 변화의 주체 혹은 영향을 받는 이해관계자가 변경하도록 하는 것은 필요한 인도물과 의도한 성과를 제공하도록 프로젝트를 촉진하는 과정의 일부
- 효과적인 변화 관리는 강제적인 전략이 아닌 동기부여 전략을 사용
  - 참여와 양방향 의사소통은 변화를 채택 및 수용할 수 있는 환경을 조성하거나 해결할 필요가 있는 저항적인 사용자로부터 고려사항들을 식별할 수 있음

변화를 유발하는 상황은 조직 내부 요인일 수도 있고, 조직 외부 요인에서 시작할 수도 있다. 효과적인 변화관리를 위해서는 강제적으로 진행하기 보다 개인이나 그룹들이 변화의 필요성을 느끼고, 동기부여를 통해 자발적으로 진행함이 더 좋다. 변화에 영향을 주거나 받는 이해관계자들의 적극적인 공감은 변화에 대한 프로젝트 성공의 필요조건이 된다. 프로젝트 수행 기간 동안 변화에 대한 조직원들의 인식, 불편함 등을 모니터링하면서, 변화가 가져올 장점에 대해 수시로 설명하고, 그 변화가 채택 및 수용할 수 있도록 환경을 조성하여야 한다.

이해관계자와 변화관리

- 프로젝트 팀원 및 프로젝트 관리자는 관련 이해관계자와 협력하여 저항, 피로 및 변경 수용 문제를 해결하여 고객이나 인도물의 인수자가 변화에 성공적으로 적응하거나 변화를 수용할 가능성을 높임
  - 동의를 얻기 위해 프로젝트 초기에 변경과 관련된 비전과 목표를 전달
  - 변경의 편익과 작업 프로세스에 미치는 영향은 프로젝트 전반에 걸쳐 조직의 모든 수준에 전달
  - 이해관계자의 환경 변화 욕구, 비용, 역량, 변화를 받아들이는 환경에 맞게 변화 속도를 조정
- 변화에 동의하더라도 이를 이행하고 정착하는데 어려움이 있기에 실현 촉진을 위한 변화 강화 활동을 수행
- 프로젝트 생애주기 전반에 걸쳐 이해관계자의 요구를 인식하고 해결하면 프로젝트 작업의 결과로 발생한 변화를 통합하여 보다 성공적인 성과 도출이 가능

이해관계자들은 논리적으로 변화의 필요성에는 공감하더라도 실제 운영하는 과정에서 변화에 직면한 마음은 달라질 수 있으며, 변화에 따른 조직원들의 저항감과 피로감을 줄여 주기 위한 대책의 수립도 필요하다. 변화 운영을 추진하는 과정에서 팀원들의 의견을 청취하고, 피드백을 주는 것도 좋은 방법이다. 이해관계자가 변화를 통해 더 많은 가치를 창출하고 성과를 개선할 수 있다는 데 만장일치로 동의하더라도, 더 나은 편익을 인도하는 행동을 취하는 데 어려움을 겪을 수도 있다. 짧은 기간 내에 하향식(top-down) 접근과 같은 강제적인 방식은 조직 내에 저항이 심해질 수 있으며, 결국은 조직원들의 공감대를 높이는 것이 중요하다. 변화 관리는 회사의 적극적인 지원 하에서 면밀히 준비하고 지속적으로 추진해 가야 한다.

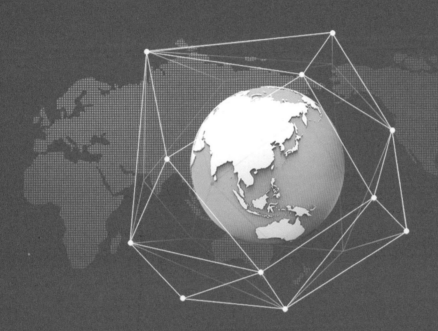

프로젝트관리 지식체계 지침서
(A GUIDE TO THE PROJECT MANAGEMENT BODY OF KNOWLEDGE)

서론에서는 프로젝트관리 지식체계 지침서(PMBOK Guide) 7판에 대한 다음과 같은 간략한 개요를 제공한다.

- PMBOK® Guide와 프로젝트관리 표준서의 관계
- PMBOK® Guide의 변경 사항
- PMIstandards+™ (PMI의 표준 디지털 플랫폼)와의 관계

1.1 PMBOK 지침서 구조(Structure of the PMBOK Guide)

PMBOK 지침서 구조

- 2장. 프로젝트 성과영역(performance domains)
  - 8가지 성과영역이 통합 시스템을 구성
- 3장. 조정(tailoring)
  - 조정 정의, 조정 대상, 개별 프로젝트의 조정 방법을 제공
- 4장. 모델, 방법 및 결과물(models, methods, and artifacts)
  - 인도물, 작업 구성, 의사소통, 협업 지원과 관련된 다양한 옵션을 제공

2장 프로젝트 성과영역(performance domains)은 프로젝트 성공을 위한 활동 그룹이다. 각 성과영역들은 서로 연관되어 있고 서로 상호작용한다.

3장 조정(tailoring)은 프로젝트 생애주기, 프로세스, 개발 접근 방식, 조직문화 등을 효율적인 프로젝트관리와 프로젝트 성공을 위해 적합하게 만든다.

4장 모델, 방법 및 결과물(models, methods, and artifacts)은 프로젝트 관리에 필요한 모델, 방법 및 결과물에 상세한 내용을 제공한다.

1.2 PMBOK 지침서와 프로젝트관리 표준서의 관계
(Relationship of the PMBOK guide and the standard for project management)

PMBOK 지침서와 프로젝트관리 표준서의 관계

프로젝트관리 표준서(The Standard for Project Management)는 다음 가치를 제공

- 원칙은 참여자들에게 행동 지침을 제공
- 원칙은 성과영역에 영향을 주며 계획한 결과를 산출
- 원칙은 성과영역과의 개념적 중복이 존재
- 원칙은 행동 지침이며 성과영역은 행동을 설명

프로젝트 성과영역은 서로 상호작용하며 프로젝트 성공에 필요한 활동 그룹이다. 이 성과영역은 프로젝트관리 표준서(The Standard for Project Management)를 기반으로 수행한다. 즉, 원칙은 행위를 안내하고 지침을 제공하며, 성과영역은 해당 행위를 발휘하기 위한 광범위한 집중 영역을 말하는 것으로 프로젝트 성과(outcome)를 인도하기 위한 활동 그룹이다.

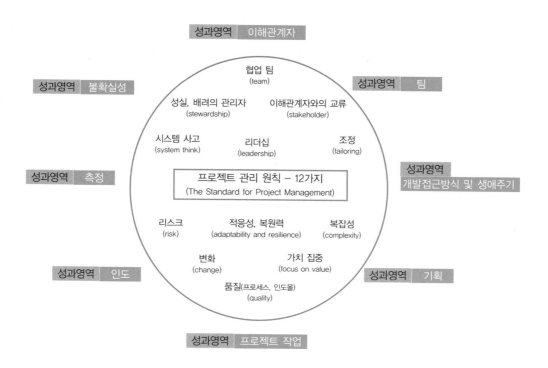

[그림 3-1] 프로젝트 관리 원칙 및 프로젝트 성과영역 간의 관계

예를 들어, 불확실성은 리스크의 대표적인 특징이다. 또한 모든 예측은 불확실성을 내포하고 있으므로 예측과 관련된 기획 성과영역 활동과 상호연관이 발생한다. 그리고 프로젝트 관리 원칙 중 리스크, 복잡성, 적응성과 복원력 등은 리스크와 관련된 원칙이므로 불확실성 성과영역 활동들과 관련된 행동지침을 제공하는 원칙들이다. 이렇게 하나의 성과영역 활동에도 다양한 원칙들이 각각의 행동지침을 제공한다.

1.3 PMBOK 지침서 변경 사항(Changes to the PMBOK guide)

> **PMBOK 지침서 변경 사항**
>
> 개발 접근방식과 관계없이 성과(outcomes)를 인도하는데 중점을 둔다.
>
> - 프로세스 기반에서 원칙 기반으로 전환하기 위해서는 다양한 접근 방식이 필요하다.
> - 성과영역은 결과의 효과적 인도에 관련된 중요 활동 그룹 (8가지)이다.
> - 조정은 접근 방식, 거버넌스, 프로세스를 환경에 적합하게 적용하는 것이다.
> - 실무자는 모델, 방법 및 결과물을 이용해 작업을 수행할 수 있다.

PMBOK 6th와는 달리 ITO(input, tool&technique, output)를 제공하지 않았지만 4장 모델, 방법 및 결과물과 PMIstandards+ 콘텐츠에서 ITO를 비롯한 라이브러리를 지원한다.

1.4 PMIstandards+와의 관계(Relationship to PMIstandards+)

> **PMIstandards+는**
>
> - PMI의 디지털 콘텐츠 플랫폼
> - PMI 표준 제품 라이브러리, 현재 및 신규 실무 사례 등 유용한 정보를 제공
> - PMI 표준에 부합하는 전문 지식의 전문가 집단의 검증된 정보와 지식을 제공

디지털 콘텐츠 플랫폼인 PMI Standards+에서 제시되는 주제에 대한 상세한 정보는 PMBOK 6th과 PMBOK 7th 등에서 추가로 확인할 수 있도록 하고 있다.

PMI가 Standards+를 통해 다양한 정보를 제공하는 이유는 PMBOK 7th 학습 범위가 PMBOK

7th 뿐만 아니라 PMBOK 6th과 Agile Practice Guide 그리고 비즈니스 분석 등이 포함된 것을 의미한다.

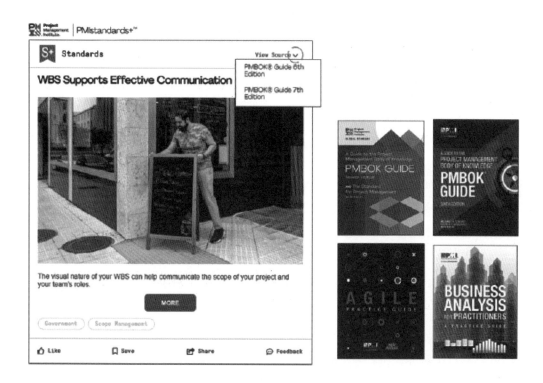

[그림 3-2] PMI Standards+와 PMI의 지침서

위와 같이 PMI Standards+ 콘텐츠는 PMBOK 7th의 원칙과 PMBOK 6th의 ITO를 제시하고 있다. 콘텐츠의 내용에 따라 Agile Practice Guide나 비즈니스 분석도 제공하고 있다.

8개의 프로젝트 성과 영역은 다음과 같다.

- 이해관계자, 팀, 개발방식 및 생애주기, 기획, 프로젝트작업, 인도, 측정, 불확실성

프로젝트 성과 영역은

- 효과적인 프로젝트 결과를 산출하기 위한 핵심 관련 활동 모음
- 조화로운 상호작용과 상호연관 및 의존적이며, 의도한 성과(outcome)를 인도
- 가치 제공 방식에 관계없이 프로젝트 생애주기에 동시에서 수행
- 프로젝트에 따라 다를 뿐 모든 프로젝트에 존재
- 성과영역 활동은 조직, 프로젝트, 인도물, 팀, 이해관계자 등의 환경에 따라 조정

PMBOK 6th의 49개 프로세스는 프로젝트 생애주기(project life cycle) 동안 함께 수행되는 프로세스가 있고 반복되는 프로세스도 있다. [그림 3-3]과 같이 착수 프로세스 그룹의 프로세스들과 계획 프로세스 그룹의 프로세스들은 일정 부분 함께 수행되며 실행 프로세스 그룹과 감시 및 통제 프로세스 그룹의 프로세스들도 많은 부분에서 함께 수행된다.

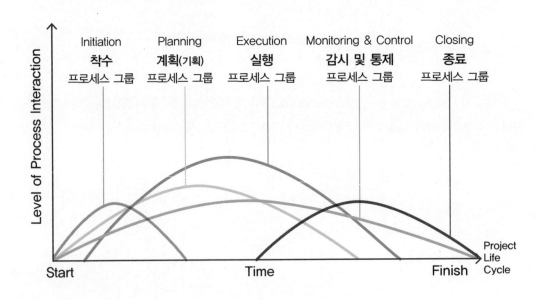

[그림 3-3] 프로젝트관리 프로세스 그룹

PMBOK 7th의 8개 성과영역도 프로젝트 생애주기(project life cycle) 전반에 걸쳐 상호작용하며 연관된 성과영역의 각 활동들이 함께 수행된다. 이런 성과영역의 특징을 "통합 시스템으로 작동한다."라는 표현을 사용한다.

따라서 각 활동 또는 각각의 성과영역은 독립적으로 수행하고 독립된 결과를 산출함을 의미하지 않고 동시 수행되고 각 결과는 상호작용하며 서로에게 영향을 준다.

2.1 이해관계자 성과영역(Stakeholder Performance Domain)

이해관계자 성과영역은

- 이해관계자와 관련된 다양한 활동 및 기능을 설명
- 이해관계자 성과영역이 효과적으로 실행될 경우 그 결과는,
  - 프로젝트 생애주기 동안 이해관계자와 생산적인 업무관계를 보장
  - 프로젝트 목표에 대한 합의와 동의를 유지.
  - 프로젝트 결과로 편익을 얻는 이해관계자의 만족과 지지
  - 프로젝트 결과에 반대하는 이해관계자에게는 성과에 대해 부정적 영향이 없게 함
- 이해관계자와 협력해 긍정적 관계를 조성하고 만족도를 위해 공동 참여
- 프로젝트에는 개인, 그룹, 조직 등 소규모 또는 대규모의 잠재적 이해관계자가 존재하며 각 이해관계자의 영향과 관심은 프로젝트 진행에 따라 변경
- 조직 내부와 외부에서 프로젝트를 지원하거나 반대 입장 또는 중립적인 모든 이해관계자를 파악하며 이에 대한 분석과 참여

이해관계자 성과영역의 목적은, 이해관계자와 생산적인 업무관계를 보장하기 위해 참여 활동을 포함한 이해관계자와 관련된 일련의 활동을 통합하는 것이다.

이해관계자 성과영역의 활동은 이해관계자 식별(identify), 이해 및 분석(understand and analyze), 우선순위 지정(prioritize), 참여(engage), 감시(monitor) 활동으로 구성되었고 이 모든 활동을 우리는 이해관계자 참여(stakeholder engagement)라고 한다.

이해관계자 참여의 목적은 이해관계자가 프로젝트에 대한 부정적인 태도와 영향을 줄이고 긍정적인 태도와 영향을 이끌어내거나 유지하기 위한 것이다. 따라서 먼저 프로젝트의 이해관계자를 식별하고 프로젝트에 어떤 태도와 영향을 줄 수 있는지 이해 및 분석을 수행해야 한다.

분석 결과를 기반으로 참여와 커뮤니케이션의 우선 순위를 지정하고 참여 계획과 참여를 통해 이

해관계자가 가져가는 프로젝트에 대한 태도를 의도한 결과대로 나올 수 있도록 한다.

참여 계획과 참여 실행에 따른 실적을 비교하는 감시와, 실적이 의도한 결과보다 못한 경우에 참여 계획을 수정하여 다시 실행하는 통제 활동을 통해 지속적인 개선이 될 수 있도록 한다.

용어 정의

- **감시**(monitor)
  실행 단계에서 계획(기준선)대로 실행한 후 발생하는 실적과 계획(기준선)을 비교해 실적이 계획(기준선)과 얼마나 차이가 발생하는지 확인하는 활동

- **통제**(control)
  감시 활동 결과, 실적과 계획(기준선)과의 차이가 한계 허용치를 벗어나는 차이가 발생할 경우에 이 차이를 줄이기 위해 조치하는 활동(조치의 예, 일정 단축 기법 적용)

- **이해관계자**(stakeholder)
  프로젝트(프로그램, 포트폴리오) 관련 의사결정, 활동과 결과에 영향을 받는 또는 스스로 영향을 받는다고 여기는 개인과 집단이나 조직

- **이해관계자 분석**(stakeholder analysis)
  정량적, 정성적 정보 수집과 분석을 통해 이해관계자의 이해관계를 결정하는 방법

성과	확인 방법(체크)
프로젝트 생애주기 동안 이해관계자와 생산적인 업무 관계	이해관계자와의 효과적 업무 관계 관찰 지속적 참여는 이해관계자의 이동에 따른 프로젝트에 만족도 확인 (이해관계자의 이동이란, 프로젝트에 대한 입장, 태도 등의 변경이다. 예를 들면, 프로젝트에 대해서 무관심에서 지원으로 변경, 혹은 부정적 태도에서 무관심으로 태도나 영향 등이 변경되는 것이다.)
프로젝트 목표에 대한 이해관계자 합의	범위 외에도 프로젝트나 제품 요구 사항에 대한 많은 변경이 발생한다면 이해관계자가 프로젝트 목표에 참여하지 않았거나 목표에 대한 조정이 되지 않았음을 의미
프로젝트 수혜인인 이해관계자들은 지지 및 만족하고, 프로젝트나 인도물에 반대할 수 있는 이해관계자는 프로젝트 결과에 부정적인 영향을 미치지 않음	프로젝트 수혜자가 프로젝트에 대해 만족하고 지지하는지 또는 반대하는지 여부는 이해관계자의 행동으로 식별 설문 조사, 인터뷰 및 포커스 그룹(핵심 전문가 그룹)은 이해관계자들이 프로젝트 및 결과물에 만족하고 지지하는지 또는 반대하는지 여부를 판단하는 방법 그 외, 이슈 기록부, 리스크 관리대장의 검토로 개별 이해관계자와 관련된 문제를 식별 가능

이해관계자 참여 (Stakeholder engagement)

- 이해관계자 참여 촉진을 위한 전략과 활동을 포함
- 참여 활동은 프로젝트 착수 전 또는 착수 시점에 함께 시작되어 생애주기 전반에 걸쳐 진행
- 명확한 비전 공유는 생애주기 동안 이해관계자의 효과적 참여가 가능
- 비전 수립 과정에서 프로젝트 결과에 부정적인 이해관계자와의 협상은 장애 요소
- 효과적인 참여를 위한 단계 – 식별, 이해 및 분석, 우선순위 지정, 참여, 감시

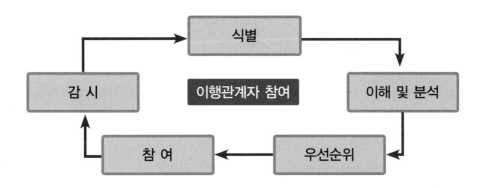

[그림 3-4] 효과적인 이해관계자 참여를 위한 단계

이해관계자 참여 활동은 정기적 혹은 다음과 같은 경우에 검토하고 업데이트 한다.

- 프로젝트 생애주기의 여러 단계를 거쳐 프로젝트가 진행되는 경우에는 단계마다 진행
- 현재 이해관계자가 더 이상 프로젝트에 관여하지 않거나 프로젝트에 새로운 이해관계자가 추가되는 경우
- 조직 또는 더 넓은 범위까지의 이해관계자 중 중대한 변화가 발생하는 경우

식별 (Identify)

- 상위 수준의 이해관계자 식별은 프로젝트 팀 구성 전에 수행 가능
- 구체적인 이해관계자 식별은 프로젝트 생애주기 동안 지속적으로 수행
- 곧바로 식별할 수 있는 고객, 스폰서, 프로젝트 팀, 최종 사용자와 달리 프로젝트와 연관성이 떨어지는 경우는 식별 과정에 어려움

비즈니스 케이스(business case)나 프로젝트 헌장(착수서, 품의서, 계획서)에는 상위 수준의 핵심 이해관계자가 기술된다. 이 자료들을 기반(input)으로 프로젝트 관리자와 프로젝트 팀은 설문지 및 설문조

사, 브레인스토밍, 회의 등의 다양한 기법을 활용해 이해관계자들을 점진적으로 추가할 수 있다.

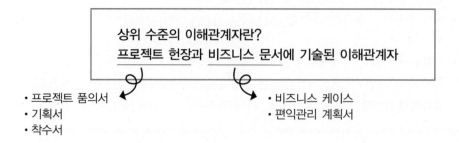

그 외 사용 가능한 프로젝트 문서(예: 협약서, 이슈 기록부, 규정, 프로세스 흐름도 등)와 교훈을 평가하는 과정에서 추가적인 이해관계자와 기타 지원 정보를 파악할 수 있다.

식별된 이해관계자들은 모두 이해관계자 관리대장(stakeholder register)에 기술되고 향후 이해 및 분석 활동과 우선순위 활동에 따른 결과(output)를 추가로 기술한다.

이해관계자 관리대장은 전통적으로 문서의 형태를 가져갔지만 현재는 대부분 프로젝트 관리 소프트웨어나 PMIS(project management information system) 형태로 관리된다.

이해 및 분석 (Understand and Analyze)

- 이해관계자 분석을 위한 다양한 관점의 고려 사항
  - 권한(power)
  - 영향력(impact)
  - 태도(attitude)
  - 신념(beliefs)
  - 기대치(expectations)
  - 영향력 수준(degree of influence)
  - 프로젝트 근접성(proximity to the project)
  - 프로젝트에 대한 관심(Interest)
  - 프로젝트와 이해관계자 상호 작용을 둘러싼 다른 측면

- 이해관계자의 동기, 조치, 행동 영향 요소의 상호작용을 고려
- 이해관계자 개별 분석 및 이해관계자 간의 상호작용을 고려
  - 프로젝트에 큰 영향력을 행사하는 핵심 이해관계자의 부정적 태도에 대응하기 위해 개별 분석 및 이해관계자간의 상호작용을 파악

- 이해관계자 분석 자료는 해석이 왜곡될 소지를 막기 위해 분석 작업과 내용을 대외비로 수행

식별된 이해관계자에 대한 우선순위와 참여 전략 수립을 위해 이해관계자 분석이 선행되어야 한다. 이해관계자들의 직책, 프로젝트에서의 역할, 이해관계, 기대사항, 태도 등 관련 정보를 분석해야 한다.

분석 결과(output)에 따라 의사소통(communications) 대상이 되는 이해관계자를 파악하고, 주고받아야 할 정보, 적합한 의사소통 방법, 의사소통 주기 등을 결정할 수 있다.

> ### 우선순위 지정 (Prioritize)
>
> - 권한/관심 그리드(power/interest grid) 분석을 바탕으로 이해관계자들의 우선순위를 지정
> - 프로젝트 생애주기 동안 나타나는 새로운 이해관계자 또는 변화하는 이해관계자 환경에 따라 우선순위를 다시 지정

이해관계자 이해 및 분석과 우선순위 지정은 권력/관심 그리드, 현저성 모델, 이해관계자 큐브, 영향력 방향 등을 활용해 정의한다.

▷ **권한/관심 그리드**(power/interest grid)
[그림 3-5]와 같이 두 가지 변수(X축, Y축)의 격자 형태로 분류한다.
두 가지 변수의 조합에 따라 여러 그룹으로 분류한다. - 권한/관심, 권한/영향, 영향력/충격 등

항 목	내 용
권력, 권한(power)	조직 내에서, 프로젝트에 영향을 줄 수 있는 권한의 수준.
관심(interest)	프로젝트 결과물(산출물)에 대한 이해관계자의 관심 정도.
영향력(influence)	프로젝트 결과 그 자체에 영향을 줄 수 있는 능력, 정도.
충격(impact)	프로젝트 계획 변경, 실행 변경에 영향을 주는 이해관계자의 능력.

권한/관심 그리드 분석의 결과로 도출된 각 그룹 유형의 이해관계자에게는 다음과 같은 참여 관리를 적용한다.

◉ **권력과 관심 모두 높은 그룹**(예, 고객, 스폰서, 경영층 레벨)
핵심 이해관계자이며 중요한 의사결정에 참여할 수 있도록 집중 관리한다.

◉ **권력은 높고 관심은 낮은 그룹**
의사결정 권한이 있지만 프로젝트에 크게 관여하지 않는 그룹이다. 만족 상태를 유지할 수 있도록 한다.

⦿ **권력은 낮고 관심은 높은 그룹**(예, 유관부서)

의사결정 권한은 없지만 다른 이해관계자에게 영향을 주는 그룹이다. 지속적으로 정보를 제공할 대상이다.

⦿ **권력과 관심 모두 낮은 그룹**

최소 노력으로 모니터링만 유지한다. 프로젝트 진행 중 다른 그룹으로 이동할 수 있기 때문에 지속적인 모니터링이 필요하다.

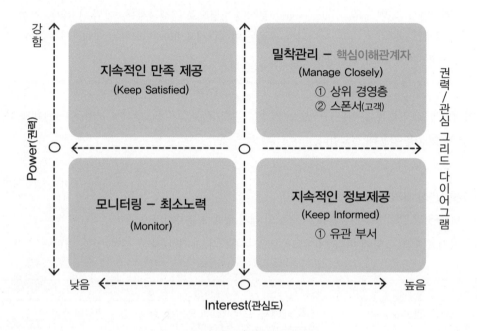

[그림 3-5] 권한/관심 그리드를 이용한 분석

▷ **현저성 모델**(Salience model)

이해관계자의 권력(power), 긴급성(urgency), 적합성(legitimacy) – 세 가지를 기반으로 7가지 범주로 구분한 모델이다.

7가지 범주에 해당하지 않는 대상자는 이해관계자에서 제외한다.

분류 항목	내 용
권력(power)	프로젝트 결과에 영향을 미치는 역량이나 권한의 정도. (수준)
긴급성(urgency)	일정에 영향을 주는 요구사항 및 의사결정에 대한 긴급성 정도. (수준)
적합성(legitimacy)	참여의 적합함, 적절함, 정당성, 합리성 정도. (수준)

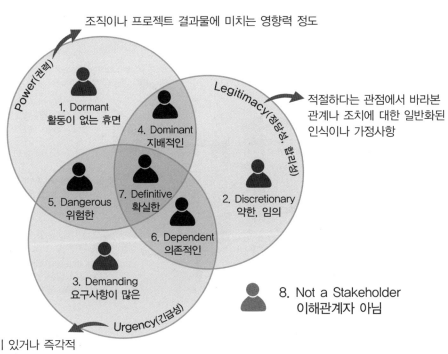

조직이나 프로젝트 결과물에 미치는 영향력 정도

Power(권력)

1. Dormant
활동이 없는 휴면

4. Dominant
지배적인

Legitimacy(정당성, 합리성)

적절하다는 관점에서 바라본
관계나 조치에 대한 일반화된
인식이나 가정사항

5. Dangerous
위험한

7. Definitive
확실한

2. Discretionary
약한, 임의

6. Dependent
의존적인

3. Demanding
요구사항이 많은

8. Not a Stakeholder
이해관계자 아님

Urgency(긴급성)

시간 제약이 있거나 즉각적
조치의 요구 정도

[그림 3-6] 현저성 모델

분류 항목	내 용
낮은 우선순위	[권력, 긴급성, 적합(정당)성 중 하나만 해당되는 잠재적 이해관계자] 1. 활동이 없는 휴면 이해관계자. 2. 약한,임의의 이해관계자. 3. 요구사항 많은 이해관계자.
중간 우선순위	[권력, 긴급성, 적합(정당)성 중 두 가지에 해당되는 이해관계자] 4. 지배적인 이해관계자. 5. 위험한 이해관계자. 6. 의존적인 이해관계자.
높은 우선순위	[권력, 긴급성, 적합(정당)성 중 두 가지에 해당되는 이해관계자] 7. 확실한 이해관계자.

▷ **이해관계자 큐브**(Stakeholder Cube)

세 가지 이상의 변수를 사용할 경우 3차원 모델로 결합한 큐브 모델을 사용한다.

- 권한(power)의 영향력 정도
- 관심(interest)의 적극/소극적 정도. (또는 능동 또는 수동 정도)
- 태도(attitude)의 후원자/방해자 정도

세밀한 분석이 가능한 장점과 필요 이상으로 복잡해질 수 있는 단점을 가지고 있다.

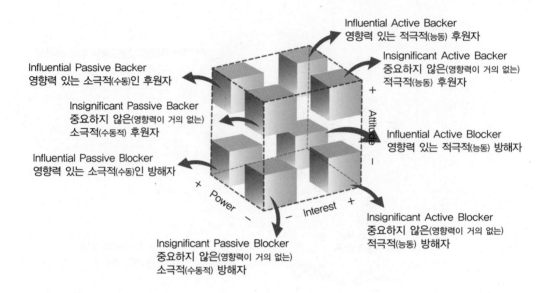

[그림 3-7] 이해관계자 큐브(Stakeholder Cube) By Ruth Murray-Webster&Peter Simon

이해 및 분석 기법을 활용해 이해관계자와 이해관계자의 요구사항에 대해 함께 우선순위를 부여해 관리해야 한다. 이해 및 분석을 통한 우선순위를 결정하기 위해 프로젝트 팀은 가정 및 제약사항 중, 이해관계자 참여에 영향을 주는 요소들을 분석하고 조정하는 가정 및 제약사항 분석(assumption and constraint analysis)을 수행해야 한다. 또한 프로젝트는 이해관계자의 다양한 지지도(높거나 낮은) 수준이 존재하기 때문에 이해관계자의 지지 수준을 설명할 근본적인 이유를 도출하고 분석한 후 이해관계자의 참여도를 높이는데 적합한 계획을 수립하는 근본 원인 분석(root cause analysis)도 수행한다. 일반적으로 프로젝트에 이해관계와 영향력이 가장 큰 이해관계자가 우선순위 상위에 위치한다.

이해관계자 참여(engage)을 위한 목표 계획을 수립할 때에도 프로젝트에 대한 관심이나 권한, 영향력이 높은 이해관계자부터 계획을 수립한다.

참여(Engage)

- 프로젝트 소개, 요구사항 도출, 기대치 관리, 문제 해결, 협상, 우선순위 지정, 의사결정 등을 이해관계자와 협력해 수행하기 위해 이해관계자 참여 활동을 수행
- 적극적 경청, 대인관계 기술, 갈등과 비전 수립, 비판적 사고 등 리더십 기술을 적용해 이해관계자를 참여

- 이해관계자는 서면 또는 구두, 공식적 및 비공식적으로 의사소통 수행
- 의사소통 유형

유형	공식	비 공식
구두	프레젠테이션, 프로젝트 검토, 브리핑, 제품 데모, 브레인스토밍	대화, 임시 토론
문서	성과 보고서(진척, 진행 보고서), 프로젝트 문서, 비즈니스 케이스	간단한 노트, 메모, 이메일, 인스턴트 메시징/문자 메시지, 소셜 미디어

- 의사소통 방식의 종류는 전달식(push), 유인식(pull), 대화식(Interactive)

항목	내용
전달식(Push) 의사소통	• 메모, 이메일, 상태 보고서, 음성 메일 등을 전송 • 개별 이해관계자, 이해관계자 그룹과의 단방향(일방적) 의사소통 • 수신자 반응을 즉시 측정, 이해도 평가할 수 없음
유인식(Pull) 의사소통	• 이해관계자(정보 수신자)가 찾고자 하는 정보를 스스로 찾아가는 방식 예.인트라넷에서 커뮤니케이션 정책, 템플릿 확인, 게시판과 인터넷 검색, 온라인 저장소, 지식 저장소 사용 • 이해관계자 관심사를 간접적으로 식별하는데 사용

- 참여는 전달식(push)이나 유인식(pull)보다 더 깊은 대화식(interactive) 의사소통
- 참여는 대화, 전화 통화, 회의, 브레인스토밍, 제품 시연 등을 통해 한 명 이상의 이해관계자와 정보를 교환하는 것
- 의사소통 유형 형식(전달, 유인, 참여)과 관계없이, 피드백은 다음과 같은 유용한 정보를 제공
  ◦ 수신자가 메시지를 들은 정도를 확인
  ◦ 수신자가 메시지에 동의하는지 확인
  ◦ 수신자가 감지한 뉘앙스나 의도하지 않은 기타 메시지 식별
  ◦ 기타 유용한 통찰력 확인

[참고]

PMBOK 7th 한글판은 'Engage'를 2.1.14 제목에서는 '관계'로 번역하고 있지만 본문 내용에서는 '참여'로 혼용하고 있으나, 본서에서는 '참여'로 통일하여 기술한다.

이해관계자 참여(engage) 활동은 참여 계획을 수립하는 것과 계획에 따라 참여 활동을 실행하는 것을 포함한다. 참여 계획은 이해관계자들과 효과적인 의사소통 및 참여를 위한 실행 계획을 수립하는 것이다. 프로젝트 팀이 이해관계자들의 목적 및 관심 사항을 성공적으로 수행하고 지원하기 위해서 이해관계자에게 필요한 정보, 정보 배포 시기, 배포 방법, 스타일 등 소통할 수 있는 계획을 만드는 것이다.

프로젝트 팀은 모든 이해관계자를 동일한 수준으로 참여시킬 여유가 없기 때문에 이해관계자 이해 및 분석 결과(output)에 따라 현재 참여 수준을 식별하고 프로젝트 성공을 위해 필요한 참여 수준의 계획을 수립한 후 참여 실행을 통해 그 차이를 식별할 수 있다.

이해관계자의 참여 수준은 다섯 가지 유형이 있다.

참여 수준	참여 수준 항목	내 용
낮음	미인지형(unaware)	프로젝트 영향력을 인식하지 못하는 수준이며 잠재적 영향에 대한 인식이 없는 수준
	저항형(resistant)	프로젝트의 잠재적인 영향력을 인식하며 프로젝트 작업 또는 결과에 대한 변경에 저항하는 수준
	중립형(neutral)	프로젝트의 영향력을 인식하며, 지지나 저항도 하지 않는 중립적인 수준
	지원형(supportive)	프로젝트와 잠재적 영향에 대해 인식하며 프로젝트 작업 및 결과에 대한 변경이나 변화에 대해 지원하는 수준
높음	주도형(leading)	프로젝트의 잠재적인 영향력을 인식하며, 활동적으로 프로젝트 성공을 위해서 적극적으로 참여하는 수준

이 유형을 기반으로 [그림 3-8]과 같이 이해관계자의 현재 참여 수준과 기대(계획) 수준을 함께 기술한 이해관계자 참여 평가 매트릭스를 활용해 이해관계자 참여를 표현할 수 있다.

분류 항목	미인지	저항	중립	지원	주도
이해관계자 1	C ⟶			D	
이해관계자 2	D	C			
이해관계자 3			C	D	
이해관계자 4				C, D	

[그림 3-8] 이해관계자 참여 평가 매트릭스

C는 이해관계자별 현재(current) 참여 수준을 나타내고, D는 프로젝트 성공을 보장(목표 수준)하기 위한 참여 기대(desire) 수준을 나타낸다.

이해관계자 4는 기대 수준과 현재 수준이 동일하므로 현재 이해관계자 관리 계획을 유지한다.

이해관계자 1은 기대 수준보다 매우 낮은 현재 수준을 나타내고 있어 많은 의사소통과 추가적인 조치를 통해서 요구(목표 수준)되는 참여 수준으로 이동될 수 있도록 노력해야 한다.

용어 정의

- **이해관계자 참여 평가 매트릭스(Stakeholder Engagement Assessment Matrix)**
  - 이해관계자 참여 수준을 현재 참여 수준과 희망하는 기대(목표, 계획) 수준으로 표시한 것이 이해관계자 참여 평가 매트릭스
  - 참여 활동의 기준선(목표)이며 참여 활동 결과(output)를 기록하는 측정 메트릭스

참여 계획에 따라 실행하는 대표적인 참여 활동이 의사소통(communication)이다. 프로젝트 관리에서 의사소통은 이해관계자가 필요로 하는 정보를 원하는 유형에, 원하는 시간에, 원하는 배포 방법으로 제공하는 하는 것을 의미한다. 참여 활동 중에는 의사소통 유형(구두, 문서), 의사소통 방식(전달식, 유인식, 참여), 피드백 등이 포함된다.

이런 이유로 인해 프로젝트 팀은 참여 계획을 수립할 때 의사소통 계획도 함께 수립해야 한다. 예를 들어 이해관계자 이해 및 분석의 결과(output) 중 이해관계자 의사소통 스타일(communicaiton style)이 차트(chart)를 선호할 경우에는 의사소통 계획 중 스타일 항목을 차트로 수립해야 한다. 표 스타일이나 텍스트 스타일의 정보 배포는 해당 이해관계자에게는 효과적이지 못하며 부정적인 결과를 가져올 수 있기 때문이다.

프로젝트 관리자와 프로젝트 팀은 이해관계자마다 적절한 대인관계 기술을 이용해 효과적인 의사소통 즉, 참여 활동을 계획에 따라 실행한다. 대인관계 기술은 일반적으로 적극적 경청과 갈등관리, 협상, 신뢰구축, 문제 해결 등이 있다.

의사소통에 따른 이해관계자의 빠른 피드백은 프로젝트에 대한 빠른 의사결정으로 지연 손실을 최소화할 수 있다. 예를 들면, 적응형 접근방식에서 개발한 최소 실행가능 제품(MVP)의 방향성을 유지하거나 민첩하게 방향 전환을 할 수 있도록 신속한 의사결정을 수행하면 제품을 적시(JIT, just in time)에 시장에 출시할 수 있다.

- **MVP(Minimum Viable Products, 최소 실행 가능한 제품)**
  - MVP는 최소 요건 제품이라고도 하며, (빠른 출시와 피드백을 위해) 알맞게 사용될 만큼의 제품 기능만 가지고 있고 그 이상의 제품 기능은 없는 제품
  - 비즈니스 모델 이전 단계(컨셉 단계)에서 시장 변동성, 요구사항에 대한 고객의 점진적 상세화에 민첩하게 대응하는 린 스타트업 프로세스의 결과(output)
  - MVP는 고객 만족을 위해 충분한 기능(측정 가능, 테스트 가능)을 가져야 하며 개발 이후 다음 단계의 MVP 발전을 위한 피드백을 받을 수 있도록 개발

감시 (Monitor)

- 현재 이해관계자 참여 전략의 효과성을 식별하고 조정 여부를 평가하기 위해 이해관계자 참여율, 참여 효과 등을 감시(계획 vs. 실적 비교)
- 이해관계자와 설문, 인터뷰, 대화 등을 통해 프로젝트 인도물 만족도와 프로젝트 관리에 대한 전반적인 부분을 평가해 이해관계자의 만족도 정도를 판단
- 만족도 정도 판단 방법
  - 프로젝트 및 반복(iteration) 검토, 제품 검토, 단계 심사를 통한 정기적 피드백
  - 대규모 이해관계자 그룹은 설문 및 설문지 조사
- 필요한 경우 이해관계자의 만족도를 높이기 위해서 이해관계자 참여 계획을 조정

프로젝트 진행 중에 내부적, 외부적인 변동사항으로 이해관계자들의 참여도, 관심사는 언제든지 변경될 수 있기 때문에 프로젝트 관리자와 프로젝트 팀은 지속적으로 이해관계자 변경과 이동을 감시해야 한다.

감시 활동은 참여 계획대로 이해관계자의 참여도를 유지하기 위해서 이해관계자 참여 활동을 한 결과(output)와 참여 계획을 비교하고 차이를 식별하는 활동이다. 차이 분석에 따라 필요시에는 변경 요청을 통해서 참여 계획을 변경하는 활동도 포함된다.

이해관계자 참여 평가 매트릭스는 감시 활동에도 활용해 이해관계자의 참여도 변화를 확인한다. 현재 참여도와 목표 참여도가 다르면, 그 격차(차이 발생)를 줄이기 위한 대응 조치를 수행한다. 그 외에도 피드백과 프레젠테이션 등 의사소통 스킬(communication skills)을 통해 참여 활동에 대한 실적을 식별할 수 있다.

다른 성과 영역과의 상호 작용

다른 성과영역과의 상호 작용

- 이해관계자 성과영역이 8개의 전체 성과영역에서 상호작용하는 예
  - 프로젝트의 모든 측면에서 관여되고 영향을 주고받음
  - 프로젝트 팀의 요구사항, 범위(scope) 정의 및 우선순위 지정과 상호작용
  - 프로젝트 계획 수립 참여와 상호작용
  - 인도물(deliverables), 결과(outcomes)에 대한 인수 기준, 품질 기준 결정에 상호작용
  - 프로젝트 작업 대부분은 이해관계자들의 참여와 소통에 많은 시간 사용
  - 프로젝트 생애주기, 프로젝트 종료 시 프로젝트 인도물(deliverables) 사용
  - 프로젝트 결과(outcomes) 구현에 영향
  - 프로젝트 불확실성(uncertainty) 감소 또는 증가에 영향
  - 고객, 경영진(스폰서), PMO 리더 또는 프로그램 관리자 등 상위 수준

프로젝트 관리 원칙 및 프로젝트 성과영역 간의 관계 다이어그램에서 12가지 원칙은 8개의 성과영역에 복합적으로 상호작용한다. 또한 8개의 성과영역 역시 서로 영향을 주고 상호작용한다.

이해관계자가 없는 프로젝트는 생각할 수 없다. 의사결정 및 구현에 이해관계자의 효과적인 참여가 보장되지 않는 프로젝트는 실패할 수밖에 없다. 특히 필요할 때에 프로젝트의 결정을 내릴 수 있는 자연스러운 위치에 있는 주요 이해관계자의 참여는 가치가 매우 높다. 프로젝트의 이해관계자 관리의 대부분은 의사소통과 대인관계 기술 및 리더십 기술을 사용해야 한다.

이해관계자 참여에는 프로젝트 전반에 걸쳐 이해관계자를 식별, 분석, 우선 순위 지정, 참여 및 감시가 포함된다.

이해관계자 관리는 문서상으로는 쉬워 보이지만 프로젝트 관리자가 수행해야 하는 가장 어려운 책임 중 하나인데 대부분의 프로젝트에서 프로젝트 관리자는 이해관계자에 대한 권한이 없기 때문이다. 프로젝트 관리자는 지정된 이해관계자의 관리자가 아니기 때문에 소속 조직에 속하지도 않고 보고하지 않는 사람과 조직을 관리할 수 없다. 따라서 프로젝트 관리자는 이해관계자가 아닌 이해관계자 참여만 관리하는 통합관리를 수행한다.

실현하기가 매우 어렵지만 프로젝트 관리자가 주의해야 할 가장 중요한 것은 부정적 입장의 이해 관계자가 없는지 확인하는 것이다. 그러나 특히 대규모 프로젝트의 경우 항상 부정적 태도의 이해관계자가 있고 이해관계자 간의 피할 수 없는 갈등 또한 부정적인 영향을 빠르게 확산시키는 원인이 될 수 있다. 이러한 상황을 피하기 위한 프로젝트 관리자는 이해관계자를 올바르게 식별하고 그들의 요구와 기대를 분석하고 이러한 기대를 충족하기 위해 노력하는 것이다.

이해관계자 성과영역은 다음과 같은 다른 성과영역과 여러 면에서 상호작용한다. 대표적으로 다음과 같은 성과영역이지만 상호작용하는 다른 성과영역에 제한을 두지 않는다.

성과영역	상호작용
기획(계획)	이해관계자 참여 활동 계획, 의사소통 계획.
프로젝트 작업	이해관계자 참여 활동 실행.
인도	결과(output), 인도물(deliverable), 결과물(outcome)
불확실성	이해관계자 이동, 태도/영향 변경에 따른 불확실성
측정	참여 활동에 따라 발생하는 다양한 실적과 참여 기준(목표) 비교

이 관계를 더 잘 이해하려면 PMBOK 6th의 이해관계자관리 지식영역과 해당 프로세스를 맵핑해 이해해야 한다. 프로젝트 이해관계자 관리는 프로젝트에 주거나 받을 수 있는 모든 사람/집단/조직을 식별하고, 이해관계자의 기대사항과 그들이 프로젝트에 미치는 영향력을 분석하며, 프로젝트 의사결정/실행에 이해관계자의 효과적 참여 유도를 위한 관리전략 개발에 필요한 프로세스들을 포함한다. PMBOK 6th의 프로젝트 이해관계자관리 지식영역에는 4개의 프로세스가 있다.

▶ 이해관계자 식별

프로젝트 이해관계자를 정기적으로 식별하고 이해관계자들의 이해관계, 참여도, 상호 의존관계, 영향력 및 프로젝트의 성공에 미칠 잠재적 영향을 분석하여 문서화하는 프로세스로 착수의 성격을 갖는다. 이해관계자 관리는 프로젝트의 이해관계자를 식별하는 것으로 시작된다. 이해관계자 식별 프로세스는 프로젝트의 영향을 받거나 프로젝트에 영향을 미치는 것으로 알고 있는 최대한 많은 이해관계자를 식별하는 것이다. 그런 다음 권장하는 우선순위 지정 방법에 따라 이해관계자의 중요 순위를 결정한다.

▶ 이해관계자참여 계획수립

이해관계자들의 요구, 기대사항, 이해관계 및 프로젝트에 미치는 잠재적 영향을 바탕으로 프로젝트 이해관계자의 참여를 유도하기 위한 접근 방식을 개발하는 프로세스로 기획의 성격을 갖는다.

▶ 이해관계자 참여관리

이해관계자의 요구사항 및 기대사항을 충족하기 위해 이해관계자와 의사소통하고 협력하면서 이슈를 해결하고, 관련 이해관계자의 참여관리를 촉진하는 프로세스로 실행의 성격을 갖는다. 이해관계자 참여관리를 위한 참여 활동은 이해관계자 간 갈등을 줄이고 협력과 조정을 통해 문제를 줄이기 위해 수행한다.

◑ 이해관계자참여 감시

프로젝트 이해관계자 관계를 감시하면서 이해관계자의 참여 전략 및 계획 수정을 통해 이해관계자참여 전략을 조정하는 프로세스로 통제의 성격을 갖는다.

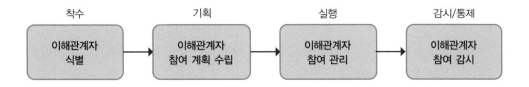

2.2 팀 성과영역(Team Performance Domain)

팀 성과영역은

- 인도물(비즈니스 성과 실현의 대상, deliverable)을 생산하는 작업과 관련된 활동, 기능을 설명
- 팀 성과영역이 효과적으로 실행될 경우 그 결과는,
  - 결과(output), 인도물(deliverable)에 대한 팀의 공동 주인의식(책임) 발현
  - 고성과 팀
  - 팀 구성원의 적절한 리더십과 대인관계 기술 발현
- 다양한 개인의 집합체가 고성과 팀으로 발전할 수 있는 문화와 환경 구축이 목적
- 프로젝트 팀 개발 촉진과 팀 구성원의 리더십 행동을 장려

팀 성과영역은 높은 성과를 내는 팀을 구축하고, 팀을 효과적으로 코칭하고, 역량 수준을 높이고, 협업적인 팀 공간을 만들고, 성과를 감시하고 측정하는 데 중점을 둔다. 이 성과영역은 계획된 목표를 달성하기 위해 다른 모든 성과영역과 동일하게 일부 활동들이 상호작용한다.

팀 성과영역의 개념은 애자일 및 예측형 접근방식 모두에 적용할 수 있다. 애자일과 예측형 접근방식의 차이가 계속해서 줄어들고 있기 때문에 팀 성과영역의 기본을 이해할 때 애자일 원칙과 유사하다고 생각해도 괜찮다. 팀 리더는 성과에 대한 최대 수익을 얻기 위해 항상 인력 요소에 대한 노력에 집중해야 한다. 이를 수행하는 가장 중요하고 효과적인 방법은 좋은 팀을 구성하는 것이다. 좋은 팀을 구성하는 것은 PMBOK 6th의 팀 개발 프로세스와 관련이 있다. 자원을 확보하는 과정에서 배정된 팀원의 역량 향상에 노력하고, 팀 내 커뮤니케이션이 증가하고 갈등이 발생할 경우 이를 관리하며, 일반적으로 팀을 둘러싼 요소를 개선하는 프로세스이다.

PMBOK 7th에서는 원칙에 따라 팀 성과영역의 모든 작업을 성공적으로 수행할 경우 결과적으로 팀 구성원이 보여주는 고성과 팀, 공동의 (책임)주인의식(shared ownership) 및 대인관계 기술과 팀원 개개인의 리더십이 발현된다고 가정한다.

팀 성과영역에서 가장 먼저 고려해야 할 것은 항상 효과적인 팀을 구축하기 위해 팀 규칙과 활동을 개발하는 것이다. PMBOK 7th이 규칙과 프로세스보다 원칙과 사람에 초점을 맞추었기 때문에 팀 규칙과 활동을 개발하는 것이 구식처럼 보일 수 있다. 그러나 작업 수행 스타일을 전달하는 가장 쉬운 방법은 규칙과 활동, 프로세스를 구축하는 것이다. 이런 규칙과 활동은 프로젝트 팀을 제한한다는 의미가 아니다. 모든 규칙과 활동 및 프로세스는 최대한 유연해야 하기 때문에 팀 성과영역과 기획 (계획) 성과영역, 이해관계자 성과영역 및 측정 성과영역 사이에서 명백한 상호작용이 발생한다.

팀 성과영역은 팀 내 역할과 책임(roles and responsibilities)을 포함하고 규범과 행동을 포함한 팀 문화 구축에 집중한다. 또한 리더십 원칙(leadership principle)과 감성 지능(emotional intelligence), 비판적 사고(critical thinking) 및 동기 부여의 구성 요소를 포함하고 공동 주인의식(shared ownership)에 대하여 강조한다.

성과	확인 방법(체크)
공동 (책임)주인의식 (shared ownership)	• 팀 구성원 모두 동일한 비전과 목표를 공유 • 프로젝트팀의 인도물(deliverables)과 성과(outcomes)에 대한 책임과 주인의식
고성과 팀 (high-performing team)	• 팀 구성원의 상호 신뢰 • 팀이 변화에 민첩하게 대응하고 장애에 유연하게 대처 • 자기조직화(self-organization) 팀 구성원 모두 권한을 보유
팀 구성원들은 모두 적절한 리더십, 대인관계 기술 역량 보유	• 팀 구성원 모두 비판적 사고(critical thinking)와 대인관계 기술 사용 • 팀 구성원이 상황과 환경에 적합한 리더십 스타일을 사용

용어 정의

- **프로젝트관리자**(project manager)
  프로젝트 성공을 책임지고 프로젝트 팀을 이끌도록 수행 조직에서 선임된 책임자
- **프로젝트 관리팀**(project management team)
  프로젝트 팀에서 프로젝트 관리 활동에 직접 참여하는 구성원
- **프로젝트 팀**(project team)
  프로젝트 목표를 달성하기 위해 작업을 수행하고 결과 및 인도물을 생성하는 팀

프로젝트 팀 관리와 리더십

> **프로젝트 팀 관리와 리더십 (Project team management and leadership)**
>
> - 프로젝트 목표를 달성하기 위한 프로젝트 관리 활동은 프로세스, 계획, 조정, 측정 및 감시 등 수단에 집중한다.
> - 리더십은 프로젝트 팀이 함께하는 적극적 경청, 영향력, 동기부여 등의 활동으로 사람에게 집중한다.

프로젝트 관리는 프로젝트 요구사항을 맞추고자 지식, 기량, 도구 및 기법 등을 응용해 프로젝트 활동에 적용하는 것이다.

프로젝트 관리는 조직 구조와 개발 접근방식에 따라 중앙집중 또는 분산될 수 있다. 그러나 리더십과 대인관계 기술은 프로젝트 팀 구성원 모두가 수행한다.

프로젝트 팀 관리 및 리더십의 유형은 다음과 같다.

1. 중앙집중식 관리 및 리더십
2. 분산(식) 관리 및 리더십

> **중앙집중식 관리 및 리더십 (Centralized Management and Leadership)**
>
> - 프로젝트 관리자 한 개인이 결과물(outcomes)에 대한 책임을 진다.
> - 프로젝트 헌장이나 기타 권한 부여 문서를 통해 프로젝트 관리자가 팀을 구성할 수 있도록 승인할 수 있다.
> - 리더십 활동은 모든 팀 구성원이 수행하나 관리 활동은 집중화

예측형 접근방식에서는 전통적으로 프로젝트 관리자가 인도물(deliverables)과 결과물(성과, outcomes)에 대한 책임을 가져가기 때문에 대부분의 프로젝트 관련 의사결정은 프로젝트 관리자가 독자적으로 수행한다.

이러한 환경은 프로젝트의 핵심 목표와 가치가 유지될 가능성이 크고, 일관되며 효율성을 높게 가져갈 수 있다. 그러나 프로젝트 팀의 창의성과 자발적 동기부여가 제한될 수 있고 팀이 변화 요구나 고객의 변경 요청에 신속하게 대응할 수 없는 단점을 가지고 있다.

리더십 활동은 프로젝트 관리자만 하는 것이 아니라 모든 팀 구성원이 프로젝트 내, 외부 환경과 상황에 맞는 적합한 리더십 활동을 수행한다.

분산 관리 및 리더십 (Distributed Management and Leadership)

- 프로젝트 관리 팀 구성원들이 프로젝트 관리 작업을 공유
- 프로젝트 팀 구성원이 프로젝트 완료를 위해 프로젝트 관리를 자체 구성(자기 조직화)
- 팀 구성원들이 돌아가며 의사소통, 협업, 참여를 촉진하는 역할을 수행
- 섬김형 리더십은 팀 구성원의 요구와 발전을 이해하고 지원하여 팀 성과를 달성
- 섬김형 리더십은 팀 구성원의 잠재력을 최대로 높이기 위해 다음과 같은 문제의 해결에 집중
  - 팀 구성원은 개인적으로 성장하고 있는가?
  - 팀 구성원은 자율적인 자기 조직화가 가능한가?
  - 팀 구성원은 섬김형 리더의 자질이 충분한가?

[참고]

PMBOK 7th 한글판에서는 'Self-organize'를 '자체 구성'. '자기 조직화', '자율 구성' 등 다양하게 번역하고 있기에 주의를 요한다. 'Self-organize'는 자율적으로 스스로 관리, 통제, 결정하는 것을 의미한다. 또한 'Outcome'을 주로 '성과'로 번역하고 있으나 일부에서는 '결과', 혹은 '결과물'로 번역하고 있기에, 'Artifact'를 주로 '결과물'로 번역한 것과 혼동을 야기하게 만든다. 그러므로 본서에서는 한글과 영문의 병기를 통하여 구분하고자 한다.

분산 관리 및 리더십 (Distributed Management and Leadership)

- 섬김형 리더(servant leaders)는 팀 구성원들에게 의사결정 기회를 부여해 자율성을 가진 자기 조직화 팀이 되도록 하는 것으로, 다음은 섬김형 리더십 행동이다.
  - 장애물 제거
    - 작업 수행에 방해가 되는 요인을 제거해 가능한 더 빠른 가치를 제공
  - 전환으로부터 보호
    - 시간세분화를 통한 프로젝트와 관련 없는 작업의 요구사항과 현재 진행중인 작업의 변경은 생산성을 저하
    - 프로젝트 팀의 집중과 몰입을 위해 이러한 요구사항을 적절하게 관리
  - 격려와 개발 기회
    - 팀 개개인에게 동기를 부여하는 것이 무엇인지 배우고 성과에 팀원들에 대한 보상 방식을 찾는 것으로 만족감을 유지

적응형 접근방식 환경에서는 인도물(deliverables)과 성과(outcomes)에 대한 책임과 프로젝트 관리에 대한 책임을 프로젝트 팀 구성원 모두가 함께 갖는다. 팀원 개개인이 프로젝트 작업과 관리 작업에 보다 직접적으로 개입하고 의사결정을 내릴 수 있다. 이를 통해 팀은 관리 작업과 업무 성과를 명확하게 식별할 수 있다.

그러나 분산된 관리 방식은 명확한 체계와 팀 규칙이 없는 경우 종종 동일한 유형의 작업을 반복하고 더 긴급한 부분에 투입할 노력(effort)를 낭비하게 된다. 또한 팀의 역할과 책임(roles and responsibilities)이 명확하지 않을 경우 관리 및 작업의 비효율성이 높아지고 팀 내 갈등이 높아질 수 있다.

분산 관리의 조직 구조에서는 대부분의 의사결정을 팀 구성원들이 공동으로 수행하는 자기조직화(self-organization) 속성을 가지기 때문에 가장 적합한 리더십은 섬김형 리더이다.

리더십 유형	설 명
자유방임형(laissez-fair)	팀 자체적으로 의사결정과 목표 설정을 허용하는 유형
거래형(transactional)	프로젝트 목표 달성을 위해 팀원들과 목표 달성에 대한 보상과 예외 기준으로 관리하는 유형
섬김형(servant leader)	팀원을 우선하고 배려하며, 섬기는 유형으로 다른 사람의 성장, 교육, 발전, 자율성, 행복에 중점
변신형(transformational)	팀원 개개인의 상황을 고려한 의사소통 및 관리 유형
카리스마형(charismatic)	프로젝트에 대한 성공, 자신감, 강한 신념을 가진 유형
상호작용형(interactional)	거래형과 변신형, 카리스마형을 혼합한 유형

섬김형 리더십은 관리 및 인사 등 통제 활동이 아닌 시너지 관계를 지향한다. 섬김형 리더는 혁신을 촉진하고 팀 구성원에게 권한을 부여한다. 또한 다른 사람들의 리더십 자질을 개발하는 것을 목표로 한다.

섬김형 리더 R&R	설 명
책임	애자일에 대한 효용성, 사고방식(mindset), 프로세스 등 교육 및 지원
장애물 제거	낭비요소 식별과 제거, 팀 역량 강화, 가치 전달에 중점
촉진	대인관계 및 팀 기술을 활용해 협업 강화

한마디로 팀 구성원 전체가 "그(섬김형 리더)는 우리를 위해 존재한다."라는 인식을 가진다면 섬김형 리더십을 적절하게 발휘하고 있는 것이다.

그 외에도 리더십 기술은 팀을 이끌고(leading), 동기 부여와 작업을 지시할 수 있는 능력을 포함한다. 협상, 탄력성, 의사소통, 문제해결, 비판적 사고 및 대인관계 기술과 같은 필수 역량을 발휘하는 것도 리더십 기술에 포함된다.

팀 개발의 공통점(Common Aspects of Team Development)

- 프로젝트 관리 활동의 구조와 관계없이 팀 개발은 다음과 같은 공통점이 있다.
  - 비전과 목표
    - 프로젝트 팀과 이해관계자는 비전과 목표를 동일하게 이해
    - 의사결정이나 문제를 해결할 때 프로젝트 결과(outcomes)를 참조
  - 역할과 책임
    - 팀 구성원은 자신의 역할과 책임을 숙지하고 업무를 완수
    - 팀 생산성 향상을 위해 교육, 멘토링, 코칭을 통해 각 개인의 역량을 향상
  - 프로젝트 팀 운영
    - 의사소통, 문제 해결 등 합의 프로세스 개발을 위해 팀 헌장, 운영 지침 또는 팀 규칙을 개발
  - 지침
    - 프로젝트 팀에 제공되는 지침은 올바른 방향성을 제시
    - 개별 팀 구성원에게는 작업이나 인도물에 대한 지침을 제시
  - 성장
    - 팀은 협업을 통해 개선이 필요한 영역(domain)의 개선 목표와 조치를 취함
    - 이 과정을 거쳐 팀 구성원 개인도 관련 영역에서의 역량이 향상
- 팀이 프로젝트에만 집중하는 '하나의 팀(whole team)'이라는 개념을 확립
- 팀 성장 단계를 설명한 모델은 4장을 참고

팀원의 역량 향상 및 성장 그리고 프로젝트 실행 중에 문제나 갈등 해결 활동과 지속적인 성과를 유지하는 팀 개발과 관리는 예측형 접근방식(waterfall)과 적응형 접근방식(agile)에 관계없이 팀 개발 및 팀 관리의 공통적인 요소가 있다.

▶ 비전과 목표

비즈니스 케이스(business case)와 프로젝트 헌장(charter)에는 비즈니스 관점의 프로젝트 가치와 비전 그리고 목표가 기술되어 있다. 프로젝트 팀은 프로젝트의 가치와 비전, 목표를 공통으로 이해해야 작업의 목적과 이유가 명확해진다. 의사결정이나 문제 해결 과정 또한 모두 프로젝트 비전, 목표를 달성하기 위한 과정이므로 목표를 참조한다면 팀의 갈등 요소도 줄어들고 문제 해결 방법 및 의사결정이 신속하게 이루어질 수 있다.

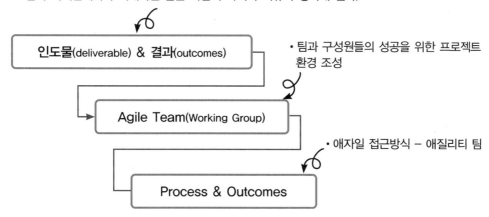

- 팀과 이해관계자가 이해하면 팀은 작업의 목적과 이유가 명확해 진다.

인도물(deliverable) & 결과(outcomes)

- 팀과 구성원들의 성공을 위한 프로젝트 환경 조성

Agile Team(Working Group)

- 애자일 접근방식 – 애질리티 팀

Process & Outcomes

등산이나 여행을 갈 때, GPS나 네비게이션 또는 이정표로 현재 위치를 주기적으로 파악하고 의사결정을 하는 이유도 목적지라는 의도한 결과(outcomes)까지 올바르게 가고 있는지 확인하는 것이다. 의도한 결과(outcomes)가 없다면 우리는 의사결정이나 문제 해결을 할 이유를 상실한다. 어디로 갈지? 어떻게 갈지? 알 수가 없어진다.

◐ 프로젝트 팀 운영

팀 운영에는 생산성을 높이고 갈등 요소나 오해를 줄이기 위해 다양한 지침과 팀원의 역할과 책임을 기술한 팀 규칙을 만들어야 한다. 일반적으로 팀 헌장(team charter)이 팀 구성원들이 지켜야 할 규칙과 약속을 기술한 문서이다. 팀원들의 역할과 책임(R&R), 팀 규칙(ground rule), 의사결정 활동, 의사소통 활동, 갈등 해결 활동, 인정과 보상 정책과 절차 등이 포함된다.

프로젝트 팀 운영, R&R, 지침 등을 포함한 팀 헌장과 팀 규칙은 주기적으로 업데이트하고 팀원들이 이해하고 따라야 한다.

◐ 성장

팀 구성원의 성장은 팀 성과를 기반으로 한다. 팀 성과 평가는 공통 이해된 프로젝트 목표와 관련된 범위, 일정, 원가 성과를 측정해 현재 상황을 식별하고 개선함으로써 성장한다.

팀 성과 평가치는 다음 구성 요소를 포함하지만 프로젝트 환경, 팀 환경에 따라 조정해야 한다.

성과 측정 항목	설 명
팀 역량	직, 간접 경험을 공유하며 결속력 강화 여부
개인 역량	작업의 효율성 강화 여부
이직률	팀원 이탈 및 이직률 감소 또는 증가 여부

팀 성과 식별은 회의(meeting) 시 팀원들과 대화를 통해 작업들에 대해 현재 상황과 장애 요소 등을 식별한다. 또한 개선 사항 등도 공유할 수 있다. 그 외에도 팀의 성과 평가 결과에 따라 팀의 성과 향상에 필요한 교육, 코칭, 지원, 멘토링 등을 수행해, 팀과 팀 구성원 모두 성장할 수 있도록 한다.

팀 성과는 다음 회의에서 식별한다(상세 사항은 4장 참조)

- **일일 스탠드업 미팅**(daily stand-up meeting)
  애자일 팀(agile team)에서 매일 팀원 1인 1분 미만으로 성과 보고를 하는 미팅(회의)이다. 이 미팅에는 반드시 애자일 팀(실무자)만 참여한다.

- **스프린트 리뷰 미팅**(sprint review meeting)
  스프린트(sprint) 혹은 이터레이션이 완료되면 구현된 사용자 스토리(user story, 기능 또는 인도물)에 대해 애자일 팀이 고객과 함께 검증 및 평가하는 미팅이다.

- **주간 미팅**(weekly meeting)
  매주 정기적으로 프로젝트 성과, 문제 등을 공유하는 미팅(회의)이다. 이 미팅은 경영진이나 의사결정자에게 보고하는 주간 보고와는 다른 미팅이다.

- **회고 미팅**(retrospective meeting)
  팀의 프로세스, 활동 등의 평가와 개선 사항을 공유하는 미팅이다.

적응형 접근방식(agile) 개념이 없을 때는 하나의 팀(whole team)이라는 개념보다 단지 프로젝트에 참여한다는 개념이었다. 프로젝트에 참여한 단지 '팀'(예, TFT, task force team)은 사회 및 문화 트렌드의 변화로 낭비 요소가 빈번하게 발생했고 이를 해결하기 위해서 '하나의 팀' 개념이 창출되었다.

하나의 팀은 기획, 분석, 개발, UX/UI 또는 디자인, QA, 고객(사용자) 등이 함께 프로젝트 작업만 수행할 수 있도록 구성된 팀이다. 하나의 팀은 팀 성과를 높일 수 있기 때문에 동일 공간(Co-location)에 배치하는 것을 기본으로 한다. 하지만 조직 구조나 조직 시스템 또는 프로젝트 환경에 영향을 받는 경우에는 가상 팀으로 운영할 수 있다.

프로젝트 팀 문화

프로젝트 팀 문화 (ProjectTeam Culture)

- 의도적 또는 비공식적인 프로젝트 규범을 개발해 프로젝트 자체 팀 문화를 개발
- 조직 문화 내에서 운영되는 프로젝트 팀 문화는 조직 문화와 상호작용

- 팀 구성원들은 다양한 관점에서 식별되거나 식별되지 않는 편견을 가지고 있기 때문에 편견에 대한 개방적, 투명한 태도로 공감과 협업이 가능한 문화를 조성
- 상호존중을 통한 개방성과 신뢰의 문화를 만드는 환경 요인
  - 투명성(transparency)
    의사결정, 정보 처리 방식을 투명하게 서로 공유하면 각자의 프로세스를 지속적으로 개선 가능
  - 청렴성(진실성, integrity)
    위험의 공개, 가정, 산정치 기준, 성과가 좋지 않아도 정확한 프로젝트 상태 보고서 작성
    제품의 문제나 부정적 영향을 공개하고, 잠재적 이해 상충 상황을 공개해 공정성을 보장하고, 환경이나 이해관계자 및 재무적 영향에 기반한 의사결정 등의 윤리적 행동
  - 존중(respect)
    팀원 상호간 존중을 위한 개인의 사고방식, 역량, 전문성을 존중
  - 긍정적인 담론(긍정적 대화, positive discourse)
    팀은 다양한 의견과 다양한 접근방식에 오해가 발생할 수 있으나 이는 논쟁이 아닌 대화를 할 수 있는 기회.
    서로 다른 의견을 해결하기 위한 대화와 협력은 당사자가 수용할 수 있는 해결책을 도출하나 논쟁은 해결책보다 한쪽이 이기기 위해 더 관심을 가짐
  - 지원(support)
    프로젝트는 대인관계, 기술적/환경적 어려움이 발생할 수 있기에, 이러한 문제를 해결하고 장애 제거를 지원해 팀원 모두가 서로 지원하는 협업 문화를 형성
    팀원에 대해 격려와 공감, 팀원 의견의 적극적 청취도 지원의 한 방법
  - 용기(courage)
    새로운 접근 방식이나 업무 방식을 제안하거나 반대하거나 시도하는 데 필요한 용기를 보이는 것은 팀의 실험 문화를 가능하게 하며, 용기를 갖고 새로운 접근을 시도하다 실패해도 안전하다는 것을 팀원 모두에게 알림
  - 성공에 대한 축하(celebrating success)
    현재 과제나 이슈에 집중으로 팀원과 팀은 목표를 간과하고 팀원들이 제시하는 혁신, 적응, 다른 팀원에게 제공되는 서비스 등의 인정과 보상을 등한시할 수 있으므로, 팀에 대한 기여를 실시간으로 인정하고 보상하여 동기부여

투명성(transparency)

팀 구성원들의 성공과 프로젝트 성공을 위한 팀 문화를 만들려면, 절차나 결과의 공정성을 확보해야 한다. 의사결정에 이해관계가 있는 이해관계자들이 서로 이해하고 수용하려면 팀은 정보

처리 방식과 의사결정 절차, 결과에 대한 공정한 적용 등 투명성(transparency)을 확보해야 한다.

▶ 청렴성(진실성, integrity)

좋은 정보나 교훈이 아닌 나쁜 정보나 프로젝트 상태를 정확하게 식별할 수 있는 보고(서)는 당장의 질책을 받을 수도 있고 조직 내부에서 평판이 나빠질 수도 있다. 그런 위험을 감수하고 정확한 보고를 하고 팀은 질책이 아닌 문제 해결에 적극적으로 관여해 팀 문화가 청렴성을 확보할 수 있도록 한다. 왜곡된 보고나 기망행위는 잘못된 의사결정과 잘못된 결과(output)가 나올 수 밖에 없다. 결국 프로젝트가 비정상 종료되거나 의도한 성과(outcomes)를 얻지 못할 수 있기 때문에 청렴성(진실성)은 팀 문화로 반드시 확보해야 한다.

▶ 존중(respect)

프로젝트와 관련된 회의나 대화에서 팀원 개인 발언에 대해 무시하거나 부정적인 의견은 존중받지 못하고 무시당한다고 생각할 수 있다. 이 과정이 반복되면 결국 팀원은 냉소적이며 수동적으로 참여해 아무런 의견을 제시하지 않고 제시된 의견에 표면적인 찬성만 하게 된다. 팀원의 사고방식과 가치관, 기술과 전문성에 대해서는 팀이 이미 알고 있다고 해도 부정적 의견이나 부정적 사인(sign)을 보내지 않아야 한다.

▶ 긍정적인 담론(긍정적 대화, positive discourse)

팀 규칙과 존중 그리고 프로젝트 목표와 비전을 기반으로 문제 해결을 위한 대화는 팀 문화에 핵심이다. 다른 문화(투명, 청렴, 존중, 지원, 용기, 축하)는 모두 대화로 표현되기 때문에 매우 중요하다. 긍정적 대화에는 적극적인 경청과 이해관계자들의 문화적 차이를 인식하는 것이 중요하며 이해 및 충돌의 정확한 인식이 필요하다.

상대방의 잘못을 지적하고 이기기 위한 논쟁이 아닌 해결책을 찾아 가는 대화는 갈등 관리나 협상 등도 포함되며 팀의 신뢰를 구축할 수 있다.

▶ 지원(support)

프로젝트에 발생하는 다양한 문제를 당사자인 팀원 개인이 누구의 도움도 받지 못하고 해결해야 한다면 팀이라고 할 수 없다. 문제나 장애요소들은 지속적으로 제거해주는 노력을 보여주고 점진적으로 함께 한다면 팀은 자연스럽게 서로 도와주는 지원 문화가 형성된다. 무형의 인정과 보상인 격려와 공감 그리고 적극적 경청 또한 팀원을 지원하는 훌륭한 방법이다.

▶ 용기(courage)

우리는 "침묵은 금이다.", "가만히 있으면 중간이라도 간다."라는 말을 많이 들어왔다. 업무에서도 자신의 의견보다 시니어 의견에 암묵적으로 동의한다. 혹시라도 시니어 의견에 반대되면 곤란 해지기 때문에 먼저 의견을 제시하지도 않는다. 새로운 시도도 싫어하고 혁신은 높은 사람들만 이야기한다. 높은 사람들도 말은 혁신이지만 방법과 수단이 목적이 되는 혁신이 대부분이다.

팀은 혁신과 새로운 시도 그리고 연차에 관계없는 자유로운 의견 제시를 해도 문제가 없는 문화를 만들어야 한다.

◉ 성공에 대한 축하(celebrating success)

팀원에게는 현재 진행 중인 작업이 가장 중요하다. 프로젝트 관리자는 현재 관리와 다음 성과 보고 등이 중요하다. 현재에 집중과 몰입은 종종 멀리 있는 프로젝트 목표와 비전을 함께 바라볼 수 없다. 퍼즐 조각 하나만 없어도 퍼즐은 완성되지 않기 때문에 작업의 가중치를 떠나 해당 작업을 수행하는 팀원에게 프로젝트의 목표와 비전을 달성하기 위해서 현재 작업의 중요성을 공유하면 팀원은 자신의 작업이 프로젝트 목표와 비전에 어떤 영향을 주는지 식별할 수 있고 자연스럽게 동기부여도 된다.

그 외 다양한 측정 결과(성과, 프로세스 개선, 활동 개선, 작업 완료)에 따라 실시간으로 유형, 무형의 인정과 보상을 해 동기부여를 할 수 있다.

고성과 프로젝트 팀

고성과 프로젝트 팀 (High-Performing Project Teams)

- 리더십의 목표 중 하나는 고성과 프로젝트 팀을 개발하는 것으로, 다음은 고성과 팀을 만들기 위한 요소들이다.
  - 개방적 의사소통(open communication): 공감, 신뢰의 팀 문화는 생산적인 회의, 브레인스토밍 등 다양한 의견을 장려
  - 공감대(shared understanding) : 프로젝트 목적과 편익은 팀이 공통적으로 이해
  - 공유된 오너십(shared ownership, 주인의식): 프로젝트의 결과(outcomes)에 오너십(주인의식)을 가질수록 높은 성과를 발휘
  - 신뢰(trust): 구성원과 조직에 대한 신뢰 없이는 동기부여와 고성과 활동이 없음
  - 협업(collaboration): 경쟁적 환경보다 존중과 배려(팀 문화) 기반의 협업 환경은 다양한 아이디어와 높은 성과를 획득
  - 적응성(adaptability): 변화(환경, 상황)에 작업 방식을 조정할 수 있는 팀이 효과적
  - 복원력(resilience): 예측이 어려운 리스크(unknown unknowns risk)가 발생할 경우 복원력을 확보한 팀은 신속하게 처리 가능
  - 권한(empowerment): 직접 의사결정이 가능한 팀원은 관리/지시를 받는 팀원보다 높은 성과 가능
  - 인정(recognition): 인정과 보상은 팀의 지속적인 성과를 가능

고성과 팀을 만들기 위한 요소들은 개별적이지 않다. 각 요소들이 통합되어야 고성과 팀을 만들 수 있다. 신뢰를 기반으로 하지 않는다면 원활한 의사소통과 공감대, 협업 등은 불가능하다.

◑ 개방적 의사소통(open communication)

직급이나 경력과 관계없이 팀은 다양한 의견을 제시할 수 있어야 한다. 권위주의적 문화, 특히 한국의 상명하복식 군대 문화는 의사소통은 물론 고성과 팀의 모든 요소가 발휘되지 못한다. 애자일 팀이 관리자는 없고 모두 실무자로만 구성되고 직급 또한 없는 이유도 권위주의적 문화를 제거하기 위해서이다. 또한 서로 존칭을 사용하는 것은 개방적 의사소통 문화를 만들기 위해 조직 시스템을 변경한 것이다.

◑ 공감대(shared understanding)

프로젝트 목적과 비전은 물론 인도물(deliverable)과 결과(outcomes) 그리고 편익(benefit)에 대해 모든 이해관계자가 동일하게 이해해야 한다. 이는 팀이 페이스(pace)를 유지하며 함께 발전할 수 있는 기준점이기 때문에 공감대를 형성해야 한다. 서로 다르게 이해한 기준점은 팀의 페이스를 유지할 수 없고 접근방식이나 결과(output)에 대한 이해를 모두 서로 다르게 가져가므로 갈등 요소이며 지연과 낭비 요소가 된다.

◑ 공유된 오너십(shared ownership, 주인의식)

조직에서 끊임없이 주인의식을 가져야 한다고 주장하지만 대부분은 주인의식을 가져야 할 동기부여는 찾지 못한다. 고성과 팀의 주인정신 또는 주인의식으로 흔히 들어왔던 오너십의 공유는 단지 마음(mindset)가짐만 그렇게 가져가라는 의미는 아니다. 팀원은 업무 방식에 권한이 있고 프로젝트 목적과 비전을 성공적으로 이끌어내기 위한 위치와 편익도 명확한 환경에서만 주인의식이 발휘된다.

일정한 급여를 받는 업무를 수행할 때와 자기가 일한 만큼의 정당한 보수를 받는 업무를 수행할 때의 몰입과 주인의식은 다르다. 조직이 성과급이나 인센티브를 제도적으로 가져가는 이유도 바로 주인의식과 더 많은 성과를 유도하는 것이다.

◑ 신뢰(trust)

프로젝트와 이해관계자뿐만 아니라 모든 대인관계에서는 신뢰가 기반이 되어야 한다. 신뢰를 구축하는 간단하지만 가장 효과적인 방법은 절차의 공정성과 결과의 공정성을 유지하는 것이다. 팀 헌장과 팀 규칙 등의 절차는 투명하고 팀원 누구나 절차대로 수행하고 결과 또한 공정하게 동일하게 적용하면 팀원들은 서로 신뢰를 구축할 수 있다. 신뢰는 고성과 팀의 핵심 요소이자 대인관계의 핵심이다.

◑ 협업(collaboration)

기존의 기능 부서는 해당 업무에 전문가(expert)들로 구성되어 다른 부서와 커뮤니케이션 또는 협업이 원활하게 이뤄지지 못했다. 그러나 애자일 팀의 팀원은 T자형 인재이다. 자신의 업무에 전문가(specialist)이며 다른 분야에서도 일반적인 내용을 알고 있기 때문에 다른 전문가(specialist)와 협업을 할 수 있다.

촉진자 또는 프로젝트 관리자는 섬김형 리더십을 발휘해 팀원들이 T자형 인재가 될 수 있도록 지원해야 한다.

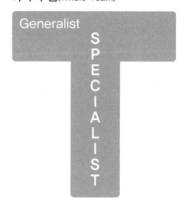

- 기능 혼합팀에서 원하는 T 자형 인재
- 하나의 팀(Whole Team)

▶ 적응성(adaptability)

요구사항의 불확실성과 빈번한 요구사항 추가에 적절한 활동을 개발해 변화에 대응할 수 있다. 고성과 팀은 반복(iteration, sprint)과 프로토타입(prototype) 또는 MVP(Minimum Viable Products, 최소 실행 가능한 제품) 개발을 통해 요구사항의 불확실성을 명확하게 개발할 수 있다. 지속되는 요구사항 구현 또한 반복(iteration, sprint) 계획을 통해 신속하게 전달할 수 있는 적응성을 발휘한다.

▶ 복원력(resilience)

사전에 식별이 가능한 리스크는 리스크가 발생했을 때 처리할 수 있는 예비 기간(우발사태 예비기간)과 예비비(우발사태 예비비)를 계획(리스크 대응 계획)할 수 있다. 그러나 사전에 식별할 수 없는 리스크(unknown unknown risk)는 계획을 수립할 수 없기 때문에 다음과 같은 복원력을 확보해야 한다.

- 일정 비율의 예비 기간(관리 예비 기간)과 예비비(관리 예비비)를 준비한다.
- 프로젝트 목표와 방향성을 유지하면서 변경 관리 등 새로운 리스크에 대비한다.
- 합의된 한계 내에서 작업을 완료할 수 있다는 신뢰와 권한이 있는 팀을 구성한다.
- 리스크를 최대한 빨리 식별하기 위한 조기 경고에 대한 검토를 한다.

권한(empowerment)

중앙집중식 관리의 전통적인 프로젝트에서 팀원은 작업과 작업량(작업 시간, 공수, 투입량)을 일방적으로 지시 받는다. 이런 환경에서는 팀원의 역량을 고려할 수 있으나 정확하지 않고 다른 팀원과의 형평성으로 인한 갈등이 빈번하게 발생한다. 또한 지시 받은 업무에 대한 동기부여도 없기 때문에 작업 완료에 대한 헌신(commitment)도 없다.

고성과 팀은 작업과 작업량을 스스로 산정할 수 있도록 팀원에게 권한을 위임한다. 팀원들은 모두 한 자리에서 플래닝 포커 게임(planning poker game)를 이용하여 스토리 포인트(story point)를 산정해 팀의 생산성인 속도(velocity)를 산정할 수 있다. 이 과정에서 전통적인 프로젝트의 권한과는 다른 모습이지만 명확하게 팀원이 자신의 의사결정으로 산정할 수 있다.

인정(recognition)

이해관계자 성과영역에서 피드백의 중요성에 대해 기술한 것처럼 고성과 팀은 서로에게 긍정적인 피드백을 수시로 전달한다. "칭찬은 고래도 춤추게 한다."라는 말이 있다. 타인과 관계를 맺고 살아가는 사회적 동물인 사람에게는 특히 긍정적인 피드백인 인정이 더욱 높은 성과로 이루어진다.

인정은 프로세스나 활동 안에 촉진자 또는 프로젝트 관리자의 연성 기량(soft skill)으로 구현될 때 그 효과가 더욱 높아진다.

리더십 기술(Leadership Skills)

리더십 기술은 중앙집중식 관리 권한이든 분산된 또는 공유된 관리 권한 환경이든 모든 팀원에게 유용하다. 리더십 기술은 다음과 같은 특성과 활동이 필요하다

1.비전 수립 및 유지
2.비판적 사고
3.동기 부여
4.대인관계 기술

비전 수립 및 유지 (Establishing and Maintaining Vision)

- 프로젝트 목적(purpose)을 이해한다는 것은 목적(purpose)을 달성하기 위해 올바른 방향으로 노력(effort)을 수행할 수 있다는 것
- 프로젝트 비전은 프로젝트 목적(purpose)과 결과를 명확하게 요약
- 동일하게 이해한 비전은 방향성이 되며 세부 의사결정에서의 지침

- 다음 질문을 통해 팀과 이해관계자는 동일한 비전을 개발
  - 프로젝트 목적(purpose)은 무엇인가?
  - 성공적인 프로젝트 작업을 어떻게 정의할 것인가?
  - 프로젝트 결과물(outcomes)이 의도한 개선을 이끌어 낼 수 있는가?
  - 비전에서 벗어난 경우, 프로젝트 팀이 어떻게 알 수 있는가?

- 좋은 비전은 명확, 간결하고 실행이 가능하며 다음과 같은 것들을 할 수 있다.
  - 간단한 설명이나 문구로 프로젝트를 설명
  - 달성 가능한 최상의 결과(outcome)를 설명
  - 팀원의 응집력(cohesive)을 구축.
  - 결과(outcome)에 대한 열정을 고취

목적(purpose)

프로젝트 목적(purpose)은 동기부여에 가까운 뉘앙스를 가지고 있다. 즉, 프로젝트를 해야 하는 이유를 결정짓는 내면의 동기부여와 같다.

비전(vision) vs 목적(goal)

비전(vision)은 현실에서 벗어나 가능성의 관점에서 미래를 깊이 들여다보고 많은 것을 시각화하고 상상해야 가질 수 있는 것이다. 한마디로 미래에 우리 모습을 장기적인 관점에서 추상적으로 그려보는 것이다. 반면에 목적(goal)은 목표(objective)들로 구성된 달성 또는 획득하고자 하는 대상이다. 따라서 목적(goal)을 달성하기 위해서는 올바른 계획과 관리가 필요하며 일정(기한)이 있다. 요약하면, 가능성 있는 우리의 미래 모습을 시각화하고 상상한 것이 비전(vision)이며 그 비전을 현실화한 구체적인 내용이 목적(goal)이 된다.

예를 들어, 여행 목적지가 명확하면 다양한 경로 및 다양한 도구(차, 기차, 비행기 등)들이 있지만 팀은 모두 같은 목적지까지 가려는 기준이 있기 때문에 협업을 통해 가장 빠른 경로와 도구를 사용할 수 있도록 합리적인 의사결정을 내릴 수 있다. 이렇듯, 프로젝트 목적(purpose)을 이해하면 비전과 목적(goal) 그리고 목표(objective)를 달성하기 위한 팀원들의 노력(Effort)은 낭비되지 않는다.

최고 의사결정권자가 임의로 비전이나 목적(goal) 등을 빈번하게 변경하는 조직은 변경된 비전과 목적의 명확성이 항상 불분명하게 전달이 된다는 특징이 있다. 조직 또한 당연히 우왕좌왕하며 갈 길을 못 찾게 된다.

비판적 사고 (Critical Thinking)

- 성과영역 전반에 걸쳐 발생할 수 있는 모호성과 복잡성 등의 문제는 비판적 사고로 해결 가능
- 비판적 사고에는 합리적, 논리적, 근거 중심적 사고와 훈련을 포함
- 비판적 사고는 개방적인 태도, 문제의 객관적 분석 역량, 상상력, 통찰력, 직감이 필요
- 성찰적 사고와 메타 인지도 비판적 사고에 포함
- 비판적 사고는 다음과 경우에 적용
  ○ 편향되지 않고 균형 잡힌 정보의 조사 및 수집
  ○ 문제를 인식, 분석 및 해결
  ○ 편견과 명시되지 않은 가정과 가치 식별
  ○ 언어 사용을 식별하고 자신과 타인에게 미치는 영향 식별
  ○ 데이터 및 증거 분석을 기반으로 논쟁과 관점 평가
  ○ 사건을 관찰해 패턴과 상관관계 식별
  ○ 귀납적, 연역적, 귀추적(유도) 추론 적용
  ○ 잘못된 논리, 전제, 유추, 감정적 호소 식별 및 구체화

비판적 사고는 부정적인 것이 아니다. 비판적이라는 용어는 분별력을 의미한다. 따라서 비판적 사고는 우리가 어떤 것을 당연하게 여기지 않고 우리가 읽고, 듣고, 말하고, 쓰는 것에 대해 질문하고, 분석하고, 평가하는 더 깊은 종류의 사고 프로세스이다. 효과적인 의사결정에 기여하는 필수적인 사고방식과 기술을 식별하는 데 사용되는 일반적인 용어이다.

비판적 사고는 주제, 상황, 문제, 기회 등에 대해서 깊고 정확한 이해로 이어지는 사고 과정이며, 사실과 의견을 구별하거나 제시된 데이터의 관련성과 정확성을 평가할 수 있는 등 다양한 기술을 포함한 논리적 추론을 사용한다.

비판적 사고는 다음과 같은 사고방식과 기술이다.

- 호기심과 진실을 추구한다.
- 증거 및 다른 사람의 견해에 대한 공정한 평가를 한다.
- 정보에 대해 회의적으로 접근하고 진실여부를 사고한다.
- 지각력이 있고 아이디어 사이의 관계를 식별한다.
- 자신의 사고 과정을 각성하고 있다.
- 열린 마음과 자신의 신념에 도전할 의지가 있다.
- 의사결정을 공식화하기 위해 증거와 이유를 사용한다.
- 근거와 자료를 가지고 판단을 내릴 수 있다.

메타인지는 자신의 생각을 판단하는 능력이다. 학습 측면에서는 자신이 아는 것과 알지 못하는 것을 구분하는 능력이다.

메타인지는 크게 세 가지 범주로 나뉜다.

- 첫 번째, 메타 기억과 메타 이해는 '아는 상태에 대한' 스스로의 주관적인 평가이다. 예를 들면, 스스로 대답할 수 있다고 생각하거나 평가하는 것, 독서를 하면서 스스로 이해를 잘하고 있는지 판단하는 것이다.
- 두 번째, 문제 해결은 무엇을 해야 할지 명확히 알지 못하는 상태에서도 무엇인가를 하는 것을 의미한다. 예를 들면, 문제 해결 과정에서 객관적으로 목표를 다시 한번 확인하고 목표를 위해 현시점에서 해야 할 다음 것들을 계획하는 것이다.
- 세 번째, 비판적 사고는 생각들을 평가하고, 말이 되는지 아닌지를 판단하는 것이다. 예를 들어, 하나의 아이디어가 다른 것과 논리적으로 연결되는지 판단하는 것이다.

열심히 일하는 것도 중요하지만 무엇을, 어떻게 열심히 해야 하는지 아는 것이 더 중요하기 때문에 메타인지는 학습뿐만 아니라 업무에도 필요한 활동이다.

동기부여 (Motivation)

- 동기부여의 두 가지 측면은, 팀원들이 어떤 동기로 일을 하는지, 팀원들이 프로젝트와 결과(outcomes)에 전념하도록 협업하는 것
- 내적 동기부여
  - 개인 내부 또는 일과 관련되며 보상보다는 일 자체의 즐거움을 찾는 것
- 외적 동기부여
  - 인센티브와 같은 외적 보상으로 인해 업무를 수행하는 것
- 프로젝트에서 수행하는 작업의 대부분은 내적 동기부여에 중점
- 내적 동기부여 요소의 예
  - 성취, 도전, 일에 대한 믿음, 차이를 만드는 것, 자기 주도와 자율성, 책임감, 개인의 성장, 유대감, 소속감(프로젝트 팀의 일원이 되는 것)

동기부여는 한 가지 특정 요소만으로 되지 않으며 지배적 동기부여 요인과 부수적 동기부여 요인이 존재한다. 지배적 동기부여 요인을 식별한 후에 개별 선호 요인에 맞춰 동기부여 방법을 조정 해야 한다.

동기(motivation)는 어떤 일이나 행동을 일으키게 하는 요소이다. 개인의 행위에 대한 심리적 이유와 과정을 이해하고 지속적으로 작동되도록 유도하는 내적 요소 또는 외적 요소이다.

본서와 같은 전문 서적을 읽을 때는 1시간이 지루하고 힘들지만 좋아하는 소설책은 하루 만에 한 권을 다 읽을 수도 있다. 동기부여는 이렇게 상황에 따라 차이가 발생한다. 팀 구성원 개개인의 차이를 인정하고 개개인의 처한 상황의 차이도 인정하고 팀원의 욕구에 맞도록 내적, 외적 동기부여 요소를 구성하거나 직무를 구성할 수도 있다.

외적인 보상(인센티브, 성과금)은 강제적이지 않도록 해야 하고 생산성, 이직률, 만족도 등은 공정성 동기부여 이론을 고려한다. 팀원들이 개별적인 노력과 성과가 보상과 어떻게 연관되는지 절차의 공정성과 결과의 공정성은 확보해야 한다.

그 외에도 팀원에게 구체적인 목표를 제시하고 피드백을 전달하는 것도 동기 요소가 될 수 있다.

인정과 보상이 동기부여 요소가 되려면 가급적 빠르게 전달해야 한다. 보상이 2개월, 6개월 등 지연되면 팀원은 보상이 아니라 당연히 받아야 할 부분으로 생각하므로 보상이라는 동기부여 취지가 퇴색된다.

프로젝트 관리자가 팀과 이해관계자를 적절히 관리하기 위한 활동 중 대인관계 기술은 매우 중요하다. 대인관계 기술에는 감성지능, 의사결정, 갈등관리가 있다.

대인관계 기술(Interpersonal Skills) - 1

- **감성지능**(emotional intelligence)
  자신을 이해하고 팀원의 감정과 정서를 식별하는 감성지능은 효과적인 의사소통, 협업, 리더십의 토대이자 동기부여 요소
  - 자기인식(self-awareness)
    자신의 감정, 목표, 동기, 강점 및 약점을 이해할 수 있도록 자기 평가 수행 능력
  - 자기관리(self-management)
    충동적인 판단과 결정을 자재하는 능력
  - 사회적 인식(social awareness)
    타인의 감정을 이해하고 배려하는 것, 비언어적 몸짓과 단서를 식별하는 능력
  - 사회적 기술(social skill)
    프로젝트 팀 그룹관리, 소셜 네트워크, 이해관계자와 공통점 식별, 친밀감 구축

⊙ **감성지능**(emotional intelligence)

감성지능의 핵심은 공감이다. 공감 대상(예, 제품을 사용하는 최종 고객을 의미하며 일반적으로 마케팅, 기획부서에 타깃고객이다.) 이 없는 경우 역할극을 통해 페인스토밍(painstorming)을 수행하면 공감에 도달할 수 있다. 프로젝트는 팀원이라는 공감 대상이 명확하게 있기 때문에 관찰, 대화, 체험을 순차적으로 수행해 공감에 도달할 수 있다.

[참고]

페인스토밍(painstorming): "무엇이, 왜 불편한지?"에서 출발 변경

리더십의 기반이 되는 감성지능의 네 가지 측면과 핵심 및 관련성은 다음과 같다.

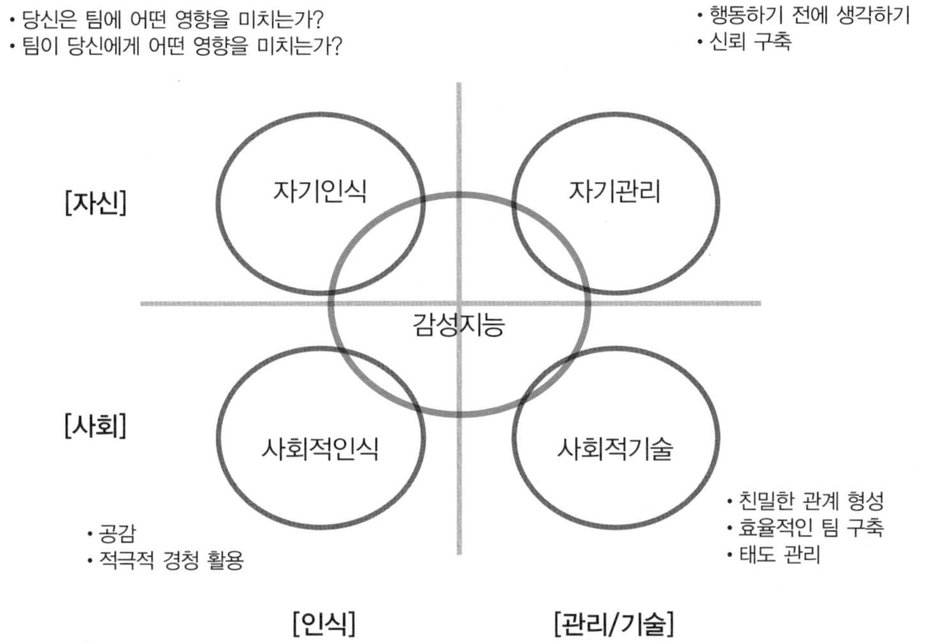

• 당신은 팀에 어떤 영향을 미치는가?
• 팀이 당신에게 어떤 영향을 미치는가?
• 행동하기 전에 생각하기
• 신뢰 구축
[자신]
자기인식
자기관리
감성지능
[사회]
사회적인식
사회적기술
• 친밀한 관계 형성
• 효율적인 팀 구축
• 태도 관리
• 공감
• 적극적 경청 활용
[인식]
[관리/기술]

[그림 3-9] 감성지능의 구성요소

대인관계 기술(Interpersonal Skills) – 2

- **의사결정**(decision making)

  어떤 개발 방식을 사용할지, 어떤 도구(프로젝트 관리 소프트웨어 포함)를 사용할지, 어떤 공급업체를 선택할지 등 프로젝트 팀은 많은 의사결정이 필요하다.

  ◦ 분기/수렴(diverge-and-converge)

  – 협의 없이 개별적으로 다양한 의견을 제안하는 분기는 다른 이해관계자의 의견에 영향을 받지 않기 위한 방법

  – 제안 이후 의견들을 협의해 가장 바람직한 의견을 결정하는 것이 수렴

○ 포용과 존중(inclusive and respectful)
- 다양한 의견을 끌어내고 신속한 의사결정의 기반이 되는 태도
- 팀원에 따라 의사결정을 선호/반대할 수 있지만 각자의 입장을 설명 가능
- 결정권자는 제시된 분석을 기반(비판적 사고)으로 이해관계자의 기대사항을 고려해 결정
○ 그룹 토론과 투표(group discussion and voting)
- 투표와 동시에 의견을 내는 것이 목표이며, 집단 사고를 최소화할 수 있는 로마식 투표, 와이드밴드 델파이 산정, 손가락 투표법(Fist to Five) 등 많은 접근방식이 분기/수렴 패턴을 사용
○ 문제를 가져오지 말고 해결책을 가져오라
- 팀의 권한밖에 의사결정 사항은 대안과 영향 평가 후 에스컬레이션

◐ 의사결정(decision making)

프로젝트 관리자와 프로젝트 팀(원) 또는 프로젝트 팀과 이해관계자 간의 협상과 영향력을 발휘할 수 있는 역량이 의사결정이다.

올바른 의사결정을 위한 다양한 활동도 중요하지만 다음 지침도 참조해야 한다.

- 프로젝트 목표에 집중한다.
- 팀의 의사결정 활동과 프로세스를 준수한다.
- 가용 정보와 환경 요인을 분석한다.
- 팀의 창의력 등 다양한 의견을 촉진한다.
- 리스크를 고려한다.

의사결정 유형	설 명
일방적 (독단적, unilaterally)	• 의사결정이 가장 빠르다 • 다양한 의견, 해결 방안에 비해 오류 발생확률이 높다 • 결정에 영향을 받는 이해관계자의 동기부여가 상실될 수 있다
그룹 기반 (group-based)	• 다양한 지식, 의견을 기반으로 한다 • 의사결정에 직접 참여하기 때문에 결과 수용에 긍정적이다 • 의사결정에 대한 다양한 자문, 의견 취합 등 시간이 필요하다 • 의견 취합 과정에서 팀워크가 분열될 수 있다

◐ 갈등관리(conflict management)

갈등은 차이 또는 반대에 대한 인식이다. 팀이 지속적으로 상호작용을 할 때, 어느 시점에서 서로 일치하지 않을 경우 갈등이 시작된다. 그 외에도 프로젝트 목표(범위, 일정, 원가, 품질 등)의 상충, 사실에 대한 인지 차이 등이 갈등에 포함된다.

갈등은 프로젝트 팀 내에서 팀원 간, 팀원과 프로젝트 관리자 그리고 팀과 고객과 발생한다. 해결할 책임은 갈등 당사자에게 있지만 갈등이 대화의 수준을 넘어 논쟁이 되기 전에 프로젝트 관리자와 팀은 해결책을 찾도록 지원해야 한다.

대인관계 기술(Interpersonal Skills) – 3

- **갈등관리**(conflict management)
  ○ 프로젝트의 다양한 제약(범위, 일정, 예산 및 품질)은 갈등 요소
  ○ 모든 갈등이 부정 적인 것은 아니기 때문에 갈등 해결과 과정에 더 좋은 해결책과 의사결정이 가능

갈등을 처리하는 방법은 다음과 같다.

접근방식	설명
개방적, 존중하는 의사소통	• 갈등의 원인을 식별할 수 있는 안전한 환경을 유지해 불안감을 해소하고 안전한 환경을 만들기 • 단어, 목소리 톤 및 몸짓이 위협적이면 팀원들은 의사소통 불가
사람이 아닌 문제에 집중	• 갈등은 사람들이 상황을 다르게 인식하는 것에 기반 • 개인에게 책임을 물을 것이 아니라 상황 해결에 집중
과거가 아닌 현재와 미래에 집중	• 과거에 비슷한 일이 있었다고 과거를 회상한다면 해결도 안되며 현상황을 더욱 악화
대안에 집중	• 갈등으로 인한 피해는 해결책과 대안을 함께 찾음으로써 회복될 수 있고 보다 건설적인 관계를 만듦 • 갈등을 보다 창의적인 대안으로 만들기 위해 서로 협력하고 문제를 해결 (갈등을 문제 해결 공간으로 이동)

갈등해결에 영향을 미치는 추가적 요인은 다음과 같다.

- 갈등의 중요성과 강도 정도
- 갈등 해결에 대한 시간적 압박
- 갈등과 관련된 이해관계자의 직위와 권한
- 좋은 관계 유지의 필요성
- 갈등을 해결하려는 동기부여

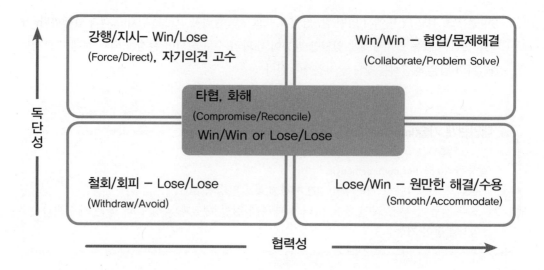

[그림 3-10] 갈등관리 기법

리더십 스타일 조정 (Tailoring Leadership Styles)

- 프로젝트, 환경 및 이해관계자의 요구에 맞도록 리더십 스타일 조정 필요
- 리더십 스타일의 조정에 영향을 주는 요인

영향 요인	설명
프로젝트 유형에 대한 경험	• 기존 경험이 있는 조직과 프로젝트 팀은 더 많은 자체 관리가 이루어져 리더십이 덜 필요 • 프로젝트가 조직에 새롭게 도입되는 경우, 감독 활동이 더 많이 필요하고 지시형 리더십 스타일을 더 많이 사용
팀원의 성숙도	• 조직, 팀 또는 기술 전문 분야에 처음 참가하는 팀원은 기술 분야에서 능숙한 팀원에 비해 감독과 지도가 더 필요
조직 거버넌스 구조	• 최고 경영진의 리더십 스타일이 팀의 리더십에 반영되듯이 조직 구조는 권한과 책임이 집중/분산되는 정도에 영향을 줌

분산된 프로젝트 팀	• 글로벌 프로젝트 팀은 가상화 기술을 적극적으로 활용해도 대면 수준의 협업과 유대감 획득이 힘듦
	• 분산된 팀의 단점 극복과 의사소통 개선을 위한 기술
	   – 함께 작업할 협업 공간
	   – 프로젝트 정보를 활용할 수 있는 팀 공간
	   – 오디오 또는 화상 회의
	   – SNS, 문자를 이용한 지속적 연락 유지
	   – 원격에 있는 팀원들과의 유대감
	   – 한 번 이상의 대면 회의를 통해 좋은 관계 유지

[그림 3-10]은 갈등관리 유형으로 가장 대표적으로 사용되는 Ken Thomas와 Ralph Kilmann의 갈등관리 모형이다. 궁극적인 해결 방안은 협업(collaborate)이지만, 긴급하고 당사자간의 합의가 안될 경우에 프로젝트 관리자는 강행/지시(force/direct)를 해 갈등을 해결할 수 있다.

리더십은 팀이 비전이나 목표를 달성하도록 팀원들에게 영향력을 행사하는 것이다.

리더십에 대한 현대적인 분석은 카리스마, 변혁적, 거래적, 서번트 리더십 등이 있고 전통적인 분석은 특성이론, 행동이론, 상황이론이 있다.

◑ 현대적 리더십 분석

리더십	설 명
거래적(transactional)	• 역할과 업무 요구를 명확하게 함으로써 팀원이 수립된 목표를 달성할 수 있도록 리드함 • 리더와 팀원 간 거래(비용 vs. 효과) • 보상연계, 예외에 의한 관리, 안정 지향적, 폐쇄적 • 피들러의 상황모델, 상황적 리더십 이론, 경로-목표 이론이 기반임
섬김형(servant)	• 리더 자신의 이익을 넘어서 생각하고 팀원의 성장과 발전에 집중 • 팀의 문제, 장애요인의 적극적 해결 • 경청, 공감, 설득, 봉사, 청렴성
카리스마(charismatic)	• 카리스마는 개인 성격의 한 특성.(독일의 사회학자 막스 베버) • 카리스마는 타고나는 것이며 리더 또한 타고나는 것 • 부하의 헌신과 부하의 믿음 기반 • 비전 수립과 명확성, 희생정신, 관습을 따르지 않는 행동
변혁적 (transformational)	• 합의된 공동 목표 추구 • 성과 중요성과 가치에 대한 팀원의 의식수준 고취 • 지적 자극, 영감에 의한 동기 유발, 변동 지향, 개방적

다른 성과영역과의 상호 작용

- 팀 성과 영역은 프로젝트 관리자와 팀원이 프로젝트 전반에 걸쳐 사용되는 기술 강조
- 팀원은 프로젝트 전반에 걸쳐 리더십 자질과 기술을 발휘하도록 요구됨
  - 프로젝트 비전과 편익을 생애주기 동안 리더십을 발휘해 이해관계자에게 전달
  - 프로젝트 작업에 참여하면서 비판적 사고, 문제 해결 및 의사결정 수행
- 결과(outcomes)에 대한 책임은 기획 및 측정 성과영역 전반에 걸쳐 확인함

팀 성과영역은 프로젝트를 성공적으로 수행하기 위해 고성과 팀 개발 및 관리, 동기부여 방법, 리더십, 갈등 해결 방법을 포함하고 있다.

더 중요한 것은, 팀원들은 프로젝트 생애주기 동안의 모든 과정에 참여를 한다는 것이다.

예를 들면, 중앙집중식 관리 프로젝트에서는 범위, 일정, 원가 등의 계획과 작업량, 자원 배정 등을 프로젝트 관리자가 수행하지만 분산된 관리의 프로젝트에서는 자기 조직화(self-organizing) 팀이 자율적으로 계획 단계에서 참여(개발방식 및 생애주기 성과영역)를 한다. 뿐만 아니라 프로젝트 종료까지 작업(프로젝트 작업 성과영역)과 품질 관리 및 통제(측정 성과영역), 리스크 대응(불확실성 성과영역)을 수행하고 인도물(deliverables)과 결과(outcomes)를 이끌어낸다.

프로젝트 접근방식에 따라 팀 성과영역의 동기부여, 리더십과 계획, 프로젝트 작업, 측정, 리스크, 인도 시기 등이 상호작용한다. 예를 들어, 팀의 의사결정은 접근방식에 따라 시기가 변경되고, 의도한 결과(outcome)를 참조해야 한다. 의도한 결과는 기획 성과영역에서 우리가 개발한 결과(output)이다.

그 외에도, 경영진이나 고객 등 핵심 이해관계자 이외에도 중요한 프로젝트 팀원들도 핵심 이해관계자이다. 이해 및 분석 활동을 통해 팀원들마다 서로 다른 동기부여 요소를 식별하고 분석할 수 있기 때문에 이해관계자 성과영역과 상호작용한다.

성과영역	상호작용
이해관계자	이해관계자 범위에는 프로젝트 팀도 포함
기획	의도한 결과(outcomes), 팀 헌장, 팀 규칙, 팀 개발 및 관리 계획, 활동 자원 산정, 일정
인도	고성과 팀은 가능한 신속하게 인도
프로젝트 작업	결과(output), 인도물(deliverable) 구현을 위한 작업
불확실성	팀원 확보, 투입 시기, 역량 등의 불확실성
측정	작업 등 활동에 따라 발생하는 다양한 실적과 기준(목표) 비교

프로젝트 팀 관리 및 리더십은 프로젝트 성과를 성공적으로 달성하기 위한 인적자원관리와 관련된다. PMBOK 6th의 프로젝트 자원관리 지식영역에는 자원관리 계획수립, 활동자원 산정, 자원 확보, 팀 개발, 팀 관리, 자원 통제의 6개 프로세스가 있으나, 이는 인적자원뿐만 아니라 물적자원에 대한 관리를 포함하고 있다. 그러나 그들 중에 팀 개발과 팀 관리 프로세스는 인적자원에만 해당되며, 자원 통제는 물적자원에만 해당된다. 인적자원관리를 위한 프로세스는 다음과 같다.

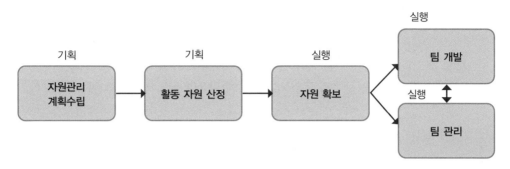

図표

기획 → 자원관리 계획수립

기획 → 활동 자원 산정

실행 → 자원 확보

실행 → 팀 개발

실행 → 팀 관리

- ◉ **자원관리 계획수립**

  물적 자원과 팀 자원을 산정, 확보 및 관리하고 활용하는 방법을 정의하는 프로세스이다.

- ◉ **활동자원 산정**

  프로젝트 작업을 수행하는 데 필요한 자재, 장비 또는 보급품의 종류 및 수량과 팀 자원을 산정하는 프로세스이다.

- ◉ **자원 확보**

  프로젝트 작업을 완료하는 데 필요한 팀원, 설비, 장비, 자재, 보급품 및 기타 자원을 확보하는 프로세스이다.

- ◉ **팀 개발**

  프로젝트 성과를 향상시키기 위해 팀원의 역량과 팀원간 협력, 그리고 전반적인 팀 분위기를 개선하는 프로세스로, 의사소통, 갈등관리, 영향력 행사, 동기부여, 협상, 팀 구성(육성), 인정 및 보상, 교육, 개인 및 팀 평가 등을 적용한다.

- ◉ **팀 관리**

  프로젝트 성과를 최적화하기 위하여 팀원의 성과를 추적하고 피드백을 제공하며 이슈를 해결하고, 팀 변경사항을 관리하는 프로세스로, 갈등관리, 의사결정, 감성지능, 영향력 행사, 리더십 등을 적용한다.

2.3 개발방식 및 생애주기 성과영역
(Development Approach and Lifecycle Performance Domain)

개발방식 및 생애주기 성과영역은

- 프로젝트 개발방식, 케이던스(cadence), 생애주기(life cycle) 단계(phases)와 관련된 활동 및 기능 설명

- 다음 성과를 목표로 한다.
  - 인도물 속성(인도 시기, 인도 횟수 등)에 적합한 개발방식 개발
  - 비즈니스 가치, 이해관계자 가치를 연결하는 생애주기 개발
  - 프로젝트 생애주기는 프로젝트 인도물 개발에 필요한 인도 케이던스 및 개발 방식을 원활하게 하는 단계로 구성
- 이 성과영역은 프로젝트 결과를 최적화하는 데 필요한 개발방식, 인도 케이던스 및 프로젝트 생애주기 개발이 목적

인도물과 관련된 요구사항의 불확실성 정도와 기술적 복잡도 정도 그리고 인도 시기 및 횟수와 관련된 요구사항에 따라 개발 접근방식, 생애주기와 단계가 결정된다. 이렇게 다양한 관점에서 최적화된 개발방식 및 생애주기, 단계를 개발하는 것이 개발방식 및 생애주기 성과영역의 목적이다.

이 성과영역의 성과는 아래 표의 성과 항목을 참조하고 성과 달성을 확인하는 방법은 확인 방법 항목을 참조한다.

성과	확인 방법(체크)
인도물 속성과 일치하는 개발 방식	예측, 하이브리드 또는 적응형 등 인도물 개발 접근방법은 제품 변수를 반영하고 프로젝트 및 조직 변수를 고려한다.
프로젝트의 시작부터 완료까지 비즈니스 가치, 이해관계자 가치를 단계별로 전달할 수 있도록 구성된 프로젝트 생애주기	시작에서 완료까지 프로젝트 작업이 프로젝트 단계에 표시된다. 단계에는 적절한 단계 완료 기준이 포함된다.
프로젝트 인도물을 생성하는데 필요한 전달 주기 및 개발 접근 방식을 용이하게 하는 프로젝트 생애주기 단계	개발, 테스트 및 배포에 대한 단계별 과정은 생애주기 단계로 표현된다. 인도 주기와 개발 방법이 서로 다른 여러 결과물을 포함하는 프로젝트는 필요에 따라 단계가 겹치거나 단계 반복으로 표시된다.

용어 정의

- 인도물(deliverable)
  단계, 프로젝트 완료를 위해 산출해야 하는 고유하고 검증 가능한 제품, 결과 또는 서비스

- 개발방식(development approach)
  예측, 반복, 증분, 적응 또는 하이브리드 방법과 같이 프로젝트 생애주기 동안 제품, 서비스 또는 결과를 만들고 발전시키는데 사용되는 방식

- 케이던스(cadence)
  프로젝트 생애주기 동안에 수행되는 활동 주기 또는 활동 리듬

- 프로젝트 단계(project phase)

  하나 이상의 중간 또는 개별 인도물이 완성되면 완료되는 논리적으로 연관된 프로젝트 활동들의 집합

- 프로젝트 생애주기(project life cycle)

  프로젝트 시작부터 완료까지 거치는 일련의 단계들의 집합

개발, 케이던스 및 생애주기 상관관계
(Development, Cadence, and Life Cycle Relationship)

- 인도물 유형에 따라 결정되는 개발방식은 인도될 인도물의 개수와 케이던스에 영향을 줌
- 인도물 개발 방식, 인도 케이던스는 생애주기와 단계를 결정

• 요구사항(INPUT)

인도물 유형 → 개발 방식 → 인도물 개수 & 케이던스 → 생애주기/단계

• 예측, 반복, 증분, 적응 접근방식

생애주기 및 단계는 인도물 유형을 식별하는 것부터 시작되며 인도물 유형은 인도물과 관련된 경영진 또는 고객의 요구사항에서 식별된다. 프로젝트 생애주기의 접근 방식은 다음과 같이 구분할 수 있다.

◯ 예측형 접근방식

먼저 인도물과 관련된 요구사항이 명확하고, 프로젝트가 종료되는 시점에 인도를 요구하는 경우이다. 일반적으로 공공 프로젝트는 초기에 요구사항(요구사항 명세서, 정의서)이 명확하며 인도 시기는 프로젝트 종료 시점으로 두고 있다. 이러한 인도물 유형은 예측형 접근방식이라는 개발방식을 결정할 수 있다. 이 예측형은 인도물의 개수가 하나로 산출되고 프로젝트 완료에 맞게 인도된다. 이에 따라 생애주기와 단계를 구성할 수 있다.

◯ 적응형 접근방식

인도물과 관련된 요구사항이 매우 불확실하고 신속하게 자주 인도해줄 것을 요구하는 프로젝트도 있다. 요구사항이 초기에 불확실하다는 의미는 요구사항이 지속적으로 추가되거나 변경

된다는 것을 의미한다. 요구사항이 "불확실성이 높다"라는 말의 본질은 프로젝트 초기에는 고객(경영진)과 프로젝트 팀 모두 무엇을 만들어야 할지 모른다는 것이다.

이 요구사항의 특징은 무엇인지 모르겠지만 정확하게 만들어야 하고 빨리 그리고 자주 인도해 주기를 바라는 것이다. 즉 정확한 인도물이나 결과(output)들을 신속하게 계속 이관해 달라는 것이다. 이러한 인도물 유형에 적합한 접근방식은 우리가 흔히 애자일(Agile)이라고 말하는 적응형 접근방식이다. 적응형 접근방식에서 인도물의 개수와 케이던스로 표현되는 인도 주기 역시 요구사항과 팀의 역량(속도, velocity) 등을 기반으로 산정한다. 결국 케이던스와 인도 개수에 따라 생애주기와 단계가 결정된다.

인도 케이던스 (Delivery Cadence)

- 인도 케이던스는 인도물의 인도 시기 및 빈도
- 프로젝트는 1회 인도, 다회 인도, 정기 인도 등이 있음

인도 횟수	설 명
1회 인도 (single delivery)	• 프로젝트 종료 시점에 인도 • 제품이나 설계 등 프로젝트가 시작되면 완료까지 인도 없음
다회 인도 (multiple deliveries)	• 프로젝트가 종료되기 전까지 다양한 시점의 여러 번 인도 • 순차적으로 인도되는 프로젝트와 순서를 따를 필요 없이 별도로 인도되는 다회 인도 프로젝트 • 모든 인도는 프로젝트가 종료 전에 완료
정기 인도 (periodic deliveries)	• 다회 인도와 유사하나 정해진 주기에 따라 인도 • (예) 새로운 기능은 2주라는 케이던스에 따라 매 2주마다 인도

- 지속적 인도/배포(continuous delivery) - 인도 옵션
  - 소규모 작업과 자동화 기술을 통해 개발된 기능을 고객에게 즉시 인도
  - 일반적으로 IT 개발에 사용되는 인도 방식
  - 제품 생애주기 동안 편익(benefit)과 가치(value) 인도에 중점
  - 안정적이고 영향을 받지 않는 프로젝트 팀에 효과적이며 하나의 제품에 집중
  - 이해관계자, 시장에 대한 지속적인 학습을 통해 가치 전달에 집중
  - 데브옵스(DevOps), #noprojects, continuous digital 등의 여러 접근방식

인도 케이던스는 인도물의 인도 시기와 회수를 어떤 주기로 가져갈 것인지 결정한다.

- 1회 인도는 개발, 케이던스 및 생애주기 상관관계에서 다룬 예측형 접근방식에서 인도되는 방식이다.

- 다회 인도는 반복형이나 증분형 접근방식에서 순차적 또는 순서에 관계없이 인도되는 방식이다. 우선순위가 높은 인도물(must have)을 먼저 인도하고 다음 순위의 인도물 중(should have) 순차적 또는 순서와 관계없이 인도한다. 프로젝트가 종료 이전에 계획된 인도물이 모두 인도되어야 한다.
- 정기 인도는 적응형 접근방식에서 인도물이 인도되는 정기적인 주기(케이던스)에 따라 인도되는 방식이다. 이 방식은 고객(또는 경영진)의 요구사항(주기, 우선순위, 인도물 등)과 속도(velocity)라고 하는 팀 역량 등을 고려해 케이던스(주기)와 완료할 인도물(일반적으로 story point로 표현) 등을 결정한다.

지속적인 인도/배포(Continuous Delivery, CD)

지속적인 인도는 개발, 통합, 배포, 릴리즈, 테스트를 자동화하여 지속적으로 인도하는 것이다. 수동으로 진행되는 인도 과정에서 발생할 수 있는 누락, 지연 등을 방지할 수 있다. 지속적인 인도는 다수의 개발자가 작성하거나 수정한 코드를 지속적으로 통합하고 테스트하는 지속적인 통합(continuous integration, CI)이 선행되어야 한다.

지속적인 통합(CI)은 변경 코드의 빠른 피드백, 코드 통합 및 테스트 시간 단축 등 개발 편의성을 확보할 수 있는 장점이 있다.

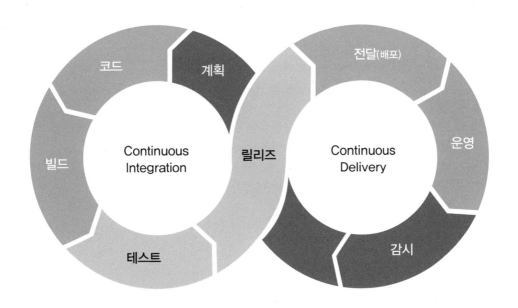

[그림 3-11] CI/CD − continuous integration / continuous delivery

개발방식(Development Approaches) - 1

프로젝트 생애주기 동안 제품, 서비스, 결과를 만들고 발전시키기 위해 다양한 개발방식을 사용한다. 개발 방식의 종류는 다음과 같다.

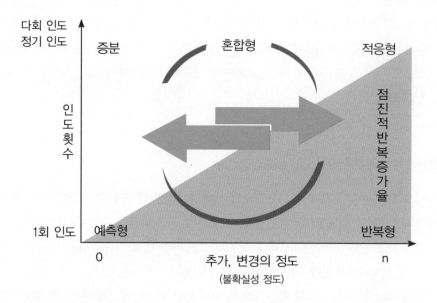

- 예측형 접근방식(predictive approach)
  - 프로젝트 시작 시 프로젝트 및 제품 요구사항을 정의, 수집 및 분석할 수 있을 때 유용하며 폭포수 모델(waterfall model)이라고 함
  - 개발 단계 간의 빈번한 검토, 변경관리 메커니즘, 재계획의 가능성이 높은 중요한 투자와 리스크 수준이 높은 경우에도 사용
  - 프로젝트 생애주기 초기 단계에서 범위, 일정, 비용, 자원 수요 및 리스크를 적절히 정의 가능
  - 프로젝트 팀은 프로젝트 초기의 불확실성 수준을 낮추고 계획의 대부분을 수립
  - 대부분 유사 프로젝트의 템플릿을 이용해 진행
  - 개념증명(기술검증, PoC, proof of concept) 개발에서는 PoC 후에 추가 개발 옵션을 고려할 수 있지만 대부분 프로젝트 초기에 모든 개발 범위가 수립

예를 들어, 커뮤니티 센터 프로젝트는 부지, 시설 건설을 위해 예측형 접근방식을 사용할 수 있다. 범위, 일정, 원가, 자원 등의 변경은 대부분 변경이 없다. 일반적으로 건설 프로세스는 계획과 설계도를 따라 진행된다.

- 적응형 접근방식(adaptive approach)
  - 요구사항이 프로젝트 생애주기 동안 지속적으로 변경될 가능성이 있고, 요구사항 자체의 불확실성과 변동성이 높을 경우 유용
  - 반복형 접근방식과 증분(점증)형 접근방식을 사용하지만 적응형 접근방식은 반복 주기가 더 짧기 때문에 피드백에 따라 발전할 가능성이 높음
  - 적응형 접근방식의 애자일은 개발 프레임워크보다 넓은 사고방식(mindset)
  - 애자일은 1~2주간의 반복이 종료되는 시점에 성과 입증과 인도함
  - 팀은 우선순위로 개발할 백로그(backlog)를 기반으로 범위 결정과 작업을 추정하고 반복(iteration) 기간에 공동 작업함

예를 들면, 커뮤니티 센터는 PC와 모바일 기반의 웹사이트가 필요하며 상위 수준의 요구사항, 디자인, 페이지 레이아웃을 미리 정의할 수 있다. 필수 요소를 초기에 웹사이트에 배포하고 사용자 피드백, 새로운 서비스, 내부 이해관계자 요구사항 등을 백로그에 추가하고 우선순위에 따라 개발 및 배포한다. 새로운 요구사항과 범위를 기반으로 작업 산정치 개발과 수행, 그리고 테스트 및 승인 후 웹사이트에 배포된다.

- 혼합형 접근방식(hybrid approach)
  - 적응형과 예측형의 일부 요소들을 조합한 것이 혼합형 접근방식(개발방식)
  - 요구사항의 불확실성, 리스크가 있을 때 유용
  - 모듈화된 인도물 또는 다른 팀에서 인도물 모듈을 개발할 때 유용
  - 적응성은 예측형 보다 높지만 적응형 접근방식보다는 낮음
  - 반복형 접근방식은 불분명한 요구사항을 명확히 하고 추가 옵션을 최종 반복(iteration)전까지 충분히 식별하는데 유용
  - 증분(점증)형 접근방식은 정해진 시간(타임박스, timebox)의 반복 과정에서 인도물이 생성되고 최종 반복에서 마지막 인도물이 전달
  - 요구사항의 불확실성이 높을 경우 적응형 접근방식을 사용할 수 있지만 제품 배포는 예측형 접근방식 가능
  - 하나의 프로젝트에서 인도물 속성에 따라 적응형으로 개발하고 다른 인도물은 속성에 따라 예측형으로 개발 가능

예를 들어, 커뮤니티 센터 프로젝트는 시니어 서비스를 반복적으로 개발, 배포할 수 있다. 첫 번째 반복(iteration)에서는 식사 배송, 그 다음에는 운송 서비스, 단체 여행, 행사, 돌봄 치료, 성인 데이케어 서비스 등이 뒤따른다. 각 서비스는 완료되면 배포된다. 서비스가 추가될 때마다 커뮤니티 시니어 서비스는 개선되고 향상된다. 커뮤니티 순찰 활동 교육은 점증(증분) 접근방식을 사용할 수 있다.

기본 교육, 물류 교육, 순찰 교육으로 구성된 교육은 각 담당자들로부터 순서에 관계없이 개발될 수 있다(동시 진행 가능). 그 후 피드백을 통해 후속 모듈을 개발할 수 있지만 커뮤니티 순찰 활동 교육 프로그램은 모든 모듈을 개발, 통합, 배포한 후에만 완료된다.

- 반복형 – 접근방식과 요구사항이 분명해질 때까지 다양한 아이디어 도출

[최종 인도물]

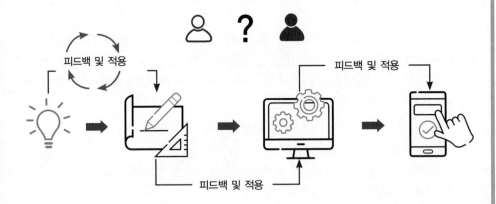

- 증분형 – 특징, 기능을 점진적으로 개발

[최종 인도물]

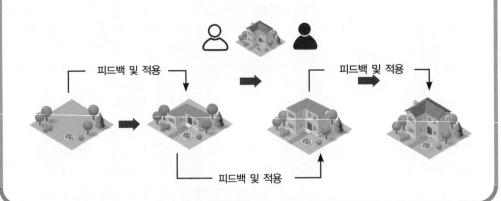

개발방식은 예측형, 반복형, 증분(점증)형, 적응형으로 구분할 수 있다. 조직에서 애자일 적용이 실패하는 가장 큰 이유는 프로젝트 특성과 인도물의 속성, 인도 횟수와 시기 등의 고려 없이 애자일이 트렌드이며 유행이기 때문에 도입하는 경우이다.

지하철을 타려면 지하철 역을 가야하고 버스를 타려면 버스 정거장을 가야 하는 것처럼, 인도물의 불확실성 정도와 기술의 복잡도 정도 같은 인도물의 속성과 인도 횟수와 인도 시기 등에 따라 개발방식을 결정해야 한다.

접근방식	요구사항	인도 횟수	(반복)활동	인도 시기
예측형	고정	1회	1회 – 전체 프로젝트에서	프로젝트 종료 시
반복형	유동	1회	반복 – 정확할 때까지	프로젝트 종료 시
증분(점증)형	유동	빈번한 인도	1회 – 해당 증분에서	해당 증분 종료 시
적응형	유동	빈번한 인도	반복 – 정확할 때까지	해당 반복 종료 시

예측형은 요구사항이 고정되고 프로젝트 동안 변경이 거의 없으며 고객에게 전달될 인도물과 가치는 프로젝트 종료 단계에서 인도된다. 이러한 요구사항일 경우 예측형 접근방식을 사용한다. 일반적으로 공공 프로젝트는 계약 단계에서 요구사항 명세서와 요구사항 정의서, 납기일 등이 상세히 제공되며 변경이 거의 없기 때문에 예측형 접근방식이 효율적이다.

반복형은 고객이 현재는 최종 인도물에 대한 정의가 명확하지 않지만 정확한 인도물을 프로젝트가 종료되면 전달해 달라는 요구사항이 있을 때 사용한다. 프로젝트 팀도 만들어야 할 인도물이 현재는 무엇인지 모르기 때문에 반복 과정(아이디어 도출 – 피드백 – 적용)을 통해 고객의 요구사항이 정확해질 때까지 반복 수행한다. 고객의 요구사항은 정확해질 때까지 지속적으로 추가되거나 변동되므로 유동적이다. 다른 접근방식에 비해 시간이 많이 소요된다.

증분형은 고객이 어떤 인도물을 원하는지 정확하게 알고 있고 개발되는 기능이나 제품을 빠르게 전달해 달라는 인도 개수와 시기에 대한 요구를 할 때 사용한다. 증분 결과에 따라 다음 증분의 요구사항이 변경 또는 추가되기 때문에 요구사항이 유동적이다.

적응형은 반복(iteration)과 증분(increment)의 복합 형태이다. 고객이 현재는 최종 인도물에 대한 정의가 명확하지 않지만 최대한 빨리 인도물을 받고 싶어할 때 사용한다. 적응형은 타임박스(timebox)라는 주기에 따라 반복 수행하며 해당 반복이 종료될 때 인도물이 인도된다. 또한 다음 반복에 추가/변경된 고객의 요구사항을 개발하기 때문에 변경에 민첩하게 대응할 수 있고, 여러 가지 낭비 요소를 제거할 수 있다.

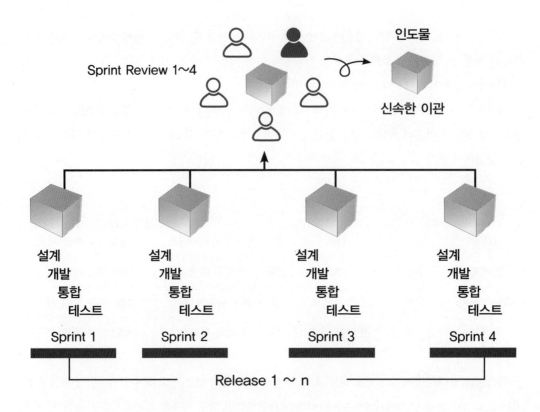

[그림 3-12] 적응형 개발방법

개발방식 선택 시 고려사항 (Considerations for selecting a development approach)

- 개발방식 선택에 영향을 주는 요인은 제품, 서비스 또는 결과물, 프로젝트, 조직 범주로 구분한다.

1. 제품, 서비스 또는 결과물(Product, Service, or Result)

변수	설 명
혁신의 정도 (degree of innovation)	• 높은 수준의 혁신과 경험이 없는 인도물 개발은 적응형 • 요구사항의 정확한 식별, 팀의 경험, 계획수립이 가능한 인도물 등은 예측형
요구사항 확실성 (requirements certainty)	• 요구사항의 불확실성, 변동, 복잡성 등이 확장될 경우 적응형 • 요구사항이 명확하고 정의하기 쉬운 경우에 예측형
범위 안정성 (scope stability)	• 많은 범위 변경이 예상되면 적응성이 뛰어난 반복형이나 적응형 • 인도물 범위의 변경/추가가 없을 경우 예측형

변수	설 명
변경 용이성 (ease of change)	• 변화에 민첩하게 적응할 수 있는 인도물은 적응형 • 요구사항 확실성, 범위 안정성 관점에서 중간 인도물의 속성에 따라 변경관리와 통합이 어려울 경우 예측형
인도 옵션 (delivery options)	• 인도물 특성, 구성요소 별 인도 여부에 따라 개발방식을 결정 (인도 케이던스 참조) • 부분적(모듈) 개발/제공할 수 있는 인도물은 증분형, 반복형, 적응형 • 일부 대규모 프로젝트는 예측형으로 계획하지만 점진적 개발 및 인도할 수 있는 단계가 있을 수 있음
리스크(risk)	• 리스크가 높은 제품은 개발 접근방식 선택 전에 분석이 필요 • 높은 리스크 제품은 위협을 줄이기 위해 상당한 사전 계획과 엄격한 프로세스 필요 • 어떤 제품은 모듈식으로 구축하고 설계 및 조정 활동으로 리스크를 완화 • 새로운 기회를 활용하거나 위협에 대한 노출을 줄이는 학습과 개발을 통하여 리스크를 완화
안전 요구사항 (safety requirements)	• 엄격한 안전 요구사항이 필요한 제품은 모든 안전 요구사항을 식별하고 계획, 생성, 통합 및 테스트할 수 있도록 사전에 많은 계획이 필요하기 때문에 예측형을 적용
규정(regulations)	• 감독, 규제가 심한 환경에서는 필요한 프로세스, 문서화 및 시연 요구로 인해 예측 접근방식 사용

2. 프로젝트(Project)

이해관계자, 일정 제약, 자금 조달 가능 등의 변수

변수	설 명
이해관계자 (stakeholders)	• 적응형 방식은 프로젝트 생애주기 동안 이해관계자의 많은 참여 필요 • 제품 책임자(PO, product owner)는 업무 설정, 우선순위를 정의
일정 제약 (schedule constraints)	• 최종 인도물(완제품)이 아닌 부분적 제품을 신속하게 인도해야 할 경우 증분형 또는 적응형 접근방식
자금 조달 가능여부 (funding availability)	• 자금 조달이 불확실한 환경의 프로젝트는 적응형 또는 반복적 접근 방식이 유리 • 최소 실행 가능한 제품(MVP)은 정교한 제품보다 적은 투자로 배포될 수 있기에 이를 통해 최소 투자로 시장 테스트나 시장 공략 가능 • 제품 또는 서비스에 대한 시장 반응에 따라 추가 투자 실시 가능

3. 조직(Organization)

구조, 문화, 능력, 프로젝트 팀 규모 및 위치와 같은 조직 변수

변수	설 명
조직 구조 (organizational structure)	• 적응형 접근방식의 프로젝트는 수평적 구조를 갖는 경향이 있어 자기 조직화(self-organizing) 특징의 프로젝트 팀과 함께 운영 • 계층적 조직구조, 엄격한 보고 구조, 실질적 관료 구조는 예측형
문화(culture)	• 적응형은 프로젝트 팀의 자기 관리를 강조하는 조직에서 적합 • 예측형은 작업을 계획하고 기준선에 따라 진행 상황을 측정하는 관리 및 지시 문화가 있는 조직에 적합
조직 역량 (organizational capability)	• 적응형 적용 후 애자일 사용만으로 조직이 민첩해지는 것은 아님 • 경영진 수준에서 시작하여 조직 전체의 사고 방식의 전환이 필요 • 적응형의 성공은 조직 정책, 작업 방식, 보고 구조, 태도가 필요
프로젝트 팀의 규모와 위치 (project team size and location)	• 적응형(특히 애자일)은 7±2명의 프로젝트 팀에서 보다 효과적 • 적응형은 팀 구성원들이 같은 물리적 공간에 위치하는 것을 선호 • 대규모 프로젝트 팀과 가상화 프로젝트 팀은 예측형에 가까운 방식을 사용함으로써 좋은 결과를 얻을 수 있지만, 규모가 크고 분산된 팀과 함께 작업하기 위해 적응형을 확장한 방식도 가능

◎ 왜 이 개발방식을 해야 하는가?

개발방식은 목적이 아닌 수단이자 방법이다. 효과적인 개발방식으로 가치를 인도하기 위해서는 가장 먼저 해야 할 일은 다양한 관점의 요구사항을 기반으로 프로젝트를 분석하는 것이다. 간단하게는, 6가지 제약 조건(범위, 일정, 원가, 품질, 자원, 리스크) 중 어떤 것을 가장 우선할 것인지 정하는 것부터 시작하고, 인도물 관점, 요구사항, 투입 기술 관점으로 분석할 수 있다.

인도물 관점이라면, 명확한 인도물과 불확실성이 높은 인도물에 따라 개발방식을 결정한다. 요구사항의 불확실성과 프로젝트에 투입되는 기술의 복잡성(조직 역량과 구조) 정도 역시 개발방식을 결정할 때 필요한 정보이다.

개발방식을 선택할 때 인도물과 요구사항에 대한 고려사항(개발방식)과 더불어 제품, 서비스 또는 결과물과 프로젝트 변수 그리고 조직 변수를 고려한다. 제품, 서비스 또는 결과물 관련 변수는 다음과 같은 측정과 조직 환경이나 변수, 프로젝트 변수를 함께 고려해 결정한다. 필요하다면 각 변수에 가중치를 부여할 수 있다.

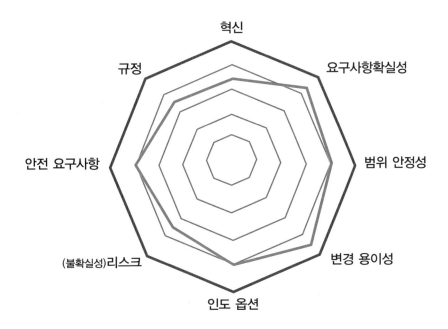

생애주기 및 단계 정의(Life cycle and phase definition) - 1

인도 케이던스와 개발방식은 프로젝트 생애주기의 단계 유형과 수를 결정한다.

• 생애주기 단계 예시

단 계	설 명
타당성 (feasibility)	• 비즈니스 케이스 타당성 판단 • 조직 역량이 의도한 결과(outcomes)에 대한 달성 여부 판단
설계(design)	• 기획과 분석을 통해 프로젝트 인도물의 설계 완성
구축(build)	• 품질 보증 활동이 통합된 인도물 구축
테스트(test)	• 고객 승인/이관 이전에 인도물의 최종 품질 검토 및 검사 수행
배포(deploy)	• 프로젝트 인도물을 활용해 편익(benefit) 실현과 조직 변경관리에 필요한 전환 완료
종료(close)	• 프로젝트가 종료되고 프로젝트 지식과 결과물(artifacts)의 보관 • 프로젝트 팀 구성원 해제 및 계약 종료

생애주기 및 단계 정의(Life cycle and phase definition) - 2

- 단계는 다음 단계로 진행하기 전에 올바른 결과(outcomes)나 종료 기준 달성 여부를 확인하는데, 이를 단계 심사 검토(스테이지 게이트, stage gate)라고 한다.
  - 단계 심사 검토 또는 스테이지 게이트(stage gate)
  - 종료 기준은 인도물, 계약상의 의무, 구체적인 성과 목표의 달성 및 기타 구체적인 조치의 승인 기준과 관련

- 예측형 생애주기 특징
  - 선행 단계 완료 후 다음 단계 시작
  - 각 단계는 해당 단계의 특정 유형의 작업에 중점을 두며, 한번만 수행
  - 범위 추가, 요구사항 변경, 시장 환경 변화 등 임의의 상황이 발생할 경우 단계가 반복

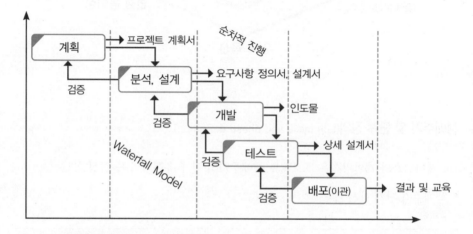

- 증분(점증)형 생애주기
  - 계획, 설계 및 빌드로 구성된 세 가지 반복(iterations)
  - 후속 빌드는 선행 빌드에 기능을 추가해 점진적으로 증분

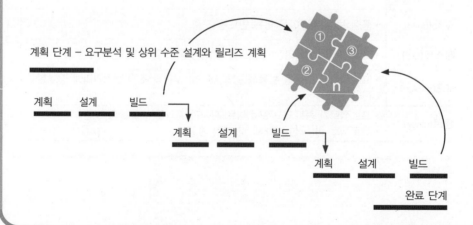

- 적응형 생애주기
  - 각 반복(iterations) 또는 스프린트(sprint)가 완료되면 인도물 또는 기능을 검토
  - 검토 후 주요 이해관계자의 피드백에 따라 백로그(backlog) 우선순위를 결정
  - 지속적 인도(continuous delivery) 상황에서 사용하도록 조정 가능

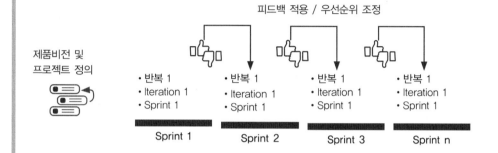

- 흐름 기반의 일정(flow-based scheduling)
  - 자원 용량, 재료 및 기타 입력 정보를 기반으로 전달(인도) 흐름을 최적화하기 위해 애 자일을 포함한 일부 적응형 방법론은 생애주기나 단계를 사용하지 않는 흐름 기반의 일정(flow-based scheduling)을 사용
  - 목표는 시간과 자원 낭비를 최소화하고 프로세스의 효율성과 인도물의 처리량을 최 적화하는 것
  - 흐름 기반은 일반적으로 린(lean)과 JIT(just in time) 일정 접근 방식의 Kanban 일정 관리 시스템에서 사용

애자일은 크게 반복 기반(iteration-based) 일정과 흐름 기반(flow-based) 일정을 사용한다. 반복 기반의 대표적인 예가 애자일 스크럼(agile scrum) 방법론이다.

반복 기반은 정해진 기간(타임박스, timebox)이 있는 반복(sprint, iterate)으로 구성된다. 각 반복의 타임박스는 동일한 기간이며 하나의 반복이 완료되면 고객이 인도물 또는 기능을 검토/검사한 후 이관하거나 피드백을 다음 반복에 반영한다.

– Timebox –	– Timebox –	– Timebox –	– Timebox –	– Timebox –
■요구사항 ■분석 ■설계 ■개발 ■테스트 ■이관 – 인도	■요구사항 ■분석 ■설계 ■개발 ■테스트 ■이관 – 인도	■요구사항 ■분석 ■설계 ■개발 ■테스트 ■이관 – 인도	■요구사항 ■분석 ■설계 ■개발 ■테스트 ■이관 – 인도	필요에 따라 반복

흐름 기반은 반복의 기간이 사전에 정의되지 않는다. 반복 기반처럼 타임박스를 의도적으로 결정하지 않기 때문에 각 반복의 기간이 서로 다를 수도 있고 같을 수도 있다. 흐름 기반은 WIP(work in progress) 개념으로 작업 요구량을 처리량에 맞게 조정하는 것과 마감일(deadline)이 없는 것이 특징이다.

– WIP –	– WIP –	– WIP –	– WIP –	– WIP –
■요구사항 ■분석 ■설계 ■개발 ■테스트 ■이관 – 인도	■요구사항 ■분석 ■설계 ■개발 ■테스트 ■이관 – 인도	■요구사항 ■분석 ■설계 ■개발 ■테스트 ■이관 – 인도	■요구사항 ■분석 ■설계 ■개발 ■테스트 ■이관 – 인도	필요에 따라 반복

용어 정의

- WIP(work in process / work in progress)
  각 단계 또는 각 프로세스에서 동시에 진행할 수 있는 최대(제한)치를 의미한다. 예를 들어 개발 단계의 WIP가 2라면 동시 진행할 수 있는 개발은 최대 2개로 제한된다.

WIP를 사용하는 흐름 기반의 대표적인 방법론은 칸반(kanban) 방법론이다. 칸반(kanban)은 일본어 かんばん이며 의미는 작업 신호 카드이다. 칸반의 대표적인 특징은 다음과 같다.

- 작업 요구량을 처리량에 맞추는 방법론이다.
- WIP는 작업량을 처리 용량에 맞도록 제한을 두는 것을 의미하며 칸반 제한이라고도 표현한다.
  ○ 동시 개발 또는 동시 작업을 진행할 수 있는 아이템의 수를 제한한다.
  ○ 진행 과정 중에 작업을 제한해서 작업자의 초과 할당을 막는다.

- 작업이 단계 또는 프로세스에서 완료된 만큼만 추가되므로 과부하 상태를 미연에 방지한다(관리 및 통제).
  ◦ WIP에 여유가 있을 때만 작업을 다음 단계로 이동한다.
- 개발 진행 과정 중에 업무량 제한(WIP)은 팀의 개발 역량을 고려한다.
- 마감일(deadline)이 없지만 동시 처리 작업량을 제한(WIP)해 생산성과 속도(velocity)를 통제한다.

다음 흐름 기반의 칸반 예시는, 프로젝트 관리자가 칸반 보드와 WIP를 참고해 병목 지점을 관찰할 수 있으며 추가 자원이 필요한 구간을 식별해 병목 현상을 완화할 수 있다. 동그라미 안의 숫자는 동시 처리 가능한 작업량으로 가장 가운데 프로세스가 병목임을 알 수 있다.

인도 케이던스, 개발방식 및 생애주기 조정 - 1

- 커뮤니티 센터(개발방식) 사례를 통해 인도 케이던스, 개발방식 및 생애주기 상호작용을 확인하다.
- 건물, 커뮤니티 순찰(CAP, community action patrol) 훈련, 시니어 서비스, 웹 사이트의 4가지 제품과 서비스를 이용해 인도 케이던스와 개발방식을 설명한다.

인도물	인도 케이던스	개발 접근방식
건물	1회 인도	예측형
시니어 서비스	다회 인도	반복형
웹사이트	정기 인도	적응형
커뮤니티 순찰 훈련	다회 인도	증분(점증)형

[그림 3-13] 인도 케이던스 및 개발 방식

[그림 3-13]의 정보를 기반으로 다음과 같이 잠재적 생애주기를 결정한다.

단 계	설 명
스타트업(start up)	• 비즈니스 케이스나 프로젝트 헌장이 승인되면 스타트업 단계 시작 • 다음과 같은 인도물 개발이 완료되고 스타트업 단계 심사 검토(종료 기준 포함)를 수행 (1) 대략적인 상위 수준 로드맵 개발 (2) 초기 자금 조달 요구사항 설정 (3) 프로젝트 팀 및 자원 요구사항 정의 (4) 마일스톤 일정 수립 (5) 조달 전략 계획 수립
기획(plan)	• 다음과 같은 인도물 개발이 완료되고 기획 단계 심사 검토(종료 기준 포함)를 수행 (1) 건물에 대한 상위 수준의 정보가 세부적인 계획으로 분할 (2) CAP(community action patrol) 교육 상세 설계 문서 (3) 시니어 서비스 제공에 대한 차이분석 (4) 웹 사이트 초기 와이어 프레임
개발(development)	• 다양한 인도 케이던스와 접근방식에 인도물이 개발되므로 테스트와 배포 단계와 중첩 • 웹 사이트는 커뮤니티 센터 진행 상황을 대중에게 알리기 위해 먼저 인도 • 일부 시니어서비스, CAP교육은 커뮤니티센터 개설 전에 시작 가능 • 각 인도물은 테스트 단계에 이전에 개별 검토(review) 가능
테스트(test)	• 개발 및 배포 단계와 중첩되며 테스트 유형은 인도물에 따라 다름 • 다음 테스트들은 배포 단계로 이동하기 전에 완료 (1) 건물 검사 (2) CAP(community action patrol) 과정 베타 인도 (3) 시니어 서비스에 대한 소규모 테스트 (4) 웹사이트의 각 릴리스에 대한 테스트 환경에서의 운영
배포(deploy)	• 개발 및 테스트 단계와 중첩되며 많은 인도물이 인도되면서 반복 • 웹사이트의 첫 번째 배포는 프로젝트 초기 단계에 있을 수 있음 • 프로젝트 최종 배포는 커뮤니티 센터 개관 • 웹 사이트, 시니어 서비스의 지속적 업데이트는 개관 후 운영 일부
종료(close)	• 이 단계는 인도물이 완료될 때마다 주기적으로 수행 • 다음과 같은 종료 수행 (1) 초기 웹사이트가 구축되면 프로젝트 담당자(계약자) 해산 (2) 각 인도물에 대한 회고, 교훈 완료 (3) 전체 프로젝트가 완료되면 각 단계의 단계 검토 정보, 프로젝트 성과(기준선 대비)에 대한 전반적 평가 수행 • 최종 종결 전에 프로젝트 헌장, 비즈니스 케이스 검토하여 인도물이 의도한 편익과 가치를 달성했는지 확인

- 다음 [그림 3-14]는 커뮤니티 센터 프로젝트의 가능한 생애주기를 나타낸다.

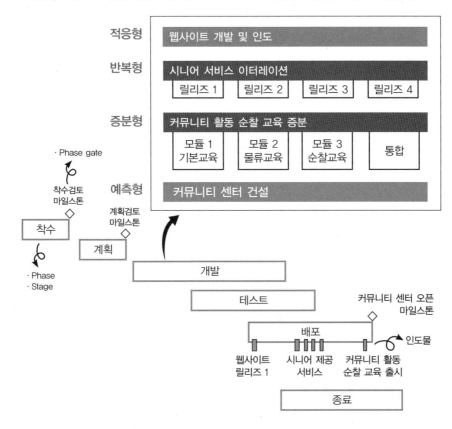

[그림 3-14] 커뮤니티 센터 생애주기

- 용어 명칭에는 어떤 요소가 있는가?

  모든 프로젝트 실무자가 개발방식과 생애주기를 구별하는 것은 아니다. 일부는 개발
  방식을 이야기할 때 애자일 생애주기를 따른다고 말한다. 또 다른 일부 실무자는 예
  측형 접근방식을 폭포수(waterfall)이라고 한다. 적응형 개발방식은 진화형 방식이라고
  한다.

  프로젝트 관리가 발전하고 있기 때문에 사용되는 용어도 계속 발전하고 있다. 사람들
  이 무엇을 지칭하는지 이해하기 좋은 방법은 인도물(deliverables) 개발방식을 결정하
  고 생애주기의 단계 명칭을 물어보는 것이다. 이를 통해 프로젝트를 구성하고 사람들
  이 용어를 어떻게 사용하는지 이해하는데 도움이 된다.

프로젝트 생애주기(project lifecycle)와 개발 접근방식(development approach)

프로젝트 생애주기(project lifecycle)는 시작과 끝이 있는 단계들의 집합이며, 인도물(deliverables) 을 생성하기 위해 수행해야 하는 작업을 논리적으로 분석한 것이다.

프로젝트가 수행되는 산업, 조직의 선호도 및 개발 접근방식(development approach) 기반으로 개발 하는 프로젝트 생애주기는 다음 유형으로 구분한다.

- 예측형 생애주기(predictive lifecycle)
- 적응형 생애주기(adaptive lifecycle)
- 혼합형 생애주기(hybrid lifecycle)

개발 접근방식과 관계없이 프로젝트 생애주기 내의 세부사항은 점진적 구체화(progressive elaboration)를 통해 계획 및 실행할 수 있는 단계로 표현된다. 또한 프로젝트가 통과하는 각 단계는 단계 검토(phase gate)라는 지점을 거쳐야 한다. 프로젝트 성과를 계획된 성과와 비교하고 다음 단계 로 넘어갈지 여부(단계의 종료 여부)를 결정하는 지점이다. 한 단계가 종료되었다 할지라도 이는 다음 단 계의 착수를 반드시 승인하는 것은 아니다.

Phase gate

- 단계 게이트 또는 단계 검토는 프로젝트 관리 방법 중에 하나이다.
- 단계 종료 시점에 산출된 인도물에 대한 검토 후 다음 단계로 진행하거나 재작업 또는 프로젝트 포기 등의 의사결정을 의미한다.
- 단계 게이트는 다음과 같은 용어로 사용된다.
- milestone, stage gate, kill point, check point, decision gate, phase review, sprint review.
- 개발 접근방식에 따라 다른 용어를 사용하지만 인도물 또는 기능의 검토 후 의사결정 하는 것은 동일하다.

개발 접근방식(development approach)과 개발 생애주기(development lifecycle)는 같은 의미이며 프로 젝트를 계획하고 관리하기 위해 특정 개발 접근방식을 사용한다.

개발 접근방식의 선택은 프로젝트 관리자가 프로젝트의 계획, 관리 및 통제를 조정하는 방법에 영 향을 준다. 또한 사용되는 관리 도구와 관행에 영향을 미친다. 그 외에도 이해 관계자 식별 및 참여하 는 방법과 프로젝트 팀 구성원을 정의할 때도 영향을 준다.

계획 중심(plan-driven)

이 접근 방식을 계획 중심, 전통적, 예측형 또는 폭포수(waterfall)라고도 한다. 작업이 프로젝트 인도물을 생산하기 시작하기 전에 프로젝트 생애주기 초기에 범위, 일정, 비용 및 기타 제약 조건에 대한 자세한 계획을 필요로 한다.

◐ 변화 주도(change-driven)

이러한 유형의 프로젝트는 반복적(iterative)이고 증분/점증적(incremental)이다. 애자일 또는 적응형(adaptive)이라고도 하는 이 접근방식에는 시간, 비용 및 일정에 대한 예비 추정을 할 수 있도록 충분한 초기 상위 수준의 범위 계획이 포함된다.

범위는 반복할 때마다 조금 더 상세화 된다. 반복적인 개발 접근방식을 통해 제품은 최종 결과(end results)를 생성하기 위해 점진적으로 그리고 연속적인 세부 수준으로 구축된다.

예측형 접근방식은 프로젝트 요구 사항이 잘 정의된 경우 사용되는 반면, 적응형 접근방식은 요구 사항이 불분명할 때 사용된다. 혼합형(hybrid) 접근방식은 예측형 및 적응형 접근방식의 조합이다.

요약

- 프로젝트 생애주기는 여러 단계를 포함
- 각 단계에서는 제품, 서비스 또는 결과가 개발되므로 각 단계에서 어떤 접근방식을 사용해 개발할 것인지 결정

다른 성과영역과의 상호작용(Interactions with other performance domains)

- 이해관계자, 기획, 불확실성, 인도, 프로젝트 작업, 팀 성과영역과 상호작용
- 결정한 생애주기는 기획 수행방식에 영향을 줌
  - 예측형 생애주기는 대부분 기획을 사전 수립하고 연동 기획(rolling wave planning) 및 점진적 구체화(progressive elaboration)를 통해 지속적으로 계획을 수립(리스크가 구체화되면 기획도 함께 업데이트)
- 프로젝트의 불확실성을 줄이기 위해서 개발방식과 인도 케이던스를 결정
  - 인도물이 규제 요건 관련 리스크가 많을 경우 추가 테스트, 문서화, 강력한 프로세스와 절차를 구축하기 위해 예측형 접근방식을 선택
  - 이해관계자 승인 관련 리스크가 많을 경우 반복형 접근방식을 선택하고 추가 기능 개발 전에 피드백을 통해 최소 실행 제품(MVP)을 릴리즈
- 인도 케이던스, 개발방식을 결정할 때 인도 성과영역과 상호작용하며 중복
  - 인도 케이던스를 결정할 때 비즈니스 케이스, 편익 실현 계획에 따라 언제, 어떻게 가치를 제공할지가 주요 관점
  - 제품 요구사항 도출, 품질 요구사항 충족 등 인도 성과영역의 활동은 개발방식 결정에 영향

- 프로젝트팀 역량, 리더십 기술 등 팀 성과영역은 개발방식 및 생애주기 성과영역과 상호 작용
  - 개발방식에 따라 팀 작업 방식, 프로젝트 관리자의 스타일 등이 달라짐
  - 예측형 접근방식은 사전 계획, 측정 및 통제에 중점
  - 적응형 접근방식 중 애자일은 섬김형 리더십 스타일과 자기 관리(self-managing) 프로젝트 팀을 요구

개발방식 및 생애주기 성과영역은 프로젝트 관리 접근방식(project management approach) 및 개발 접근방식과 관련이 깊다. 또한 개발 접근 방식의 선택은 프로젝트 관리자가 프로젝트의 계획, 관리 및 통제 방법에도 영향을 주고 사용되는 도구와 관행에도 영향을 미친다.

일반적으로 적응형, 증분형 및 반복형과 같은 다른 생애주기보다 전통적인 예측형 생애주기의 경험이 더 많다. 그러나 해당 분야의 급격한 변화, 프로젝트 및 이해관계자 요구사항의 끝없는 변화에 대응해야 한다. 그래서 하나의 접근방식과 생애주기를 다른 접근방식보다 선호하지 않고, 다양한 접근방식을 고려해야 한다.

모든 프로젝트를 특성에 맞게 맞춤 접근방식을 사용하려면 프로젝트 준비 단계의 첫 번째 단계 중 하나로 프로젝트의 예상 인도물을 신중하게 평가해야 한다. 프로젝트 결과의 궁극적인 성공을 보장하기 위해 선택한 개발 접근방식은 인도물의 특성을 고려해야 하기 때문이다. 따라서 이 단계에서 프로젝트 관리자와 프로젝트 팀의 노력은 프로젝트의 시작 단계부터 끝까지 가치를 인도하기 위한 접근 방식을 제공할 것이다. 또한 프로젝트 가치 인도 시스템의 중요한 부분 이기도 하다.

효율적인 프로젝트 관리 노력에서 개발 접근방식 및 생애주기 성과영역의 본질을 따르면 올바른 개발 접근방식, 생애주기를 결정할 수 있으며 프로젝트 전반에 걸쳐 가치를 창출하기 위한 활동을 수행하는 적절한 케이던스(cadence)를 찾을 수 있다.

2.4 기획 성과영역(Planning Performance Domain)

기획 성과영역은

- 기획은 프로젝트 작업들을 구성하고 상세화 및 조율하는 것
- 기획 성과영역은 인도물(deliverables), 성과(outcomes)를 제공하기 위해 필요한 착수, 진행, 점진적으로 발전하는 조직, 조직화와 관련된 기능과 활동을 다룸

- 기획 성과영역을 효과적으로 수행하면
  - 프로젝트가 조직적이며 통합되고 의도한 방식으로 진행
  - 통합적인 접근방식으로 프로젝트 성과 제공
  - 인도물과 성과를 위한 정보의 상세화
  - 계획 수립 소요 시간은 상황에 따라 적절한 배분
  - 이해관계자 기대치를 관리하기 위해 충분한 계획 정보
  - 신규 또는 변화하는 요구, 조건을 기반으로 프로젝트 전반에서 계획을 조정(적응)하는 프로세스

프로젝트가 끝날 때 원하는 결과를 얻으려면 활동과 기능을 효과적으로 구성하고 팀과 프로세스를 조정하고 변화하는 조건에 따라 새로 얻은 정보를 구성해야 한다.

이와 같은 구성은 프로젝트 작업을 최적의 노력과 자원으로 완료할 수 있다. 프로젝트의 전체 생애주기 동안 계획은 프로젝트 작업을 성공적으로 실행하고 비즈니스 가치를 창출하며 결과를 제공하기 위한 지침을 제공한다.

PMBOK 6th의 계획 프로세스 그룹과 달리 계획 성과영역은 프로젝트에서 사전에 정의된 계획을 포함할 뿐만 아니라 조정이 지속적으로 필요한 진화하는 요구를 포함한다. 모든 프로젝트에서 우리의 목표는 분명해야 하므로 계획은 신중하게 이루어져야 하고 계획 수행 영역에 설명된 원칙을 적용하면 프로젝트 종료 시 가치 창출과 관계없는 조정되지 않고 조직화되지 않은 조치를 피할 수 있다. 그 외 프로젝트의 성과는 측정된 실적과 계획을 비교하는 감시를 통해 확인한다.

새로운 접근방식에서 적응이 중요한 이유는 계획에서 프로젝트는 전체적으로 처리되어야 하며 끊임없이 변화하는 정보는 지속적으로 계획에 적용되어야 하기 때문이다. 모든 변경은 우리 계획에 대한 적응 프로세스를 따라야 하며 팀은 변화에 민첩해야 한다.

성과	확인 방법(체크)
프로젝트가 조직적이며 통합되고 의도한 방식으로 진행	기준선과 측정 메트릭스에 대한 성과 검토 결과 성과 차이가 한계선 내에 있다면, 프로젝트가 계획대로 진행되고 있음을 보여줌
통합 접근방식으로 프로젝트 성과 제공	인도 일정, 자금 조달, 자원 가용성, 조달 등 프로젝트가 빈틈없이 통합된 계획임을 보여줌
진화하는 정보는 프로젝트 성과를 만들기 위해 상세하게 구성	인도물과 요구사항에 대한 정보가 초기 정보에 비해 더욱 상세하고 명확함을 보여줌 현재 정보는 프로젝트 인도물을 제공하기 위해 수행한 결과이며 비즈니스 케이스와 비교해 성과 산출 가능
상황에 따라 계획에 소요되는 시간의 적절함	프로젝트 계획 및 문서는 프로젝트 계획 수준이 프로젝트에 적절함을 보여줌

성과	확인 방법(체크)
기획 정보는 이해관계자의 기대치 관리의 충분함을 나타냄	이해관계자 정보, 의사소통 관리 계획서는 의사소통이 이해관계자 기대치를 관리하기에 충분함을 나타냄
프로젝트 전반에 걸쳐 새로운 요구사항, 조건의 변화에 따라 계획을 조정하는 프로세스	백로그(backlog) 적용 프로젝트는 프로젝트 전반에서 계획을 조정하는 것을 보여줌 변경통제 프로세스를 사용하는 프로젝트는 변경통제 위원회의 변경 사항 기록부, 문서 등이 있음

용어 정의

- **산정치/추정치**(estimate)
  기간(duration), 원가(cost), 자원(resource), 업무량(effort) 등의 변수 형태 값으로 양이나 결과를 정량적으로 추정한 수치

- **정확도**(accuracy)
  품질관리 시스템의 정확도는 측정값이 참값에 얼마나 근접한 지의 척도

- **정밀도**(precision)
  품질관리 시스템의 정밀도는 측정값의 분포가 얼마나 작은 편차 범위 내에 모여 있는 지의 척도

- **공정압축법**(crashing)
  최소한의 추가 비용으로 자원을 추가해 일정 기간을 단축하는 방법

- **공정중첩 단축법**(fast tracking)
  순차적으로 수행되는 활동이나 단계를 일정기간의 특정 구간에서 일부 병행 수행하는 일정 단축 방법

- **예산**(budget)
  프로젝트, 작업분류체계(WBS) 구성요소 또는 어떤 일정 활동의 승인된 산정치

기획 개요(Planning Overview)

- 프로젝트 인도물을 생성하기 위한 접근방식을 사전에 개발하는 것이 기획의 목적
- 프로젝트 인도물은 프로젝트가 달성할 성과(outcome)의 중요 요인
- 프로젝트 승인 전에는 상위 수준의 개략적인 계획으로 시작
- 프로젝트 팀은 초기 프로젝트 문서(비전 선언문, 프로젝트 헌장, 비즈니스 케이스 또는 유사한 문서)의 점진적 구체화를 통해 의도한 성과(outcomes) 달성을 위한 조정된 경로를 식별 또는 정의

- 프로젝트 초기 기획에서 일반적으로 경제적 영향, 사회적, 환경적 영향도 고려(3중 수익 또는 3중 결론, TBL, triple bottom line)
  - 제품, 프로세스 또는 시스템의 잠재적인 환경 영향을 평가하는 제품 생애주기 평가 형식을 취할 수 있음
  - 제품 및 프로세스 설계는 제품 생애주기 평가 정보를 기반으로 설계
  - 지속 가능성, 유독성, 환경과 관련하여 재료 및 프로세스의 영향을 고려
- 프로젝트 초기 단계와 전체 단계에서 계획 수립에 소요되는 시간은 상황에 따라 결정
  - 필요 이상의 많은 시간을 계획에 소비하는 것은 비효율적
  - 수립된 계획은 프로젝트를 진행할 정도로 충분해야 하지만 필요 이상으로 상세화는 불필요
- 프로젝트 팀은 기획 결과물을 통해 이해관계자의 기대치를 확인하고 이해관계자에게 의사결정 및 조치를 취할 수 있도록 정보를 제공
- 기획 결과물은 프로젝트와 이해관계자 간의 조정(alignment)을 유지하는데 필요한 정보를 제공

TBL(triple bottom line)은 기업의 이익극대화라는 경제적 측면뿐만 아니라 사회적, 환경적 측면에 대한 기업의 역할을 강조하는 용어이다. Bottom Line은 손익 계산서의 마지막 줄(bottom line)인 세후 순이익을 의미한다. 이를 통해 기업의 경제적 성과를 알 수 있다. Triple Bottom Line(TBL)은 여기에서 의미가 확장된 용어이다.

기업은 경제적 성과(single bottom line) 뿐만 아니라 사회적, 환경적 성과를 통칭하는 TBL을 측정할 수 있다. 친환경, 저탄소는 환경적 성과와 기부 등의 사회적 성과를 통해 기업의 지속 가능성을 강화할 수 있다.

계획을 필요이상으로 상세화를 할 필요가 없다는 것은, 즉시 수행해야 할 단계에 기획은 상세하게 수립하고 다음 단계는 요구사항의 변경이나 추가에 대응하기 위해 개략적인 계획만 수립한다는 것이다. 이러한 연동 기획(rolling wave planning) 기법은 애자일 접근방식에서 적용해 변경에 민첩하게 대응할 수 있으며 낭비 요소를 제거한다.

기획의 변수(Planning Variables)

- 프로젝트는 고유한 속성이 있기 때문에 기획 규모, 시기 및 빈도가 모두 다름
- 프로젝트 기획이 수행되는 방식에 영향을 주는 변수
  - 개발방식(development approach)
    개발 방식은 다음과 같이 기획 수행 방법, 정도 및 시기에 영향을 준다

- 생애주기 초기에 기획 또는 조직을 위한 특정 단계
  : 기획의 대부분이 사전에 수행되며, 초기 기획은 프로젝트 전반에 걸쳐 점진적 구체화가 되나 원래 범위에는 변화가 거의 없음
- 상위 수준의 사전 기획을 먼저 수립하고 이후 프로토타입(prototype)이 사용되는 설계 단계
  : 이해관계자와 프로젝트 팀이 프로토타입에 동의하면 프로젝트 팀은 더욱 상세한 기획을 완성
- 적응형 접근 방식에서 프로젝트 팀이 반복을 수행
  : 릴리즈(release) 기획을 수립하기 위해 일부 기획이 먼저 수립되고 각 반복이 시작될 때 추가 기획이 수립

- 프로젝트 인도물(project deliverables)
  - 프로젝트 인도물의 유형에 따라 특정 방식의 기획이 필요
  - 건설 프로젝트는 설계, 승인, 자재 구매, 물류 및 배송을 고려해야 하기에 많은 사전 계획이 필요
  - 제품 개발 또는 첨단 기술 프로젝트는 이해관계자 피드백 및 기술 발전을 기반으로 점진적인 변경을 허용하기 위해서 지속적 적응형 계획 사용
- 조직 요구사항(organizational requirements)
  - 프로젝트 관리자는 조직 거버넌스, 정책, 절차, 프로세스 및 문화에 따라 구체적인 기획 결과물을 생성
- 시장 여건(market conditions)
  - 팀은 시장 출시 속도에 중점을 두기 때문에 최소한의 사전 기획을 수행 규모가 큰 계획을 수립하는데 따른 지연 비용은 잠재적인 재작업 리스크의 비용보다 큼
- 법적 제한, 규제(legal or regulatory restrictions)
  - 프로젝트 인도물을 시장에 출시하기 위해서 규제 기관 또는 법규는 허가나 승인을 위한 구체적인 기획 문서를 요구

모든 프로젝트에는 고유한 특성과 요구사항이 있기 때문에 계획 방법, 정도 및 시기에 영향을 미칠 수 있는 다음과 같은 변수들이 있다.

▶ 개발방식

프로젝트에는 예측 접근방식이 있을 수 있고, 상위 수준의 기획과 프로토타입을 함께 사용하거나 적응형 접근방식이 있을 수 있다.

▶ 인도물

모든 인도물에는 고유한 특성과 요구사항이 있다. 요구사항을 충족하는 인도물을 생산하기 위해서는 인도물에 따라 기획 스타일을 조정해야 한다. 그 외 조직 요구사항, 시장 상황, 법적 또는 규제적 제한 등을 고려해야 한다.

인도(Delivery)

- 기획의 시작은 비즈니스 케이스, 이해관계자 요구사항, 프로젝트 및 제품 범위를 이해하는 것
- 프로젝트 범위와 제품 범위
  - 제품 범위는 제품, 서비스 또는 결과물을 규정하는 특성과 기능
  - 프로젝트 범위는 지정된 기능과 제품, 서비스 또는 결과를 제공하기 위해 수행되는 작업
- 예측형 기획은 상위 수준의 프로젝트 인도물부터 시작해 세부적인 수준으로 분할
- 반복형/증분형은 상위 수준의 테마(themes)나 에픽(epic)을 사용자 스토리와 기타 백로그(backlog)로 분할
- 프로젝트를 시작할 때 프로젝트 범위와 관련된 불확실성을 줄이기 위해 사용자 스토리의 우선순위를 지정
- 고유하거나 중요한 또는 높은 리스크의 작업 등을 범주로 우선순위를 지정
- 팀은 지연손실(cost of further delay)이 편익(benefit)을 초과하기 전까지 프로젝트의 여러 옵션을 고려할 수 있게 최종 결정을 연기
  - 이 접근법은 팀의 책임이 따르는 마지막 순간(LRM) 개념을 기반으로 작업을 계획하는 것이며, 변경되거나 불필요한 작업의 계획 수립에 시간을 낭비하지 않는 것

▷ LRM(Last responsible moment) - 책임이 따르는 마지막 순간

신속한 의사결정도 중요하지만 의사결정에 필요한 정보가 부족한 시기에 성급한 의사결정을 할 경우에는 손실이 발생한다. 반대로 의사결정을 계속 미루면 지연에 따른 손실도 발생한다.

중요한 결정은 가급적 의사결정을 최대한 지연시켜 보다 많은 정보를 수집해 불확실성을 제거하고 합리적인 의사결정을 내려야 한다. 그러나 의사결정을 지연할 경우 지연손실 비용이 계속 누적되기 때문에 지연손실 비용 대비 성급한 의사결정으로 발생하는 비용을 고려해야 한다.

지연손실 비용이 성급한 의사결정에 따른 비용보다 더 커지기 직전의 순간을 책임이 따르는 순간 (LRM, last responsible moment)이라고 하는데, 의사결정이 너무 늦지 않으면서도 충분한 정보가 수집될 수 있는 시간의 마지노선이라고 할 수 있다.

산정(Estimating) - 1

- 작업량 또는 업무량(effort), 기간, 원가, 인력 및 물적 자원에 대한 산정치를 개발하는 작업은 모두 기획에 포함

- 산정치란, 프로젝트 원가(costs), 자원, 노력(effort) 또는 기간과 같은 변수 형태의 양 또는 결과에 대한 정량적 수치
- 생애주기의 단계가 산정 관련 영향을 주는 4 가지 관점
  (1) 범위(range)
    ○ 프로젝트 범위(scope), 이해관계자, 요구사항, 리스크 및 기타 정보 등이 충분하지 않은 착수 단계의 산정치는 범위(range)의 폭이 큼
    ○ [그림 3-15]와 같이 프로젝트 초기 단계에서는 −25 ~ +75%의 변화 범위(range)를 보여주고 상당히 진행된 프로젝트는 −5 ~ +10%의 변화 범위(range)를 나타냄

  (2) 정확도(accuracy)
    ○ 정확도는 산정치의 정확성을 나타내며, 정확도가 낮으면 변화 범위(range) 폭이 커지므로 착수 단계의 산정치는 중간에 개발된 선정치보다 정확도가 떨어짐

  (3) 정밀도(precision)
    ○ 정밀도는 산정치의 정확성 정도를 나타내며, '이번 주까지' 보다는 '2일'이라는 산정치가 더 정확
    ○ 산정의 정밀도는 정확도와 함께 높아야 하며, [그림 3-16]은 정확도와 정밀도의 특징과 차이점을 보여줌

  (4) 신뢰성(confidence)
    ○ 경험이 쌓일수록 신뢰성은 증가하므로, 유사한 프로젝트 수행 경험은 요구되는 신뢰 수준을 높임
    ○ 팀이 경험하지 못한 새로운 기술 구성요소의 경우 산정치에 대한 신뢰도는 낮음

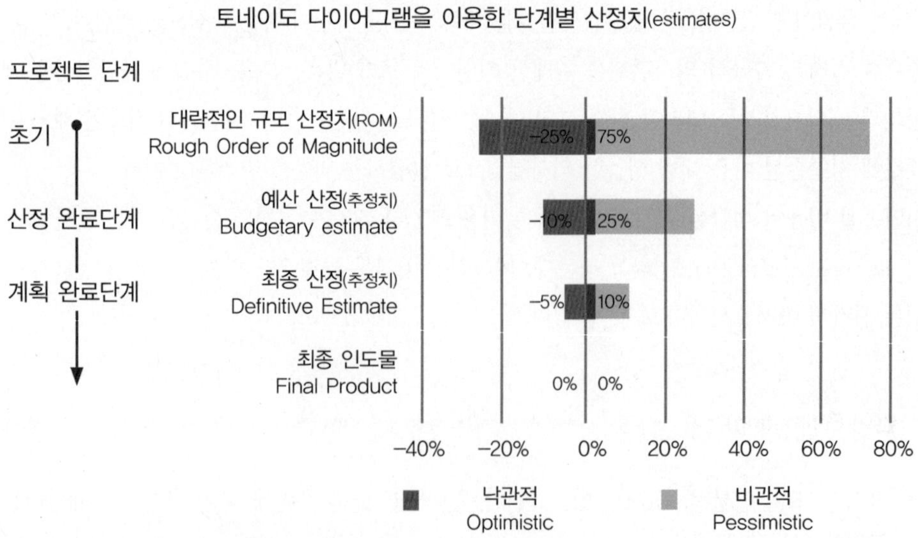

토네이도 다이어그램을 이용한 단계별 산정치(estimates)

[그림 3-15] 토네이도 다이어그램을 이용한 단계별 산정치

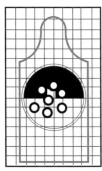 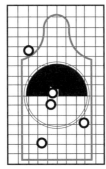  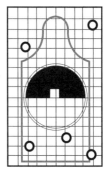

| • 높은 정확도 | • 높은 정확도 | • 낮은 정확도 | • 낮은 정확도 |
| • 높은 정밀도 | • 낮은 정밀도 | • 높은 정밀도 | • 낮은 정밀도 |

[그림 3-16] 정확도와 정밀도의 차이

산정(Estimating) - 2

- 산정치 제시 및 조정 방법
(1) 결정적 및 확률적 산정(deterministic and probabilistic estimating)
  ◦ 결정적 산정 혹은 포인트 산정(point estimate)은 36개월과 같은 단일 숫자 또는 금액으로 표현
  ◦ 확률적 산정은 변화 범위(range) 내 확률과 함께 광범위한 범위(range)를 포함
    - 가능한 여러 결과를 기반으로 가중 평균 개발
    - 비용 또는 일정 측면에서 특정 결과의 확률 분석을 시뮬레이션으로 개발
  ◦ 컴퓨터 시뮬레이션에서 산출된 확률적 산정에는 다음 3가지 요소가 있다
    - 36개월 +3개월/-1개월과 같이 범위(range)를 갖는 포인트 산정
    - 95% 신뢰성 수준과 같은 신뢰도
    - 주어진 범위(range)내 및 주변의 데이터 분산을 설명하는 확률 분포

(2) 절대 산정 및 비교 산정(absolute and relative estimating)
  ◦ 절대 산정은 구체적인 정보이며 실제 수치를 사용
    - 노력(effort)에 대한 절대 산정치는 80시간의 작업(10일)과 같이 표시
  ◦ 구체적인 절대 산정과 달리 비교 산정은 다른 산정치들과 비교해 표시
    - 비교 추정은 주어진 상황(context)에서만 의미가 있음
    - 비교 산정의 예로는 플래닝 포커 및 스토리 포인트(story point) 개념(본서의 3부 3장의 '비교 산정', '플래닝 포커', '스토리 포인트' 참조)

(3) 흐름 기반 산정(flow-based estimating, 2.3 참조)
    - 한 단위가 프로세스를 거치는데 소요되는 경과 시간인 사이클 타임과 주어진 시간에 프로세스를 완료할 수 있는 항목의 수인 처리량을 산정해 개발
    - 사이클 타임과 처리량은 지정된 작업을 완료하는데 필요한 산정치를 제공

산정과 관련해, 매우 높은 정밀도는 포인트 산정처럼 4일(기간 값)이다. 산정치가 4~6일이면 어느 정도의 정밀도를 나타내는 반면에, 4~100일이라면 매우 낮은 정밀도를 나타낸다. 이렇게 정밀도는 밀집 정도를 의미한다.

정확도는 산정된 작업 기간이 얼마나 정확한지를 의미한다. 4일로 산정된 작업 또는 4~6일이 산정된 작업이 실제로 완료된 기간이 4일이나 4~6일에 얼마나 가까운지가 정확도의 높고 낮음을 나타낸다. 이러한 정확도와 정밀도의 속성으로 산정은 정확도, 정밀도 모두 높아야 의미 있는 산정이 된다. 프로젝트 초기에 많은 경험과 많은 데이터 및 정보들을 기반으로 산정 할수록 정확도와 정밀도를 높일 수 있지만, 대부분은 초기 산정치는 제한된 정보로 정확도나 정밀도가 낮다.

프로젝트 팀은 가능한 한 산정치의 정확도와 정밀도를 높이기 위해서 다음과 같은 노력을 한다.

(1) 시뮬레이션을 수행해 확률적 산정치 도출.(예, 몬테칼로 시뮬레이션, 4장 참조)

(2) 비교 산정을 수행해 팀의 속도(velocity) 및 일정 산정.(예, 플래닝 포커, 4장 참조)

(3) 프로세스에서 동시에 진행할 수 있는 최대 제한치(WIP, work in process/work in progress)산정.
(예, 칸반 방법론, 2.3 참조)

일정(Schedules) - 1

- 일정 기획은 작업의 기간, 의존관계, 기타 기획 정보를 포함해 활동을 실행하기 위한 모델로, 예측형이나 적응형 방식으로 일정 기획을 수행
- 예측형 접근방식에서 일정 기획을 위한 단계적 프로세스
  (1) 1단계: 프로젝트 범위를 특정 활동으로 분할
  (2) 2단계: 관련 활동들 간의 순서를 배열
  (3) 3단계: 활동 완료에 필요한 작업량, 기간, 인력 및 물적 자원의 예측
  (4) 4단계: 자원 가용성에 따라 인적 및 물적 자원을 활동에 배정
  (5) 5단계: 합의된 일정이 달성될 때까지 순서, 산정치, 자원을 조정

- 일정 모델이 목표한 완료 날짜를 충족시키지 못하면 일정단축 방법을 적용
  (1) 공정압축법(crashing)

  최소한의 비용을 추가해 기간을 단축하는 방법으로, 특정 활동에 인력을 추가하거나 초과 근무를 통해 빠른 인도를 수행

  (2) 공정중첩 단축법(fast tracking)

  순차적으로 수행되는 활동을 일정기간 동안 병렬로 수행하는 일정단축 방법으로 네트워크 경로(path)를 따라 선도(lead)및 지연(lag)을 적용해 단축 (리스크 존재)
  - 공정중첩 단축법은 중첩한 부분이 문제가 될 수 있는 리스크가 있으며, 작업 특성에 따라 사용하거나 사용 불가
  - 일정 단축은 활동 간의 의존관계 속성을 파악하는 것이 중요

일정(Schedules) - 2

- 의존관계 유형(4가지)
  - 의무적 의존관계(mandatory dependency)
    작업 속성이나 계약상 요구에 따라 형성되는 관계로, 이 유형은 수정 불가능

  - 임의적 의존관계(discretionary dependency)
    프로젝트 우선사항이나 우수 실무 관행을 바탕으로 형성되는 관계로, 이 유형은 수정 가능

  - 외부적 의존관계(external dependency)
    프로젝트 활동과 프로젝트와 무관한 활동 사이의 관계로, 일반적으로 수정 불가

  - 내부적 의존관계(internal dependency)
    프로젝트 활동 간의 의존관계로, 이 유형은 수정 가능

일정 모델을 완료하려면, 다음 세 가지 요소를 프로젝트 관리자와 프로젝트 팀이 개발해야 한다.

(1) 활동(activity) 목록

(2) 순서(dependency, 의존관계, 논리관계)

(3) 기간(duration)

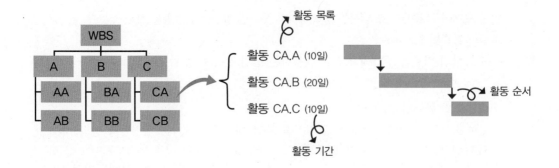

(1) 활동 목록

활동 목록은 작업분류체계(WBS)의 작업 패키지(work package) 또는 사용자 스토리를 개발하기 위한 활동으로 분할해 산출한다. 일정 계획의 기본 요소가 되는 목록이 바로 일정 활동(schedule activity)이며, 줄여서 활동(activity)라고 부른다. 활동 목록은 활동 정의 프로세스를 통해 만들어지며, 이 때 활동 목록과 함께 활동들의 속성이 정의된다. 활동 속성은 일정 계획의 각 활동들을 특정 범주로 분류할 때 이용한다. 예를 들면, 부서별, 단계별, 지리적 위치별 등으로 활동들을 분류할 수 있다.

(2) 활동 순서

일정 계획을 표현하는 방식 중에 기본은 간트 차트(Gantt chart) 형식으로, 활동을 막대 모양으로 기간에 비례하여 표시하므로 바차트(Bar chart)라고도 한다. 그러나 바차트의 경우에는 활동들 사이에 의존관계를 표시할 수 없기에 정확한 일정 분석을 할 수 없다. 이에 프로젝트 관리를 위해 활동들 사이에 의존관계인 로직(logic)을 표현하는 로직 바차트[그림 3-17]이나 네트워크 다이어그램[그림 3-18]을 이용한다.

순서는 활동들 간의 종속성(의존 관계)을 나타내며, 네 가지 의존관계와 선도(lead)와 지연(lag)를 활용해 수립한다.

- 완료 후 시작(FS, finish to finish)
  선행 활동이 완료한 후 후속 활동이 시작된다. 선행 활동이 완료되지 못하면 후속 활동을 시작할 수 없다.
- 동시 시작(SS, start to start)
  선행 활동이 시작할 때, 후속 활동도 시작할 수 있다.
- 동시 완료(FF, finish to finish)
  선행 활동이 완료될 때, 후속 활동도 완료할 수 있다.

- 시작 후 완료(SF, start to finish)

  선행 활동이 시작해야 후속 활동이 완료할 수 있다. 예를 들면, 기존 레거시 시스템인 그룹웨어를 고도화한 새로운 그룹웨어의 운영이 시작되어야 기존 레거시 그룹웨어를 종료할 수 있다. 이 경우 시작 후 완료(SF) 의존관계를 수립할 수 있다.

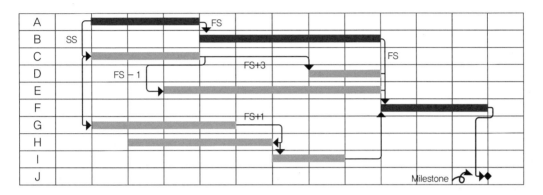

[그림 3-17] 로직 바차트 형식의 일정 계획

[그림 3-17]에서 활동 A와 B 사이는 FS(finish to start) 타입의 로직이며, 활동 A와 C 사이는 SS(start to start) 관계이다.

유연한 일정 기획을 수립하기 위해서 네 가지 의존관계뿐만 아니라 선도(lead)와 지연(lag)을 활용한다. 선도는 음(-)의 수로 표시하며, 지연은 양(+)의 수로 표시한다. 선도는 선행 활동이 완료되기 전에 후속 활동을 시작하는 것이다. 활동 C의 완료와 활동 E의 시작 사이에 선도 관계가 있다. 이 'FS-1'은 선행 활동이 완료되기 1일 전에 후행 활동이 시작되는 덕을 말한다. 지연은 기다리는 시간으로 후속 활동을 늦게 시작하는 것이다. 활동 C의 종료와 활동 D의 시작에 표시된 'FS+3'은 선행 활동이 종료된 후에 3일 기다리고 후행 활동을 시작한다는 의미이다. 또한 활동 G와 H 사이는 'FF+1'의 의존관

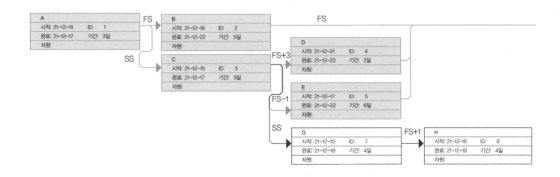

[그림 3-18] 네트워크 다이어그램 형식의 일정 계획

계로 선행 활동이 완료되고 1일 후에 후행 활동이 완료될 수 있다. 그 밖에 선도와 지연을 기간 단위가 아닌 백분율(%)로 표시하기도 한다. 예를 들면, 'FS-50%'로 수립하면 선행 활동의 완료율이 50%일 때 후속 활동이 시작되는 것을 의미한다.

[그림 3-18]은 프로젝트 일정 네트워크 다이어그램으로, 일정 통제 활동을 위해 로직 바차트로 일정을 표시하기에 너무 복잡할 경우에 모든 활동을 동일한 박스 모양의 노드(node)로 표현하는 방식이다. 이 그림은 PDM(precedence diagramming method) 방식의 네트워크 다이어그램이라고 한다.

(3) 활동 기간

활동 기간은 유사산정, 모수산정, 3점산정 등의 기법으로 산정한다. 적용형 접근방식에서는 와이드밴드 델파이 기법인 플래닝 포커를 활용해 스토리 포인트와 속도(velocity)를 산정한 후 작업 시간을 산정할 수 있다. 상세한 산정 방법에 대한 설명은 본서의 3부 4장의 "모델, 방법, 결과물"의 '산정'을 참고하면 된다.

활동 기간은 투입되는 자원의 종류와 양에 영향을 받는다. 활동 목록의 기간을 산정할 때, 최초에는 일반적인 기간을 개략 추정한 후에 점차 투입 가용한 자원의 양과 자원의 기술 수준 등을 고려하여 정확도를 높인다. 최종적인 활동 기간의 결정은 일정 개발을 위한 분석과 함께 조정된 후에 이루어진다.

(4) 일정 분석

프로젝트 일정 계획은 일정 분석을 통해 각 활동들의 시작일과 종료일이 확정된다. 앞서 설명한 일정 계획 수립을 위한 세 가지 요인인 활동 목록, 순서, 기간을 통해 만들어진 결과물은 각 활동의 작업일 없이 단순히 활동의 기간과 순서를 보여주는 초안일 뿐이다. 이 초안을 기반으로 활동들의 기간이나 순서를 조정하여 프로젝트 목표 종료일에 맞는 일정 계획을 도출하거나, 목표 종료일이 없더라도 최적의 일정 계획이 되도록 조정하여 확정하여야 한다.

일정 분석을 위해서 다음과 같은 기법들이 사용될 수 있다.

- 주경로법(CPM, critical path method) 및 PERT(program evaluation and review technique)
- 일정 단축법: 공정압축(crashing) 및 공정중첩단축(fast tracking)
- 일정 시뮬레이션
- 자원 최적화: 자원평준화(resource leveling) 및 자원 평활화(resource smoothing)
- 주사슬법(critical chain method)

일정 분석은 일종의 가정형 시나리오 분석(what-if 분석)과 같이, 일정 단축법, 자원 배정, 선도와 지연, 활동 로직 수정 등의 다양한 방법을 이용하여 여러 일정 시나리오를 만들어 보는 것이다. 이들 일정 분석 기법 중에 가장 대표적인 일정 분석 방법인 주경로법(CPM)과 자원 평준화에 대한 설명은 뒤에 나오는 일정 결정에서 소개하기로 한다.

일정(Schedules) − 3

적응형 일정 기획은 릴리즈(release)와 반복(iterations)을 기반으로 하는 증분(점증) 기획을 사용

(1) 릴리즈에 포함될 기본 기능과 특징을 나타내는 상위 수준의 릴리즈 기획 개발
(2) 각 릴리즈에는 포함될 2개 이상의 반복(iterations) 기획 개발
(3) 반복(iterations) 완료 시 비즈니스 가치, 이해관계자 가치 인도
(4) 다음 릴리즈의 작업 기획은 상세한 기획이 아닌 상위 수준으로 유지하며 피드백에 따라 변경될 수 있는 기획은 피드백 이전에는 수립하지 않음

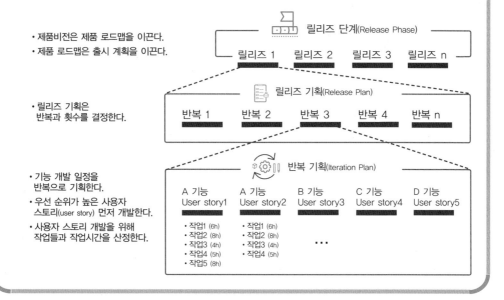

일정(Schedules) − 4

타임박스(timeboxes)
- 적응형 접근방식은 타임박스(timeboxes)를 사용
- 각 타임박스에서 수행할 작업은 우선순위가 정의된 백로그에서 가져옴
- 프로젝트 팀은 각 타임박스에서 할 수 있는 작업량을 결정하고 작업 산정과 작업 완료를 위한 자기 관리(self-manages, 자기 주도) 수행
- 타임박스 종료 시 프로젝트 팀은 완료된 인도물 또는 기능을 시연하고 다음 타임박스에서 수행할 작업들의 우선순위 지정 또는 변경, 추가 요구사항을 업데이트

> **[참고] 타임박스**
>
> 타임박스란, 활동을 실행하는 고정된 기간으로, 작업의 실행과 범위관리를 조직하도록 돕는 시간관리 기술이다. 애자일에서 스프린트(이터레이션)는 팀이 선택한 작업 또는 제한된 WIP를 유지 가능한 속도로 완성해 나가기 위해 고정된 시작과 종료일이 있는 같은 길이의 시간 주기이다.

일정(Schedules) - 5

- 일정 결정
  - 기획 성과영역 – 산정 정보를 이용해 전체 기간과 작업량 산정치를 결정
  - 일정 접근방식과 관계없이 업무량(effort)과 작업 기간(duration) 관계 고려
    - 활동 속성에 따라 업무량(effort) 중심의 작업은 추가 인력 투입으로 일정 단축 가능
    - (예) 건물 건축은 업무량 중심으로 더 많은 인력을 추가하면 기간이 단축 되지만 테스트, 직원 교육 등은 기간이 고정됨
  - 인력 추가에 따른 성과는 일정 수준에 도달한 이후에 인력을 더 추가해도 기간이 단축되지 않음
  - 작업 속성에 따라 인력 추가로 기간을 단축할 수 있는지 여부, 어느 정도까지 단축할 수 있는지 결정
    - (예) 작업의 의사소통, 조정, 갈등, 잠재적 재작업 등의 속성
  - 인력 추가로 기간 단축을 결정하는 공식이나 정답은 없음

주경로법(CPM, critical path method)

CPM은 각 작업 기간과 의존 관계를 기준으로 프로젝트의 전체 기간을 계산하는 프로젝트 일정 분석 및 관리 방법이다. 주경로(critical path)란 프로젝트를 완료하기 위해 가장 긴 시간을 필요로 하는 작업들로 이어진 경로를 말한다. 일정 단축과 같은 일정 조정을 위해서는 가장 긴 경로를 줄여야 하기 때문에 주경로를 파악하는 것이다. 가장 긴 경로란 여유 시간이 없어서 경로에 있는 활동의 지연이 전체 경로를 지연시키며, 동시에 프로젝트 전체 기간을 지연시킨다. 이에 비해, 비주경로 활동의 여유 시간을 갖기에 여유 시간 한도 내에서 지연되어도 프로젝트 종료 시점에 영향을 주지 않는다.

각 활동의 여유 시간은 일정 분석을 통해 산출할 수 있는데, 다음과 같은 방법을 이용한다.

- 전진 계산(forward pass)
  - 각 작업(activity)들의 가능한 가장 빠른 시작 날짜(ES) 또는 가능한 가장 빠른 완료 날짜 (EF)를 계산
- 후진 계산(backward pass)
  - 각 작업(activity)들의 가능한 가장 늦은 시작 날짜(LS) 또는 가능한 가장 늦은 완료 날짜 (LF)를 계산.
- 총여유 시간 계산(total float)
  - 프로젝트 완료 날짜에 영향을 주지 않고 지연될 수 있는 활동의 여유 시간
  - TF = LS − ES 혹은 LF − EF

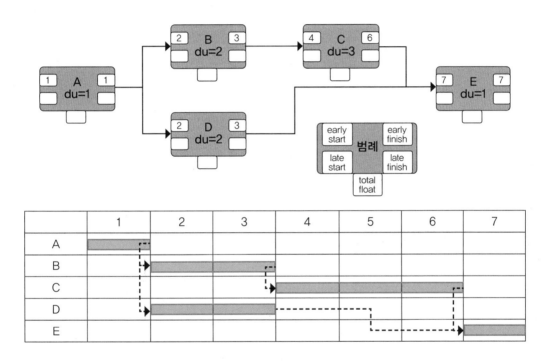

[그림 3-19] 전진 계산

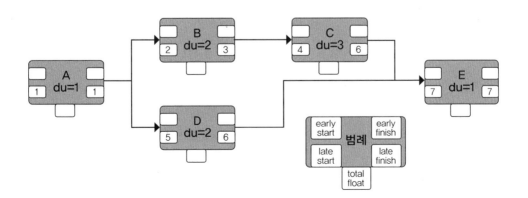

	1	2	3	4	5	6	7
A							
B							
C							
D							
E							

[그림 3-20] 후진 계산

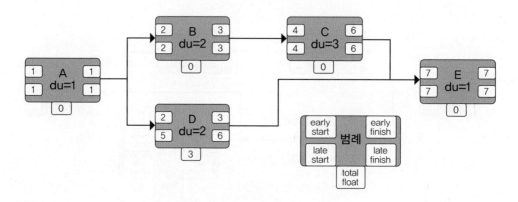

[그림 3-21] 활동의 총여유와 주경로

전진 계산과 후진 계산을 통해 ES, EF, LS, LF를 계산하고 [그림 3-21]과 같이 그 차이인 총여유를 계산할 결과, 활동 A, B, C, E가 총여유 '0'인 주경로 활동임을 알 수 있다. 또한 A-B-C-E로 이어지는 경로가 주경로(CP, critical path)로 확인되었다.

최초 산출한 일정 모델의 주경로를 파악한 후에 공정압축이나 공정중첩단축 기법을 적용하여 일정을 프로젝트 목표에 맞게 조정할 수 있다. 주경로 활동들은 총여유가 '0'인 작업들로 그들이 지연될 경우에는 프로젝트 전체를 지연시킨다. 그러므로 프로젝트 일정관리를 위해 프로젝트 진행 중에는 주경로에 해당되는 활동을 우선적으로 관심을 갖고 지연되지 않게 관리하여야 한다.

자원 최적화(Resource optimization)

[그림 3-22]는 프로젝트에 프로그래머가 한 사람 밖에 없는 상황에서 1주차에 두 사람이 소요되는 계획이다. 이 경우에 1주차에 걸린 과부하를 조정하는 방법을 찾아야 한다. 첫 번째 방법은 활동 A를 2주차로 미루는 것이다. 그 결과 프로그래머는 D-A-C 순으로 작업할 수 있다. 그러나 활동 A의

일정 변경으로 프로젝트 전체 기간이 1주 늘어난다. 두 번째 방법은 활동 D가 1주의 여유가 있으므로 그 활동을 2주차로 옮기는 방법이다. 결과적으로 프로그래머의 자원 소요는 매주 하나씩 작업할 수 있는 A-D-C 순의 일정이 된다.

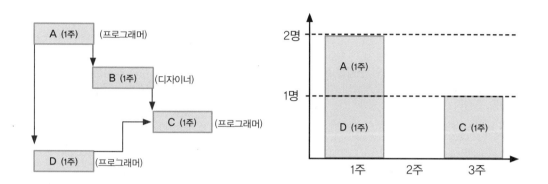

[그림 3-22] 자원 최적화

자원최적화는 계획된 자원의 사용을 자원 가용량 이하로 조정하기 위해 활동 시작일과 종료일을 조정하는데 사용한다. 자원의 수요와 공급에 따라 일정모델을 조정하는 데 사용할 수 있는 자원최적화기법에는 자원평준화(Resource leveling)와 자원 평활화(Resource smoothing) 기법이 있다.

▶ **자원평준화**(Resource leveling)

가용 공급량과 자원 요구량 사이 균형유지 목표를 지키면서 자원제약에 근거하여 시작일과 종료일을 조정하는 기법이다. 공유 자원 또는 중요한 필수 자원이 일정한 시간대 또는 제한된 수량에 한하여 사용 가능하거나 초과 배정된 경우 또는 자원 사용량을 일정한 수준으로 유지해야 하는 경우에 자원평준화를 사용할 수 있다. 자원평준화로 인해 초기 주공정이 변경될 수 있고, 자원평준화에 가용 여유가 사용되며, 결과적으로 프로젝트 일정 전반의 주공정이 변경될 수 있다.

▶ **자원평활화**(Resource smoothing)

프로젝트에 대한 자원 요구사항이 미리 정해진 자원 한도를 초과하지 않도록 일정모델의 활동을 조정하는 기법으로 프로젝트의 주공정을 변경하지 않으며 완료일을 지연하지 않을 수 있고, 자유여유(FF)와 총여유(TF) 안에서만 활동을 지연할 수 있으며, 자원평활화를 사용하면 일부 자원이 최적화되지 않을 수 있다.

자원 최적화	
자원평준화	자원평활화
공통점	
• 일정 네트워크 분석 기법 • 자원 최적화 기법 • 자원 활용도 향상	
차이점	
자원 요구사항과 자원 가용성의 균형을 유지하면서 자원 제약 조건을 가진 프로젝트의 시작일과 종료일을 조정하는 것이 목표	자원 사용 현황에서 최고점과 최저점을 피함으로써 최적의 자원 사용을 달성하는 것이 목표
자원 제약적 스케줄링에 사용	시간 제약적 스케줄링에 사용
critical path가 영향을 받으며 대개 critical path의 길이가 길어짐	프로젝트의 critical path는 변경되지 않음
자원을 critical path에 적용	자원을 critical path에 적용하지 않음
자유여유 및 총여유를 사용할 수 있음	자유여유 및 총여유가 사용됨
모든 자원을 최적화하고 프로젝트 기간을 변경할 수 있음	충분한 여유 시간을 사용할 수 없는 경우에 모든 자원을 최적화 할 수는 없지만 프로젝트 기간은 변경되지 않음
위험 : 주경로를 변경하여 기간이 변경될 수 있음	위험 : 여유 감소로 인한 유연성 손실 및 주경로 활동 수의 증가 가능

예산(Budget) - 1

- 프로젝트 예산은 합의된 산정에서 발전해 완성
- 기획 성과영역 – 산정(estimate) 정보를 이용해 원가 산정치를 개발하고 프로젝트 원가 산정들을 합산해 원가 기준선(cost baseline)을 개발
- 원가 기준선은 프로젝트 일정 전체에 걸쳐 배정되며, 정해진 예산 기간 동안 승인된 자금에 맞게 예정된 작업의 일정을 조정
- 예산 기간 동안 자금 조달에 제한이 있는 경우 제한에 맞도록 작업 일정을 재조정
- 우발사태 예비비(contingency reserve)
  - 불확실성에 대비하기 위해 우발사태 예비비를 프로젝트 예산에 포함
  - 우발 사태 예비비는 리스크 대응을 이행하거나 리스크 사건이 발생한 경우 대응하기 위해 별도 준비
- 관리 예비비(management reserves)
  - 범위(scope) 내 작업과 관련된 예상치 못한 작업을 위해 준비
  - 조직 정책, 조직 구조에 따라 관리 예비비는 프로젝트, 스폰서, 제품 책임자(PO) 또는 PMO가 프로그램 및 포트폴리오 수준에서 관리

[참고] 프로젝트 기준선(project baseline)

프로젝트 계획은 점진적으로 구체화된다. 그러나 어느 시점에서는 그 계획을 확정 승인해야 한다. 그 확정 승인된 계획이 기준선이 되며, 프로젝트 성과를 측정하기 위한 기준이 된다. 프로젝트 기준선에는 범위 기준선, 일정 기준선, 원가 기준선이 있다.

예산(Budget) - 2

프로젝트 예산 구성

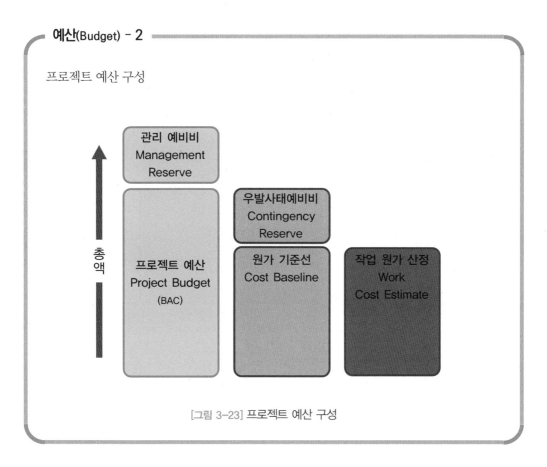

[그림 3-23] 프로젝트 예산 구성

예비(reserve)에는 원가에 대한 예비와 일정에 대한 예비가 있으며 이는 계획 수립 시 리스크를 대비하여 여유 있게 편성하는 것이다. 이 장에서는 원가에 대한 예비인 예비비에 대한 내용을 다루고 있다.

프로젝트 예산에 포함되는 우발사태 예비(contingency reserve)는 리스크가 사전에 식별되지만, 사전 대응이 다소 어렵거나 정확한 결과의 예측이 어려운 리스크(known-unknowns risk)에 대비하는 예비이다. 이는 일반적으로 식별된 각 리스크의 확률과 영향(리스크 발생시 손실 금액)을 곱하는 방법으로 각 리스크의 금전적 기대값(EMV)을 산출한 후에 계정별로 합산하는 방법으로 편성한다. 우발사태 예비는 일반적으로 프로젝트 관리자의 권한으로 집행할 수 있다. 이에 비해, 프로젝트 총금액에 포함되지만 예산으로 편성되지 않는 관리 예비(management reserves)는 전혀 예상할 수 없는 중대한 리스크 (unknown-unknowns risk)에 대비하는 예비이다. 이는 관례적으로 전체 예산의 일정 비율로 편성하며, 경영층의 승인이 있어야 집행할 수 있다.

참고해야 할 점은, [그림 3-24]와 같이 PMBOK 6th에서의 원가 기준선은 우발사태 예비비를 포함하며, 프로젝트 예산에는 관리 예비비가 포함되어 있었다는 사실이다.

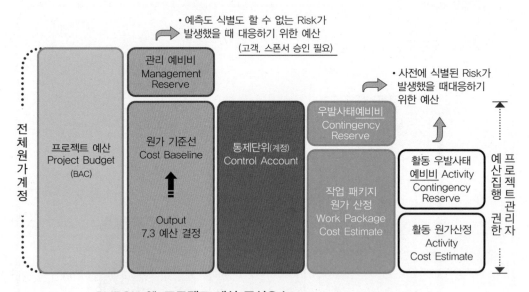

PMBOK 6th 프로젝트 예산 구성요소(Project Budget Components)

[그림 3-24] PMBOK 6판의 예산 구성 요소

그러나 PMBOK 7th의 원가 기준선에는 우발사태 예비비가 포함되지 않았으며 프로젝트 예산에 관리 예비비도 포함되지 않았다. 리스크는 발생할 수도 발생하지 않을 수도 있기 때문에 리스크 대응 비용인 우발사태 예비비를 원가 기준선에 포함시키는 것은 원가 관리 관점에서 다소 부담이 될 수 있다. 그래서 PMBOK 7th에서는 원가 기준선과 우발사태 예비비를 따로 가져가고 이 둘을 포함해 프로젝트 예산을 개발한다.

위 내용은 예산에 대한 기획을 중심으로 기술하고 있으나, 프로젝트 전반에 걸친 프로젝트 원가관리를 위한 프로세스는 다음과 같다.

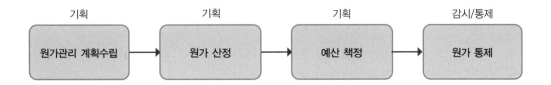

기획	기획	기획	감시/통제
원가관리 계획수립	원가 산정	예산 책정	원가 통제

◐ 원가관리 계획수립

프로젝트 원가를 산정하고, 예산을 책정하고, 관리 및 감시하며 통제하는 방법을 정의하는 프로세스로 기획의 성격을 갖는다. 이는 원가 관리 방법을 계획하는 것으로, 예를 들면, 관리할 원가 단위(원화, 달러화 등)나 정확도 및 정밀도(-5% ~ +25% 신뢰도, 최저 1만원 단위까지 산정) 등을 사전에 결정하여야 한다.

◐ 원가 산정

프로젝트 작업을 완료하는 데 필요한 금전적 자원의 근사치를 추정하는 프로세스로 기획의 성격을 갖는다. 세부 작업 단위에 대한 원가를 추정하는 것이다.(본서의 3부 4장에 있는 '산정' 참조)

◐ 예산 책정

개별 활동 또는 작업 패키지별로 산정된 원가를 합산하여 승인된 원가 기준선을 수립하는 프로세스로 기획의 성격을 갖는다. 각 작업 요소별로 산정된 원가를 합산하여 총원가를 만들고, 여기에 물가상승 충당금, 이자, 우발사태 예비비 등을 더하여 총 예산으로 편성한 후에 관리 통제 계정별로 배분하는 프로세스이다.

◐ 원가 통제

프로젝트 상태를 감시하면서 프로젝트 원가를 업데이트하고 원가 기준선에 대한 변경을 관리하는 프로세스로 감시 및 통제의 성격을 갖는다. 프로젝트 진행 중에 주기적으로 계획 원가 대비 실적 원가를 비교하고 적절한 조치를 통해 원가 성과를 유지하거나 필요시 원가/ 예산의 변경을 요청하고 관리하는 프로세스이다.

정리하면, 원가(계획)는 먼저, 작업분류체계(WBS)의 최하위 작업 패키지(work package)와 적응형 접근방식에서 요구사항인 사용자 스토리(user story)를 구현하기 위해 분할된 활동(activity)들에 원가를 산정한다.

각 활동들의 원가를 모두 합산하면 작업 패키지나 사용자 스토리의 원가가 산정된다. 이렇게 산정된 원가들을 상향식 산정으로 모두 합산(roll up)해 원가 기준선을 개발한다.

프로젝트 팀 구성 및 구조 (Project team composition and structure)

- 프로젝트 팀 구성 기획은 작업 완료에 필요한 기량을 식별하는 것부터 시작
  - 기량 식별은 기술 뿐만 아니라 유사 프로젝트의 숙련도, 경험 평가
- 팀 구성원을 확보할 때, 조직 내부 또는 외부에서 확보할 때 관련된 비용이 다름
  - 외부 기술에 대한 비용과 편익(benefit)을 비교해야 함
- 동일한 장소(same location)
  - 프로젝트 관리자는 팀 기획 시 동일 장소에서 작업할 수 있는 필요성과 역량 고려
  - 동일 장소에서 작업할 수 있는 작은 규모의 팀은 삼투성 의사소통(osmotic communication)을 활용해 문제 해결 가능
- 물리적으로 분산된 팀
  - 팀원들이 물리적으로 다른 위치에 근무할 경우, 팀 구성원이 가상으로 작업하는 프로젝트는 커뮤니케이션 기술을 통해 사람들을 연결하는 데 많은 시간이 소요

동일한 장소(same location, co-location)는 팀의 빠른 피드백을 통해 의사결정 지연을 방지할 수 있다. 적응형 접근방식의 팀은 동일한 장소에서 외부의 도움 없이 요구사항을 구현할 수 있어야 한다.

삼투성 의사소통(osmotic communication)은 확산 커뮤니케이션이라고도 한다. 이는 의사소통 주제에 대해 요청을 받지 않아도 해당 문제나 주제를 해결하기 위해 팀원들이 적극적으로 대응하는 것을 의미한다. 즉, 배경 정보를 우연히 듣는 것을 말한다. 예를 들어, 프로젝트 팀원 A와 B는 프로젝트의 버그 추적 소프트웨어를 사용하는 것에 대한 대화를 하고 있다. 이때 다른 팀원 C는 대화가 들려서 자신이 이전 프로젝트에서 사용했던 소프트웨어를 추천하는 것을 프로젝트 팀의 삼투성 의사소통(osmotic communication)이라고 한다.

'프로젝트 팀 구성 및 구조'는 프로젝트 팀을 어떻게 구성할 것인가에 대한 기획을 다루는 내용이며 리더십과 관련된 주제는 팀 성과영역에 해당된다. 팀 구성 문제는 단순히 조직 구조와 관련된 것만이 아니고 역할과 책임, 보고 체계 등의 의사소통 등과도 연관성을 갖는다.

이러한 내용은 자원관리 계획과 연관성을 가지며, 이는 본서의 3부 4장 중에 결과물(artifacts)의 자원관리 계획을 참고할 수 있다.

의사소통(Communication)

- 이해관계자 성과영역에서 기술한 바와 같이 이해관계자 식별, 분석, 우선순위 지정 및 참여에 대한 내용과 중첩
- 이해관계자와 효과적으로 소통하는데 있어 가장 중요한 요소는 의사소통

- 의사소통 기획은 다음 사항을 고려
  ○ 정보가 필요한 사람은 누구인가?
  ○ 각 이해관계자에게 필요한 정보는 무엇인가?
  ○ 이해관계자에게 해당 정보를 배포하는 이유는 무엇인가?
  ○ 가장 좋은 정보 제공 방법은 무엇인가?
  ○ 정보가 필요한 시기와 주기는 언제인가?
  ○ 필요한 정보를 가지고 있는 사람은 누구인가?
- 정보의 범주는 내외 정보, 공개 정보, 민감한 정보, 일반 정보, 세부 정보 등 다양
- 이해관계자와 정보 요구 사항 및 정보 범주를 분석하는 것은 프로젝트에 대한 의사소통 프로세스 및 계획을 수립할 수 있는 기반

의사소통은 프로젝트에서 발생하는 다양한 데이터와 정보를 필요한 이해관계자에게 적시에 적합한 방법으로 배포하는 것을 의미한다. 이해관계자마다 필요한 정보가 다르며, 정보 배포 시기와 방법도 다양하기 때문에 2.1 이해관계자 성과영역의 내용과 함께 기획을 수립해야 한다. 의사소통관리 계획과 관련된 내용은 본서의 3부 4장 중에 결과물(artifacts)의 의사소통관리 계획을 참고할 수 있다. 의사소통 기획과 이해관계자 성과영역 간의 관계는 다음 다이어그램과 같다.

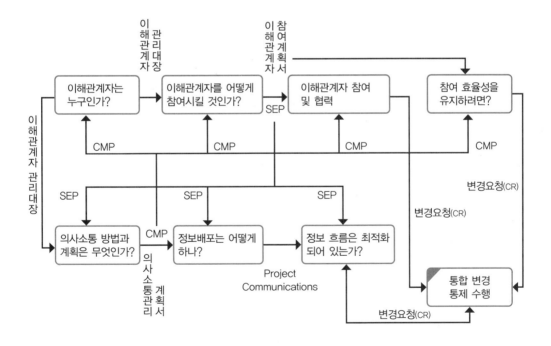

[그림 3-25] 의사소통과 이해관계자 관계 다이어그램

의사소통과 이해관계자 관계 다이어그램 PMBOK 6th 용어

- 이해관계자 관리대장(stakeholder register)
  식별된 이해관계자들의 정보가 기록된 문서.
- 이해관계자 참여계획서(SEP, stakeholder engagement plan)
  이해관계자의 효과적인 참여에 필요한 관리 전략을 기술한 문서.
- 의사소통관리 계획서(CMP, communication management plan)
  프로젝트 의사소통관리 방법을 계획, 구성, 감시 및 통제하는 방법을 기술한 문서.
- 프로젝트 의사소통(project communications) – 산출물
  배포된 프로젝트 관련 정보. (예, 회의록, 이메일, 보고서 등)

위 내용은 의사소통에 대한 기획을 중심으로 기술하고 있으나, 프로젝트 전반에 걸친 프로젝트 의사소통 관리를 위한 프로세스는 다음과 같다.

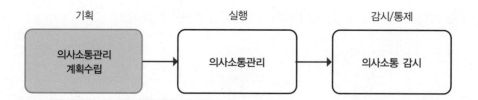

▶ 의사소통관리 계획수립

이해관계자 개개인 또는 그룹의 정보 요구사항과 가용한 조직 자산, 프로젝트 요구사항을 바탕으로 프로젝트에 적합한 의사소통 방식과 계획을 수립하는 프로세스로 프로젝트 기획의 성격을 갖는다. 이 프로세스는 어떤 정보를, 누가, 누구로부터 수집해서, 누구에게, 언제, 어떤 방법으로 전달할 것인지에 대한 계획을 수립하는 것이다. 대표적인 예로, 각종 보고서와 회의의 시기, 방법, 내용, 담당자 등의 계획을 들 수 있다.

▶ 의사소통관리(manage communication)

프로젝트 정보를 적시에 적절한 방식으로 수집, 생성, 배포, 저장, 검색, 관리 및 감시하고, 최종 처리하는 프로세스로 프로젝트 실행의 성격을 갖는다. 이는 의사소통관리 계획에 따라 정보를 소통하는 것으로, 계획대로 회의나 보고를 실행에 옮기면서 잘 진행되는지 확인하는 프로세스이다.

🔵 의사소통 감시

프로젝트와 이해관계자들의 정보 요구사항이 충족되는지 확인하는 프로세스로 프로젝트통제의 성격을 갖는다. 이는 의사소통 실행 결과에 대해 정보 요구사항대로 충족되는지 확인하고 다루어야 할 정보, 수신자, 전달 방법 등에 대한 추가나 변경이 필요한지 결정하고 그 변경을 요청하는 프로세스이다.

이들 프로세스 중에 의사소통 관리와 의사소통 감시는 각각 실행과 통제에 관련된 것들로, 이는 뒤에 설명될 "프로젝트 작업 성과영역"의 "프로젝트 의사소통 및 참여"와 관련된다.

물(리)적 자원 (Physical resources)

- 물적 자원은 사람(인적) 자원이 아닌 모든 자원을 의미
  - (예) 재료, 장비, 소프트웨어, 테스트 환경, 라이선스 등
- 물적 자원 기획은 공급망(supply-chain), 물류, 관리 등의 산정이 필요
- 건설, 엔지니어링 등 물적 자원이 많이 필요한 프로젝트는 물적 자원 확보를 위한 조달 활동을 기획
- 조달 활동은 간단한 주문 계약이거나 여러 대규모 조달 활동을 관리, 조정, 통합하는 복잡한 활동 등등
- 물적 자원의 기획에는 다음을 포함
  - 자재 배송, 이동, 보관 및 처리에 대한 리드 타임(소요시간)
  - 현장 도착부터 완성품 납품까지 재고를 추적하는 방법
- 많은 물적 자원이 필요한 팀은 주문, 인도, 사용 시기의 전략적 판단과 기획을 수립
  - (예) 대량 주문과 보관(창고) 비용 비교, 글로벌 물류, 지속 가능성, 물적 자산 관리 등이 프로젝트와 통합

물적 자원 기획은 물적 자원을 항목별 분류하고 프로젝트 일정에 따라 할당 및 해제하는 방법을 기획한다. 또한 필요한 물적 자원을 확보하고, 확보된 물적 자원이 프로젝트 요구에 맞게 최적화된 할당과 적시에 사용이 되도록 기획하고 이러한 내용을 물적 자원 배정표(physical resources assignments) 문서로 작성한다.

물적 자원 배정표는 물리적 자원인 장비, 공급품, 재료 정보와 프로젝트 팀 내부 또는 외부(아웃소싱) 등의 위치가 포함된다. 기본적으로 프로젝트에 사용될 모든 물적 자원의 할당을 확인할 수 있는 문서이다. 따라서 이 문서는 프로젝트 수행 중에 사용되는 물적 자원에 대한 실제 데이터와 비교해서 차이분석을 수행하는 기준이 된다.

프로세스 중심의 프로젝트관리를 설명하는 PMBOK 6th에서 프로젝트 자원관리는 인적 자원과 물적 자원을 모두 포함하는 프로세스들을 설명한다. 이들 프로세스에 대한 설명은 '프로젝트 작업 성과영역'의 '물리적 자원관리'를 참조하면 된다. 이 자원관리 프로세스 중에서 물적자원과 관련된 프로세스는 다음과 같다.

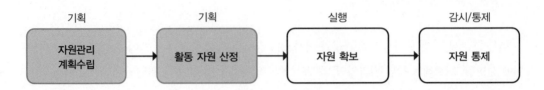

이들 중에 기획의 성격을 갖는 것은 자원관리 계획수립과 활동자원 산정 프로세스이다. 자원관리 계획수립은 물적 자원을 산정, 확보 및 관리하고 활용하는 방법을 정의하는 프로세스이며, 활동자원 산정은 프로젝트 작업을 수행하는 데 필요한 자재, 장비 또는 보급품의 종류 및 수량을 산정하는 프로세스이다. 그러나 실행 및 통제의 성격을 갖는 프로세스는 자원 확보와 자원 통제로 이들 프로세스는 '프로젝트 작업 성과영역'과 관련이 있다. 자원 확보는 프로젝트 작업을 완료하는 데 필요한 설비, 장비, 자재, 보급품 및 기타 자원을 확보하는 프로세스이며, 자원통제는 프로젝트에 할당되고 배정된 물적 자원을 예정대로 사용할 수 있는지 확인하고 계획 대비 실제 물적 자원 사용을 감시하며 필요에 따라 시정조치를 수행하는 프로세스이다.

조달 (Procurement)

- 조달은 프로젝트 중에 상시 발생
- 조달 기획은 조달 프로세스가 원활하게 수행될 수 있다는 기대치를 설정
- 상위 수준의 범위가 식별되면 팀은 내부에서 개발한 인도물/서비스와 외부에서 구입할 인도물/서비스를 포함해서, 제작 또는 구매(make or buy) 분석을 수행
- 외부에서 조달되는 인도물/서비스 정보는 프로젝트 일정에 영향을 미침
- 조달 계약 전문가는 필요한 상품 유형(종류), 필요 시기, 조달 상품과 서비스에 필요한 기술 사양에 대한 사전 정보가 필요

조달은 내부에서 수행하기에는 원가나 기술, 인력이 부족할 때 외부업체를 통해 공급받는 것을 말하며 일반적으로 아웃소싱(outsourcing)이라고 한다. 예를 들어, 우리가 장거리를 이동할 때 자차 이용 대신에 KTX나 비행기 등을 이용하는 것도 일종의 아웃소싱이라고 볼 수 있다. 이 경우도 내부에서 처리할 때 원가 대비 편익이 작기 때문에 외부에서 필요한 서비스를 공급받는 것이다.

조달 기획은 전체 프로젝트 범위(scope)에서 조달 범위를 결정하고 조달 방식과 판매자 선정 기준

과 유력한 판매자를 식별하는 기준과 방법을 기술하고 공급자와의 계약 유형도 결정한다.

조달 기획에는 다음과 같은 내용이 포함된다.

(1) 조달 활동 시간표

(2) 계약관리에 사용할 조달 메트릭스

(3) 공급자 조직과 프로젝트 팀의 역할과 책임

(4) 조달과 관련된 가정 및 제약

(5) 이행보증 및 보험 등의 리스크관리 이슈

(6) 공급자 선정 평가 기준

(7) 지불 통화 기준 등 지불 관련 계약 내용

(8) 사전 자격을 보유한 판매자 목록

위 내용은 조달에 대한 기획을 중심으로 기술하고 있으나, 프로젝트 전반에 걸친 프로젝트 조달관리를 위한 프로세스는 다음과 같다.

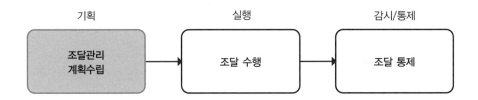

◉ 조달관리 계획수립(plan procurement management)

프로젝트 조달 결정사항을 문서화하고, 조달 방식을 구체화하며, 유력한 판매자를 식별하는 프로세스로 기획의 성격을 갖는 프로세스다. 이는 프로젝트 외부에서 어떤 재화와 서비스를 조달할지 여부를 결정하고, 외부 조달이 필요할 경우 조달 품목과 방식 및 시기를 결정하는 프로세스이다. 조달관리 계획서에 대한 상세 내용은 본서의 3부 4장의 '결과물(artifact)' 중에 '조달관리 계획서'를 참조하면 된다.

◉ 조달수행(conduct procurements)

대상 판매자를 모집하고, 판매자를 선정하고, 계약을 체결하는 프로세스로 실행의 성격을 갖는 프로세스다. 이는 적격 판매자를 선정하고 인도에 관한 법적 협약을 체결하는 프로세스이다.

◉ 조달 통제(control procurements)

조달관계를 관리하고, 계약의 이행을 감시하고, 적절한 변경 및 시정 조치를 수행하고, 계약을 종결하는 프로세스로 감시 및 통제의 성격을 갖는 프로세스다. 이는 법적 협약의 조항에 따라 판매자와 구매자 모두의 성과가 프로젝트 요구사항을 충족하는지 확인하는 프로세스로 계약대로 진행되도록 하는 계약관리 성격이다.

이들 프로세스 중에 조달 수행과 조달 통제는 각각 실행과 통제와 관련된 것들로, 이는 뒤에 설명될 "프로젝트 작업 성과영역"의 "조달 작업"과 관련된다.

> ## 변경 또는 변화(Changes)
>
> - 변화 및 변경은 프로젝트 중에 언제든지 발생할 수 있고 다음 이유에서 발생
>   - 리스크 또는 프로젝트 환경 변화
>   - 요구사항 진화 및 발전 정도
>   - 고객 요청
>   - 기타 이유
> - 팀은 프로젝트 전반에 걸쳐 계획을 조정하기 위한 다음과 같은 프로세스를 준비
>   - 통합 변경 통제 프로세스
>   - 백로그(backlog) 우선순위 재조정
>   - 프로젝트 재조정
> - 계약 요소가 있는 프로젝트는 계약 변경 프로세스를 준수

변경 기획은 프로젝트 내에서 변경을 어떻게 처리할지 활동과 단계 등을 수립한다. 일반적으로 변경 요청 양식을 통해 요청을 하는데, 변경 요청을 제출한 이해관계자와 제출 시 수행할 활동 등을 자세히 기술한다. 필요한 경우 변경을 평가 및 승인하는 변경통제 위원회가 설립될 수도 있다. 여기에는 평가, 의사결정을 위한 절차와 변경통제 위원회 구성원의 역할과 책임이 포함된다. 변경 계획은 변경 요청을 처리하는 방법, 각 변경 요청을 평가하는 데 사용할 기준에 대한 지침을 변경통제 위원회에 제공한다. 변경통제 위원회는 프로젝트 생애주기 동안 정기적으로 수행되지만 긴급한 변경의 경우에도 대응할 수 있다.

프로젝트 변경관리는 변경관리 계획 수립, 변경 요청, 변경사항 검토 및 승인, 변경 실행 등의 절차를 거친다. 변경과 관련된 기획은 변경통제 계획과 같은 변경관리 계획을 수립하는 것이며, 나머지 변경 요청에서 승인 및 실행은 감시 및 통제에 관련된다. 변경에 대한 감시 및 통제는 '프로젝트 작업 성과영역'의 '새로운 작업 및 변경사항 감시'와 관련된다.

변경을 실행하기 위한 변경 요청은 프로젝트 예산, 일정 및 최종 제품의 품질에 미치는 영향을 고려해야 해야 하며, 변경 요청을 승인하는 기준도 변경 계획에 포함되어야 한다. 예를 들면, 변경 사항이 프로젝트 목표를 지원 또는 향상시키거나 프로젝트 결과에 영향을 미칠 수 있는 문제를 방지

하는 것으로 예상되면 승인될 수 있다. 변경 요청이 프로젝트에 도움이 될 수 있지만 일정에 미치는 영향으로 인해 결정이 나중으로 연기될 수 있다. 일반적으로 승인, 거부 또는 연기의 세 가지 결과가 있고 각 의사결정은 변경 기록부에 기록되고 이해관계자에게 전달된다. 변경 요청의 마지막은 승인된 변경을 프로젝트 팀 구성원에게 변경 요청을 전달하는 활동이 포함된다. 그런 다음 프로젝트 계획은 변경 사항을 수용하도록 변경되며 자원, 예산 및 결과물에 대한 영향은 해당 프로젝트 문서에 반영된다.

변경에 대한 기획의 대표적인 결과물은 변경통제 계획서(change control plan)는 프로젝트관리 계획서의 일부이며, 이에 대한 상세한 내용은 본서의 3부 4장 결과물(artifact) 중에서 '변경통제계획'을 참고하면 된다.

[참고] 프로젝트관리 계획서(Project management plan)의 구성 (예)

- **보조 관리 계획서** (Subsidiary management plans)
  - 범위관리 계획서 (Scope management plan)
  - 요구사항관리 계획서 (Requirement management plan)
  - 일정관리 계획서 (Schedule management plan)
  - 원가관리 계획서 (Cost management plan)
  - 품질관리 계획서 (Quality management plan)
  - 자원관리 계획서 (Resource management plan)
  - 의사소통관리 계획서 (Communication management plan)
  - 리스크관리 계획서 (Risk management plan)
  - 조달관리 계획서 (Procurement management plan)
  - 이해관계자 참여 계획서 (Stakeholder management plan)
- **기준선** (Baselines)
  - 범위 기준선 (Scope baseline)
  - 일정 기준선 (Schedule baseline)
  - 원가 기준선 (Cost baseline)
- **추가 구성요소** (Additional components)
  - 변경관리 계획서 (Change management plan)
  - 형상관리 계획서 (Configuration management plan)
  - 성과측정 기준선 (Performance measurement baseline)
  - 프로젝트 생애주기 (Project life cycle)
  - 개발방식 (Development approach)
  - 경영진 검토 (Management reviews)

메트릭스(Metrics)

- 기획, 측정, 인도(delivering)는 높은 연계성을 가지며 이 연계성이 메트릭스
- 메트릭스 수립에 포함되는 내용
  - 성과가 예상과 동일한지
  - 예상 성과가 긍정적, 부정적 추세인지
  - 성과 차이의 허용 여부의 기준인 한계선 설정
- "중요한 것만 측정한다."라는 문구는 측정 대상과 측정 빈도를 결정하는 것을 의미
- 제품 측정을 위한 메트릭스는 개발중인 인도물에 따라 수립
- 일정, 예산 성과 측정을 위한 메트릭스는 조직 표준에 따르며 실제 결과를 비교하는 기준선이나 승인된 일정 및 승인된 예산과 관련
- 계획의 일환으로 성과의 메트릭스, 기준선, 한계선을 설정하고, 프로젝트 인도물의 사양에 맞추어 성과를 측정하는데 사용되는 테스트 및 평가 프로세스와 절차를 설정
- 메트릭스, 기준선, 테스트는 "측정 성과영역"의 일부로 실제 성과의 편차(차이)를 평가하는 기초 자료로 사용

메트릭스는 측정 지표 혹은 척도라고도 하는데, 프로젝트의 제품이나 성과를 측정하고 추적하는 데 도움이 되는 핵심 지표이다. 예를 들면, 제품의 성능, 불량률 등의 지표를 정하거나 프로젝트의 일정이나 진척, 원가 발생 현황 등의 지표를 들 수 있다. 성공적인 프로젝트 관리자가 되려면 팀의 진행 상황을 모니터링하고 프로젝트 목표에 대한 노력을 이끌어야 한다. 지표는 수치가 예상과 일치하지 않는 경우 수정 조치를 구현하는 데도 도움이 된다.

- 프로젝트 관리 지표인 메트릭스가 필요한 이유는 무엇인가?

  프로젝트 관리자는 프로젝트의 모든 속성을 평가하고 그에 따라 실행 계획을 준비할 수 있는 명확한 활동 또는 시스템이 필요하다. 많은 성공적인 조직에서 이러한 지표를 개발하기 위해 잘 정의된 지침을 만들었고 프로젝트의 규모와 복잡성, 기술 영역이 이 결정에 영향을 줄 수 있다. 프로젝트의 생애주기를 평가하고 유지하려면 이러한 메트릭스를 활동이나 시스템에 통합해야 한다.

프로젝트 관리 메트릭스를 사용하면 다음을 수행할 수 있다.

- 프로젝트의 전반적인 상태를 분석할 수 있다.
- 주의가 필요한 중요한 요소를 결정할 수 있다.
- 현재 상태를 평가하고 정보에 입각한 의사결정을 할 수 있다.
- 불확실성에 대해 적응하고 더 나은 예측을 내릴 수 있다.

메트릭스에 대한 기획은 각종 관리계획에 포함될 수 있다. 일정이나 원가 측정을 위한 메트릭스는 일정 혹은 원가관리 계획에, 품질 관련 측정 메트릭스는 품질관리 계획에 포함될 수 있다. 메트릭스에 대한 상세한 내용은 본서 3부 4장 결과물(artifact) 중에 '메트릭스'를 참고하거나 관련 '관리계획'을 참고하면 된다.

조정(Alignment)

- 기획 활동과 결과물(artifacts)은 프로젝트 전반에 걸쳐 통합된 상태를 유지
  - 통합된 상태란, 범위와 품질 요구사항의 성과 기획을 수립 시 할당된 자금, 자원 종류와 가용성, 인도 수행약속(commitments), 프로젝트 불확실성, 이해관계자 요구 등에 부합되는 것을 의미
- 프로젝트 유형에 따라 추가 기획 결과물(artifacts)이 필요
  - (예) 테스트 계획은 품질 및 인도 요구와 일치해야 하며, 물류 기획은 자재 및 인도 요구와 통합
- 프로젝트의 작업은 프로그램 또는 릴리즈의 다른 프로젝트와 병행 수행
- 단일 프로젝트의 작업 시기는 관련 프로젝트 작업 및 조직의 운영작업 요구와 일치
- 대규모 프로젝트는 기획 결과물(artifacts)을 통합 프로젝트관리계획서와 결합
- 소규모 프로젝트는 상세한 프로젝트관리계획서가 비효율적
- 기획 시기, 빈도, 수준에 관계없이 프로젝트의 다양한 측면을 조정, 통합

기획 성과영역에는 다양한 측면인 인도, 산정, 예산, 의사소통, 물적 자원, 조달, 변경, 측정 등을 프로젝트 목표에 맞도록 통합 및 조정해야 한다. 앞서 기술한 프로젝트관리 계획서의 내용에는 이들 내용이 모두 포함되어 있으며, 이 계획 구성 요소들이 단순히 포함된 것이 아니라 조정을 거쳐 통합된 것이다. 기획뿐만 아니라 프로젝트 착수에서 종료에 이르는 전체 프로젝트관리는 다양한 분야에서 조정과 통합의 노력이 요구된다.

위에 기술한 조정에 대한 내용은 기획을 중심으로 기술하고 있으나, 프로젝트 전반에 걸친 프로젝트 통합관리를 위한 프로세스는 다음과 같다. 프로젝트 통합관리는 프로젝트관리를 위한 다양한 프로세스와 프로젝트관리 활동들을 식별, 정의, 결합, 통합 및 조정하는 프로세스와 활동을 포함하는데, 프로젝트 시작부터 완료까지 전 과정에서 적용된다. 프로젝트 통합관리 프로세스는 다음과 같다.

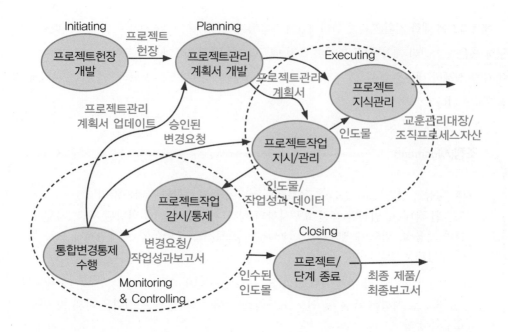

● **프로젝트헌장 개발**(Develop Project Charter)

프로젝트 채택을 공식적으로 승인하고, 프로젝트 관리자에게 조직의 자원을 프로젝트 활동에 투입할 수 있는 권한을 부여하는 내용의 문서(프로젝트 헌장)를 개발하는 프로세스로 착수의 성격을 갖는다.

● **프로젝트관리 계획서 개발**(Develop Project Management Plan)

계획서를 구성하는 모든 요소를 정의, 준비하고 조정하여 하나의 통합 프로젝트관리 계획서에 취합하는 프로세스로 기획의 성격을 갖는다. 이 프로세스는 프로젝트관리 계획서를 작성하는 프로세스가 아니라, 각 분야별로 작성된 계획을 조정하고 통합하는 노력을 수행한다.

● **프로젝트 작업 지시 및 관리**(Direct and Manage Project Work)

프로젝트관리 계획서에 정의된 작업을 지도 및 수행하고, 승인된 변경을 이행하는 프로세스로 실행의 성격을 갖는다.

● **프로젝트지식 관리**(Manage Project Knowledge)

프로젝트의 목표를 달성하고 조직의 학습에 기여할 수 있도록 기존 지식을 활용하고 새로운 지식을 만드는 프로세스로 실행의 성격을 갖는다.

● **프로젝트 작업 감시 및 통제**(Monitor and Control Project Work)

프로젝트 진행 상황을 추적 및 검토하고 보고하는 프로세스로 감시 및 통제의 성격을 갖는다.

● **통합 변경통제 수행**(Perform Integrated Change Control)

모든 변경 요청을 검토한 후, 변경사항을 승인하고, 변경사항을 관리하며, 결정사항에 대해 의사소통하는 프로세스로 감시 및 통제의 성격을 갖는다.

◉ 프로젝트 또는 단계 종료(Close Project or Phase)

프로젝트, 단계 또는 계약에 대한 모든 활동을 공식적으로 종료하는 프로세스로 종료의 성격을 갖는다.

프로젝트관리 계획 수립 프로세스는 기획 성과영역의 조정(alignment)과 관련되나 나머지 실행 및 통제 관련 프로세스들은 '프로젝트 작업 성과영역'과 '측정 성과영역'과 연관성을 갖는다.

다른 성과영역과의 상호작용(Interactions with other performance domains)

- 기획(planning)은 프로젝트 전반에 발생하며 각 성과영역과 통합
- 프로젝트 착수 시점에는 예상 결과를 확인하고 달성하기 위한 상위수준의 계획 수립
- 개발방식과 생애주기에 따라, 집중적인 기획을 사전 수립 후 실제 환경을 반영해 기획을 조정, 혹은 다른 생애주기 경우에는 기획이 발전할 것이라는 기대와 함께 프로젝트 전체의 다양한 시점에서 충분한 계획 수립을 권장
- 기획은 프로젝트 전체에 걸쳐 프로젝트 작업, 성과 인도, 비즈니스 가치를 주도
- 이해관계자와 팀은 진행 상황과 성공 여부를 측정하고 성과 기준인 계획과 비교
- 프로젝트 팀이 불확실성과 리스크를 해결하는 방법을 기획하기 때문에 불확실성과 기획은 상호작용
- 기획을 수정하거나 발생한 사건이나 상황을 반영하기 위해 새로운 기획을 개발
- 프로젝트 팀 구성원, 환경, 프로젝트에 대한 세부 정보는 이해관계자와의 적극적 의사소통 및 프로젝트 팀과 효과적 협업을 위한 기획에 영향을 줌

기획은 범위(scope), 일정(schedule), 원가(cost), 품질(quality), 자원(resource), 리스크(risk), 의사소통(communication), 조달(procurement), 이해관계자(stakeholder) 등 모든 측면과 상호작용한다.

예측형 접근방식에서는 기획 단계에서 집중적으로 계획을 수립하지만 적응형 접근방식에서는 반복에서 계획을 계속 수립하여 끊임없이 변화하는 정보를 지속적으로 계획에 적용한다. 이러한 적응형 접근방식의 기획은 모든 변경이 조정되고 변화에 민첩한 대응을 하며 낭비를 제거할 수 있다.

기획은 프로젝트 종료 시 가치 전달에 집중할 수 있도록 수립하고, 선제적으로 해야 한다. 또한 프로젝트 착수 단계에서 상위 수준의 기획이 될 수 있으며, 프로젝트 팀에서 점진적으로 상세화해야 한다. 기획에 소요되는 시간은 프로젝트 속성과 접근방식에 따라 최적화되어야 하고 너무 많거나 부족하지 않도록 한다.

2.5 프로젝트 작업 성과영역(Project Work Performance Domain)

프로젝트 작업 성과영역은

- 프로젝트 프로세스 확립, 물적 자원관리, 학습환경 조성 등과 관련된 활동과 기능
- 프로젝트 작업은 프로젝트 팀이 예상되는 인도물(deliverables)과 결과(outcomes)를 제공할 수 있도록 프로세스를 수립하고 작업을 수행하는 것
- 프로젝트 작업은 팀의 집중력을 유지하고 활동을 원활하게 진행하게 함
- 프로젝트 작업에는 다음을 포함
  - 기존 작업, 새로운 작업, 작업 변경(changes to work) 흐름 관리
  - 프로젝트 팀 집중력 유지
  - 효율적인 프로젝트 시스템 및 프로세스 구축
  - 이해관계자와 의사소통
  - 자재, 장비, 공급 및 물류 관리
  - 계약 전문가 및 공급업체와 협력하여 조달, 계약 기획 및 관리
  - 프로젝트에 영향을 미칠 수 있는 변경 사항 감시
  - 프로젝트 학습 및 지식 전달 지원

- 프로젝트 작업 성과영역을 효과적으로 수행하면
  - 효율적이고 효과적인 프로젝트 성과
  - 프로젝트와 환경에 적합한 프로젝트 프로세스
  - 이해관계자와의 적절한 의사소통
  - 물적 자원의 효율적 관리
  - 효과적인 조달 관리
  - 지속적인 학습과 프로세스 개선으로 팀 역량 향상

프로젝트 작업 성과영역은 프로세스 수립과 함께 프로젝트의 물적 자원을 적극적으로 관리하고 프로젝트 작업을 적극적으로 수행하며 효율적인 학습 환경을 조성하는 활동과 기능을 포함한다.

프로젝트 작업은 PMBOK 6th의 실행 프로세스 그룹의 프로세스들과 공통점이 있으며 다음과 같은 프로젝트 작업 등이 있다.

- 효율적인 프로세스 구축
- 프로젝트 사용을 위한 시스템 구축
- 프로젝트의 물리적 자원 관리
- 프로젝트 팀 관리

- 조달 및 계약 관리
- 이해관계자와의 소통 관리
- 학습 환경 조성 및 지식 공유

성 과	확인 방법(체크)
효율적이고 효과적인 프로젝트 성과	상태보고서가 프로젝트 작업이 효율적이고 효과적임을 보여줌
프로젝트와 환경에 적합한 프로젝트 프로세스	프로세스 감사 및 품질 보증 활동을 통해 관련 프로세스가 효과적으로 활용되고 있음을 확인 프로젝트 프로세스가 프로젝트 및 환경 요건에 맞게 조정됨
이해관계자와 적절한 의사소통 및 참여	프로젝트 의사소통관리 계획서 및 의사소통 결과물은 계획된 의사소통이 이해관계자에게 적절하게 전달되고 있음 참여와 의사소통 활동이 효과적이지 못하거나 오해 등으로 필요한 정보를 즉석에서 요청하는 경우는 거의 없음
효율적인 물적 자원관리	사용된 자료의 양, 폐기물 및 재작업 양의 정보는 자원이 효율적으로 사용되고 있음을 알 수 있음
효과적인 조달 관리	사용된 프로세스가 조달에 적절했는지, 계약자가 계획을 올바르게 수행하고 있는지를 조달 감사를 통해 확인
효과적인 변경 처리	변경 기록부가 예측 방식을 사용하는 프로젝트에서 변경 내용이 범위, 일정, 예산, 자원, 이해관계자 및 리스크 영향을 고려하여 전체적으로 평가되고 있음 적응형 방식에서는 백로그가 달성 범위 속도 및 새 범위 추가 속도를 보여줌
지속적인 학습과 프로세스 개선으로 역량 강화	속도(velocity) 증가, 오류 및 재작업 감소 등을 팀 상태 보고서에서 확인 가능

용어 정의

- **입찰 문서**(bid documents)
  - 잠재적 판매자(참여 자격을 갖춘)에게 정보, 견적 또는 제안서를 요청하기 위해 사용되는 모든 문서
- **입찰자 회의**(bidder conference)
  - 모든 잠재적 판매자(공급 업체)가 조달에 대해 명확하고 공통된 이해를 갖도록 하기 위해서 입찰 또는 제안을 준비하기 전에 잠재적 판매자와 갖는 회의
  - 계약자 회의, 공급업체 회의 또는 입찰 전 회의라고도 함
- **명시적 지식**(explicit knowledge)
  - 단어, 숫자, 그림 등의 기호를 사용하여 문서화할 수 있는 지식
- **암묵적 지식**(tacit knowledge)
  - 신념, 경험, 통찰력 등 표현과 공유가 어려운 개인적인 지식

프로젝트 프로세스 (Project process)

- 프로젝트 관리자와 팀은 작업 수행을 위해 사용하는 프로세스 수립과 정기적 검토
- 프로세스에 병목 현상이 있는지, 작업이 예상 속도로 진행 중인지, 진행을 방해하는 장애물이 있는지 여부를 작업 보드(task boards) 검토로 확인
- 프로젝트 요구사항에 맞게 프로세스를 최적화하는 프로세스 조정을 사용
  - 대규모 프로젝트는 소규모 프로젝트에 비해 많은 프로세스
  - 중요한 프로젝트는 덜 중요한 프로젝트에 비해 많은 프로세스
- 환경 요구사항 고려와 환경에 맞도록 프로세스를 최적화하는 조정 방법
  - 린 생산 방식
    - 린 생산은 부가가치 활동과 비 부가가치 활동(non-value-added work)의 비율을 측정하기 위해 가치 흐름 매핑(value stream Mapping)과 같은 기술 사용
    - 측정 메트릭스(지표)는 생산 시스템에서 낭비 요소를 식별하고 제거하기 위한 기준과 측정 시스템을 구성
  - 회고 또는 교훈
    - 회고 또는 교훈 회의에서 팀은 작업 진행 방식을 검토하고 프로세스와 효율성 개선을 위한 변경을 제안
  - 자금 지출할 차선책은 무엇인가?
    - 이 질문을 통해 팀은 현재 작업을 계속해야 하는지, 아니면 가치 전달을 최적화 하기 위해 다음 활동으로 넘어가야 하는지 결정
- 프로세스를 검토 및 평가
  - 프로세스가 효율성 또는 낭비요소 여부를 판단
  - 프로세스 적합성 여부 추적에 사용되는 시간은, 팀의 프로젝트 결과물을 제작과 인도 시간 사용이 불가하므로 충분한 시간 동안 프로세스 적합성을 검토
  - 프로세스는 효율적일 뿐만 아니라 효과적이어야 함
    - 원하는 결과 생성 외에도 품질 요구 사항, 규정, 표준 및 조직 정책 준수
    - 프로세스 평가에는 프로세스 감사와 품질 보증 활동

[참고] 비부가가치 작업(non-value-added work)

PMO가 팀원들이 하는 작업의 유형을 추적하려 할 때, 프로젝트 팀에게 수행중인 특정 범주의 작업 유형을 타임시트(업무 시간 기록지)에 기록하도록 요청한다. 예를 들어, 오늘 하루 근무에 어떤 작업을 몇 시간 동안 수행했는지 기록한다. 이때, 시간을 분류하고 기록하는데 걸린 시간은 부가가치가 없는 작업으로 볼 수 있다.

프로젝트 인도물을 생성하기 위해 수행해야 하는 프로세스는 프로젝트 관리자와 프로젝트 팀에 의해 수립되어야 한다. 프로젝트 특성에 따라 다양한 프로세스를 사용할 수 있고, 프로세스 설정과 함께 프로젝트 팀은 프로젝트 전반에 걸쳐 프로세스의 효율성 향상을 위해 평가 및 통제 활동을 해야 한다.

특히 프로젝트가 정해진 프로세스대로 준수되고 있고 의도한 결과를 달성하고 있는지에 대한 프로세스 평가를 위해 프로세스 감사와 품질보증 활동이 포함된 프로세스 평가를 수행한다.

프로세스 중심의 프로젝트관리에서 프로젝트 품질관리는 다음과 같이 세 가지 프로세스들로 구성된다.

- ● **품질관리 계획수립**(Plan Quality Management)

  프로젝트와 인도물에 대한 품질 요구사항과 표준을 식별하고, 프로젝트가 품질 요구사항 및 표준을 준수함을 입증할 방법을 문서로 명시하는 프로세스로 기획의 성격을 갖는다.

- ● **품질관리**(Manage Quality) **혹은 품질 보증**(Quality Assurance)

  조직의 품질 정책을 프로젝트에 반영하여 품질관리 계획서를 실행 가능한 품질 관련 활동으로 변환하는 프로세스로 실행의 성격을 갖는다.

- ● **품질통제**(Control Quality)

  품질관리 활동의 실행결과를 감시하고 기록하면서 성과를 평가하고 프로젝트 산출물이 완전하고 정확하며 고객의 기대사항을 충족하는지 확인하는 프로세스로 통제의 성격을 갖는다.

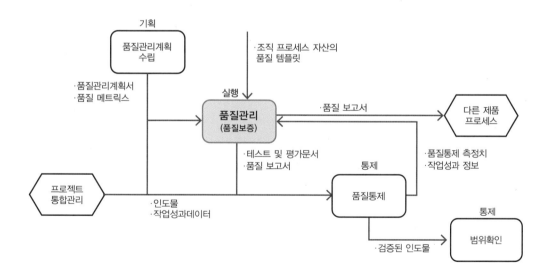

품질관리(품질보증)는 프로세스 중심의 예방 차원의 감사를 통해 제품과 프로젝트를 개선하는 것이다. 이에 비해 품질통제는 제품 중심의 검사를 통해 그 측정치를 확인하여 인도물을 검증하거나 그 측정치를 근거로 품질 표준의 준수여부를 확인하여 품질보증 활동에 반영한다. 즉, 품질 표준을 준수하지 못했다면 품질보증을 통해 프로세스를 개선하는 노력을 할 수 있다.

이들 중에 품질관리(혹은 품질보증) 프로세스는, 프로세스 분석을 위한 품질 감사로 제품이나 프로젝트 품질을 개선하는 노력이다. 이는 프로젝트에서 사용되는 프로세스에 초점을 맞추고, 프로세스를 효과적으로 사용하기 위한 것이며, 이해관계자들에게 최종 제품이 그들의 요구, 기대사항 및 요구사항을 충족할 것이라는 확신을 주기 위한 표준 이행 및 준수를 수반하게 한다.

경합하는 제약 사항 균형 조정 (Balancing competing constraints)

- 성공적인 프로젝트를 위해서는 작업과 관련된 제약 사항의 이해가 필요
  - 제약은 사전에 결정된 예산, 고정된 인도 날짜, 규제 조항 준수, 트리플 바텀 라인(3중 결론, triple bottom line)에 대한 고려 사항 등의 형태
  - 제약은 프로젝트 전반에 걸쳐 생성, 이동, 변경되며, 이해관계자의 새로운 요구로 일정, 예산이 증가하거나, 예산 감축을 위한 품질 요구 완화나 범위 축소에서 발생
- 프로젝트 전반에 걸쳐 변화하는 제약의 균형을 지속적으로 조정해 이해관계자 만족도 유지
  - 고객, 스폰서, 제품 책임자(PO)와 만나 대안과 시사점 제시
  - 최종 결과 인도를 위해 상충(trade off)하는 프로젝트 팀 권한 내의 의사결정과 잠재적 차이가 발생할 수 있으므로 균형을 조정하는 활동 등

프로젝트에는 이해관계자에 따라 서로 다른 제약이 있을 수 있다. 이해관계자의 일부 요구사항은 프로젝트의 제약 조건으로 나타날 수 있기 때문에 이해관계자의 만족을 유지하려면 서로 경쟁하는 제약을 균형 있게 조정해야 한다.

제약은 일반적으로 프로젝트 팀 외부요인으로 프로젝트 팀이 변경할 수 없는 대상이다. 예를 들면 전통적인 제약 사항으로 범위, 일정, 원가 등의 3대 기준선 등이 있다. 범위를 넓히면 이 추가 범위 수행을 위한 추가 시간과 원가가 필요하고, 시간을 단축하기 위해서는 원가가 추가되거나 원가를 줄이기 위해서는 기간이 더 소요되어야 하는 등의 조정이 필요하다.

이러한 제약들은 서로 상충(trade off) 관계이므로 하나의 제약 변경은 다른 제약에 영향을 준다. 따라서 균형 있는 조정을 통해 이해관계자의 만족도를 최대한 유지해야 한다.

프로젝트 팀 집중력 유지(Maintaining project team focus)

- 프로젝트 팀의 집중력, 주의력을 균형 조정하고 평가할 책임은 프로젝트 관리자
- 이를 위해서는 인도 목표에 대한 장단기적 진행 상황을 평가
- 프로젝트 팀을 이끄는 것은, 작업량을 균형 있게 조정하고 팀원들이 자신의 일에 만족하고 있는지 평가하며 동기부여를 유지하는 것
- 프로젝트 팀의 주의력을 균형 있게 유지하면, 프로젝트 전반에 걸쳐 제공되는 비즈니스 가치와 이해관계자의 가치를 최대화
- 생산(가치 전달)에 집중하고 프로젝트 팀의 생산 역량(프로젝트 팀의 상태 및 만족도)을 보호하면 전체적인 가치 전달이 극대화
- 프로젝트 팀의 집중력을 유지하려는 이유와 목표는 팀이 가치를 제공하는데 집중하고 잠재적인 문제, 지연 및 원가 초과가 발생하는 시기를 파악하는 것

프로젝트 종료 시 의도한 가치를 창출하기 위해 프로젝트 관리자는 프로젝트 팀이 가치에 집중할 수 있도록 하고 동기를 부여해야 한다. 따라서 프로젝트 관리자는 프로젝트 전반에 걸쳐 팀의 집중력 유지에 영향을 미칠 수 있는 요소인 프로젝트 가치 및 목표, 작업량, 만족도, 동기부여, 방해 요소 등을 면밀히 평가하고 조정해야 한다.

예측형 접근방식의 작업 기간(duration)과 작업량(unit)을 산정할 때 뿐만 아니라 적응형 접근방식에서 작업량 또는 속도(velocity)를 산정할 때, 1일 8시간을 기본으로 산정하는 경우가 일반적이지만 프로젝트 가치에 집중할 수 있는 시간은 1일 8시간을 기준으로 4~6시간 정도이다.

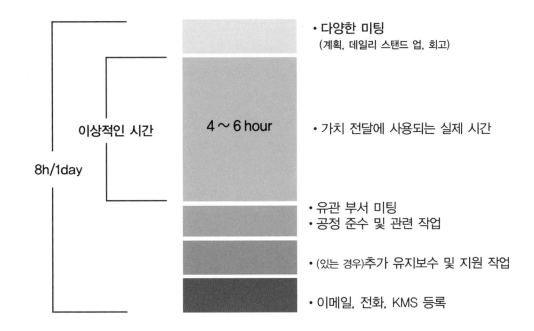

일상적인 업무인 회의, 이메일 확인, 전화 응대, SNS 응대 등으로 실제 가치 전달에 사용할 수 있는 이상적인 시간은 1일 4~6시간 이다. 따라서 기간이나 속도(velocity)를 산정할 때 1일 8시간이라는 기계적 산정이 아닌, 팀의 집중력을 유지할 수 있는 실질적인 시간을 확인해야 한다.

이상적인 시간 또는 실질적인 시간을 구하는 공식은 없고 팀의 환경이나 조직 시스템에 따라 다를 수 있다.

프로젝트 의사소통 및 참여(Project communication and engagement)

- 프로젝트 작업들은 의사소통 및 참여와 관련성이 높으며, 특히 프로젝트 팀원 및 기타 이해관계자 참여 유지와 관련성이 높음
- 의사소통에는 구두 및 서면 의사소통 외에도 공식 및 비공식 의사소통이 포함(이해관계자 성과영역 참조)
- 정보는 회의, 대화, 전자 저장소(KMS나 PMIS)에서 수집할 수 있고 수집된 정보는 의사소통관리 계획에 따라 배포 (이해관계자 성과영역 참조)
- 정보, 프레젠테이션, 보고서, 기타 의사소통을 즉석 요청하는 경우가 많다는 것은 의사소통계획이 이해관계자 요구 충족에 불충분함을 의미
  ◦ 이 경우 이해관계자 정보 요구사항 충족을 위해 이해관계자의 추가적 참여 필요

의사소통이란 프로젝트 전반에 걸쳐 지속적으로 발생하는 데이터를 수집해 정보로 가공한 후 적절한 정보를 적절한 시기에 적절한 이해관계자에게 배포하는 것을 의미한다. 이러한 내용은 의사소통관리 계획에서 수립되고 이해관계자에게 정보를 배포하는 다양한 수단, 정보 배포 목적 등을 함께 고려해 이해관계자 참여계획을 수립한다.

만약 이해관계자가 프로젝트 관리자나 팀을 만날 때마다 즉석에서 여러 정보를 요청한다면 이해관계자의 의사소통 요구사항이 충분하게 반영되지 않았기 때문이다. 이 때는 이해관계자가 필요로 하는 정보를 다시 확인하고 그에 따라 의사소통관리 계획 및 이해관계자 참여관리 계획을 다시 수립하고 실행해야 한다. 이 과정을 "추가적인 참여가 필요하다." 라고 표현할 수 있다.

프로젝트 작업과 관련된 모든 활동과 프로세스에서 의사소통은 필수 불가결한 요소이다. 프로젝트 관리자는 이 성과영역과 이해관계자 성과영역의 표준을 사용하여 효과적인 의사소통 기반을 마련해야 한다. 특히 의사소통 기획과 이해관계자 성과영역 간의 관계 다이어그램을 참조할 수 있다.

물적 자원 관리(Managing physical resource)

- 프로젝트는 외부에서 자재와 공급이 필요할 수 있으며, 이러한 물적 자원을 기획, 주문, 운송, 저장, 추적, 통제에 시간과 노력(effort)이 소요
- 대량의 물적 자원은 통합 물류 시스템이 필요하며 일반적으로 문서화(물류계획서)된 회사 정책에 따라 프로젝트에서 구현
  - 물류 계획서에는 자재 유형, 산정 근거(BOE), 예상 시간별 사용량, 등급별 사양, 납품 시간 및 장소에 대한 추정치를 포함
- 물적 자원 관리 목표
  - 현장에서 자재 취급 및 보관을 줄이거나 제거
  - 자재 대기 시간 단축
  - 폐기물 최소화
  - 안전한 작업 환경 조성
- 관련 당사자에게 명확한 기대와 의사소통 제공을 위해 물적자원관리 작업은 마스터 프로젝트 일정과 통합

[참고] 산정 근거(BOE, basis of estimates)

프로젝트의 각 요소별 원가를 산정하면서 리스크를 완화하기 위해 그 원가를 산정한 배경이나 근거를 다양한 관점으로 문서화하는 방법이다. 예를 들면, 작업의 기간이나 원가, 자원 요구사항 등을 산출할 때, 어떤 산정 기법(유사산정, 모수산정, 3점산정 등)을 사용했는지, 그 재료를 국내 혹은 해외에서 구매하는 것을 기준으로 했는지, 어떤 품질 수준의 재료 구매를 기준으로 했는지 등을 기술한 문서이다. 이 BOE는 향후 변경 요청이 발생할 경우 영향도를 식별하는데 기준으로 사용된다.

많은 프로젝트에는 공급자로부터 많은 물적 자원이 필요하다. 핵심은 성공적인 물류 시스템(물류 계획서 포함)을 운영하면서 낭비를 피하는 것이다.

PMBOK 6th에서는 물적자원 관리를 인적자원 관리와 함께 프로젝트 자원관리 지식분야에 포함하여 설명하고 있다. 프로젝트 자원관리 프로세스는 다음과 같다.

프로세스	대상	설명	프로세스 그룹
자원관리 계획수립	물적자원 인적자원	물적 자원과 팀 자원을 산정, 확보 및 관리하고 활용하는 방법을 정의하는 프로세스	기획
활동자원 산정	물적자원 인적자원	프로젝트 작업을 수행하는 데 필요한 자재, 장비, 보급품의 종류 및 수량과 팀 자원을 산정하는 프로세스	기획
자원 확보	물적자원 인적자원	프로젝트 작업을 완료하는 데 필요한 팀원, 설비, 장비, 자재, 보급품 및 기타 자원을 확보하는 프로세스	실행
팀 개발	인적자원	프로젝트 성과 향상을 위해 팀원의 역량과 팀원간 협력, 그리고 전반적인 팀 분위기를 개선하는 프로세스	실행
팀 관리	인적자원	프로젝트 성과를 최적화하기 위하여 팀원의 성과를 추적하고 피드백을 제공하며 이슈를 해결하고, 팀 변경사항을 관리하는 프로세스	실행
자원통제	물적자원	프로젝트에 할당 배정된 물적 자원을 예정대로 사용할 수 있는지 확인하고 계획 대비 실제 자원 사용을 감시하며 필요에 따라 시정조치를 수행하는 프로세스	감시 및 통제

이들 프로세스 중에 팀 개발과 팀 관리는 물적 자원과 관련 없이 인적 자원과 관련된 프로세스이다. 자원 기획과 관련한 내용은 "기획 성과영역"의 "물적 자원"을 참고하면 된다.

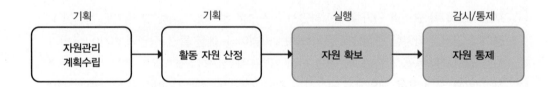

조달 작업 (Working with procurements)

- 계약이나 조달은 프로젝트의 일부(프로젝트 관리는 구매자 관점)
- 조달은 재료, 자본 설비, 공급에서부터 솔루션, 노동, 서비스까지, 모든 것을 포괄
- 대부분 조직에서 프로젝트 관리자는 계약 권한이 없으며, 계약 담당자나 계약, 법률, 규제 전문 지식을 갖춘 기타 사람들과 함께 수행
- 조직에는 조달 관련 정책과 절차가 있고 이 정책은 계약 권한 담당자, 권한의 제약, 프로세스, 절차를 정의(식별)
- 프로젝트 관리자 및 기술 자격을 갖춘 프로젝트 팀원은 계약 전문가와 협력하여 제안 요청서(RFP), 작업 기술서(SOW), 계약 조건, 기타 입찰에 필요한 문서를 조달 수행 전에 개발

조달 작업은 적격 판매자(seller) 목록이나 시장 조사를 통해 판매자 또는 공급자에게 입찰 문서를 제공하고 제안서를 받아 구매자(buyer)가 평가한다. 평가 결과에 따라 선택된 판매자와 협상 및 계약을 통해 최종 공급자를 선정하게 된다.

PMBOK 6th의 일반적인 프로젝트 조달관리 프로세스는 '기획 성과영역'의 '조달'에서 기술하였고, '기획 성과영역'에서는 조달 기획과 관련된 사항이고, 이 '프로젝트 작업 성과영역'은 조달 실행 및 통제와 관련된다.

조달수행(conduct procurements)은 대상 판매자를 모집하고, 판매자를 선정하고, 계약을 체결하는 프로세스로 실행의 성격을 가지며, 조달 통제(control procurements)는 조달관계 관리, 계약 이행 감시, 적절한 변경 및 시정 조치 수행, 계약 종결과 관련된 프로세스로 통제의 성격을 갖는다.

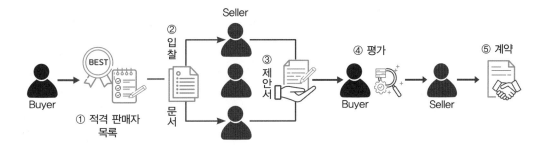

입찰 프로세스

- 입찰 과정에는 입찰 문서 개발 및 홍보, 입찰자 회의, 입찰자 선정이 포함되며, 입찰 문서는 다음을 포함

   ○ 정보 요청서(request for information)
   선택된 공급업체들에게 입찰 문서를 보내기 전에 시장에서 더 많은 정보를 수집 하는 데 사용

   ○ 제안 요청서(request for proposal)
   구매자가 솔루션을 제공할 공급업체를 찾고 있는 복잡한(많은 단계, 많은 요소, 많은 항목) 상황 범위에서 사용

   ○ 견적 요청서(request for quote)
   가격이 주요 결정 요인이고 제안된 해결책을 즉시 이용할 수 있는 경우에 사용

입찰 문서가 후보 공급자들에게 배포되면, 구매자는 일반적으로 입찰자의 질문에 답하고 명확한 정보를 제공하기 위해 입찰자 회의를 주제한다. 즉, 구매자가 공급 받기를 원하는 것에 대한 설명과 함께 공급 방식 및 조건, 업체 선정 방식 등이 전달된다. 조달을 위한 입찰 방식에 따라 금액 중심의 단순 입찰의 경우에는 입찰초청서(IFB, Invitation For Bid), 공급받을 솔루션의 접근 방법이나 구현 방법이 각자 다를 경우에는 제안요청서(RFP), 완성된 판매 품목 등을 조달한 경우에는 견적요청서(RFQ)를 후보 공급자에 배포한다.

입찰 문서를 받은 후보 공급자인 각 입찰자는 제공할 솔루션에 대한 설명, 접근 방식, 금액, 인력, 기타 조건 등의 필요한 답변을 작성하여 입찰 문서에 지정된 날짜까지 구매자에게 전달한다. 입찰초청서를 받은 경우에는 입찰(bid)에 응하고, 제안요청서를 받은 경우에는 제안서(proposal)를 제출하며, 견적요청서를 받은 경우에는 견적서(quotation)를 제출한다.

최상위 공급업체를 선택하는 낙찰자 선택(source selection)은 각 입찰자가 제출한 문서를 기반으로 경험, 참고 자료, 가격 및 적시 납품과 같은 다양한 기준에 따라 평가한다. 이러한 변수에 가중치를 부여해서 각 변수의 상대적 중요도를 반영한다. 구매자는 적절한 공급업체를 선택하는 내부기준에 따라 공급업체 입찰을 평가하고 후보 공급자를 선정한다.

구매자와 선정된 공급업체는 비용에서 납품, 지불일, 작업 장소, 지적재산 소유권 등에 이르는 대 부분의 계약조건을 협상하고 계약을 체결한다. 견적서를 제출한 공급자에 대해서는 계약서 대신에 구매주문서(PO, Purchase Order)를 일방적으로 보내는 방법으로 계약이 발효될 수 있다.

계약(Contracting)

- 합의가 최종 완료되면 당사자들 계약을 체결
- 계약 종류는 구매 규모, 작업 범위 안정성, 조직의 리스크 허용 범위에 따라 다름
- 일부 인도물에는 적응형 접근방식을 사용하고, 다른 인도물에는 예측형 접근방식을 사용하는 프로젝트는 전체 계약에 통합(master) 계약 사용 가능
  - 적응형 작업은 별첨이나 보조 요소에 배치하면 전체 계약에 영향을 미치지 않고 적응형 작업 범위에서 변경이 가능
- 공급업체(vendor)가 선택되면 공급업체 날짜, 자원, 비용, 품질 요구사항, 리스크 등을 포함한 프로젝트 계획과 문서를 업데이트
  - 계약 시점부터 공급업체는 프로젝트 이해관계자다
- '이해관계자 성과영역' 및 '측정 성과영역'의 정보는 프로젝트 전반에 걸쳐 공급업체에도 적용
- 조달은 프로젝트 진행 중에 언제든지 발생할 수 있으며, 모든 조달 활동은 프로젝트의 일부로서 프로젝트 운영에 통합

조달 작업(working with procurements)은 판매자를 선정하는 과정과 선정된 판매자와 계약을 수립하는 과정이다. 적합한 판매자를 선정하기 위해 입찰 문서를 기반으로 입찰 공고, 입찰 회의 등 추가적인 정보를 수집한다. 수집된 정보를 기반으로 독립원가 산정치, 판매자 선정 기준, 선별 시스템, 가중치 시스템 등 다양한 활동으로 판매자를 평가 및 선정한다. 선정된 판매자와 비용, 작업 범위 등 필요한 모든 부분에서 협상을 통해 최종 합의를 하고 계약을 체결한다.

PMBOK 6th에서는 당사자간의 계약을 체결한 문서를 협약서(agreements)라고 하는데 협약서는 계약서 또는 구매 주문서, 발주서 등으로 불리기도 한다. 협약서는 당사자간의 법적 구속력이 있으며 구매자와 판매자의 관계를 규정한 공식적인 문서이다.

> **[참고] 독립원가 산정치**(independent cost estimates)
>
> 조직 내부나 제3의 기관을 통해 작성된 원가 산정치이며, 판매자가 제시한 비용에 대한 타당성을 평가하는 기준으로 사용된다.

새로운 작업 및 변경 사항 감시(Monitoring new work and changes)

- 작업이 진화하고 적응하는 적응형 프로젝트에서는 필요에 따라 새 작업을 제품 백로그에 추가 가능
  - 완료되는 작업보다 더 많은 작업의 추가나 동일한 양의 작업 추가는 프로젝트가 끝없이 지속
- 프로젝트 관리자는 제품 책임자(PO)와 협력해 범위(scope) 추가, 예산(budget)에 미치는 영향, 프로젝트 팀 구성원의 가용성 등의 기대치 관리
- 제품 소유자는 우선순위가 높은 항목이 완료되도록 지속적으로 프로젝트 백로그의 우선순위를 지정
  - 일정이나 예산에 제약이 있는 경우, 제품 소유자(product owner)는 우선순위가 가장 높은 항목이 인도될 때 프로젝트를 완료한 것으로 고려할 수 있음
- 예측형 프로젝트에서 프로젝트 팀은 승인된 변경 사항만 범위 기준선에 포함되도록 작업 변경 사항을 적극적으로 관리
  - 범위가 변경되면 인력, 자원, 일정, 예산에 대한 적절한 변경이 수반
- 범위 변경은 불확실성을 증가시키므로, 변경 요청에는 범위 추가나 변경으로 인해 발생하는 새로운 리스크에 대한 평가가 수반
- 프로젝트 관리자는 변경 통제 위원회(change control board) 및 변경 요청자와 협력하여 변경 통제 프로세스를 통해 변경 요청
- 승인된 변경 사항은 해당 프로젝트 계획, 제품 백로그 및 프로젝트 범위에 통합되고, 변경사항은 해당 이해관계자에게도 전달

예측형 접근방식 프로젝트에서 프로젝트 관리자는 신규 추가되거나 변경되는 작업은 범위 추가(Scope Creep)나 금도금(Gold Plating)이 발생하지 않도록 통제해야 한다.

[참고] 범위 추가(Scope Creep)와 금도금(Gold Plating)

항 목	설 명
Scope Creep (범위 추가, 범위 확장)	• 공식 변경 절차에 따라 승인되지 않고 조용히 변경(추가, 수정, 삭제)된 범위이다. • 일반적으로 이해관계자 간의 친분에 의해 발생하며, 매우 사소한 변경으로부터 시작된다.(고객 또는 스폰서가 개인적으로 프로젝트 팀원에게 부탁/지시하거나 프로젝트 팀원 간에 부탁으로 발생) • Scope Creep는 그 어떤 문서에도 기록이 남지 않는다.
Gold Plating (금 도금)	• 프로젝트 팀이 자의로 범위 기준선(또는 계약) 범위 외의 성과를 고객이나 스폰서에게 제공하는 것이다. • 고객이 요구한 사항보다 더 뛰어난 품질이나 기능을 제공하는 것으로 범위 통제가 되지 않은 부분이다.

이해관계자의 추가 요구사항이나 변경은 변경 통제 절차를 통해 승인/거부 등이 공식적으로 수행되며 변경 기록부에 기록되어야 한다. PMBOK 6th에서는 프로젝트 통합관리 지식분야 중에 "통합 변경통제 수행" 프로세스의 활동들이 공식 또는 비공식적으로 요청되는 변경이나 요구사항을 통제한다.

적응형 접근방식에서는 변경이나 변화에 민첩하게 대응하기 위해 반복(iteration)마다 계획을 수립한다. 이미 시작되어 진행중인 반복에서는 일체의 변경을 수용하지 않는다. 승인된 변경(요구사항 또는 우선순위)은 다음 반복에서 수행할 수 있도록 백로그를 업데이트한다.

프로젝트 전반에 걸친 학습(Learning throughout the project)

- 프로젝트 팀은 정기적인 회의를 통해 더 나은 결과를 가져올 수 있는 교훈을 결정
- 회고 회의(retrospectives meeting)를 통해 반복(iteration)에서 사용된 프로세스들을 개선해 더 나은 결과를 얻기 위해 업무 방식이 진화되거나 변경

지속적으로 절차나 활동 등을 기획하고 실행한 후, 계획과 실적을 비교하여 개선할 부분을 식별하고 다음 계획에 적용해서 다시 실행하는 것을 지속적인 개선이라고 한다.

예측형 접근방식에서는 단계 종료 시점을 포함해 프로젝트 실행 단계에서 발생하는 다양한 교훈을 통해 프로세스나 관리 활동 등에 대한 개선 노력을 한다.

적응형 접근방식에서는 반복이 종료될 때마다 팀원들이 해당 반복에서 사용된 프로세스의 낭비 요소나 개선할 점을 식별하고 다음 반복에서는 더욱 개선된 프로세스나 활동 등을 적용한다.

프로젝트 전반에 걸친 학습을 위해, 학습할 대상이 되는 지식을 통합적으로 만들거나 활용할 수 있는 지식관리가 기본적으로 필요하다. 그 대상 지식에는 명시적 지식뿐만 아니라 암묵적 지식도 모두 포함된다.

지식 관리(Knowledge Management)

- 팀은 프로젝트 진행 중에 다음과 같은 다양한 학습이 이루어짐
- 특정 작업을 더 빠르게 수행하는 방법
- 결함을 줄일 수 있는 품질 보증 접근방식과 같이 결과를 개선시킬 수 있는 방법
- 사용자에게 새로운 소프트웨어 사용 방법 교육(조직 전체에 공유)

조직의 관점에서 지식관리는 프로젝트 팀 및 기타 이해관계자의 기술, 경험 및 전문성이 프로젝트 시작 전, 진행 중, 종료 후 반드시 활용될 수 있도록 하는 것이다. 또한 지식관리의 핵심은 신뢰하는 환경을 조성하여 사람들이 자신의 지식을 공유하도록 장려하는 데 있다.

프로젝트 지식 관리는 프로젝트 팀과 조직의 학습에 기여하고 성공적인 프로젝트 목표 달성을 위해 기존 지식을 사용하고 새롭게 학습되는 지식을 효과적으로 생성하고 저장하는 활동이다.

그러나 지식을 단순히 문서화하고 저장하고 공유할 수 있도록 하는 것만이 지식 관리는 아니다. 학습한 지식과 교훈은 프로젝트 다음 단계 또는 다음 프로젝트에서 활용할 수 있도록 네트워킹, 적극적 청취, 촉진, 리더십, 정치적 인식 등 대인관계 및 팀 기술을 활용해 팀의 암묵적 지식과 명시적 지식을 공유하고 통합하는 것이 목적이다.

◉ 대인관계 및 팀 기술

구성 요소	설 명
네트워킹	동호회, 동기 모임 등 비공식적 모임을 이용해 암묵적, 명시적 지식 공유
적극적 청취	오해 소지를 줄이며 지식 공유 및 의사소통을 개선
촉진	효과적인 의사결정을 향상
리더십	지식 목표에 집중하도록 함
정치적 인식	이해관계자들의 기대 및 태도 등을 기반으로 적절한 의사소통 계획 수립

프로세스 중심의 프로젝트관리를 기술한 PMBOK 6th 중에 프로젝트 통합관리 지식분야에는 실행 프로세스 그룹에 속하는 "프로젝트 작업 지시 및 관리(direct and manage project work)"와 "프로젝트 지식 관리(manage project knowledge)"가 있다. 이 중에 "프로젝트 지식 관리" 프로세스는, 프로젝트의 목표를 달성하고 조직의 학습에 기여할 수 있도록 기존 지식을 활용하고 새로운 지식을 만들어가는 프로세스로, 이전 조직의 지식을 활용하여 프로젝트 결과를 산출하거나 개선하고, 프로젝트에서 습득한 지식으로 조직의 운영 업무, 향후 프로젝트 또는 단계를 지원할 수 있게 한다. 이 프로세스를 통해 "교훈 관리대장"이 만들어진다. 프로젝트 통합관리에 대한 전반적인 프로세스는 '기획 성과영역'의 '조정' 부분을 참고하고, '교훈 관리대장'에 대한 자세한 설명은 본서의 3부 4장 결과물(artifact) 중에서 '기획 결과물' 내에 있는 '교훈 관리대장'을 참고할 수 있다.

명시적 지식과 암묵적 지식(Explicit and Tacit Knowledge)

- 명시적 지식(explicit knowledge)
  - 단어, 그림 또는 숫자를 사용하여 쉽게 체계화
    (예) 새로운 프로세스 단계는 문서화할 수 있는 명시적 지식
  - 명시적 지식은 정보 관리 도구를 사용하여 사용자가 매뉴얼, 관리대장, 웹 검색 및 데이터베이스와 같은 정보에 연결해 사용
- 암묵적 지식(tacit knowledge)
  - 문서화될 수 없기 때문에 표현이 쉽지 않음
    (예) 경험, 통찰력, 실용적인 지식이나 기술로 구성
  - 지식이 필요한 사람과 지식을 가진 사람을 연결함으로써 공유
  - 네트워킹, 인터뷰, 작업 섀도, 토론 포럼, 워크샵 등의 방법으로 달성

프로젝트는 한시적이므로 프로젝트 완료 후에 많은 지식이 손실된다. 지식의 전달은 프로젝트 수행을 통해 획득한 가치 제공은 물론, 조직이 프로젝트 실행 경험에서 지식을 얻을 수 있게 한다.

지식은 '명시적 지식'과 '암묵적 지식'으로 나누며, 지식 관리는 기존 지식의 재사용과 새로운 지식의 창출이라는 두 가지 목적으로 암묵적 지식과 명시적 지식을 관리하는 것으로 지식 공유와 지식 통합 활동을 수행하는 것이다. 명시적 지식은 쉽게 공유할 수 있더라도 맥락이 결여되고 다양하게 해석될 가능성이 있기 때문에 항상 올바르게 이해 또는 적용된다고 할 수 없으며, 암묵적 지식은 맥락을 내포하고 있지만 명문화하기 매우 어렵다는 사실이다.

명시적 지식은 일반적으로 경성 기량(hard skill) 이라고 한다. 프로세스나 방법론 등은 명시적 지식으로 교육과 훈련을 거쳐 실무에 곧바로 활용할 수 있다. 그러나 리더십이나 대화 등은 문서로 된 설명서나 매뉴얼이 없다. 이런 연성 기량(soft skill)이라고 하는 암묵적 지식은 문서를 읽는다고 해서 바

로 적용할 수 있는 영역이 아니기 때문이다.

자전거를 구매할 때, 자전거 타는 방법에 대한 매뉴얼이 없는 이유도 암묵적 지식이기 때문이다. 그 외에도 "오늘도 연애를 글로 배웠습니다." 라는 문장을 종종 볼 수 있는데, 연애 역시 암묵적 지식이기 때문에 글이나 매뉴얼로는 학습할 수가 없는 영역이다. 암묵적 지식은 대인관계 및 팀 기술을 이용해 상대방과 공감을 통해 인식하고 각성될 때 비로소 자신의 지식으로 활용할 수 있다.

다른 성과영역과의 상호작용(Interactions with other performance domains)

- 프로젝트 작업 성과영역은 프로젝트의 다른 성과영역과 상호 작용하고 지원
- 기획, 인도, 측정 성과영역의 활동이 프로젝트 작업을 통해 효과적/효율적으로 가능
- 프로젝트 팀 회의, 상호 작용, 이해관계자 참여 효과 높이기 등의 환경 제공
- 프로젝트 작업은 불확실성, 모호성 및 복잡성을 식별하도록 도와주고, 영향력과 다른 프로젝트 제약의 균형을 맞춤

프로젝트 작업 성과영역은 예측형 또는 적응형 접근방식의 프로세스에 따라 팀과 물적 자원 그리고 조달 작업 등을 이해관계자 의사소통 및 참여 활동으로 이루어진다. 이러한 다양한 활동 결과 학습할 수 있는 교훈과 지식은 조직 전체에 공유되며 점진적으로 개선된다.

프로젝트 작업 성과영역의 상호작용은 다음과 같다.

- 프로세스 수립을 위해 개발방식 및 생애주기 성과영역과 상호작용
- 제약 사항 균형 조정을 위해 이해관계자 및 팀 성과영역, 인도 등의 성과영역과 상호작용
- 팀 집중력 유지를 위해 팀 성과 영역과 기획 성과영역, 측정 성과영역과 상호작용
- 프로젝트 의사소통 및 참여는 이해관계자 성과영역과 상호작용
- 물적 자원관리는 기획 및 조달, 측정 성과영역과 상호작용
- 조달 작업은 기획, 이해관계자 성과영역과 인도, 측정, 불확실성 성과영역과 상호작용
- 새로운 작업 및 변경 사항 감시는 이해관계자, 개발방식 및 생애주기, 인도, 측정, 불확실성 성과영역과 상호작용
- 불확실성 성과영역은 프로젝트 작업 성과영역 전반에 걸쳐 상호작용

2.6 인도 성과영역(Delivery Performance Domain)

인도 성과영역은

- 프로젝트 범위 및 품질 이행과 제공에 관련된 활동 및 기능
- 프로젝트는 전략 실행과 비즈니스 목표 진전을 지원
- 프로젝트 인도는 요구사항, 범위, 품질 기대치 충족에 중점을 둔 의도한 결과 (outcomes)를 만들어 내기 위한 예상 인도물(deliverables)을 산출
- 프로젝트는 다음 활동을 통해 비즈니스 가치를 제공
  - 새로운 제품이나 서비스 개발
  - 문제 해결
  - 결함 또는 최적화되지 않은 기능 수정
- 프로젝트 인도물은 이해관계자의 다양한 관점에서 평가되며 여러 결과를 제공
  - (예) 인도물의 사용 편리성이나 시간 절약 측면을 중시하는 이해관계자 그룹
  - (예) 경제적 수익이나 시장 차별화를 중시하는 이해관계자 그룹
- 인도 성과영역의 효과적 실행으로 얻을 수 있는 성과
  - 프로젝트가 비즈니스 목표와 전략 발전에 기여
  - 인도를 통해 프로젝트 결과(outcomes)가 실현
  - 프로젝트 편익(benefit)이 계획된 기간에 실현
  - 요구사항을 프로젝트 팀이 명확하게 이해
  - 프로젝트 인도물에 대해 이해관계자의 승인과 만족도가 높아짐

용어 정의

- **요구사항**(requirement)
  비즈니스 요구 충족을 위해 제품, 서비스 또는 결과물에 구현해야 하는 조건이나 역량

- **작업분류체계**(WBS, work breakdown structure)
  프로젝트 목표 달성과 필요한 인도물 생산을 위해 수행할 전체 작업 범위를 계층 구조로 분할

- **완료 정의**(DoD, definition of done)
  고객이 사용할 수 있는 수준으로 완료된 인도물로 간주하기 위해 충족해야 할 모든 기준을 명시한 점검목록으로, 주관적인 완료 기준을 객관화 함

- **품질**(quality)
  기본 특성이 요구사항을 충족시키는 정도

- **품질비용**(COQ, cost of quality)
  요구사항에 대한 부적합 결과를 예방하기 위한 투자, 요구사항에 대한 제품/서비스의 적합성 평가, 요구사항 준수 미달로 인해 제품 생애주기 전반에 발생한 모든 비용

인도 성과영역의 성과와 확인 방법은 다음과 같다.

성과	확인 방법(체크)
비즈니스 목표, 전략 발전에 기여하는 프로젝트	비즈니스 계획 및 전략 계획이 프로젝트의 권한을 부여하는 문서와 함께 프로젝트 인도물 및 비즈니스 목표와 서로 부합
인도하기 위해 착수한 성과를 실현하는 프로젝트	비즈니스 케이스와 기본 데이터는 프로젝트가 의도한 성과를 실현하기 위해 계속 진행 중임을 나타냄
계획된 기간에 실현되는 프로젝트 편익	편익 실현 계획과 비즈니스 케이스 및 일정은 재무 메트릭스와 예정된 인도가 계획대로 달성되고 있음을 나타냄
요구사항을 명확하게 이해하는 프로젝트 팀	예측형 개발에서 초기 요구사항의 변화는 이해를 반영하지 않음. 요구사항이 진화하는 프로젝트에서 요구 사항에 대한 명확한 이해는 프로젝트가 착수할 때까지 진행되지 않음
이해관계자가 프로젝트 인도물에 대해 수락하고 만족	인터뷰, 관찰, 최종 사용자 피드백은 인도물에 대한 이해관계자 만족도를 나타내고 불만 및 반품 수준 등으로 만족도를 나타낼 수도 있음

가치 인도(전달)(Delivery of value)

- 비즈니스, 고객, 이해관계자에게 제공되는 가치는
  - 적응형 개발방식에서는 생애주기 전반에 인도물 출시를 지원하므로, 프로젝트 기간 동안 가치를 제공
  - 예측형은 생애주기 끝에서 인도물을 대량으로 제공하므로, 프로젝트 초기 배포 후에 가치를 제공
- 비즈니스 가치는 초기 프로젝트가 종료된 후에도 계속 확인 가능하며, 더 긴 제품 및 프로그램 생애주기를 사용하여 이전 프로젝트가 제공한 편익과 가치 측정 가능
- 비즈니스 케이스(business case)는 비즈니스 타당성, 비즈니스 가치에 대한 예측 제공
- 개발방식 및 생애주기에 따라 비즈니스 케이스 형식은 다르나, 프로젝트 결과가 조직의 비즈니스 목표에 어떻게 부합하는지 보여줌
- 비즈니스 케이스의 예
  - 구체적인 투자수익 산정치가 기술된 비즈니스 케이스 문서
  - 문제, 솔루션, 수익원, 비용 구조 등의 상위 요소를 기술한 린 스타트업 캔버스
- 프로젝트 승인 문서는 주기적인 측정을 위해 프로젝트의 원하는 결과를 정량화
  - 이러한 문서는 프로젝트 생애주기, 주요 릴리스, 주요 결과물, 검토 및 기타 고급 정보에 대한 개요를 제공하는 세부적 기준 계획 또는 상위 수준의 로드맵에 따라 달라짐

프로젝트를 수행하는 목적은 비즈니스 가치 인도이다. 가치는 경제적 관점의 유형 가치와 기업 가치, 브랜드 가치, 고객 만족 등의 무형의 가치가 있다. 이러한 가치는 비즈니스 문서인 비즈니스 케이스(business case)와 편익관리 계획서(benefit management plan)에 기술되기 때문에 프로젝트 수행 여부를 결정하는 근거가 된다.

◑ 비즈니스 문서

항 목	설 명
비즈니스 케이스	• 프로젝트가 처리할 비즈니스 문제 또는 기회에 대한 설명 및 영향 등의 비즈니스 요구사항 • 전략, 목표 식별 등 상황 분석 • 가능성 있는 대안 및 구현 방식 등의 권장 사항 • 인도할 편익 측정 계획 등의 평가 방법
편익관리 계획서	• 편익이 언제, 어떻게 실현되는지, 그 편익을 어떻게 측정할 수 있는지 기술한 문서 • 목표 편익, 전략, 편익 실현을 위한 기간, 메트릭스, 소유권, 책임자, 측정 메트릭스, 가정사항, 리스크 등을 포함 • 프로젝트 사후 평가를 위한 지침(사후 평가는 프로젝트 편익을 프로젝트가 완료된 후에 특정 주기에 따라 측정하는 것)

인도물(Deliverables)

• 인도물은 중간 또는 최종 제품/서비스/프로젝트 결과물(results)
• 인도물은 프로젝트의 결과물(outcomes) 생성을 가능하게 함
• 인도물은 이익, 사람, 지구(환경)에 대한 장기적 영향과 함께 이해관계자의 요구사항, 범위, 품질을 반영

프로젝트 팀에서 작업을 통해 산출되는 인도물은 고유하며 검증이 가능한 제품, 서비스, 결과물이다. 프로젝트 제품, 기획, 서비스, 프로세스, 수행 역량 등도 인도물 범주에 속한다. 인도물은 프로세스 종료 시점이나 단계 종료에서 산출되는 중간 인도물과 프로젝트가 완료되는 시점에 산출되는 최종 인도물로 구분된다.

예측형 접근방식에서는 프로젝트 팀이 산출한 인도물이 요구사항, 범위, 품질이 기획대로 반영되었는지 팀이 자체 검증 활동을 한 후 검증된 인도물을 고객에게 인도하여 고객이 인도물에 대한 검사를 수행하게 한다. 최종 인수가 승인된 인도물은 단계 종료 또는 프로젝트 종료 활동을 통해 고객에게 이관된다.

적응형 접근방식에서는 인도물에서 대해서 프로젝트 팀 검증(품질 통제)과 고객 검사(범위 확인)를 스프린트 리뷰 회의(sprint review meeting)에서 동시에 수행한다.

프로젝트 인도물과 관련된 다음과 같은 내용들을 살펴본다.

- 요구사항(requirement)
- 범위 정의(scope definition)
- 완료 목표 변동(이동)(moving targets of completion)

요구사항(Requirements)

- 요구사항은 비즈니스 요구를 충족하기 위해 제품, 서비스 또는 결과물에 구현해야 하는 조건이나 역량
- 요구사항은 비즈니스 케이스에 기술된 상위 수준의 내용이거나, 시스템 구성 요소의 인수 기준처럼 상세화된 수준이 될 수 있음
- 안정적이고 범위가 잘 정의된 프로젝트는 일반적으로 이해관계자와 협력하여 사전 계획 중에 요구사항을 도출하고 문서화
- 프로젝트를 시작할 때 상위 수준의 요구사항은 시간이 지남에 따라 요구사항을 발전시킬 수 있고, 일부 프로젝트에서는 프로젝트 작업 중 요구사항을 식별하기도 함

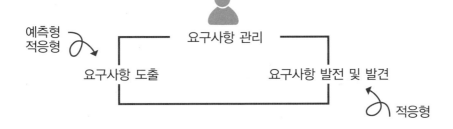

요구사항(Requirements) - 요구사항 관리 방법

- 요구사항 도출
  - 핵심 전문가 그룹 대상 인터뷰, 데이터 분석, 프로세스 관찰, 결함 로그 검토, 기타 방법으로 요구사항을 도출
  - 요구사항 도출에는 이를 문서화하고 이해관계자의 동의를 구하는 것을 포함
  - 요구사항은 다음 기준을 충족
    - 명확성, 간결성, 검증 가능성, 일관성, 완결성, 추적 가능성
- 요구사항 발전 및 발견
  - 프로토타입, 시연, 스토리보드 및 모형 등을 사용해 요구사항을 발전
  - 변화하는 요구사항은 반복, 증분, 적응형 접근방식을 사용
  - 요구사항을 변경할 수 있는 새로운 기회가 발생하는 경우도 있음

- 요구사항 관리
  ◦ 비효율적인 요구사항 관리는 재작업, 범위추가, 고객불만, 예산초과, 일정 지연, 실패를 유발
  ◦ 요구사항 관리 담당은 비즈니스 분석가, 제품 책임자, 가치 엔지니어가 수행
  ◦ 요구사항 관리는 소프트웨어, 백로그, 인덱스 카드, 추적 매트릭스 등을 사용
  ◦ 요구사항은 안정성 대비 유연성 수준이 적절한지, 이해관계자가 합의했는지 확인

프로젝트 요구사항은 프로젝트 수행의 기반이 된다. 따라서 초기에 정의한 요구사항이 명확하게 구현되었는지 등은 성공 측정 기준이 되기 때문에 누락 없이 도출하고 관리해야 한다.

요구사항은 다음 유형으로 구분할 수 있다.

요구사항 유형	설 명
비즈니스 요구사항	조직 레벨 관점의 상위 수준 요구사항(기회, 이슈)
이해관계자 요구사항	이해관계자(개인, 그룹)가 제시한 요구사항
솔루션 요구사항	기능(제품, 서비스의 동작) 및 비기능(신뢰성, 성능) 요구사항
전환 요구사항	현재 상태를 미래 상태(to be)로의 요구사항(교육, 훈련)
프로젝트 요구사항	프로젝트 관리에 필요한 조치(프로세스, 기법) 요구사항
품질 요구사항	인도물의 품질 등 요구사항 이행 충족 기준 등의 요구사항

요구사항 발전 및 발견에 사용되는 프로토타입은 개념이나 프로세스를 테스트하기 위해 만든 제품의 초기 샘플, 모델 또는 릴리스이다. 일반적으로 프로토타입은 분석가와 고객이 요구사항의 정확성을 개선하기 위해 사용된다. 고객이 명확하게 설명하지 못하는 요구사항에 대한 가시화가 목표이기 때문에 프로토타입을 제작할 때는 최소한의 노력(effort)과 주요 기능을 중심으로 제작해야 한다.

프로토타입 단계에서 고객의 승인 전까지는 요구사항의 명확성을 식별하기 위해 반복적 개발을 통해 점진적 구체화(progressive elaboration)로 구현된다.

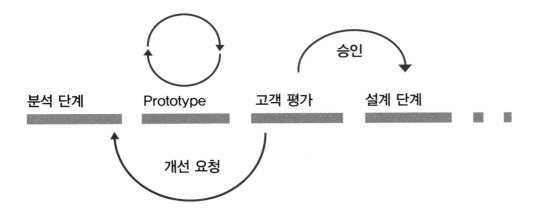

범위정의(Scope Definition) – 개요

- 요구사항이 식별되면 요구사항을 충족하는 범위가 정의됨
- 범위 정의 과정에서 더 많은 요구사항이 식별될 수도 있음
- 예측형 접근방식에서 범위는 요구사항과 마찬가지로 사전에 잘 정의됨
- 적응형 접근방식에서 범위는 프로젝트가 진행되면서 발전 또는 발견됨

범위정의(Scope Definition) – 범위 분할

- 예측형 접근방식 범위 분할
  - 주요 인도물과 그 인수 기준을 식별하기 위해 범위기술서를 통한 범위 구체화
  - 범위를 하위 수준으로 세분화하고 구체화한 작업분류체계(WBS) 작성

- 적응형 접근방식 범위 분할
  - 애자일 헌장, 로드맵 또는 제품 계층의 일부로 프로젝트 테마(theme)를 식별
    - 테마는 관련성 있는 기능, 데이터 소스 또는 보안 수준과 같은 범주로 묶은 사용자 스토리들로 고객 가치의 큰 그룹

  - 에픽(epic)은 반복으로 완료하기에 너무 큰 대규모 사용자 스토리이며 제품의 특정 동작을 나타내는 단문이나 기능으로, 일련의 관련된 요구사항 기능으로 분할
  - 사용자 스토리(user story)는 사용자의 요구사항에 대한 간략한 설명이며 최종 사용자의 관점에서 작성된 요구사항을 명확하고 간결하게 표현한 것
  - 프로젝트 팀은 책임이 따르는 마지막 순간(LRM, Last responsible moment)에 스토리 세부사항을 정의하여 범위 변경 시 낭비되는 계획을 회피

> ## 범위정의(Scope Definition) - 인도물 완료
>
> - 인도물 완료 - 구성 요소나 프로젝트 완료를 설명하는 방법은 접근방식에 따라 다름
>   - 수락(인수) 또는 완료 기준(acceptance or completion criteria)
>   범위기술서에 기술된 인도물을 고객이 승인하기 전이나 프로젝트가 완료된 것으로
>   간주되기 전에 충족해야 하는 기준
>   - 기술적 성과측정(technical performance measures)
>   WBS의 각 인도물(work package, 작업 패키지)에 대한 정보를 구체적으로 기술한 WBS
>   사전(dictionary) 또는 제품의 기술 사양 문서
>   - 완료 정의(DoD, definition of done)
>   소프트웨어 개발 프로젝트의 적응형 접근방식에서 사용되는 점검목록으로, 고객이
>   사용할 수 있는 수준으로 완료된 인도물로 간주하기 위해 충족해야 할 모든 기준

예측형 프로젝트에서는 범위 정의를 위해 WBS(Work Breakdown Structure, 작업분류체계)를 사용한다. WBS는 프로젝트 팀이 프로젝트 목표를 달성하고 필요한 인도물을 만들기 위해 수행할 전체 작업 범위를 계층적으로 분해한 것이다. 이 정의의 핵심은 다음과 같다.

▶ 계층 구조

WBS는 일반적으로 계층 구조로 표현된다. 트리(Tree)형태 또는 표 형식이나 디렉터리 형식의 구조로 표현될 수 있지만 이런 다양한 표현, 형태, 형식의 본질은 계층적이라는 것이다. 따라서 본질인 계층을 유지할 수 있다면 조직에서 원하는 어떤 형식이나 형태로 지정해도 관계없다. WBS의 최고 수준은 레벨 1로 알려져 있으며(조직에 따라 최상위 레벨을 0으로 가져갈 수도 있다.) 하위로 레벨 2, 레벨 3, ... 레벨 n 까지 계층을 구현할 수 있다. 참고로 계층적이라는 용어와 같은 의미로 구조화라는 용어도 많이 사용된다.

▶ 인도물

인도물(산출물, 결과물, 기능 등)은 고유하고 검증 가능한 제품, 서비스 또는 생성된 결과이다. WBS는 일반적으로 인도물을 기준으로 분할하여 최고 하위 레벨인 작업 패키지(work package)를 만든다.

▶ 분할

프로젝트 범위를 기반으로 프로젝트 팀은 인도물을 관리 가능한 단위로 분할한다. WBS의 분해는 다양한 수준의 인도물과 work package(작업 패키지)를 생성한다. 일반적으로 작업 패키지(WP, work package) 단위의 인도물(결과물, 산출물, 기능)이 가장 최하위 수준으로, 일정이나 원가를 추정하거나 편성하는 작업 단위로 사용될 수 있다. 즉, WBS는 일정, 예산, 자원 요구사항을 산정할 때 필요한 핵심 자료이며 통제의 기본 단위이다. 프로젝트 진행 중 변경에 따라 신속하게 일정, 원가 등의 정성적 영향 평가를 수행할 수 있는 자료이기도 하다.

Tree 형식의 WBS 예시

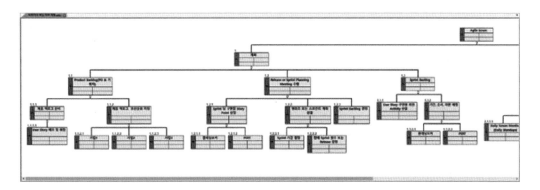

WBS 구성 요소

구성 요소	설 명
작업 패키지 (work package)	• 최하위 수준의 작업 덩어리로 인도물 중심으로 구성 • 작업(activity, task)로 분해가 가능한 최소 단위의 작업 덩어리
WBS 사전 (WBS dictionary)	• WBS 각 구성요소에 대한 설명 • 활동목록, 순서, 기간, 자원, ID, 품질 기준, 테스트 기준, 완료 정의 등 세부 요소에 대한 설명이며 점진적 구체화됨
기획 패키지 (planning package)	• 범위 또는 요구사항 등이 명확하지 않을 경우의 작업 덩어리 • 프로젝트가 진행되면서 추가적인 정보가 확보되면 이 후 작업 패키지로 분할

적응형 접근방식의 프로젝트 범위 분할은 불확실성이라는 공통점을 가지고 있는 에픽(epic)과 테마(theme)에서 구체적인 요구사항으로 발전해 나간다.

테마(theme)

관련성 있는 항목에 맞는 사용자 스토리들을 한데 묶어서 릴리즈 또는 반복 기획을 수립할 수 있다. 이렇게 항목별로 묶인 사용자 스토리들을 테마(theme)라고 한다. 규모와 불확실성으로 본다면 에픽과 테마는 유사하지만 테마는 관련성 있는 범주로 되어 있는 것이 에픽과의 차이점이다.

테마는 프로그램 혹은 프로젝트 수준에서 논의되는 것으로 여러 프로젝트나 제품에 걸쳐 있을 수 있다. 예를 들면, '사용성 향상'이나 '해외 출시' 등을 들 수 있다.

에픽(epic)

우리에게 꼭 필요한 가치 또는 기능인지 확실하지 않을 때나, 필요는 하지만 당장은 아닌 가치나 기능들은 구체적이지 않은 큰 사용자 스토리로 만들어 불필요한 노력(effort)를 방지한다. 이렇게 큰 사용자 스토리가 에픽(epic)이다. 에픽은 나중에 구체적인 사용자 스토리로 분할된다.

에픽은 관련된 사용자 스토리 그룹으로, 이는 단순히 관리하기 힘든 관련 사용자 스토리를 함께 그룹화하는 것이다. 앞의 예에서 '사용성 향상'을 위해 '용이한 사용자 등록', '검색 개선' 및 '가장 유용한 정보를 화면 상단에 배치' 등에 대한 에픽이 있을 수 있다. 에픽은 단순히 관련된 사용자 스토리의 모음인 반면 테마는 관련된 비즈니스 가치와 함께 초점을 맞춘 광범위한 영역이다.

◉ **사용자 스토리**(user story)
사용자 또는 고객이 직접 서술형으로 기술한 요구사항으로, INVEST(Independent, Negotiable, Valuable, Estimable, Small, Testable)라는 작성 가이드에 맞도록 작성한다. [그림 3-26]의 예시는 페이퍼 형식이지만 조직 시스템에 따라 프로젝트 정보관리 시스템(PMIS, Project Management Information System)이 있다면 소프트웨어를 이용해 수집할 수 있다.

US ID	Title	Priority

• **As is**(role), **어떤 이해관계자, 어떤 사용자가?** (예, 나는 은행 고객으로서) • **I want**(goal), **무엇을 원하는지, 내 목표인 ○○이 이뤄지기를 바란다.** (예, ATM에서 돈을 인출하고 싶습니다) • **So That**(reason) **이런 이유로, 이런 상황에서**(도), (예, 은행 영업 시간과 관계 없이) • **나는 은행 고객으로 은행 영업 시간에 관계없이 언제든지 ATM에서 돈을 인출하고 싶습니다.**	

SP	Note	C or T

Ⓘndependent Ⓝegotiable Ⓥaluable Ⓔstimable Ⓢmall Ⓣestable

[그림 3-26] 사용자 스토리의 예

에픽	스토리
"사용자는 대차대조표에 정보를 입력할 수 있어야 한다."	• 스토리1: "사용자는 요약된 대차대조표 데이터를 입력할 수 있다." • 스토리2: "사용자는 부문별 대차대조표 데이터를 입력할 수 있다." • 스토리3: "사용자는 입력된 값이 반영되기 전에 검증 과정을 거치기를 원한다. 　　　　　그래야 실수를 저지르지 않기 때문이다." • 스토리4: "사용자는 대부금을 항목별로 상세히 기입할 수 있어야 한다."

◐ 사용자 스토리 작성 가이드(INVEST)

구성 요소	설 명
상호 독립적 (Independent)	• User story의 story point 이중 추정을 방지하기 위해서 user story 간에는 동일한 기능(작업 요소)이 포함되면 안됨 • 공통적인 작업 요소가 있다면 하나의 user story에만 적용하고 다른 user story에서는 그 요소를 가져다 활용
변경 가능 (Negotiable)	• User story는 언제든지 폐기, 추가, 변경 등이 가능하도록 구성 • 구현에 필요한 세부 내용은 해당 스프린트 계획 미팅에서 확정
가치 (Valuable)	• 개발자가 아닌 일반인(고객과 사용자)이 알 수 있는 용어로 기술
산정 가능 (Estimable)	• User story는 규모 추정이 가능할 정도까지 분할 • 테마나 에픽처럼 규모가 큰 요구사항은 추정이 어려움
적절한 크기 (Small)	• User story는 반복 기간 안에 완료할 수 있을 정도의 규모로 구분(분할 또는 합산)
테스트가 가능한 (Testable)	• User story는 구현을 검증할 수 있도록 테스트가 가능해야 함(테스트 케이스를 작성할 수 있어야 함) • (예) "사용자는 검색 결과를 빠르게 확인할 수 있어야 한다." 라는 user story는 테스트 케이스를 작성할 수 없기에, "검색 결과는 1초 안에 화면에 표시되어야 한다."로 기술

　　사용자 스토리(user story)는 서브 사용자 스토리 또는 기술 스토리 등으로 분할 될 수 있고 각각의 사용자 스토리는 작업(task)으로 분할된다.

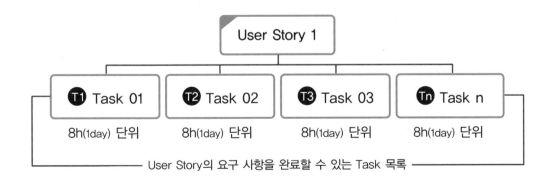

완료 목표 변동 (Moving Targets of Completion)

- 불확실성이 크거나 빠르게 변화하는 환경의 프로젝트에서는 '완료(done)'나 '릴리즈하기에 충분(good enough for release)'에 대한 목표 변경이 가능
  - 신제품이 자주 출시되는 경쟁적 시장 환경에서 새 릴리즈를 위해 이미 계획된 기능을 업데이트
  - 모바일, 웨어러블과 같은 새로운 기술 추세는 요구사항 방향성을 변경하거나 새로운 요구사항을 유발
- 인도되고 있거나 완료된 프로젝트의 목표가 지속적으로 변하기 때문에 팀은 계획 목표 달성율을 진행률과 비교해 추적
- 완료하는데 오래 걸릴수록 프로젝트 완료 목표는 변동될 가능성이 높으며, 이를 '완료 지연(done drift)' 이라 함

완료 목표 변동(Moving Targets of Completion)의 예

- 스마트 시계 개발 시나리오
  - 초기 일정은 초기 특성과 기능 개발에 12개월 소요
  - 경쟁사의 유사품 출시에 따라 시장에서 관련성을 유지하기 위해 특성, 기능 추가로 14개월 소요
  - 13개월 시점에 다른 경쟁사에서 더 많은 기능의 제품이 출시되어 해당 기능 추가로 출시까지 16개월 소요
  - 최신 기능이 없더라도 현재 상태로 출시할 지, 출시 전에 기능을 계속 업데이트할지 의사결정

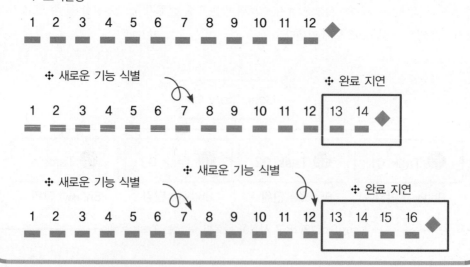

예측형 접근방식과 같은 안정적인 프로젝트에서는 일정, 예산, 자원의 변경 없이 범위 추가(scope creep)가 종종 발생한다. 이 경우에 프로젝트 팀은 변경통제 시스템을 활용해 범위 추가(scope creep)를 방지한다. 변경통제 시스템은 요청된 모든 변경 사항의 잠재적 가치와 그 변경을 실현하는데 필요한 잠재적 자원, 시간, 예산 등의 영향도 평가한 후에 결정되어야 한다. 변경에 대한 공식 승인을 위해 거버넌스 기관, 제품 책임자(PO), 경영진, 스폰서에게 보고하여야 한다.

내부 및 외부 요구사항과 시장 환경 등의 변화로 프로젝트 초기 목표는 언제든지 변동될 수 있다. 프로젝트 기간이 길수록 변수와 변경 사항이 많아지므로 완료 목표의 변동 확률은 높아진다. 특히 불확실성과 환경 변화에 따라 프로젝트 초기에 결정된 프로젝트 목표가 변경될 수 있다. 예측형 접근방식에서는 변경통제 시스템을 사용하여 검토 및 승인 없이 진행되는 범위 추가(scope creep)를 방지하여야 한다. 특히 승인권자 혹은 변경통제 위원회의 검토 승인을 포함하는 변경통제를 통해 모든 변경 요청이 공식적인 의사결정으로 승인 또는 거부될 수 있도록 해야 한다.

소프트웨어 개발 프로젝트에서는 변경 통제나 변경 절차가 형상 관리에 포함된다. 변경관리와 형상관리에 대한 상세 내용은 본서의 3부 4장 결과물(artifact) 중에 '변경관리계획'을 참조하면 된다.

변경, 빌드, 릴리즈, 배포, 버전 관리를 모두 포함하는 형상 관리(configuration management)는 형상 항목을 식별하여 그 기능적 물리적 특성을 문서화하고, 그러한 특성에 대한 변경을 제어하고, 변경 처리 상태를 기록 및 보고하고, 명시된 요구사항에 부합하는지 확인하는 일련의 사항에 대해 기술적인 행정적인 지침과 사후 관리를 적용하는 원칙이다.(IEEE Std 610.1990)

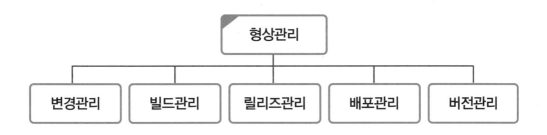

[그림 3-27] 소프트웨어 개발 프로젝트의 형상관리 예

구 성	설 명
변경관리	• 변경 요청에 대한 영향도 평가 후, 승인/거부하는 과정 • 변경 통제 또는 통합 변경통제 수행에 해당
빌드관리	• 빌드는 코드를 컴파일해서 binary code로 만들고, 패키징하고 코드를 테스트하여 실행 가능한 프로그램이 나오기까지의 과정 • 소스 코드 파일을 컴퓨터나 휴대폰에서 실행할 수 있는 독립(standalone) 소프트웨어 가공물로 변환하는 과정을 말하거나 그에 대한 결과물의 관리

구 성	설 명
릴리즈관리	• 소프트웨어 릴리스의 계획, 설계, 일정, 테스트, 배포, 제어 프로세스의 관리
배포관리	• 사용자가 사용할 수 있도록 실행 가능한 파일을 서버에 업로드하는 것 • 빌드 이후에 수행되므로 빌드 자동화 도구를 통해 진행
버전관리	• 변경 사항을 버전이라는 개념으로 관리 • 형상 항목의 변경 이력 관리, 동시에 다양한 버전의 형상 항목 관리 등

형상관리는 기능, 성능 등의 추상적인 대상을 형상화하고 변경 사항에 대해서 통제하며 이 내용을 이해관계자들에게 배포하는 것으로 파일이 어떤 이유에서 변경되었는지 관리할 수 있다.

그 외에도 다수의 개발자가 하나의 파일로 작업이나 편집할 수 있다. 또한 실수가 발생했을 때 되돌릴 수 있고 과거 특정 시점의 작업을 확인할 수도 있다. 일부 관점에서 형상 관리 구성은 버전관리, 배포관리, 변경관리로 구분하기도 한다.

프로젝트 형상관리의 프로세스는 크게 네 가지로 구분된다.

형상관리구조	설 명
형상 식별 (Configuration Identification)	• 형상 관리의 대상이 무엇인지 식별하는 것 • 식별 대상을 형상 항목(configuration item)이라고 함
형상 통제 (Configuration Control)	• 형상 항목의 버전(version control)과 변경에 대한 판단을 내리는 것 • 형상통제는 변경통제에 포함되며 프로젝트 팀에서 수행
형상감사 (Configuration Audit)	• 요구사항대로 형상 항목 변경이 제대로 이뤄졌는지 살펴보는 것
형상 상태 보고 (Configuration Status Accounting)	• 변경된 형상 항목을 이해관계자에게 알리는 것

용어 정의

- **변경통제 위원회**(CCB, Change control board)
  변경 요청에 대한 승인/거부의 권한을 가지며 필요시에 소집되는 비상임 위원회이다. CCB의 권한 및 수행 역할, 참여인력은 사전에 주요 이해관계자들의 합의에 의해 정의하고 프로젝트를 진행 중에 발생하는 다양한 변경 요청에 대한 승인/거부를 수행한다. 가급적 경영진 또는 고객(스폰서)를 포함해야 하지만, 포함되지 않을 경우 CCB의 결정 사항을 보고하고 다시 승인/거부를 받아야 한다.

'인도 성과영역'에서 인도물은 요구사항을 반영한 프로젝트 범위 및 품질과 밀접한 관계를 갖는다. 프로세스 중심의 전통적 프로젝트 관리를 설명한 PMBOK 6th에서는 이런 내용을 '프로젝트 범위

관리'와 '프로젝트 품질관리' 지식 분야에서 설명하고 있다. 그 중에 프로젝트 범위관리는 프로젝트를 성공적으로 완성하기 위해 필요한 모든 작업을 빠짐없이 프로젝트에 포함시키는 과정에서 수행하는 프로세스들로 구성되며 다음과 같다.

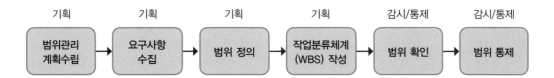

🔘 범위관리계획 수립(Plan Scope Management)
프로젝트 및 제품 범위를 정의, 확인, 통제하는 방법을 기술한 범위관리 계획서를 작성하는 프로세스로 기획의 성격을 갖는다.

🔘 요구사항 수집(Collect Requirements)
프로젝트 목표 달성에 필요한 요구사항과 이해관계자의 요구를 판별하고 문서화하며 관리하는 프로세스로 기획의 성격을 갖는다.

🔘 범위 정의(Define Scope)
프로젝트와 제품에 대한 상세 설명을 개발하는 프로세스로 기획의 성격을 갖는다. 프로젝트의 상세 명세는 프로젝트 범위기술서로 표현한다. 범위기술서는 요구사항 수집을 근거로 프로젝트 범위 중심의 프로젝트 개요를 포함하는 문서이다. 그 내용에는 프로젝트에 대한 설명과 제품에 대한 설명, 주요 요구사항, 범위 개요, 가정 및 제약 사항 등을 포함한다.

🔘 작업분류체계(WBS) 작성(Create WBS)
프로젝트 인도물과 작업을 더 작고 관리하기 편리한 구성 요소로 세분화하는 프로세스로 기획의 성격을 갖는다. 이는 프로젝트 범위기술서에 정의된 프로젝트를 수행하기 위해 해야 할 일들을 계층 구조로 분할하여 상세하게 도출한 것이다.

🔘 범위 확인(Validate Scope)
완료된 프로젝트 인도물의 인수를 공식화하는 프로세스로 통제의 성격을 갖는다.

🔘 범위 통제(Control Scope)
프로젝트 및 제품 범위 상태를 감시하고 범위 기준선에 대한 변경을 관리하는 프로세스로 통제의 성격을 갖는다.

프로젝트 접근방법에 따른 범위관리 방법을 정리하면 다음과 같다.

예측형	적응형
• 프로젝트가 시작될 때 인도물이 정의되며 범위 변경이 점진적으로 관리	• 반복(Iteration)을 거쳐 인도물이 개발되며 각 반복이 시작될 때 각 반복의 자세한 범위가 정의되고 승인
• (요구사항수집, 범위정의, WBS작성) 프로세스가 프로젝트 시작 단계에서 수행되며 필요시 통합변경통제 프로세스를 통 해 업데이트	• 프로젝트 전체 범위를 작은 요구사항과 수행 작업인 제품 백로그로 세분하고, 각 반복 시작 시점에서 백로그 목록의 최고 우선순위 항목 중 몇개를 다음 반복에서 인도할 수 있는지 판별 • 세 가지 프로세스(요구사항수집, 범위정의, WBS 작성)가 각 반복(Iteration)마다 반복
• 각 인도물 혹은 단계검토와 함께 범위확인이 이루어지며 범위통제는 지속적인 프로세스	• 스폰서/ 고객대표는 생성되는 인도물들에 대한 피드백을 제공하고 제품 백로그가 요구사항을 반영하고 있는지 확인 • 각 반복마다 범위확인 및 범위통제가 반복
• 프로젝트 범위기준선(승인된 버전의 범위기술서, WBS, WBS사전)은 공식적 변경통제절차를 통해 변경 가능하며, 범위확인/ 범위통제의 비교 기준으로 사용	• 프로젝트 백로그(제품요구사항/ 사용자 스토리)를 사용하여 사용자의 현재 요구사항을 반영

인도물은 요구사항을 반영한 프로젝트 범위 및 품질과 밀접한 관계를 갖는다. 프로젝트 범위관리의 범위확인(validate scope) 프로세스는 인도물의 인수(acceptance)에 주안점을 두고, 프로젝트 품질관리의 품질통제(control quality) 프로세스는 인도물의 정확도(correctness)와 인도물에 지정된 품질 요구사항의 충족 여부에 주안점을 둔다. 범위확인에 앞서 품질통제를 수행하는 것이 일반적이지만 두 프로세스의 병행도 가능하다.

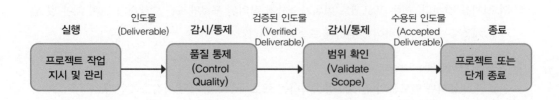

PMBOK 6th의 프로젝트 품질관리에 대한 프로세스들은 본서의 제1부와 "프로젝트 작업 성과영역"의 "프로젝트 프로세스"에 상세히 설명되어 있다.

품질 (Quality)

- 인도(delivery)는 요구사항 충족과 범위 뿐만 아니라 품질까지 고려
- 범위와 요구사항은 제공해야 할 사항에 중점을 두고, 품질은 충족되어야 하는 성과 수준에 중점을 둠
- 품질 요구사항은 완료 기준, 완료 정의, 작업 기술서 또는 요구사항 문서에 반영
- 품질과 관련된 대부분의 비용은 스폰서가 부담하며 정책, 절차, 작업 프로세스에 반영 예를 들면,
  - 조직의 품질 정책에는 업무 프로세스를 규정하는 절차와 업무 수행 방식을 관리하는 조직 정책이 포함
  - 간접비, 교육, 프로세스 감사 비용은 프로젝트에서 사용되지만 조직에서 부담
- 프로세스 및 제품에 대한 품질 요구 사항과 그러한 요구를 충족시키는데 요구되는 비용의 균형을 맞추는 것은 프로젝트에 포함

프로젝트 품질관리는 품질정책, 목표, 책임을 결정하고 품질기획, 품질보증, 품질통제의 지속적인 프로세스 개선활동 등을 통해 품질 정책과 목표를 구현하는 총괄적인 경영 시스템이다. 프로젝트 품질관리는 프로젝트의 관리 및 프로젝트의 인도물 관리를 처리한다.

오늘날의 품질관리 기본 원칙은 다음과 같다.

- 고객 만족(Customer Satisfaction)
  - 고객 기대치를 충족시키기 위한 요구사항의 이해/평가/정의/관리
  - 요구사항/사양에 일치성(conformance to requirement): 프로젝트가 반드시 목표한 것을 산출
  - 용도에 적합성(fitness for use): 제품/서비스가 실질적 필요를 충족
- 검사 이전에 예방(Prevention over inspection)
  - 품질이란 검사 대상이 아니라 계획, 설계, 구축의 대상
  - 검사에 의한 방법은 예방비용보다 오류 수정 비용이 많이 소요

프로젝트에서 인도 요구 사항과는 별도로 품질은 달성해야 할 성과 수준이다. 그러므로 품질 목표를 달성하기 위한 품질 비용과 추후 결함 발견으로 발생될 수리 비용을 줄이기 위한 변경 비용을 고려해야 한다. 신뢰성과 내구성이 좋은 품질이라 해도 과도한 비용을 들인다면 제품 가격 상승 요인이 될 수 있다.

품질 비용(COQ)은 요구사항의 부적합성 예방, 요구사항 적합성에 대한 제품/서비스의 평가, 요구사항 미달 등의 투자로 인한 제품 생애주기 전반에 발생한 총 원가를 포함한다. 즉, 요구사항을 부합하는데 필요한 작업 비용과 불부합에서 파생되는 원가를 말한다.

품질 비용(Cost of Quality) - 1

품질비용(COQ) 방법론은 품질 예방 및 평가 투자를 위한 적절한 균형 식별로 결함, 제품 고장을 방지할 수 있다. 품질 비용은 적합 비용(예방 비용, 평가 비용), 부적합 비용 (내부 결함 비용, 외부 결함 비용)으로 구분할 수 있다.

- 적합 비용
  ◦ 예방 비용
    - 제품 결함, 고장 방지
    - 품질관리 시스템 설계, 구현 및 유지보수 등의 품질 문제 방지
    - 품질 문제가 발생하기 전에 계획
    - (예)
      ▷ 제품 또는 서비스 요구사항: 자재 입고, 프로세스, 완제품 및 서비스에 대한 사양 설정
      ▷ 품질 계획: 품질, 신뢰성, 운영, 생산 및 검사 계획 수립
      ▷ 품질 보증: 품질 시스템 구축, 유지 관리
      ▷ 교육: 프로그램 개발, 준비 및 유지 관리

  ◦ 평가 비용
    - 품질 요구사항에 대한 적합성 판단
    - 품질 관련 측정, 감시 활동과 관계
    - 자재 구매, 프로세스, 제품 및 서비스 사양 준수 확인
    - (예)
      ▷ 검증: 자재 입고, 프로세스 설정, 제품의 합의된 사양 준수 여부 확인
      ▷ 품질 감사: 품질 시스템의 올바른 작동 여부 확인
      ▷ 공급 업체 평가: 제품 및 서비스 공급 업체의 평가/승인

품질 비용(Cost of Quality) - 2

- 부적합 비용
  ◦ 내부 결함비용(내부 실패비용)
    - 고객이 제품을 인도받기 전에 결함을 찾고 수정하는 것
    - 작업 결과가 설계 품질 표준에 미치지 못할 때 발생
    - (예)
      ▷낭비: 불필요한 작업 성과, 재작업을 위해 필요 이상으로 많은 재고를 보유하는 것, 열악한 조직과 열악한 의사소통
      ▷폐기: 수리, 사용, 판매할 수 없는 결함 제품이나 자재
      ▷재작업 또는 수리: 오류 수정 또는 결함이 있는 자재의 재작업

- 외부 결함비용(외부 실패비용)
    - 고객이 제품을 구입한 후 발견된 결함 및 문제 해결과 관련
    - 인도 당시 뿐만 아니라 향후 수 개월에서 수 년 동안 운영된다는 점을 고려
    - 인도 당시 뿐만 아니라 향후 수 개월에서 수 년 동안 운영된다는 점을 고려
    - 설계 품질 표준에 도달하지 못한 제품이나 서비스가 고객에게 도달하기 전에 식별하지 못했을 때 발생
    - (예)
        ▷ 수리 및 서비스: 반품 제품, 배포된 제품에 대한
        ▷ 보증 요청: 교체된 고장 제품, 보증에 따른 무료 서비스
        ▷ 불만: 고객 불만 처리 및 서비스 제공 관련 모든 작업과 비용
        ▷ 반품: 배송비를 포함하고 리콜 또는 거부된 제품의 처리와 조사
        ▷ 평판: 결함 유형 및 심각도에 따라 명성과 대중의 인식 손상

가능한 빨리 품질 문제를 찾기 위한 조기 검사와 검토 작업은 제공된 가치를 최적화할 수 있는 좋은 투자이다. 그러나 개발 생애주기 후반에 품질 문제를 '테스트-품질 확인(test-quality-in)'하려는 시도는 실패할 가능성이 높다. 개발 후기에 품질 문제를 발견하는 것은 높은 폐기와 재작업 비율과 더불어 후속공정 결과물 및 이해관계자에게 미치는 파급 효과로 인해 시간과 비용이 많이 들기 때문이다. 앞서 정의한 프로젝트 품질관리의 개념은 '검사 보다 예방'으로 선제적 혹은 빠른 조치가 우선이 된다.

용어 정의

- 테스트-품질 확인(test-quality-in)
  제품이 개발된 후 품질을 '추가'하기 위해 사용되는 절차이다. 물론 테스트가 실제로 품질을 더해주지 않기 때문에 품질을 추가할 수는 없다.
  테스트-품질 확인은 단지 어떤 수준의 품질을 달성했는지 알려줄 뿐이다.

품질비용	구분	설명	사례
• 적합 비용, 순응 비용 (cost of conformance) • 적합한 인도물을 만들기 위한 즉 문제 발생을 예방하는 비용	• 예방 비용 (prevention costs)	• 결함, 문제 예방 비용	• 교육, 훈련, 품질 계획, 문서화, 낡은 장비 교체, 개선 일정 등
	• 평가 비용 (Appraisal costs)	• 제품 품질 확인 검증을 위한 비용	• 테스트, 검사, 품질 감사, 서비스 평가 등

품질비용	구분	설명	사례
• 부적합성(비순응) 비용 (cost of nonconformance) • 부적합한 인도물 즉 문제 해결을 위한 비용	• 내부 실패 비용 (internal failure costs)	• 제품 인도 전 결함을 수정하거나 결함으로 인해 소모되는 비용	• 재작업(Rework), 불량 수정, 시정 조치, 폐기물/폐기 처리, 폐품 등에 들어가는 비용
	• 외부 실패 비용 (external failure costs)	• 고객에게 인도 후 제품이나 서비스를 수정하는 소모되는 비용.	• 하자보수, 법적 책임 사업손실, 품질 보증으로 인한 불만 처리. • 고객의 반품이나 교환, 고객불만 평가, 품질 불만 해결 비용

변경 비용 (Cost of Change)

- 결함이 있는 구성요소를 기반으로 설계, 개발이 이루어지고 이해관계자의 영향을 받기 때문에 결함은 나중에 발견될수록 비용이 더 많이 필요 – 변경 비용 곡선(Boehm)
- 프로젝트 생애주기가 진행됨에 따라 활동 수정 비용이 증가

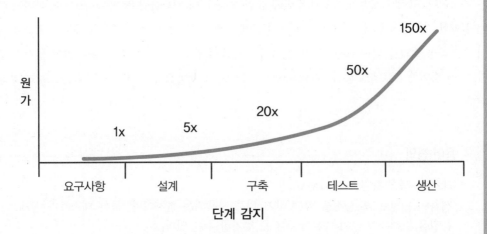

- 변경 비용 곡선 영향에 대응하기 위해 품질 향상을 위한 프로젝트 프로세스 설계
  ◦ 생애주기의 각 단계에서 가장 좋은 품질 달성 방법을 이해하고 결정하는 품질 분석
- 품질 작업에 대한 사전 조치를 취하는 것이 생애주기 후반에 발견된 품질 이슈 해결로 인한 높은 비용을 방지
- 큰 영향을 미치는 부품 문제를 해결하거나 많은 고객에게 영향을 미치는 제품을 리콜하는 것보다, 두 엔지니어 간의 설계 문제 해결이 더 빠르고 비용 효율적

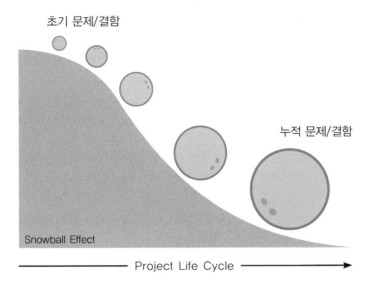

초기 문제/결함

누적 문제/결함

Snowball Effect

⎯⎯⎯⎯⎯⎯ Project Life Cycle ⎯⎯⎯⎯⎯⎯⟶

초기 상태에 작은 결함을 식별하지 못하거나 그대로 방치하면 프로젝트가 진행될수록 더 심각해지고 잠재적 재앙과 같은 결함으로 도출된다. 이러한 현상을 '눈덩이 효과(snowball effect)'라고 한다. 누적된 결함이나 문제를 해결하는데 필요한 노력(effort)보다 초기 설계 단계에서 결함이나 문제를 제거하는데 투입되는 노력(effort)이 비용과 시간 관점에서 더욱 효율적이다.

최적화되지 않은 결과(Suboptimal Outcomes)

- 모든 프로젝트는 결과(outcomes)를 제공하지 못하거나 최적화되지 않은 결과를 산출할 가능성이 존재
- 최적화되지 않은 결과(outcome) 혹은 결과를 제공하지 못하는 프로젝트의 예
  - 신약이나 화합물을 생산하는 기업은 성공적인 제조법을 발견하기 전에 몇 번의 실패를 경험
  - 시장 출시 기회가 지났거나 경쟁업체가 제품을 먼저 시장에 출시했기 때문에 결과물을 제공하지 못하는 경우
- 결과가 불확실한 실험적 프로젝트의 경우, 새로운 기술 도입 등 의도적인 투자가 필요
- 부정적 결과를 최소화하기 위한 효과적인 프로젝트 관리는 고유한 결과물을 생산하기 위한 불확실성의 일부

많은 프로젝트가 기대한 결과를 제공하지 못하여 차선의 결과를 산출할 수 있다. 이는 인도 성과 영역의 자연스러운 부분이다.

프로젝트는 다양한 변수(환경 요인, 요구사항 추가/변경)로 인도 시기나 완료 목표가 변경되는 특징이 있다. 이러한 프로젝트의 성공을 위해 프로젝트 관리 활동을 수행하지만 이 또한 불확실성 영역의 일부이기 때문에 최적화되지 않은 결과나 차선의 결과가 나올 수 있다.

다른 성과영역과의 상호 작용(Interactions with other performance domains)

- 인도 성과영역은 기획 성과영역에서 수행한 작업이 최종적으로 구현되는 영역
- 개발방식 및 생애주기 성과영역에서 작업이 구성되는 방식을 기준으로 인도 케이던스가 정의
- 프로젝트 작업 성과영역은 프로세스를 수립하고, 물리적 자원을 관리하며, 조달 관리를 비롯한 다양한 작업을 통해 인도를 가능하게 함
- 인도물을 산출하는 작업의 특성은 프로젝트 팀이 프로젝트에 영향을 미치는 불확실성을 탐색하는 방법에 영향을 미침

2.7 측정 성과영역(Measurement Performance Domain)

측정 성과영역은

- 프로젝트 성과를 평가하고 최적의 성과를 유지하기 위해 적절한 대응을 구현하는 것
- 인도성과영역에서 수행한 작업이 기획성과영역에서 식별된 메트릭스를 충족하는 정도 평가
  - (예) 기준선(계획 성과영역) 대비 성과 측정 및 평가
- 작업/성과 정보는 현 상태와 기준(계획)과의 차이와 예측이 가능하고 적절한 조치 가능
- 측정이 왜 필요한가
  - 계획과 실적을 비교한 성과 평가
  - 자원 활용, 완료된 작업, 지출 예산 추적
  - 책임감 보이기
  - 이해관계자에게 정보 제공
  - 인도물이 계획한 편익(benefit) 제공을 위해 진행되고 있는지 평가
  - 절충, 위협, 기회 및 옵션에 대한 의사소통에 집중
  - 인도물이 고객 인수 기준을 충족하는지 확인
- 측정은 데이터 수집/배포가 아닌 적절한 조치를 위해 데이터 사용 방법에 대한 의사소통

- 측정 성과영역은 다양한 측정 유형을 다루지만 측정 방법은 팀, 이해관계자 토론, 작업 조정 등 다른 성과영역의 활동 배경을 기반으로 생성
- 측정 사례
  - 포트폴리오 관리자는 프로젝트 완료 후 그 결과가 편익(benefit)을 제공했는지 여부 등 다음과 같은 조치를 취함
    - 시장 점유율 증가 여부
    - 수익 증가 여부
    - 단위당 비용 감소 여부
  - 비즈니스 관리자는 결과가 조직에 주는 가치 관점에서 평가
    - 프로젝트 결과가 고객 만족도를 증가시켰는가?
    - 단위 당 비용이 감소했는가?
- 측정 성과영역은 성과 측정, 수용 가능한 성과 유지를 위한 적절한 조치, 활동, 기능을 다루며, 이 측정 성과영역을 효과적으로 실행하면 다음 성과 획득
  - 프로젝트 상태를 신뢰
  - 의사결정이 가능한 데이터
  - 성과 추적을 위한 적절한 조치를 적시에 실행
  - 신뢰할 수 있는 예측과 평가에 기반한 정보를 이용해 적시에 의사결정을 내려 목표 달성과 비즈니스 가치를 창출

[참고]

PMBOK 7판의 성과영역 중에 "2.7 MEASUREMENT PERFORMANCE DOMAIN"을 한글 판에서는 "2.7 성과측정 영역"으로 번역하고 있으나, 나머지 성과영역과 일관성 없는 번역으로 판단되어 본서에서는 "측정 성과영역"으로 고쳐서 표기한다.

프로젝트의 계획, 전달 및 실행 단계를 구현하고 있고 모든 것이 순조롭게 진행되고 있다. 아니면, 정말 잘 되고 있을까? 어쩌면 제대로 돌아가지 않고, 인식도 못할 수 있다. 일을 계획하고 실행하는 것만으로는 충분하지 않은 경우가 많다. 따라서 프로젝트에서 여러 측정 및 감시 활동이 필요하다.

프로젝트 팀과 프로젝트 관리자 모두의 주요 책임 중 하나는 프로젝트의 현재 상태를 이해하고 있어야 하는 것이다. 이러한 이해는 프로젝트에 대해 신뢰할 수 있는 성과 평가 또는 측정을 통해서만 식별할 수 있다. 수용 가능한 성과를 유지하기 위해 시정 및 예방 조치를 모두 취할 수 있다.

성 과	확인 방법(체크)
프로젝트 상태 이해	데이터의 신뢰 여부를 감사 측정 및 보고서로 식별
의사결정을 위한 데이터	측정을 통해 프로젝트가 예상대로 수행되고 있는지, 아니면 차이가 있는지 식별
성과 추적을 위해 적절하고 적시에 조치	측정이 제때에 의사결정과 조치를 취할 수 있는 주요 메트릭스와 현재 상태를 제공
신뢰도 높은 예측과 평가에 기반한 정보를 이용해 적시에 내린 의사결정이 목표 달성과 비즈니스 가치 창출	과거 예측과 현재 성과를 검토하면 이전 예측이 현재를 정확하게 예측했는지를 보여줌 실제 성과를 계획된 성과와 비교하고 비즈니스 문서를 평가하면 프로젝트가 의도한 가치 획득 가능성을 확인

---- 효과적인 측정 수립(Establishing Effective Measures) ----

- 올바른 사항을 측정하고 이해관계자에게 보고하려면 효과적인 측정(메트릭스, 기준)을 마련
- 프로젝트 상태 전달, 성과 개선, 성과 저하 가능성을 줄일 수 있는 정보 추적, 평가, 보고를 위해 효과적인 측정을 수행
- 측정 결과와 정보는 프로젝트 팀이 적시에 의사결정과 조치를 취할 수 있음

우리는 프로젝트의 여러 측면을 측정한다. 그러나 당면한 프로젝트를 잘 파악하고 이해관계자에게 올바른 조치를 보고할 수 있도록 올바른 방법을 사용하여 올바른 것을 측정해야 한다.

효과적인 측정을 수립하기 위해서는 다음 사항들이 필요하다.

- 핵심성과지표
- 효과적인 메트릭스

핵심성과지표 (Key Performance Indicators)

- 프로젝트 성공 평가에 사용되는 정량적 지표인 프로젝트의 핵심성과지표(KPI) 유형
  - 선행 지표(leading indicator)
    - 선행 지표는 프로젝트 변화 또는 추세 예측
    - 변화 및 추세에 문제가 있을 경우 근본 원인 평가 및 추세의 반전 조치
    - 허용한도 한계선을 초과하기 전에 성과 차이 식별 및 성과 리스크 감소
    - 프로젝트 규모(story point), 백로그의 항목 수와 같은 선행 지표를 정량화
    - 기타 선행 지표는 정량화가 어렵지만 잠재적 문제에 사전 경고 신호를 제공
    - 리스크 관리 프로세스 부재, 참여하지 않는 이해관계자, 정의되지 않은 프로젝트 성공 기준 등은 프로젝트 성과에 대한 리스크를 의미하는 선행 지표

  - 후행 지표(lagging indicator)
    - 후행 지표는 프로젝트 인도물이나 실제 데이터를 측정한 것
    - 과거 성과, 조건 등 선행 지표보다는 용이한 측정이 가능 (예, 완료된 인도물 수, 일정 또는 비용 차이, 사용된 자원 규모 등)
    - 결과 및 프로젝트 환경 변수 간의 상관관계 식별 가능 (예, 일정 차이를 보이는 후행 지표는 프로젝트 팀원 불만족 간의 상관관계를 보여줌)
    - 이 경우, 일정 상태가 이 상관관계에 대한 유일한 측정이라면 팀의 불만족의 근본 원인을 해결하는데 도움

- 성과에 긍정적 영향을 주기 위해 선행 및 후행지표에 대해 논의하고 개선이 필요한 영역 식별

프로젝트 관리의 핵심 성과 지표(KPI)는 팀이 특정 목표를 얼마나 잘 달성하고 있는지를 나타내는 다양한 측정 도구로 구성된다. 프로젝트 관리 KPI는 일반적으로 프로젝트 초기에 합의된다.

각 팀은 완료해야 할 작업과 역할이 다를 수 있지만 모두 고유한 방식으로 KPI를 지원한다. 프로젝트 관리에서 KPI의 역할을 이해하면 팀 시너지를 구축하고 조직의 프로젝트 성공을 추적하는 데 필요한 데이터 수집을 위한 프레임워크를 제공할 수 있다.

◐ 프로젝트 관리를 위한 좋은 KPI는 무엇인가?

핵심 성과 지표(KPI)는 프로젝트에 대한 팀 참여의 모든 측면에서 가장 중요한 성과 목표로 구성된다. 효과적인 KPI는 다음과 같아야 한다.

- 프로젝트가 시작되기 전에 모든 이해관계자가 동의한다.
- 언제든지 조직 부서 간에 공유 및 분석할 수 있는 정량화 가능하도록 측정한다.
- 정기적으로 측정한다.
- 프로젝트 전반에 걸친 중요한 의사 결정의 기초가 된다.

- 목표와 일치한다.
- 조직의 성공 요인을 반영한다.

○ 프로젝트 관리 KPI

조직의 KPI 범위와 조건은 프로젝트마다 다를 수 있지만 모든 조직에 도움이 될 수 있는 다양한 유형의 데이터가 있다. 최고의 프로젝트 관리 벤치마킹 측정에는 투자 수익(ROI), 생산성, 비용 성과, 주기 시간, 고객 만족도, 일정 성과, 직원 만족도 및 전략적 비즈니스 목표와의 연계가 포함된다. 프로젝트 관리 내 KPI의 예는 다음과 같다.

- 프로젝트 일정
- 프로젝트 완료 예상
- 현재 개발 백로그
- 월별 인건비
- 현재 자원 할당

○ KPI의 최선의 사용

프로젝트 관리자는 KPI를 성과 관리 도구뿐만 아니라 동기 부여 도구로도 사용할 수 있다. 모든 팀이 공통의 목표로 단합했을 때 더 높은 생산성을 유지할 수 있다. 팀 경쟁, 인센티브 및 보상은 프로젝트 추진력을 계속 추진할 수 있는 강력한 동기 부여 도구가 될 수 있다. 정량화가 가능하고 일관된 KPI를 사용하면 프로젝트 관리자가 객관적이고 공정하며 강력한 방식으로 프로젝트 목표를 평가하는 데 도움이 될 수 있다.

프로젝트 성과와 성공을 측정하기가 항상 쉬운 것은 아니다. 강력한 핵심 성과 지표를 활용하면 프로젝트 관리자가 팀을 더 높은 표준, 더 큰 목표 및 성공적인 프로젝트로 이끌 수 있다.

효과적인 메트릭스(Effective Metrics)

- 효과적인 메트릭스를 위해 관련성 있는 것만 측정할 수 있도록 지표가 유용한지 확인
- 효과적인 메트릭스의 특징 (SMART 기준)
  - 구체적(specific)
    결함 수, 조치된 결함 수, 결함 조치의 평균 소요 시간 등 측정 가능
  - 유의미(meaningful)
    목표 달성, 성과 개선 등 비즈니스 케이스, 기준선, 요구사항과 관련된 측정이 아닌 제품 특성, 프로젝트 성과를 측정하는 것은 비효율적
  - 성취가능(achievable)
    사람, 기술, 환경을 고려한 목표 달성 가능성

○ 관련성(relevant)

　측정 정보가 가치를 제공하고 실행 가능한 정보가 되는지 고려

○ 시기 적절(timely)

　새로운 추세, 미래 지향적 정보는 팀이 더 나은 의사결정을 내릴 수 있으며, 오래된

　정보는 유용하지 않기에 측정은 적시에 수행

- SMART(Specific, Meaningful, Achievable, Relevant, Timely)의 대체 가능 용어

　○ 유의미는 '측정 가능(measurable)', 성취가능은 '합의(agreed to)' 관련성은 '현실적

　(realistic)/합리적(reasonable)', 시기적절은 '시간 명시(time bound)'로 사용

◎ SMART KPI를 만드는 방법

1981년 George D. Duran이라는 컨설턴트가 출판한 "관리 목표와 목표를 작성하는 SMART 방법" 논문에서 처음으로 언급되었다. SMART KPI를 생성하기 위해 다음 질문에 답할 수 있어야 한다.

- 구체적(specific): 이 KPI가 너무 광범위한가? 아니면 명확하게 정의되고 식별되는가?
- 유의미(meaningful): 이 측정값을 쉽게 정량화할 수 있는가?
- 성취가능(achievable): 이 측정값을 얻는 것이 현실적인가?
- 관련성(relevant): 우리의 측정은 실용적인가?
- 시기 적절(timely): 연간이 아닌 주간, 월간 등 적시에 확인할 수 있는가?

효과적인 측정 수립은 먼저 측정 대상 들의 기준을 수립하는 것과 측정 계획을 수립하는 것부터 시작한다. 측정한 데이터들과 차이 분석을 수행할 기준들은 범위, 일정, 원가 기준이 있고 측정 계획은 품질 관리, 범위 확인, 일정 통제, 원가 통제 등을 어떻게 측정할 것인지에 대한 계획을 사전에 정의해야 한다.

PMBOK 6th의 계획 프로세스 그룹에 포함된 프로세스는 효과적인 측정을 위한 기준과 계획을 설정한다. 여기서 수립된 측정 계획에 따라 측정할 사항 등의 데이터를 수집한다. 이런 데이터가 작업 성과 데이터(WPD, Work Performance Data)이며 기준(계획)과 비교해 차이 분석을 수행한다. 차이 분석 결과에 따라 성과 문제 해결과 성과 개선을 위한 다양한 조치를 취할 수 있다.

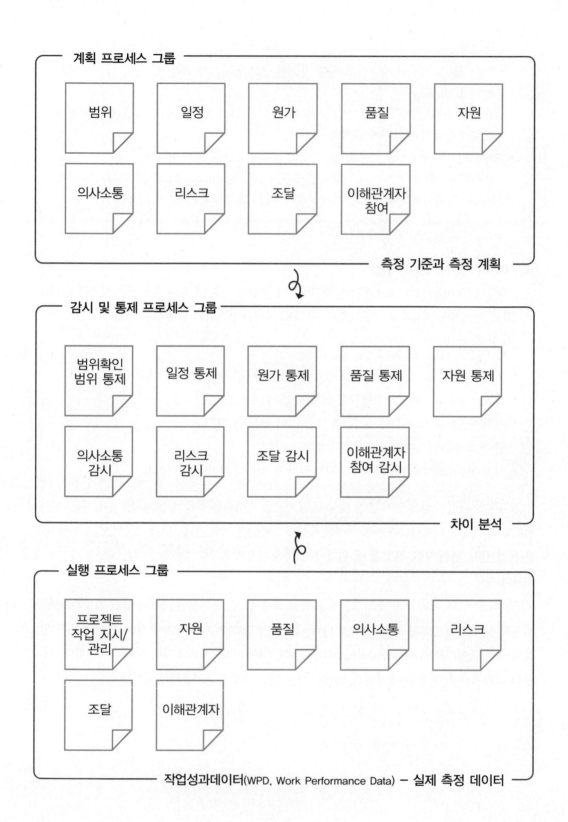

측정해야 할 사항(What to Measure)

- 매개변수, 측정 내용/측정 방법은 프로젝트의 목표, 의도한 결과, 환경에 따라 다름
- 일반적인 메트릭스 범주
  - ⑴ 인도물 메트릭스
  - ⑵ 인도
  - ⑶ 기준선 성과
  - ⑷ 자원
  - ⑸ 비즈니스 가치
  - ⑹ 이해관계자
  - ⑺ 예측치
- 적절하게 균형된 메트릭스를 통해 프로젝트 성과 및 결과를 전체적으로 파악

측정할 사항은 인도물, 인도 일정, 기준선 성과, 자원, 비즈니스 가치, 이해관계자 등의 측정 사항과 프로젝트 예측 등으로 구성된다.

(1) 인도물 메트릭스(Deliverable Metrics)

- 제품, 서비스, 결과물이 유용한 측정을 결정
  - 오류 또는 결함에 대한 정보
    결함 원인, 확인된 결함 수, 해결된 결함 수 등
  - 성과(성능) 측정
    물리적, 기능적 속성으로 시스템 운영과 관련된 특징. 예, 크기, 무게, 용량, 정확도, 효율성, 신뢰성 등의 성과(성능) 측정
  - 기술적 성과 측정
    기술적 성과의 정량적 측정은 시스템 구성요소의 기술적 요구사항 충족을 보장하기 위해 사용

인도물은 고객이 확인하기 전에 프로젝트 팀이 먼저 검증을 해야 한다. 인도물 검증은 인도물이 갖춰야 하는 범위 요구사항과 품질 요구사항이 모두 포함되었는지 테스트, 검사 등의 점검과 측정을 통해 수행한다.

PMBOK 6th의 통합관리 중에 '프로젝트 작업 지시 및 관리' 프로세스에서 인도물을 만들어 내면 프로젝트 팀이 품질 통제 프로세스와 활동을 통해 인도물에 대한 측정, 테스트 및 검사 등의 검증 활동을 수행하고 범위 및 품질 요구사항에 부합된 검증된 인도물(verified deliverables)은 고객에게 이관해

고객이 확인하는 과정을 진행된다.

(2) 인도(Delivery)

- 적응형 접근방식은 작업 진척과 관련된 인도 측정(delivery measurements)을 수행
  - 작업 진척 제한(work in progress, WIP)
    동시 수행 가능한 최대 작업 항목 수로 팀은 진행할 수 있는 항목 수를 관리가 가능하도록 제한
  - 리드 타임(lead time)
    사용자 스토리(user story)가 백로그에 입력되었을 때부터 반복이나 릴리즈가 완료될 때까지 경과된 시간을 의미하며, 짧은 리드 타임은 효과적인 프로세스 및 생산적인 프로젝트 팀을 의미
  - 주기 시간(cycle time) – 사이클 타임(PMBOK 7th 혼용 표기)
    팀이 작업을 완료하는 데 걸리는 시간을 의미하며, 짧은 주기 시간(사이클 타임)은 팀의 높은 생산성을 의미하고 주기 시간이 일정하면 향후 작업 속도를 예측 가능
  - 대기열 크기(queue size)
    - 작업 진척 제한(WIP)과 비교해 대기열에 항목 수가 적정한지 측정
    - 대기열 크기는 대기열의 도착 속도와 대기열의 항목 완료 속도에 비례(리틀의 법칙, little"s law)하므로 작업 진척 측정과 향후 작업 완료에 대한 예측치 개발 등 완료 시간을 예측 가능
  - 배치 크기(batch size)
    반복(iteration)에서 완료될 것으로 예상되는 작업의 예상 규모(업무량 수준, 스토리 포인트 등)를 측정
  - 프로세스 효율성(process efficiency)
    작업 흐름을 최적화하기 위해 린 시스템에 사용되는 부가가치 시간과 비 부가가치 활동 간의 비율을 계산해서 프로세스 효율성을 측정 (부가가치 시간 비율이 높을수록 효율적인 프로세스)
    - 부가가치 시간: 개발, 검증 중인 작업의 시간
    - 비 부가가치 시간: 대기 중인 작업의 시간

◉ 칸반(Kanban) 작업 보드

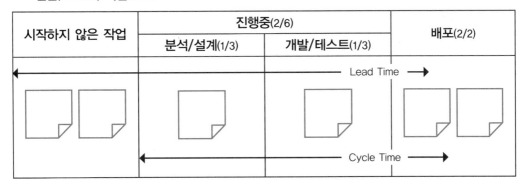

시작하지 않은 작업	진행중(2/6)		배포(2/2)
	분석/설계(1/3)	개발/테스트(1/3)	

카페의 예를 들면, 고객이 주문을 시작하고 커피를 받을 때까지 소요되는 시간이 리드 타임(lead time)이다. 다시 말하면, 고객이 "얼마나 기다려야 합니까?" 라는 질문에 대한 답이 리드 타임이다.

이에 비해, 주기 시간(사이클 타임)은 고객이 커피를 주문한 후에 작업자들이 커피를 만들고 완료하기까지의 시간이다.

[참고]

PMBOK 6th 한글판에서는 'Cost'를 '원가'로 통일하여 번역하고 있으나, PMBOK 7th 한글판에서는 '비용'으로 주로 번역하고 있으며 일부 '원가'와 혼용하고 있다.

---

(3) 기준선 성과(Baseline Performance) – 1

- 성과 측정 기준으로 확정 승인된 일정과 원가는 가장 일반적인 기준선 임
- 범위 기준선이나 기술 기준선을 추적하는 프로젝트는 인도물 측정 정보를 사용
- 일정 측정값은 다음과 관련된 계획 대비 실제 성과를 추적
  - 시작 및 완료날짜(start and finish dates)
    - 실제 시작일과 계획된 시작일, 실제 완료일과 계획된 완료일 비교로 계획대로 완료되는 정도를 측정
    - 주공정(critical path)의 작업이 아니더라도 시작일과 완료일이 늦으면 프로젝트가 계획대로 수행되지 않음을 표시
  - 업무량 및 기간(effort and duration)
    계획된 업무량과 실제 업무량의 차이는 산정치 유효성 여부를 표시
  - 일정차이(SV, schedule variance)
    일정차이는 주공정 성과 차이분석이나 획득가치(EV)와 계획가치(PV) 간의 차이(획득가치 분석, EVM, earned value management)분석으로 식별

- 일정성과지수(SPI, schedule performance index)

  예정된 작업이 얼마나 효율적으로 수행되고 있는지를 나타내는 획득가치관리 (EVM) 측정값

- 기능 완료율(feature completion rates)

  기능 승인 비율을 기록하면 진행 상황을 평가, 완료일 및 비용 추정에 도움

- 일반적인 원가 측정 항목

  - 계획된 비용과 실제 비용·비교(actual cost compared to planned cost)

    노동력 또는 자원의 실제 비용을 추정한 비용과 비교 {경비지출속도(burn rate)}

  - 원가 차이(CV, cost variance)

    원가 차이는 인도물의 실제 비용과 추정 비용을 비교하여 결정되며, 획득가치관리 (EVM) 사용 시, 획득가치(EV)와 실제 비용(AC) 간의 차이

  - 원가성과지수(CPI, cost performance index)

    원가 관점에서 작업이 얼마나 효율적으로 수행되고 있는지 나타내는 획득가치관리 (EVM) 측정값

(3) 기준선 성과(Baseline Performance) - 2

- 일정 및 원가 차이를 보여주는 획득가치 분석

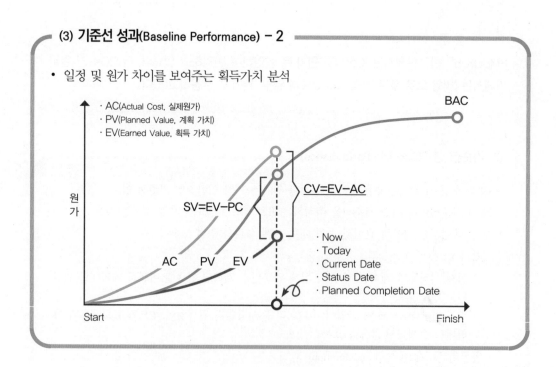

측정 성과영역의 많은 기능은 PMBOK 6th에서 감시 및 통제 프로세스 그룹의 일부로 논의되고 있다. 감시 및 통제 프로세스 그룹은 프로젝트가 어떻게 진행되고 있는지 감시하고 측정 방법을 사용

하여 프로젝트의 현재 성과를 확인하는 프로젝트의 일부이며 진행 상황 측정에 따라 성과 보고서를 생성한다.

이 프로세스 그룹의 필요성으로 프로젝트 관리 계획과 프로젝트의 실제 결과의 차이가 감지되면 변경 요청을 제출하여 프로젝트 관리 계획을 수정하거나 시정 조치를 적용해 프로젝트를 다시 실행한다. 감시 및 통제 프로세스는 실행 프로세스와 함께 지속적으로 수행되고, 이들은 다른 프로젝트 관리 프로세스 그룹에 영향을 미친다.

감시라는 용어는 관찰과 유사한 의미를 가지며 모든 것이 제대로 진행되고 있는지 여부를 단순히 관찰한다. 프로젝트 관리에서 감시는 프로젝트 관리자와 이해관계자 모두에게 필요한 데이터와 정보를 관찰, 수집 및 보고하는 것으로 정의할 수 있다. 반면에 통제는 감시를 통해 얻은 데이터와 정보를 사용하여 프로젝트의 실제 성과를 계획과 일치시키기 위한 모든 노력이다. 그래서 감시 및 통제는 다른 용어이지만 함께 동작하는 밀접한 관계이다.

프로젝트 성과는 포괄적이어야 한다. 일정이나 원가 중에 하나의 성과만을 확인하면 정확한 프로젝트 성과를 분석할 수 없다. 일례로 일정이 단축되고 있지만 계획보다 더 많은 원가가 발생되었다면 좋은 성과로 볼 수 없다. 그러므로 일정 기준(계획)과 원가 기준(계획)을 통합해 계획 가치(PV, Planned Value)를 수립하고 실제 사용된 원가(AC, Actual Cost)와 진척률(EV, Earned Value)를 비교해 일정과 원가의 성과 차이를 식별할 수 있다. 획득가치관리(EVM)에 대한 상세한 내용은 본서의 3부 4장의 방법(methods) 중에 '획득가치분석(earned value analysis)'에 설명된다.

(4) 자원(Resources)

- 자원은 비용을 수반하기 때문에 자원 측정은 비용 측정의 일환
- 측정 항목은 비용 차이와 사용량 차이를 측정
  - 실제 자원 활용도와 계획된 자원 활용도 비교
    자원 실제 사용량과 산정 사용량 비교(사용 차이 = 실제 사용량 − 계획된 사용량)
  - 계획된 자원 비용과 실제 자원 비용 비교
    자원의 실제 비용과 추정 비용 비교(가격 차이 = 실제 비용 − 추정 비용)

PMBOK 6th의 프로젝트 자원관리 지식영역의 자원관리 계획수립 프로세스에서는 장비 및 시설과 같은 물적 자원과 프로젝트 팀의 일부인 인적 자원 및 프로젝트의 모든 단계에서 프로젝트 작업에 대해 설명한다. 이는 프로젝트에 필요한 인적 자원과 물적 자원을 결정하고 이러한 자원을 얻는 방법을 정의하는 것을 목표로 하며 프로젝트 팀 구성원을 프로젝트에 할당하는 방법과 프로젝트 팀이 활동에 소비하는 시간, 사용할 기술, 역량과 같은 고려 사항이 자세히 설명한다.

이렇게 산정된 자원과 비용 기준을 작업 성과 데이터(WPD, work performance data)인 실제 사용된 자원과 실제 사용된 비용과 차이 분석을 통해 자원 및 비용의 성과 차이를 측정한다.

(5) 비즈니스 가치(Business Value)

- 비즈니스 케이스 및 편익 실현 계획에 인도물이 일치하는지 확인하기 위한 측정
- 재무적 비즈니스 가치를 측정하는 메트릭스(metrics)
  - 비용–편익 비율(cost-benefit ratio)
    프로젝트 비용이 편익보다 큰지 식별(결과가 1보다 클 경우 비용이 편익보다 크기에 타당성이 낮음)하는 것이며 편익–비용 비율(benefit-cost ratio)의 경우에는 반대로 편익/비용이 1보다 크면 편익이 더 크기에 타당성이 높음
  - 계획된 편익 인도와 실제 편익 인도 비교
    - 프로젝트 수행의 결과로 얻을 수 있는 편익으로 가치를 식별
    - 프로젝트 생애주기 동안 편익을 제공하는 경우, 제공되는 편익과 이러한 편익의 가치를 측정하고 비즈니스 케이스와 비교하여 프로젝트 진행 또는 취소에 대한 타당한 정보를 제공
  - 투자수익율(ROI, Return On Investment)
    - 원가와 재무적 이익 규모를 비교한 측정값이며 일반적으로 프로젝트 수행 결정에 대한 투입물로 개발
    - 프로젝트 전반에서 ROI를 측정하여 조직 자원의 투자를 계속할 것인지 판단
  - 순현재가치(NPV, Net Present Value)
    - 일정 기간 동안 유입되는 자본의 현재가치와 자본 사용의 현재가치 간의 차이
    - 일반적으로 프로젝트 착수 여부를 결정할 때 개발되며, 팀은 프로젝트 전반에서 NPV를 측정함으로써 조직 자원에 대한 투자를 계속하는 것인지 판단

재무적 비즈니스 가치를 측정하는 메트릭스에 대한 자세한 설명은 본서의 3부 4장에 있는 방법(methods) 중에 '데이터 수집 및 분석 방법' 내에 '비즈니스 정당성 분석 방법'을 참고하면 된다.

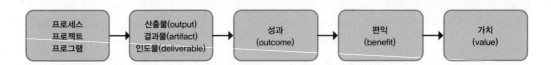

비즈니스 가치는 비즈니스 업무에서 파생된 정량적 순 편익으로 정의할 수 있다. 편익은 유형 또는 무형이거나 두 가지 모두에 해당될 수 있다. 비즈니스 분석에서, 시간이나 금전, 재화 또는 무형자산 등의 형태로 받는 대가를 비즈니스 가치로 간주한다. 프로젝트의 비즈니스 가치는 특정 프로젝트의 결과가 이해관계자들에게 제공하는 편익을 의미한다. 프로젝트로 창출되는 편익은 유형 또는

무형이거나 두 가지 모두에 해당될 수 있다. 유형 요소의 예에는 금전적 자산, 주주 지분, 설비, 비품, 도구, 시장 점유율 등이 있으며, 무형 요소의 예로는 호감도, 브랜드 인지도, 공공 편익, 상표, 전략적 연계, 평판 등이 있다.

가치는 일반적으로 조직에 대한 재정적 기여를 말하며, 특히 사회적 편익이나 고객이 프로젝트 결과로 인지한 편익 등의 달성된 공익을 의미한다. 이는 고객 입장에서는 제품 기능, 조직 입장에서는 재무 가치, 그 밖에 사회적 가치 등을 말한다. 그러므로 비즈니스 가치도 재무적 측면과 비재무적 측면으로 구분하기도 한다.

실무에서는 프로젝트와 관련한 기획안, 초안 등의 이름으로 사용되는 비즈니스 케이스는 프로젝트 시작 전에 만들어진다. 비즈니스 관점에서 프로젝트에 투자할 가치 여부를 결정하기 위해 프로젝트 착수 이유와 목표 그리고 비용-편익(cost-benefit) 분석 정보가 포함된다. 또한 프로젝트가 완료될 때 인도물이 비즈니스 가치 관점의 목표 달성 여부를 측정할 때 기준이 된다.

따라서 조직은 비즈니스 케이스를 기반으로 프로젝트의 우선순위를 지정하고 착수 여부에 대한 의사결정을 할 수 있다.

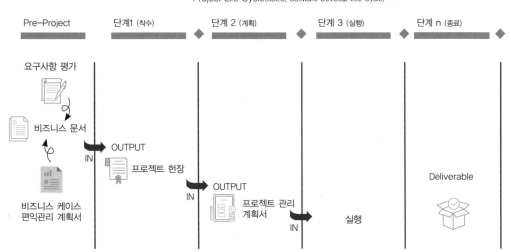

(6) 이해관계자(Stakeholders)

- 이해관계자 만족도는 설문조사를 통해 측정하거나, 만족/불만족에 대해 추론한 후에 다음과 같은 메트릭스를 검토하여 측정

◦ 순수 추천고객 점수(NPS, Net Promoter Score) {3부 4장의 방법(methods) 참고}

　　– 이해관계자(고객)가 타인에게 제품/서비스를 추천할 의향이 있는 정도를 (–)100에서 (+)100까지의 범위로 측정

　　– 브랜드, 제품, 서비스에 대한 만족도 측정할 뿐 아니라 고객 충성도의 지표가 됨

◦ 무드차트(mood chart)

　　– 중요한 이해관계자 그룹의 기분이나 반응을 추적 (예, 프로젝트 팀)

　　– 매일 근무가 끝날 때 프로젝트 팀원은 이모티콘이나 색상, 숫자 등을 사용하여 마음 상태를 표현

　　– 프로젝트 팀의 기분 또는 개별 프로젝트 팀원의 기분을 추적하면 잠재적인 문제와 개선이 필요한 영역 파악에 도움

	일요일	월요일	화요일	수요일	목요일	금요일	토요일
팀원 A	😠	😐	🙂				
팀원 B	🙂	🙂	😐				

◦ 사기(morale)

　　– 무드 보드보다 주관적이므로 더 객관적으로 프로젝트 팀의 사기를 측정하는 방법은 팀원들에게 1~5점 척도를 기준으로 하는 설문 조사

　　　▷ 나의 업무가 전반적으로 결과(outcomes)에 기여한다고 생각한다.

　　　▷ 나는 감사함을 느낀다.

　　　▷ 나는 프로젝트 팀의 함께 일하는 방식에 만족한다.

◦ 이직율(turnover)

　　– 사기를 추적하는 또 다른 방법은 사전에 계획되지 않은 팀의 이직률을 보기

　　– 미리 계획하지 않은 이직률이 높으면 사기가 떨어질 수 있음

위 내용은 이해관계자와 관련된 "측정 성과영역"이지만, 앞서 설명된 PMBOK 7th의 '이해관계자 성과영역'과도 관련이 있다. 또한 PMBOK 6th의 '프로젝트 이해관계자관리' 지식 영역 중에 실행에 해당되는 '이해관계자 참여 관리'와 통제에 해당되는 '이해관계자 참여감시'와 관련이 있다.

이해관계자들 중에서 프로젝트 팀과 관련된 '팀 관리' 프로세스의 기본 사항은 PMBOK 7th의 '팀 성과영역', '프로젝트 작업 성과영역'과 관련이 있다. 프로젝트 팀을 관리하는 과정에서 팀 작업에 대한 피드백을 수집하고 팀 내 문제와 갈등을 프로젝트에 유리한 방식으로 해결하며 팀 구성원의 성과

를 감시하고 필요한 개입을 한다.

팀 관리 프로세스를 구현하여 고성과 팀이 지속되게 하고 프로젝트 팀이 원활하게 작동하며 효율적으로 산출물을 생산할 수 있으려면 프로젝트 관리자가 팀을 이끌고 갈등을 해결하며 팀의 커뮤니케이션을 지속적으로 업데이트해야 한다. 이 때 프로젝트 팀원들의 커뮤니케이션을 지속적으로 감시해야 하며, 오해가 있는 경우 커뮤니케이션 오류를 제거하고 팀을 지속적으로 감시한다.

PMBOK 6th에 '프로젝트 자원관리' 지식영역에 따르면 '팀 관리' 프로세스는 '팀 개발' 프로세스와 함께 프로젝트 전반에 걸쳐 지속적으로 구현되며 실행의 성격을 갖는 프로세스이다.

---

(7) 예측(Forecasts) - 1

- 예측치를 통해 미래에 발생할 수 있는 일을 판단하고, 그에 따라 계획과 프로젝트 작업을 조정할지 여부를 검토하고 논의
- 특정 이벤트/조건이 향후 이벤트에 미치는 영향 파악에 인과 관계가 됨
- 이는 미래에 발생할 일에 대한 전문가 판단과 같은 정성적 기준
- 정량적 예측치는 과거 정보를 사용하여 미래에 일어날 상황을 추정하는 것
- 완료시점 산정치와 잔여분 산정치 예측

  ○ 잔여분산정치(ETC, Estimate To Complete)
    - 획득가치관리(EVM) 측정값으로, 남아 있는 프로젝트 작업을 모두 완료하기 위해 예상되는 원가 예측
    - 과거의 성과로 미래의 성과를 나타낸다고 가정할 때, ETC는 완료시점예산에서 획득가치를 뺀 값을 원가성과지수(CPI, Cost Performance Index)로 나눈 것

  ○ 완료시점산정치(EAC, Estimate At Completion)
    - 프로젝트 현 시점에서 모든 작업을 완료하는 데 필요한 총 예상 비용 예측치
    - 과거의 성과로 미래의 성과를 나타낸다고 가정하면, 일반적인 측정은 완료시점예산(BAC)을 원가성과지수(CPI, Cost Performance Index)로 나눈 것

  ○ 완료시점차이(VAC, Variance At Completion)
    - 완료시점차이(VAC) = 완료시점예산(BAC) − 완료시점산정치(EAC)으로 예산 적자 또는 흑자 금액을 예측하는 EVM 측정값

  ○ 완료성과지수(TCPI, To-Complete Performance Index)
    - 잔여 예산 대비 완료하지 못한 작업에 대한 완료 비용의 비율로 표현되는 TCPI는 목표를 완료하는 데 필요한 비용 성과를 산정하는 EVM 측정값
    - TCPI = (BAC−EV)/(BAC−AC) 혹은 (BAC−EV)/(EAC−AC)

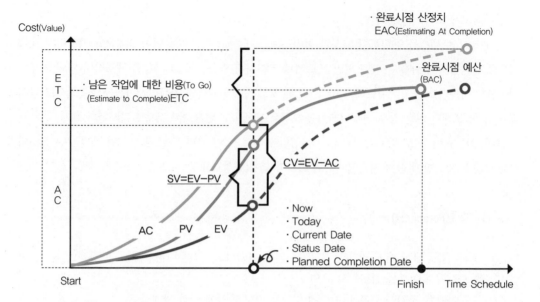

(7) 예측(Forecasts) – 2

- 기타 예측
  - 회귀분석(Regression analysis)
    - 향후 성과를 추론하기 위해 일련의 투입물 변수와 산출 결과 변수 사이의 수학적 또는 통계적 관계를 분석

  - 처리량 분석(Throughput analysis)
    - 정해진 시간 내에 완료되는 항목의 수를 평가
    - 적응형 접근방식은 완료된 기능 대 잔여 기능, 속도(velocity), 스토리 포인트와 같은 처리량 메트릭스를 사용하여 진행 상황을 평가하고 가능한 완료일을 추정
    - 안정적 프로젝트 팀은 기간 산정치와 예산 감소 비율(경비 지출 속도, burn rate)을 사용해 원가 산정치를 확인하고 업데이트

회귀 분석과 처리량 분석에 대한 상세 내용은 본서의 제2부 4장 '방법(methods)'에 있는 '회귀분석' 과 '결과물(artifacts)'에 있는 '처리량 분석'을 참고할 수 있다.

획득가치분석에 대한 개념과 계산식은 다음과 같이 요약할 수 있다.

			획득가치 분석		
약어	이름	용어 정의	사용법	방정식	결과의 해석
PV	계획가치	일정 작업에 배정하여 승인을 받은 예산	특정시점(보통 데이터 기준일 또는 프로젝트 완료일)까지 완료하기로 계획된 작업 가치	–	–
EV	획득가치	수행한 작업의 측정 가치로, 작업에 승인된 예산으로 환산하여 나타낸다	실제원가에 대한 참조 없이 특정 시점(보통 데이터 기준일)에서 완료된(획득된) 모든 작업의 계획가치	EV=완료된 작업의 계획가치 합계	–
AC	실제원가	지정된 기간 동안 활동에서 수행한 작업에서 실제로 발생한 원가	특정 시점(보통 데이터 기준일)에서 완료된 모든 작업의 실제원가	–	–
BAC	완료시점 예산	수행할 작업에 대해 책정된 모든 예산의 합계	총 계획 작업의 가치, 프로젝트 원가 기준선	–	–
CV	원가차이	주어진 시점의 예산 적자 또는 흑자 금액으로, 획득가치 (EV)와 실제원가 (AV)간의 차이로 표시된다	특정시점(보통데이터 기준일)까지 완료되는 작업의 가치와 동일 시점까지 실제원가 간 차이	CV=EV−AC	양수= 계획원가에 미달함 0 = 계획 원가만큼 지출함 음수= 계획 원가를 초과함
SV	일정차이	주어진 시점에서 프로젝트가 예정 인도일보다 앞서거나 뒤처진 정도를 나타내며, 획득가치와 계획가치 간 차이로 표시한다	특정 시점(보통 데이터 기준일)까지 완료되는 작업과 동일 시점까지 완료하기로 계획된 작업 간 차이	SV=EV−PV	양수= 일정보다 빨리 완료됨 0 = 일정에 맞게 완료됨 음수= 일정보다 늦게 완료됨
VAC	완료시점 차이	예산 적자 또는 흑자 금액 추정치로, 완료 시점 예산과 완료 시점 산정치 간 차이로 표시한다	프로젝트 완료 시점의 원가 차이 산정치	VAC=BAC−EAC	양수= 계획 원가에 미달함 0 = 일정에 맞게 완료됨 음수= 계획 원가를 초과함
CPI	원가성과 지수	예산자원의 원가효율을 측정하는 지수로, 획득가치(EV) 대비 실제원가(AC)의 비율로 표시한다	CPI가 1.0이면 프로젝트가 정확히 예산에 맞게 진행되었으며 지금까지 실제로 수행한 작업이 정확히 지금까지 원가와 동일하다는 것을 뜻한다. 다른 값은 원가가 수행된 작업에 대한 예산액을 어느 정도 초과 또는 미달했는지 백분율로 보여준다	CPI=EV/AC	1.0보다 큼= 계획원가에 미달함 1.0= 계획 원가만큼 지출함 1.0보다 작음= 계획원가를 초과함
SPI	일정성과 지수	획득가치(EV) 대비 계획가치(PV)의 비율로 표시되는 일정 효율의 척도	SPI가 1.0이면 프로젝트가 정확히 일정에 맞게 진행되었으며 지금까지 실제로 수행한 작업이 정확히 지금까지 수행한 작업과 동일하다는 것을 뜻한다. 다른 값은 원가가 계획된 작업에 대한 예산액을 어느 정도 초과 또는 미달했는지 백분율로 보여준다	SPI=EV/PV	1.0보다 큼= 일정보다 빨리 완료됨 1.0= 일정에 맞게 완료됨 1.0보다 작음= 계획원가를 초과함
EAC	완료시점 산정치	모든 작업을 완료하기 위해 예상되는 총 원가로, 현재까지 실제 원가와 잔여분산청치를 합산한 결과	CPI가 프로젝트의 나머지에 대해 동일한 것으로 예상되면 다음을 사용하여 EAC를 계산할 수 있다 계획된 비율로 미래 작업이 달성될 경우 다음을 사용한다 : 초기 계획이 더 이상 유효하지 않을 경우 다음을 사용한다 : CPI와 SPI 모두 나머지 작업에 영향을 미칠 경우 다음을 사용한다 :	EAC=BAC/CPI EAC= AC+BAC−EV EAC=AC+ Bottom−up ETC EAC=AC+[(BAC− EV)/(CPIxSPI)]	–

약어	이름	용어 정의	사용법	방정식	결과의 해석
ETC	잔여분 산정치	남아 있는 프로젝트작업을 모두 완료하기 위해 예상되는 원가	작업이 계획대로 진행된다고 가정할 때, 승인된 나머지 작업을 완료하는 데 소요되는 원가를 다음을 사용하여 계산할 수 있다: 남아 있는 작업을 처음부터 다시 산정한다	$ETC=EAC-AC$ $ETC=$ Reestimate	–
TCPI	완료성과 지수	지정된 관리 목표를 충족하기 위해 잔여 자원으로 달성해야하는 원가성과의 척도로 미결작업의 완료원가 대비 가용 예산의 비율로 표시 한다	계획대로 완료하기 위해 유지해야 하는 효율	$TCPI=(BAC-EV)/(BAC-AC)$	1.0보다 큼= 완료하기 어려움 1.0= 완료하기가 보통 수준임 1.0보다 작음= 완료하기가 쉬움
			현재 EAC를 완료하기 위해 유지해야 하는 요율	$TCPI=(BAC-EV)/(EAC-AC)$	1.0보다 큼= 완료하기가 어려움 1.0= 완료하기가 보통 1.0보다 작음= 완료하기가 쉬움

정보 제시(Presenting Information)

- 정보가 유용하려면 정보와 관련된 불확실성의 정도를 정확하게 전달할 수 있도록, 시기 적절해야 하고, 적시에 접근 가능하며, 간단하게 습득 및 이해하고, 제시 가능해야 함
- 그래픽 시각적 표시는 이해관계자의 정보 습득과 이해에 도움

대시보드(Presenting Information)

- 대시보드는 메트릭스에 많은 양의 정보를 표시하는 일반적 방법
- 정보를 전자적으로 수집하고 상태를 나타내는 차트를 생성하는 대시보드는 개괄적인 요약을 제공하고, 유용한 데이터에 대한 상세 분석을 가능하게 함
- 대시보드에는 위험신호 차트 혹은 신호등 차트(RAG 차트로도 알려져 있으며 red-amber-green의 약어 표시), 막대 차트, 원형 차트(pie chart) 및 관리도(control charts)로 표시된 정보를 제공
- 텍스트로 된 설명은 설정된 한계선을 벗어난 모든 측정에 사용

대시보드는 다양한 정보를 다양한 그림이나 차트 형식 및 텍스트로 표현한다. 그 중에 가장 일반적인 표시는 신호등과 같은 RAG 차트로 위험(R), 주목(A), 양호(G)로 프로젝트 전체 상황 및 각종 상세 상황들을 나타내는 것이다. 다음은 대시보드의 예시이다.

Project VR 대시보드

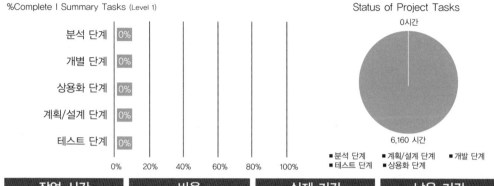

VR 백내장 수술 시뮬레이터

완료율	기간	시작	완료
0%	751일	21-06-01 (화)	24-05-24(금)

%Complete | Summary Tasks (Level 1)

분석 단계	0%
개별 단계	0%
상용화 단계	0%
계획/설계 단계	0%
테스트 단계	0%

Status of Project Tasks

0시간

6,160 시간

■ 분석 단계　■ 계획/설계 단계　■ 개발 단계
■ 테스트 단계　■ 상용화 단계

작업 시간	비용	실제 기간	남은 기간
6,160 시간	₩0	0 일	751 일

정보 상황판(Information Radiators)

- 큰 시각화 차트(BVC, big visible charts)인 정보 상황판은 시각적 물리적 표시판으로 적시에 지식을 공유
- 일정이나 보고 도구를 통한 전달이 아닌 쉽게 볼 수 있는 위치에 게시
- 전자적 관리 소프트웨어가 아닌 BVC는 수동으로 유지되며 자주 업데이트
  - 로우테크-하이터치(low-tech and high touch) 방식으로, 화이트 보드 또는 벽면에 작업 보드(Kanban, Scrum board)를 활용하는 방식
- 완료된 작업 및 남은 작업, 리스크 관련 정보 상황판 예시

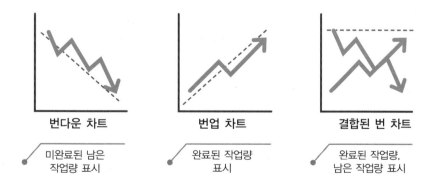

번다운 차트	번업 차트	결합된 번 차트
미완료된 남은 작업량 표시	완료된 작업량 표시	완료된 작업량, 남은 작업량 표시

	리스크 설명	날짜	발생 가능성	영향	리스크 등급	대응 계획	리스크 담당자
1	지연납품	12/01	높음	높음	높음	• 계약에 패널티, 우발 사태 계획 추가 • 업체 성과감시 수행	한OO
2	임대 라인의 리드 타임 초과	12/01	중간	중간	중간	• 필요 시점보다 먼저 임대 라인 주문 • 추가 임대수수료 발생	박OO
3	인수 테스트 지연 및 릴리즈 지연	12/01	매우 높음	높음	높음	• 테스트 자원확보 • 프로젝트 일정수정	김OO
4	하드웨어 용량 부족	12/30	매우 낮음	중간	낮음	• 우선순위 지정 • 대체 개발	최OO

리스크 기록부

번다운 차트와 번업 차트에 대한 상세한 설명은 본서의 제2부 4장에 있는 결과물(artifacts) 중에 '번 차트'를 참고하면 된다. 또한 리스크 등록부(리스크 기록부)에 대한 상세한 설명은 본서의 제2부 4장에 있는 결과물(artifacts) 중에 '리스크 등록부'를 참고하면 된다.

시각적 통제(Visual Controls)

- 시각적 통제는 실제성과와 예상성과의 비교 프로세스를 보여주는 린 환경의 정보 상황판
- 비즈니스 가치 전달(인도)과 모든 수준의 작업 정보에 시각적 통제는 누구에게나 제공
  - 태스크 보드(작업 보드, task board)
    - 모든 사람이 계획된 작업의 상태를 볼 수 있는 시각적 표현
    - 시작 준비가 된 작업, 진척 중인 작업, 완료된 작업을 표시
    - 색깔 별 스티커는 다양한 유형의 작업을 표시하고, 점 표시로 해당 작업이 현재 위치에 머문 날짜 수를 표시
    - 칸반(Kanban) 보드를 사용하는 흐름 기반 프로젝트는 태스크 보드를 사용해 작업 진척 규모를 제한
    - 병목현상이 발생하는 단계가 있다면 팀원은 해당 업무를 서로 지원(swarm)
  - 번 차트(Burn chart)
    - 번업(burn up) 또는 번다운(burn down) 차트와 같은 번차트는 팀의 속도를 표시
    - 속도는 정의된 기간 내에 인도물이 생산, 확인, 수용되는 프로젝트 팀의 생산성이며 이 속도를 측정
    - 번업 차트는 수행해야 할 예상 작업과 수행된 작업 규모를 비교하여 추적
    - 번다운 차트는 잔여 스토리 포인트 수 또는 감소한 리스크 노출도를 표시
  - 기타 다른 종류의 차트
    - 작업을 수행하는 데 장애가 되는 요소에 대한 설명, 심각도, 장애 해결을 위해 취해야 할 조치를 보여주는 장애 목록과 같은 정보도 포함

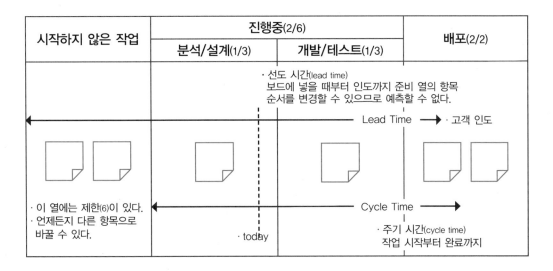

| 시작하지 않은 작업 | 진행중(2/6) | | 배포(2/2) |
	분석/설계(1/3)	개발/테스트(1/3)	
	· 선도 시간(lead time) 보드에 넣을 때부터 인도까지 준비 열의 항목 순서를 변경할 수 있으므로 예측할 수 없다.		

[그림 3-28] 태스크 보드 또는 칸반 보드

스토리 포인트 완료(번업)

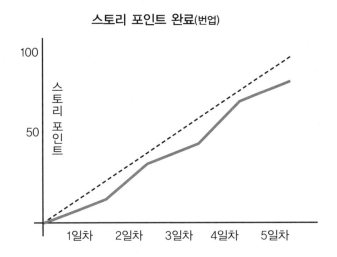

[그림 3-29] 시각적 통제의 번업 차트

측정의 위험 요소(Measurement Pitfalls)

- 프로젝트 측정 방법은 몇 가지 위험 요소가 있으며, 이 위험 요소에 대한 인식은 부정적인 영향을 최소화하는데 도움
  - 호손 효과(Hawthorne effect)
    - 측정하는 행위 자체가 측정 대상 행동에 영향을 미치는 것
    - (예) 프로젝트팀의 인도물 생산량만 측정하면 프로젝트팀이 고객 만족도를 높이는 인도물에 초점을 맞추지 않고 대량의 인도물을 만드는 데 집중

- 허용 메트릭스(Vanity metric)
  - 데이터는 있으나 의사결정에 유용하지 않은 정보를 표시하는 측정 메트릭스
  - (예) 웹 사이트의 페이지 뷰 측정은 새로운 뷰어 수 측정만큼 유용하지 않음

- 사기 저하(Demoralization)
  - 달성할 수 없는 기준과 목표는 프로젝트 팀의 사기 저하 유발
  - 도전적 목표와 열망하는 기준 설정은 좋으나, 사람들은 자신의 노력을 인정받고 싶어 하기 때문에 비현실적이거나 달성 불가능한 목표는 역효과

- 매트릭스의 오용(Misusing the metrics)
  성과 측정에 사용된 매트릭스와 관계없이 측정값을 왜곡하거나 잘못된 값에 집중
  - 가장 중요한 매트릭스보다 덜 중요한 매트릭스에 집중
  - 장기적인 매트릭스를 희생하면서 단기적 조치를 잘 수행하는 데 집중
  - 성과 메트릭스를 개선하기 위해 수행이 쉬운 비순차적(out-of-sequence) 활동 작업

- 확증 편향(Confirmation bias)
  - 기존 관점을 뒷받침하는 정보만 찾고 보려는 경향으로, 데이터의 잘못된 해석

- 상관관계 대 인과관계(Correlation versus causation)
  - 두 변수의 상관관계를 한 요소가 다른 요소를 유발한다는 인과관계와 혼동
  - (예) 일정지연 및 예산초과 프로젝트에서 예산 초과 프로젝트가 일정 문제를 유발한다는 잘못된 추론(이는 다양한 다른 상관 요소가 있을 수 있음)

성과 문제 해결(Troubleshooting Performance)

- 일정, 예산, 속도, 기타 프로젝트 별 측정 등의 다양한 메트릭스에 대해 한계선(threshold)을 설정할 수 있고 한계선 범위를 벗어난 측정은 계획에 따라 조치를 취함
- 한계선을 벗어나는 차이 정도는 이해관계자의 리스크 허용한도(risk tolerance)에 따라 달라짐
- 그림은 예상 지출 비율의 +10% 및 −15%로 설정된 예산 한계선 예시를 보여 줌
  - 실제 지출을 추적하고 있으며 +10%의 상위 허용한도를 초과한 상태

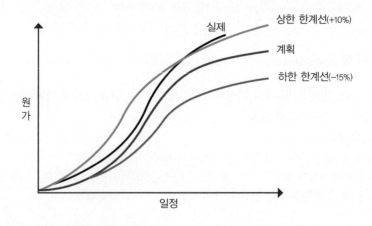

- 프로젝트 팀은 한계선을 초과한 후에 조치를 하기보다, 추세나 새로운 정보를 통해 초과가 예상될 경우 예상된 차이를 사전에 해결하는 것이 바람직함
- 한계선이 초과되거나 예측될 경우 취하기로 합의된 일련의 조치를 예외 계획(exception plan)이라고 함
- 예외 계획은 공식적 혹은 비공식적일 수 있음
- 예외 계획의 이슈를 논의하고 수행해야 할 작업에 대한 계획을 수립하는 것이며, 그후에 계획이 실행되는지 확인

[참고] 한계선(Threshold)

'Threshold'는 넘어야 할 '문지방'이란 뜻을 갖지만, 프로젝트에서는 허용할 수 있는 '한계선', 혹은 무엇인가 조치를 취할 수 있는 '시발점'이라는 의미를 갖고 있다. 예를 들면, 프로젝트가 진행 중에 원가 성과를 측정했더니 그 시점까지 계획보다 10%를 초과 지출하고 있는 상황이다. 이 10% 초과 지출을 심각한 상황으로 판단하여 즉각적인 원인을 파악하고 조치해야 하는지, 아니면 그 정도 초과 지출은 심각한 상황이 아니기에 두고 보아야 하는지 판단하여야 한다. 이 때 사전에 정의한 허용 기준이 있다면 바로 그것이 한계선(threshold)이다. 그 한계선이 5%라고 정해졌다면, 10% 원가 초과의 경우는 한계선을 넘었기에 즉각적인 원인 파악과 조치를 해야 할 것이다.

프로젝트에는 일정, 원가, 리스크, 품질 등의 다양한 허용 한계인 여러 한계선이 있다. 이러한 한계선에 대한 기준은 일정관리계획이나 원가관리계획과 같은 관리계획에 명시하여야 한다.

[참고] 예외 계획(Exception Plan)

예외 계획이란, 사전에 계획된 성과나 실적을 달성하지 못하고 계획에서 벗어난 상황을 따라잡기 위한 조치 계획을 의미한다. 즉, 정상적인 상황에서 벗어난 예외적인 상황을 바로잡는 계획이다.

- 데이터를 측정하고 표시하는 것은 학습과 개선을 목적으로 하기에, 프로젝트 성과와 효율성 최적화하려면 다음의 정보만 측정하고 보고
  - 프로젝트 팀이 학습하도록 허용된 정보
  - 의사결정을 촉진하는 정보
  - 제품 또는 프로젝트 성능의 일부 측면을 개선하는 정보
  - 성능(성과) 저하를 방지하는 정보
  - 이슈를 방지하는 데 도움이 되는 정보
- 측정을 통해 프로젝트 팀이 비즈니스 가치를 창출하고 프로젝트 목표와 성과 목표를 달성하도록 적절히 적용

- 계획은 인도물과 비교하는 데 필요한 기준을 설정하기에 측정 성과영역은 계획, 프로젝트 작업, 인도 성과영역과 상호 작용
- 측정 성과영역은 최신 정보를 제시하여 계획 성과영역의 일부인 활동을 지원할 수 있기에, 교훈은 계획 업데이트에 대한 성공/실패와 관련된 정보를 반영
- 팀 및 이해관계자 성과영역은 프로젝트 팀원이 계획을 개발하고 측정된 인도물 생성과 인도할 때 상호 작용
- 예측할 수 없는 이벤트가 긍정/부정적으로 발생할 경우, 프로젝트 성과에 영향을 미침으로 프로젝트 측정과 메트릭스에도 영향
- 불확실한 이벤트로 인해 발생한 변경에 대응할 때 변경으로 인해 영향을 받은 측정값이 업데이트 됨
- 불확실성 성과영역 활동(예: 리스크 및 기회 식별)은 성과 측정을 기반으로 시작
- 프로젝트 팀 및 기타 이해관계자와 협력하여 메트릭스 설정, 데이터 수집, 데이터 분석, 의사결정, 프로젝트 상태 보고 등은 프로젝트 작업의 일부임

2.8 불확실성 성과영역(Uncertainty Performance Domain)

- 불확실성 영역은 리스크 및 불확실성과 관련된 활동과 기능을 다룸
- 불확실성은 팀이 탐색, 평가, 처리 방법을 결정할 수 있는 위협과 기회를 제공

- 불확실성은 광의의 의미로 알지 못하거나 예측할 수 없는 상태
  - 미래 사건을 알 수 없는 것과 관련된 리스크
  - 현재 또는 미래의 조건을 인식하지 못하는 것과 관련된 모호함
  - 예측할 수 없는 결과를 내는 동적 시스템과 관련된 복잡성

- 프로젝트 불확실성에 기여하는 환경의 측면
  - 신기술, 시스템과 관련된 복잡성, 인터페이스 등의 기술적 고려 사항
  - 가격 변동성, 자원 가용성, 자금 차용 능력, 인플레이션/디플레이션 등 경제적 요인
  - 안전, 날씨 및 작업 조건에 관련된 물리적 환경
  - 법적 또는 법률적 제약이나 요구사항
  - 조직 내부 또는 외부의 정치적 영향
  - 현재 또는 미래 조건과 관련된 모호함
  - 여론과 미디어에 의해 형성된 사회적 및 시장 영향

- 불확실성 성과영역의 효과적 실행에 따른 성과
  - 프로젝트 발생 환경 인식 – 기술, 사회, 정치, 시장, 경제 등 환경을 포함
  - 불확실성에 대한 사전 예방적 탐구 및 대응
  - 프로젝트에서 여러 변수의 상호의존성 인식
  - 위협과 기회를 예측하고 문제의 결과를 이해하는 능력
  - 예상 못한 이벤트나 조건으로 인한 부정적인 영향이 없거나 적은 프로젝트 인도
  - 프로젝트 성과 및 결과를 개선할 수 있는 기회 실현
  - 프로젝트 목표에 맞춰 원가 및 일정 예비를 효과적으로 활용

용어 정의

- **불확실성**(uncertainty)
  이슈, 이벤트, 추정 경로, 솔루션에 대한 이해 및 인식 부족
- **모호성**(ambiguity)
  사건의 원인 파악 또는 여러 선택 옵션 확보에 어려움을 겪는 불명확한 상태
- **복잡성**(complexity)
  인간 행동, 시스템 작용, 모호성으로 인해 관리하기 어려운 프로젝트나 그 환경 특성
- **변동성**(volatility)
  급격하고 예측 불가능한 변화 가능성
- **리스크**(risk)
  발생할 경우에 프로젝트 목표에 긍정/부정적인 영향을 미치는 불확실 사건이나 조건

성 과	확인 방법(체크)
프로젝트가 발생하는 다양한 환경에 대한 인식	프로젝트 팀은 불확실성, 리스크 및 대응을 평가할 때 환경 고려사항을 통합
불확실성에 대한 사전 예방적 탐구 및 대응	리스크 대응이 예산, 일정, 성과와 같은 프로젝트 제약 조건의 우선순위에 따라 조정
프로젝트의 다양한 변수의 상호의존성 인식	프로젝트의 복잡성, 모호성, 변동성을 해결하기 위한 적절한 조치
위협과 기회의 예측, 문제 결과를 이해하는 능력	적절한 리스크 식별, 포착 및 대응 시스템
예상 못한 이벤트/조건으로 인한 부정적 영향이 적거나 없는 인도	예정된 인도 날짜가 충족되고 예산 성과가 차이 한계선 내에 있음
프로젝트 성과 및 결과를 개선할 수 있는 기회 실현	팀이 확립된 메커니즘으로 기회 식별 및 활용
프로젝트 목표에 맞춰 여분의 비용 및 일정을 효과적으로 활용	팀은 위협을 사전에 예방하기 위한 조치를 취하여 예비비 및 예비 일정 사용을 제한

일반적인 불확실성(General Uncertainty)

- 프로젝트 목표에 도움이 되는 잠재적 결과는 기회, 목표에 부정적인 영향을 미치는 잠재적 결과는 위협으로, 리스크는 기회 및 위협으로 구성됨
- 불확실성에 대응하기 위한 옵션
  - 정보수집
    - 연구 수행, 전문가 참여, 시장 분석 수행 등 더 많은 정보는 불확실성을 줄임

  - 여러 가지 결과에 대비
    - 불확실성 영역에서 가능한 결과가 적은 상황에서는 각 결과에 대한 기본 솔루션을 사용하거나, 효과가 없으면 백업 또는 우발사태 계획을 수립하여 대비
    - 잠재적 결과가 많을 경우 팀은 잠재적 원인의 분류, 평가, 발생 가능성을 산정하여 팀은 가능성이 가장 높은 결과에 집중

  - 세트 기반 설계
    - 팀은 대안에 대한 시간/비용, 품질/비용, 리스크/일정, 일정/품질 등의 균형 요소를 파악할 수 있고 비효율적이거나 최적이 아닌 대안은 폐기

  - 복원력 구축
    - 예기치 않은 변경에 빠른 적응과 대응 능력인 복원력은 팀원과 조직 프로세스에 모두 적용(예, 초기 접근 방식인 제품 설계나 프로토타입이 효과적이지 않은 경우 팀과 조직은 빠르게 학습하고 적응하며 대응)

프로젝트는 고유성으로 인해 태생적으로 불확실성을 갖는다. 모든 프로젝트는 불확실성이 내재되어 있기에, 활동의 효과를 정확히 예측할 수 없으며, 다양한 결과가 발생한다. 불확실성이란 미래 에 대한 데이터가 없기에 어떤 일이 일어날지 잘 모르는 주관적인 심리상태를 의미한다는 학설이 있다. 프로젝트에서 리스크는 불확실성에서 기인하지만, 리스크는 존재 자체를 알 수 있으며 그 발생 가능성이나 미치는 영향을 예측할 수 있는 구체적인 사건이다.

앞에 용어 정의에서 설명된 불확실성과 관련된 개념은 모호성(ambiguity), 복잡성(complexity), 변동성(volatility)이다. 이들 개념에 대한 상세한 내용은 다음과 같다.

모호성(Ambiguity)

- 개념적 모호성과 상황적 모호성
  - 개념적 모호성
    - 사람들이 유사 용어나 주장을 서로 다른 방식으로 사용할 때 발생하는 것이 개념적 모호성 (효과적인 이해의 부족)
    - (예) "지난 주에 일정이 준수되었다고 보고됐다."는 일정이 지난주에 준수되었는지, 지난주에 일정을 보고한 것인지 모호하며, '준수 중'이라는 의미도 모호
    - 용어에 대한 일반적인 규칙과 정의를 공식적으로 수립하면 모호성을 축소 가능
- 상황적 모호성
  - 두 개 이상의 결과 가능할 때 발생하며, 문제에 대한 여러 해결책이 있는 경우

- 모호성 탐구
  점진적 구체화, 실험, 프로토타입은 모호성을 탐구를 위한 솔루션

솔루션	설 명
점진적 구체화	프로젝트가 진행됨에 따라 정보의 양이 증가하고 정확한 산정치가 제시됨에 따라 프로젝트관리 계획서의 정확도를 높여 나가는 반복 적인 프로세스
실험	모호성의 정도를 줄일 수 있도록 잘 설계된 일련의 실험들은 인과 관계 파악에 도움
프로토타입	서로 다른 변수 간의 관계를 구분하는 데 도움

복잡성(Complexity)

- 복잡성이란, 인간의 행동, 시스템 작용, 모호성 등으로 인해 관리하기 어려운 프로그램이나 프로젝트 또는 그 환경의 특성
- 복잡성은 다양한 방식으로 작동하고 상호 작용하는 상호 연결된 영향이 있을 때 발생
- 복잡한 환경에서 개별 요소가 모여 예상 못한 결과나 의도하지 않은 결과 발생
- 복잡성의 영향은, 잠재적인 결과의 가능성에 대해 정확하게 예측할 방법이 없거나 결과가 어떻게 나타날지 알 수 있는 방법이 없다는 것

복잡성을 다루는 방법은 다음과 같이 다양하다.

(1) 시스템에 기반(system-based)

(2) 재구성(reframing)

(3) 프로세스에 기반(process-based)

(1) 시스템 기반(Systems-Based)

- 분리(decoupling)
  - 일부 시스템 사이의 연결을 끊어서 시스템을 간소화하고 연결 변수를 줄임
  - 시스템 자체가 어떻게 기능하는 가를 판단하는 것으로, 문제의 전체적 규모를 축소

- 시뮬레이션(simulation)
  - 시스템의 구성을 시뮬레이션 하기에는 유사한 시나리오나 관련 없는 시나리오도 존재
  - (예) 쇼핑과 레스토랑을 포함하는 신공항 건설 프로젝트는 쇼핑몰 및 엔터테인먼트 시설에 대한 유사한 정보를 검색하여 소비자 구매 습관에 대해 학습

(2) 재구성(Reframing)

- 다양성(diversity)
  - 복잡한 시스템은, 다양한 관점을 위한 브레인스토밍, 발산적 사고에서 수렴적 사고로 전환하는 델파이와 같은 프로세스 등을 이용

- 균형(balance)
  - 과거(또는 후행지표)를 보고하는 데이터, 혹은 예측 데이터만 사용하는 것이 아니라 사용하는 데이터 유형의 균형으로 더 넓은 관점을 확보
  - 여기에는 변동(variation)이 서로의 잠재적 악영향을 상쇄할 수 있는 요소 사용 포함

> **[참고] 브레인스토밍(Brainstorming)과 델파이(Delphi) 방법**
>
> 브레인스토밍과 델파이법은 데이터나 경험적 자료가 없을 경우에 전문가나 경험자들의 통찰력이나 직관적 판단을 통해 미래를 예측하는 것이다. 브레인스토밍은 심리적 제약이 없는 자유로운 상태에서 대면 활동을 통해 서로 창의적 의견이나 아이디어를 즉흥적이고 자유분방하게 창출하고 교환하여 아이디어를 개념화하는 집단 자유 토의 기법이다. 잘 알려진 바와 같이 비판을 최소화하고 다른 아이디어에 편승하여 창안을 유도하는 무임승차 유도, 한정된 테마에 대해 질보다는 양을 우선시하는 대면 토론이다. 이에 비해, 델파이 기법은 전문가들이 격리된 상태에서 독자적으로 판단한 것을 종합하고 정리하는 것을 반복하는 미래 예측 기법이다. 이견에 대한 갈등이나 집단적 사고를 방지하기 위한 익명성과, 통계 처리, 전문가 합의 등을 반복하는 방법이다.

(3) 프로세스 기반(Process-Based)

- 반복(iterate)
  - 기능을 한 번에 하나씩 추가하며 반복적 또는 점진적으로 구축
  - 각 이터레이션을 마친 후 작동하는 것과 작동하지 않는 것을 식별하고 고객의 피드백과 팀의 학습 내용을 파악

- 참여(engage)
  - 이해관계자 참여를 이끌어낼 수 있는 기회를 마련하면 가정(조건)의 수가 줄어들고 프로세스에 학습과 몰입도가 형성

- 페일 세이프(fail safe)
  - 문제가 예견되는 경우, 이를 방지하기 위한 대응/검토 프로세스를 적용
  - 중요한 시스템 요소의 경우, 치명적인 구성품 장애가 발생하면 기능의 적절한 저하를 제공할 수 있는 이중화 장치나 요소를 구축

변동성(Volatility)

- 신속하고 예측할 수 없는 변화의 영향을 받는 환경에는 변동성이 존재
- 변동성은 사용 가능한 기량이나 자재에 지속적인 변동(fluctuation)이 있을 때 발생
- 변동성은 비용과 일정에 영향을 미치므로 대안 분석과 비용/기간 예비를 사용해 해결
  - 대안분석(alternatives analysis)
    - 다양한 기술 조합 사용, 재정렬(resequencing) 작업, 아웃소싱 작업 등과 같은 다양한 방법과 대안을 찾고 평가
    - 대안분석에는 각 변수의 상대적 중요도나 가중치 등을 식별하는 것과 옵션 평가시 고려할 변수 등을 포함

- 예비(reserve)
  - 가격 변동성으로 인해 예산이 초과되는 경우 예비 비용을 사용
  - 예비 일정은 자원 가용성과 관련된 변동성으로 인한 지연 문제 해결에 사용
- 상황 예측, 올바른 결정, 문제 해결 계획과 문제 해결 역량 등은 불확실성, 모호성, 복잡성 및 변동성을 효과적으로 탐색하고 향상

변동성 해결을 위한 대안 분석에서는 문제 해결이나 의사결정을 위해 여러 대안들을 식별하고 우선순위를 정할 수 있다. 이 때, 각 대안들에 대해서 분석과 평가를 위한 변수로 평가 항목을 결정하고 각 항목별로 가중치를 부여할 수 있다. 대안 분석에 대한 상세한 설명은 본서의 2부 4장 방법(methods) 내에 '대안 분석'을 참고할 수 있다.

또한 변동성 해결을 위한 예비 편성은 선제적 조치보다는 변동에 의한 영향을 줄이기 위한 사후 대응이다. 예비에는 원가 예비와 일정 예비가 있다. 이는 일반적으로 예상되는 리스크에 대해 대응 전략이 없을 때 편성하거나 전혀 알 수 없는 불확실성에 대비하여 편성한 후에 변동으로 인한 사건이 발생했을 때 사용한다.

리스크(Risk)

- 리스크는 발생할 경우에 프로젝트 목표에 긍정적 또는 부정적인 영향을 미치는 불확실한 이벤트나 상태(리스크는 불확실성의 한 측면)
- 부정적 리스크는 위협(threat), 긍정적 리스크는 기회(opportunity)라고 하며, 리스크 관리는 위협을 줄이고 기회를 높이는 활동
  - 프로젝트 전반에 리스크를 사전 식별하여 위협의 영향을 방지하거나 최소화하고, 기회의 영향을 촉발시키거나 극대화
- 위협과 기회 모두 사전에 계획할 수 있는 일련의 대응 전략을 도출
- 팀은 프로젝트 목표 달성에 수용 가능한 리스크 노출도를 알아내 리스크를 효과적으로 탐색
  - 이는 조직 및 프로젝트 이해관계자의 리스크 선호도(appetite)와 태도(attitude)를 반영하는 측정 가능한 리스크 한계선(threshold)으로 정의
  - 리스크 한계선은 조직과 이해관계자의 리스크 선호도를 반영하는 목표 위주의 허용 가능한 변이를 표현
  - 이 한계선은 명시적으로 기술되고 프로젝트팀에 전달되며 프로젝트에 대한 리스크 영향 수준의 정의에 반영

프로젝트 리스크는 위협과 기회를 모두 포함하는 개념으로, 리스크 관리는 기회를 높이고 위협을 줄이는 것이다. 리스크 관리는 리스크가 발생된 이후에 대응하는 사후조치(reactive) 개념이 아니고 선제적 조치(proactive)를 통해 리스크를 줄이는 방법이다. 이런 이유로, 프로젝트 리스크 관리는 프로젝트 리스크 관리 계획을 수립하고, 사전에 프로젝트 리스크를 식별한 후, 이들을 분석하여 우선순위를 정하고, 우선순위가 높은 리스크에 대해 대응 기획을 통한 사전 대응 전략을 수립하여, 대응을 실행하고 지속적으로 이들을 감시하는 과정을 수행한다.

프로젝트 리스크 관리의 목표는 프로젝트 성공 가능성을 최적화하기 위해 프로젝트에서 긍정적인 사건의 발생 확률이나 영향은 증가시키고, 부정적인 사건의 발생 확률이나 영향은 줄이는 것이라고 정의할 수 있다.

[참고] 리스크 태도(Risk Attitude)

리스크 관리 계획을 수립하는 동안에 리스크 관리의 첫 번째 단계는 리스크를 식별(파악)하는 것이다. 두 번째 단계는 우선순위를 정하고 순위를 매기는 것이다. 식별된 리스크의 우선순위를 정하고 순위를 매기기 위해서는 이해관계자와 조직의 리스크 태도를 이해할 필요가 있다. 한 이해관계자의 본질적인 리스크가 다른 이해관계자에게는 필요하지 않을 수 있다. 리스크의 순위를 매기기 위해서는 집단적 접근법을 채택해야 한다.

이해관계자의 리스크 태도를 이해하지 못하면 리스크 관리 계획을 개발하는 데 어려움을 겪을 것이다. 즉, 리스크의 등급이나 순위를 매길 수 없을 것이다. 한 사람에게 긴급한 대응이 필요하다고 생각되는 리스크가 다른 사람에는 정상적인 것으로 간주될 수도 있다. 리스크 인식은 절대적이지 않으며, 그것은 상황적이고 많은 요인에 의존한다. 리스크를 두려워하는 사람도 있고, 리스크에 대해 중립적인 사람도 있고, 즐기는 사람도 있다. 리스크 태도는 타고난 것이다.

이해관계자의 리스크 태도를 이해하면, 리스크 선호도(risk appetite), 리스크 허용오차(risk tolerance), 리스크 한계선(risk threshold)에 대해 잘 알 수 있다. 리스크 태도는 프로젝트가 진행됨에 따라 변화하는 기업 환경 요인이다.

조직 또는 개인은 다음과 같은 네 가지 유형의 리스크 태도를 가질 수 있다.

- 리스크 회피자(risk averse)

  리스크를 싫어하는 사람이나 조직은 리스크를 소화하는데 불편하며, 그들은 매우 창의적이거나 리스크를 지지하지 않는다.

- 리스크 선호자(risk seeker or taker)

  리스크를 추구하거나 리스크를 감수하는 사람이나 조직으로 그들은 종종 리스크를 기회로 본다.

- 리스크 중립자(risk neutral)

  이러한 사람이나 조직은 리스크에 대해 중립적으로 리스크를 객관적으로 다룬다.

- 리스크 허용자(risk tolerant)

  이 사람이나 조직은 리스크를 무시하는 것에 매우 익숙하다.

개별 이해관계자와 그들에 의해 형성된 집단의 리스크 태도를 이해하는 것은 프로젝트 매니저가 해야 할 일이다. 집단적 사고방식은 개인의 사고방식과 다르다. 이해관계자 집단의 리스크 태도는 개인의 리스크 태도와 다를 수 있다. 프로젝트가 진행됨에 따라 리스크 태도가 계속 변화한다. 따라서 이해관계자의 관점을 바꾸거나 현재의 리스크 태도를 반영하여 프로젝트 계획을 조정해야 하며 이 또한 프로젝트 관리자의 책임이다.

전체 프로젝트 리스크(overall project risk, 포괄적 프로젝트 리스크)

- 불확실성이 프로젝트 전체에 미치는 영향을 말하며 불확실성은 모든 부분에서 발생
- 전체 프로젝트 리스크에는 개별 리스크들과 프로젝트 결과(outcome)의 변이 가능성 (긍정적, 부정적 변이)에 대한 노출이 모두 포함
- 전체 프로젝트 리스크는 복잡성, 모호성, 변동성의 함수이며 이에 대한 대응은 개별 리스크에 대한 대응과 동일하나, 특정 이벤트가 아닌 전체 프로젝트에 적용
- 전체 프로젝트 리스크가 너무 높으면 조직에서 프로젝트를 취소할 가능성이 크다

프로젝트 리스크는 두 가지 수준으로 존재하는데, 프로젝트 목표 달성에 영향을 줄 수 있는 개별 리스크와 이 개별 프로젝트 리스크와 다른 불확실성 원인의 조합에서 발생하는 포괄적(전체) 프로젝트의 리스크가 있다. 그러므로 프로젝트 리스크 관리 프로세스는 두 가지 리스크 수준을 모두 처리해야 한다. 먼저 개별(individual) 프로젝트 리스크란, 발생할 경우에 한 가지 이상의 프로젝트 목표에 긍정적 또는 부정적인 영향을 미치는 불확실한 사건이나 조건을 말한다. 또한 전체(혹은 포괄적, overall) 프로젝트 리스크는 개별적인 리스크를 포함한 모든 불확실성의 원인으로부터 나오거나, 이해관계자가 프로젝트 결과물의 긍정 또는 부정적 모든 변이에 노출되어 나타나는 프로젝트 전반의 불확실성의 영향을 말한다. 예를 들어, 제품의 특정 부분에 대한 인력 부족으로 그 부분에 대한 설계가 지연될 가능성이 있다면, 이는 개별 리스크이다. 그러나 전반적인 제품에 대한 기술력이 부족하고 난이도가 높으며 기술 인력이 부족하다면 프로젝트 전체 일정이 지연될 수 있는 전체 프로젝트 리스크가 된다. 다른 예를 든다면, 프로젝트 전체 예산 원가에 대한 시뮬레이션 결과, 편성된

예산으로 프로젝트를 완료할 수 있는 확률이 낮다면, 이 또한 전체 프로젝트 리스크라고 할 수 있다. 프로젝트 진행 중에 여러 개별 리스크들의 조합으로 프로젝트 전체에 대한 리스크 정도(노출도)를 분석하였을 때, 이를 완화시킬 수 없거나 감당할 수 있는 수준을 넘는다면, 이 프로젝트는 취소될 수도 있다.

> **[참고] 리스크 선호도**(Appetite), **리스크 허용오차**(Tolerance), **리스크 한계선**(Threshold)
>
> 리스크 관리의 목적은 긍정적 리스크의 발생 확률이나 영향을 증가시키고, 부정적 리스크의 발생 확률이나 영향을 감소시키는 것이다. 이러한 리스크에 대처하기 위해 사용할 전략은 이해관계자의 행동에 따라 달라진다. 모든 개인은 리스크에 대해 다르게 행동한다. 어떤 사람들은 받아들이고 싶어할 수도 있고, 또 어떤 사람들은 그것을 피하고 싶어할 수도 있다. 이러한 행동은 이해관계자들의 리스크 태도(risk attitude)에 달려 있다. 따라서 리스크 관리 계획의 성공을 위해서는 이해관계자의 리스크 태도 분석이 필요하다.

많은 요소들이 사람의 리스크 태도를 결정한다. 이러한 요인을 세 가지 범주로 나눌 수 있다.

◘ 리스크 선호도(risk appetite)

Appetite(식욕)는 hunger(배고픔)와 동의어다. 그러므로 리스크 선호도는 "위험을 갈망하는" 것을 의미한다. PMBOK 6th에 따르면, "리스크 선호도는 조직이나 개인이 보상을 기대하여 기꺼이 받아들일 수 있는 불확실성의 정도"라고 한다. 어떤 조직들은 보상이 높으면 높은 리스크를 감수할 수도 있고, 어떤 조직들은 안전하게 행동하거나 보수적이기를 원할 수도 있다. 리스크를 감수하면 리스크 선호도는 높고, 보수적으로 활동하는 조직은 리스크 선호도가 낮다는 뜻이다.

◘ 리스크 허용오차(risk tolerance)

PMBOK 6th에 따르면, "허용오차는 허용 가능한 결과의 특정 범위"이다. 리스크 허용오차는 조직이나 개인이 얼마나 많은 리스크를 견딜 수 있는지 알려준다. 높은 허용오차는 더 많이 가져갈 용의가 있고, 낮은 허용오차는 의지가 없다는 뜻이다. 리스크 허용오차는 측정 가능한 단위로 구성된 이해관계자 또는 조직의 리스크 태도를 보여준다. 많은 요인들이 리스크 허용오차에 영향을 미친다.

프로젝트가 중요한 경우, 조직은 리스크를 감수할 것이다. 기타 요인으로는 고객 만족도, 수익성에 미치는 리스크 영향 등이 있다. 예를 들어, 조직에서는 일정 지연이나 원가 초과를 3-5%까지 허용할 수 있다. 이 한계는 리스크 허용오차로 알려져 있다.

[사례] 당신이 프로젝트에 입찰하고 있다. 당신의 대략적인 개략산정치(rough order estimates)에 따르면 이 프로젝트의 비용은 대략 1억 원 정도라고 한다. 당신의 상관은 이 금액에서 10% 이상으로는 입찰할 수 없다고 말했다. 이 10%가 바로 허용 한계인 허용오차이다.

리스크 한계선(risk threshold)

리스크 한계선은 조직이나 개인이 기꺼이 수용하고자 하는 리스크의 양이다. 예를 들면, 프로젝트에서 1천만 원의 원가 초과는 조직에서 받아들일 수 있지만, 더 이상은 안 된다. PMBOK 6th에 따르면, "리스크 한계선은 리스크 노출도 수준으로, 한계선을 넘으면 해결해야 할 리스크이고 넘지 않으면 수용 가능한 리스크"라고 한다. 리스크 한계선은 위험 허용오차로부터 다음 단계로 올라간다. 정확한 수치를 통해 리스크 허용오차를 정량화한다. 리스크 허용오차에는 한계가 있지만 리스크 한계선에는 수치가 있다. 예를 들어, 당신의 조직은 1천만 원 이상의 영향으로 리스크를 감수할 수 없다. 한계선은 조직이 리스크를 허용하지 않을 한계 너머이다.

[사례] 당신은 계약에 입찰할 계획이다. 당신은 이 계약의 가치가 대략 1억 원이 될 것이라고 생각한다. 당신의 조직은 예산 제약 때문에 당신이 1억1천만 원을 넘어설 수 없다고 당신에게 말했다. 여기서 리스크 한계선은 1천만 원이다.

프로젝트 관리자는 이해관계자들과 인터뷰와 회의를 열어 그들의 리스크 선호도를 확인하고 그들의 리스크 허용오차를 분석할 것이다. 그리고 나서 리스크 한계선을 정의하면 된다.

┌─ **위협(Threats) - 1** ─────────────────────────

- 위협은 발생할 경우에 프로젝트 목표에 부정적 영향을 미치는 이벤트나 상태
- 위협에 대한 대응 전략
  - 회피(avoid)
    위협의 영향으로부터 프로젝트를 보호하기 위해 조치를 취하거나 제거하는 것
  - 상부보고(escalate)
    프로젝트 팀 또는 스폰서가 위협에 제안된 대응책이 프로젝트 관리자의 권한을 넘어서거나 프로젝트 범위를 벗어나는데 동의하는 경우
  - 전가(transfer)
    제3자에게 위협의 책임을 넘겨 리스크 관리 및 위협 발생 시 영향을 감수
  - 완화(mitigate)
    - 위협의 영향이나 발생 확률을 줄이기 위해 수행하는 조치
    - 조기 완화 조치를 취하는 것이 위험 발생한 후 손해 복구보다 더 효과적
  - 수용(accept)
    - 인지한 위협에 대해 선제적 조치를 계획하지 않음
    - 우발사태계획을 개발하는 능동적 수용과 아무것도 하지 않는 수동적 수용을 포함

위협에 대한 리스크 대응 전략은 다음과 같다.

◉ **회피**(Avoid)

리스크 회피는 프로젝트팀이 위협을 제거하거나 그 영향으로부터 프로젝트를 보호하기 위해 조치를 취하는 경우로 발생 확률이 높고 부정적인 영향이 큰 우선순위가 높은 위협에 적절하다. 회피에는 프로젝트 관리 계획서의 일부 변경 또는 위협을 모두 제거하여 발생 확률을 0%로 만들기 위한 위험한 상황에 처한 목표 변경을 포함한다. (예) 위협의 원인 제거, 일정 연장, 프로젝트 전략 변경 또는 범위 축소 등.

◉ **상부 보고**(Escalate)

에스컬레이션은 프로젝트 팀/스폰서가 위협이 프로젝트 범위를 벗어나거나 제안된 대응책이 프로젝트 관리자의 권한을 넘어설 수 있다는 데 동의하는 경우 적절한 방법이다. 에스컬레이션된 리스크는 프로젝트 수준이 아닌 프로그램 수준, 포트폴리오 수준 또는 조직의 기타 관련 부서에서 관리한다.

◉ **전가**(Transfer)

전가는 리스크 관리 및 위협 발생 시 영향을 감수하기 위해 제3자에게 위협의 책임을 이전시키는 것으로, 리스크를 감수하는 당사자에 대한 리스크 프리미엄 지급이 수반된다. (예) 보험, 이행 보증, 각종 보증 및 보장, 협약을 통한 전가 등

◉ **완화**(Mitigate)

리스크 완화는 발생 확률 또는 위협의 영향을 줄이기 위한 조치이다. (예) 가능한 단순한 프로세스를 채택, 많은 실험의 수행, 안정적인 판매자 선정, 프로토타입 개발 등

◉ **수용**(Accept)

리스크 수용은 위협의 존재는 인지하지만 선제적 조치는 취하지 않는 것이다. 수용은 우선순위가 낮은 위협에 적절하며 다른 방법으로 위협을 처리할 수 없거나 비용 면에서 효과적이지 않은 경우에 적용한다. 능동적 수용 전략은 위협 발생 시 처리할 시간/돈/자원을 포함한 우발사태 예비를 책정하며, 수동적 수용은 주기적인 위협 검토 외에 선제적 조치를 수행하지 않아 큰 변화를 방지하는 것이다.

위협 대응의 목표는 부정적 리스크를 줄이는 것이다. 특정 위협에 대한 대응에는, 위협을 피할 수 없는 경우에 위협을 전가하거나 수용할 수 있는 수준으로 완화하는 등 여러 전략이 포함된다. 또한 수용되는 리스크는 시간이 경과하거나, 위험한 이벤트가 발생하지 않았기 때문에 줄어 들 수도 있다. 시간 경과에 따라 새로운 리스크 식별, 확률/영향 및 대응 효과 등을 추적하여 리스크 의 감소 혹은 증가를 확인하고 조치하는 활동이 프로젝트 리스크 관리에 포함된다.

[참고] 우발사태 계획과 대체 계획(Contingency plan and the Fallback plan)

- **우발사태계획**(Contingency Plan)

  우발사태계획(contingency plan)은 일반적으로 '비상계획'이라는 용어를 사용하기도 하나 PMBOK에서는 '우발사태계획'이라고 칭한다. 영어 사전에서는 'contingency'라는 용어를 "발생할 수는 있지만 확실하지는 않은 사건"이라고 정의한다. 우발상황(contingency)은 일어날 수도 있고 일어나지 않을 수도 있는 사건이다. 따라서, 우리는 우발사태계획이 발생할 수도 있고 일어나지 않을 수도 있는 사건을 다룬다고 말할 수 있다. 우발사태계획은 프로젝트 관리 계획의 일부로서, 식별된 리스크가 발생할 경우 취할 모든 조치를 설명한다.

  (예) 건설 프로젝트 작업 중에 비가 내려 외부에 놓여 있는 소모품이 파손될 위험이 있다. 따라서 "비가 올 예보가 있으면 모든 소모품은 비닐 천막으로 덮을 것"이라는 계획을 세우게 된다. 또한 "비가 그친 후에는 선풍기와 진공 청소기를 가져와 젖은 소모품을 세척하고 건조시킬 것"이라고 덧붙인다. 이것은 이 리스크 사건에 대한 우발사태계획이다.

- **대체 계획**(Fallback Plan)

  대체 계획은 프로젝트 관리 계획의 일부이며 어떤 상황에서 조치를 취해야 하는지를 정의한다. 대체 계획은 우발사태계획이 실패하거나 완전히 효과적이지 않을 때 시행된다.

  그것은 만일의 사태(contingency plan)에 대비한 예비책(backup)이다. 일반적으로 대체 계획은 잔존 리스크를 위해 만들어진다고 할 수 있다.

  (예) 위에 제시된 예를 다시 생각해 보자. 비가 예상보다 오랫동안 계속 내려 소모품이 손상되었다고 가정하자. 이 경우 대체 계획을 실행하여야 한다. 비가 아주 오랫동안 계속 내려 우발사태 계획이 실패하여 소모품이 파손되면 사전에 파악된 공급자에게 소모품을 재주문한다는 내용이다. 이것이 대체 계획의 예다.

[사례] 블로그 데이터를 저장하기 위해 타사 백업 서비스를 사용하고 있다. 사이트가 손상되고 호스팅 공급자가 백업이 없는 경우 이 백업을 사용할 수 있다. 이것이 대체계획이다.

만약 사이트가 해킹당해서 동시에 제 3자 백업 서비스도 망하게 된다면 어떻게 될까? 블로그를 복원하려면 어떻게 해야 하는가? 이것이 대체계획이 작용하는 부분이다. 이러한 재난으로부터 구하기 위해, 항상 블로그의 최신 복사본을 컴퓨터와 구글 드라이브에 보관한다. 블로그가 해킹당해서 제3자 서비스마저 실패하면 컴퓨터나 온라인 저장소에 저장된 백업에서 내 블로그를 복원할 수 있다.

식별된 위험에는 예비비(contingency reserve)가 사용되기 때문에 우발사태계획이나 대체계획을 적용하기 위해서는 관리 예비비(management reserve)가 아닌 우발사태 예비비(contingency reserve)를 사용한다. 관리예비비는 식별되지 않은 리스크들의 관리에 사용된다.

- 기회가 발생할 경우에 프로젝트 목표에 긍정적인 영향을 미치는 이벤트나 상태
  (예) 작업을 일찍 완료하여 비용을 낮추고 일정을 단축하는 시간/자재 기반의 하청업체
- 기회에 대한 대응 전략
  - 활용
    기회의 발생을 보장하기 위해 프로젝트 팀에서 조치하는 대응 전략
  - 상부보고(에스컬레이션)
    팀 또는 프로젝트 스폰서가 기회가 제안된 대응책이 프로젝트 관리자의 권한을 넘어서거나 프로젝트 범위를 벗어날 수 있다는데 동의하는 경우 사용
  - 공유
    제3자에게 기회의 오너십을 할당하는 방식으로 기회의 편익을 가장 잘 포착 가능
  - 증대
    기회의 발생 확률이나 영향력을 높이기 위해 팀에서 조치를 취하는 것
  - 수용
    기회 존재는 인지하지만 선제적 조치는 취하지 않는 것

기회에 대한 대응 전략은 다음과 같다.

활용(Exploit)

활용은 조직에서 확실한 기회 실현을 위해 우선순위가 높은 기회에 선택하는 전략이다. 이 전략은 특정 기회가 반드시 나타나도록, 즉 발생 확률을 100%까지 늘려 해당 기회와 관련된 편익 확보를 추구한다. (예) 조직에서 가장 유능한 팀원을 프로젝트에 배정하여 완료 시간을 단축하는 방법, 신기술이나 업그레이드 기술을 채용하여 원가와 기간을 줄이는 방법 등

상부 보고(Escalate)

이 대응 전략은 프로젝트 팀/스폰서가 기회가 프로젝트 범위를 벗어나거나 제안된 대응책이 프로젝트 관리자의 권한을 넘어설 수 있다는 데 동의하는 경우 적절한 방법이다. 프로젝트 관리자는 기회를 알려야 하는 사람을 결정하고 해당 개인 및 조직 부서에 상세 정보를 전달하며, 에스컬레이션된 경우는 상신 후 프로젝트 팀에서 더 이상 감시하지 않으며 리스크 관리대장에 정보 제공 목적으로 기록한다.

공유(Share)

공유는 기회의 소유권을 제3자에게 전달하여 기회가 발생하는 경우 일부 편익을 공유하는 것이다. (예) 리스크 공유 파트너십, 팀, 특수 목적의 회사 또는 합작투자 형성 등

증대(Enhance)

증대 전략은 기회의 확률 및 영향을 증가시키기 위해 사용된다. 기회가 발생한 후 편익을 향상

시키는 것보다 빠른 증대 조치가 효과적이다. 기회 발생 확률은 원인에 대한 주의 집중으로 증가한다. (예) 조기에 종료하기 위해 활동 자원을 보충하는 방법 등

◯ 수용(Accept)
기회 수용은 기회 존재는 인지하지만 선제적 조치는 취하지 않는 것이다.

기회(Opportunities) - 2

- 계획된 리스크 대응 조치로 인해 2차 리스크가 유발되는지 검토
  - 검토 시 대응 조치를 수행한 후에도 남아 있는 잔존 리스크 평가 및 검토
  - 잔존 리스크가 조직의 리스크 선호도 기준에 맞을 때까지 대응 계획 반복 수행
- 경제적 관점의 작업 우선순위 지정은 위협 회피 및 감소 활동의 우선순위 결정 가능
  - 인도물/기능의 예상 투자수익률(ROI)과 리스크의 기대화폐가치(금전적 기대값, EMV: expected monetary value)를 비교하면 프로젝트 관리자는 리스크 대응을 계획된 작업에 통합할 위치와 시기에 대해 스폰서 또는 제품 책임자(PO)와 함께 논의 가능

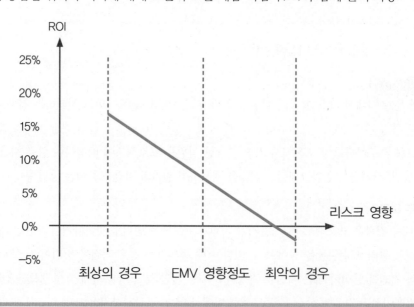

기대화폐가치(EMV, expected monetary value)는 금전적 기대값이라고도 한다. 이에 대한 상세한 내용은 본서의 제 2부 4장에 있는 '방법(method)' 중에 '의사결정트리 분석(decision tree analysis)'을 참조할 수 있다.

관리 예비 및 우발사태 예비(Management Reserve and Contingency Reserve)

- 예비(reserve)는 리스크를 처리하기 위해 별도로 산정된 기간 또는 예산
- 식별된 리스크(known unknown)가 발생할 경우 이를 해결하기 위해 준비된 우발사태 예비와 계획되지 않은 범위에서 알 수 없는 이벤트(unknown unknown)에 사용되는 관리예비가 있음
- 우발사태 예비는 리스크 대응 전략 중에 능동적 수용 전략의 일부
- 우발사태 예비는 프로젝트 예산에 포함되고 관리 예비는 불포함
- 우발사태 예비는 프로젝트 관리자 권한으로 사용 가능하나 관리 예비는 예기치 않은 프로젝트 범위 변경이나 외부 환경으로 인한 변경 시 경영진의 승인이 필요

리스크 검토(Risk Review)

- 다양한 이해관계자로부터 피드백과 검토를 자주 받으면 프로젝트 리스크를 탐색하고 선제적인 리스크 대응 수행에 도움
- 모든 프로젝트에서 사용할 수 있는 일일 스탠드업(일일 스크럼) 회의는 잠재적 위협과 리스크를 식별하기 위한 기법
- 보고받은 방해물 또는 장애의 해결 지연은 위협이 될 수 있고, 진행 및 해결책에 대한 보고는 추가적인 활용과 공유 기회가 될 수 있음
- 위협/기회 포착을 위해 제품/서비스의 중간 설계나 개념 증명을 자주 시연
  - 시연 또는 설계 검토로부터 부정적 피드백이 수정되지 않을 경우, 이해관계자의 불만과 관련된 위협의 초기 지표가 됨
  - 긍정적 피드백은 비즈니스 담당자가 높게 평가하는 개발 분야에 대해 프로젝트팀에게 알리는 데 도움
- 주간 상태(상황) 회의에서 리스크를 다루면 리스크 관리가 적절하게 유지
  - 이런 회의는 기존 리스크의 변경 사항 뿐만 아니라 새로운 리스크 식별에 사용
- 회고 및 교훈 회의는 성과, 프로젝트 팀 응집력 등에 대한 위협을 식별하고 개선을 모색하는데 사용
  - 이런 회의는 기회를 활용하고 향상시키기 위한 다양한 방법을 시도하는 관행을 식별하는데 도움
- 리스크 검토는 PMBOK 6th의 '리스크 대응 실행' 및 '리스크 감시' 프로세스와 관련

프로세스 중심의 프로젝트관리 방법인 PMBOK 6th에서 불확실성 성과영역과 연관된 부분은 '프로젝트 리스크관리' 지식 영역이다. 프로젝트 리스크 관리는 다음과 같은 프로세스들을 포함한다.

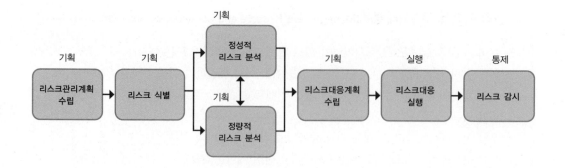

◎ 리스크관리 계획수립

리스크관리 계획수립은 리스크관리 활동을 수행하는 방법을 정의하는 프로세스로 기획의 성격을 갖는다. 리스크관리 계획서에 대한 상세한 설명은 본서의 3부 4장 결과물(artifacts) 내에 '리스크관리 계획서'를 참조할 수 있다.

◎ 리스크 식별

리스크 식별은 포괄적(전체) 프로젝트 리스크의 원인과 개별 프로젝트 리스크를 식별하고 각 리스크의 특성을 문서화하는 프로세스로 기획의 성격을 갖는다. 이 프로세스는 프로젝트에서 잠재적으로 발생 가능한 리스크를 찾아 리스크 관리대장[그림 3-30]에 그 목록을 기록한다.

◎ 정성적 리스크분석 수행

리스크의 발생 확률과 영향, 그 밖의 특성을 평가하여 추가 분석 또는 조치를 위한 개별 리스크들의 우선순위를 결정하는 프로세스로 기획의 성격을 갖는다. 발생 확률과 발생할 경우 프로젝트 목표에 미치는 영향, 그리고 기타 요인을 사용하여 식별된 개별 프로젝트 리스크의 우선순위를 평가하여, 우선순위가 높은 리스크에 집중할 수 있게 한다. 이 우선순위화를 위해 개별 프로젝트 리스크는 확률과 영향뿐만 아니라 해당 리스크에 대한 가용 정보의 질이나 긴급성도 평가하여 고려될 수 있다. 정성적 리스크 분석에서는 리스크 대응 계획수립 및 실행을 담당할 각 리스크 담당자도 식별한다. 애자일 환경에서는 각 반복(iteration) 시작 전에 정성적 리스크분석을 수행한다.

◎ 정량적 리스크분석 수행

식별된 개별 프로젝트 리스크와 그 밖의 전체 프로젝트 목표에 영향을 미치는 불확실성의 원인을 수치로 분석하는 프로세스로, 기획의 성격을 갖는다. 이는 주로 포괄적(전체) 프로젝트 리스크 노출도를 수치화하고 리스크 대응 계획을 뒷받침할 추가적인 정량적 리스크 정보를 제공한다. 정성적 분석을 완료한 개별 리스크 중에서 중요하다고 판단되는 리스크를 정량적으로 분석하기도 한다. 정량적 분석을 위해서는 시뮬레이션, 민감도 분석, 금전적 기대값 분석을 이용한 의사결정나무 분석, 영향 관계도 등을 이용한다. 이 기법에 대한 상세한 내용은 본서의 3부 4장 방법(methods)과 결과물(artifacts)을 참고할 수 있다.

◑ 리스크 대응 계획수립

개별 프로젝트 리스크 뿐만 아니라, 포괄적 프로젝트 리스크 노출도를 낮추기 위한 옵션 마련, 전략 선정, 대응조치에 대한 합의를 도출하는 프로세스로 기획의 성격을 갖는다. 대응 전략은 필요에 따라 자원을 할당하고 프로젝트 문서와 프로젝트 관리 계획서에 활동을 추가하는 작업 도 이 프로세스를 통해 진행된다. 앞서 설명한 위협과 기회에 대한 리스크 대응 전략의 효과적 이고 적절한 실행으로 개별 위협을 최소화하고 개별 기회를 극대화할 수 있으며 포괄적 프로젝 트 리스크 노출도를 줄일 수 있다.

◑ 리스크 대응 실행

합의된 리스크 대응 계획을 실행하는 프로세스로 실행의 성격을 갖는다.

◑ 리스크 감시

프로젝트 전반에, 리스크 대응계획 실행 감시, 식별된 리스크 추적, 새로운 리스크 식별/ 분석, 리스크 프로세스의 효율성을 평가하는 프로세스로 감시 및 통제의 성격을 갖는다. 리스크 감시 는 프로젝트 실행에서 생성된 성과 정보를 사용하여 다음 사항을 판별한다.

- 실행된 리스크 대응이 효과적인지 여부
- 포괄적 프로젝트 리스크 수준이 변경되었는지 여부
- 식별된 개별 프로젝트 리스크 상태가 변경되었는지 여부
- 새로운 개별 프로젝트 리스크가 발생했는지 여부
- 리스크 관리 접근방식이 계속 적절한지 여부
- 프로젝트 가정이 계속 유효한지 여부
- 리스크 관리 정책 및 절차가 준수되고 있는지 여부
- 비용 또는 일정에 대한 우발사태 예비에 수정이 필요한지 여부
- 프로젝트 전략이 계속 유효한지 여부

리스크 관리대장(Risk Register)

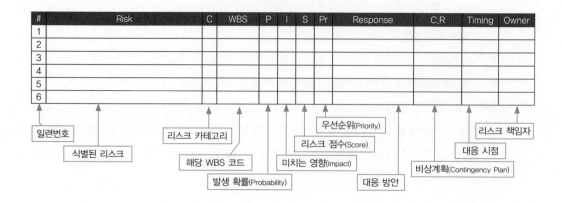

[그림 3-30] 리스크 관리대장의 예

다른 성과영역과의 상호 작용(Interactions with other performance domains)

- 제품이나 인도물의 관점에서 불확실성 성과영역은 기획, 프로젝트 작업, 인도 및 측정 성과영역과 상호 작용
- 불확실성과 리스크를 줄이기 위한 활동이 기획을 수행하면서 계획에 포함될 수 있으며, 이 활동은 인도 성과영역에서 수행
- 리스크 수준이 변경되는지 여부는 시간 경과에 따른 측정값으로 표시됨
- 프로젝트 팀원 및 기타 이해관계자는 불확실성에 대한 주요 정보 소스이며 정보, 제안 및 지원을 제공해서 다양한 형태의 모든 불확실성을 해결
- 생애주기 및 개발방식도 불확실성의 해결 방법에 영향을 미침
  - 범위가 상대적으로 안정적인 예측형 프로젝트에서 일정/예산 예비로 리스크에 대응
  - 요구사항이 진화할 가능성이 있고 모호성(시스템이 상호 작용 방식이나 이해관계자 반응 방식)이 큰 적응형 접근방식에서는 프로젝트 팀이 진화하는 이해 과정을 반영하도록 계획을 조정하거나 예비를 사용하여 실현되는 리스크의 영향을 상쇄

3.1 개요(Overview)

> **프로젝트 환경에서 조정이란**
>
> - 조정이란, 프로젝트관리 접근 방법, 거버넌스, 프로세스를 프로젝트 환경에 적합하게 적용
> - 조정은, 개발 방식, 프로세스, 프로젝트 생애주기, 인도물, 참여자의 선택 등을 고려
> - 조정에는, 프로젝트 상황, 목표, 운영 환경에 대한 이해를 포함
> - 조정은, 다음과 같이 상충되는 요구사항 사이에 균형을 유지
>   - 빠른 인도
>   - 비용의 최소화
>   - 인도 가치의 최적화
>   - 고품질의 인도물(deliverable) 및 성과(outcome) 창출
>   - 규제 표준 준수
>   - 다양한 이해관계자의 기대 충족
>   - 변화(변경)에 대한 적응

모든 프로젝트에 범용적으로 적용될 수 있는 프로젝트관리 표준이라는 통일된 하나의 방법은 없다. 모든 프로젝트는 고유의 독특한 결과물을 만들기에 그 특성과 내용이 다양할 수 밖에 없기에, 각 프로젝트마다 다른 관리 방법이 적용되어야 한다. 미국 PMI의 프로젝트관리 지식체계 지침서(PMBOK Guide)는 제목에 지침서(guide)라고 명시된 것과 같이, 이 책은 표준이 아니라 이를 지침서로 삼아 각자 프로젝트에 적합한 프로젝트관리 방법을 만들어 적용하라는 의미이다.

대표적으로 프로젝트관리 원칙, 조직의 가치, 조직 문화에 의해 조정이 이루어진다. 예를 들면, 프로젝트의 리스크 허용한도가 높은 조직은 상당 수준의 리스크들에 대해서 사전 대응을 하지 않고 수용하고 진행하기에 리스크관리 프로세스와 절차가 간편하게 적용된다. 이에 반해, 리스크 허용한도가 낮은 조직은 리스크가 크지 않은 것들도 사전에 상세 분석하고 대응하는 상세한 프로세스가 필요하다. 이와 같이 조직의 가치나 문화에 따라 프로세스들이 다르게 조정되어 적용되지만, 동시에 '리스크 대응 최적화'라는 프로젝트관리 원칙에 적합한 수준으로 조정하여야 한다.

3.2 조정이 필요한 이유

천억 원 규모의 복잡하고 장기 프로젝트에 적용되었던 프로젝트관리 방법을 천만 원 규모의 간단한 단기 프로젝트에 적용한다면, 이는 관리를 위한 관리가 될 수 있다. 이는 당연히 관리의 비효율성이 나타날 수 있다. 반대로 작은 프로젝트에 적용했던 프로젝트관리 방법을 큰 규모의 프로젝트에 적용한다면, 부실한 관리가 될 수 있을 것이다. 그러므로 프로젝트관리 방법론은 조직의 상황, 프로젝트 환경과 요구에 적합하게 조정되어야 한다. 여기서 프로젝트관리 방법론이란, 프로젝트관리에 사용되는 프로세스, 생애주기 단계, 도구 및 기법, 결과물(각종 결과 문서), 템플릿 등을 포함한다. 예를 들면, 프로세스와 절차에 의해 문서 결재를 받아야 할 경우도 있지만, 간단한 프로젝트에서는 문서 결재 대신에 구두로 보고를 대신할 수 있어야 한다. 이와 같이 프로젝트 인원수나 규모, 의사소통 도구 등에 따라 의사소통계획을 다르게 수립할 수 있다.

프로젝트관리 접근 방법은 각 프로젝트의 규모, 기간, 복잡성 등을 고려하여 조직의 프로젝트관리 성숙도에 적합한 수준으로 조정하여 적용하여야 한다.

조정에 참여한 팀원들은 스스로 프로젝트에 대한 노력(commitment)을 더 할 것이며, 프로젝트는 낭비나 비효율성을 줄여 효율적 자원 사용이 가능해지고, 고객 요구에 적합하기 때문에 더욱 고객 중심적이 될 수 있다.

3.3 조정 대상

프로젝트 환경에서 조정이란

- 생애주기 및 개발방식
- 프로세스
- 참여(engagement)
- 도구
- 방법 및 결과물(methods & artifacts)

● 생애주기 및 개발방식

생애주기에서 프로젝트 시작 시점 및 종료 시점과 함께 단계를 조정할 수 있다. 예를 들면, 사업 타당성 단계를 프로젝트 첫 번째 단계로 포함할지 제외할지 여부를 조정하거나, 시제품 제작 및 테스트를 하나의 단계로 하거나 분리할 수 있다. 또한 예측형 개발방식, 혹은 적응형 개발방식 중에 어떤 개발방식을 적용할 것인지도 조정할 수 있다.

◎ 프로세스

결정된 생애주기나 개발방식에 적합한 프로세스를 조정해야 하며, 이를 위해 프로세스에 대한 추가, 수정, 제거, 혼합, 조율 등이 이루어져야 한다.

◎ 참여

프로젝트 참여자에 대한 조정에는 적합한 사람, 적절한 권한(위임), 통합된 프로젝트 팀을 만드는 것이다. 사람은 적합한 기술과 역량을 보유한 사람을 배치하는 것이며, 권한(위임)은 적절한 의사결정 책임과 형태를 결정하며, 통합은 다양한 이해관계자를 하나의 프로젝트 팀으로 만드는 것이다.

◎ 도구

프로젝트에는 다양한 소프트웨어나 장비가 사용될 수 있기에 팀 상황에 적합한 도구를 선택 적용할 수 있다. 예를 들면, 별도의 소프트웨어 교육이 필요한 경우를 제외하거나 비용이 많이 드는 장비를 선택하지 않을 수 있다.

◎ 방법 및 결과물

방법(methods)은 성과(outcome), 산출물(outputs), 결과(results), 인도물(deliverables)을 달성하기 위한 수단이며, 결과물(artifacts)은 템플릿, 문서, 산출물, 인도물이 될 수 있다. 이들을 프로젝트 환경과 조직, 문화에 적합하게 조정할 수 있다.

3.4 조정 프로세스

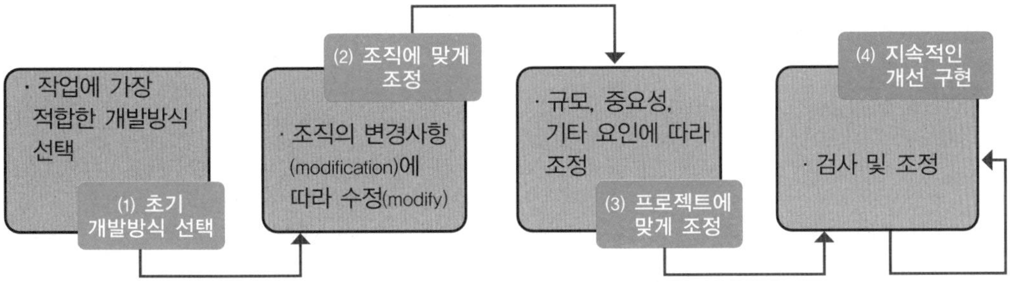

[그림 3-31] 조정 프로세스(PMBOK 7판 그림3-1 인용)

초기 개발방식 선택

개발방식 선택을 위해, 프로젝트 최종 제품의 특성, 주기적 인도 일정, 사용 가능 옵션 등을 고려한다. 예측형, 적응형, 혼합형 개발방식 중에 프로젝트에 적합한 접근 방식을 선택해야 하며, 이 때 적합성 필터 도구(agile suitability filter tools)를 이용할 수 있다.

- 애자일 접근방법의 적합성 모델 – 적합성 필터 질문지

	항목	질문과 평가(1~10점 사이로 평가)	점수
문화	접근 방식의 수용	이 프로젝트에 애자일 접근 방식을 사용할 수 있도록 선임 스폰서가 이해하고 지원합니까? (예1, 보통 5, 아니오 10)	
	팀 신뢰	스폰서, 비즈니스 대표 등의 이해관계자들이 (팀이 양방향으로 지속적인 지원과 피드백을 통해) 비전과 니즈를 성공적인 제품 또는 서비스로 전환할 수 있다는데 동의합니까?(예 1, 아마도 5, 전혀 가능성 없음 10)	
	팀의 의사결정 권한	팀에게 작업을 수행하는 방법에 대한 프로젝트 별 결정을 내릴 수 있는 자율권이 주어질 것인가?(예 1, 아마도 5, 전혀 가능성 없음 10)	
팀	팀 크기	핵심 팀의 규모는 얼마나 됩니까? 다음 척도를 사용합니다. 1~9 =1, 10~20=2, 21~30=3, 31~45=4, 46~60=5, 61~80=6, 81~110=7, 111~150= 7, 151~200= 9, 201+=10	
	경험 수준	숙련된 인력과 경험이 부족한 인원을 함께 배치하여 애자일 프로젝트가 원활하게 진행되도록 하는 것이 일반적이지만, 각 역할에 최소한 한 명 이상의 경험이 있는 멤버가 있을 때는 더 쉬울수 있습니다. (예 1, 보통 5, 아니오 10)	
	고객/ 비즈니스 접근	팀에서 매일 하나 이상의 비즈니스/고객 대표에게 문의하여 질문을 하고 피드백을 받을 수 있습니까?(예 1, 보통 5, 아니오 10)	
프로젝트	변경 가능성	월 단위로 변경되거나 검색될 수 있는 요구사항의 비율은 몇 퍼센트입니까?(50%:1점, 25%:5점, 5%:10점)	
	제품/서비스의 중요성	필요한 추가 검증 및 문서화가 잘되어 있는지 판단하려면 구축 중인 제품 또는 서비스의 중요성을 평가합니다. 결함의 영향으로 인한 손실을 고려한 평가를 사용하여, 그 제품의 실패가 어떤 결과를 초래하는지를 판단합니다. (일 터질 때 1, 임의 자금으로 3, 필수 자금으로 5, 프로젝트 중 한번 8, 프로젝트 중 여러 번 10)	
	증분적 인도	제품 또는 서비스를 부분적으로 구축하고 평가할 수 있는가? 또한, 비즈니스 또는 고객 담당자는 제공되는 증분에 대한 피드백을 적시에 제공할 수 있습니까? (예 1, 아마도/가끔 5, 전혀 가능성 없음 10)	

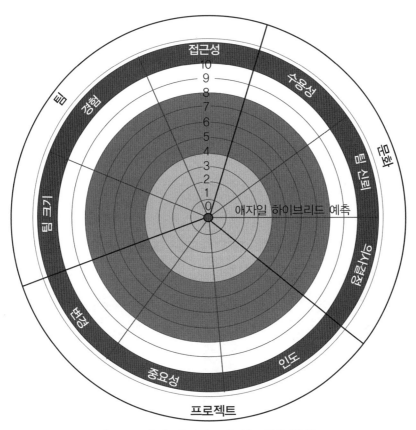

Source: Agile Practice Guide, PMI, 2016

[그림 3-32] 애자일 접근방법의 적합성 모델 - 적합성 평가 레이더 차트

적합성 필터 도구는 [그림 3-32]와 같이 세 가지 주요 범주(문화, 팀, 프로젝트)의 질문에 점수로 답하고, 그 결과를 레이더 차트에 표시한다. 차트 중앙 주변의 값 군집은 애자일 접근법에 적합하다는 것을 나타낸다. 가장 바깥 쪽인 중앙에서 가장 먼 쪽은 예측형 접근법이 더 적합할 수 있음을 나타낸다. 애자일과 예측형의 중간 부분인 값은 혼합형(hybrid) 접근 방식이 잘 작동할 수 있음을 나타낸다.

조직에 맞게 조정

프로젝트 시작 시점에서는 일반적인 프로젝트 방법론, 일반 관리 접근 방식, 일반적인 개발방식이 있기에, 이를 조직에 적합한 수준으로 조정하여야 한다. 조직에 맞는 조정 프로세스에서 고려해야 할 요인은 프로젝트 규모, 중요성, 조직 성숙도, 기타 고려사항 등이 있다. 예를 들면, 안전이 필요한 대형 프로젝트의 경우에는 이를 위한 감독 및 승인이 요구되며, 계약에 의한 프로젝트는 생애주기, 인도 방법, 방법론 등에 대해 합의된 계약 조건을 따라야 한다. 이 과정에서 조직의 거버넌스, 전략적 목표, 관리 목표 등에 일치하는 조정형 접근 방법을 사용하여야 한다.

결정된 조정형 인도 방식(tailored delivery approach)은 프로젝트관리오피스(PMO)나 가치인도오피스 (VDO)가 검토하고 승인하는 데 중요한 역할을 한다.

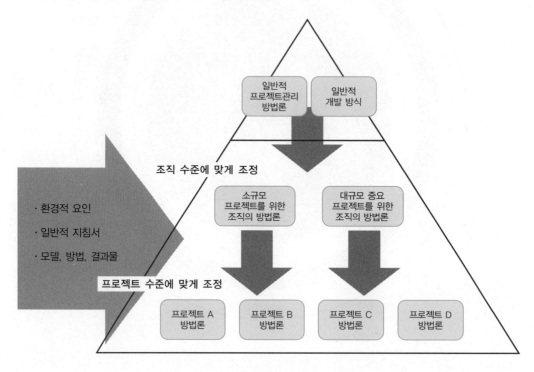

[그림 3-33] 조정 시 조직 및 프로젝트 요인 평가

프로젝트에 맞게 조정

프로젝트에 적합한 조정을 위해서는 다음과 같이 제품/인도물, 프로젝트 팀, 문화 등의 속성을 고려할 수 있다.

제품/ 인도물	프로젝트 팀	문화
• 규정 준수 및 중요성 • 제품 및 인도물의 유형 • 산업계 시장 • 기술 • 기간 • 요구사항의 안정성 • 보안 • 증분 인도	• 프로젝트 팀 규모 • 프로젝트 팀의 지리적 위치 • 조직 배치 • 프로젝트 팀의 경험 • 고객의 접근성	• 승인(수용. 지원 열의) • (인도에 대한)신뢰 • 권한(위임) • (접근방식에 대한)조직 문화

지속적 개선 구현

프로젝트의 기본적인 속성은 점진적 구체화를 통해 업무 방식, 제품 및 인도물의 전개 방식, 기타 학습관련 이슈 등이 세련되게 정제화된다. 그러므로 조정 프로세스도 일회성이 아닌 반복해서 수행해야 하며, 네 가지 조정 프로세스 단계를 일부 혹은 전부 반복하여 지속적인 개선을 구현한다.

프로세스, 개발방식, 인도 빈도 등에 대한 조정은 검토 지점(review point), 단계 심사(phase gate), 회고(retrospective) 등을 이용할 수 있다.

3.5 성과영역 조정

[그림 3-34]와 같이 프로젝트관리 원칙은 프로젝트관리 행위에 대한 지침을 제공하며, 성과영역은 프로젝트 성과(outcome)를 인도하기 위한 활동 그룹으로 프로젝트관리 행위를 발휘하기 위한 광범위한 핵심 영역을 나타낸다.

이 성과영역 또한 프로젝트의 고유성에 맞춰 관련 작업들을 조정할 수 있으며, 프로젝트관리 원칙은 성과영역을 조정하는데 필요한 행동 지침을 제공한다.

각 성과영역의 조정을 위한 고려 사항은 다음과 같다.

- 이해관계자
  - 이해관계자와 공급업체의 협업 환경
  - 이해관계자의 분류(내부 혹은 외부)
  - 의사소통 기술
  - 의사소통 언어의 다양성
  - 이해관계자 수와 문화 다양성
  - 이해관계자 공동체 내부 관계 형성

- 프로젝트 팀
  - 팀의 지리적 위치와 시간대
  - 문화적 균형감과 다양한 관점
  - 팀원 확보 방법
  - 팀의 기존 확립된 문화
  - 팀 개발 방법 및 체계
  - 팀원의 특별 요구사항

• (스튜어드십)성실하고 존경할 만하며 배려심 있는 관리자 되기	• (조정) 상황에 따른 조정
• (팀) 협력적인프로젝트팀 환경 형성	• (품질) 프로세스 및 인도물의 품질 체계 구축
• (이해관계자) 이해관계자와의 효과적인 관계	• (복잡성) 복잡성 탐색
• (가치) 가치 중점	• (리스크) 리스크 대응 최적화
• (시스템 사고) 시스템 상호 작용에 대한 인식, 평가 및 대응	• (적응성과 복원력) 적응성 및 복원력 수용
• (리더십) 리더십 행동 보여주기	• (변화) 계획된 미래 상태 달성을 위한 변화

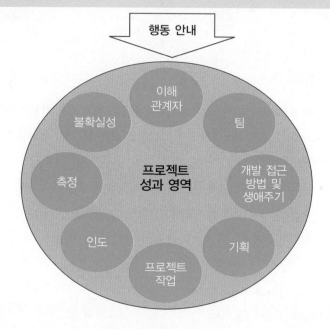

[그림 3-34] 프로젝트 상황에 맞게 조정

- 개발방식 및 생애주기
  - 적합한 개발방법(반복형, 점증형, 혼합형)
  - 적합한 생애주기와 단계
  - 조직의 감사, 거버넌스 정책, 절차 및 지침 여부

- 기획
  - 내외 환경 요인의 프로젝트 및 인도물에 대한 영향
  - 기간에 영향을 미치는 요인
  - 원가산정 및 예산 책정을 위한 절차 및 지침 여부
  - 적응형 접근방식에서의 원가산정 방법
  - 단일 판매자 혹은 복수 판매자의 조달 여부
  - 현지 규정과 법규의 조달 정책 반영 여부

- 프로젝트 작업
  - 조직문화, 복잡성 등의 기준으로 효과적인 관리 프로세스
  - 협업 환경 촉진을 위한 지식 관리
  - 정보 수집 및 관리, 사용할 의사소통 기술
  - 선례 정보와 교훈의 향후 사용 가능 여부
  - 공식적 지식관리 저장소 보유 여부

- 인도
  - 공식/비공식 요구사항관리 시스템 여부
  - 검증 및 통제 관련 정책, 절차, 지침 여부
  - 품질 정책 및 절차 여부, 품질 도구 및 기법
  - 업계 품질 표준, 법적 규제 제약
  - 불확실한 영역의 요구사항, 불안정한 요구 해결 방법
  - 프로젝트관리와 제품 개방의 지속가능성

- 불확실성
  - 리스크 선호도 및 허용한도
  - 선택한 개발방법 내에서 리스크 식별 및 해결 방법
  - 프로젝트 복잡성, 불확실성, 제품 참신성, 일정/진척의 주기적 추적이 미치는 영향
  - 강력한 리스크관리 접근방식 혹은 단순 리스크관리 프로세스 여부
  - 프로젝트의 전략적 중요도, 프로젝트 특성으로 인한 리스크 증가 여부

- 측정
  - 가치 측정 방법
  - 재무적 가치와 비재무적 가치의 측정 방법 여부
  - 편익 실현 방법과 관련 데이터 획득 보고 가능 여부
  - 프로젝트 현황보고 요구사항

3.6 진단

접근 방식의 작동 여부와 조정을 통한 개선 방법은, 회고나 교훈 등의 정기 검토를 통해 확인하거나, 이슈/위협/품질보증 통계/이해관계자 피드백 등을 통한 간접 확인할 수 있다.

다음은 일반적으로 발생하는 상황에 대해 제안될 수 있는 조정 솔루션의 예이다.

상황	조정 솔루션 제안
저품질 인도물	피드백 검증 및 품질 보증 단계 추가
팀원의 업무수행 방법 미흡	지침, 교육, 검증 단계 추가
승인의 지연	해당 한계선까지 권한이 부여된 결정권자를 통한 승인
진행 중 작업이 다수, 혹은 높은 폐기율	가치흐름 맵, 칸반 보드 등의 기법으로 작업의 시각화, 이슈 식별, 솔루션 제안
참여도가 낮거나 부정적 피드백을 공유하는 이해관계자	충분한 정보 공유 여부, 피드백 루프의 점검, 적극적 참여 효과 평가
프로젝트 진행 상황에 대한 무관심과 이해 부족	회의 중 적절한 조치의 수집, 분석, 공유, 논의 여부 확인 및 합의의 검증
사전 대응 못한 이슈나 리스크 출현에 따른 문제 해결로 업무 수행 지장	프로젝트 프로세스나 활동에서 관련 격차 여부를 식별하기 위한 근본 원인 조사

4.1 개요(Overview)

> **용어 정의**
>
> - **모델**(model)
>   프로세스, 프레임워크, 현상 등을 설명하는 사고 전략
> - **방법**(method)
>   성과(outcome), 산출물(output), 결과(result), 프로젝트 인도물(deliverable) 등을 달성하기 위한 수단
> - **결과물**(artifact)
>   결과물은 템플릿, 문서, 산출물, 프로젝트 인도물 등

프로세스 중심의 프로젝트관리에서는 프로젝트관리 프로세스를 입력물, 도구 및 기법, 산출물로 구분하여 표현하였다. 이와 비교했을 때 모델과 방법은 도구 및 기법에 해당되며, 결과물은 산출물이 된다. 프로젝트관리에 유용하게 사용되는 모델, 방법, 결과물은 프로젝트 성과 영역의 작업에 사용되며, 이들은 프로젝트 내외 환경에 적합하게 조정(tailoring)하여 적용할 수 있다.

예시를 들어보면, 가족 여행을 가기 위한 여행 프로젝트의 프로젝트 관리자인 아빠는 성공적인 계획 작성을 위해 가족들을 계획 수립에 최대한 참여시키려 한다. 이를 위해,

- 어떤 방법으로 의견을 주고 받을지에 대한 의사소통 문제를 고려하고, 모든 가족이 흥미를 느끼도록 하기 위한 동기부여 노력에 어떤 절차나 방법을 적용할지 구상. (모델)
- 계획 수립 적용 방법은 각자 사전에 각종 자료를 수집하고 분석한 후에 가족이 모여서 수행하는 기획 회의를 여러 차례 개최. (방법)
- 이 계획 수립을 통해 여행 일정과 예산에 대한 계획, 기타 활동 계획이 수립됨. (결과물)

> **Note**
>
> PMBOK 7판의 4장 제목에서 'Artifact'를 '가공품'이라 번역하고 있으나, 본문에서는 대부분 이를 '결과물'이라 번역하고 있다

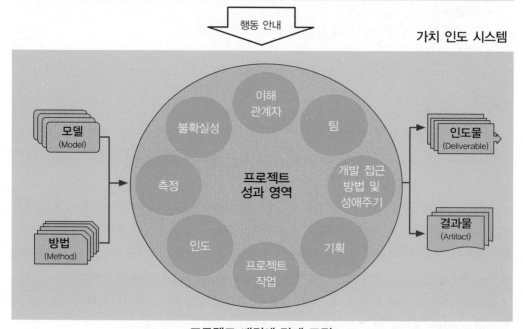

프로젝트관리 원칙

• (스튜어드십)성실하고 존경할 만하며 배려심 있는
  관리자 되기
• (팀) 협력적인프로젝트팀 환경 형성
• (이해관계자) 이해관계자와의 효과적인 관계
• (가치) 가치 중점
• (시스템 사고) 시스템 상호 작용에 대한 인식, 평가 및
  대응
• (리더십) 리더십 행동 보여주기

• (조정) 상황에 따른 조정
• (품질) 프로세스 및 인도물의 품질 체계 구축
• (복잡성) 복잡성 탐색
• (리스크) 리스크 대응 최적화
• (적응성과 복원력) 적응성 및 복원력 수용
• (변화) 계획된 미래 상태 달성을 위한 변화

행동 안내

가치 인도 시스템

모델
(Model)

방법
(Method)

불확실성

이해
관계자

팀

측정

프로젝트
성과 영역

개발 접근
방법 및
성애주기

인도

프로젝트
작업

기획

인도물
(Deliverable)

결과물
(Artifact)

프로젝트 배경에 맞게 조정

[그림 3-35] 모델/방법/결과물과 프로젝트 성과 영역의 관계

4.2 일반적으로 사용되는 모델(Commonly Used Models)

모델(Model)의 종류

• 상황적 리더십 모델(Situational Leadership® II Models)
• 의사소통 모델(Communication Models)
• 동기부여 모델(Motivation Models)
• 변경 모델(Change Models)

- 복잡성 모델(Complexity Models)
- 프로젝트 팀개발 모델(Project Team Development Models)
- 기타 모델(Other Models)

모델이란, 복잡한 현실 세계를 단순화하여 실제로 어떻게 작동하는지 확인하는 것으로, 작업 프로세스나 업무량 등을 분석하고 최적화하기 위해 전략, 시나리오, 접근 방법 등을 제시한다.

- 구체적 행동, 문제 해결, 회의 필요사항 등의 접근 방식 제시

상황적 리더십 모델(Situational Leadership Model)

프로젝트 팀은 프로젝트 생애주기나 개발방식, 프로세스에 따라 리더십 스타일도 조정할 수 있기에, 상황적 리더십 모델은 개인이나 프로젝트 팀의 요구에 적합한 리더십 스타일을 조정하는 방법이다.

상황적 모델의 종류와 적용 성과 영역

모 델	성과 영역							
	팀	이해관계자	개발방식	기획	프로젝트작업	인도	측정	불확실성
상황적 리더십 II (Situational Leadership® II)	✓				✓			
OSCAR 모델	✓				✓			

상황적 리더십 II (Situational Leadership® II)

- Ken Blanchard의 상황 리더십 II는 역량(competence)과 헌신(commitment)의 두 가지 변수로 프로젝트 팀원 개발을 측정
  - 역량 : 능력, 지식, 기량의 조합
  - 헌신 : 개인의 자신감과 동기
- 개인 역량과 헌신이 높아지면 개인 요구 충족을 위해 리더십 스타일은 지시, 코칭, 지원, 위임 순으로 발전하며 적용

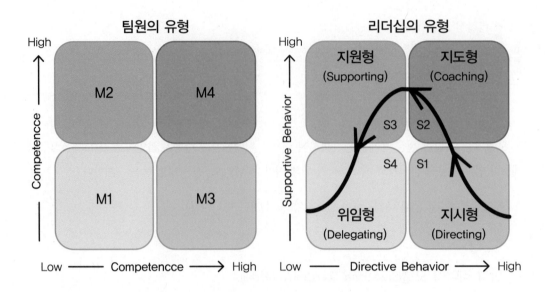

[그림 3-36] 상황 리더십 모델의 팀원 유형과 리더십 유형

[그림 3-36]은 상황 리더십 모델의 팀원 유형과 리더십 유형으로, 왼쪽 그림은 팀원의 유형으로 개인의 헌신과 역량이 가장 낮은 M1 유형에서 가장 높은 M4까지 구성되며, 오른쪽 그림은 리더십 유형으로 낮은 지원과 높은 지시에 의한 지시형 리더십 유형인 S1에서 낮은 지원과 낮은 지시의 위임형 리더십 유형까지 발전되어가는 형태를 나타낸다.

팀원 유형에 따른 리더십 유형의 적용은 다음과 같다.

- M1(낮은 역량/ 낮은 헌신의 팀원)에게는 S1(지시형 리더십)이 적합
  (예) 초보자에게는 명확한 지시를 내릴 것
- M2(낮은 역량/ 높은 헌신의 팀원)에게는 S2(지도형 리더십)이 적합
  (예) 의욕 넘치는 사원의 제안을 받아들여 줄 것
- M3(높은 역량/ 낮은 헌신의 팀원)에게는 S3(지원형 리더십)이 적합
  (예) 권태기의 중급자에게는 함께 의사결정하고 책임을 공유할 것
- M4(높은 역량/ 높은 헌신의 팀원)에게는 S4(위임형 리더십)이 적합
  (예) 뛰어난 상급자에게는 권한을 위임하고 맡길 것

OSCAR 모델

- OSCAR 코칭과 멘토링 모델(Karen Whittleworth and Andrew Gilbert)
  ◦ 개인의 개발 실행 계획을 지원하기 위한 코칭 및 리더십 스타일 조정을 지원

- 다섯 가지 기여 요인
  - 성과(outcome)
  - 상황(situation)
  - 선택/결과(choices/consequences)
  - 조치(actions)
  - 검토(review)

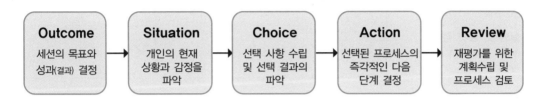

[그림 3-37] OSCAR 코칭과 멘토링 모델

[그림 3-37]과 같이, OSCAR 모델은 다섯 가지 요인이 코치에 의해 적용 및 충족되면 팀원과의 상호작용의 장기적 결과가 성과(outcomes)를 달성하여 효과적인 코칭을 보여줄 것이라는 개념이다.

- (O) 당면한 문제(회의의 주제)에 대해 논의하고 세션의 원하는 결과와 개인의 장기 목표를 식별하는 것
- (S) 기술, 능력, 지식과 같은 자신의 상황에 대한 이해와 인식을 높이는 것
- (C) 결과를 달성하기 위한 모든 잠재적 방법을 식별하고 선택에 따른 결과와 파급 효과를 고려하여 장기 목표를 향한 실행 가능한 방안을 수립하는 것
- (A) 개선할 수 있는 부분과 구체적 개선 방법을 식별하는 것
- (R) 정기적인 회의를 개최하고 진행 상황을 파악하여 지원하여 성과를 유지하게 하며 목표 재평가하는 것

의사소통 모델(Communication Models)

의사소통 모델은 발신자-수신자 모델로 잘 알려진 의사소통 모델을 기반으로 발신자와 수신자는 물론 의사소통 매체가 미치는 영향, 사용자의 기대와 현실 사이의 차이, 이해관계자의 분산 등을 고려하여 의사소통 효율성과 효과성을 높이기 위한 의사소통 스타일과 방법을 제공한다.

의사소통 모델의 종류와 적용 성과 영역

모 델	성과 영역							
	팀	이해관계자	개발 방식	기획	프로젝트 작업	인도	측정	불확실성
서로 다른 문화간 의사소통 (cross-cultural communication)	✓	✓		✓	✓			
의사소통 채널의 효율성 (effectiveness of communication channels)	✓	✓		✓	✓			
실행 및 평가 격차 (gulf of execution and evaluation)		✓				✓		

서로 다른 문화간 의사소통(Cross-Cultural Communication)

Browaeys와 Price의 의사소통 모델은 메시지 자체와 메시지 전송 방식이 발신자와 수신자의 지식, 경험, 언어, 사고 및 의사소통 스타일과 수신자와의 관계 및 그에 대한 고정관념에 의해 영향을 받는다는 개념

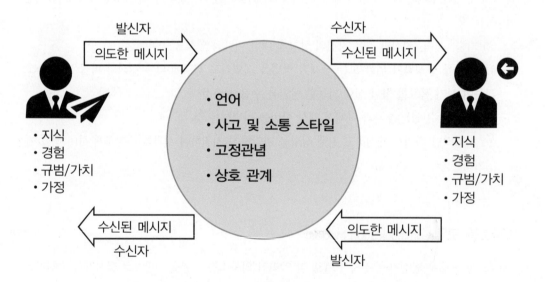

[그림 3-38] 의사소통 모델과 의사소통 장애 요인

[그림 3-38]과 같이 메시지를 발신하는 자는 본인의 지식이나 경험을 바탕으로 메시지를 작성하며, 수신자 또한 그 메시지를 본인의 지식이나 경험에 기초하여 해석할 수 있다. 예를 들면, '구조(Structure)'라는 용어에 대해 소프트웨어 개발자가 생각하는 의미와 건설 프로젝트의 의미가 다르게 사용되어 의사소통의 장애 요인이 될 수 있다.

의사소통 채널의 효율성(Effectiveness of Communication Channels)

- Alistair Cockburn의 효율성(effectiveness)과 풍부성(richness)을 기반으로 의사소통 채널을 설명하는 모델로, 매체 풍부성 이론(media richness theory)은 매체를 통해 전달할 수 있는 학습의 양과 관련하며 매체 풍부성은 다음과 같은 능력의 기능을 의미
  - 여러 정보의 동시 처리, 신속한 피드백 촉진, 개인적 관심사 확립(개인 지향적), 자연 언어 사용(언어 다양성)
- 복잡하고 까다로운 개인 정보가 수반되는 상황에서는 대면 의사소통과 같이 더욱 풍부한 의사소통 채널이 유용
- 간단하고 사실적인 정보가 포함된 상황에서는 메모나 텍스트 메시지와 같이 풍부성이 덜한 의사소통 채널을 사용

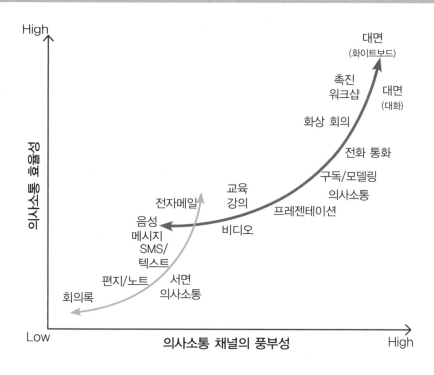

[그림 3-39] 효율성과 풍부성 기반의 의사소통 채널

[그림 3-39]와 같이 효율성과 풍부성 기반의 의사소통 채널 중에 가장 풍부한 의사소통 매체는 대면 만남이고, 전화, 이메일, 메모, 편지 등이 그 뒤를 따른다.

[참고] 의사소통 채널 수

- 다자간의 의사소통 채널 수 계산 (n=사람, 혹은 소통 객체의 수)

$$채널 수 = n(n-1)/2$$

- (예) 4명의 이해관계자 사이의 의사소통 채널 수 = $4(4-1)/2 = 6$개 채널
- 의사소통 채널 수는 의사소통의 복잡성을 나타내며, 이를 토대로 의사소통 방법이나 의사소통 모델을 적용하는 의사소통계획의 수립에 적용

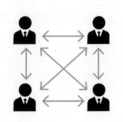

실행 및 평가 격차(Gulf of Execution and Evaluation)

Donald Norman의 실행 및 평가 격차 모델에서,

- 실행 격차는 개인의 기대치에 일치하는 수준으로, 해당 항목이 사용자의 의도와 그 의도를 위해 할 수 있는 것이나 하도록 지원하는 것의 차이
- 평가 격차는 사용자가 항목을 해석하고 효과적으로 상호 작용하는 방법을 발견하도록 돕는 척도

평가와 실행의 격차란, 한 편에서 우리의 내부 목표와 다른 한편에서는 작업물의 상태에 대해 내가 그것을 어떻게 변화시킬 수 있는지를 명시하는 정보의 기대와 가용성 사이의 불일치를 말한다.

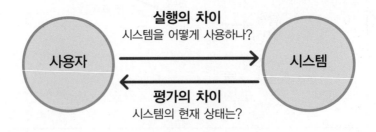

[그림 3-40] 실행 및 평가 격차 모델

	정 의	예
실행의 격차	사용자가 시스템의 현재 상태를 쉽게 이해할 수 있는 정도 사용자의 의도(기대)와 시스템이 허용하는 것의 차이	사용자가 조명 스위치를 보고 시스템의 현재 상태(불이 켜져 있는지 여부)와 스위치 작동 방법을 쉽게 알 수 있음
평가의 격차	사용자가 수행한 작업이 성공적이었는지 여부를 인지하고 해석할 수 있는 용이성의 정도 시스템이 그 상태에 관한 정보를 수신하기 쉽고, 해석하기 쉬우며, 시스템에 대한 사람의 생각과 일치하는 형태로 제공하는 경우 작아짐	사용자가 조명 스위치를 볼 때, 하나의 스위치를 사용하면 사용자는 자신의 작업이 성공적이었는지 즉시 알 수 있기 때문에 평가의 차이가 매우 작음 평가 차이가 큰 예는 사용자가 작업을 수행한 후 응용 프로그램에 "로딩" 상태를 표시하는 톱니바퀴 모양이 있는 경우임. 톱니바퀴 만으로는 시스템이 자신의 행동에 반응하여 진행하는 상황을 사용자가 해석할 수 없다. 대신 로딩 막대를 두면 차이를 줄일 수 있음

동기부여 모델(Motivation Models)

프로젝트 성과를 높이기 위해 프로젝트 팀원 및 이해관계자들이 어떻게 동기 부여될 수 있는지 이해하고, 개인에게 보상을 제공하여 효과적인 프로젝트 수행을 유도한다.

동기 부여 모델의 종류와 적용 성과 영역

모 델	성과 영역							
	팀	이해관계자	개발방식	기획	프로젝트작업	인도	측정	불확실성
위생 및 동기 요인 (Hygiene and Motivational Factors)	✓			✓	✓			
내재적 동기 대 외재적 동기 (Intrinsic versus Extrinsic Motivation)	✓			✓	✓			
욕구 이론(Theory of Needs)	✓			✓	✓			
X이론, Y이론, Z이론 (Theory X, Theory Y, Theory Z)	✓			✓	✓			

위생 및 동기 요인(Hygiene and Motivational Factors)

Frederick Herzberg는 직무 만족과 불만족이 동기부여 요인이라는 조건에서 기인한다고 주장

◦ 동기 요인(만족 요인)에는 성취, 성장, 발전 등 업무 내용과 관련된 사항 포함
   – 불충분한 동기 요인은 불만족으로, 충분한 동기 요인은 만족으로 이어짐
◦ 위생 요인(불만족 요인)은 회사 정책, 급여, 물리적 환경 등의 업무와 관련
   – 불충분한 위생 요인은 불만족을 유발하나 충분하더라도 만족에 이르지는 않음

위생 요인 (불만족 요인)	동기 요인 (만족 요인)
직원 만족도나 동기 부여의 원천이 되지 않는 작업 환경의 외부 요소	근로자 만족도로 이어지는 내재적 직무 요소
직무와 관련된 요인으로 충분하더라도 불만족은 줄이지만 만족도를 높이지는 못함	직무수행을 통하여 이 요인들을 더 충족할수록 만족도가 높아지면 성과가 높아짐
• 급여 • 회사 정책과 관리 • 인간관계 • 작업조건 • 개인생활요소 • 직위 • 직장의 안전성	• 성취감 • 칭찬/인정의 기회 • 직무의 흥미도 • 성장가능성 • 책임감 • 직무의 도전성 • 승진 등의 발전성

불만족 요인인 '위생'이라는 용어의 의미는, "코로나 팬데믹 상황에서 손 씻기는 무척이나 중요하지만, 손 씻기는 감염되지 않게 코로나를 예방하는 최소한의 방법 중 하나이지 신체를 건강하게 만드는 것은 아니다."는 것을 예를 들 수 있다. 손 씻기를 하루에 수백 번 하더라도 감염되는 것(불만족)을 막아줄 뿐, 우리 몸이 건강해지는 것(만족)은 아니다. 근본적으로 건강해지려면 영양 섭취와 운동이 필요하며 이것들이 동기 요인이다. 즉, 위생 요인과 관련해서는 '불만족'의 반대말이 '만족'이 아니라 '불만족 없음'이 된다.

내재적 동기 대 외재적 동기(Intrinsic versus Extrinsic Motivation)

• Daniel Pink는 급여와 같은 외적 보상은 일정 범위 내에서 동기부여 요인이 되나, 일단 적절한 급여를 받게 되면 외적 보상이 주는 동기부여 능력이 더는 존재하지 않는다고 주장

• 복잡하고 어려운 프로젝트 작업의 경우 내재적 동기부여 요인이 오래 지속되며 더 효과적

- 내재적 동기부여 요인의 세 가지 유형
  - 자율성(autonomy)
    - 자신의 삶을 원하는 방향으로 이끌어 가려는 욕구
    - 작업 성취를 위해 언제, 어디서, 어떻게 할지를 결정할 수 있는 능력과 연계
    - 유연한 근무 시간, 재택 근무, 스스로 선택하고 관리하는 프로젝트 팀 작업 등
  - 숙련도(mastery)
    - 발전하고 탁월한 능력을 갖추는 것에 대한 것
    - 탁월한 작업 수행과 학습, 목표 달성 욕구
  - 목적(purpose)
    - 차이를 만들려는 욕구 (타인들과의 차별화)
    - 프로젝트 비전과 업무 방식이 어떻게 비전을 달성하는 데 기여하는지 알면 자신이 차이를 만든다고 느낌

프로젝트 팀원들은 내재적 동기와 외재적 동기 모두에 의해 영향을 받는다.

"외재적으로 동기 부여되었다"는 것은 돈과 같은 외적인 보상 때문에 행동을 하게 된다는 것이고, "내재적으로 동기 부여되었다"는 것은 행위 자체에서 오는 즐거움 때문에 행동을 하는 것을 의미한다.

내재적 동기부여 요인		
자율성	우리 자신의 삶을 지시하려는 열망	관리자가 직원이 자신이 하는 일에 더 많이 참여하기를 원하면, 시간, 기술, 팀 및 작업의 네 가지 주요 측면에서 직원에게 자기 주도권을 부여
숙련도	지속적으로 개선하려는 열망	직원들은 "일을 더 잘하는 것"을 좋아하기에 개인적 성취와 진보에서 만족을 즐긴다는 주장
		반대로 자기 계발이나 개인적, 전문적 발전을 위한 기회가 부족하면 직원들이 의욕을 상실
		관리자에게 중요한 의미는 직원에게 너무 쉽거나 지나치게 도전적이지 않은 작업을 설정하는 것
목적	우리 자신보다 더 큰 것을 위해 일을 하려는 열망	직원들은 본질적으로 중요한 일을 하기를 원한다는 주장
		업무에 목적을 추가하는 핵심 부분은 조직의 사명과 목표가 직원들에게 적절하게 전달되도록 하고 직원들은 이러한 사실을 알고 이해해야 하며 자신의 업무와 역할이 조직의 본질에 어떻게 부합하는지 감사해야 함

욕구 이론(Theory of Needs)

David McClelland는 직원들이 성취, 권력 및 친교 욕구에 의해 동기 부여되며, 그 욕구의 상대적 강도는 개인의 경험과 문화에 따라 다르다고 주장

- 성취(achievement)

  성취에 의해 동기 부여되는 사람은 목표 달성 등과 같이 도전적이지만 합리적인 활동과 업무에 의해 동기부여

- 권력(power)

  권력에 의해 동기 부여되는 사람은 높아진 책임감과 같이 다른 사람들을 조직하고 동기를 부여하며 이끄는 것에 의해 동기부여

- 친교(affiliation)

  친교에 의해 동기 부여되는 사람은 팀의 일원이 되는 것과 같이 수용(동의)과 소속감에서 동기 부여

맥클리랜드의 욕구이론(성취동기이론)은 세 가지 욕구(매슬로우의 상위 3개 욕구)의 분류에 따라 직원을 알맞은 직무에 배정할 때 적용할 수 있다.

성취욕이 강한 사람은 도전할 가치가 적은 직무보다 개인에게 많은 책임과 권한이 주어지는 도전적인 직무에 배치하는 것이 동기부여가 된다.

권력욕이 강한 사람은 타인의 권력에 영향을 받는 직무보다 자신이 타인의 행동을 통제하는 업무에 배치하는 것이 동기부여가 된다.

친교 욕구가 강한 사람은 독립적으로 직무를 수행하는 곳보다 타인과 밀접한 관계를 유지할 수 있는 직무에 배치하는 것이 동기부여가 된다.

X이론, Y 이론, Z 이론(Theory X, Theory Y, Theory Z)

Douglas McGregor는 동기부여에 대한 X 이론 및 Y 이론 모델을 고안했으며, 나중에 Z 이론까지 확장

- X 이론

  개인이 일하는 목적을 오로지 소득에 있다고 생각하는 사람은 야망이나 목표 달성을 위해 일하지 않음.

  이들에게 동기를 부여하는 관리 방식은 실무적이고 하향식 접근 방식.

  이 관리 방식은 생산이나 노동 집약적 환경 혹은 관리계층이 많은 환경에서 나타남.

- Y 이론

  개인이 본질적으로 훌륭한 일을 하는 데서 동기가 부여된다는 관점.

  이들에게 동기를 부여하는 관리 방식은 보다 개인적인 코칭 성격으로 관리자는 창의성과 토론을 장려.

  이 관리 방식은 창의적인 지식 근로자 환경에서 나타남.

- Z 이론
  Abraham Maslow의 Z 이론은 개인들이 자아 실현과 가치, 더 높은 소명에 의해 동기부여되는 일을 하기 위한 초월적 차원.
  이 상황에서 최적의 관리 방식은 통찰력과 의미를 함양.
  William Ouchi의 Z 이론은 직원과 그 가족의 행복에 중점을 둔 삶을 위한 일자리 창출로 직원에게 동기를 부여하는 데 초점.

맥그리거(Douglas McGregor)의 X-Y이론은 경영자가 직원과 함께 조직의 목표를 달성하기 위해서는 먼저 그들의 본성을 파악해야 한다고 했다. 이에 동기부여의 관점에서 X이론과 Y이론이라는 가설로 나누었고, 경영자가 X이론과 Y이론 중 어느 가설을 믿느냐에 따라 관리방식이 달라진다고 주장했다.

	가정	동기부여 방법
X이론	인간은 본능적으로 일하기를 싫어하므로 가능하면 일을 회피하며 책임질 일을 하지 않고 지시받기를 좋아하며 안전을 먼저 생각	조직의 목적을 달성하기 위해서는 금전적 보상을 사용하고, 동시에 명령과 통제, 상벌제도 등을 적용
Y이론	인간에게 노동은 놀이나 휴식과 같이 자연스러운 것이며, 맡은 목표를 달성하기 위해 반드시 자신의 능력을 발휘하고 일을 통한 자아 실현을 원함	목표달성을 위해 외부로부터의 통제나 징계 보다 경영자는 자율적이고 창의적으로 일할 수 있는 환경을 조성하고 목표만 관리

맥그리거의 X-Y 이론은 인간관에 대한 가정과 욕구 체계, 이에 대응한 관리 전략을 지나치게 양극화한다는 비판을 받고 Z이론이 대두되었다.

Z 이론	내 용
오우치(William Ouchi)의 Z이론	미국 속의 일본식 경영 방식을 지칭하는 개념으로 서구의 개인주의적 문화와 대비되는 동양의 집단문화 속에 구축된 조직관리를 묘사 종신고용제, 조직구성원에 대한 느린 평가, 비전문성에 기초한 모집과 배치, 비공식적 통제, 집단적 의사결정과 집단적 책임, 직원에 대한 전인격적 관심 등
매슬로(Abraham Maslow)의 Z이론	맥그리거의 X이론과 Y이론에 대응하는, 자기초월적인 특징을 설명하는 이론 매슬로는 자신의 욕구위계설(욕구 5단계설)에서 '자아실현'과 섞여 있던 '자기초월'의 개념을 분리하고자 하는 주장

매슬로(Abraham Maslow)는, 사람 행동은 각자의 필요와 욕구에 바탕을 둔 동기에 의해 유발되며, 이 동기에는 단계가 있어서 각 단계의 욕구는 낮은 단계의 욕구들이 어느 정도 충족되었을 때 점차 상위 욕구로 나아간다고 주장하였다. 이는 사람의 욕구를 생리적 욕구 · 안전 욕구 · 소속 및 애정 욕구 · 자존 욕구 등 5단계로 구분하고, 가장 상위 욕구를 자아실현 욕구로 정의하였다.

1단계 : 생리적 욕구 (Physiological Needs)	의식주 생활에 관한 욕구 즉, 본능적이고 생리적인 욕구
2단계 : 안전의 욕구 (Safety Needs)	사람들이 신체적 그리고 정서적으로 안전을 추구하는 욕구
3단계 : 소속감과 애정의 욕구 (Belongingness and Love Needs)	어떤 단체에 소속되어 소속감을 느끼고 타인에게 사랑 받고 있음을 느끼고자 하는 욕구
4단계 : 존경의 욕구 (Esteem Needs)	명예, 존경, 권위 등 타인에게 인정받고자 하는 욕구
5단계 : 자아실현의 욕구 (Self-Actualization Needs)	가장 높은 단계의 욕구로서 성장과 자기 만족을 느끼는 단계

[참고] ERG 이론(ERG theory)

앨더퍼(Clayton Alderfer)의 ERG 이론은,
높은 수준의 욕구나 낮은 수준의 욕구 모두가 어느 시점에서는 동기부여 역할을 한다는 이론이다. 매슬로의 욕구 5단계설을 수정하여, 인간의 핵심적 욕구를 존재 욕구(existence needs), 관계 욕구(relatedness needs), 성장 욕구(growth needs) 등의 3가지로 분류하였다.
존재 욕구는 생존을 위해 필요한 생리적·물리적 욕구이고, 관계 욕구는 타인과의 관계를 유지하고자 하는 욕구이며, 성장 욕구는 창조적 개인의 성장을 위한 내적 욕구를 말한다.
이는 한 단계의 욕구가 충족되면 그 상위의 욕구가 증가하는데, 욕구 단계는 미리 정해진 것이 아니라 다른 욕구의 충족 정도에 따라 증감될 수 있다. 또한 높은 단계의 욕구가 만족되지 않거나 좌절될 때 그보다 낮은 단계 욕구의 중요성이 커진다고 주장하여, 낮은 단계의 욕구가 충족되어야 다음 단계의 욕구가 발생한다는 매슬로 이론의 가정과 대치된다.

[참고] 기대 이론(Expectancy theory)

브룸(Victor Vroom)의 기대이론(expectancy theory)은 가치이론(value theory)이라고도 한다. 동기를 유발하기 위하여 동기요인들이 상호작용하는 과정에 관심을 두는 동기의 과정 이론으로서, 동기부여는 유의성(valence), 수단(instrumentality), 기대(expectancy)의 3요소에 의해 영향을 받는다.

유의성은 특정 보상에 대해 갖는 선호의 강도이고, 수단은 어떤 특정한 수준의 성과를 달성하면 바람직한 보상이 주어지리라고 믿는 정도를 말하며, 기대는 어떤 활동이 특정 결과를 가져올 것을 믿는 가능성을 말하는 것이다.

$$동기\ 부여의\ 강도 = 유의성 \times 기대 \times 수단$$

즉, 개인은 작업 결과에 보상을 기대하고, 그 보상이 의미가 있어야 하며, 그 보상이 실제 기대 수준과 같으면 더욱 만족하여 동기부여가 높아진다.

- 노력과 성과의 연계(effort-performance linkage)
  개인이 해당 업무를 성공적으로 할 수 있어야 함 (기대)
- 성과와 보상의 연계(performance-reward linkage)
  해당 업무 성공으로 보상을 받을 수 있다고 믿어야 함 (수단)
- 보상의 수준(attractiveness of reward)
  그런 보상이 개인에게 의미가 있어야 함 (유의성)

변경 모델(Change Models)

프로젝트에서는 시스템, 행동, 활동, 문화의 변경 등을 포함하며, 현재 상태에서 미래의 원하는 상태로 전환하는 방법을 고려하여 변경을 관리하여야 한다.

PMBOK 7th 한글판에서는 'Change'를 '변경' 혹은 '변화'로 혼용하여 기술하고 있다. 일반적으로 변경은 '변경하다'이며 변화는 '변화되다'라는 의미를 갖고 있으나 오늘날 조직에서는 단일 프로젝트

변경 모델의 종류와 적용 성과 영역

모 델	성과 영역							
	팀	이해관계자	개발방식	기획	프로젝트작업	인도	측정	불확실성
조직 내 변경관리 (Manage Change in Organization)		✓		✓	✓			
ADKAR 모델(ADKAR® Model)		✓		✓	✓			
변화를 주도하는 8단계 프로세스(8-Step Process for Leading Change)		✓		✓	✓			
Virginia Satir 변화 모델			✓	✓	✓			
전환 모델(Transition Model)		✓		✓	✓			

내에서 계획이나 인도물 등과 관련하여 발생하는 것은 '변경'이며, 조직의 전략과 같은 장기적인 측면 관련한 것은 '변화'라는 표현을 많이 사용한다. 여기서 소개되는 모델들은 프로젝트 내용의 변경보다는 주로 조직 차원의 변화와 관련된 내용이지만, 그 용어는 PMBOK에 표현된 것을 그대로 인용한다.

조직 내 변경관리(Managing Change in Organizations)

- PMI의 Managing Change in Organizations 실무 지침서에 소개된 변경관리 모델이며 여러 모델의 공통 요소를 기반으로 하는 반복 모델
- 이 모델은 일련의 피드백 루프를 통해 상호 연결된 5가지 요소를 포함
  - 변경 공식화(Formulate change)
    변경이 필요한 이유, 미래 상태가 어떻게 향후 나아질지 이해할 수 있는 근거를 구축하는 데 중점을 두는 요소
  - 변경 계획(Plan change)
    변경 활동을 식별하여 현상태에서 미래 상태로 전환할 준비에 도움이 되는 요소
  - 변경 구현(Implement change)
    미래 상태의 역량을 보여주고, 그 역량이 의도한 영향을 미치는지 확인하고, 필요한 개선 또는 대응 조치를 수행하는 데 중점을 두는 반복적 요소
  - 전환 관리(Manage transition)
    미래 상태가 달성되면 나타날 수 있는 변경과 관련된 니즈를 어떻게 처리할지 고려하는 요소
  - 변경 지속(Sustain change)
    새로운 역량이 지속적으로 작동하고 과거의 프로세스 또는 행동은 중단되도록 하는 요소

조직 내 변경관리에 적용되는 변경 생애주기(change life cycle) 프레임워크는 변화하는 환경에 대응하여 적응형 변화가 지속적으로 발생하는 반복적인 모델이다.

변경 공식화 (Formulate Change)	조직의 전략 계획을 이해 당사자의 요구와 기대에 부합하는 실질적인 목표로 전환하여 변화를 공식화	· 변경의 필요성 정의/확정 · 변경에 대한 준비 상태 평가 · 변경의 범위를 설명
변경 계획 (Plan Change)	인적, 프로세스, 기술, 구조, 문화적 문제가 전체 포트폴리오/ 프로그램/ 프로젝트 계획에 통합되도록 변경에 대한 "What"과 "How"를 포함하여 변경을 계획	· 변경의 접근 방식 정의 · 이해관계자 참여 계획 · 전환 및 통합 계획

변경 구현 (Implement Change)	계획, 구현 및 전환 프로세스는 중복되므로, 변경 구현은 반복적인 프로세스	• 변경을 위한 조직 준비 • 이해 관계자 동원 • 프로젝트 산출물(output) 인도
전환 관리 (Manage Transition)	전환 프로세스는 변경 이니셔티브를 비즈니스 및 비즈니스 운영 측면과 연결하여 조직이 장기적인 변화를 지속할 수 있도록 하는 조치들을 포함	• 산출물(output)을 비즈니스로 전환 • 적용률 및 성과/편익(outcome/benefit) 측정 • 불일치를 해결하기 위한 계획 조정
변경 지속 (Sustain Change)	변경 이니셔티브의 성공은 조직과 이해 관계자들의 편익 가치에 달려 있기에, 기존의 프로젝트/프로그램 범위를 초과하는 여러 지속적 활동으로 변화를 지속	• 이해 관계자의 지속적 의사소통/협의/대의권 • 센스메이킹(사람들이 집단적 경험에 의미를 부여하는 프로세스) 활동 수행 • 편익 실현의 측정

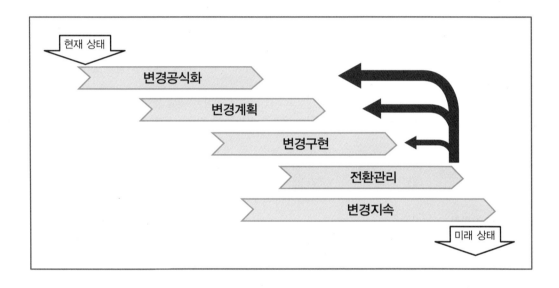

[그림 3-41] 변경 생애주기 프레임워

ADKAR®모델

Jeff Hiatt의 ADKAR®모델은 개인이 변화에 적응하기 위해 따라야 할 5가지 순차적 단계에 초점

- 1단계: 인식(Awareness)
  변화가 필요한 이유를 식별
- 2단계: 욕구(Desire)
  변화가 필요한 이유를 알게 되면 변화에 참여하고 지원하려는 욕구 발생

- 3단계: 지식(Knowledge)

  새로운 역할과 책임, 새로운 프로세스와 시스템에 대한 이해를 포함하여변화가 어떻게 이루어지는지 지식의 교육 훈련을 통한 이해
- 4단계: 능력(Ability)

  실무 사례, 필요한 전문 지식 및 도움을 통한 지식 획득
- 5단계: 강화(Reinforcement)

  보상, 인정, 피드백 및 측정 등으로 변화가 지속되도록 지원

개인이 변화에 적응하는 순차적 5단계

1단계: 인식 (Awareness of the need for change)	변화에 대한 필요성 인지	조직에서 변화가 불가피하며 사람들을 안락한 영역에서 벗어날 때가 있다면, 변화의 이유를 미리 설명하여 직원들이 이를 받아들이고 준비 할 충분한 시간을 갖게 될 수 있다.
2단계 : 욕망 (Desire to support the change)	변화를 실현하려는 욕망	직원들이 변화의 필요성과 그에 따른 혜택을 이해한다면, 변화 실행에 참여하려는 열정과 열망을 얻게 될 것이다.
3단계 : 지식 (Knowledge of how to change)	변화하는 방법에 대한 지식	새로운 절차를 구현하려면 팀을 교육하고 변경 사항을 구현하는 방법을 이해할 수 있도록 모범 사례를 제공해야한다.
4단계 : 능력 (Ability to demonstrate skill & behaviors)	변화하는 방법에 대한 지식	지식을 능력으로 바꾸려면 연습이 필요하며 결과를 분석하고 조정하기 위해 시뮬레이션을하는 것이 좋다. 직원이 변경 사항을 구현하기 시작할 때 모니터링하고 건설적인 피드백을 기반으로 프로세스를 개선 할 수 있다.
5단계 : 강화 (Reinforcement to make the change stick)	변화를 유지하는 보강 안	직원들이 시간이 지남에 따라 변화를 계속 따르도록 권장해야한다는 것이다.

ADKAR 모델은 변화하는 업무 환경 속에서 어느 변화 과정에 있는지, 그리고 성공적 변화와 진보를 위해 어느 단계를 취해야 할 지에 대한 직관을 제공하게 된다.

변화를 주도하는 8단계 프로세스(The 8-Step Process for Leading Change)

John Kotter의 변화 주도 8단계는, 조직 최상위 수준에서 변화의 필요성과 접근 방식이 시작되어, 조직의 관리 계층을 통해 변화의 영향을 받는 사람들로 이동하는 하향식 접근 방식

- 1단계 : 긴급성 생성(Create urgency)

  변화의 필요성을 이끄는 잠재적 위험과 기회 식별

- 2단계 : 강력한 연합체 형성(Form a powerful coalition)

  변화를 이끌 리더를 식별

- 3단계 : 변화의 비전 생성(Create a vision for change)

  변화의 중심에 있는 가치를 식별하고 변화를 요약하는 간략한 비전 선언문을 작성한 후, 비전을 실현할 전략을 식별

- 4단계 : 비전에 대한 의사소통(Communicate the vision)

  변화 프로세스 전반에 걸쳐 고위 경영진과 변화 연합체는 지속적으로 비전을 의사소통하고 변화의 긴급성과 편익을 설명

- 5단계 : 장애물 제거(Remove obstacles)

  변화에 따른 장애물은 낡은 절차, 조직 구조, 변화에 저항하는 사람 등으로 모든 장애물들을 처리

- 6단계 : 단기 성과 창출(Create short-term wins)

  탄력을 얻어 변화를 지원토록 빠르고 쉽게 성공할 수 있는 목표 식별

- 7단계 : 변화에 따른 설정(Build on the change)

  단기적 성공 달성 후, 조직은 지속적인 개선을 위한 목표를 설정

- 8단계 : 변화를 기업문화로 정착(Anchor the changes in corporate culture)

  변화가 기업 문화로 스며들게 하기위해, 비전에 대한 지속적 소통, 성공 사례 공유, 변화를 주관하는 조직원들의 인정(recognize), 변화 연합체의 지속적 지원

1단계	위기 의식 고조 (긴박감 조성)	상황이 긴급함을 느끼게 하여 실천척 행동 유도	− 시장 및 경쟁상황을 조사 − 잠재적 위기, 주요기회 등을 인식하고 토론
2단계	변화 선도팀 구성	능력과 애착을 가진 지도자 그룹 형성	− 변화를 이끌기에 충분한 힘을 가진 집단 구성 − 그 집단이 하나의 팀으로 협동 작업 할 수 있도록 격려
3단계	올바른 비전 정립	방향에 대한 큰 그림과 이를 위한 전략 수립	− 변화를 이끌기에 충분한 힘을 가진 집단 구성 − 그 집단이 하나의 팀으로 협동 작업 할 수 있도록 격려
4단계	소통과 비전 전달	조직 전체에 반복적으로 솔선수범을 통해 비전 전파	− 새 비전과 전략을 전달하기 위해 모든 수단 사용 − 변화 추진 구심체의 예증을 통한 새로운 행동을 교육
5단계	권한 부여(장애물 제거)	직원들이 넓은 범위의 의사 결정을 갖도록 권한 위임	− 장애가 되는 구성원 행동이 새 비전에 부합되도록 함 − 사람들을 격려하고 변화 노력 전체의 신뢰성을 확보
6단계	단기 성과 확보	단기에 눈에 보이는 성공 체험으로 사기 진작과 도전 열정 자극	− 가시적 성과 향상을 위한 계획 수립 − 성과향상 실현과 종업원 인정 및 보상

| 7단계 | 변화 속도 유지
(변화에 따른 설정) | 성공의 자만과 안주를 경계하고 후속 변화 과제 도전 | – 달성된 성과 향상의 통합과 후속변화의 창출
– 비전에 맞지 않는 구축 정책을 변경
– 비전을 수행할 수 있는 인력을 고용, 승진, 개발
– 새로운 프로젝트등에 변화 프로세스를 재활성화 |
| 8단계 | 변화를 기업문화로 정착 | 앞의 7개 단계가 확고한 조직 문화로 정착되도록 함 | – 기업 성공과 새로운 행동간 연관성을 명문화
– 리더십의 개발과 이를 계승할 수 있는 수단 개발 |

Virginia Satir 변화 모델(Virginia Satir Change Model)

프로젝트 팀원의 감정을 이해하고 변화를 효율적으로 진행할 수 있도록, 변화를 경험하고 대처하는 방식의 모델

- 기존 상태(Late status quo)

  모든 것이 친숙하고 "평소와 같은 상황(business as usual)"으로 특성화할 수 있는 시기로, 상황 예측이 가능하기에 평소와 같은 상황이 좋을 수 있거나, 반대로 상태가 진부하게 느낄 수 있는 단계

- 외부 요소(The foreign element)

  일상적 업무 방식에 변화를 주는 프로젝트를 시작하는 등의 현상을 변화시키는 일이 발생하는 단계로, 변화 도입 후, 저항 발생과 성과 감소의 기간이 있으며 사람들은 그 변화나 관련성을 무시

- 혼란(Chaos)

  사람들이 익숙하지 않은 영역에 있으며, 불편/불안감, 저성과, 감정과 행동의 예측 불가, 업무 중단, 들뜬 마음의 상태

  혼란을 통해 상황을 이해하려는 방법을 찾으려는 시도와 다양한 아이디어와 행위를 시도하는 창의적 태도로 변화

- 전환하는 아이디어(The transforming idea)

  상황 이해에 도움되는 아이디어를 떠올리는 상황

  혼란에서 벗어나 새로운 현실에 대처하는 방법을 찾기 시작하며 고성과가 시작

- 실무 및 통합(Practice and integration)

  새로운 아이디어나 행위를 실행하려고 노력하나 시행착오를 거쳐 결국에는 작동되는 것과 그렇지 않은 것을 파악

  이 과정을 통해 성과가 개선되고 외부 요소 도입 전보다 고성과 달성

- 새로운 상태(New status quo)

  새 환경에 익숙해지고 성과가 안정되어 결국 새로운 상태도 정상적 업무 방식이 됨

모든 변화는 외부 요인(foreign element)이라고 하는 것이 들어오면서 저항이 시작된다. 이 저항이 우세하면 원래 상태(late status quo)로 돌아가지만 도저히 외부 요인을 거스를 수 없을 때에는 그 균형이 깨지고 혼란(chaos)의 단계로 들어간다. 위기는 갑자기 오지 않으며 위기에 대한 인식이 갑자기 올 뿐이다. 위기는 사전에 늘 조짐을 보였으며, 우리에게 계속적으로 변화를 요구하는 외부 요인이 있었던 것이다. 어느 순간에 더 이상 저항할 수 없어 균형이 깨어지면서 위기라는 혼란이 발생하는 것이다. 이렇게 외부 요인을 받아들인 때부터는 성과가 이전보다 낮아지게 되며 한동안 낮은 성과가 지속되다가 전환점이 오게 된다.

다음에는 전환적 착상(transforming idea)이라는 아이디어 전환이 생긴다. 이는 생각이 바뀌고 세상이 달라져 보이는 시점이 되는 것이다. 상황에 대한 갑작스러운 깨달음과 함께 모든 것이 쉽게 해결되고 다 잘되는 것처럼 느껴지며 가끔은 아주 좋은 성과가 나오기도 한다. 변화 과정 중에서 이 상태에서 멈춰버리는 조직과 개인이 상당히 많이 있다. "아 이제 되었나 보다"라고 생각하고 거기에서 멈추는 것이다. 그러면 그 조직과 개인은 자동으로 이전 상태(late status quo)로 돌아가게 되어, 결국엔 외부 요인과 같은 변화를 받아들이지 못하게 된다.

진정으로 변화가 이루어지는 조직은 이 상태 이후에도 계속 추진하는 노력을 한다. 바로 통합과 실무관행(integration/practice)의 단계이다. 조직이 획득한 변화 결과에 대해 실제로 실천해 보고 부족한 부분은 더 다듬으며 시행 착오를 통해 연구하고 다시 보완하는 노력이 이어져야 한다. 그래야 비

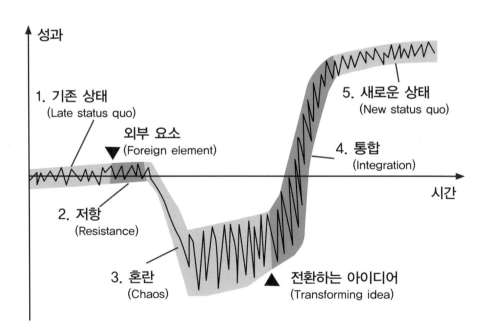

[그림 3-42] 사티어 변화모델의 시간 흐름에 따른 변화 과정 5단계

로소 새로운 안정적 상태(new status quo)에 도달할 수 있다. 그러나 변화의 여정은 여기에서 끝나지 않는다. 또 다른 외부 요인이 들어오고, 혼란을 겪고, 전환과 통합의 노력이 지속되어야 하는 것이다.

전환 모델(Transition Model)

- William Bridges의 전환 모델은, 조직적 변화 발생 시 개인에게 심리적으로 어떤 일이 발생하는지 이해
  - 변화 : 상황에 따라 달라지며 변화를 통한 사람들의 전환 여부와 상관없이 발생
  - 전환 : 새로운 상황의 세부사항과 이 변화를 점차 받아들이는 심리적 과정

- 변화와 관련된 세 가지 전환 단계
  - 종결, 상실, 포기(Ending, losing, and letting go)
    변화가 도입되는 단계로, 변화에 대한 두려움, 분노, 속상함, 불확실성, 거부, 저항이 나타남
  - 중립 구역(The neutral zone)
    변화가 일어나는 단계로, 변화에 대해 좌절, 원망, 혼란, 불안을 느낌
    새 업무 방식을 배우는 과정에서 생산성이 떨어지나, 새 업무 방식의 시도로 창의적, 혁신적, 열정적이 됨
  - 새로운 시작(The new beginning)
    변화를 수용하는 시점으로, 새로운 기술과 업무 방식에 점차 익숙해짐
    배움에 열린 태도를 가지며 변화에 의해 에너지를 얻음

윌리엄 브리지스는 조직 변화에 대한 변화 혹은 전환의 실체를 '종결 – 중립 구역 – 새로운 시작(Endings – Neutral zone – New beginnings)'의 3단계로 구분하였다. 그 중에서 첫 단계인 종결(endings)에 w대해 'saying goodbye' 단계라는 별칭을 붙였는데, 내면의 본질적 전환을 위해서는 기존 방식을 수정하고 보완해가는 수준이 아니라 전혀 다른 방식으로 '갈아타야' 한다는 의미다. 이를 "1루에 발을 붙이고 2루를 훔칠 수 없다."는 야구 격언에 비유하기도 한다. 기존의 사업 성과에 안주하지 않고 기존 방식과 성과들을 그대로 놔둔 채(let it go), 또 하나의 새로운 출발을 하라는 의미이다. 또한 '중립 구역(neutral zone)'은 과거의 모습과 미래의 모습이 혼돈 되는 중간 상태를 의미하며, '새로운 시작(new beginning)'은 새로운 체계에 대한 행위와 사고가 시작되는 단계이다.

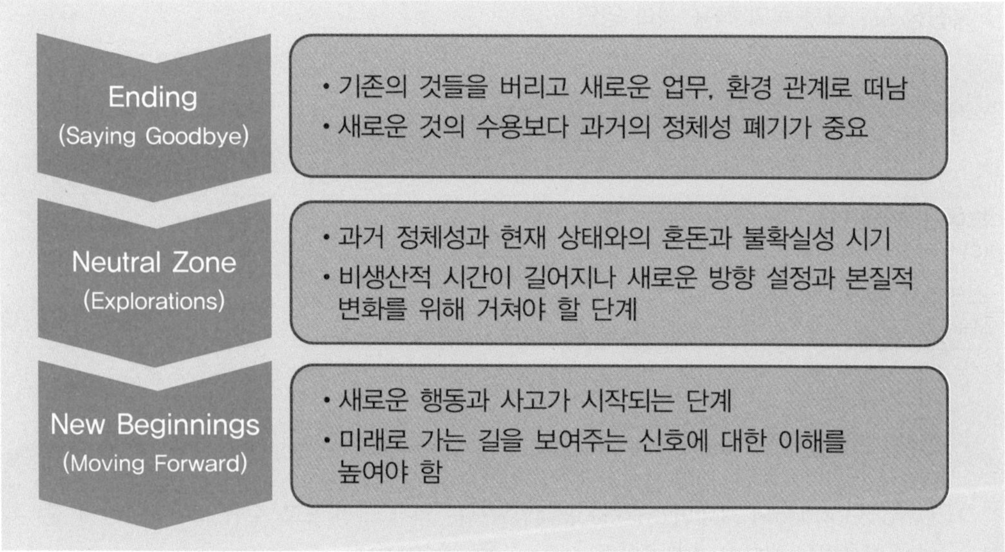

[그림 3-43] 브리지스의 전환 관리(transition management) 모델

복잡성 모델(Complexity Models)

다수의 프로젝트관리 자료에서 complexity와 complicated에 대한 번역을 '복잡'이라는 말로 구분 없이 사용되는 경우가 많이 있다. 이 두 단어의 의미에 대한 차이점을 살펴보면 다음과 같다.

complexity(복잡)는 실제의 상태이며, complicated(혼잡)는 마음의 상태로 혼란(confusing)한 무언가가 불러일으키는 혼란(confused)한 상태이다. complexity는 복잡함 자체로 좋은 것도 나쁜 것도 아니지만 나쁜 것은 complicated라는 혼란스러움이다. 복잡(complex)은 단순(simple)의 반대 의미이며, 혼잡(complicated)은 쉽고 수월함(easy)의 반대말에 가깝다.

복잡(complex)은 시스템 구성요소의 수준을 나타내는 데 사용된다. 문제가 복잡(complex)하면 여러 구성요소가 있다는 뜻이지만 복잡함(complexity)은 어려움을 초래하지는 않는다. 반면에 혼잡도(complicated)는 높은 난이도를 가리킨다. 문제가 혼잡(complicated)하다면 많은 부분이 있을 수도 있고 많지 않을 수도 있지만 해결하기 위해서는 분명히 힘든 작업이 필요하다.

프로젝트는 태생적으로 불확실성을 갖는다. 이에 항상 모호한(ambiguity) 상태로 존재하며 불확실한 성과(outcomes)로 여러 시스템 사이에 상호 작용이 필요하기에 복잡성(complexity)은 프로젝트에서 항상 해결해야 할 과제이다.

복잡성 모델의 종류와 적용 성과 영역

모 델	성과 영역							
	팀	이해관계자	개발방식	기획	프로젝트작업	인도	측정	불확실성
크네빈 프레임워크 (Cynefin Framework)			✓	✓	✓	✓		✓
스테이시 매트릭스(Stacey Matrix)			✓	✓	✓	✓		✓

크네빈 프레임워크(Cynefin Framework)

- Dave Snowden의 크네빈(Cynefin) 프레임워크는 의사 결정 보조 수단으로 인과관계 진단에 사용되는 개념적 프레임워크. (*크네빈–Cynefin은 웨일즈어로 서식지를 뜻함)
- 이 프레임워크는 탐색(probing), 감지(sensing), 대응(responding), 행동(acting) 및 분류(categorizing)등의 행위 식별에 도움이 되며, 이는 변수(variables)와 행동 지침(guide actions)간의 관계에 영향을 줌
- 크네빈 프레임워크의 다섯 가지 문제 및 의사결정 맥락
  - 명백한 인과관계가 있는 경우, 모범 실무(best practice)를 이용하여 결정
  - known unknowns 상황의 집합이나 다양한 정답이 존재해 복잡한 관계가 성립되는 경우, 사실 평가, 상황 분석, 우수 실무(good practice)를 적용하여 결정
  - 복잡한(complex) 관계에는 unknown unknowns 상황이 포함되어, 명백한 인과관계가 없고 명확한 정답도 없는 경우, 이 복잡한 환경에서는 (환경)탐색(probing) – (상황)감지(sensing) – (행동)대응(responding)의 반복주기를 가능케 하는 새로운 실무(emergent practice)를 사용
  - 혼란한(chaotic) 환경에서는 인과관계가 명확하지 않으며, 상황을 이해하기를 기다리는 데 많은 혼란(confuse)이 발생하는 경우, 우선 상황 안정화 시도를 하고 어느 정도 안정성이 있는 곳을 감지(sensing)한 후, 혼란한(chaotic) 상황을 복잡한(complex) 상황으로 만들기 위한 조치를 취하여 대응(responding)
  - 무질서한 관계에는 명확성이 결여되어, 그것을 더 작은 부분으로 나누어 서로 다른 네 가지 맥락 중 하나와 연결

[참고] Emergent Practice(창발적 실무관행)과 Novel Practice(완전 새로운 실무관행)

'Emergent Practice'를 PMBOK에서는 '새로운 실무'로 번역하였으나 엄밀하게 말하면 'Novel Practice'와 같이 완전히 새로운 실무관행과 구분된다.

창발적 실무관행(Emergent Practice)은 조직에 의해 발명된 새로운 관행일 필요는 없으며 그들의 맥락에서 구현될 필요가 있는 것을 식별하는 것으로 정의한다. 예를 들면, 조직의 목표 달성을 위한 방법을 찾는 것보다 이를 위해 우선 스크럼이나 XP와 같은 애자일 프레임워크에 더 집중하는 것을 말한다. 이에 비해, Novel Practice는 완전히 새롭게 만들어진 실무관행을 의미한다.

[참고] 불확실 상황

- Known knowns : 우리가 확신하는 것
  (예) 일부 장비들은 단일 업체로부터만 구매할 수 있다.
- Known unknowns : 우리는 예측할 수 없는 것들이 있다는 것을 아는 것
  (예) 1월에 건설 공사를 시작하면 월평균 4일의 날씨 지연이라는 결과가 발생할 수 있다.
- Unknown unknowns : 우리는 우리가 모르는 것이 있음을 모르는 것
  (예) 건설 공사가 진행되고 있는 지역에서 초강력 태풍이 발생한다.

Simple/Obvious (단순/명확)	Complicated (혼잡)	Complex (복잡)	Chaotic (혼돈)	Disorder (무질서)
원인과 결과의 관계가 모두에게 명백함	원인과 결과의 관계는 분석이나 다른 형태 조사나 전문가 지식의 적용을 필요로 함	원인과 결과의 관계는 나중에나 인식할 수 있음	시스템 레벨에서 원인과 결과의 관계임	다른 어떤 영역에 해당되는지 알 수 없는 무질서 상태임
	Known–Unknowns 집합이나 정확한 답의 범위가 있는 경우	Unknown–Unknowns 관계로 명백한 인과관계도 답도 없음	원인과 결과가 불분명	
스위치를 켜면 불이 켜지는 상황	컴퓨터 고장은 나는 수리 못하나 전문가는 수리할 수 있는 상황	나중에 결과의 원인은 찾을 수 있으나 앞으로 예측은 안되는 주식 시황		
감지–분류–대응 (sense–categorize–respond)	감지–분석–대응 (sense–analysis–respond)	탐색–감지–대응(probe–sense–respond)	조치–감지–대응 (act–sense–respond)	
모범 실무관행 (Best Practice)	우수 실무관행 (Good Practice)	새로운(창발적) 관행 (Emergent Practice)	(완전)새로운 관행 (novel Practice)	
		한 번 조치한 것이 다음에 효과가 없을 수 있음	우선 조치를 통해 상황 안정을 취한 후 안정된 곳을 감지하여 복합적 상황으로 감	작은 부분으로 분해하여 앞의 4개 컨텍스트 중 하나와 연결

- Ralph Stacey는 프로젝트의 상대적 복잡성을 결정하기 위해 두 가지 차원을 검토
  - 인도물 요구사항의 상대적 불확실성
  - 인도물 만드는 데 사용될 기술의 상대적 불확실성
- 상대적 불확실성에 기초하여, 프로젝트는 단순(simple), 혼잡(complicated), 복잡(complex), 혼란(chaotic)으로 구분
- 복잡성의 정도는 프로젝트의 조정(tailoring) 방법과 실무관행에 영향을 미치는 요인

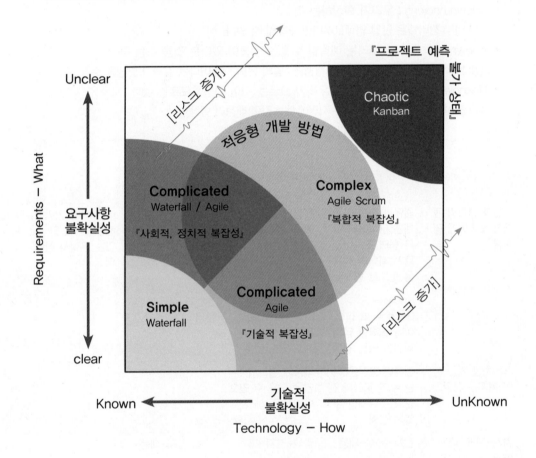

[그림 3-44] Stacey 매트릭스를 이용한 프로젝트 개발 방법의 조정

　[그림 3-44]는 요구사항의 불확실성과 기술의 불확실성을 기반으로 단순(simple), 혼잡
(complicated), 복잡(complex), 혼란(chaotic)으로 복잡성을 구분한 스테이시 매트릭스이며, 각 복잡성에
적절한 프로젝트 개발 방법을 표시하고 있다. 예를 들면, 복잡성이 단순(simple)한 경우에는 전통적인

폭포수형(waterfall) 방식의 개발 방법을, 혼잡(complicated)한 경우에는 애자일(agile) 개발 방식이 적합하다는 것이다. 이와 같이 프로젝트의 복잡도에 따라 프로젝트를 조정하고 적절한 실무 관행을 적용할 때 스테이시 매트릭스를 적용할 수 있다.

프로젝트 팀 개발 모델(Project Team Development Models)

프로젝트 팀 개발은 프로젝트 팀과 개인의 역량을 높여 프로젝트 성과를 높이는 노력이다. 팀 개발은 여러 단계를 거치게 되며 프로젝트 관리자는 개발 중인 팀의 진행 단계를 파악하고 각 단계에 적절한 조치로 팀의 성장을 지원할 수 있다.

프로젝트 팀 개발 모델의 종류와 적용 성과 영역

모 델	성과 영역							
	팀	이해관계자	개발 방식	기획	프로젝트 작업	인도	측정	불확실성
Tuckman 사다리(Tuckman Ladder)	✓				✓			
Drexler/Sibbet 팀 성과 모델(Drexler/Sibbet Team Performance Model)	✓				✓			

Tuckman 사다리(Tuckman Ladder)

Bruce Tuckman은 팀 개발의 단계를 형성, 혼돈, 표준화, 성취, 해산 단계로 표현

- 형성(Forming)
  프로젝트 착수회의와 같이 프로젝트 팀이 모여 서로의 이름, 프로젝트 팀에서의 직위, 기술 역량 등 관련 배경 정보를 파악하는단계

- 혼돈(Storming)
  프로젝트 팀원이 팀에서의 직위를 두고 다투어 각자의 개성, 강점, 약점이 드러나기 시작하며 업무 방법 결정 동안 갈등이 발생할 수 있는 단계

- 표준화(Norming)
  프로젝트 팀이 기능하기 시작하며 팀원은 팀 내 위치와 타 팀원들과의 상호 작용 방법을 알면서 협업이 시작되는 단계

- 성취(Performing)
  프로젝트 팀이 효율적으로 작동하며 성숙한 팀에 이른 상태로 팀이 시너지를 내어 고성과와 고품질을 달성하는 단계

◦ 해산(Adjourning)

프로젝트 팀이 업무를 완료하고 다른 업무를 위해 해산하는 단계

이 모델은 형성 단계에서 시작하여 나머지 개발 단계를 통해서 진화하는 선형적 진행을 보이지만, 이 단계들을 자유롭게 오갈 수 있으며 모든 팀이 성취나 표준화 단계에 이르지는 못함

팀 빌딩은 프로젝트 전반에 걸쳐 진행 중인 프로세스로 효과적인 프로젝트 관리와 성공을 위해 매우 중요하다. 효과적인 관리자는 언제라도 자신의 팀에 어떤 일이 일어나고 있는지 명확하게 알아야 하는데 팀 전체의 정신과 상태는 시간에 따라 달라진다. 초기에 팀이 결성되는 시점에서부터 팀으로서의 여정이 끝나 해산되는 시점까지 달라진다. 프로젝트 관리는 물론 일부 작업 수행을 위해 새로 구성된 팀의 구성원들은 서로 모르는 사이이고, 동기화하는 데 시간이 걸리고, 팀원들이 자신의 집단적인 강점과 약점을 알고 나서, 효과적인 세력으로 발전하는 데 시간이 걸린다. 터크만 사다리 모델은 팀이 효과적인 세력으로 발전하기 위해 거쳐야 하는 다양한 단계를 설명하는 모델이다.

단계	상 태	주요 테마	과업 목표	필요 리더십
형성 (Forming)	• 팀 구성 • 역할과 담당 업무 파악 • 마음을 닫고 개인적 경향	서로에 대한 인식	열성	지시/감독 (Direct)
혼돈 (Storming)	• 폭풍/난기류 상황 • 작업,기술,방식 논의 시작 • 협력/개방적이지 않으면 파괴적 환경 조성	갈등 처리	역할 명료화	코칭 (Coach)
표준화 (Norming)	• 폭풍 이후 정상화 또는 냉각 • 협력 및 지원을 위한 조율 시작 • 신원 간 신뢰 쌓기 시작	협력 체계 구축	몰입과 헌신	코칭 (Coach)
성취 (Performing)	• 수행은 성과를 암시 • 잘 조직된 응집력으로 진화 • 상호 의존적이고 원활하며 효과적으로 이슈 해결	생산성 향상	성취	위임(Delegate)/ 자유방임 (Laissez –Faire)
해산 (Adjourning)	• 회의를 휴정하듯 종료나 완료 • 팀의 작업 완료와 팀 해산 • 인도물 완료와 프로젝트나 단계 종료 프로세스	인도물/작업 완료 및 해산	프로젝트나 단계 완료	상담 (Counseling)

성공하는 프로젝트관리자를 위한 **PMP 챌린저**

Drexler/Sibbet 팀 성과 모델(Drexler/Sibbet Team Performance Model)

Allan Drexler와 David Sibbet의 7단계 팀 성과 모델 중 1~4단계는 프로젝트 팀 생성 단계, 5~7단계는 팀의 지속 가능성과 성과를 표현

- 1단계: 오리엔테이션(Orientation)

   (Why) 팀은 프로젝트의 목적과 사명을 학습

   착수회의, 비즈니스 케이스, 프로젝트헌장, 린 스타트업 캔버스에 드러남

- 2단계: 신뢰 구축(Trust building)

   (Who) 누가 프로젝트 팀에 있는지, 팀원의 기량과 능력이 무엇인지 조명

   주요 이해관계자에 대한 정보도 포함

- 3단계: 목표 설명(Goal clarification)

   (What) 팀은 상위 수준의 프로젝트 정보를 설명

   이해관계자의 기대치, 요구사항, 가정 및 인도물 인수기준에 대한 정보 포함

- 4단계: 헌신(Commitment)

   (How) 팀은 목표 달성을 위한 계획을 정의하기 시작

   마일스톤 일정, 릴리즈 계획, 상위 수준 예산, 자원 요구 등 포함

- 5단계: 구현(Implementation)

   상위 수준 계획을 세부 일정이나 백로그 등으로 상세하게 세분화

   프로젝트 팀이 인도물을 생산하기 위한 협업 시작

- 6단계: 고성과(High Performance)

   팀의 일정 기간작업으로 팀원은 높은 수준의 성과에 도달

   팀원들이 잘 협력하여 감독이 필요 없고, 팀 내 시너지 효과를 경험

- 7단계: 갱신(Renewal)

   팀이나 프로젝트가 변경에 따라 작업을 수행

   인도물, 이해관계자, 환경, 팀 리더십, 팀원 자격 등 변경으로 과거 행위가 현재 충분한 지, 아니면 이전 단계로 돌아가 기대치와 협업 방식의 재설정 여부 고려

앨런 드렉슬러와 데이비드 시베트는 터크먼의 사다리와 유사한 개념으로 팀 개발을 팀 성과 모델 프레임워크를 개발했다. [그림 3-45]와 같이 드렉슬러와 시베트 모델에는 팀구축이 상상력과 개방성, 열망의 자유에서 시작하여 팀이 구성원, 목표, 제약을 더 잘 이해함에 따라 서서히 현실성과 토대가 되어가고, 구현, 창의성, 상호작용 등을 통해 다시 튕겨 나오는 공의 개념이다.

[그림 3-45]의 모형에 보이는 화살표를 따라가면 해당 단계마다 그 시기에 맞춰 점검해야 할 질문이 있다. 프로젝트 시작 단계에는 "나는 왜 여기에 있는가?", 중반에는 "어떻게 할 것인가?", 마지막에는 "왜 계속해야 하는가?" 라고 묻는다. 모든 그룹은 이 단계를 모두 거치면서 하나의 팀으로 발전되지만, 한 단계를 건너뛰면 다시 돌아와야 한다. 팀을 이끄는 사람은 프로젝트 초반에 이 모형을 제시

하고 일단 프로젝트를 시작하고 나면 구성원들은 정기적으로 "어느 단계에 왔는지", "다음 단계 도달을 위해 무엇이 필요한지"를 점검해야 한다.

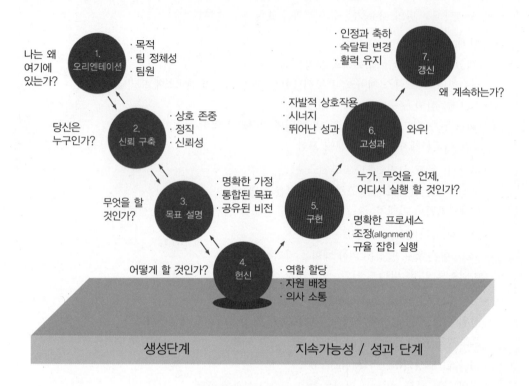

[그림 3-45] 드렉슬러와 시베트의 팀 성과 모델

- 오리엔테이션(orientation or why?)

  목적과 의도는? 우리의 미션과 성공의 그림은 무엇이며, 나는 왜 여기에 있는가?

- 신뢰 구축(trust building or who?)

  누구랑 같이 일하지? 어떻게 될까? 우리는 어떤 기술과 역량을 가지고 있는가?

- 목표 설명(goal clarification or what?)

  그 그룹은 무엇을 하고 있는가? 프로젝트/제품/회사의 배경은? 우리의 목표는 무엇인가? 가정은? 제약조건은 무엇인가? 우리의 목표와 역할은 무엇인가?

- 헌신(commitment or how?)

  우리 어떻게 같이 일하지? 일정, 예산, 자원은? 모두 들어가자!

- 구현(implementation or who, what, when, where?)

  일을 시작할 수 있도록 세부 사항을 파악하기 위해 언제, 어디서, 누가, 무엇을 실행하지?

  대부분의 팀들은 팀 생성 단계를 건너뛰고 바로 여기로 뛰어오다가 멈칫한다.

- 고성과(high performance or wow!)

  이는 형성, 혼돈, 표준화를 거친 뒤 터크맨의 성취 단계와 유사하다. 한 팀으로 응집하여 방향성 요구보다 상호 존중과 지원으로 공동 목표를 전달하는 데 주력하는 단계이다.

- 갱신(renewal or why continue?)

  갱신 또는 계속해야 하는 이유와 상황이 변하다. 팀 구성, 환경, 목적 중 과거에 효과가 있었던 것을 계속할지, 아니면 다시 그룹화하고 순환해야 할 것인지에 대해 묻는다.

기타 모델(Other Models)

기타 모델의 종류와 적용 성과 영역

모 델	성과 영역							
	팀	이해 관계자	개발 방식	기획	프로젝트 작업	인도	측정	불확실성
갈등 모델(Conflict Model)	✓	✓			✓			
협상(Negotiation)		✓		✓	✓	✓		
계획(Planning)			✓	✓	✓			
프로세스 그룹(Process Groups)				✓	✓	✓	✓	
현저성 모델(Salience Model)		✓		✓	✓			

갈등 모델(Conflict Model)

Ken Thomas와 Ralph Kilmann의 업무 기반 모델은 개인 간의 상대적 권력 및 좋은 관계를 유지하고자 하는 욕구에 초점을 둔 갈등 해결하는 6가지 방법을 설명

- 직면/문제 해결(Confronting/Problem solving)

  갈등 직면은 갈등을 해결해야 할 문제로 취급

  서로의 관계가 중요하거나, 상대방의 문제 해결 능력에 확신을 가질 때 사용

- 협업(Collaborating)

  협업은 갈등에 대한 다양한 관점을 알아보고 통합하는 작업을 포함

  참가자 간에 신뢰와 합의에 이를 시간이 있는 경우 효과적

  프로젝트관리자는 팀원 간에 이런 유형의 갈등 해결을 촉진

- 타협(Compromising)

  모두를 완전히 만족시킬 수 없는 갈등의 경우에 타협 방법을 찾는 것

  당사자가 동일한 "권한"을 가지고 있을 때 자주 사용

  프로젝트관리자는 팀원의 프로젝트 수행 가능성에 대해 기술 관리자와 타협

- 수습/수용(Smoothing/Accommodating)

  의견 불일치보다 중요한 목표에 도달하는 것이 더 중요할 때 유용

  관계 속에서 조화를 유지하고, 당사자 간 호의를 형성

  개인의 상대적 권한이나 권력 차이가 있을 때 사용

- 강제(Forcing)

  협업이나 문제 해결에 시간이 충분하지 않을 때 사용

  한쪽이 더 큰 권력을 가질 때, 한 쪽이 다른 쪽에게 자신의 의견을 강요

  즉시 해결해야 할 보건 및 안전 갈등이 있는 경우 사용

- 철회/회피(Withdrawal/Avoiding)

  문제가 저절로 해결되는 경우, 토론이 가열되어 냉각기가 필요한 경우

  요구사항에 이의 제기 없이 규제 기관의 요구사항을 준수해야하는 경우

갈등(葛藤)은 '칡 갈'과 '등나무 등'을 합친 단어이다. 칡은 시계 반대 방향, 등나무는 시계 방향으로 감고 올라가기에 두 나무는 추구하는 방향이 반대이므로 항상 대립하게 된다는 관계를 비유한 말이다.

과거의 전통적인 사고 방식에서 갈등이란, 문제아 때문에 발생하고, 무조건 나쁜 것이고 피해야 할 것이며 발생하면 눌러버려야 할 것이라는 인식이었다. 그러나 오늘날 현대적 사고 방식에서 갈등의 의미는 프로젝트를 수행하다 보면 자연스럽게 발생하는 것으로 변화에 따른 자연적 결과로 인식된다. 또한 갈등은 피할 수 없는 것이며, 선의의 경쟁과 같은 갈등은 종종 편익을 가져올 수 있고, 갈등 자체는 관리 할 수 있고 관리해야만 하는 것으로 인식이 변하였다.

[그림 3-46]은 Ken Thomas와 Ralph Kilmann의 갈등관리 모델로, 가로축과 세로축은 갈등을 해결할 때의 기준으로, 상대방과의 관계와 작업 내용의 완수, 주장과 협력, 상대적 권력과 좋은 관계 등을 기준으로 해결 방안을 도출한다. 예를 들면, 강제(forcing)라는 갈등 관리 해법은 하고 있는 작업에 손해나 양보 없는 해법이면서 동시에 상대방과의 관계는 좋지 않은 관계를 초래하는 해법이 된다.

이 갈등 모델은 최초에 그림과 같이 다섯 가지 해법을 제시하였으나, 최근에는 PMBOK을 비롯한 일부 서적에서 '직면/문제해결/협업'을 '직면/문제해결'과 '협업'으로 분리하여 6개의 해법으로 설명하고 있다.

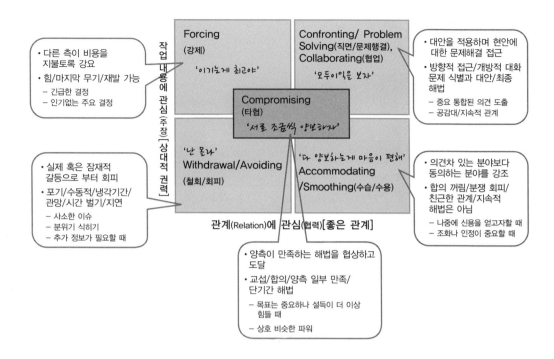

[그림 3-46] Ken Thomas와 Ralph Kilmann의 갈등관리 모델

갈등 관리에서는 발생된 갈등의 해법을 찾아 해결하는 것도 중요하나 갈등을 일으키는 원천을 파악하여 사전에 대비하는 것도 매우 중요하게 다루어진다.

프로젝트 환경에서 갈등 유발하는 원천(source)에는 다음과 같은 것들이 있으며, 프로젝트 진행과 관련하여 특정 갈등의 원천들이 프로젝트 특정 단계에서 많이 발생한다는 것을 알 수 있다.

- 우선 순위

  작업 순서에 대한 참가자들의 관점 차이

- 행정 절차

  프로젝트를 어떻게 관리할 것인가에 대한 관리 및 행정적 갈등

- 기술적 옵션

  기술, 사양, 성능 등의 상충 관계에 대한 의견 불일치

- 자원

  타 프로젝트나 각 기능 부서로부터의 팀원 확보

- 원가

  원가 산정 및 예산 결정 문제

- 일정

  특정 마일스톤 및 일정 편성과 진척도 문제
- 구성원의 개성 및 성격

  개인간 현안에 대한 불일치

	개념 단계	기획 단계	실행 단계	종료 단계
(높음) **발생빈도** (낮음)	우선 순위	우선 순위	일정	일정
	행정 절차	일정	기술 능력	인력
	일정	행정 절차	인력	개성
	인력	기술 능력	우선 순위	우선 순위
	원가	원가	행정 절차	원가
	기술 능력	개성	원가	기술 능력
	개성	인력	개성	행정 절차

갈등을 줄이기 위해서는, 팀의 기본 규칙, 그룹 표준, 역할 정의나 의사소통계획 수립 등의 엄격한 프로젝트관리 실무 사례 등이 요구된다. 팀원들의 견해차로 인한 부정적 요인이 될 수 있는 갈등에 대해서 이를 해결할 일차적 책임은 각 개인이 진다. 그러나 조직에 영향을 줄 수 있는 부정적 갈등이 지속될 경우에는 징계 조치 등의 공식적 절차를 따라야 한다.

갈등 해결 방식을 결정할 때 영향을 미치는 고려 사항은 다음과 같다.

- 갈등의 중요성과 강도
- 갈등 해결에 대한 시간적 압박
- 갈등에 연루된 사람의 상대적인 권한
- 좋은 관계 유지의 중요성
- 장·단기적으로 갈등 해결에 대한 동기 부여

협상 (Negotiation)

- Steven Covey의 "Think Win-Win" 원칙은 협상뿐만 아니라 모든 상호 작용에 적용
- 협상을 통해 나타날 수 있는 결과
  - 윈-윈(Win-Win)

    최적의 결과로, 양측이 결과에 만족하는 경우
  - 윈-루즈/루즈-윈(Win-lose/Lose-win)

    한 쪽이 이기면 다른 쪽이 지는 경우

    상대방이 이길 수 있도록 자신이 지는 것을 선택하는 순교자 관점

- 루즈-루즈(Lose-lose)

  양쪽이 승리하는 결과가 나올 수 있었지만 경쟁이 협업을 압도하는 경우에 발생

  모두에게 나쁜 결과로 끝이 남

- 윈-윈의 결과를 위해서는 다음과 같은 측면이 존재해야 함

  - 성격(Character)

    상호 성숙하고 진실성을 보이며, 모두에게 충분한 가치가 있다는 관점을 공유

  - 신뢰(Trust)

    당사자들이상호 신뢰하고, 운영 방식에 합의를 수립하며, 행동에 책임을 짐

  - 접근 방식(Approach)

    상대방 관점에서 상황을 살펴보고, 협력하여 핵심 이슈와 우려 사항을 파악

    수용 가능한 솔루션을 식별하고 수용 가능한 솔루션 달성을 위한 옵션을 식별

일상 생활에 자주 있는 것은 윈-루즈(win-lose)나 그 반대인 루즈-윈(lose-win)은 어느 한쪽이 이기고 한쪽은 지는 것이라는 의미로 알 수 있는데, 루즈-루즈(lose-lose)는 어떤 경우인지 의문을 갖을 수 있다. 루즈-루즈(lose-lose)의 예시로써 '복수'하는 것을 상상할 수 있는데, 흔히 말하는 "너 죽고 나 죽자"식으로 분쟁이 일어난 상황이다. 이는 영화나 드라마에서 자주 보는 범죄나, 실제로 일어난 이혼 재판 등에서 자주 볼 수 있다. 이는 극단적인 예라고 생각되지만, 실제 다수의 사람들은 윈-루즈(win-lose)나 루즈-윈(lose-win)의 사이에서 왔다 갔다 하고 있다. 스포츠나 게임 등 승부의 세계에서 흔히 볼 수 있는 현상으로 나와 상대 중에 어느 한쪽만 승리하고 어느 한쪽은 패배하는 경우이다. 루즈-윈(lose-win)의 경우는 연애 관계나 부모 자식과의 관계에서 볼 수 있다. 예를 들면, 남녀가 데이트 중에 어느 한쪽이 비용을 낸다던가, 부모가 자식에게 아낌없이 주는 상황이라고 생각하면 된다.

그렇다면 최상의 결과이며 양측이 만족하는 윈-윈(win-win)은 어떻게 해야 할 수 있는 것인지 생각해보자. 진실되고 신뢰하며 서로 협력해야 한다는 전제하에 반드시 서로가 상호 협조하여야 한다. 그러나 현실은 대다수의 사람들이 윈-루즈(win-lose)를 노리고 접근해 오기에 아무리 나 자신이 윈-윈(win-win)으로 가려고 해도, 상대가 계속해서 윈-루즈(win-lose)를 하려고 하면 어려움을 겪게 된다. 윈-루즈하려고 접근해 오는 사람들에게 대응하기 위해서는, 서로간의 윈-윈을 확실하게 보장하고 있다는 인상을 상대방에게 심어주기 위해, 항상 성실하게 행동하고, 상대방에 대한 배려심과 나의 의견을 주장하는 용기를 적절히 갖추어야 한다.

계획 (Planning)

- Barry Boehm은 초과 기획(over-planning)과 관련된 지연 및 기타 비용을 포함하여, 리스크를 줄이기 위한 계획을 개발하는 데 투자한 시간과 노력을 비교하는 모델을 개발

- 초기 계획 수립에 더 많은 시간을 소요하면, 많은 프로젝트에서 불확실성, 간과 및 재작업을 줄일 수 있으나 기획 시간이 길어질수록 투자 수익을 얻는 데 더 오랜 시간이 걸리고, 시장 점유율이 더 낮아질 수 있으며, 산출물이 인도될 때까지 더 많은 상황이 바뀔수 있음
- 이 모델의 목적은, '스위트 스폿(sweet spot)'이라고 하는 최적의 기획 시간(optimum amount of planning)을 식별하는 것
  - 스위트 스폿은 프로젝트마다 다르므로 올바른 기획 시간에 대한 정답은 없음
  - 이 모델은 추가 기획이 비생산적으로 전환되는 시점을 보여줌

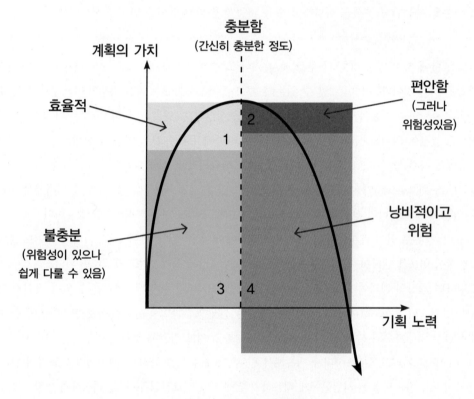

[그림 3-47] 기획의 효율성

[그림 3-47]은 기획(planning)에 투입하는 노력에 비해 얼마나 그 계획이 얼마나 가치를 갖는가에 대한 관계를 그림으로 표현하고 있다. 가장 바람직한 기획 노력의 순서는 그림 내에 영역 1이고 다음으로 2, 3, 4 순이다. 영역 1은 가장 효율적인 방법으로 충분한 계획보다 약간 덜 계획하여 추후 생애주기 후반에 계획이 불충분하다는 것을 발견했을 때 살펴볼 준비를 한다. 영역 2는 편안한 정도의 기획 노력과 가치로, 당장은 모든 것을 생각할 필요가 있다는 생각에서 이렇게 목표로 삼게 되지만, 추

후 계획을 쉽게 업데이트할 수 없게 될 수 있는 위험이 있다. 이는 편안하지만 계획 수립에 너무 많은 투자를 했기 때문에 낭비이기도 하다. 영역 3은 불충분한 기획 노력으로, 작은 기획 노력으로 다룰 수 있으나 계획이 크게 미흡할 경우에 추후 많은 재작업을 초래하는 비방향적 방식으로 작업하게 되는 위험이 있다. 영역 4는 낭비적인 기획 노력으로 전통적인 프로젝트 관리자들이 많이 하는 경우이다. 이는 불확실성이 크거나 요구사항이 빠르게 변화하는 프로젝트에서 위험이 많이 존재한다.

프로세스 그룹 (Project Process Groups)

- 프로젝트관리 프로세스는 프로젝트관리 업무를 위한 투입물, 도구와 기법, 산출물을 이해관계자 및 프로젝트 요구에 맞게 조정된 그룹화
- 프로세스 그룹은 프로젝트 단계가 아니며, 생애주기의 각 단계에서 상호 작용
- 모든 프로세스는 한 단계 내에서 발생할 수 있고 단계 또는 생애주기 내에서 반복
- 프로세스 기반 접근 방식의 프로젝트는 5가지 프로세스 그룹화 단계를 조직 구조 단계로 사용

  - 착수(Initiating)
    프로젝트 또는 단계 시작에 대한 승인으로 새 프로젝트나 새 단계를 정의하기 위해 수행하는 프로세스

  - 기획(Planning)
    프로젝트 범위 설정, 목표 구체화, 목표 달성에 필요한 일련의 활동을 정의하는 프로세스

  - 실행(Executing)
    요구사항에 맞게 프로젝트관리 계획서에 정의된 작업을 완료하는 과정에서 수행되는 프로세스

  - 감시 및 통제(Monitoring & Controlling)
    프로젝트 진척과 성과를 추적, 검토, 조절, 계획 변경 영역 식별과 이를 위한 변경 착수 과정에 필요한 프로세스

  - 종료(Closing)
    프로젝트, 단계 또는 계약을 공식적으로 완료하거나 종료하는 과정에서 수행하는 프로세스

- 프로세스 기반 접근 방식에서 한 프로세스의 산출물은 다른 프로세스의 투입물이 되거나 특정 프로젝트나 단계의 인도물이 됨
- 예를 들어, 기획 프로세스 그룹에서 생성되는 리스크 관리대장, 가정사항 기록부 등의 프로젝트관리 계획서 및 프로젝트 문서는 관련 결과물(artifacts)에 대한 업데이트가 이루어지는 실행 프로세스 그룹화 단계의 투입물이 됨

프로세스 기반의 프로젝트관리는 PMI PMBOK의 1판에서 6판까지 지향했던 전통적인 예측형 개발 방법의 예이다. '프로젝트관리 프로세스'란 프로젝트관리 업무를 말하는데, 단지 업무를 활동으로 표현하는 것이 아니라, 입력물(input), 도구 및 기법(tools&technique), 출력물(output)과 같은 형식으로 표현한다. 이러한 프로세스 형태의 표현 방법은 그 업무를 잘 모르는 사람일지라도 해당 프로세스의 출력물을 얻기 위해서 필요하거나 참고해야 할 입력물들이 무엇이며, 어떤 방법으로 수행해야 하는지를 쉽게 알 수 있게 한다. [그림 3-48]과 같이 하나의 프로세스 출력물이 다른 프로세스의 입력물로 쓰일 수 있기에 전반적인 업무 흐름을 알 수 있다. 이는 단순히 프로젝트관리 활동으로 표현하는 것 보다 프로세스 흐름 등의 분석을 할 수 있기에 이를 통해 프로젝트관리 업무를 조정하거나 개선할 수 있는 기반이 된다.

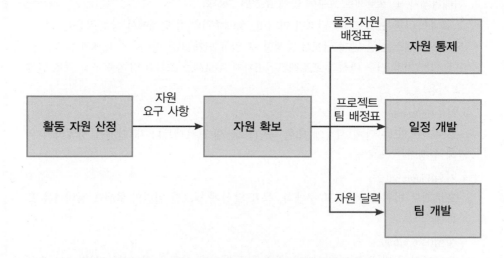

[그림 3-48] 프로젝트관리 프로세스 흐름의 예

프로젝트관리 업무인 프로젝트관리 프로세스들은 다양하다. 예를 들면, 일정을 개발하기 위한 활동 정의 프로세스, 활동 순서 프로세스, 활동 기간 산정 프로세스, 일정 분석 프로세스 등이 있으며, 원가 관리를 위해서는 원가 산정 프로세스, 예산 결정 프로세스, 원가 통제 프로세스 등이 있다. 이들 프로세스들은 그 성격에 따라, 착수를 위한 프로세스들, 기획의 성격을 갖는 프로세스들, 실행의 성격을 갖는 프로세스들, 감시 및 통제 성격의 프로세스들, 종료의 성격을 갖는 프로세스들로 구분하는 것이 바로 5개 프로젝트관리 프로세스 그룹이다. 일부에서는 프로세스 그룹을 기획 단계, 실행 단계 등과 같이 프로젝트 단계로 생각하는 경우가 있으나, 이 프로세스 그룹들은 단계가 아닌 프로젝트관리를 위한 프로세스들을 성격 별로 그룹화한 것임을 인지해야 한다.

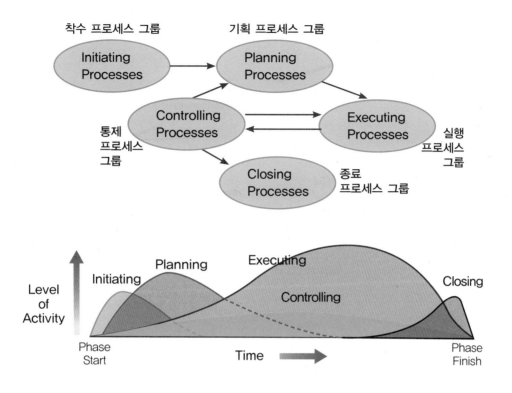

[그림 3-49] 프로젝트관리 프로세스 그룹

　[그림 3-49]와 같이 프로젝트관리를 위한 5개 프로세스 그룹은 단속적으로 수행하는 것이 아니라 중첩되게 수행된다. 또한 그림과 같이 착수 프로세스 그룹은 프로젝트 착수와 관련 되기도 하지만 프로젝트 단계의 착수가 될 수도 있다. 이는 프로젝트에서 매 단계마다 5개의 프로세스 그룹들이 반복적으로 수행된다는 것을 의미한다. 다만 프로젝트 단계에 따라 투입되는 노력의 수준이 다를 수 있다. 프로젝트 초기 단계에서는 기획 프로세스 그룹에 투입되는 노력이 크다가 프로젝트 후반 단계로 갈수록 그 노력이 작아지는 것이 일반적이다. 그러나 실행 프로세스 그룹의 경우에는 프로젝트 초반이나 후반 단계에서는 그 투입 노력이 작지만 프로젝트 중간에 있는 단계들에 많은 노력이 투입된다.

　[그림 3-50]과 같이 가장 먼저 수행되는 프로세스 그룹은 착수이며, 이는 앞서 설명한 바와 같이 프로젝트의 착수나 단계의 착수로서 프로젝트를 승인하거나 단계를 승인하는 결과를 만든다. 프로젝트가 승인되면서 동시에 프로젝트 관리자가 임명되면, 프로젝트 관리자는 기획 프로세스들을 적용하여 프로젝트 계획을 수립한다. 수립된 프로젝트 계획은 실행 프로세스 그룹을 통해 이행되며, 실행을 통해 중간 결과물 혹은 실적이 발생한다. 통제 프로세스 그룹에서는 수립된 계획과 실적을 비교하여 실적이 저조할 경우에 이를 따라잡기 위한 시정조치를 요청하고 실행 프로세스 그룹에서는 다시 이를 반영하여 실행한다. 이렇게 실행과 통제는 정보를 주고 받으며 지속된다. 만일 계획 대비 실적의

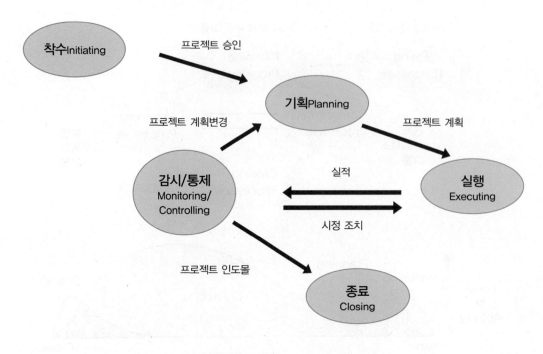

[그림 3-50] 프로세스 그룹과 정보 흐름

차이가 너무 커서 수립된 계획의 실현이 불가능하다고 판단되면, 계획을 변경하기 위한 변경 요청을 통제하는 것도 통제 프로세스 그룹에서 수행하는 프로세스들이다. 변경이 확정되면 이를 반영하여 기획 프로세스 그룹에서 다시 기획함으로써 변경된 계획을 수립한다. 이와 같은 반복을 통해 프로젝트를 진행하여 프로젝트의 최종 산출물이 생산되면, 종료 프로세스들을 수행한다. 행정적인 사항이나 계약 관련 사항에 대해 모두 종결하고 궁극적으로 팀을 해산하는 종료 프로세스 그룹을 수행하게 된다.

현저성 모델 (Salience Model)

- 현저성은 눈에 잘 띄고 두드러져 중요하게 인식되는 것을 의미하며, Ronald K. Mitchell, Bradley R. Agle, Donna J. Wood가 제안한 현저성 모델은 이해관계자에 관한 것
- 이는 영향을 미치는 힘, 이해관계자와 프로젝트 간 관계의 적법성(적합성), 프로젝트에 이해관계자 참여 요구의 긴급성 등 세 가지 변수를 기반으로 이해관계자를 식별

현저성 모델은 프로젝트 이해관계자를 분류하는 기법 중 하나이다. 이해관계자들을 체계적으로 분류하는 것은 이해관계자와의 교류 및 참여를 효율적으로 계획하고 실행할 수 있게 하기 위함이다. 대표적인 이해관계자 분류 방법에는 현저성 모델(salience model) 뿐만 아니라 권력-관심 그리드(power-interest grid), 이해관계자 큐브(cube) 등이 있다.

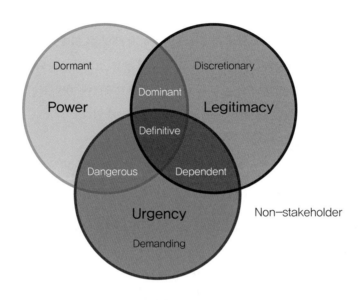

[그림 3-51] 현저성 모델에 의한 이해관계자 분류

현저성 모델에서 현저성이란 이해관계자의 상대적 탁월성 또는 중요성을 말하는 것으로 다음과 같은 세 가지 변수를 기반으로 이해관계자를 식별하고 분류한다.

- 권력(power)
  프로젝트 결과에 영향을 줄 수 있는 능력
- 적법성(legitimacy)
  프로젝트에 긍정적 영향을 줄 가능성
- 긴급성(urgency)
  이해관계자 참여 요구에 대한 신속하게 대응해야 할 필요성

[그림 3-51]의 분류 기준에 따라 이해관계자를 우선 순위가 높은 경우부터 나열하면 다음과 같다.

- **결정적**(definitive) > **지배적**(dominant) > **위험한**(dangerous) > **의존적**(dependent) > **휴지상태**(dormant) > **임의적**(discretionary) > **요구적**(demanding) > **이해관계자 아님** (non-stakeholder)

우선 순위가 높은 이해관계자들에 대해서 분석하고 그들의 기대와 요구를 우선적으로 반영하려는 노력이나 그들이 프로젝트에 적극 참여할 수 있는 방법 등을 계획하게 된다.

4.3 성과영역에 적용되는 모델

각각의 모델은 서로 다른 프로젝트 성과 영역에서 유용하게 쓰일 수 있다. 어떤 모델이 어떤 영역에 주로 사용되는가에 대한 내용은 앞의 본문 중에 각 모델의 종류 소개에 포함되어 있다.

프로젝트, 이해관계자 및 조직 환경의 요구에 따라 특정 프로젝트에 가장 적합한 모델이 결정되며, 모델을 선택하는 최종 책임은 프로젝트관리자와 프로젝트 팀에 있다.

4.4 일반적으로 사용되는 방법(Commonly Used Methods)

방법은 결과물(outcome), 산출물(output), 결과(result) 또는 프로젝트 인도물(deliverable)을 달성하기 위한 수단이다.

대부분의 방법은 산정 또는 데이터 수집과 같은 서비스 목적에 관련되어 있으므로 각 방법에서 설명하며 기타 방법은 활용되는 활동 유형(예: 회의 및 분석 그룹에서 일어나는 활동 유형)과 관련성을 갖는다.

방법(Method)의 종류

- 데이터 수집 및 분석(Data Gathering and Analysis)방법
- 산정(Estimating)방법
- 회의 및 행사(Meeting & Event)방법
- 기타(Other) 방법

데이터 수집 및 분석(Data Gathering and Analysis) 방법

데이터 수집 및 분석 방법은 상황을 심층적으로 이해하기 위해 데이터와 정보를 수집, 분석, 평가하기 위해 사용하는 방법이다. 데이터 분석 산출물은 "시각 데이터 및 정보" 결과물(artifact) 중 하나로 구성되어 표시될 수 있으며, 이들 결과물과 함께 결정사항을 통보하는데 사용된다.

데이터 수집 및 분석 방법의 종류와 적용 성과 영역

방법	성과 영역							
	팀	이해관계자	개발방식	기획	프로젝트작업	인도	측정	불확실성
대안분석				✓	✓	✓		✓
가정 및 제약 분석				✓		✓		✓
벤치마킹						✓		
비즈니스 정당성 분석				✓			✓	
회수기간			✓	✓			✓	
내부수익률				✓			✓	
투자수익률				✓			✓	
순현재가치			✓	✓		✓	✓	
비용-편익 비율				✓			✓	
점검기록지						✓	✓	
품질비용				✓		✓	✓	
의사결정나무 분석				✓				
획득가치분석				✓			✓	
예측치							✓	
영향관계도				✓				
생애주기 평가				✓				
제작-구매 분석				✓	✓			
확률-영향 매트릭스				✓				✓
프로세스 분석				✓	✓	✓	✓	
회귀분석				✓			✓	
근본원인분석					✓	✓		
민감도 분석				✓	✓	✓		
시뮬레이션				✓			✓	
이해관계자 분석		✓		✓	✓			
SWOT 분석				✓				✓
추세분석							✓	
가치흐름 매핑				✓	✓	✓		
차이분석							✓	
가정형 시나리오 분석				✓				✓

대안 분석은 프로젝트 작업 수행을 위한 옵션이나 접근 방법들을 선정하기 위해 식별된 여러 가지 옵션을 평가하는 방법

여러 후보 프로젝트들에 대한 평가를 통해 그 중에 수행해야 할 프로젝트들을 선정하거나, 프로젝트 작업을 위한 의사결정을 위해 여러 대안 중에서 하나를 선정하는 방법이 대안 분석이다.

예를 들면, 일정과 원가에 대한 대안 분석으로 일정 단축을 위해 원가를 더 집행하여 역량 있는 인력이나 장비를 더 투입 할지 여부를 결정할 수 있다. 또한 조직이 직접 제작하는 옵션과 외부로부터 구매하는 옵션 중에 어느 것을 결정할 것인지에 대한 제작-구매(make or buy) 분석 등이 있다.

프로젝트 선정을 위해서 후보 프로젝트 각각에 대한 경제성, 리스크, 편익 등의 항목을 평가하여 우선순위를 결정하는 것도 대안 분석의 예로 들 수 있다.

- 가정은 증거나 입증 없이 사실이나 확실한 것으로 간주되는 요인
- 제약은 프로젝트나 프로세스의 실행에 영향을 미치는 제한 요인
- 가정 및 제약은 프로젝트 계획과 문서에 통합됨을 보장하고 계획과 문서가 일관성을 갖게 함

가정과 제약의 예를 들면 다음과 같다. 승용차로 대략 한 시간 걸리는 쇼핑몰에 쇼핑하러 갈 계획이라고 가정해보자. 오후 6시에 집을 나와 7시까지 쇼핑몰에 도착할 것이라고 생각한다면 이것은 바로 가정이었다. 이 예에서 제약은 두 가지를 생각할 수 있는데, 첫 번째 제약 조건은 돈이다. 만약 내가 현금 10만원만을 갖고 있다면, 이 금액 이상을 쇼핑할 수 없다. 두 번째 제약 조건은 쇼핑몰의 폐점 시간으로, 오후 10시라고 한다면, 그 이후에는 쇼핑을 계속할 수 없다는 것이다.

프로젝트에도 가정과 제약이 있기에 프로젝트를 성공적으로 완료하려면 이러한 요인을 이해하고 계획에 반영하여 통제해야 한다. 가정과 제약은 프로젝트가 시작될 때 정의되고 식별되며 프로젝트 전반에 걸쳐 정제되고 재분석된다. 가정과 제약조건은 다양한 프로젝트관리 프로세스의 입력사항이 된다. 대표적인 프로젝트의 가정과 제약사항은 프로젝트 범위기술서에 포함된다.

▶ 가정(assumptions)

가정은 진실(혹은 실제)이라고 믿는 것으로 프로젝트 생애 주기 동안 예상되는 사건이나 환경이다. 이는 경험이나 보유한 정보를 바탕으로 추측하지만, 가정은 가정했던 사실 그대로 끝나지

않을 수도 있다. 때로는, 가정 했던 사항이 잘못되어 거짓일 수 있고 프로젝트에 영향을 미칠 수도 있는데, 가정이 잘못되면 리스크가 될 수 있다. 예를 들면, 앞의 예에서 목적지에 도착하는데 한 시간이 걸릴 것으로 예상했으나, 차가 막혀서 쇼핑몰에 제 시간에 도착하지 못한다면, 이 가정은 잘못된 가정이 되고 쇼핑에 리스크를 갖게 된다. 그러므로 가정은 리스크 관리 계획 등을 포함한 계획 수립에 필수적인 역할을 하기에, 가정은 가급적 그렇게 될 가능성이 확실한 것을 가정하여야 한다.

가정의 예

- 공급업체는 제품을 제시간에 납품할 것이다.
- 필요한 모든 자원을 얻게 될 것이다.
- 모든 관련 이해관계자들이 다음 회의에 참석할 것이다.
- 팀원들은 필요한 모든 기술을 가지고 있다.

▶ 제약(constraints)

제약조건은 예산, 일정, 자원 등과 같이 프로젝트에 부과되는 제한사항이다. 이러한 제약조건은 프로젝트의 시작 부분에서 정의되며, 프로젝트는 그 경계선 안에서 수행해야 한다.

제약 조건의 두 가지 유형
- 비즈니스 제약 조건

 이는 높은 수준의 제약조건으로 시간, 예산, 자원 등과 같이 프로젝트가 시작될 때 정의되며, 조직의 상태에 따라 달라진다.
- 기술적 제약 조건

 기술 사양의 변경 등은 설계의 옵션을 제한하기에 프로젝트 계획에 영향을 미칠 수 있다.

제약(조건)의 예
- 한 달 이내에 첫 번째 마일스톤을 달성해야 한다.
- 가용한 자원만을 갖고 작업을 해야 한다.
- 프로젝트는 단지 두 명의 현장 기술자만이 배정될 것이다.

가정과 제약 사이의 차이점
- 제약이 본질적으로 실제인 반면 가정은 실제인 것으로 여겨진다.
- 대부분의 경우 제약 조건이 좋지 않은 반면, 가정은 프로젝트에 좋다.
- 가정이 틀리면 프로젝트에 나쁜 소식이지만, 제약이 거짓이라면 좋은 것이다.

벤치마킹(Benchmarking)

벤치마킹은 제품, 프로세스, 실무 사례 등을 유사한 조직의 그것과 비교하여 모범 실무사례를 식별하고, 개선 아이디어 창출과 성과 측정 근거를 제시

프로젝트관리에서 벤치마킹은 범위 관리를 위한 요구사항수집, 품질관리계획수립, 이해관계자참여계획 수립 등에 사용된다. 벤치마킹을 수행하는 단계와 활동에는 다음과 같은 내용들을 포함한다.

단계	내용
계획	• 문제점 정의(개선할 대상 및 이유, 현재 상황 측정) • 변화 방향 설정(이상적인 변화 방향) • 내외 모범 실무 사례 선정(대상 기업이나 사내 대상 프로세스)
관찰 및 분석	• 벤치마킹 방문계획 및 질문서 작성 • 대상 기업의 프로세스 관찰 및 현수준 측정, 세부 프로세스 분석 • 갭 분석 및 원인 분석(업무 특성이나 조직 문화 등의 비교)
적용	• 자사 방식으로 변환 후에 적용 • 시험적으로 적용 및 테스트를 통한 조정
관심	• 경영자의 지속적 관심으로 조직의 지속적 체질 변화

비즈니스 정당성 분석 방법(Business justification analysis methods)

이 분석 방법들은 비즈니스 케이스, 타당성 검토 등과 같이 프로젝트나 의사결정을 승인하거나 정당화

- 회수 기간(payback period)
  회수 기간은 일반적으로 년, 월 단위로 투자금을 회수하는 데 필요한 시간
- 내부수익률(IRR)
  내부수익률(internal rate of return)은 프로젝트 투자에 따른 예상 연간 수익으로, 초기 비용과 현재 비용을 주어진 프로젝트에 기대하는 예상 성장률에 모두 통합
- 투자수익률(ROI)
  투자수익률(return on investment)은 초기 투자에 대한 수익률을 뜻하며 순 편익 전체의 예상 평균값을 초기 비용으로 나눈 것
- 순 현재가치(NPV)
  순 현재가치(net present value)는 예상 편익의 미래 가치로, 투자 시점에 해당 편익이 갖는 가치로 표현
  NPV는 현재 및 미래의 비용과 편익 및 인플레이션을 고려

- 비용—편익 분석(cost-benefit analysis)

  비용 편익 분석은 원가 기준으로 프로젝트가 제공하는 편익 결정에 사용되는 재무 분석 도구

비즈니스 정당성 분석 방법이란 사업, 즉 프로젝트의 경제성을 분석하여 사업 타당성이나 착수 여부를 결정하거나 여러 후보 프로젝트를 대상으로 어떤 프로젝트가 더 사업성이 좋은지를 분석하여 선정하는 기법이다.

◉ 회수 기간(payback period)

투자 회수 기간법(PBP: Payback Period)이라고도 하며, 최초 투자액을 유입되는 현금으로 회수하는데 소요되는 시간을 분석한다. 즉, 투자한 것을 몇 년 만에 회수하는지에 대한 것이다.

예를 들면, 100만원을 투자하여, 1년 후 50만원, 2년 후 40만원, 3년 후 30만원의 현금이 회수되는 사업의 경우에 투자 회수 기간은 2.3년이 된다. 이는 2년 차까지 누적으로 90만원이 유입되고, 3년 차 30만원 중에 1/3인 10만 원을 더하여 총 100만원이 회수되므로 약 2.3년이 된다.

◉ 순 현재가치(NPV: Net Present Value))

현금흐름 할인법(DCF: Discounted Cash Flow)에는 순 현재가치와 내부수익률 등이 포함된다. 그 중 순 현재가치 법(NPV: Net Present Value)은 미래의 모든 현금흐름을 설정된 기대수익률로 할인하여 투자 안의 기대 효용을 계산하는 것으로, 미래의 현금 흐름을 현재 기준으로 환산(할인)하여, 투자액과 수익의 차이를 계산하는 것을 의미한다.

예를 들면, 현금유입과 현금지출의 차이가 양(+)의 값이어야 수익이 만들어지는데, 현금 지출은 현재의 가치이지만 추후 유입되는 수익은 미래의 가치라는 차이가 있다. 즉, 현재 가치(PV: Present Value)의 100만원과 5년 후의 미래 가치(FV: Future Value)인 100만원은 이자율 등을 고려한다면 동일한 가치가 아니기 때문이다. 이 둘의 가치를 비교하기 위해서는 미래 가치를 현재 가치로 통일하거나 현재 가치를 미래 가치로 환산하여야 한다. 복리 계산하는 방식이 바로 미래 가치를 계산하는데 이용된다.

$$FV = PV \times (1+i)n \ , \ 혹은 \ PV = FV \ / \ (1+i)n,$$

여기서, 미래 가치(FV), 현재 가치(PV), 이자율(i), 년수(n).

$$FV = 1,000,000 \times (1+0.1)5 = 1,000,000 \times 1.611 = 1,611,000$$

즉, 1,000,000원의 현재가치를 5년 후에 10% 이자율을 반영하면, 1,611,000원이 된다.

구체적인 순 현재가치법 계산의 예를 들면 다음과 같다. 프로젝트의 초기 투자가 10,000이고, 1년 후 수익은 7,000, 2년 후 수익이 6,000이 되며, 적용되는 시장이자율이 10%라고 가정하고 최종 수익을 계산하자. 우선 1년 후 수익인 7,000과 2년 후 수익인 6,000을 현재 가치로 환산하여 합하고, 그 총 수익에서 초기 투자를 빼면 최종 수익이 된다.

$$NPV = [\{7,000/(1+0.1)1\}+ \{6,000/(1+0.1)2\}] - 10,000 = 1,322$$

즉, 이 프로젝트는 1,323수익을 얻게 된다. 다른 프로젝트들도 동일한 방법으로 계산하여 어느 프로젝트의 수익성이 높은지 판단할 수 있다.

◑ 내부수익률(IRR: Internal Rate of Return))

투자의 순 현재가치를 영(0)으로 만드는 할인율로, 지급 가능한 최대이자율을 의미한다. 앞에서 설명한 순 현재가치의 예시에서 이자율을 15%로 높이면 연간 수익들의 현재 가치가 낮아져 총 수익이 624로 낮아지며, 이자율이 20%까지 올라가면 결국 총 수익이 영(0)이 된다. 이렇게 수익이 영(0)이 되는 이자율(할인율)이 내부수익률이다.

$$NPV = [\{7,000/(1+0.15)1\}+ \{6,000/(1+0.15)2\}] - 10,000 = 624$$
$$NPV = [\{7,000/(1+0.20)1\}+ \{6,000/(1+0.20)2\}] - 10,000 = 0$$

프로젝트마다 이 수익률을 서로 비교하거나, 하나의 프로젝트의 경우에 내부 수익률이 은행 이자율보다 높다면 그 정도에 따라 투자 가치가 있다고 판단할 수 있다. 여기서 이자율은 현재 가치를 미래 가치로 환산할 때를 의미하며, 할인율은 미래 가치를 현재 가치로 환산할 때 이자율을 고려한 가치이다. 물론 실제 사업에서는 할인율을 정할 때 이자율뿐만 아니라 물가상승률, 리스크 등을 모두 고려한 비율을 적용할 수 있다.

◑ 비용─편익 분석(Cost─benefit analysis)

이 분석 방법은 투자한 비용 대비 얻는 편익의 비율을 계산하는 방법이다. 가장 일반적으로 사용하는 방법은, 편익/비용 비율법(BCR: B/C Ratio)으로 프로젝트 결과를 통해 얻는 편익을 투자비용으로 나누는 것이다. 즉, '편익/비용'인 BCR이 1 이상이면 투자 효과가 좋은 것으로 평가하는데, 100을 투자(비용)해서 최소한 100 수익(편익)은 되어야 한다는 의미이다.

◑ 투자수익률(ROI: Return of Investment)

프로젝트를 선정하거나 사업 타당성을 분석할 때, 중요한 고려 사항은 투자가 얼마나 수익성이 있는가에 대한 것이다. 가장 일반적인 투자수익률 계산 방법의 예를 들면 다음과 같다.

투자수익률 = (투자기간의 연평균 이익 / 투자비) × 100

자금이 효율적으로 이용되면 수익이 올라가고 비효율적으로 운영되면 수익성은 떨어진다. A라는 프로젝트와 B라는 프로젝트가 겉으로는 똑같이 7억원의 이익을 냈다고 하더라도 투자자본이 A는 50억원이고 B는 60억원이었다면 A가 훨씬 효율적인 프로젝트라는 것이다. ROI는 그만큼 효율성에 초점을 맞춘 개념이다.

점검기록지(Check sheet)

- 데이터를 수집할 때 점검목록으로 사용할 수 있는 집계 기록지(tally sheet)
- 점검기록지를 토대로 데이터 수집과 범주 별 분리가 가능하며, 히스토그램과 매트릭스도 생성

점검기록지는 주로 품질 통제를 위해 많이 사용된다. 예를 들면, 잠재된 품질 문제를 파악하기 위해 데이터를 수집할 목적으로 사용되며, 어떤 결함이 발생되고 있는지 식별하기 위한 검사를 수행하면서 결함의 빈도와 같은 속성 데이터를 수집하는데 사용된다.

	5/12	5/13	5/14	5/15	5/16
외관 불량	1	2		1	1
작동 불량	1	1	1	2	1
소음	2		2		
도장 흠집		1		1	2
조립 불량	1	2	1		1
진동 발생				1	

[그림 3-52] 점검기록지의 예

이외 비슷한 방법으로 점검목록(checklist)은 특정 내용들을 파악하고 결정하기 위해 목록을 만들어 놓고 충족 여부 등을 확인하는 방법이다. 점검 목록은 주로 프로젝트관리계획서 개발, 품질 보증 및 통제, 리스크 식별 등에 사용된다.

담당자를 배정했는가?	✓
바닥의 청결 상태는 유지하고 있는가?	✓
온도는 20~22도를 유지하고 있는가?	✓
3단계 과정을 준수했는가?	✓
육안으로 직접 확인했는가?	✓
요구 사항을 문서로 전달 받았는가?	✓

[그림 3-53] 점검목록의 예

품질비용(Cost of quality)

- 품질 비용에는 요구사항에 대한 부적합 결과를 예방하기 위한 투자
- 요구사항에 대한 제품/서비스의 적합성 평가
- 요구사항 미달로 인해 제품 생애주기 전반에 발생한 모든 비용을 포함

품질 비용의 종류

- 예방 비용(prevention costs)

  제품, 인도물 또는 서비스 품질 저하 예방 관련 비용

- 평가 비용(appraisal costs)

  제품, 인도물 또는 서비스 평가, 측정, 감사 및 테스트 관련 비용

- 실패 비용(failure costs)

  제품, 인도물 또는 서비스 요구 또는 기대사항 미충족과 관련 비용

적합 비용	예방 비용 (고품질 제품 제조)	• 교육 • 문서 프로세스 • 장비 • 올바르게 처리할 시기	프로젝트 기간 중 지출된 비용 (실패를 피하기 위해)
	평가 비용 (품질 평가)	• 테스트 • 파괴 테스트 손실 • 검사	
부적합 비용 (실패 비용)	내부 실패 비용 (프로젝트에 의해 발견된 실패)	• 재작업 • 불량	프로젝트 기간과 그 이후에 지출된 비용 (실패 때문)
	외부 실패 비용 (고객에 의해 발견된 실패)	• 제품 책임 • 보증 작업 • 비즈니스 손실	

의사결정나무 분석(Decision tree analysis)

- 의사결정나무 분석은 불확실성이 존재하는 상황에서, 여러 옵션들의 의미 평가에 사용되는 도식화 및 계산방법
- 이는 기대화폐가치(EMV) 분석에서 생성된 정보를 사용하여 의사결정나무의 가지를 채울 수 있음

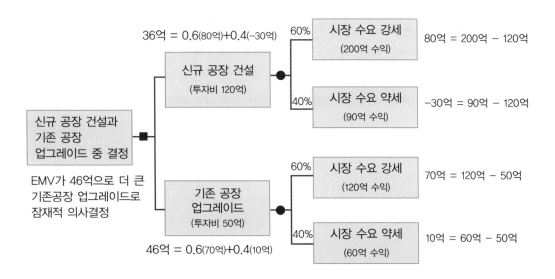

36억 = 0.6(80억)+0.4(−30억)   60%   시장 수요 강세
(200억 수익)   80억 = 200억 − 120억

신규 공장 건설
(투자비 120억)

40%   시장 수요 약세
(90억 수익)   −30억 = 90억 − 120억

신규 공장 건설과
기존 공장
업그레이드 중 결정

EMV가 46억으로 더 큰
기존공장 업그레이드로
잠재적 의사결정

60%   시장 수요 강세
(120억 수익)   70억 = 120억 − 50억

기존 공장
업그레이드
(투자비 50억)

40%   시장 수요 약세
(60억 수익)   10억 = 60억 − 50억

46억 = 0.6(70억)+0.4(10억)

[그림 3-54] 의사결정 나무 분석의 예

획득가치 분석(Earned value analysis)

획득가치 분석은 범위, 일정 및 비용과 관련된 측정 세트를 이용해 프로젝트의 비용 및 일정 성과를 측정하는 분석 방법

획득 가치(earned value)란 작업 성과를 화폐 가치로 표현한 것이다. 예를 들면, 어떤 작업의 예산을 100만원으로 산정하면 그 작업 전체를 100만원의 가치로 보는 것이다. 그러므로 그 작업이 30% 진척되었다면 30만원의 가치를 획득한 것으로 평가하고, 100% 완료되면 100만원의 가치를 획득한 것으로 평가한다. 이와 같이, 가치(Value)라는 단위로 평가하는 이유는 프로젝트 목표가 예산 원가만 있는 것이 아니고 일정에 대한 목표도 있기에 이 두 가지를 함께 통합해서 평가하기 위하여 원가는 물론 일정에 대한 성과 또한 가치로 평가하기 때문이다.

예를 들면, 프로젝트 기간이 10개월이고 총 예산이 10억원일 때, 전체 기간의 절반인 5개월 차까지 일정에 대한 성과를 측정해보니 계획보다 1개월이 단축되어 9개월 만에 프로젝트를 완료할 수 있을 것으로 예상된다. 이 프로젝트의 성과는 일정을 1개월이나 단축한 상황이므로 좋은 성과라고 생각할 수 있지만, 1개월을 단축시키기 위해 5개월 차까지 집행하기로 계획된 원가 예산보다 무려 2배가 투입되었다면 이는 결코 좋은 성과라고 평가할 수 없을 것이다. 같은 방법으로 5개월 차까지 집행하기로 계획된 원가 예산이 절반 수준만 집행했을 때, 원가가 적게 소요된 대신에 일정이 몇 개월 지연되는 상황이라면 좋은 성과로 평가할 수 없을 것이다. 이와 같이 프로젝트 성과는 단순하게 일정이나 원가 중에서 하나의 측면만을 분석하여 판단할 수 없고, 이들 두 요소를 동시에 평가하여야 한다. 즉, 계획된 원가를 집행하여 계획된 진척을 이루고 있거나 계획보다 적은 원가로 일정을 앞당기고 있다면 좋은 성과로 평가하지만, 계획보다 많은 예산을 투입하여 일정을 앞당겼다면 이는 좋은 성과로 평가할 수 없다. 더욱이 계획보다 많은 원가를 투입하고도 진척이 늦어진다면 이는 당연히 가장 나쁜 성과로 평가할 수 있다.

일정의 단위는 기간으로 표시하며 원가의 단위는 화폐 단위로 표시한다. 투입된 원가 대비 일정의 성과를 평가하기 위해서는 서로 다른 두 변수를 하나의 단위로 통일할 필요가 있다. 그래서 획득가치 분석은 일정과 원가를 모두 가치라는 단위로 환산하여 분석한다. 획득가치분석을 이해하기 위해서는 다음과 같이 몇 가지 기본적인 변수와 용어를 이해해야 한다.

- BAC(Budgeted at Complete : 완료 시점 예산
- PV(Planned Value : 계획 가치
- EV(Earned Value : 획득 가치
- AC(Actual Cost : 실제 원가

예를 들면, 블록으로 한쪽 벽을 쌓는 작업이 있고, 이 작업에는 블록으로 모두 10줄을 쌓아 올린다고 가정한다. 10줄을 쌓아 올리기 위해서는 한 사람의 작업자가 10일 동안 일을 해야 하기에 여기에 투입되는 인건비와 재료비 등을 합쳐 100만원의 예산을 계획하였다. 이 예산 100만원을 BAC(완료 시점 예산)라고 하며, 이는 프로젝트를 완료하는데 소요되는 계획된 총 예산을 의미한다. 이 프로젝트가 10일 중에 5일차까지 경과했고, 그 시점까지 작업자가 총 5줄의 블록을 쌓아 올려야 하는데 4줄밖에 쌓지 못했다면 진도율은 40%라고 할 수 있다. 그러나 5일차까지 계획된 진도율은 10줄 중에 5줄인 50%이므로, 100만원의 50%인 50만원의 가치가 계획되어 있는 것이다. 이것을 PV(계획 가치)라고 한다. 이에 비해 실적 진도율이 40%이므로 100만원의 40%인 40만원의 가치를 획득하였고 이를 EV(획득 가치)라고 한다. 그러나 5일차까지 작업을 진행하는 동안에 작업자의 미숙으로 진척이 늦어져서 5일차에 작업자 한 사람을 추가로 투입하였으나 결국 진척은 50%인 계획보다 작은 40%로 낮은 결과를 초래하였다. 5일차까지 계획된 예산 원가는 50만원이었지만 작업자의 추가 투입으로 인해 실제 60만원이 투입되었다. 이렇게 실제 투입된 예산 원가를 AC(실제 원가)라고 한다.

- BAC(Budgeted at Complete): 100만원
- PV(Planned Value): 50만원
- EV(Earned Value): 40만원
- AC(Actual Cost): 60만원

결국 이 작업의 성과는 5일차까지 50만원의 가치가 계획되어 있으나 40만원의 가치만큼 획득하였고, 40만원의 가치를 획득하는데 60만원의 예산 원가를 집행한 것으로 가장 나쁜 성과를 나타내고 있다. 이에 대한 일정과 원가의 계획 대비 실적의 차이를 분석하기 위해서는 다음과 같은 식을 이용한다.

- SV(Schedule Variance : 일정 차이) = EV − PV = 40 − 50 = −10
- CV(Cost Variance : 원가 차이) = EV − AC = 40 − 60 = −20

여기서 SV 〉 0이면 좋은 일정 성과, SV 〈 0이면 나쁜 일정 성과, CV 〉 0이면 좋은 원가 성과, CV 〈 0이면 나쁜 원가 성과로 평가한다.

결국 위의 예에서는 SV와 CV가 모두 음(-)의 값이므로 일정과 원가의 성과가 모두 나쁜 상황으로 평가되며, 결국 계획에 비해 예산은 많이 집행되었고 일정도 늦어지고 있는 가장 나쁜 상황으로 판단할 수 있다.

일정과 원가에 대한 차이 분석 외에 이들 성과를 지수로 나타내는 방법도 있다.

- SPI(Schedule Performance Index : 일정성과지수) = EV / PV
- CPI(Cost Performance Index : 원가성과지수) = EV / AC

앞에서 예를 들었던 벽돌 쌓기 작업의 경우를 적용해 보면, SPI=40/50으로 일정성과지수가 0.8이 되며, CPI=40/60으로 원가성과지수가 0.67이 된다.

여기서 SPI 〉 1이면 좋은 일정 성과, SPI 〈 1이면 나쁜 일정 성과, CPI 〉 1이면 좋은 원가 성과, CPI 〈 1이면 나쁜 원가 성과로 평가한다.

기대화폐가치(EMV) / Expected Monetary Value(EMV)

- 기대화폐가치는 화폐 단위로 표시한 결과의 산정 가치
- 리스크의 가치를 정량화하거나, 여러 대안의 가치를 비교하는 데 사용
- EMV는 사건의 발생 확률과 발생할 경우의 경제적 영향을 곱하여 계산

기대화폐가치는 '금전적기대값'으로 부르기도 하며, 리스크들의 우선순위 결정을 위한 분석을 위해 측정하거나 여러 사건의 대안을 비교할 때 사용된다.

EMV = 사건 발생 확률 x 사건 발생 후 영향

WBS	리스크	확률	영향	EMV
1.3.5	ABC 스택 문제로 공장 부문 전문가 참가가 요구됨	60%	3,000만원의 부가적인 인건비 소요	1,800만원
2.1.1	팀원 보충의 지연에 따른 가용한 인적 자원 부족	80%	생산성 손실로 별도의 원가 2,000만원이 소요되며, 프로젝트가 4주 지연	1,600만원
5.3.3	ABC 모듈 코딩 작업에 대한 낮은 산정	60%	낮은 산정으로 추가 원가 1,000만원이 소요되며, 코딩 단계가 3주 지연	600만원
8.2.1	고객의 요구 사항이 명확히 정의되지 않음	20%	프로젝트가 4주 지연되며, 원가의 영향은 2,000만원	400만원

예측치(Forecast)

- 예측치는 예측 시점에서 정보와 지식을 기반으로 프로젝트의 향후 조건 및 사건을 산정하거나 예상한 결과
- 정성적 예측 방법은 관련분야 전문가의 의견과 판단을 이용
- 정량적 예측은 과거 정보를 이용하여 미래의 성과를 예측하는 모델을 사용
- 회귀 분석과 같은 인과적 예측이나 계량 경제 예측은 향후 결과에 많은 영향을 미칠 수 있는 변수를 식별

인과적 예측 중에 회귀 분석법은 본서의 '데이터 수집 및 분석 방법' 중에 '회귀 분석'을 참조하면 된다. 계량 경제 예측으로 이동 평균법과 같은 시계열법은 프로젝트뿐만 아니라 경제 및 사회적현상과 수요 예측 등의 분석에 많이 이용된다. 단순이동평균법의 예는 다음과 같다.

월별	1월	2월	3월	4월	5월	6월
수요	30	40	24	35	30	?

지난 3개의 기간 데이터를 이용한 6월의 수요 예측을 계산하면, (30+35+24)/3=29.7로 예측할 수 있다. 가중 이동 평균은 3, 4, 5월에 각각 1, 2, 3의 가중치를 부여하여, (1×30 + 2×35 + 3×24)/6=28.7로 평균을 계산하는 방식이다.

프로젝트관리에서 대표적인 획득가치분석을 이용한 예측은, 현재의 프로젝트 성과를 바탕으로 잔여 작업을 완료하는데 필요한 예산을 예측하거나 프로젝트를 종료하는데 소요되는 총 예산을 예측

을 할 수 있다. 이를 각각 잔여분 산정치(ETC: Estimate to Completion), 그리고 완료시점예산 추정치(EAC: Estimate at Completion)라고 한다. 또한 프로젝트 현재 상황에서 잔여 작업량은 BAC - EV, 즉 전체 예산에서 획득한 가치를 뺀 것이다.

$$EAC = AC + ETC$$

그러므로 EAC는 지금까지 발생된 실제 원가(AC)와 프로젝트의 나머지 작업을 완료하는데 필요한 원가인 잔여분 산정치(ETC)를 더한 것이다. 완료시점예산 추정치(EAC)를 계산하기 위해서는 ETC를 먼저 예측하는 것이 필요하며, 이를 위해서는 세 가지 가정이 필요하다.

- 가정 1: 잔여 작업 완료를 위해서는 현재까지의 성과와 상관없이, 잔여 작업에 계획된 원가만 필요하다. 예를 들면, 잔여 작업량이 10억이 남았다면, 잔여 작업 완료를 위한 원가 예산도 그대로 10억이 필요하다.
- 가정 2: 현재까지의 원가 성과 비율이 앞으로 남은 작업에 그대로 적용될 것이다. 예를 들면, 지금까지의 원가 성과 지수(CPI)가 0.5로 원가가 획득 가치(EV)의 두 배 발생하였고, 잔여 작업량이 10억이 남았다면, 잔여 작업 완료를 위한 원가 예산도 20억이 필요하다.
- 가정 3: 현재까지의 원가 및 일정 성과 비율이 앞으로 남은 작업에 그대로 적용될 것이다. 이를 위해서는 SPI와 CPI를 곱한 값을 반영한다.

가정 1의 경우, ETC = BAC - EV, 즉 남은 작업량만큼 앞으로 예산이 필요할 것으로 예측할 수 있다. 결국 EAC = AC + (BAC - EV)가 된다.

가정 2의 경우, ETC는 나머지 작업 분량인 'BAC - EV'를 현재까지의 원가 집행 효율인 CPI로 나누면 된다. 즉 CPI가 0.5라면 특정 시점까지의 획득가치에 대해 두 배의 원가가 발생된 효율이다. 결국 EAC = AC + [(BAC - EV)/CPI]가 된다. 다른 방법으로 표현하면, EAC는 총 프로젝트 예산에 대한 재추정치로, 최초 예산인 BAC를 CPI로 나눈 값과 동일하다. 즉, EAC는 BAC / CPI, 혹은 BAC ×(EV / AC)와 같이 표현될 수 있다. 이 방법은 현재 집행 예산 실적의 성과 추세가 앞으로도 계속될 것이라는 가정하에 예상되는 최종 프로젝트 예산이다.

가정 3의 경우, 현재까지의 일정 성과와 원가 성과를 모두 반영하므로 다음과 같은 식으로 계산될 수 있다. EAC = AC + [(BAC - EV) / (CPI × SPI)].

영향관계도(Influence diagram)

다양한 변수와 산출물 사이의 인과적 영향, 시간에 따른 사건의 순서, 기타 관계를 시각적으로 보여주는 도표 영향관계도는 불확실한 상황에서의 의사결정을 도와주는 그래픽 도구로, 프로젝트 또는 프로젝트 내 상황을 일련의 주체, 결과 및 영향으로 나타내며 이들이 모여 관계나 그 영향을 나타낸다.

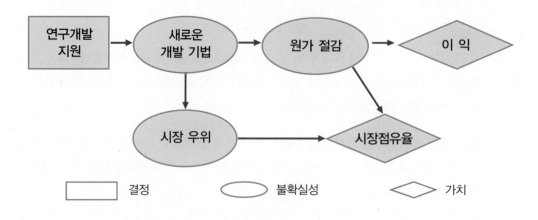

[그림 3-55] 영향관계도의 예

생애주기 평가(Life cycle assessment)

- 제품, 프로세스, 시스템의 전체 환경적 영향을 평가하는 도구
- 이는 인도물에 사용된 소재의 출처부터 배포 및 최종 폐기에 이르기까지 프로젝트 인도물의 모든 측면 포함

생애주기평가(LCA: Life Cycle Assessment)란, 전과정평가라고도 부르며 제품이나 시스템의 생애주기 전과정에 걸친 투입물과 배출물을 정량화하고 이와 관련된 잠재적 환경영향을 총체적으로 평가하는 환경영향평가기법이다. 이는 원재료 및 제품을 만드는데 소비되는 에너지, 오염물질과 폐기물의 발생 등 생산, 유통, 그리고 폐기에 이르는 전 과정에 걸쳐 환경에 미치는 영향을 분석하고 환경에 미치는 영향을 최소화 설계하는 것을 의미한다. 즉, 제품의 수명 동안 발생하는 환경에 미치는 영향을 분석하고 평가하는 도구로, ISO14040에 의해 규정이 정의되어 있으며, 다음의 네 가지의 프로세스로 구성되어 있다.

- Stage 1: 목적 및 범위의 정의(goal&scope definition)
  제품 생애주기의 어느 정도 부분을 평가할 것인지, 평가의 목적은 무엇인지 정의
- stage 2: 제품 생애주기에 대한 목록 분석(inventory analysis)
  제품 시스템 내의 재료 및 에너지 흐름, 특히 환경, 소비된 원자재 및 환경에 대한 배출과의 상호작용에 대한 설명을 제공

- stage 3: 생애주기의 영향 평가(impact assessment)

  2단계 분석의 세부 사항은 영향 평가에 사용되며, 모든 영향 범주의 지표 결과는 이 단계에서 상세하게 설명
- stage 4: 과정의 해석(interpretation)

  생애주기 해석에는 비판적 검토, 데이터 민감도 결정 및 결과 제시가 포함

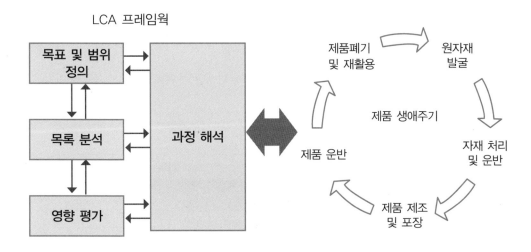

[그림 3-56] 생애주기평가 프레임웍과 제품 생애주기

제작-구매 분석(Make-or-buy analysis)

제작-구매 분석은 제품 요구사항에 대한 데이터를 수집, 정리하여 제품을 구매할 것인지 자체 제작할 것인지에 대한 대안을 비교 분석하는 프로세스

제작-구매 분석은 특정 작업을 프로젝트팀이 수행하는 것이 최선인지 아니면 외부 공급자로부터 구매할지 여부를 결정하는 데 사용한다. 이는 일반적인 관리 기법이며 초기 범위 확정 과정의 한 부분이 된다.

예산의 제약이 제작-구매 결정에 영향을 미치므로 분석 시 구매와 관련한 직접비용과 구매 프로세스를 관리하기 위한 간접비용까지 모두 포함하여야 한다. 또한 리스크 공유를 위해 구매 분석 동안에 적절한 계약 형태를 고려하여야 한다.

제작-구매 의사결정 시 고려사항은 다음과 같다.

- 직접, 간접 원가(cost)
- 자체 공급능력(productive use of in house capacity) : 기술, 인력, 지적재산권
- 공급자의 가용 능력(supplier availability)
- 작업 통제에 대한 수준(level of control requirement)
- 사업 구조에 따른 필요

확률-영향 매트릭스(Probability and impact matrix)

확률-영향 매트릭스는 각 리스크의 발생 가능성과 발생할 경우에 프로젝트 목표에 미치는 영향을 연결하여 보여주는 계통도(격자형 매핑도)

확률		위협					기회					확률
매우 높음 0.90	0.05	0.09	0.18	0.36	0.72	0.72	0.36	0.18	0.09	0.05	매우 높음 0.90	
높음 0.70	0.04	0.07	0.14	0.28	0.56	0.56	0.28	0.14	0.07	0.04	높음 0.70	
보통 0.50	0.03	0.05	0.10	0.20	0.40	0.40	0.20	0.10	0.05	0.03	보통 0.50	
낮음 0.30	0.02	0.03	0.06	0.12	0.24	0.24	0.12	0.06	0.03	0.02	낮음 0.30	
매우 낮음 0.10	0.01	0.01	0.02	0.04	0.08	0.08	0.04	0.02	0.01	0.01	매우 낮음 0.10	
	매우 낮음 0.05	낮음 0.10	보통 0.20	높음 0.40	매우 높음 0.80	매우 높음 0.80	높음 0.40	보통 0.20	낮음 0.10	매우 낮음 0.05		
			부정적 영향					긍정적 영향				

[그림 3-57] 확률-영향 매트릭스의 예

확률(probability)은 리스크가 발생될 빈도나 가능성, 영향(impact)은 그 리스크가 발생했을 경우에 프로젝트에 비치는 영향을 의미한다.

리스크는 각각 확률과 영향을 평가하여 정량적 분석과 대응을 위한 리스크 등급이나 우선순위를 결정하는데 이용된다. 이를 위해 확률-영향 매트릭스가 사용된다.

우선순위 규칙은 조직이 정하여 조직 프로세스 자산에 포함시키거나 특정 프로젝트에 맞게 조정하는데, 확률-영향에는 서술적 용어(descriptive terms)(예를 들어 매우 높은, 높은, 보통, 낮은, 매우 낮은) 또는 수치값(numeric values)을 사용한다. 수치값을 사용하는 경우 리스크의 확률과 영향 점수를 곱한 값으로 리스크 점수를 나타낼 수 있으며 이를 통해 개별 리스크의 상대적 우선순위를 평가한다.

리스크 등급 지정 방식(risk-rating rule)은, 위협이 높은 리스크(검정)는 우선적 조치 및 적극적 대응 전략, 낮은 리스크(회색)는 사전 대응 조치 보다는 감시 목록 또는 우발사태 예비에 추가할 수 있다.

[그림 3-57]의 확률-영향 매트릭스는 수치적인 리스크 점수 산정 방식의 예이며, 각 영역의 색으로 리스크 등급으로도 지정할 수 있다.

프로세스 분석(Process analysis)

프로세스 분석은 활동을 수행하는 단계와 절차에 대한 체계적인 검토

프로세스 분석은 품질관리(품질보증)에서 많이 사용되는 방법으로 프로세스 개선 기회를 파악하는 데 사용된다. 이 분석은 또한 프로세스에서 발생하는 문제와 제약사항, 부가가치가 없는 것으로 확인된 활동도 조사한다.

프로세스 분석의 대상은 제품 개발 및 인도를 위한 각종 프로세스뿐만 아니라 프로젝트관리 프로세스와 절차가 될 수 있다. 제품 개발을 위한 프로세스 분석은 생산성, 효율성, 운영 시간, 처리 시간, 속도 등의 성능에 대한 측정 및 개선을 위한 분석과 조치를 이행한다. 프로젝트관리 프로세스의 경우에도 변경관리 프로세스나 계획 수립 프로세스 등의 각종 관리 프로세스나 절차에 대한 검토와 개선을 위해 분석한다.

가장 일반적인 프로세스 분석은 프로세스 흐름도(flow chart)를 이용하여 각 활동의 단계와 흐름을 검토하는 방법이 사용된다.

회귀분석(Regression analysis)

회귀 분석은 일련의 입력 변수를 해당 산출결과와 비교하여 둘 사이 수학적, 통계적 관계를 밝히는 분석 기법

회귀분석은 두 변수 사이의 인과관계를 파악하는 분석 방법이다. 두 변수는 독립 변수와 종속 변수로 구성되는데, 종속 변수는 독립 변수에 영향을 받는 것을 말한다.

예를 들면, [그림 3-58]의 좌측 표는 제품의 총 매출액을 종속변수 Y로 하고, 광고료를 독립변수 X로 설정한 원본 데이터를 나타낸다. 이 데이터를 기초로 두 변수의 관계를 산점도로 표현한 것이 우측 그림이다. 이 그림에서 X가 증가하면 일반적으로 Y가 증가한다는 사실을 쉽게 알 수 있으며, 그 관계가 대략 직선인 것도 느낄 수 있는데, 이는 광고료의 증가와 총 매출액의 증가 사이에는 인과관계가 존재한다는 것을 의미한다.

제품 번호	광고료(X)	매출액(Y)
1	4	9
2	8	20
3	9	22
4	8	15
5	8	17
6	12	30
7	6	18
9	6	10
10	9	20

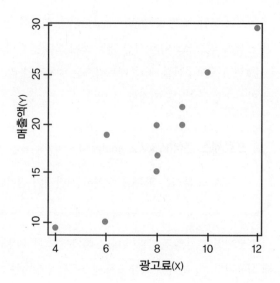

[그림 3-58] 회귀 분석을 위한 산점도의 예

이렇게 독립변수와 종속변수 사이에 인과관계가 존재할 때, 그 관계의 통계적 유의미성을 검증하고, 그 관계의 정도를 분석하는 것이 회귀분석이다.

예비분석(Reserve analysis)

- 예비분석은 남아있는 리스크에 대한 예비가 충분한지 결정하기 위해 프로젝트의 리스크 양과 일정 및 예산 예비의 양을 측정하는 데 이용
- 예비분석은 수용 가능한 수준으로 리스크를 줄이는 데 기여

예비(reserve)란, 잠재적인 리스크를 고려하여 일정이나 원가를 여유 있게 편성하여 계획하는 것이다. 그러므로 예비에는 원가 예비와 일정 예비가 있다. 이들 예비는 항상 적정한 양만 보유하여야 한다. 예를 들면, 예비비를 많이 보유하고 있으면 조직의 현금 흐름에 지장이 있으며, 너무 적게 보유하고 있으면 리스크가 발생했을 때 적절하게 대응할 여유가 없어지게 된다. 그러므로 프로젝트 초기에 예비를 편성하는 것은 물론, 프로젝트를 진행하면서 잔여 작업이나 범위를 위해 적정한 수준의 예비를 보유하도록 분석하는 것을 예비 분석이라고 한다. 예비에는 알려졌지만 알 수 없는 (known-unknowns) 리스크에 대비하여 편성하는 우발사태 예비(contingency reserve)와 전혀 알 수 없는 (unknown-unknowns) 리스크에 대비하는 관리 예비(management reserve)가 있다.

◑ 리스크관리 관점의 예비분석

원가 산정치에는 필요시 원가 불확실성에 대비하여 우발사태 예비(contingency reserve) 혹은 우발사태 충당금이라고도 하는 예비를 포함한다.

우발사태 예비는 식별된 리스크에 할당되는 예산으로 원가 기준선에는 포함되지 않지만, 프로젝트에 영향을 미칠 수 있는 '예측 가능한 리스크'를 처리하기 위한 프로젝트 예산의 일부로 간주한다.

예를 들어, 일부 프로젝트 인도물에 대해 불명확하지만 재작업이 예상되는 경우에, 이 정확히 파악되지 않는 재작업에 대비하여 우발사태 예비를 산정할 수 있다. 특정 활동뿐만 아니라 전체 프로젝트에 이르는 모든 수준에서 우발사태 예비가 투입될 수 있다.

우발사태 예비는 산정된 원가의 백분율 또는 확정된 수치로 책정하거나 정량적 분석법으로 산출한다. 이렇게 산출된 예비는 프로젝트가 진행되면서 더 정확한 정보가 수집됨에 따라 우발사태 예비를 사용하거나 삭감 혹은 제거할 수 있다.

원가 관련 문서에 우발사태를 명시해야 하며, 우발사태 예비는 프로젝트에 대한 원가 기준선에는 포함되지 않으나 프로젝트 예산의 일부가 되지만, 관리 예비는 프로젝트 예산에 포함되지 않는다.

◑ 원가관리 관점의 예비분석

원가통제 과정에서, 예비분석을 통해 우발사태 예비비 및 관리예비비 상황을 감시하여 프로젝트에 이러한 예비가 여전히 필요한지, 혹은 추가 예비를 요청해야 하는지 판단해야 한다. 프로젝트 작업이 진행됨에 따라 이러한 예비는 계획된 대로 리스크 대응 원가나 다른 우발사태 예비로 사용될 수 있다. 경우에 따라, 원가 절감의 기회가 포착되어 실현되면 자금을 우발사태 비용에 합산하거나 프로젝트에서 이익 및 수익금으로 편성할 수도 있다.

식별된 리스크가 발생하지 않은 경우, 미사용 우발사태 예비를 프로젝트 예산에서 제외하여, 다른 프로젝트나 운영에 충당하여야 한다. 이와 반대로, 프로젝트 진행 과정에서 추가적인 리스크분석을 수행한 결과, 프로젝트 예산에 추가적인 예비를 요청해야 하는 상황이 발생할 수 있다.

원인분석(Root cause analysis)

한 가지 근본 원인이 하나 이상의 차이, 결함, 리스크를 초래하므로, 원인 분석 기법은 차이, 결함, 리스크 유발의 근본 이유를 판별하는 데 사용

근본 원인 분석(RCA)은 적절한 해결책을 찾기 위해 문제의 근본 원인을 찾아내는 과정이다. 피상적인 인과관계를 넘어, RCA는 프로세스나 시스템이 실패했거나 문제를 일으켰던 곳을 보여줄 수 있다. 근본 원인 분석은 사건이나 추세의 근본 원인을 식별하기 위해 모두 활용할 수 있는 원칙, 기법 및 방법론의 모음으로 수행할 수 있다.

근본 원인 분석의 첫 번째 목표는 문제나 사건의 근본 원인을 찾는 것이다. 두 번째 목표는 근본 원인 내에서 근본적인 문제를 수정, 보상 또는 학습하는 방법을 완전히 이해하는 것이다. 세 번째 목표는 이 분석에서 배운 것을 적용하여 미래의 이슈를 체계적으로 예방하거나 성공을 반복하는 것이다.

근본 원인 분석의 도구 및 기법은 다음과 같다.

- 5 Whys
- 변경 분석 및 이벤트 분석(change analysis/ event analysis)
- 인과관계도(cause and effect, fishbone diagram)

<5 whys의 예시>

[문제] 중앙박물관은 외벽 손상이 심해 해마다 많은 비용을 들여 새로 페인트칠을 해야 했다.

Q. 왜 외벽의 부식이 심한가? → A. 비누 청소를 자주 하기 때문이다.

Q. 왜 비누 청소를 자주 하는가? → A. 비둘기 배설물이 많이 묻어 있기 때문이다.

Q. 왜 비둘기 배설물이 많이 묻어 있을까? → A. 비둘기의 먹잇감이 되는 거미가 많아서다.

Q. 왜 거미가 많이 있을까? → A. 거미의 먹잇감이 되는 불나방이 많아서다.

Q. 불나방이 많은'이유는 무엇일까? → A. 실내 전등을 주변보다 일찍 켠다.

[해결 방안] 외벽을 깨끗하게 관리하는 해법은 불나방의 활동 시간인 오후 7시 이후에 실내 전등을 켠다.

<변경 분석/이벤트 분석(Change Analysis/Event Analysis)>

이 분석 방법은 어떤 사건에 이르는 변화를 주의 깊게 분석하는 것이다. 이 방법은 많은 잠재적 원인이 있을 때 특히 유용하다. 무엇인가 잘못된 구체적인 하루나 시간을 보는 대신 더 긴 기간을 보고 과거로부터 맥락을 얻는 방법이다.

첫째, 우리는 사건에 이르는 모든 잠재적 원인을 열거한다.

(예) 우리가 분석하려는 행사 이벤트가 특별한 성공을 거둔 날이라고 가정하자. 그리고 우리는 그것이 왜 그렇게 성공적으로 판매되었는지 알고 싶어서 이를 재현하려 한다. 먼저 주요 고객, 이벤트, 관련 변화에 대한 모든 접점을 나열한다.

둘째, 우리는 각각의 변화나 이벤트들을 우리가 얼마나 영향을 미쳤는가에 따라 분류한다. 내부와 외부, 소유권과 비소유권 또는 유사한 것으로 분류할 수 있다.

(예) 이 성공적 판매의 예에서는 '영업 담당자가 제품 효용성에 관한 새로운 프리젠테이션 발표'(내부) 등의 이벤트와 '분기 마지막 날'(외부) 또는 '입춘 일'(외부) 등의 이벤트를 분류하기 시작한다.

셋째, 이벤트를 상세하게 살펴보고 그 이벤트와 관련해서 관련 있음, 관련 없음, 기여 요인, 가능성이 있는 근본 원인 등으로 구분하여 결정한다. 이런 분석이 대부분을 차지하며, 5 whys와 같은 다른 기법들을 사용할 수 있다.

(예) 분석 결과, 새로운 판매 프리젠테이션이 실제 무관한 요소임을 발견했고, 분기 말이라는 사실은 기여 요인이었다. 그러나 가장 가능성이 높은 요인 중 하나는 이 지역 영업사원이 출퇴근 시간이 짧은 새 아파트로 옮기면서 분기 마지막 주 10분 전부터 고객들과의 미팅에 모습을 드러내기 시작했다는 점이다.

넷째, 근본적인 원인을 어떻게 재현하거나 해결할 수 있는지를 조사한다.

(예) 모든 사람이 새 아파트로 이사할 수는 없지만, 우리 조직은 분기 마지막 주에 영업 담당자가 고객 미팅에 10분 일찍 나타나면 이 근본적인 원인을 재현할 수 있다고 판단한다.

<인과관계도(Cause and Effect Diagram)>

인과관계도는 원인결과도, 물고기뼈 도표(fishbone diagram), 이시가와 차트(Ishigawa chart)라고도 한다. 이는 본서나 PMBOK의 결과물(artifact) 중에서 '시각 데이터 및 정보'에 포함되며, 그 중에 인과관계도에서 상세하게 설명된다.

민감도 분석(Sensitivity analysis)

민감도 분석은 정량적 리스크 분석 모델을 구성하는 요소들의 변이(variation)와 프로젝트 결과물(outcomes)을 연관시키는 방식으로 프로젝트 결과물에 미치는 잠재적 영향력이 가장 큰 개별 프로젝트 리스크나 그 밖의 불확실성의 유발 근원을 판별하는 데 사용

민감도 분석은 프로젝트 결과에 잠재적으로 가장 큰 영향을 미치는 개별 프로젝트 리스크나 기타 불확실성 원인을 판별하는 데 도움을 준다. 각 프로젝트 요소가 목표에 미치는 영향의 정도를 시험할 수 있다. 민감도 분석의 대표적인 표시 방법 중 하나로 프로젝트 결과에 영향을 줄 수 있는 정량적 리스크분석 모델의 각 요소에 대해 상대적 중요도 혹은 상관 계수를 나타내는 토네이도 다이어그램이 있다. [그림 3-59]와 같이, 이 다이어그램에는 개별 프로젝트 리스크, 가변성이 큰 프로젝트 활동이나 특정 모호성 원인들이 포함되며, 이 항목의 상관관계가 내림차순으로 정렬되며 일반적으로 토네이도 모양을 나타낸다.

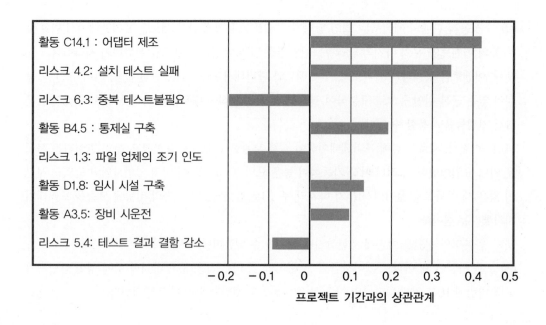

[그림 3-59] 토네이도 다이어그램

민감도 분석은 경제적 타당성 평가 과정에서 사용된 여러 가지 변수(수요, 비용, 할인율 등)를 변화시켜 최종적인 타당성평가 결과가 미래에 예측치 못한 상황 변화에 대한 예상을 할 수 있도록 하는데 사용될 수 있다.

$$개발비 \ Y = 560,118 \ (1+0.62iL + 0.38iF)$$

$$iL : 인건비 \ 상승율 \ (0～30\%)$$

$$iF : 기능 \ 추가율 \ (0～14\%)$$

이 개발비 모델과 같은 식에서 하나의 변수인 요소가 어떻게 전체를 변화시키는지 관찰할 수 있다. 즉, 인건비를 상승시키거나 기능을 추가했을 경우에 개발비라는 단일 변수가 어떻게 증가하는지 그 추이를 확인할 수 있다. 이를 통해 의사결정자가 감당할 수 있는 개발비 수준과 같은 최적의 해를 구할 수 있다.

시뮬레이션(Simulation)

- 시뮬레이션은 불확실성이 프로젝트 목표에 미칠 잠재적 영향을 평가하기 위해 불확실성들의 조합된 효과를 보여주는 모델을 사용
- 대표적인 몬테카를로 시뮬레이션은 결정이나 실행 과정에서 발생할 수 있는 다양한 결과의 확률 분포를 개발하는 컴퓨터 모델의 반복을 통해 리스크와 불확실성의 잠재적인 영향을 확인하는 방법

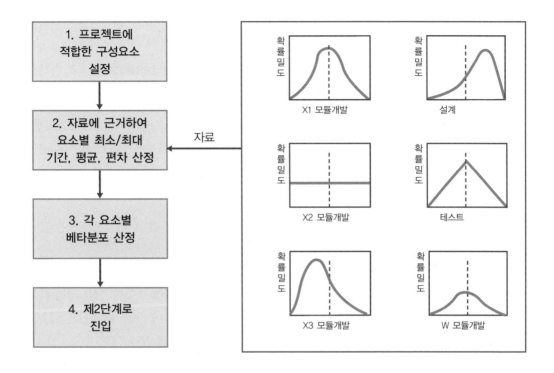

[그림 3-60] 몬테카를로 시뮬레이션을 위한 확률 분포 선택

프로젝트 일정에 대한 리스크 분석을 위해 몬테카를로 시뮬레이션을 적용하는 예를 들면 다음과 같다.

- 1단계 – 확률분포 선택: 일정의 활동 혹은 구성 요소별 확률분포 식별.
  프로젝트 구성요소는 일정의 경우에는 분석 대상 일정 내 활동들을 의미하며, 원가의 경우에는 워크패키지나 그 상위 통제 계정 수준이 될 수 있다. [그림 3-60]과 같이 각 요소 별 기간의 최대값과 최소값, 평균, 편차 등을 산정한다. 이는 각 요소들에 대해 베타 분포 중에 어떤 분포를 하는지 결정하기 위함이다.

- 2단계 – 무작위수(random number) 생성: 각 구성요소 분포에 대한 무작위수를 생성.
  무작위순는 0에서 1사이의 숫자로 난수라고도 하며, 말 그대로 무작위로 추출된다.

- 3단계 – 요소 별 기간산정: 해당 요소의 분포에서 무작위수에 해당되는 기간으로 산정.
  [그림 3-61]의 원 안에 있는 그림과 같이 각 구성요소별로 무작위수를 발생한 후에 최대값 기간과 최소값 기간 사이에 무작위수에 해당되는 기간으로 결정한다. 예를 들면, 그림의 요소는 15일~22일 사이에 분포되는데, 만일 무작위수 0.75가 추출되었다고 하면, 빗금친 분포의 75% 면적이 되는 점을 기간으로 결정하면 된다.

- 4단계 – 시뮬레이션 실시: 각 요소별로 산정된 3단계의 결과를 합하여 총 프로젝트 기간을 산정.

  산정된 프로젝트 총 기간 예측치를 저장하고, 다시 2단계로 돌아가 2단계 과정을 n회 반복한다. 이 반복은 보통 수 천회에서 수 만회 시행한다.

- 5단계 – 결과의 도식적 표현: 반복적으로 산정된 값들을 누적빈도곡선과 막대그래프로 표현 [그림 3-62]와 같이 n회 반복한 결과는 프로젝트 총 기간은 405일에서 613일 사이가 되며, 각 기간들이 n회 중에 몇 퍼센트 분포하는지 도식할 수 있다. 이 분포를 누적으로 표현한 것이 바로 오른쪽 그림이다.

- 6단계 – 결과 해석: 결과 분포의 형상과 누적빈도표를 통하여 확률값 및 가능성이 높은 값의 기회를 확인.

  도식화된 누적 곡선 그림과 같이, 일정 계획에서 프로젝트 총 기간을 481일로 계획했다면 그 기간 내에 프로젝트를 완료할 확률은 5천회 시행 중에 2천5백인 50%가 된다. 어느 정도 리스크가 있는 계획이므로, 안정적으로 80% 확률로 프로젝트를 완료할 수 있는 총 기간은 531일이 된다. 이는 누적으로 5천회 실행 중에 4천회에 해당하는 기간으로 알 수 있다.

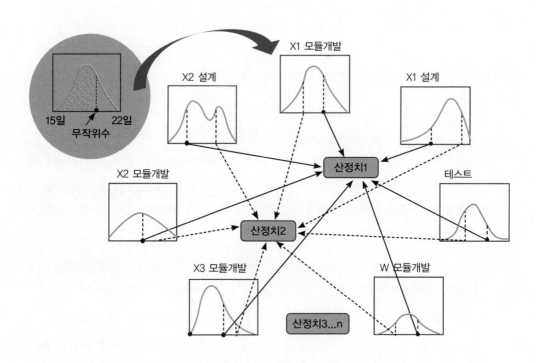

[그림 3-61] 몬테카를로 시뮬레이션을 위한 반복 과정

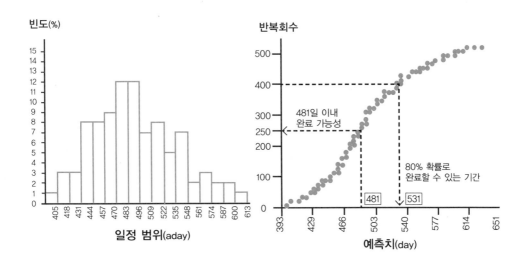

[그림 3-62] 몬테카를로 시뮬레이션 결과의 도식화

이해관계자 분석(Stakeholder analysis)

이해관계자 분석은 프로젝트 전반에 걸쳐 이해관계자의 이해관계(interests)를 결정하기 위해 정량적 및 정성적 정보를 체계적으로 수집하고 분석

이해관계자 분석은 이해관계자별로 조직에서 직책, 프로젝트에서 역할, 관심사항, 기대사항, 프로젝트 지원 태도, 프로젝트 정보에 대한 관심도 등의 정보를 정리한 이해관계자 목록이 작성된다. 이해관계자 관심사항의 예로는, 이해관계, 법적 또는 도덕적 권리, 소유권, 지식, 기여 등이 있다.

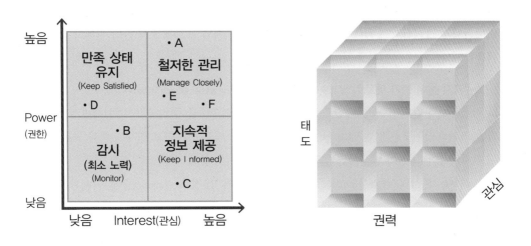

[그림 3-63] 권력/이해관계 배치도 및 이해관계자 큐브

이해관계자 분석 방법으로 이해관계자 매핑 및 표현(stakeholder mapping /representation) 기법은 다양한 기법으로 이해관계자를 분류하는 방법이다.

◐ **권력/이해관계 배치도**(power/interest grid), **권력/영향력 배치도**(power/influence grid) **또는 충격/영향 배치도**(impact/influence grid)

이 기법을 이용하여 권한수준(권력), 프로젝트 결과에 대한 관심도(이해관계), 프로젝트 결과에 영향을 미치는 능력(영향력), 프로젝트의 계획/실행에 변경을 초래하는 능력에 따라 이해관계자를 분류

◐ **이해관계자 큐브**(stakeholder cube)

앞의 배치도(grid) 요소를 3차원 모델로 결합했으며 프로젝트 관리자와 팀이 이해관계자 공동체를 식별하여 참여시키는 데 활용

이해관계자 공동체를 다차원 주체로 묘사하며 의사소통 전략의 개발을 지원하는 다차원적 모델

◐ **영향력 방향**

프로젝트의 작업 또는 프로젝트팀 자체에 미치는 영향력에 따라 다음과 같이 이해관계자들을 분류

- 상향: 실행 조직이나 고객 조직, 스폰서 및 운영위원회의 고위 관리
- 하향: 임시 지위를 맡아 지식이나 기술을 제공하는 팀 또는 전문가
- 외향: 공급업체, 정부 부처, 일반 대중, 최종 사용자 및 규제 당국 등의 팀 외부 이해관계자
- 측방향: 부족한 자원을 두고 경합하는 관계나, 자원이나 정보 공유 등으로 협업하는 타 프로젝트관리

◐ **우선순위**

이해관계자 집단의 구성원이 자주 바뀌거나 이해관계자와 프로젝트팀 간의 관계가 복잡할 때 이해관계자들의 우선순위를 지정

◐ **이해관계자 참여 평가 매트릭스**(stakeholder engagement assessment matrix)

[그림 3-64]과 같이 주요 이해관계자의 바람직한 참여수준을 정의하고 각 이해관계자의 바람직한(desired) 참여수준과 현재(current) 참여수준을 비교하고 평가하고 현재 수준과 목표 수준 간의 격차나 상황 변경이 발생하면 이해관계자 참여감시를 통해 조정

상세 내용은 본서의 '결과물(artifact)' 내에 '시각 데이터 및 정보 결과물' 중에 '이해관계자 참여 평가 매트릭스' 참고

현저성 모델

본서의 모델 소개 중에서 기타 모델에 속하는 '현저성 모델' 설명 참조

이해관계자	비인지형	저항형	중립형	지원형	주도형
이해관계자 1	C			D	
이해관계자 2		C		D	
이해관계자 3					C D

C : Current(현재 참여 수준)   D : Desired(바람직한 참여 수준)

[그림 3-64] 이해관계자 참여 평가 매트릭스

SWOT 분석(SWOT analysis)

SWOT 분석은 조직, 프로젝트, 옵션 등의 강점(strengths), 약점(weaknesses), 기회(opportunities), 위협(threats)을 평가

SWOT 분석 기법은 강점(strength), 약점(weakness), 기회(opportunity) 및 위협(threat) 관점에서 프로젝트를 검토한다.

이 분석은 리스크 식별을 위해서 프로젝트의 특정 가정이나 제약에 대한 강/약/위/기 분석을 하거나, 발생한 리스크에 대한 식별된 리스크의 범위를 확장하는 데 사용된다.

일반적으로 프로젝트, 조직, 사업 영역 등에 중점을 두고 조직의 강점과 약점을 식별하는 일로 SWOT 분석을 시작한 후에, 강점에서 창출되는 기회를 식별하고, 약점에서 기인하는 위협을 식별한다. 이 분석은 또한 조직의 강점이 위협을 상쇄할 수 있는 정도를 검토하고 약점이 기회를 방해할 수 있는지의 여부를 판별한다.

(서비스 시스템 개선 프로젝트의 가정 사항) 프로젝트 결과 개선된 시스템에 의한 서비스 향상으로, 향후 12개월 간 고객 불만 접수 건수가 증가하지 않을 것이다.	
Strength (강점)	조직의 지속적 품질 개선 프로그램이 생산과 제조에서 에러를 줄임 원자재/부품 품질향상에 대한 공급업체 보상 프로그램은 불합격을 증가시킴
Weakness (약점)	다른 제조사들이 우리 직원을 이직시켜, 숙련자들의 수요 증가로 인력 보유의 어려움과 인건비 증가 초래 우리 제품라인의 소형화로 품질 향상 검사를 어렵게 만들고 비용 소요

opportunity (기회)	우리의 문제해결 효과와 적시성의 증가로 고객 불만 접수 건수 감소 현재의 고객 불만 접수 문제에 대해 더 나은 업무 수행을 통해 고객이 제출한 접수 건수의 실질적 감소 기회를 나타냄
threat (위협)	경쟁업체가 이 프로젝트 기간 동안 그들의 서비스를 향상시킬 수 있음 경쟁 업체의 서비스 향상으로, 비록 이 프로젝트로부터 특별한 결과물을 산출할지라도 경쟁적인 편익을 얻지 못할 수도 있음

[그림 3-65] SWOT 분석의 예

[그림 3-65]와 같은 SWOT 분석을 통해, 프로젝트는 숙련된 인력 충원 문제나 인건비 증가 문제, 품질 향상 검사의 어려움과 품질 검사 비용의 발생 등의 리스크를 식별할 수 있다.

추세분석(Trend analysis)

추세분석은 수리적 모델을 사용하여 선례 결과를 토대로 미래 성과를 예측

추세 분석은 과거로부터 주어진 정보에서 실행 가능한 패턴을 찾기 위해 여러 기간의 정보를 수집하고 수집된 정보를 수평선에 표시하는 작업이 포함된다. 이는 과거의 데이터를 참고하여 상승세, 하락세, 수평 추세 등을 예측하거나, 앞서 기술된 예측치(forecast)에서의 프로젝트 예산의 예측이나 이동평균법과 같이 구체적인 미래를 예측할 수 있다. 이는 프로젝트 성과에 대한 추세, 기타 품질 통제를 위한 품질 검사 결과나 품질 관리도(control chart) 등에 대한 추세 등으로 프로젝트관리를 위해 다양하게 적용되는 방법이다. 관리도에 대한 자세한 내용은 본서의 '결과물(artifacts)'에 있는 '관리도'를 참조하면 된다.

가치흐름 매핑(Value stream mapping)

가치흐름 매핑은 고객을 위한 제품/서비스 생산에 필요한 정보나 자재 흐름을 기록, 분석, 개선하는 데 사용하는 린 엔터프라이즈 방법

[참고] 린 엔터프라이즈(Lean Enterprise)

- 기업 내 활동 중 낭비와 지연을 제거하여 비용과 자원 관점에서 군살 없는 경영 체제를 구축, 부가가치를 극대화하는 린 생산 시스템을 구축하는 데 있어 제품이나 서비스의 가치에 중심을 둔 사고방식으로 특정 제품을 생산하고 만드는 전체 활동

- 이 활동에는 개념설계 – 상세설계 – 실제 제품조달, 영업과 주문접수 – 생산 스케줄 – 납품, 그리고 보이지도 않는 곳에서 생산되는 원재료에서부터 출발하여 고객의 손에 완제품으로 인도되기까지의 전체 활동을 포함함

- 린 방식의 다섯 가지 원칙
  - 가치 창출 활동 파악: 고객 요구 가치를 명확히 정의
  - 가치 흐름을 규명: 생산성
  - 가치를 창출하지 않는 활동 제거: 흐름 만들기
  - 고객이 제품/서비스를 '끌어당기기(pull system)'하도록 구현: 당기기 방식으로 재고 감축, 준비/교체 시간 단축으로 비용 절감

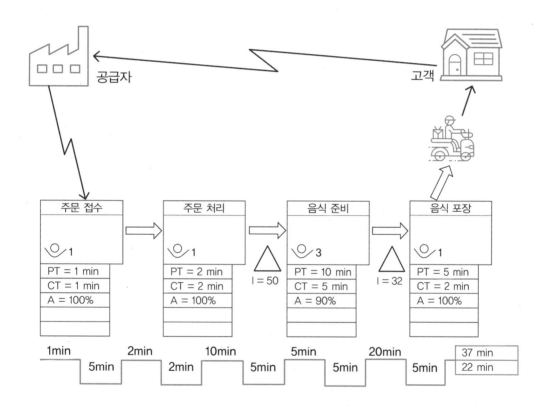

[그림 3-66] 가치 흐름 맵의 예

가치 흐름(Value Stream) 이란, 제품이 원재료에서 고객에 전달되거나, 설계가 컨셉에서 제품 출시까지 흐르도록 하는데 필요한 모든 활동을 말한다.

각 제품의 가치 흐름 전체를 정확히 분석하여 그 안에서의 부가가치 활동, 어쩔 수 없는 낭비, 제

거 대상 낭비 등 가치를 규명하여 개선하기 위한 목적으로 가치 흐름 매핑을 이용한다. 가치 흐름 맵은, 시간, 자재, 처리 활동의 측면을 고려하여 불필요한 작업을 정의하는 기초를 제공한다.

[그림 3-66]의 가치 흐름 맵은 고객이 온라인을 통한 음식 배달 서비스를 이용하는 예를 표현한 것이다. 먼저 공급자가 고객으로부터 주문이 들어오면, 주문 접수, 주문 처리, 음식 준비, 음식 포장의 순으로 프로세스가 진행된다. 이때 굵은 화살표는 프로세스의 흐름을 나타낸다. 프로세스 박스 내에 있는 접시 위의 동그란 물건 같은 표시는 해당 프로세스의 재공품을 의미한다. 프로세스 박스 아래에는 가치 흐름을 분석할 때 중요 요소들에 포함되는 프로세스 타임, 사이클 타임, 가동률이 표시된다.

- Process time(PT): 하나의 제품이 한 공정(process)에서 소비하는 시간
- Cycle time(CT): 공정에서 두 제품이 나오는 간격 시간
- Availability(A): 활동 장비의 가동률

프로세스와 프로세스 사이에 삼각형 모양은 재고를 뜻한다. 가장 아래에 있는 위와 아래로 번갈아 연결된 선 중에서, 위쪽 선은 유용한 처리 시간을 나타내며, 아래쪽 선은 대기 및 지연과 같은 불필요한 처리 시간을 나타낸다. 마지막으로 이들 선의 가장 우측에 표시 된 것은 이들 시간에 대한 합계를 계산한 것이다.

이와 같이 현재 상태의 가치 흐름 맵을 작성한 후에 낭비 요소, 과부하, 부가가치 활동 등의 파악하여 개선 방법을 결정한 후에 다시 개선된 내용을 반영한 가치 흐름 맵을 작성하여, 개선 전과 개선 후의 가치 흐름을 비교 표현할 수 있다.

차이분석(Variance analysis)

차이분석은 기준선과 실제 성과의 차이에 대한 원인과 정도를 판단하는 데 사용

차이분석은 기준선과 실제 결과를 비교하고 그 차이가 한계선 내에 있는지 또는 시정 또는 예방 조치가 적절한지 여부를 판별하는 데 사용된다. 차이 분석에는 산정치, 자원 활용도, 자원 사용률, 기술적 성과 및 기타 지표가 여기에 포함될 수 있다. 프로젝트작업 감시 및 통제 과정에서 차이분석을 통해 원가, 시간, 기술 및 자원 차이들을 상관관계 속에서 고려하는 통합적인 관점에서 검토하여 프로젝트 전반의 차이를 파악한다. 이를 통해 적절한 예방조치나 시정조치를 시작할 수 있다.

일정 통제의 경우, 일정 기준선 대비 차이의 원인과 정도를 판정하고, 이렇게 발생한 차이가 향후 완료할 작업에 주는 영향을 평가 하여 시정조치나 예방조치가 필요한지 여부를 판단하는 것이 차이 분석의 한 부분이다. 예를 들어, 주공정에 속하지 않는 활동은 장기간 지연해도 전체 프로젝트 일정

에 거의 영향을 미치지 않지만 주공정 또는 준 주공정 활동은 훨씬 짧은 기간만 지연되어도 즉각적인 조치가 필요할 수 있다.

원가 통제의 경우, 획득가치관리(EVM)에 사용되는 차이분석을 통해 원가차이(CV = EV - AC), 일정차이(SV = EV - PV) 및 완료시점차이(VAC = BAC - EAC)에 대한 원인, 영향 및 시정조치 등이 적용된다. 자세한 내용은 '획득가치관리'를 참조하면 된다. 획득가치분석을 사용하지 않는 프로젝트의 경우, 원가기준선과 실제 프로젝트 성과 사이 차이를 확인하기 위하여 계획원가와 실제원가를 비교하는 방식의 유사한 차이분석을 수행할 수 있다. 일반적으로 원가성과 측정치는 초기 원가 기준선에서 벗어난 차이를 평가하는 데 사용된다. 원가 기준선 대비 차이의 원인과 정도를 판정하고 시정조치나 예방조치가 필요한지 여부를 결정하는 일은 프로젝트 원가통제의 중요한 부분이다. 수용(허용)되는 차이 백분율 범위는 완료되는 작업이 증가할수록 감소하는 경향이 있다.

그 밖에도, 일정 통제에서 계획된 시작일(planned start date) 대비 실제 시작일(actual start date), 계획된 종료일(planned finish date) 대비 실제 종료일(actual finish date), 혹은 계획된 여유 대비 실제 여유 등의 차이를 분석하여 일정을 예측하는 경우도 있다.

가정형 시나리오 분석(What-if scenario analysis)

가정형 시나리오 분석은 프로젝트 목표에 미칠 영향을 예측하기 위해 여러 시나리오를 평가

가정형 시나리오 분석은, 프로젝트 목표에 미칠 긍정적 또는 부정적 영향을 예측하기 위해 여러 가지 시나리오를 평가하는 프로세스이다. "만일 XX 시나리오의 상황이 발생한다고 가정하면?"이라는 질문에 대해 분석한다.

가정형 시나리오 분석은 프로젝트관리를 위해서 일정 계획 수립이나 리스크 식별과 분석 등에 다양하게 적용된다. 가정형 시나리오 분석은, 계획 수립 시에 "이렇게도 해보고, 저렇게도 해보는" 방법이다. 예를 들면, 일정 계획의 경우, 주요 구성요소의 인도 지연, 특정 엔지니어링 기간 연장, 그리고 파업 또는 허가 절차 변경 등의 외부 요인 발생과 같은 여러 가지 시나리오를 계산하기 위해 일정을 여러 시나리오별로 적용하여 일정 네트워크 분석을 수행한다. 즉, 각 시나리오 별로 각각 수립된 일정 네트워크 분석을 통해, 프로젝트 기간이나 주경로 작업 등을 파악한다. 가정형 시나리오 분석의 결과는 다양한 조건에서 프로젝트 일정의 타당성을 평가하고, 예측하지 못한 상황의 영향을 해결하기 위한 일정 예비와 대응 계획을 준비하는 데 사용할 수 있다.

가정형 시나리오 분석을 통해 프로젝트 리스크관리 프로세스 결과로 도출되는 다양한 시나리오를 평가하여 프로젝트관리 계획서 및 승인된 기준선에 맞춰 일정 모델을 조율한다.

산정(Estimation)

산정 방법은 프로젝트의 작업, 시간, 비용 등의 근사치 개발을 위한 추정에 다양하게 이용된다.

산정 방법의 종류와 적용 성과 영역

방 법	성과 영역							
	팀	이해관계자	개발방식	기획	프로젝트작업	인도	측정	불확실성
친화 분류(Affinity grouping)				✓				
유사산정 (Analogous estimating)				✓				
기능 점수(Function point)				✓				
멀티포인트 산정 (Multipoint estimating)				✓				
모수산정 (Parametric estimating)				✓				
비교산정 (Relative estimating)				✓				
1점 산정 (Single-point estimating)				✓				
스토리포인트 산정 (Story point estimating)				✓				
와이드밴드 델파이 (Wideband Delphi)				✓				

친화 분류(Affinity grouping)

- 친화 분류는 유사성을 기준으로 항목을 유사한 범주나 집합으로 분류
- 일반적인 친화 분류에는 티셔츠 사이즈 분류와 피보나치 수열 포함

결과물(artifacts)의 범주 중 하나인 '시각 데이터 및 정보'와 관련된 결과물의 하나가 '친화도(affinity diagram)'이며, 도출된 아이디어 등과 같은 항목들을 유사한 범주로 분류한 그림을 의미한다. 이와 같은 분류를 위한 방법이 친화 분류이다.

예를 들면, 피자 가게를 운영하는 관리자가 직원들과 함께 매출 향상을 위한 아이디어를 브레인스토밍하였고 다음과 같이 다수의 아이디어들이 도출되었다.

① 30분 이내에 빠른 배달
② 피자의 토핑을 풍성하게 추가

③ 피자가 식지 않게 따뜻하게 배달

④ 배달 담당 직원의 친절함

⑤ 매장 작업 배치도 조정

⑥ 업무에 대한 역할과 책임 명료화

⑦ 피자 반죽을 얇게 제작

이렇게 도출된 아이디어를 구체적인 실행 방안 수립이나 중요도 판단 등을 위해 관리하기 쉽게 분류하는 작업을 시도하였다. 그 결과 ①과 ③은 '서비스'와 관련된 내용이고, ②와 ⑦은 '제품'과 관련된 아이디어이며, 나머지는 '관리'와 관련된 내용으로 분류하였다. 이처럼 분류하는 것이 친화 분류이며 이를 메모지를 이용하거나 그림으로 도식화한 것이 친화도이다.

또 다른 친화 분류는 적응형 개발 중에 애자일과 관련된 산정에서 많이 적용되는 방법으로 작업이나 백로그의 크기를 상대적으로 비교하여 분류할 때 사용할 수 있다. 플래닝 포커로 잘 알려진 백로그 항목의 크기를 정하는 방법에 사용된다. 예를 들면, 우체국에서 소포를 배달하기 위해 소, 중, 대 크기의 바구니에 소포를 분류해서 넣는다고 생각하면, 대략 작은 것들은 작은 바구니에 넣고 크다고 생각되는 것은 큰 바구니에 담는 것을 상상하면 된다. 이는 각 소포의 크기를 정확하게 측정하는 것이 아니라 개략적으로 상대 비교해서 분류하는 것이다. 프로젝트 작업이나 백로그에 대한 산정에서도 정확한 크기를 산정하기보다 티셔츠의 크기를 대, 중, 소로 구분하듯이 분류하는 방법을 사용한다. 동일한 개념으로 백로그의 크기를 피보나치 수열(앞의 두 숫자를 더하여 다음 숫자가 나오는)인 '1, 2, 3, 5, 8, 13, …'을 이용하여 산정하는 방법도 상대적인 크기를 비교하여 분류하는 방법이다. 이는 비슷한 크기의 백로그 항목을 그룹으로 나누고, 같은 그룹에 있는 항목들에 같은 숫자를 부여하는 것이다.

이러한 백로그 크기 추정 방법은 스토리 포인트나 경과 시간이 아닌 이상적인 시간으로 산정하는 경우에 적용된다. 용어나 개념에 익숙하지 않으면 본서의 적응형 개발인 애자일 방법에 대한 부분을 다시 학습하기를 권장한다.

유사산정(Analogous estimating)

유사산정은 과거 유사한 활동이나 프로젝트의 선례 데이터를 이용하여 활동이나 프로젝트의 기간 및 원가를 추정 평가

유사산정은 과거 유사한 활동이나 프로젝트의 선례 데이터를 활용하여 기간, 원가, 자원 등을 산정하는 기법이다. 유사산정에서는 과거 유사한 프로젝트의 다양한 속성이 되는 모수(예: 범위, 기간, 예

산, 규모, 가중치, 복잡성)를 향후 프로젝트에서 동일한 모수나 측정치를 산정하기 위한 기준으로 사용한다. 이 방법은 타당성 조사나 비즈니스 문서 작성과 같은 프로젝트 초기에 프로젝트에 대한 정보가 매우 적거나 주요 범위 등이 확정되지 않은 제한적인 상태에서 개략적으로 추정하는 산정 방법이다.

유사산정은 신속 산정 방법으로 프로젝트 관리자가 작업분류체계(WBS)의 몇몇 상위 수준만 식별할 수 있는 경우 사용할 수 있기에, 다른 기법에 비해 일반적으로 시간과 비용이 적게 드는 대신 정확도가 떨어진다. 이는 하향식(top-down)으로 산정하는 방법으로, 유사기간 산정치를 프로젝트 전체 또는 일부분에 적용할 수 있고, 다른 산정기법과 연동하여 사용할 수도 있다. 과거 활동이 외관적으로뿐만 아니라 실제 내용에서도 유사하고 산정치를 준비하는 프로젝트 팀원이 필요한 전문 지식을 갖추고 있을 때 유사산정의 신뢰도가 가장 높다.

기능 점수(Function point)

기능 점수는 정보 시스템의 비즈니스 기능에 대한 산정치로, 기능 점수는 소프트웨어 시스템의 기능 크기 측정(FSM: functional size measurement) 계산에 사용

기능 점수(function point)란, 논리적 설계를 기초로 소프트웨어의 기능을 정량화하고, 계수적 측정을 통한 실험적 관계를 통해 개발 규모를 산정하는 방법이다.

사용자가 요구하고 수용하는 기능을 정량적으로 산정하고, 구현 기술과 독립적으로 소프트웨어 개발 및 유지 규모를 측정하여 소프트웨어의 규모를 산정하며, 구매하고자 하는 응용 패키지의 규모와 사용자 요구의 부합성, 소프트웨어 개발과 유지보수를 위한 비용과 자원 소요 산정 등에 활용된다. 기존의 프로그램 스텝 수에 의한 소프트웨어 가격 산정 방식을 개선한 방식으로, 소프트웨어 비교를 위한 하나의 공통 기준이다.

이 방법은 기능(입출력, 데이터베이스 테이블, 인터페이스, 조회 등)의 수를 판단 근거로 개발 비용을 산정한다. 라인 수와 무관하게 기능이 많으면 규모도 크고 복잡도도 높다고 판단하고, 개발하려는 소프트웨어의 기능을 정량화하여 소프트웨어 개발 비용 산정에 활용하는 방법으로, 소프트웨어의 기능이 얼마나 복잡한가를 상대적인 점수로 표현하는 것이다.

기능 점수의 특징은 다음과 같다.

- 소프트웨어 규모를 측정
- 기능적 요구사항이 중심
- 소프트웨어의 요구 사항 복잡도를 측정
- 구현 관점(물리적 파일, 화면, 프로그램 수)이 아닌 사용자 관점의 요구 기능을 정량적으로 산정
- 측정의 일관성을 유지하기 위해 개발 기술, 개발 방법, 품질 수준 등은 고려하지 않음

- 소프트웨어 개발에 사용되는 언어와 무관
- 소프트웨어 개발 생애주기의 전체 단계에서 사용 가능

기능 점수 산정에 사용되는 소프트웨어 기능 분류는 다음과 같다.

- 데이터 기능
  - 내부 논리 파일(ILF, Internal Logical File)
  - 외부 연계 파일(EIF, External Interface File)

- 트랜잭션 기능
  - 외부 입력(EI, External Input)
  - 외부 출력(EO, External Output)
  - 외부 조회(EQ, External inQuiry)

기능 점수 산정 방법의 종류는 다음과 같다.

- 정규 기능 점수법

  소프트웨어 개발 생애주기에서 설계 단계 이후에 사용하면 유용한 방법으로, 소프트웨어 기능 도출 후 각 기능의 유형별 복잡도를 구해 기능 점수 산정

- 간이 기능 점수법

  기획 및 발주 단계에서 사용 가능한 방법으로, 소프트웨어 기능 도출 후 각 기능에 평균 복잡도를 적용하여 기능 점수 산정

멀티포인트 산정(Multipoint estimating)

멀티포인트 산정은 개별 활동 산정치에 불확실성이 존재할 때 낙관적 산정치, 비관적 산정치, 최빈 산정치의 3개 포인트에 대한 평균이나 가중 평균을 적용하여 원가나 기간을 추정 평가

3점 산정방법(three point estimation)에 의한 활동기간 및 원가 산정

- 최빈치(tM)

  할당 가능한 자원, 자원별 생산성, 활동에 실질적인 가용 기대치, 다른 투입물과 의존관계, 공급 중단 등을 고려하여 산정한 활동기간

- 낙관치(tO)

  최상의 활동 시나리오 분석에 근거한 활동기간

- 비관치(tP)

  최악의 활동 시나리오 분석에 근거한 활동기간

  삼각분포에 의한 예상 기간(tE) 산정 공식: tE = (tO + tM + tP) / 3
  베타분포에 의한 예상 기간(tE) 산정 공식: tE = (tO + 4tM + tP) / 6

주경로법(CPM: critical path method)을 고안한 듀퐁은 최빈치를 활동 기간으로 산정하는데 이용하였다. 이는 반복적으로 많이 수행하는 유사 프로젝트와 같이 불확실성이 적은 프로젝트에 적용한다. 이에 반해, 비반복적이고 불확실성이 많은 프로젝트의 경우에는 2차 대전 때 폴라리스 잠수함을 개발할 때 적용되었던 PERT(Program Evaluation and Review Technique)를 이용한다. PERT에 의한 기간 산정은 베타 분포를 이용하였으며, 특히 낙관치, 최빈치, 보통치의 세 가지 변수 앞에 계수를 조정하여 가중치를 다르게 부여함으로써 모든 기간을 낙관적으로 추정 혹은 비관적으로 추정할 수 있다.

오늘날에는 많은 프로젝트 데이터 축적이 가능하게 되어 베타분포보다 삼각형 분포를 더 많이 이용하는 경향이 있다.

모수산정(Parametric estimating)

모수산정은 알고리즘을 이용하여 선례 정보와 프로젝트 모수(parameter)를 기반으로 원가나 기간을 추정 계산

모수산정은 알고리즘을 이용하여 선례 데이터와 프로젝트 모수를 기준으로 원가 또는 기간을 계산하는 산정기법이다. 모수산정은 선례 데이터와 그 외 여러 변수(예: 건설부지 면적) 간 통계적 관계를 이용하여 원가, 예산, 기간, 자원 등의 활동 모수에 대한 산정치를 계산한다.

기간 산정의 경우, 수행할 작업 단위 수에 단위 작업당 근로 시간 수를 곱하여 양적 수치로 기간을 산출할 수 있다. 예를 들어, 설계 프로젝트의 기간은 도면 개수에 도면당 근로 시간을 곱하여 산정할 수 있다. 동일한 방법으로 원가나 자원 산정의 경우, 목조 주택 건축 비용을 그 면적인 총 입방 미터와 면적당 단가를 곱하여 계산하거나, 한 사람이 1년에 2,000시간 코딩 가능할 경우에 4,000시간 코딩 작업을 위해서는 두 명의 자원이 필요하다고 산정할 수 있다.

이 기법은 모델을 만드는 데 기반이 되는 데이터와 정교함에 따라 더 높은 정확도의 결과를 산출할 수 있다. 모수산정을 통한 산정치는 프로젝트 전체 또는 일부분에 적용할 수 있고, 다른 산정기법과 연동하여 사용할 수도 있다.

비교산정(Relative estimating)

- 비교 산정은 업무량, 복잡성, 불확실성을 고려하여 유사한 작업 체계와 비교하는 방식으로 도출된 산정치를 작성
- 비교 산정에서 절대 비용 또는 시간의 절대 단위를 기반으로 할 필요는 없으며, 스토리 포인트는 비교 산정에 사용되는 일반적인 비단위 척도임

적응형 개발(애자일 방식)에서 계획할 때 가장 일반적인 내용은, "언제 일을 마칠 것인가?"와 같은 내용이다. 애자일에서는 현재 개발하고 있는 것의 크기를 추정해야 하고 일의 속도를 측정해야 한다. 한 스프린트에서 완료된 백로그 항목의 합산된 크기가 해당 스프린트에서 팀의 속도가 된다. 백로그 항목의 추정치는 출시(release) 기간을 계산하는데 사용되는데, 스토리 포인트를 사용하여 백로그 항목 추정치를 표현한다. 상위 레벨의 포트폴리오 백로그의 추정에는 티셔츠 사이즈와 같은 비교 산정 단위를 사용하며, 제품 백로그 수준의 작업은 스토리 포인트를 사용한다. 예를 들면, 2주짜리 이터레이션을 반복하는데, 2주 동안 완료된 백로그들의 스토리 포인트가 20의 속도이고, 제품 전체의 백로그의 스토리 포인트 합이 100이라면 5번의 이터레이션인 10주가 소요될 것이다.

비교 산정은 절대적인 크기가 아닌 상대적 크기를 사용하여 개발 작업인 백로그(스토리)의 크기를 추정한다. 이는 절대적 크기 추정 보다 상대적으로 비교하여 추정하는 것이 훨씬 쉽기 때문이다. 스토리 포인트는 백로그 항목의 크기 혹은 규모를 상대적으로 측정하는 대표적인 단위이다. 이 스토리 포인트는 복잡성, 물리적 크기와 같은 요소를 하나의 상대적 크기로 합친 것이다. 이 추정 단위는 소요 기간과 같이 시간적 개념이 포함된 것이 아니고 단지 백로그들끼리 서로 상대적으로 비교한 척도로, 추후에 상대적 크기가 다같이 조정될 수도 있다. 이러한 비교 산정에 의한 점수 기반 방법은 절대적 측정이 아닌 상대적 측정이기에 측정 단위가 중요하지 않다. 많은 경우에 스토리 포인트라는 이름

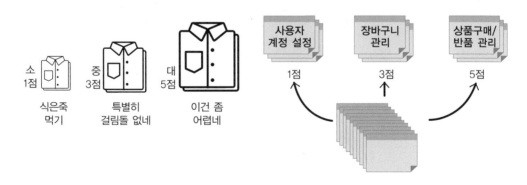

[그림 3-67] 비교 산정의 예

Chapter 3. 프로젝트관리 지식체계 지침서   **457**

을 사용하는 것일 뿐, 그저 몇 '점', 혹은 몇 '포인트' 등의 그 단위에 붙여지는 이름은 무엇이든 중요하지 않다.

[그림 3-67]과 같이 백로그(스토리)들을 티셔츠 크기와 같이 상대적 크기를 대, 중, 소로 분류한 후에 각각 5, 3, 1점의 스토리 포인트를 부여할 수 있다. 또는 삼각 측량 방식으로 백로그 중에서 중간 정도의 크기를 골라 놓고 이와 비교해서 작은 것과 큰 것으로 구분하여 분류한 후에 각각 1, 3, 5점을 부여하는 삼각 측량 방법도 사용할 수 있다.

앞서 설명한 "친화 분류"의 내용 중에서 티셔츠 사이즈 분류와 피보나치 수열 등도 비교 산정을 위한 기반이 된다.

1점 산정(Single- point estimating)

1점 산정은 데이터를 이용하여 최선의 추정 산정치가 반영된 단일 값을 계산하는 것으로, 최선과 최악의 시나리오를 포함하는 범위(range) 산정과 반대

앞의 멀티포인트 산정에서 설명한 바와 같이 PERT를 이용한 기간 산정은 3점 산정법과 같이 비관치, 낙관치, 최빈치에 대해 삼각 분포나 베타 분포의 평균을 이용하지만, 주경로법(CPM)을 적용할 경우에는 최빈값과 같은 1점 산정 방법을 이용한다. 이는 유사하고 반복적인 프로젝트에서 많이 적용된다.

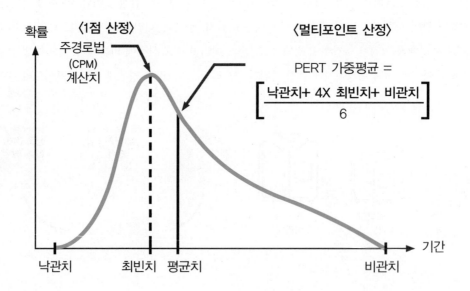

[그림 3-68] 1점 산정과 멀티포인트 산정

스토리포인트 산정(Story point estimating)

- 스토리포인트 산정은 팀원이 유저스토리(user story)를 구현하는 데 필요한 추상적이지 만 상대적인 업무량 할당을 포함
- 프로젝트 팀과 관련된 복잡성, 리스크, 업무량을 고려하여 스토리의 난이도를 알려줌

[참고] 유저스토리(User Story)

유저스토리는 제품 백로그 항목, 특히 제품 기능에 관련된 비즈니스 가치를 표현하는 방식으로, 비즈니스 관계자와 기술자 모두가 이해하도록 작성하는 방법이다. 유저스토리 형식은 "(고객/사용자) 은/는, (목적/목표)을/를 위해서, (필요/욕구) 을/를 권한다.'와 같이 기술한다.

예를 들면, 다음과 같다.

  [특정 장소에서 맛집 리뷰 찾기]

　　일반 사용자로서

　　나는 어디서 저녁을 먹을지 정하기 위해

　　현재 위치에서 근처 맛집에 대한 공정한 리뷰를 보고 싶다.

스토리포인트는 유저스토리나 기능 혹은 어떤 작업의 전체 규모를 표현하기 위해 사용하는 단위이다. 스토리포인트를 이용하여 각 항목에 점수를 할당할 때, 중요한 것은 어떤 값을 할당했느냐가아니라 그 값의 상대성이다. 2점 크기의 백로그(스토리)는 1점 크기의 백로그보다 두 배 큰 백로그가되어야 한다. 하나의 백로그에 매겨진 스토리포인트는 그 스토리(백로그)의 규모나 크기를 나타낸다. 스토리 포인트로 표현된 추정치는 그 기능을 개발하는데 드는 노력의 양과 개발 복잡도, 내제된 리스크 정도 등을 모아 표현한 값이다. 상세한 내용은 '비교산정(relative estimating)'에서도 설명되었다.

와이드밴드 델파이(Wideband Delphi)

- 와이드밴드 델파이는 관련 전문가들이 산정치를 각자 여러 차례 반복하여 도출하는 델파이 산정의 변형으로, 프로젝트 팀은 합의 도달 때까지 각 추정 라운드 반복 후에 논의를 수행
- 가장 높은 추정치와 가장 낮은 추정치를 작성한 사람은 그 근거를 설명한 후에 참가자들이 재산정하며 모두 수렴될 때까지 프로세스를 반복
- 플래닝 포커는 와이드밴드 델파이의 변형

델파이 방식(delphi method)은 구조화된 의사소통 기법으로, 원래는 전문가 패널에 의존하는 체계적인 대화형 예측 방식으로 개발되었다. 전문가는 설문지에 두 번 이상의 반복으로 답한다. 매 라운드가 끝나면 진행자가 전문가들이 지난 라운드에서 예측한 내용과 판단 이유를 익명으로 요약해 제공한다. 그런 다음 전문가들은 다른 위원들의 답변을 고려하여 이전 답변을 수정하도록 권장된다. 이 과정에서 답의 범위(편차)는 줄어들고 그룹은 '정확성 높은' 답으로 수렴할 것으로 믿어진다. 마지막으로, 사전 정의된 정지 기준(예: 라운드 수, 합의 달성 및 결과의 안정성)과 최종 라운드의 평균 또는 중위 점수가 결정된 후 프로세스가 종료된다.

1970년대에는 Barry Boehm and John A. Farquhar는 델파이 방법의 광대역인 와이드밴드라는 변형을 창시하였다. '와이드밴드'라는 용어는 델파이 방법에 비해 와이드밴드 델파이 기법이 참가자 간의 더 큰 상호작용과 더 많은 의사소통을 수반하기 때문에 사용되었다. 와이드밴드 델파이 기법은 프로젝트 관리자, 진행자, 전문가, 개발팀 대표 등으로 구성되며 3~7명으로 구성된다.

와일드밴드 델파이 산정 시트						
작업	초기 산정	변경1	변경2	변경3	변경4	최종
작업1	n1	−1				
작업2	n2	−2				
작업3	n3	−4				
작업4	n4	5				
작업5	n5	0				
작업6	n6	0				
작업7	n7	2				
작업8	n8	−3				
순변경						
계	$\sum n_i$	$\sum n_i$-3				

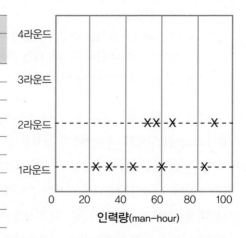

[그림 3-69] 와이드밴드 델파이 산정 시트와 기록지

와이드밴드 델파이 기법의 단계

- 1단계 – 추정 팀과 진행자를 선택한다.
- 2단계 – 진행자는 킥오프 미팅을 실시하여 팀이 문제 내용과 상위 작업 목록, 가정 또는 제약 사항을 제시한다. 팀은 문제점과 산정 이슈에 대해 논의한다.
- 3단계 – 각 평가 구성원은 개별적으로 상세한 WBS를 생성하고, WBS의 각 작업을 산정하며, 가정을 문서화한다.
- 4단계 – 산정 회의를 위해 모이고 진행자는 각 구성원으로부터 초기 추정치를 수집한다.

- 5단계 – [그림 3-69]와 같은 차트에 무기명으로 라운드1 라인에 각 구성원의 총 프로젝트 추정치를 X로 표시하여 공개한다.
- 6단계 – 목록에 대해 가정한 내용을 파악하고 질문이나 문제를 제기하고 그 작업에 대해 의심, 문제, 가정 및 산정 문제에 대해 논의한다.
- 7단계 – 각 구성원은 그 목록에 대해 다시 검토하고 필요한 경우에 변경하고 작업 추정치의 변경사항을 결합하여 총 프로젝트 추정치에 도달한다.
- 8단계 – 진행자는 모든 팀 구성원으로부터 변경된 추정치를 수집하여 라운드2 라인에 표시한다. 반복할수록 범위(편차)가 적어질 것이다.
- 9단계 – 다음 기준 중 하나를 충족할 때까지 앞의 단계를 반복한다.
  - 결과가 허용 가능한 좁은 범위로 수렴된다.
  - 모든 팀원들은 최근의 예상치를 바꾸고 싶어하지 않는다.
  - 할당된 예상 회의 시간이 끝났다.
- 10단계 – 프로젝트관리자는 산정 회의의 결과를 수합하여 종합하고 산정 팀과 함께 최종 작업 목록을 검토한다.

회의 및 행사(Meeting and Event)

회의(meeting)는 프로젝트 팀과 이해관계자가 참여할 수 있는 중요한 수단이며, 행사(event)와 함께 프로젝트 전반에 걸쳐 이루어지는 의사소통의 주요 수단이다.

회의 및 행사의 종류와 적용 성과 영역

방 법	성과 영역							
	팀	이해관계자	개발방식	기획	프로젝트작업	인도	측정	불확실성
백로그 상세화 (Backlog refinement)		✓		✓	✓	✓		
입찰자 회의 (Bidder conference)		✓		✓	✓			
변경통제위원회 (Change control board)					✓	✓		
일일 스탠드업 (Daily standup)				✓	✓			
이터레이션 검토 (Iteration review)		✓			✓	✓		
이터레이션 기획 (Iteration planning)		✓		✓	✓	✓		

방법	성과 영역							
	팀	이해 관계자	개발 방식	기획	프로 젝트 작업	인도	측정	불확실성
착수(Kickoff meeting)	✓	✓			✓			
교훈 (Lessons learned meeting)		✓		✓	✓	✓		
기획(Planning meeting)				✓				
프로젝트 종료 (Project closeout)	✓	✓			✓			
프로젝트 검토 (Project review)		✓			✓	✓	✓	
릴리즈 기획 (Release planning)		✓		✓				
회고(Retrospective)	✓			✓				
리스크 검토(Risk review)					✓			✓
상태(Status meeting)					✓		✓	
운영위원회 (Steering committee)		✓			✓			

백로그 상세화(Backlog refinement)

백로그 상세화 회의에서는 임박한 반복(iteration)을 통해 완수할 업무 식별을 위해 백로그를 점진적으로 구체화하고 우선순위를 재선정

백로그는 요구사항 목록을 말하며 해야 할 일, 혹은 밀린 일들을 의미한다. 적응형 개발 방법에서는 가장 가치 있는 일을 먼저 해야 하기에 일의 우선순위를 정하고 관리하며, 백로그를 통해 소통한다. 포트폴리오 및 제품 구상 단계에서도 '에픽(epic)'이라고 부르는 개략적인 백로그가 만들어질 수 있다. 그러나 본격적인 제품 로드맵과 출시 계획 수립에서 만들어지는 백로그는 제품 백로그(product backlog)라고 부르기도 한다. 백로그는 유저스토리 형식으로 주로 나타내지만 일부에서는 유스케이스(use case) 형식을 이용하기도 한다.

개발 초기 백로그 항목은 제품 책임자(product owner)의 비전을 충족시키기 위한 제품 기능들이다. 백로그는 계속 진화하는 산출물로 사업 환경이 변하거나 매 이터레이션에서 생산된 피드백을 통해 제품에 대한 이해 증진과 함께 항목을 추가, 삭제, 재고할 수 있다. 초반의 백로그 항목은 비즈니스 가치의 광범위한 구획을 나타낼 정도로 크지만, 시간이 지날수록 백로그 항목은 이해관계자와 제품 책임자(product owner), 개발자 사이의 많은 대화를 거쳐 작고 자세한 백로그 항목 묶음으로 다듬어진

다. 최종적으로 백로그 항목은 이터레이션(스프린트)으로 이행될 만큼 작게 상세해지며 이터레이션에서 설계, 구축, 테스트된다.

백로그의 상세화와 함께 새로운 항목이 추정되거나 삭제될 수 있으며 이들 변경된 백로그에 대한 추정과 우선순위도 다시 이루어지는데, 이를 백로그 다듬기(grooming)라고도 한다.

백로그 상세화와 다듬기의 세 가지 주요 행동은 다음과 같다.

- 제품 백로그 세부 사항의 추가/상세화
- 제품 백로그 항목 추정
- 제품 백로그 항목 우선순위

백로그 상세화와 다듬기는 언제 하는가

- 출시(release) 계획 활동
- 주간 단위 혹은 일일 스크럼(daily standing meeting)
- 이터레이션(스프린트) 검토

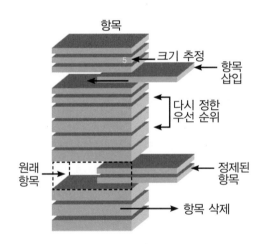

[그림 3-70] 백로그 상세화와 다듬기

입찰자 회의(Bidder conference)

- 입찰이나 제안 전에 조달 사항을 충분히 이해시키기 위해 유력한 판매자들과 갖는 설명 회의
- 이 회의는 계약자 회의(contractor conferences), 판매자 회의(vendor conferences) 또는 선입찰 회의(pre-bid conferences)라고도 함

입찰자 회의는 입찰이나 제안서 제출에 앞서 유력한 판매자와 구매자가 모두 참석하는 회의로 입찰 설명회의 성격을 갖는다. 유력한 잠재적 입찰자에게 조달 사항을 충분히 이해시키고 특혜를 받는 입찰자가 없도록 하기 위해 입찰자 회의를 이용한다.

모든 잠재적 판매자들이 조달에 대해 분명하고 공통된 이해를 얻도록 보증하며, 모든 잠재적 판매자들이 기술적/ 계약적 요구사항 등의 조달 관련 사항에 대해 분명하고 공통된 이해를 얻도록 보증한다. 질의에 대한 답변은 조달 문서의 수정된 첨부물로 포함될 수 있다.

변경통제위원회(Change control board)

- 변경통제위원회 회의에는 프로젝트에 대한 변경 사항을 검토, 평가, 승인, 보류 또는 거부할 책임을 지는 그룹을 포함
- 회의에서 내린 결정은 기록되어 적절한 이해관계자에게 전달하며, 이 회의를 변경통제 회의(change control meeting)라고도 함

프로젝트의 변경요청은 프로젝트 관리자, 변경통제위원회(CCB: change control board)또는 책임이 배정된 팀원에 의해 변경관리 계획서에 따라 처리된다. 변경요청이 접수되고 그 검토 결과에 따라 변경이 승인, 연기 또는 거부될 수 있다. 승인된 변경요청은 프로젝트작업 지시 및 관리 프로세스를 통해 실행된다. 변경을 요청한 당사자에게는 변경요청의 연기 또는 거부 결정을 통보한다. 프로젝트 문서를 업데이트할 때는 모든 변경요청의 처리 결과를 변경사항 기록부에 기록한다.

프로젝트에서 통합 변경통제 수행은, 모든 변경요청 검토, 변경사항 승인, 인도물/ 조직 프로세스 자산/ 프로젝트 문서/ 프로젝트관리 계획서 등의 변경 관리, 결정사항에 대한 통지와 변경 이행 사항 확인, 등의 의사소통 프로세스이다. 이는 프로젝트 전반에 걸쳐 이 프로세스가 수행된다. 프로젝트 시작부터 완료까지 수행되는 통합 변경통제 수행 프로세스의 최종 책임자는 프로젝트 관리자이다. 변경요청은 프로젝트 범위와 제품 범위뿐만 아니라 모든 프로젝트관리 계획서 구성요소나 프로젝트 문서에도 영향을 미칠 수 있다. 변경요청은 프로젝트에 관련된 모든 이해관계자가 프로젝트 생애주기 전반에 걸쳐 언제든지 제기할 수 있다.

프로젝트 기준선이 설정된 후에는 프로젝트 계획이 통합 변경통제 수행 프로세스를 통해 변경요청을 처리한다. 구두 요청으로 변경을 시작할 수는 있지만 변경사항을 서면 형식으로 기록하고 변경 관리 및 형상관리 시스템에 입력해야 한다. 변경요청이 프로젝트 기준선에 영향을 미칠 가능성이 있을 때, 공식적인 통합 변경통제 프로세스가 필요하다. 문서화된 모든 변경요청은 보통 프로젝트 스폰서나 프로젝트 관리자가 승인, 연기 또는 거부해야 한다. 프로젝트관리 계획서나 조직 절차서에 그 승인권자를 명시한다. 필요한 경우, 변경사항을 검토, 평가, 승인, 연기, 거부하고 결정사항을 기록하

고 전달하는 일을 담당하기 위해 공식적으로 구성된 위원회인 변경통제위원회(CCB)가 통합 변경통제 수행 프로세스에 참여한다. 만일 고객이나 스폰서가 변경통제위원회(CCB)에 포함되지 않는다면, 변경통제위원회(CCB) 승인 후의 특정 변경요청에는 고객이나 스폰서 승인이 요구되기도 한다. 변경관리 계획서에는 변경통제 프로세스 관리 지침을 기술하고, 변경통제위원회(CCB)의 역할과 담당 업무를 명시한다.

변경요청을 검토하고, 변경요청을 수락, 거절 또는 연기하는 일을 담당하는 변경통제위원회(CCB)는 함께 변경통제 회의를 진행한다. 대부분의 변경이 시간, 원가, 자원 또는 리스크 측면에 어느 정도 영향을 미치므로, 변경으로 인한 영향을 회의에서 반드시 평가해야 한다. 이 회의에서 요청된 변경에 대한 대안을 논의하고 제안도 내놓을 수 있다. 회의 결과를, 변경요청 부문의 책임자나 그룹에게 결정 내용을 전달한다.

이터레이션 기획(Iteration planning)

- 이터레이션 기획 회의는 임박한 이터레이션 약속 이행에 필요한 백로그 항목, 인수기준, 작업량 등의 세부사항을 명확히 하기 위한 것
- 이 회의를 스프린트(sprint) 기획 회의라고도 함

출시(release)는 고객이나 사용자의 가치를 만들어 내는 여러 개의 이터레이션(스프린트)으로 구성되어 있다(본서의 '릴리즈 기획' 참고).

모든 이터레이션을 위해서는 개발 팀(스크럼 팀)이 모여서 이터레이션 목표에 동의하고 다가오는 이터레이션에서 무엇을 만들 수 있는지 결정하는 이터레이션 기획으로 시작한다.

사전에 정의된 백로그 항목들은 몇 주에서 몇 개월치 업무가 될 수 있다. 전체 백로그 항목들은 2~4주 정도의 짧은 이터레이션에서 완료할 수 있는 것 보다 많기에, 다음 이터레이션에서 만들 가장 중요한 백로그 항목들을 정하기 위해 이터레이션 기획을 한다. 이 이터레이션 기획을 통해 팀원들은 목표에 부합하는 가장 높은 우선순위의 구체적인 백로그 항목을 결정한다. 이때 백로그 항목의 점수 합은 해당 이터레이션의 목표 속도 범위 이내이어야 한다. 이렇게 선택된 백로그들은 업무 작업(task) 단위로 분할하고, 그 각각의 작업을 추정한다.

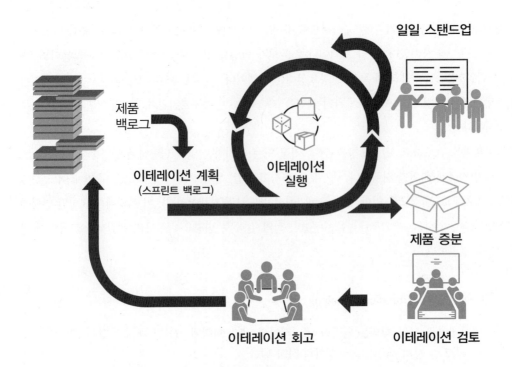

[그림 3-71] 이터레이션(스프린트)의 흐름

[그림 3-72] 이터레이션 기획 과정

이터레이션 기획 과정을 다음과 같다.

⊙ 우선순위 조정

이터레이션 종료 후에 이터레이션 검토 동안 프로젝트 환경 변화 등을 고려하여 가치가 높은 순으로 우선순위를 재조정한다.

⊙ 속도 결정

이터레이션 속도는 직전 속도와 동일하게 잡거나, 앞선 3개 이터레이션의 평균 속도로 결정할 수 있다.

⊙ 목표 결정

임박한 이터레이션을 통해 성취해야 할 것을 말한다. 예를 들면, "보고서 생성 기능을 좀더 개선한다.", 혹은 "보안 관련 기능들이 동작하도록 만든다."라고 정한다.

◉ 백로그 선정

이터레이션 목표에 부합하는 백로그들을 선정한다. 예를 들면, 앞에서 "보고서 생성 기능을 좀 더 개선한다."라는 목표를 위해, "15개 보고서 관련 기능을 구현한다." 혹은 "분석 결과 보고서 기능을 구현한다."라는 요구되는 구체적 백로그들을 선정한다.

◉ 작업 단위로 분할

예를 들면, 앞의 "분석 결과 보고서 기능을 구현한다"라는 백로그에 대해, "사용자 인터페이스를 설계한다.", "사용자로부터 인터페이스 피드백을 받는다.", "사용자 인터페이스를 구현한다." 등의 작업 단위로 분할한다.

◉ 작업에 대한 추정

각 작업에 대한 추정치는 이상적 시간 단위로 추정하며, 기획 동안에는 담당을 정하지 않는다. 작업의 최적 크기는 한 명이 하루 정도 작업해서 끝낼 수 있는 정도가 무난하다.

일일 스탠드업(Daily standup)

- 스탠드업은 팀의 전날 진척 상황 검토, 오늘의 목표 알리기, 발생되었거나 예상되는 장애물 강조 등의 간단한 협업 회의
- 이 회의를 일일 스크럼(daily scrum)이라고도 함

이터레이션 실행은 이터레이션 목표 달성을 위해 이터레이션 백로그를 수행하는 것으로, 자기 조직화된(self-organized) 팀은 스스로 업무를 배정하고 조정하며 처리한다. 물론 제품 책임자(product owner)가 실행 동안 질문에 답하고, 중간에 작업을 리뷰하여 팀에게 피드백을 제공하며, 필요시 목표 조정을 수행한 후, 마지막으로는 백로그 항목이 충족해야 하는 인수 기준을 확인한다. 이터레이션 실행의 결과물은 '잠재적으로 출시 가능한 제품 증분'으로 팀이 합의한 완료의 정의를 충족해야 한다.

일일 스탠드업은 일일 스크럼이라고도 하며, 이터레이션 동안 업무를 완료하기 위해 팀의 빠르고 유연한 흐름을 돕는 중요한 일일 단위 검토 및 적응 활동이다. 매일 15분 정도의 시간으로 제한된 활동으로 팀이 일을 더 잘하도록 자기조직화하는 것을 돕는 검토, 동기화, 일일 적응 계획 활동이다. 일일 스탠드업의 목표는 팀이 모여 무슨 일이 벌어지고 있는지, 얼마나 많은 일이 남았는지, 어떤 항목에 대한 일을 시작할지, 어떻게 하면 팀원들 사이에 일을 가장 잘 조직화할 수 있을지 등에 대한 공동의 이해를 얻는 것이다. 이러한 일일 스탠드업에서는 번다운 차트(burn-down chart)나 태스크보드/칸반보드 등의 가시화된 도구를 사용할 수 있다.

이터레이션 검토(Iteration review)

- 이터레이션 검토는 반복(Iteration) 기간 중 달성한 작업 설명을 위해 반복(Iteration) 작업이 종료되는 시점에 개최
- 이 회의를 스프린트(sprint) 검토라고도 함

이터레이션 종료 시점이 가까워지면 팀은 두 가지 중요한 검토 및 적응 활동을 하는데, 그것은 이터레이션 검토와 회고이다. 이터레이션 검토는 제품 자체에 초점을 맞추는 반면, 회고는 팀이 제품을 만들기 위해 적용한 프로세스를 검토하는 것이다. 스프린트 검토 동안은 업무의 결과인 '잠재적으로 출시 가능한 제품 증분'을 검토하고 적응한다.

이터레이션 검토는 이테레이션 목표와 관련하여 달성한 것과 달성하지 못한 것에 대한 요약과 개요를 설명하고, 잠재적으로 출시 가능한 제품 기능을 시연한 후에, 제품의 현 상태에 관해 논의하고 앞으로 제품 방향을 적합하게 변경(적응)하는 것이다. 이터레이션 검토 결과는 더 상세화되고 다듬어진 백로그와 업데이트된 출시(release) 계획이다.

착수 회의(Kickoff meeting)

- 착수 회의는 프로젝트 시작 시 프로젝트 팀원과 주요 이해관계자가 참석하는 회의로, 이를 통해 공식적 기대치 설정, 공통의 이해 확보를 통해 작업에 착수
- 프로젝트, 단계, 혹은 이터레이션의 시작을 설정

프로젝트 실행을 위한 프로젝트작업 지시 및 관리를 할 때 프로젝트 관련 항목을 논의하고 처리하기 위해 회의를 이용한다. 프로젝트 관리자와 프로젝트팀, 처리할 사항에 관여하거나 영향을 받는 이해관계자들이 참석할 수 있다. 적절한 참여를 보장하기 위해 각 참석자의 역할이 정의되어야 한다. 회의 종류의 일부 예로는 착수회의, 기술회의, 스프린트 또는 이터레이션 기획 회의, 일일 스탠드업, 운영그룹 회의, 문제해결 회의, 진행 상황 업데이트 회의, 회고 회의 등이 있다.

그 중에 착수 회의는 실행을 시작하기 위한 회의이다. 착수라는 용어 때문에 프로젝트 착수(initiation)와 혼동하는 경우가 있는데, '킥 오프'라는 용어는 축구 경기를 시작할 때, 중앙선에서 주심의 휘슬로 시작되는 것을 말한다. 그러나 축구 경기라는 프로젝트를 생각한다면, 경기를 하기로 결정되고 사전 연습부터 경기장에 도착해서 워밍업, 경기를 거쳐 경기 후 마무리까지 진행된다. 말 그대로 킥 오프는 실행을 시작하는 것이다.

프로젝트 착수회의는 일반적으로 기획의 종료 및 실행의 시작 단계와 연관된다. 회의 목적은 프로젝트 목표 전달, 프로젝트에 대한 팀의 헌신 유도, 이해관계자의 역할과 담당 업무를 설명하는 것이

다. 프로젝트의 특성에 따라 다양한 시점에서 착수회의를 진행할 수 있다.

- 소규모 프로젝트의 경우, 한 팀이 기획과 실행을 모두 수행한다. 이러한 상황에서는 기획에 팀이 참여하기 때문에 착수한 직후에 기획 프로세스 그룹에서 착수회의가 열린다.
- 대규모 프로젝트의 경우, 프로젝트관리팀이 대부분의 기획을 수행하고, 나머지 프로젝트팀은 초기 기획의 완료 및 개발/구현 시작 단계에 참여한다. 이 경우에 착수회의는 실행 프로세스 그룹의 프로세스에서 진행한다. 여러 단계의 생애주기를 갖는 프로젝트에서는 일반적으로 각 단계가 시작될 때 착수회의를 진행하기도 한다.

그 밖에, 프로젝트 착수회의의 일부로 리스크관리 계획서가 개발되거나 특정 계획수립 회의가 개최될 수 있다. 리스크관리 활동을 수행하기 위한 계획이 이 회의에서 정의되며 리스크관리 계획서에 기록된다.

교훈 회의(Lessons learned meeting)

- 교훈 회의는 프로젝트 팀 성과 개선에 중점을 두고 프로젝트, 단계 혹은 이터레이션 중에 습득한 지식을 식별하고 공유하는 데 사용
- 이 회의를 통해 우수 실무사례(good practice)와 상황(situation), 원활하게 처리되었던 상황 등을 다룸

프로젝트 또는 단계 종료를 위한 회의에는, 인도물 수락 여부 확인, 종료 기준 충족 여부 확인, 계약 완료의 공식화, 이해관계자 만족도 평가, 교훈 사항 수집, 프로젝트에서 산출된 지식과 정보의 이전, 성공의 축하 등을 위해 회의를 진행한다. 그 중에 프로젝트의 성과를 개선하고 실수를 반복하지 않기 위해 교훈을 수집할 목적의 교훈검토 회의가 있다. 이는 프로젝트 및 프로젝트 단계 이전, 도중, 이후에 교훈 검토를 수집하는 것으로, 현재 프로젝트 및 다른 프로젝트에서 습득한 교훈을 식별하여 수집하고, 공유하는 지식 공유 활동을 포함한다. 기타 자세한 사항은 '교훈 관리대장'을 참조할 수 있다.

기획 회의(Planning meeting)

기획 회의는 계획을 작성, 구체화, 검토하고 계획에 대한 헌신을 확보하는 데 사용

프로젝트는 회의를 통해 프로젝트 접근방식을 논의하고 프로젝트 목표를 달성하기 위해 작업을 실행하는 방법을 결정하며 프로젝트를 감시 및 통제하는 방법을 정의한다. 이를 위해 순수하게 프로젝트 계획 수립을 목적으로 기획 워크샵(planning workshop)과 같은 회의를 통해 팀이 상세 계획을 수

립할 수 있다. 또한 앞서 착수 회의에서 설명한 바와 같이, 프로젝트 착수 회의를 통해 기획을 수행하는 경우도 있다.

> ## 프로젝트 종료(Project closeout)
>
> - 프로젝트 종료 회의는 스폰서, 제품 책임자(PO), 고객 등으로부터 인도된 범위에 대한 최종 인수(acceptance)를 허가 받는 데 사용
> - 이 회의는 제품 인도가 완료되었음을 나타냄

프로젝트 종료 회의는 인도물 수락 확인, 종료 기준 충족 확인, 계약 완료의 공식화, 이해관계자 만족도 평가, 교훈 수집, 프로젝트에서 산출된 지식과 정보 이전, 성공 축하 등을 위해 회의를 진행한다. 프로젝트의 영향을 받는 이해관계자들이 회의에 참여할 수 있으며, 회의는 대면, 가상, 공식, 비공식 회의 등이 있다. 회의 종류의 예로는 종료 보고 회의, 고객대상 정리 회의, 교훈 검토 회의, 축하 회의 등이 있다.

> ### [참고] 프로젝트 종료 프로세스의 개념
>
> 종료 프로세스의 주요 이점은 프로젝트 또는 단계 정보가 보관되고, 계획된 작업이 완료되며 새로운 작업이 가능하도록 조직 팀의 자원을 해산한다는 점이다. 이 프로세스는 프로젝트에서 한 번 또는 미리 정해진 시점들에 수행된다. 프로젝트를 종료할 때, 프로젝트 관리자는 프로젝트관리 계획서를 검토하여 모든 작업이 완료되었고 프로젝트가 목표를 충족했는지 확인한다. 다음은 프로젝트 또는 단계의 행정적 종료에 필요한 활동이다.
> - 단계 또는 프로젝트의 완료 또는 종료 기준을 충족하는 데 필요한 조치와 활동:
>   최신 상태 문서와 인도물/해결된 이슈 확인, 고객의 인도물 인도 및 공식적 수락 확인, 모든 비용의 프로젝트 청구 확인, 프로젝트 계정 닫기, 팀원 재배정, 프로젝트 자료 처리, 장비 및 자원 재배치, 최종 프로젝트 보고서 작성.
> - 프로젝트 또는 프로젝트 단계에 적용되는 계약상 협약을 완료하는 데 수반되는 활동:
>   판매자의 작업물 공식 수락 확인, 미결 클레임 종결, 최종 기록 업데이트
> - 다음 조치를 수행하기 위해 필요한 활동:
>   프로젝트 또는 단계 관련 기록 수집, 프로젝트 성공과 실패 감사, 지식 공유 및 이전 관리, 교훈 식별, 정보 보관
> - 프로젝트의 제품/서비스를 다음 단계 또는 생산 및 운영 단계로 전달하는 데 필요한 조치와 활동
> - 조직의 정책 및 절차 개선 제안을 수집 및 전달
> - 이해관계자 만족도 측정

프로젝트 또는 단계 종료 프로세스에서 프로젝트가 완료되기 전에 종료된 경우에 취할 조치에 대한 이유를 조사하여 문서화하는 절차도 사전에 정한다.

[참고] 프로젝트최종 보고서(Final Report)

최종 보고서는 프로젝트 성과에 대한 요약 정보를 제공하며, 다음 정보를 포함한다.
- 프로젝트 또는 단계에 대한 요약 수준 설명
- 범위 목표, 범위 평가에 사용된 기준, 완료 기준 충족을 입증하는 증거
- 품질 목표, 프로젝트 및 제품 품질 평가 기준, 검증 및 실제 마일스톤 인도일 및 차이에 대한 이유
- 허용 가능 원가 범위, 실제 원가 및 차이에 대한 이유를 포함하는 원가 목표
- 최종 제품/서비스에 대한 확인 정보 요약
- 프로젝트가 해결하려고 했던 이점의 달성 여부를 포함하는 일정 목표
- 최종 제품/서비스가 비즈니스 계획서에 식별된 비즈니스 요구사항을 어떻게 달성했는지에 대한 요약 정보
- 프로젝트에서 발생한 리스크나 이슈에 대한 요약 정보와 해결 방법에 대한 간략한 설명

프로젝트 검토(Project review)

프로젝트 검토 회의는 프로젝트의 단계나 프로젝트가 종료될 때, 상태(status) 평가, 인도된 가치 평가, 프로젝트의 다음 단계 이동이나 운영으로 전환할 준비 여부를 결정하는 이벤트

[참고] 프로젝트 생애주기와 단계

〈프로젝트 생애주기〉

전통적인 예측형 개발 프로젝트에서 프로젝트 생애주기 내에 일반적으로 제품이나 서비스의 개발과 연관되는 하나 이상의 단계가 있으며, 이 단계들을 개발 생애주기라고 한다.

프로젝트 단계는 하나 이상의 인도물 완료를 위한 논리적으로 연계된 프로젝트 활동들의 집합체이며, 단계의 구조는 관리/기획/통제를 위해 논리적인 구획들로 세분화된다.

프로젝트 단계의 특성
- 작업은 다른 단계들과 구분되며, 각기 다른 조직/ 위치/ 기량을 포함
- 단계의 주요 인도물이나 목표달성을 위해 각 단계 고유 프로세스나 통제 요구
- 단계 종료는 단계 인도물인 생산물을 이전 또는 인계하는 것이며, 단계 끝은 투입중인 노력을 재평가하는 지점으로 필요시 프로젝트 변경 및 종료가 발생
- 이전 단계의 완료는 반드시 후속 단계의 인가가 아님

〈단계 심사 (Phase Gate)〉

단계 심사는 단계의 끝에서 이루어지며, 프로젝트의 성과와 진척도는 다음과 같은 프로젝트 및 비즈니스 문서와 비교

- 비즈니스 케이스, 프로젝트헌장, 프로젝트관리 계획서, 편익관리 계획서

비교 작업의 결과에 따른 의사결정 (예: 진행/중단 결정)

- 다음 단계로 계속 진행
- 수정 작업 후 다음 단계로 계속 진행
- 프로젝트 종료
- 해당 단계 지속
- 단계 또는 요소 반복

단계 심사를 단계 검토(phase review), 단계 관문(stage gate), 중단시점(kill point), 단계 진입(phase entrance) 또는 단계 종료(phase exit) 등의 다른 용어로 칭한다.

프로젝트 검토는 프로젝트나 단계의 종료에 해당하는 프로젝트 종료 프로세스와 관련이 있다. 각 프로젝트 단계를 종료하고 다음 단계로의 이동을 위해서는 해당 단계의 인도물 평가는 물론 프로젝트 상황에 대한 검토와 이동을 위한 준비 등을 파악하여 결정하는 회의가 프로젝트 검토회의이다. 물론 프로젝트 각 단계뿐만 아니라 프로젝트 마지막 단계에서 운영으로 이관할 경우에도 동일한 프로젝트 검토회의가 요구된다.

릴리즈 기획(Release planning)

릴리즈 기획 회의는 제품, 인도물, 혹은 증가된 가치를 공개하거나 전환하기 위해 상위 수준의 계획을 식별

릴리즈 기획은 "언제 완료될까?", "금년 말까지 어떤 제품 기능을 얻을 수 있을까?", "얼마의 비용이 필요할까?"와 같은 질문에 답할 수 있게 해주는 장기적인 계획이다. 고객에게 제품 기능을 출시(릴리즈)하기 위해서는 적당한 리듬(cadence)이 필요하다. 매 이터레이션마다 릴리즈하거나, 몇 번의 이터레이션 때마다 릴리즈할 수도 있지만, 이와 상관없이 상위 수준의 장기적 계획을 수립하는 것이 유용한데, 이를 릴리즈 계획이라 부른다.

릴리즈 계획은 한 번에 벌어지는 것이 아니라 매 이터레이션마다 발생하는 활동으로, 초기 릴리즈 계획은 논리적으로 제품 수준의 계획을 따른다.

제품 계획의 목적은 제품이 무엇이 되어야 하는가에 대한 구상을 하는 것이며, 릴리즈 계획의 목적은 제품 목표 달성을 위한 논리적인 다음 단계를 정하는 것이다.

새로운 제품을 개발할 때, 초기 릴리즈 계획은 완전하거나 자세하지 않고, 릴리즈를 통해 얻은 유효 학습에 따라 릴리즈 계획을 업데이트 한다. 매 이터레이션 검토 때에, 그리고 이터레이션을 기획하거나 실행할 때 릴리즈 계획을 수정할 수 있다.

릴리즈 계획 때 일어나는 활동

- 범위/날짜/예산 등의 제한 사항의 확인(시간이 흘러 달라진 것 확인)
- 백로그 그루밍(백로그 항목의 세분화, 추정, 우선순위 검토)

각 릴리즈에는 잘 정의된 '최소 출시 가능 제품(MRF)'이 있어야 하는데, 이는 고객 관점에서 최소 실행가능 제품(MVP: minimum viable product)인지 확실히 하기 위해 항상 검토한다.

정리하면, 릴리즈 계획은, 현재 개발 단계에 적합한 수준의 정확성, 언제 끝나는지, 어떤 제품 기능을 얻게 될지, 비용이 얼마나 될지를 알려준다. 또한 원하는 최소 출시 가능 기능 제품(MRF)이 무엇인지 명확하게 해준다. 그리고 릴리즈 계획은 어떤 백로그 항목들이 출시 기간 내에 어떻게 이터레이션에 배치될지를 보여준다.

회고(Retrospective)

회고는 프로세스와 제품 개선의 목적으로 팀이 자신의 작업(work)과 결과물(result) 논의를 위해 정기적으로 갖는 워크숍으로 교훈 회의의 한 형태

매 이터레이션이 끝날 때, 두 가지 검토 및 적응 기회가 있는데, 이터레이션 검토와 회고이다. 이터레이션 검토는 팀과 이해관계자들이 제품 자체를 검토하는 것이며, 이터레이션에 대한 회고는 팀이 제품을 만드는데 사용한 프로세스를 점검하는 것이다.

회고는 시간이 정해진(타임 박스) 회고 시간 내에 팀이 무슨 일이 일어났는지 살펴보고, 팀이 일하는 방식을 분석, 개선 방법의 발견, 개선점을 실행한 계획을 만든다. 회고를 수행하기 위해서는 다음과 같은 질문에 답을 찾아야 한다.

- 이번 이터레이션에서 잘 되어서 지속하고 싶은 것은?
- 이번 이터레이션에서 잘 되지 않아 그만해야 할 것은?
- 무엇을 시작하거나 개선해야 하는가?

회고의 결과는 팀이 다음 이터레이션에서 실행하기로 합의한 구체적인 개선 활동이다.

리스크 검토(Risk review)

- 기존 리스크 상태의 분석과 신규 리스크를 식별하는 회의
- 리스크가 여전히 활성 상태인지, 리스크 속성(예: 확률, 영향, 긴급성 등)에 변화가 있는지 결정하는 것을 포함
- 리스크 대응을 평가하여 효과적인지, 업데이트해야 하는지 판단
- 신규 리스크가 식별 및 분석될 수 있고, 활성 상태가 아닌 리스크는 종결
- 리스크 재평가(reassessment)도 리스크 검토 회의의 한 예가 됨

리스크 감시 프로세스에서 사용할 수 있는 회의의 예로 리스크검토가 있다. 리스크검토는 정기적으로 실시하며 포괄적 프로젝트 리스크와 식별된 개별 프로젝트 리스크를 처리하는 데 있어 리스크 대응의 효과를 검토하고 문서화해야 한다. 다음의 리스크 검토 활동은 리스크관리를 위한 리스크 식별, 분석, 대응계획, 실행, 감시 등의 프로세스가 주기적으로 반복된다는 관점에서 이해하여야 한다.

- 새로운 개별 프로젝트 리스크, 합의된 리스크 대응에서 비롯된 2차 리스크 식별
  프로젝트의 상황이나 환경 변화, 혹은 새로운 정보로 인한 새로운 리스크의 식별
- 현재 리스크 재평가
  기존 식별되고 분석된 리스크들에 대해 프로젝트의 상황 변화를 반영한 확률, 영향, 긴급성 등의 변화를 다시 평가하고, 리스크 우선순위를 재설정
  우선순위가 높은 신규 리스크에 대한 대응 전략 수립과 기존 대응의 효과가 작은 리스크에 대한 변경된 대응 전략 수립
- 시기가 지난 리스크 종결
  시간이 지나 프로젝트 환경이나 상황 변화로 더 이상 발생 가능성이 없어진 리스크는 리스크 관리대장에서 제외
- 리스크 발생으로 초래된 이슈
  예상했던 리스크가 발생되면 이슈 관리 대장에 기록하고 대응 조치를 실행
- 현재 프로젝트 또는 향후 유사 프로젝트에서 습득할 교훈의 식별
  주요 예상 리스크, 주요 대응 전략과 그 효과, 발생된 리스크 등에서 교훈 사항을 도출하여 교훈 관리 대장에 기록

리스크검토는 리스크관리 계획서에 지정된 대로 정기적인 프로젝트 현황 회의의 일부로 수행되거나 특별 리스크 검토 회의로 열릴 수 있다. 리스크 검토에 따라 리스크 관리대장의 업데이트가 요구된다. 리스크 관리대장은 본서의 '결과물(artifact)' 중에서 '기록부 및 관리대장' 내에 있는 '리스크 관리대장'에 상세히 기술되어 있다.

상태(회의) (Status meeting)

상태 회의 혹은 상황 회의는 현재의 프로젝트 진척 상황과 해당 성과 관련 정보를 교환하고 분석하는 정기 일정 행사

프로젝트 상태 회의란, 프로젝트 실행과 통제를 위한 대표적 통합 회의이다. 상태 회의라는 용어 외에 상황 회의, 현황 회의 등으로 불리는 이 회의는 정기적 개최로 프로젝트의 각종 정보 공유 및 다양한 의사결정 수행으로 프로젝트를 계획대로 진행되도록 유도하는데 목적을 둔다. 이는 모든 팀원이 모여 의견을 도출하고, 프로젝트의 중요 정보에 대한 공유로 팀의 단결력을 높이고 책임감을 증대시키며, 잠재적 리스크나 발생된 문제에 대한 이해와 함께 해법을 도출하고 공유한다. 일반적으로 진척이나 성과에 대한 정보 교환과 분석을 수행하며, 그 밖에도 리스크 감사나 이해관계자 참여 감시 등도 회의에 포함된다. 특히 팀 전체가 프로젝트의 진척과 성과를 파악과 함께 공동으로 프로젝트 변경을 검토하여 결정하는 것을 포함한다. 상태 회의는 의사소통계획에 포함되어야 한다.

운영위원회(Steering committee)

프로젝트 팀에 상위 이해관계자가 지시와 지원을 전달하고 프로젝트 팀의 권한을 벗어난 결정을 내리는 회의

운영 위원회란, 이름에서 알 수 있듯이, 운영 위원회는 처음부터 끝까지 프로젝트를 진행하도록 돕는다. 때로는 전적으로 프로젝트를 개발하고 실행하는 조직의 직원에 의해 구성되기도 하지만, 대개 프로젝트의 파트너이자 프로젝트에 제공될 수 있는 특정 전문지식을 가진 주요 조직의 대표자들로 구성된다. 구성원에는 프로젝트 또는 조직의 전문가, 권위자 및 고위 이해 관계자가 포함된다. 적어도 한 명 이상의 서비스 클라이언트 또는 개발 중인 프로젝트의 잠재적 사용자를 포함하는 것이 매우 중요하며 유용하다. 운영위원회는 프로젝트의 목표가 올바르게 지정되었는지 확인하는데, 주요 관심사는 사용된 방향, 범위, 예산, 적시성 및 방법이다. 운영 위원회는 일반적으로 이러한 각 측면을 논의하고 방향을 설정하거나 재설정하는 데 도움을 주기 위해 정기적으로 회의를 개최한다. 프로젝트 관리자는 일반적으로 운영 위원회 회의에 참석하여 진행 상황을 보고하고 구성원들이 제기한 질문에 답변한다.

운영 위원회는 다양한 조직 프로젝트에 대한 방향 결정을 내리는 자문 그룹이다. 그 구성원은 전략적 회사 방향을 향해 작업하는 프로젝트 관리자를 직접 지원한다. 운영 위원회의 역할은 다음과 같이 더 넓은 조직 차원의 이니셔티브와 프로젝트를 옹호하는 역할을 한다.

- 프로젝트의 전략적 방향 설정
- 자원, 자금, 시설, 시간, 고용 및 마케팅을 포함한 예산 편성에 대한 조언 또는 직접 입력 제공
- 프로젝트 목표와 범위를 설정하고 성공을 측정하는 방법을 결정
- 프로젝트 계획 및 프로젝트 계획 변경 사항 평가 및 승인 또는 거부
- 프로젝트를 지원할 프로젝트 관리자 및 전문가 선택
- 프로젝트 결과물의 우선순위 지정 및 우선순위 재지정
- 프로젝트 프로세스 및 계획 모니터링
- 당사자 간의 갈등 해결
- 전략 및 문제 해결을 위한 아이디어 도출
- 프로젝트나 전체 비즈니스와 관련된 우려 사항 및 문제에 대한 전문가 의견 제공
- 정책 및 거버넌스 절차 개발
- 프로젝트 및 비즈니스 위험 식별, 감시 및 제거
- 프로젝트 품질을 모니터링하고 그에 따라 조정

기타 방법(Other Methods)

다음 방법들은 특정 범주에 적합하지 않지만 프로젝트에 다양한 용도로 사용되는 일반적인 방법이다.

기타 방법의 종류와 적용 성과 영역

방 법	성과 영역							
	팀	이해관계자	개발방식	기획	프로젝트작업	인도	측정	불확실성
영향도 매핑 (Impact mapping)	✓	✓		✓		✓	✓	
모델링(Modeling)						✓		
순 추천고객 점수® (Net Promoter Score®)		✓					✓	
우선순위 스키마 (Prioritization schema)		✓			✓			
타임박스(Timebox)			✓	✓	✓	✓	✓	

영향도 매핑(Impact mapping)

영향도 매핑은 제품 개발 기간 중 시각적 로드맵 역할을 하는 전략적 계획 수립 방법

영향도 매핑은 전략적인 계획 기법으로, 이는 팀이 전반적인 비즈니스 목표에 맞춰 활동을 조정하고 더 나은 로드맵 결정을 내릴 수 있도록 지원함으로써, 제품을 제작하고 프로젝트를 인도하는 동안 조직으로부터 손실을 방지한다. 영향도 맵은 전략적 계획과 사고를 촉진하여 주요 비즈니스 목표에 초점을 맞춘 큰 그림의 관점을 만들 뿐만 아니라 인도를 통해 학습을 촉진하고 프로젝트 로드맵을 관리하는 데 도움을 준다. 그들은 변화하는 시장 기회나 새로운 지식에 반응하기 위해 필요에 따라 진화, 재조정, 성장 및 축소가 쉬운 방식으로 프로젝트 범위를 나타내고 조직한다.

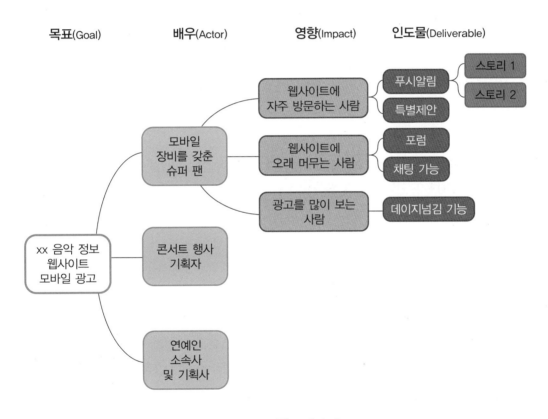

[그림 3-73] 영향도 맵의 예

[그림 3-73]의 영향도 맵에 대한 예와 같이, 영향도 맵은 비즈니스 목표, 사용자와 이해관계자에 대한 영향 및 팀 결과물 간의 가정과 연관성을 보여준다. 그들은 보통 마인드 맵이나 계층적 윤곽의

형태를 취한다. 마인드 맵으로 정보를 구조화하면 단일 시각화로 제품 마일스톤 계획의 다양한 차원을 설명할 수 있다. 색상, 글자 유형 및 크기, 위치(계층적, 수직적/수평적 및 상대적), 윤곽선 및 모양, 중요도, 우선순위, 그룹화 또는 영향을 설명하는 별표와 같은 추가 기호를 사용할 수 있다.

그림에서 가장 좌측의 첫 번째 맵은 음악 정보 웹 사이트의 이정표로, 주요 사업 목표(goal)는 모바일 광고 수익을 높이는 것이다. 목표에 기여할 수 있는 세 그룹의 중요한 배우(actor)들인 모바일 장비를 갖춘 골수 팬, 콘서트 행사 기획자, 연예인 소속사 및 기획사가 있다. 그 중에서 모바일 장비를 갖춘 골수 팬(super-fans)들은 가장 영향력 있는 범주이므로 맵에 가장 먼저 영향을 미치는 범주로 나와 있다. 팀이 이러한 영향만으로 목표를 달성한다면 다른 두 그룹에 어떤 기능도 제공할 필요가 없다. 예시에는 이를 다시 세 가지 잠재적 영향(impact)에 따라 분류하는데, 웹사이트에 자주 방문하는 사람, 웹사이트에 오래 머무르는 사람, 광고를 많이 보는 사람으로 구분한다. 최종 인도물(deliverable)로서, 푸시 알림과 특별 제안은 팬을 웹 사이트로 더 자주 다시 불러오는 데 도움이 될 수 있다. 포럼과 채팅 기능은 참여도를 높이고 팬들이 사이트에서 더 많은 시간을 보내도록 할 수 있다.

영향도 맵은 상위 기술자와 비즈니스 담당자가 공동으로 작성한 범위와 기본 가정을 시각화하는 것이다. 다음과 같은 네 가지 측면을 고려하여 논의 중에 쉽게 작성할 수 있는 마인드맵이다.

▶ 목표(goal)
영향도 맵의 중심은 가장 중요한 질문에 답한다. 왜 이렇게 하는 거야? 이것이 우리가 달성하고자 하는 목표다.

▶ 배우(actor)
영향도 맵의 첫 번째 분기는 다음과 같은 질문에 대한 답을 제공한다. 누가 원하는 효과를 낼 수 있을까? 누가 그것을 방해할 수 있을까? 우리 제품의 소비자와 사용자는 누구인가? 누가 그것에 영향을 받을까? 결과에 영향을 줄 수 있는 배우들이다.

▶ 영향(impact)
영향도 맵의 두 번째 지점 레벨은 우리의 사업 목표의 관점에서 행위자들을 설정한다. 다음과 같은 질문에 답한다. 우리 배우들의 행동은 어떻게 변해야 할까? 그들이 어떻게 우리가 목표를 달성하도록 도울 수 있을까? 그들이 어떻게 우리가 성공하는 것을 방해하거나 막을 수 있을까? 이것들은 우리가 만들어내려고 하는 영향들이다.

▶ 인도물(deliverable)
처음 세 가지 질문에 답을 하면 범위에 대해 이야기할 수 있다. 영향도 맵의 세 번째 분기 레벨은 다음과 같은 질문에 답한다. 조직 또는 인도 팀으로서 필요한 영향을 지원하기 위해 우리는 무엇을 할 수 있는가? 이것들은 결과물, 소프트웨어 기능 및 조직 활동이다.

[그림 3-74] 프로토타입 형태의 모델링

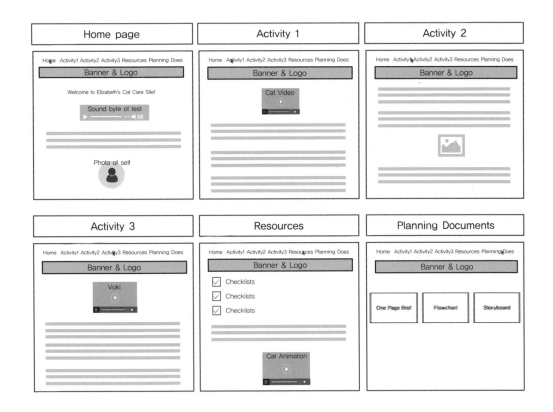

[그림 3-75] 스토리보드 형태의 모델링

모델링(Modeling)

- 모델링은 프로토타입, 다이어그램, 스토리보드 등의 시스템, 솔루션, 인도물을 간단하게 표시하는 프로세스
- 모델링은 정보, 잘못된 의사소통, 추가 요구사항의 차이를 식별하여 분석을 용이하게 함

모델링은 [그림 3-74, 3-75]와 같이 프로젝트 인도물이나 결과물에 대해, 요구사항 수집, 개략적인 설계 및 분석, 범위 계획, 예상되는 리스크 등을 파악하고 소통하기 위해 그 속성이나 물리적 현상을 특정 목적에 맞추어 이용하기 쉬운 형식으로 표현하는 것이다.

순 추천고객 점수®(Net Promoter Score®)

- 조직의 제품을 타인에게 추천하려는 고객의 의향을 측정하는 지수
- 점수는 조직의 제품에 대한 고객의 전반적 만족도와 브랜드에 대한 고객 충성도를 측정하는 대용물로 사용

NPS(Net Promoter Score: 순추천 고객 지수)는 미국의 Bain & Company의 Frederick F. Reichheld가 발표한 새로운 '고객 충성도 측정법'이다. 기존의 '고객 만족도 점수'는 실제 고객의 행동과 상관관계가 낮다는 분석에 따라 여러 실험을 통해 실제 고객의 반복 구매 행동이나 추천 행동과 높은 연관성을 보이는 지표를 찾았는데, 이것이 바로 '추천 의향(likelihood of recommendation)'이다. NPS는 '추천 의향'을 높임으로써 '반복 구매(repeat purchase)' 또는 '추천(referral)'을 유도하는 것으로 '반복 구매'는 기존 고객이 이탈함으로써 잃을 수 있는 매출(revenue at risk)을 유지할 수 있고, '추천'은 신규 고객 획득을 통해 추가 매출을 가져다 줄 수 있는 요인으로 분석하고 있다.

NPS의 측정 방법은 다음과 같다. NPS는 방문 고객 중 추천고객(promoters)과 불평고객(detractors)의 차이를 계산하여 고객의 재방문 의사와 서비스를 평가하는 것으로 간단하고 정확한 방법이다.

측정을 위한 질문은 "거래하시는 회사를 친구나 동료에게 추천할 의향이 얼마나 있습니까?"라는 추천 의향 질문에 대하여 '추천고객(promoter: 10점과 9점으로 응답한 사람)' 비율에서 '불평고객(detractor: 6점에서 0점 사이로 응답한 사람)' 비율을 빼서 측정하게 된다. 여기서 '중간자 고객(passives: 7~8점 응답자)'은 측정에서 제외한다. NPS 점수는 -100 ~ +100 사이로 측정하며, 그 결과가 (+)이면 매장/브랜드의 성장을 나타내고, (-)이면 고객이 감소하고 있다는 것을 보여준다.

NPS = Promoters 응답 비율 − Detractors 응답 비율

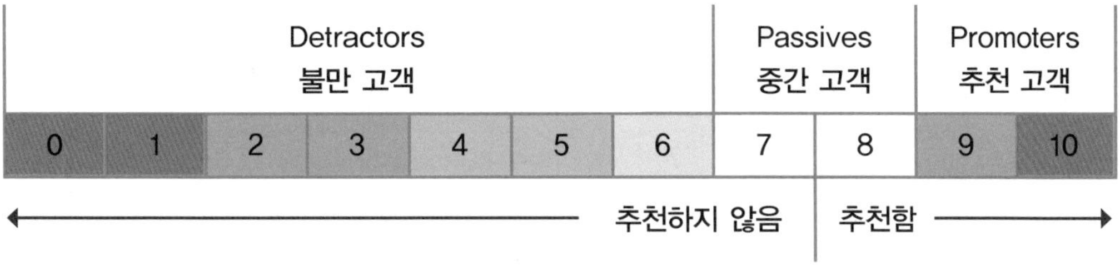

	Detractors 불만 고객						Passives 중간 고객		Promoters 추천 고객	
0	1	2	3	4	5	6	7	8	9	10

추천하지 않음 ← | → 추천함

[그림 3-76] NPS의 개념

또한, NPS의 목표달성도 등을 계산 할 때는 200점 구간에서의 목표치와 그 달성도를 측정해야 한다. 예를 들어, 당해 연도 목표치가 20점이고 측정치가 15점인 경우, 달성률은 $\{(100+15) \div (100+20)\} \times 100 = 95.83\%$이다. $15 \div 20 \times 100 = 75\%$가 아니다. 마찬가지로 목표치가 10점이고 실적치가 −5점이라면, $\{(100-5) \div (100+10)\} \times 100 = 86.36\%$로 계산해야 한다.

우선순위 스키마(Prioritization schema)

- 우선순위 스키마는 요구사항, 리스크, 기능, 기타 제품 정보뿐 아니라, 포트폴리오, 프로그램, 프로젝트의 구성요소에 우선순위를 지정하는 방법
- 예로 다기준 가중 분석 및 MoSCoW(필수 요소, 선호 요소, 보유 가능 요소, 불필요 요소) 방법 등이 포함

프로젝트관리에서는 우선순위를 결정해야 할 경우가 많이 있다. 예를 들면, 여러 후보 프로젝트들 중에서 우선순위에 따라 수행할 프로젝트와 보류할 프로젝트를 구분하거나, 수집된 요구 사항/ 식별된 리스크/ 발생된 이슈/ 제품 기능 등의 우선순위 결정으로 우선적으로 포함시키거나 조치해야 할 항목들을 결정할 수 있다.

우선순위 스키마 중에서 다기준 가중 분석(multicriteria weighted analysis)의 예는 [그림 3-77]과 같다.

기준	가중치	1안	2안	3안	4안	5안
구현 용이도	20%	7 (1.4)	6 (1.2)	5 (1.0)	8 (1.6)	8 (1.6)
성공 가능성	20%	8 (1.6)	7 (1.4)	7 (1.4)	10 (2.0)	10 (2.0)
해법 효과성	50%	7 (3.5)	7 (3.5)	5 (2.5)	3 (1.5)	4 (2.0)
저항 상대성	10%	8 (0.8)	7 (0.7)	6 (0.6)	8 (0.8)	5 (0.5)
총 점	100%	7.3	6.8	5.5	5.9	6.1

[그림 3-77] 다기준 가중 분석(multicriteria weighted analysis)의 예

또 다른 우선순위 스키마의 예로 MoSCoW 방법을 들 수 있다. MoSCoW 방법은 적응형 프로젝트 개발 방법에서 제품 기능 혹은 백로그의 우선순위를 결정하는데 사용하였다. 각 항목들을 필수 요소(must have), 선호 요소(should have), 보유 가능 요소(could have), 불필요 요소(won't have)로 구분하여 우선순위를 결정하였고, 그 중에서 상위에 해당되는 기능들을 릴리즈하기로 선정하거나 다음 이터레이션에 포함시키는 방법을 적용하였다. 각 우선순위 구분 요소의 앞 글자를 따서 MoSCoW라고 부르며, 각 우선순위 구분 요소의 개념과 판단 기준은 다음과 같다.

- **M(Must have) – 필수 요소**
  프로젝트가 제공해야 하는 기능 중 반드시 있어야 하는 집합이다. 필수 기능을 찾는 가장 좋은 방법은 "이 기능을 사용할 수 없는 경우 어떻게 됩니까?"라는 질문을 하는 것이다. 대답이 '프로젝트 취소'이면 '필수'기능인 것이다. 또한 이 필수 기능의 구현 여부는 해당 인도 타임박스의 성공과 실패를 가릴 수 있는 척도이다. 만약 필수 요소 중에 단 하나라도 빠지는 타임박스가 있다면, 그 부분은 실패로 여겨질 수도 있기에, 일반적으로 해당 필수 요소는 반드시 달성해야 할 가치로 나타낼 수 있다.

- **S(Should have) – 선호 요소(가져야 함)**
  중요한 요구 사항이지만 해당 타임박스에서 반드시 인도되지 않아도 되는 항목이나 기능을 의미한다. 필수 요소만큼 중요할 수는 있으나 적시성이나 속도가 중요한 요소가 아닐 수도 있고 다른 방법으로 이를 만족시킬 수도 있는 항목을 의미한다.

- **C(Could have) – 보유 가능 요소(가질 수 있음)**
  필요한 요소이나, 반드시 가져야할 항목이 아닌 경우이다. 이 기능이 구현될 경우 고객 만족도는 높아질 수도 있지만 시간과 자원이 허락하는 경우에만 구현할 수 있는 기능이다.

W(Won't have) — 불필요 요소(이번에는 없을 것이다/있으면 좋겠다)

수행 팀이 장기적으로는 구현하기로 합의했지만 이번 릴리스 또는 이번 이터레이션에는 제공하지 않을 기능이다. 경우에 따라서는 제외할 수도 있는 기능이다. 이는 일반적으로 가장 낮은 투자 회수를 가져오는 기능이다.

> ### 타임박스(Timebox)
>
> 타임박스는 1주, 2주 또는 1개월과 같이 작업이 완료되는 고정된 짧은 기간을 의미함

타임박싱이란 단순히 달력을 열고 미래에 특정 작업에 할애할 시간 블록을 입력하는 것을 의미한다. 작업이 완료될 때까지 작업을 수행하는 대신, 얼마나 많은 시간을 할애할지 사전에 결정한다. 타임박스는 특정 작업에 대해 캘린더에 고정된 시간을 설정하는 것을 의미한다. 캘린더에서 회의를 예약하는 것과 같다. 날짜, 시작 및 종료 시간을 선택하고 원하는 결과를 정의하고 달력에서 시간을 예약한다. 그리고 일단 시간을 예약한 후에는 예정된 회의처럼 처리해야 한다. 즉, 빠른 일정을 조정하거나 시간이 제한된 작업을 수행할 때 주의를 산만하게 해서는 안 된다. 더 큰 작업의 경우 몇 블록의 시간을 미리 예약할 수 있다. 이러한 접근 방식을 사용하면 일정과 우선 순위를 완벽하게 통제할 수 있다.

타임박스는 활동을 실행하는 고정된 기간으로, 대표적인 예로 이터레이션은 일의 실행과 범위를 관리하는데 도움이 되는 시간관리 기법인 타임박스라는 개념에 그 뿌리를 둔다. 모든 이터레이션은 타임박스로 구성되어 있는데, 이는 시작일과 종료일이 있음을 의미하며 매번 같은 길이를 유지한다. 이 타임 박스 안에서 팀은 이터레이션 목표에 맞추어 선택된 일을 지속 가능한 속도로 수행한다. 타임박싱의 주요 이점은 다음과 같다.

- 일을 완성하기 위한 상대적 진행 속도를 보여주고 알려진 이터레이션 날짜에 일의 중요 부분을 완성했는지 확인하게 해준다.
- 미루고 있던 일을 시작하거나 하기 힘든 일을 더 쉽게 '강제로' 시작할 수 있다.
- 특정 작업에 할애할 시간과 시간에 대한 엄격한 제한을 보다 쉽게 설정할 수 있다.
- 정해진 시간에 작업을 수행하는 동안 아무도 방해하거나 주의를 산만하게 하지 않도록 하며 생산성과 집중력을 높일 수 있다.
- 과도한 완벽주의를 방지하고 작업을 처리하는 좋은 방법이다.
- 타임박스를 사용하여 가장 중요한 일을 우선순위화하여 계획할 수 있고 더 나은 작업 리듬을 계획하는 데 도움이 될 수 있다.

타임박싱 접근 방식을 사용하면 인도 지연, 품질 저하, 과도하게 처리되는 작업을 피할 수 있다. 시간은 흐르고 타임박스를 사용하면 통제할 수 없는 상태로 날아가지 않도록 시간을 잘 통제할 수 있다.

4.5 성과 영역에 적용되는 방법

여러 방법들은 각 성과영역에서 유용하게 쓰이며, 인도 방식, 제품, 조직 환경의 요구에 따라 적합한 방법이 결정된다.

프로젝트에 적합한 방법을 선택하는 최종 책임은 프로젝트관리자와 프로젝트 팀이 가진다.

어떤 방법이 어떤 영역에 주로 사용되는가에 대한 내용은 앞의 본문 중에 각 방법의 종류 소개에 포함되어 있다.

4.6 일반적으로 사용되는 결과물[Commonly Used Artifacts]

결과물은 템플릿, 문서, 산출물(output) 또는 프로젝트 인도물(deliverable)을 말한다.

결과물(Artifact)의 종류

- 전략 결과물(strategy artifacts)
- 기록부 및 관리대장 결과물(log and register artifacts)
- 계획 결과물(plan artifacts)
- 계층도 결과물(hierarchy chart artifacts)
- 기준선 결과물(baseline artifacts)
- 시각 데이터 및 정보 결과물(visual data and information artifacts)
- 보고서 결과물(report artifacts)
- 협약 및 계약(agreements and contracts)
- 기타 결과물(other artifacts)

전략 결과물(Strategy Artifacts)

전략 결과물은 프로젝트의 전략적 정보, 비즈니스 정보, 상위 정보를 다루는 문서로, 프로젝트의 시작 전이나 시작 시에 작성되는 문서이다.

이는 프로젝트 시작 시에 개발되지만 일반적으로 변경되지 않고 프로젝트 전반에 걸쳐 검토가 이루어 진다.

전략 결과물의 종류와 적용 성과 영역

결과물	성과 영역							
	팀	이해관계자	개발방식	기획	프로젝트작업	인도	측정	불확실성
비즈니스 케이스 (Business case)		✓		✓				
비즈니스 모델 캔버스 (Business model canvas)		✓		✓				
프로젝트 요약서 (Project brief)		✓		✓				
프로젝트헌장 (Project charter)		✓		✓				
프로젝트 비전 기술서 (Project vision statement)		✓		✓				
로드맵(Roadmap)		✓	✓	✓				

비즈니스 케이스(Business case)

재무적/비재무적 편익을 포함하여 제안된 프로젝트를 위한 가치 제안

모든 프로젝트의 시작에는 이유가 있다. 왜 기업은 새로운 프로젝트를 수행해야 하는가? 그것으로부터 얻을 수 있는 편익은 무엇인가? 그 비용은 가치가 있는가? 비즈니스 케이스는 이러한 질문에 답할 수 있다. 그것은 왜 이 프로젝트가 유익할 것이며, 새로운 투자가 어떤 비용, 편익, 위험 등을 갖게 될 것인지를 기술한다. 그 편익은 재정적인 것일 수도 있지만, 작업량이나 만족도 증가와 같은 다른 기준도 고려할 수 있다. 비즈니스 케이스는 이러한 주장에 대한 수치(예: 기대 원가 절감 비율 또는 현금 흐름)를 뒷받침한다. 이를 통해 의사결정권자는 프로젝트 착수 제안을 승인하거나 거부할 수 있다. 비즈니스 케이스가 사업 승인의 기초가 될 뿐만 아니라 지속적인 상업적 정당성이 될 수 있다.

비즈니스 케이스(business case)는 문서로 정리된 경제적 타당성 연구 자료로, 정의가 충분하지 못한 구성요소(프로젝트)가 제공할 편익의 타당성을 확인하고 추가적인 프로젝트 활동을 승인하기 위한 기초로 사용된다. 즉, 비즈니스 케이스는 프로젝트, 프로그램 또는 포트폴리오를 수행할 수 있는 (투자)정당성을 제공한다. 대안 옵션의 편익, 원가 및 리스크를 평가하고 선호하는 해법에 대한 합리성을 제공한다.

프로젝트의 비즈니스 문서에는 비즈니스 케이스와 편익관리 계획서가 있다. 그 중에 비즈니스 케이스는 비즈니스 요구사항과 프로젝트 타당성을 설명하는 비용–편익 분석 정보를 기술하며, 재무적 성공 요인을 포함한 프로젝트의 중요한 성공 요인을 명시한다. 또한 편익관리 계획서는 프로젝트에서 목표하는 순 현재 가치 산출치, 편익 실현 기간, 편익 관련 지표 등의 목표 편익 정보, 그리고 특정 프로젝트 편익이 실현될 것으로 예상되는 시기 등의 편익 정보를 기술한다.

비즈니스 케이스는 프로젝트 타당성을 입증하기 위해 사용된 경제적 타당성 조사의 예상 결과가 충족되었는지 판단하는 데 사용되며, 편익관리 계획서는 프로젝트의 편익이 계획한 대로 달성되었는지 평가하는 데 사용된다.

비즈니스 케이스는 프로젝트 헌장 개발, 원가 예산 편성, 조달 계획 수립, 이해관계자 식별 프로세스에서 필요로 한다.

비즈니스 케이스를 구성하는 다섯 가지 요소는 다음과 같다.

- 전략적 컨텍스트: 변화를 요구하는 설득력 있는 케이스
- 경제성 분석: 옵션의 투자 평가에 근거한 투자 수익률
- 상업적 접근: 소싱 전략과 조달 전략으로부터 도출
- 재무적 케이스: 기간 내에 조직에 적당한 예산.
- 관리 접근방식: 역할, 지배구조, 라이프사이클 선택 등

비즈니스 케이스는 시장 수요, 조직 요구, 고객 요청, 기술 발전, 법률 요구사항, 생태학적 영향, 사회적 요구 등의 결과로 작성된다.

비즈니스 모델 캔버스(Business model canvas)

가치 제안, 인프라, 고객, 재무 상태를 설명하는 한 페이지 분량으로 요약된 시각 자료로 린 스타트업 상황에서 자주 사용

짧은 시간 동안 제품을 만들고 성과를 측정해 다음 제품 개선에 반영하는 것을 반복해 성공 확률을 높이는 경영 방법론의 일종이다. 고객을 위한 검증과 데이터 축적까지 낭비를 없애고 효율적으로 도달하기 위한 프로세스이다. 일본 도요타자동차의 린 제조(lean manufacturing) 방식을 본 뜬 것으로, 미국 실리콘밸리의 벤처기업가 Eric Ries가 개발했다. 린스타트업은 '(제품/서비스)제작 – (소비자 반응)측정 – (반응 내용)학습'의 과정을 반복하면서 꾸준히 혁신해 나가는 것을 주요 내용으로 한다.

〈린스타트업 예시〉

- 가설: 다이어트를 원하는 사람들은 신뢰할 수 있는 기업에서 만든 다이어트 보조제를 구입할 것이다.
- MVP 제작: 최소비용 100만원으로 100개의 다이어트 보조제 MVP(minimum vialble product) 제작, 제품 신뢰를 위해 '올해의 브랜드 대상 1위'를 바탕으로 신뢰성을 구축하여 소비자 컨텍한다.
- 노출을 통한 고객 유입: 소셜커머스, 스마트 스토어, 블로그, 인스타그램 등에서 광고와 마케팅을 통해서 타겟 고객을 유치한다.
- 소비자의 반응과 개선점을 찾아내어 피봇(전략 전환)을 진행한다.

비즈니스 모델이란, 우리의 사업이 어떤 방향으로 나아갈지 정하는 것이다. 투자자나 이해관계자, 내부관계자들과의 의사소통을 위해서 꼭 필요한 내용으로 다음과 같은 내용을 잘 정리하여 보여주는 것이다.

- 우리 기업이 어떤 가치를 전달할지
- 어떤 고객을 대상으로 활동을 하여 수익을 만들지
- 어떤 외부관계자와 활동을 할지, 그리고 비용을 만들지

비즈니스 모델 캔버스는 비즈니스 모델을 정하는데 도움을 주는 캔버스 툴인 분석 도구이다. 비즈니스 모델을 가장 효율적으로 표현하는 방법은, 고객 반응에 따라 빠르게 실행하고 피봇팅하기(방향 전환) 위해 단 한 장의 기획서가 가장 효과적이다. 수십 장의 빽빽한 보고서는 시장 테스트를 통해 검증이 된 후에 작성해도 늦지 않다.

◆커피 공작소

① 핵심 파트너	② 핵심 활동	④ 가치 제안	⑤ 고객 관계	⑦ 고객 세분화
• 하드웨어 제조 업체 • 커피생산 업체 • 유통 업체	• 커피 머신 제조 • 커피 캡슐 제조 • 마케팅	• 품질 좋은 • 고급 커피를 • 언제, 어디서나	• 멤버십 • 회원 관리 • 정기 배송	• 집이나 회사에서 카페처럼 고급 커피를 마시고 싶어 하는 고객
	③ 핵심 지원		⑥ 채널	
	• IT 인프라 • 브랜드 • 인지도 • 전문적인 직원		• SNS • 웹 사이트 • 모바일 앱 • 오프 라인	
⑧ 비용 구조			⑨ 수익원	
• 하드웨어 제작 및 배송 • 마케팅 • 고객 주문 처리			• 커피 공작소 커피 머신 판매수익 • 커피 캡슐 판매 수익	

[그림 3-78] 비즈니스 모델 캔버스의 예

[그림 3-78]과 같이 캔버스 툴은 크게 세 가지 영역으로 나눌 수 있다.

• 왼쪽 영역 – 활동 및 활동을 위한 비용(기업의 활동과 이에 필요한 위한 비용)
• 중간 영역 – 가치(기업이 사회에 줄 수 있는 가치)
• 오른쪽 영역 – 수익(고객을 선정하고 유지시키며 획득하는 수익)

결과적으로 오른쪽 아래의 수익원이 왼쪽 아래 비용구조보다 높아야만 기업이 흑자를 낼 수 있다. 비즈니스 모델 캔버스의 구성은 다음과 같다.

① 핵심 파트너십(Key Partnerships)

비즈니스를 원활히 작동시켜줄 수 있는 공급자 또는 구매자, 전략적 파트너 등이 해당된다. 비즈니스를 수행함에 있어 필요한 모든 자원을 보유하거나 모든 활동을 직접 수행하는 기업은 거의 없으므로, 파트너가 누구이며 어떤 성격을 가지고 어떤 역할을 하는지 정의하는 것도 매우 중요하다.

② 핵심 활동(Key Activities)

비즈니스를 영위하기 위해 꼭 해야 하는 중요한 일을 말한다. 플랫폼 제공이 될 수도 있고, 하드웨어 스타트업의 경우에는 제품을 제작하고 운송하는 등의 생산 활동이 여기에 해당된다.

③ 핵심 자원(Key Resources)

비즈니스를 원활히 진행하는 데 가장 필요한 주요 자산을 말한다. 물적 자원, 지적 자산, 인적 자원 등이 여기에 포함된다.

④ 가치 제안(Value Propositions)

"목표 고객에게 어떤 가치를 전달할 것인가?", "우리가 제공하려는 가치가 고객이 처한 문제점을 해결해 줄 수 있는가?"

⑤ 고객 관계(Customer Relationships)

목표 고객과 어떤 형태의 관계를 맺을 것인가를 의미하며, 고객을 확보하고 유지하여 판매를 촉진하기 위해 꼭 필요한 요소이다.

⑥ 채널(Channels)

목표 고객에게 가치를 제안하기 위해 커뮤니케이션을 하고, 상품이나 서비스를 전달하는 가장 효과적인 방법을 찾는다. "고객에게 다가가기 위해 어떤 채널이 가장 효과적일까?"

⑦ 고객 세그먼트(Customer Segments)

목표 고객을 세분화하는 과정으로 "누가 우리의 가장 중요한 고객인가?"

⑧ 비용 구조(Cost Structure)

비즈니스 모델을 운영하는 데서 발생하는 모든 비용이다. 비용을 최소로 쓰기 위해 어떤 프로세스를 취할지도 이 단계에서 고려한다.

⑨ 수익원(Revenue Streams)

기업이 창출하는 수익을 의미한다. 수익원을 파악하기 위해 목표 층이 어디에 기꺼이 돈을 지불하는지 조사하고, 시장 테스트도 한다.

프로젝트 요약서(Project brief)

프로젝트 요약서 혹은 프로젝트 개요는 프로젝트의 목표, 인도물, 프로세스에 대한 상위 수준의 개요를 제공

프로젝트 요약서(개요서)에는 프로젝트의 이유와 접근방식 및 프로젝트 관리에 사용되는 프로세스가 기술되어 있다. 이 문서의 중요성은 높지만 프로젝트 계획만큼 상세하지 않다.

이해관계자와 프로젝트 팀은 프로젝트를 설명하기 위해 짧고 간결한 설명이 필요하다. 프로젝트 요약서(개요서)는 프로젝트의 목적, 범위, 주요 성과물, 마일스톤 및 스케줄 개요를 요약하고 이 정보를 제공하는 방법이다.

⊙ 프로젝트 요약서의 목적

프로젝트 요약은 프로젝트의 프레임웍 이상의 역할을 하며 효과적인 커뮤니케이션 도구로서 기능을 한다. 강력한 프로젝트 개요는 이해관계자, 팀, 설계자 및 프로젝트에 관여하는 모든 사람이 프로젝트의 요구와 목표를 이해하는 데 도움이 된다. 이는 프로젝트를 시작할 때 중요한 문서이며 모든 사람이 공통의 목적을 위해 협력할 수 있도록 한다는 점이다.

⊙ 프로젝트 요약서 작성자

프로젝트의 기본 문서이기 때문에 프로젝트 요약서는 프로젝트 관리자가 작성한다. 프로젝트 관리자는 프로젝트 계획과 일정 작성 및 자원 관리를 담당하기에, 프로젝트 요약 작성에는 다른 모든 프로젝트 요소의 가이드가 되는 프로젝트 개요 작성에 당연히 참여한다. 프로젝트 계획 및 일정 작성과 마찬가지로 프로젝트 관리자가 프로젝트의 미션을 정확하게 파악하기 위해서는 고객과 주요 이해관계자가 필요하다.

⊙ 프로젝트 요약에 포함되는 사항

프로젝트 요약은 프로젝트 전체를 철저하게 기술하면서 개요만 제시해야 하기에, 엘리베이터의 피치와 의제의 개요 사이 어딘가에서 작용한다는 점에서 경영층 요약(executive summary)과 유사하다

- 제목
- 클라이언트: 연락처, 비즈니스 유형 및 고객 기반
- 프로젝트 정의: 배경, 성과(outcomes), 범위
- 프로젝트 접근법: 프로세스 및 절차
- 프로젝트 목표
- 프로젝트의 세부 사항: 대상자, 목표, 스케줄, 단계, 리뷰 등

프로젝트 요약서(Project Brief)	
프로젝트 명	통신 타워
일자	2022년 12월 31일
고객	xx 텔레콤
프로젝트 개요	통신 타워 건설
목적과 목표	타워 설계, 기초 공사, 구조물 구축, 품질 테스트
가정 및 제약	작업이 어려운 날씨
프로젝트 범위	[인도물의 개요]
대상자	[프로젝트 제품의 사용자]

프로젝트 요약서(Project Brief)	
성공 기준	[성공 기준의 척도 및 측정자]
예산	[프로젝트 실행과 관련된 원가]
일정	[프로젝트 시작과 종료일]

[그림 3-79] 프로젝트 요약서의 예

프로젝트헌장(Project charter)

프로젝트 채택의 공식적 승인과 함께 프로젝트관리자에게 자원 투입 권한을 부여하기 위해 프로젝트 착수자나 스폰서가 발행하는 문서

프로젝트헌장은 프로젝트를 공식 승인하고 프로젝트 관리자에게 조직의 자원을 투입할 수 있는 권한을 부여하는 내용의 문서이다. 이 문서 개발의 이점은 프로젝트와 조직의 전략적 목표를 직접 연결하고, 프로젝트의 공식적 기록을 작성하며, 프로젝트에 대한 조직의 헌신을 보여준다는 점이다.

프로젝트헌장은 수행 조직과 요청 조직 간 협력 체계를 구축한다. 외부 프로젝트의 경우에는 공식 계약을 체결하며, 조직 내부 협약 체결에도 계약에 따른 인도를 보장하기 위해 프로젝트헌장이 사용될 수도 있다. 프로젝트 관리자는 가능한 한 프로젝트 초기에 식별 및 임명되며, 가급적 프로젝트헌장이 개발되는 동안 그리고 항상 계획 시작 전에 식별 및 임명하는 것이 바람직하다. 프로젝트헌장은 스폰서나 프로젝트 관리자가 착수 주체와 협력하여 개발할 수 있다. 프로젝트헌장은 프로젝트 관리자에게 프로젝트 계획수립, 실행 및 통제 권한을 부여한다.

프로젝트는 스폰서, 프로그램 또는 프로젝트관리오피스(PMO), 포트폴리오 관리 책임자 또는 권한을 위임 받은 대표자와 같은 프로젝트 외부 주체에 의해 착수된다. 프로젝트 착수자나 스폰서는 프로젝트에 자금을 조달하고 자원을 배정할 수 있는 직위에 있어야 한다. 프로젝트는 내부 비즈니스 요구나 외부 영향으로 인해 착수되는데, 이러한 요구나 영향은 종종 요구 분석서, 타당성 연구서, 비즈니스 케이스 또는 프로젝트가 해결할 상황 기술서를 작성하는 계기가 된다. 프로젝트헌장 개발 과정에서는 프로젝트가 조직의 전략 및 진행 중인 작업과 일치하는지 확인한다.

프로젝트헌장에는 다음 사항을 포함하여 프로젝트에 대한 상위 수준 정보, 프로젝트로 달성하려는 제품에 대한 정보가 기술된다.

- 프로젝트 목적
- 측정 가능한 프로젝트 목표 및 해당하는 성공 기준
- 상위 수준 요구사항
- 상위 수준 프로젝트 설명, 범위 및 주요 인도물
- 프로젝트 포괄적 리스크
- 요약 마일스톤 일정
- 사전 승인된 재정 자원
- 핵심 이해관계자 목록
- 프로젝트 승인 요구사항(프로젝트 성공 요건 및 성공 여부 결정자, 프로젝트 승인권자)
- 프로젝트나 단계의 종료나 취소 기준
- 선임된 프로젝트 관리자, 담당 업무 및 권한 수준
- 프로젝트헌장을 승인하는 스폰서 또는 기타 주체의 이름과 권한

프로젝트 비전 기술서(Project vision statement)

프로젝트의 목적을 상위 수준으로 설명하여 팀이 프로젝트에 기여하도록 영감을 부여

프로젝트 비전은 프로젝트 참가자에게 기여하는 이유를 제공한다. 프로젝트의 목적을 명확히 하고, 혼란을 없애고, 팀을 통합하고, 최선을 다하도록 영감을 준다. 간단히 말해서 프로젝트 비전 선언문은 프로젝트 비전을 문서화한 것이다. 그 목표는 프로젝트에서 일하는 사람들을 가이드하고 동기를 부여하며 영감을 주는 것이다. 몇 개의 문장으로 구성되기에 전체적인 느낌을 전달하는데, 비전 선언문은 어떤 상황에서 팀이 어떻게 행동해야 하는지에 대한 지침을 제공하는 대신 핵심 가치와 최종 목표를 전달한다. 이 정보를 기반으로 팀 또는 구성원들은 프로젝트에 가장 적합한 결정을 내릴 수 있다.

비전과 비전 선언문은 별개이지만 관련된 개념이다. 비전은 감정적 무게를 지닌 웅대하고 포괄적인 아이디어이며, 비전 선언문은 언어적 표현으로, 큰 그림에 대한 간결한 선언, 일종의 프로젝트 방향을 설정하고 사람들이 보고 이해하도록 돕는다.

다음과 같이 비전 선언문의 예를 들 수 있다.

- "비서실에서 개인적으로 사용할 수 있을 만큼 작고 저렴하며 신뢰할 수 있는 복사기를 시장에 출시한다."
- "신입 직원을 가치 있는 장기 기여자로 빠르게 변화시키는 교육 및 조직 적응 프로그램을 설계한다."

- "21세기에 회사를 확고히 포지셔닝하는 기술적으로 진보된 중형 상업용 항공기를 개발한다."

프로젝트 비전 선언문을 작성할 때는 다음 사항을 고려해야 한다.

- 실행 가능: 행동을 장려하기 위해 "전달" 또는 "생산"과 같은 강력한 동사로 프로젝트 비전을 표현한다.
- 참여: 프로젝트 참가자의 공감을 얻고 최선을 다하도록 유도하는 개념을 포함한다.
- 협업: 팀과 고객을 포함한 많은 이해 관계자의 의견을 구함으로써, 더 나은 아이디어를 생산할 뿐만 아니라 비전을 소유하고 동의하는 데 도움이 된다.
- 미래 지향적인 생각: 프로젝트의 결론을 상상하고 편익 측면에서 비전을 표현한다.
- 구체 : 간단한 경우 성공을 정의하는 몇 가지 주요 기준이나 목표를 언급할 수 있다.

비전 선언문은 상세한 프로젝트 계획을 대신할 수 없다. 비전 선언문에는 프로젝트에 필요한 모든 목표, 기대치, 기준, 설명 및 정의가 포함될 수 없으며 몇 가지만 언급하지만 구체적으로 정의하지는 않는다. 비전 선언문은 프로젝트가 진행됨에 따라 비전이 발전할 수 있으며 필요한 경우 비전 선언문을 다시 작성할 수 있다.

애자일 팀의 비전 선언문은 제품 목표, 고객 및 고객의 요구 사항에 대해 생각하고 팀을 원하는 결과로 안내하는 설명을 작성해야 한다. 작업 보드를 중심으로 하는 시각화된 프로젝트 관리 프로세스인 애자일의 한 가지 이점은 프로젝트 비전 선언문을 항상 볼 수 있도록 하는 기능이다.

> **로드맵(Roadmap)**
>
> 마일스톤, 주요 행사, 검토, 결정 항목 등을 보여주는 상위 수준의 일정을 제공

[비전] 2021년 전세계에 한국 트로트를 홍보하여 년간 관광객 1000만명 돌파하기	
1/4 분기	한국을 대표하는 트로트 가수 발굴
2/4 분기	트로트 홍보 자료 제작
3/4 분기	세계적 가수들과 트로트 콜라보
4/4 분기	전세계 투어 콘서트

[그림 3-80] 로드맵의 예

OO 개발 프로젝트	
2022. 3. 5	프로젝트 착수
2022. 4. 15	프로젝트 계획 수립 완료
2022. 5. 5	고객 설명회 개최
2022. 7. 31	제품 설계 완료
2022. 9. 10	시제품 제작 발표회 및 고객 검토
2022. 12. 1	제품 제작 완료
2022. 12. 15	제품 발표회 및 인도 완료

[그림 3-81] 로드맵의 예

기록부 및 관리대장 결과물(Log and Register Artifacts)

기록부와 관리대장은 프로젝트의 발전 측면을 지속적으로 기록하는 데 사용된다. 프로젝트 전반에 걸쳐 업데이트된다. 기록부와 관리대장이라는 용어는 종종 혼용된다. 동일한 결과물을 나타내는 리스크 관리대장 또는 리스크 기록부를 흔히 볼 수 있다.

기록부 및 관리대장의 종류와 적용 성과 영역

결과물	성과 영역							
	팀	이해관계자	개발방식	기획	프로젝트작업	인도	측정	불확실성
가정사항 기록부(Assumption log)				✓	✓	✓		✓
백로그(Backlog)				✓	✓	✓		
변경사항 기록부 (Change log)					✓	✓		
이슈 기록부(Issue log)					✓			
교훈 관리대장 (Lessons learned register)					✓			
리스크 조정 백로그 (Risk-adjusted backlog)				✓				✓

결과물	성과 영역							
	팀	이해관계자	개발방식	기획	프로젝트작업	인도	측정	불확실성
리스크 관리대장 (Risk register)				✓	✓	✓		✓
이해관계자 관리대장 (Stakeholder register)		✓		✓				

가정사항 기록부(Assumption log)

- 가정은 증거나 입증 없이 사실 또는 확실한 것으로 간주되는 요인
- 제약은 프로젝트, 프로그램, 포트폴리오, 프로세스 관리 옵션 등을 제한하는 요인
- 가정사항 기록부는 프로젝트 전반에 걸쳐 모든 가정과 제약을 기록

가정은 계획 목적을 위해 사실로 간주되는 요소들이지만 확인되거나 입증되지 않은 것들이다. 가정 기록부(log)는 단순히 모든 가정을 기록하고 각 가정의 유효성을 추적하는 문서이다. 프로젝트는 필요에 따라 가정을 한다. 이를 통해 모든 단일 사실의 유효성을 확인하지 않고 계획을 계속 진행할 수 있다. 만약 계획을 수립하는 사람이 가정을 할 수 없다면, 기획을 진행하는 것이 어려울 것이다.

가정을 포착하는 것은 작업의 일부일 뿐이다. 이를 위해 가정이 사실인지 여부를 확인해야 한다. 계획하는 동안 가정이 정확하다면 더 이상 할 일이 없다. 잘못된 가정을 한 경우 프로젝트 계획을 업데이트해야 할 수도 있다. 검증되지 않은 가정은 프로젝트에 리스크를 초래한다. 따라서 가정 기록부는 리스크 관리 계획의 일부가 될 수 있다.

예를 들면, 6개월 후에 디자인 작업 일정을 계획하는데, 현재 팀에는 그 일을 수행할 디자이너가 없다. 그러면, 그 계획은 6개월 내에 디자인 작업을 할 수 있는 디자이너가 충원된다는 가정하에 수립되는 것이다. 그러나 6개월이 거의 다 되어가는데 아직도 디자이너가 충원되지 않고 있다면, 이는 리스크로 등록해서 사전에 대응 전략을 수립해야 한다.

가정 기록부는 프로젝트 관리자가 생성한다. 일반적으로 모든 착수 및 계획 문서는 가정 기록부를 만들고 유지 관리하기 위한 입력물이 된다. 리스크가 식별되면 가정이 이루어지는 것이며, 또한 일정이 계획되면 가정이 이루어지는 것이다. 부정확하고 일관성이 없으며 불완전한 가정은 프로젝트 리스크를 초래할 수 있기에, 가정 기록부는 모든 가정을 추적하고 그 유효성을 탐색하는 데 사용된다.

가정 및 제약에 대한 개념은, 본서의 '방법(method)'에 있는 '데이터 수집 및 분석 방법' 중에 '가정 및 제약 분석'을 참고하면 된다.

		가정 사항 기록부(Assumption Log)						
프로젝트 명: ○○제품 개발						기준일: 2022. 3. 21		
ID	범주	가정 사항	담당	처리 기한	조치 사항	상황	기타
01	기획	5명의 개발자가 추가로 요구됨	프로젝트 관리자	–		완료	
02	실행	시제품 제작에 60일 소요 예상	관련 직원	2022. 6. 9	엔지니어 2명 충원	미완료	

[그림 3-82] 가정사항 기록부의 예

백로그(Backlog)

- 백로그는 수행할 업무를 순서에 따라 정리한 목록
- 프로젝트에 제품 백로그, 요구사항 백로그, 방해 요소 백로그 등이 있음
- 백로그 항목은 우선순위가 지정되며, 우선순위가 높은 작업은 임박한 이터레이션에 예정됨

백로그(backlog)의 원래 의미는 '밀린 일', 즉, 해야 할 일을 의미한다. 애자일 개발 방법론에서 백로그는 성공적인 제품 개발을 위해 필요한 제품 기능 및 기타 기능의 우선순위 목록으로 정의된다. 초기 제품 백로그 항목은 제품을 개발할 때 제품 책임자(product owner)의 비전을 충족시키기 위한 제품 기능들이다. 백로그가 될 수 있는 것은, 새로운 제품 기능, 기존 제품 기능의 변화, 개선이 필요한 단점, 기술적인 개선 등이다. 제품 백로그는 계속 진화하는 산출물로, 사업 환경 변화나 이터레이션에서 생산된 결과물의 피드백을 통해 팀의 이해가 증진됨에 따라 항목을 추가, 삭제, 재고할 수 있다.

제품 백로그는 전략 계획을 지원하는데 필요한 작업 목록이다. 예를 들어, 제품 개발 맥락에서는 우선 순위가 지정된 항목 목록이 포함된다. 제품 백로그의 일반적인 항목에는 유저 스토리, 기존 기능 변경 및 버그 수정이 포함된다. 백로그 의미를 부여하는 한 가지 핵심 구성요소는 우선순위가 지정된 항목이라는 것인데, 가장 높은 순위에 있는 항목은 팀에서 완료해야 하는 가장 중요하거나 긴급한 항목을 나타낸다.

애자일 개발 방법론의 강점은 고객에게 신속하게 가치를 제공하는 데 있다. 새로운 기능과 향상된

기능을 빠르게 반복(이터레이션)하고 배포하여 고객 만족에 초점을 맞춘다. 또한 이 반복(이터레이션)은 제품 우선순위를 달성하는 데 도움이 된다. 이터레이션 기획 세션은 범위, 크기, 부분 개발 작업 및 참조를 위해 백로그에 의존한다.

제품 백로그에는 제품에 대해 고려 중인 모든 잠재적인 항목이 포함된다. 백로그는 사소한 조정에서 주요 추가에 이르기까지 모든 영역을 실행한다. 애자일 개발 프레임워크를 사용하는 제품 팀은 작업을 이터레이션(스프린트)으로 나눈다. 이 이터레이션은 일반적으로 팀이 제한된 작업 세트에서 작업하는 짧은 개발 시간 블록으로 일반적으로 몇 주에서 한 달 정도 기간이다. 팀이 다음 이터레이션(스프린트)을 위한 작업을 계획하기 위한 이터레이션(스프린트) 계획 회의의 결과는 스프린트 백로그가 됩니다. 이는 포괄적인 제품 백로그에서 이 스프린트 백로그의 항목을 가져오는 것이다.

변경사항 기록부(Change log)

- 변경사항 기록부는 프로젝트 기간에 제출된 전체 변경사항 목록과 변경사항 별 현황 기록부
- 변경사항은 공식적으로 통제되는 인도물, 프로젝트관리 계획서에 속한 문서, 프로젝트 문서 등을 수정

변경사항 기록부(change log)는 프로젝트의 모든 변경 사항에 대해 제출된 변경 요청 기록이다. 이 문서는 제출에서 검토, 승인, 구현 및 종료에 이르기까지 각 변경의 진행 상황을 추적한다. 로그(log)는 문서나 스프레드시트를 사용하여 수동으로 관리하거나 소프트웨어 또는 웹 기반 도구를 사용하여 자동으로 관리할 수 있다.

통합 변경 통제의 개념과 절차는 본서의 '방법(method)' 중에서 '회의 및 행사 방법' 내에 있는 '변경 통제위원회(CCB: change control board)' 설명을 참조하면 된다.

변경사항 기록부(Change Log)								
ID	일자	요청자	변경 요청 내용	변경사유	승인 상태	승인 진척 및 거부 사유	변경 관련 조치	비고
1	22-10-13	김○○	〈f1〉태그 파란색으로 변경	고객 요청	승인	정확한 색도 파악 중	고객 마케팅 팀과 협의	프로젝트 일정 #1324
2								
3								

[그림 3-83] 변경사항 기록부(Change log) 양식의 예

이슈 기록부(Issue log)

- 이슈는 프로젝트 목표에 영향을 미칠 수도 있는 현재 여건이나 상황
- 이슈 기록부는 진행중인 이슈에 대한 정보를 기록하고 감시하는 데 사용
- 후속 조치 및 해결을 위해 책임 담당자 배정

이슈(issue)란, 논의할 논쟁이 될 수 있는 중요한 사안으로, 프로젝트에서는 프로젝트 목표나 성과에 영향을 미치는 장애 요인들을 의미한다.

프로젝트에서 리스크와 이슈의 차이는 [그림 3-84]와 같다.

프로젝트 리스크(Risk)	프로젝트 이슈(Issue)
프로젝트 목표나 성공에 영향을 미칠 수 있는 잠재적인 사건이나 상황	프로젝트 리스크 요인으로부터 실제 발생된 프로젝트 목표에 영향을 미치는 사건
아직 발생하지 않은 잠재적인 사건	이미 발생하여 조치해야 할 문제
최대한 식별을 통해 관리해야 할 사건	리스크 관리가 잘 안될 경우 발생
리스크는 사전 대응으로 회피나 완화 가능	이슈는 이미 발생한 문제로 해결 방안 수립
리스크 식별, 분석, 대응을 통한 관리	이슈 목록, 우선순위 정하기, 해결방안 수립
리스크 관리대장(Risk Register) 사용	Issue Log(이슈 기록부) 혹은 Action Items Log(조치 관리대장) 사용

[그림 3-84] 프로젝트 이슈와 리스크의 차이점

이슈 관리를 위해서는 먼저 이슈 관리 계획을 수립해야 한다. 이 계획에는 이슈 적용범위, 이슈의 정의-분석-해결 처리의 절차, 승인 권한과 책임, 우선순위 기준, 기타 도구 및 기법, 보고 양식 등을 포함한다. 이슈 발생 시에는 이슈 기록부(혹은 이슈관리 대장)에 기록해야 하는데, [그림 3-85]와 같이 발생 이슈의 내용 내용과 발생 일자를 먼저 기록한다. 기록된 이슈는 평가 과정을 거치는데, 얼마나 긴급하게 처리해야 하는지에 대한 시급성과 해당 이슈가 프로젝트에 미치는 영향도를 평가한 후에 이를 기반으로 우선순위를 결정한다. 이렇게 우선순위가 결정되면, 우선순위가 높은 이슈 순으로 문제 해결 절차에 의한 해법을 도출 한다. 이 과정에서 해결 방안, 조치 시한, 조치 담당자 등을 결정한다. 마지막으로 완성된 이슈 기록부는 의사소통관리계획에 따라 정보 배포와 함께 지속적인 관리에 들어간다. 이슈 관련 정보를 배포한 후에는 이슈 기록부에 대한 주기적 검토와 이행 여부를 지속적으로 확인하여야 한다.

이슈관리대장								

프로젝트 이름:　　　　　　　　　　　　　　프로젝트 ID:

ID	이슈 내용	발생일	시급성	영향도	우선순위	해결방안	조치일	담당자

[그림 3-85] 이슈 기록부(이슈 관리대장)의 예

교훈 관리대장(Lessons learned register)

- 교훈 관리대장은 프로젝트, 단계, 반복(iteration) 중 획득한 지식의 기록에 사용
- 프로젝트 팀과 조직을 위한 향후 성과 개선에 이용

　　교훈 관리대장은 프로젝트의 성과를 개선하고 실수를 반복하지 않기 위해 교훈을 활용한다. 교훈 관리대장은 팀의 활동들이 조정되도록 규정 또는 지침을 어디에 적용할지 확인하는 데 도움이 된다.

　　교훈 관리대장에는 상황의 범주와 설명이 포함될 수 있다. 교훈 관리대장은 상황과 관련된 영향, 권고사항 및 제안하는 조치를 포함할 수 있다. 과제, 문제점, 실현된 리스크와 기회 또는 기타 해당되는 내용을 교훈 관리대장에 기록할 수 있다. 프로젝트 초기에 이 프로세스의 산출물로 교훈 관리대장이 작성된다. 그 다음에는 프로젝트 전반에 걸쳐 수많은 프로세스의 투입물로 사용되거나 산출물로

교훈 관리대장(Lessons Learned Register)									
ID	일자	발생한 사건	상황 (RAG)	사전 징후	권장 사항	조치 사항	담당자	WBS ID	상태
1	22-10-13	QA에서 테스트 연결이 누락되어 연결에 문제가 발생하였다.	부정적 (Red)	없음	QA 환경에서 이 테스트를 위한 새 테스트 케이스를 추가한다.	테스트 관리자에게 추가 테스트 케이스를 요청하고 PMO에 알린다.	PM	3.11.4 커넥터	완료
2									
3									

[그림 3-86] 교훈 관리대장의 예

업데이트된다. 작업에 참여한 사람이나 팀도 교훈을 포착하는 데 기여한다. 지식은 비디오, 그림 또는 오디오를 이용하거나 교훈의 효율성을 보장하기에 적절한 기타 방법으로 문서화할 수 있다. 프로젝트 또는 단계가 끝나면 교훈 저장소라고 하는 조직 프로세스 자산으로 정보가 이전된다. 또한, 교훈 관리대장에는 차이에 대한 효과적인 대응, 시정조치 및 예방조치에 관한 정보가 포함될 수 있다. 기타 자세한 사항은 본서의 '방법(method)' 중에서 '회의 및 행사 방법'내에 '교훈(회의)'에 기술된 내용을 참조할 수 있다.

리스크 조정 백로그(Risk-adjusted backlog)

리스크 조정 백로그는 위협과 기회를 처리하는 작업 및 조치가 포함된 백로그

리스크 조정 백로그는 실행 가능한 리스크에 대한 리스크 대응 작업이 포함된 스프린트 또는 릴리스 백로그이다. 부정적인 리스크의 경우, 이러한 대응 조치에는 회피, 완화, 전가가 포함된다. 반면에, 긍정적인 리스크에는 활용, 향상 및 공유가 포함된다. 두 범주의 리스크에 대해 더 나은 솔루션이 없는 리스크를 수용하는 것도 가능하며, 수용은 능동적이거나 수동적일 수 있다. 리스크를 능동적으로 수용한다는 것은 시간이나 비용 측면에서 리스크를 대비한 비용을 만들고 이 예비비를 사용하여 리스크가 발생할 때 이를 처리하는 것을 의미한다. 수동적 수용은 당시의 리스크에 대해 아무것도 하지 않고 리스크가 발생되면 처리하거나, 경우에 따라서는 우발사태계획(비상계획)을 수립하여 실행하는 것을 의미한다.

리스크 대응의 우선 순위를 정하기 위해 여러 가지 접근 방식을 취할 수 있다. 그 하나는 기능 우선 순위에 따라 분류하는 것이다. 예를 들어, 최우선순위 작업에 영향을 미치는 리스크는 백로그 맨 아래 작업에 영향을 미치는 리스크보다 더 높은 우선 순위를 갖는다. 금전적 기대값(EMV: Expected Monetary Value) 접근 방식에서 대응 조치는 리스크의 EMV에 따라 우선 순위가 지정된다. 예를 들면, 두 개의 리스크가 각각 25%의 발생 확률을 가지고 있지만 하나의 비용은 5,000만 원이고 다른 하나의 비용은 1,000만 원인 경우, 첫 번째 리스크(EMV는 5,000만 원의 25%인 1,250만 원)가 두 번째 리스크(EMV는 1,000만 원의 25%인 250만 원)보다 우선 순위가 높다.

[그림 3-87]과 [그림 3-88]은 스프린트(이터레이션)에 대한 리스크 조정 백로그의 예와 시간이 지남에 따라 리스크가 어떻게 감소하는지 보여주는 리스크 번다운 차트이다. [그림 3-87]에 제시된 예에서 리스크에 대한 대응 작업은 스프린트에 30 스토리 포인트를 추가(1.3.1, 3.2.1, 4.1.1)하여 81 스토리 포인트에서 111로 늘어났다. [그림 3-88]에서 심각도(severity)는 9점 척도이며, 4.1.1 리스크 조정 백로그의 확률과 영향이 가장 높다.

리스크 조정 백로그				
ID	작업(Task)	우선순위	스토리포인트	상태
1.1	목표 고객 설문 준비	1	8	완료
1.2	설문 배포	2	2	완료
1.3	설문 결과 기록 정지	3	4	진행중
1.3.1	불충분한 설명 결과에 대한 재 배포	4	2	
2	역할과 책임 확인	5	8	진행중
3.1	마케팅 자료 초안 개발	6	13	진행중
3.2	마케팅 자료 검토	7	5	배정
3.2.1	필요시 추가 검토자 수배	8	8	
3.3	마케팅 자료의 최종안	9	3	배정
4.1	웹 사이트 코딩	10	20	진행 중
4.1.1	MySQL 사용 불가 시에 코딩 연기	11	20	
4.2	웹사이트 테스트	12	13	배정
4.3	웹사이트 공개	13	5	배정

[그림 3-87] 리스크 조정 백로그

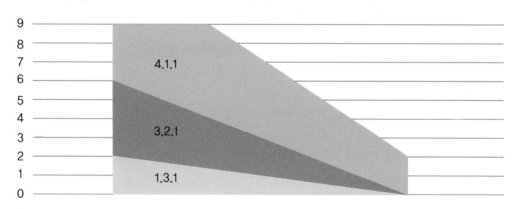

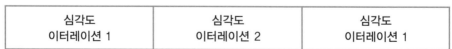

[그림 3-88] 리스크 번다운 차트

- 리스크 관리대장은 리스크관리 프로세스의 산출물을 기록하는 저장소
- 이 문서에는 개별 리스크에 대한 상위 수준의 이해를 얻기 위해, 리스크 관리 담당자, 확률, 영향, 리스크 점수, 계획된 리스크 대응, 기타 정보 등을 포함

리스크 관리대장에는 식별된 개별 프로젝트 리스크에 대한 상세 정보가 기록된다. 리스크 식별, 정성적 리스크분석 수행, 리스크대응 계획수립, 리스크대응 실행 및 리스크 감시 프로세스는 프로젝트 전기간 동안 수행되므로 그 결과를 리스크 관리대장에 기록한다. 리스크 관리대장에 포함될 수 있는 내용은 다음과 같다.

- 식별된 리스크 목록
- 개별 프로젝트 리스크의 확률 및 영향 평가
- 우선순위 등급 또는 점수
- 배정된 리스크 담당자
- 리스크 긴급성 정보 또는 리스크 분류
- 합의된 대응 전략
  - 대응 전략 구현을 위한 구체적 활동 및 대응책 실행에 필요한 예산과 일정 포함
- 기타
  - 유발 조건, 리스크 발생 징후 및 경고 신호
  - 우발사태 계획 및 실행을 촉발하는 리스크 요인
  - 리스크가 발생했거나 초기 대응책이 부적합한 것으로 판명될 때 사용할 대체방안
  - 계획한 대응책을 수행한 후에도 남아 있을 것으로 예상되는 잔존 리스크와 의도적으로 수용한 리스크
  - 리스크 대응의 직접적인 결과로 발생하는 2차 리스크

리스크관리 계획서에 지정된 리스크 관리대장 형식에 따라 식별된 각 리스크마다 추가 데이터가 기록될 수 있다. 이러한 데이터에는 간단한 리스크 명칭, 리스크 범주, 현재 리스크 상태, 하나 이상의 원인, 목표에 미치는 하나 이상의 영향, 리스크 원인(리스크 발생 가능성을 나타내는 사건 또는 상황), 영향을 받는 활동에 대한 작업분류체계(WBS), 시기 정보(리스크 식별 시점, 리스크 발생 가능 시점, 리스크 관련성이 없어지는 시점 및 조치 수행 기한) 등이 포함될 수 있다.

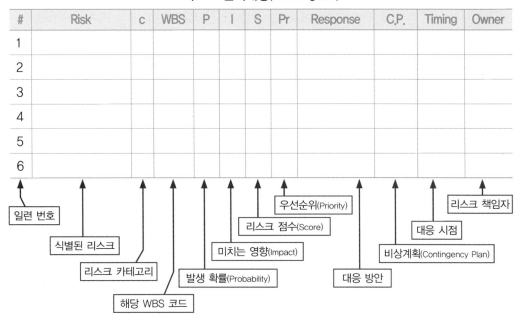

리스크 관리대장(Risk Register)

#	Risk	c	WBS	P	I	S	Pr	Response	C.P.	Timing	Owner
1											
2											
3											
4											
5											
6											

일련 번호

식별된 리스크

리스크 카테고리

해당 WBS 코드

발생 확률(Probability)

미치는 영향(Impact)

리스크 점수(Score)

우선순위(Priority)

대응 방안

비상계획(Contingency Plan)

대응 시점

리스크 책임자

[그림 3-89] 리스크 관리대장의 예

이해관계자 관리대장(Stakeholder register)

이해관계자 관리대장에는 프로젝트 이해관계자의 평가와 분류 및 이해관계자 관련 정보를 기록

이해관계자 관리대장은 이해관계자 목록으로, 단순한 명단이 아니라 그들을 관리하기 위해 관련 정보들도 함께 기록한다. 이해관계자 관리대장은 이해관계자 식별 프로세스의 주요 산출물로, 이 관리대장에는 다음과 같은 식별된 이해관계자에 관한 정보가 기술된다.

◎ 개인신상 정보
이름, 조직 내 직위, 조직의 소재지 및 연락처 정보, 프로젝트에서 담당하는 역할

◎ 평가 정보
프로젝트 결과에 영향을 미치는 주요 요구사항과 기대사항, 잠재력, 그리고 프로젝트 생애주기에서 이해관계자의 영향을 가장 크게 받는 단계

◑ **이해관계자 분류**

내부/외부, 충격/영향/권력/이해관계 분류, 상향/하향/외향/측방향 분류 또는 프로젝트 관리자가 선정한 다른 분류 모델

이해관계자 분류에 관한 내용은, 본서의 '방법(method)' 중에서 '데이터 수집 및 분석 방법' 내에 있는 '이해관계자 분석'에 상세하게 기술되어 있다.

이해관계자 관리대장(Stakeholder Register)									
ID	이해관계자	직위	역할	연락처	분류 범주	권한	관심도	요구사항	기대 및 관심사항
1	김○○	부사장	스폰서	000-0000-0000	내부/긍정적	상	중	주간 단위 상황 보고서 원함	새로 추가되는 제품 기능의 성공
2									
3									

[그림 3-90] 이해관계자 관리대장의 예

계획 결과물(Plan Artifacts)

계획은 무엇인가 달성하기 위해 제안된 수단으로, 팀은 프로젝트의 개별 분야 계획을 개발하거나 모든 정보를 프로젝트관리 계획에 결합한다. 계획은 주로 문서로 작성되거나 시각적 표시나 가상 화이트보드에도 반영된다.

계획 결과물의 종류와 적용 성과 영역

결과물	성과 영역							
	팀	이해관계자	개발방식	기획	프로젝트 작업	인도	측정	불확실성
변경통제 계획서 (Change control plan)				✓	✓	✓		
의사소통관리 계획서		✓		✓	✓			
원가관리 계획서 (Cost management plan)				✓				

결과물	성과 영역							
	팀	이해관계자	개발방식	기획	프로젝트작업	인도	측정	불확실성
이터레이션 계획 (Iteration plan)				✓				
조달관리 계획서				✓	✓			
프로젝트관리 계획서 (Project management plan)		✓		✓	✓			
품질관리 계획서				✓	✓	✓		
릴리즈 계획(Release plan)				✓		✓		
요구사항관리 계획서				✓		✓		
자원관리 계획서				✓	✓			
리스크관리 계획서				✓	✓			✓
범위관리 계획서				✓		✓		
일정관리 계획서				✓	✓	✓		
이해관계자 참여관리 계획서 (Stakeholder engagement plan)		✓		✓				
테스트 계획서(Test plan)				✓	✓	✓	✓	

변경통제 계획서(Change control plan)

변경통제위원회 구성, 위원회의 권한 범위, 변경통제 시스템의 구현 방법 등을 기술한 문서로 프로젝트관리 계획서의 구성 요소

프로젝트에서 변경은, 계획할 때 결정한 프로젝트의 시간, 비용, 범위 및 품질에 대한 승인 확정된 버전인 프로젝트 기준선을 기준으로 측정된다. 따라서 변경 관리 계획은 그 기준을 가지고 어떤 방법으로, 무엇을, 언제, 어디서, 왜, 어떻게 변경할 것인지 파악하고 관리하는 방법을 기술한다. 변경 관리 계획을 구성하는 내용은 다음과 같다.

▶ **변경 관리 역할(Change Management Roles)**
변경 관리 계획에서 누가 무엇을 할 것인가? 누가 변경 요청을 제출하고, 누가 검토하고, 누가 승인할 것인가? 이러한 역할 중 일부는 변경 통제 위원회(CCB)에서 수행된다.

▶ **변경 통제 위원회(Change Control Board)**
변경 요청을 접수하고 승인하거나 거부할 권한이 있는 사람들로 변경 통제 위원회를 구성한다.

◑ 변경 프로세스 개발(Develop a Change Process)

변경 요청을 효과적으로 제출, 평가, 승인, 관리, 통제하기 위한 프로세스 및 절차를 정의한다.

◑ 변경 요청 양식(Change Request Form)

변경 요청 내역과 관련된 데이터를 수집하기 위해 변경 요청 양식을 작성하여야 하며, 수집한 정보가 프로젝트 전반에 걸쳐 일관성을 유지하는 것이 중요하다.

◑ 변경 기록부(Change Log)

기본적으로 모든 변경 사항에 대한 지시를 수집하고 추적하는 문서이다. 변경 사항을 식별하고 요청을 승인하고 할당을 문서화할 수 있는 중심이 없으면 진행 상황을 알 수 있는 방법이 없다.

◑ 사용 도구(Use a Tool)

변경관리 시스템이나 형상관리 시스템과 같은 프로젝트 관리 소프트웨어는 프로젝트의 모든 단계에서 변경 사항이 최종적으로 해결될 때까지 변경을 추적할 수 있도록 도와준다.

통합 변경 통제 절차와 방법에 대한 내용은 본서의 '방법(method)' 중에서 '회의 및 행사 방법' 내에 있는 '변경통제위원회(CCB: Change Control Board)'에 상세하게 기술되어 있다.

[참고] 변경관리시스템과 형상관리시스템

프로젝트에 일어날 수 있는 변경의 종류는 다양하다. 예를 들어, 일부 변경은 범위, 일정 및 원가 등 프로젝트 기준선에 영향을 미칠 수 있지만, 그 밖의 변경은 사양 등과 같이 제품 자체와 관련될 수 있다. 이러한 유형의 변경은 형상관리시스템(configuration management system)과 변경관리시스템(change management system)에 의해 관리된다.

- **형상 관리 시스템**(Configuration Management System)
  형상관리시스템은 구성관리시스템이라고도 하며, 이는 제품 사양과 관련된 변경 사항을 관리한다. 예를 들어, 당신이 제품을 개발하고 있고 클라이언트가 기능 추가 또는 치수 변경 등과 같은 제품의 일부 변경을 요청한다고 가정하자. 이 변경은 제품 구성과 관련이 있으며, 형상(구성) 관리 시스템으로 이러한 유형의 변경 사항을 처리해야 한다.

- **변경 관리 시스템**(Change Management System)
  프로젝트에서는 언제든지 변경이 일어날 수 있다. 예를 들어, 당신은 자금이 부족할 수 있고 당신은 원가 기준을 바꿀 필요가 있을 수 있다. 또는 지정된 시간 내에 프로젝트를 완료할 수 없고 시간 연장이 필요할 수 있다. 프로젝트 프로세스 또는 프로젝트 기준선과 관련된 이러한 유형의 변경은 변경 관리 시스템을 통해 관리된다. 변경 관리 시스템에서는 모든 변경 요청을 수신하고 다른 프로젝트 제약조건에 미칠 수 있는 영향을 분석한다. 그 후에, 그것은 승인되거나 기각된다.

〈사례〉

당신이 10개의 교실이 있는 학교 건축의 프로젝트를 관리하고 있다고 가정해보자.

▪ **변경 관리 시스템의 시나리오**
프로젝트가 진행 중인데, 갑자기 당신의 철골 공사의 하청업자가 그 일을 그만두었고, 당신은 그의 대체 업자를 찾느라 애쓰고 있다. 많은 검색 끝에 다른 대안을 찾지만, 그는 일주일 후에야 당신의 프로젝트에 착수할 수 있다. 이렇게 되면 프로젝트 완료 날짜가 일주일 늦어질 것이다. 따라서 일정 기준선을 1주일 연장하기 위해 변경 요청을 제출하고, 이 변경 관리 시스템을 통해서만 승인을 받을 수 있다.

▪ **형상 관리 시스템의 시나리오**
당신은 학교 건물을 짓고 있고 고객은 교실의 수를 10개에서 15개로 건물의 형상(구성)을 늘려달라고 요청한다. 물론 새로운 계획, 일정, 예산을 세우게 될 것이다. 여기서 제품 사양이 변경되기 때문에 이러한 유형의 변경은 형상 관리 시스템에서 처리될 것이다. 이렇게 변경된다면, 형상 변경 요청을 제출하고 가능한 한 빨리 승인을 받아야 한다.

의사소통관리 계획서(Communications management plan)

프로젝트에 관한 정보의 관리 및 배포 방법, 시기, 담당자를 명시한 문서로, 프로젝트/프로그램/포트폴리오관리 계획서의 구성 요소

의사소통관리 계획서는 프로젝트 의사소통 계획수립, 구성, 구현 및 감시를 효과적으로 수행하는 방법을 기술한 문서로, 프로젝트관리 계획서를 구성하는 요소이다. 간략하게 정의하면, 언제/누구로부터/어떤 정보를/어떤 방법으로 받아서, 어느 곳에 저장하고, 언제/누구에게/어떤 내용을/어떤 방법으로 전달할지 계획하는 문서이다. 가장 대표적인 실무는 회의와 보고로, 프로젝트 초반에 어떤 종류의 보고서를 누가 정보를 제공하고, 누가 수합하여 보고서를 작성하며, 누구에게, 언제, 어떤 방법으로 전달할지 계획하는 것이다. 회의의 경우도 마찬가지로 어떤 종류의 회의를, 어느 주기로, 누가 주제하고 참석하며, 어떤 내용을 다룰지를 계획한다. 물론 회의와 보고 뿐만 아니라 프로젝트에서 요구되는 모든 정보의 공유와 흐름, 책임, 방법 등을 계획한다. 의사소통관리 계획서에는 다음과 같은 정보를 포함한다.

- 이해관계자 의사소통 요구사항(누가/어떤 정보를 받아보기 원하는가)
- 언어와 형식, 내용, 상세도를 포함하여 전달할 정보
- 상부보고 프로세스(경영층으로 연결해서 보고하는 방법)

- 정보 배포 이유(왜 그 정보가 필요한가)
- 필요 정보의 배포 기간과 주기(월간 회의, 주간 보고서 등)
- 정보 전달 담당자 및 책임자(보고서 작성 배포, 혹은 회의 준비 및 주제 책임)
- 기밀정보 공개의 승인을 담당하는 책임자
- 정보수신자의 의사소통 요건(요구와 기대)
- 메모, 이메일, 보고서, 회의 등의 정보 전달 방법 또는 기술
- 시간과 예산을 포함하여 의사소통 활동에 할당된 자원(인력)
- 프로젝트가 진행에 따른 의사소통관리 계획서 업데이트 및 구체화 방법(예: 프로젝트 진행으로 수신자나 참석자 변동이 있는 경우)
- 일반저인 용어 정리(공동의 용어집 등)
- 프로젝트 정보 흐름도, 승인 순서를 명시한 작업흐름도, 보고서 목록, 회의 계획시 등
- 특정 법규나 규정, 기술 및 조직의 정책 등에서 비롯되는 제약

의사소통관리 계획서에는 프로젝트 현황 회의, 프로젝트 팀 회의, 온라인 회의, 이메일 메시지에 적용되는 지침과 템플릿이 포함될 수 있다. 프로젝트에 사용되는 경우, 프로젝트 웹사이트와 프로젝트관리 소프트웨어 사용 등의 도구가 포함될 수 있다.

원가관리 계획서(Cost management plan)

원가를 계획, 구성(structured), 통제하는 방법을 기술한 문서로, 프로젝트/프로그램관리 계획서의 구성 요소

원가관리 계획서는 프로젝트관리 계획서를 구성하는 요소로서 프로젝트 원가를 산정하고 예산 편성 및 통제하는 방법을 기술한다.

간단히 표현하면, 원가를 관리하는데, 한화(원 단위)로 할 것인지, 아니면 미화(달러 단위)로 할지를 결정해야 한다. 혹은 1원 단위까지 관리할지, 아니면 1만원 단위까지 관리할지를 정해야 하는데, 이런 기준과 방법이 원가관리계획에 포함된다. 원가관리 계획서에 다음과 같은 항목을 명시할 수 있다.

○ 측정 단위
각 자원 측정에 사용할 단위로 직원 근무 시간, 미국 달러화 혹은 한화, 입방미터, 리터, 톤 등

○ 정밀도 수준
1만 원 단위 혹은 1백만 원 단위 등의 산정치가 반올림 또는 버림되는 정도(예: 98만7천원은 99만원으로 반올림)

정확도 수준

실제 원가 산정치 결정에 사용되는 정확도 허용 범위(예: 산정치 정확도를 ±10% 정도까지로 확정)

조직 절차 연계

프로젝트 원가회계에 사용되는 작업분류체계(WBS) 구성요소를 통제단위와 연결

조직의 회계 시스템과 연결되는 고유 코드나 계정번호를 각 통제단위에 할당

통제 한계선

원가에 대한 계획 대비 실적의 차이에 한계선을 정하고, 한계 이상의 차이가 발생하면 즉각적인 원인 파악과 조치를 실행할 수 있는 기준

성과측정 규칙

작업분류체계(WBS)에서 통제단위 측정이 수행되는 지점(레벨) 정의

획득가치관리(EVM)를 위한 진도 측정 기법(예: 가중 마일스톤 기법, 고정비율법, 달성률 등)의 지정

완료시점산정치(EAC)를 계산하기 위한 추적 방법과 획득가치관리(EVM) 계산식의 지정

보고 형식

원가 보고서의 형식과 주기를 정의

추가 상세정보

전략적 자금조달 방식에 대한 설명

통화 환율의 등락에 대비한 절차

프로젝트 원가 기록에 관한 절차

[참고] 획득가치관리(EVM)를 위한 진도 측정 기법

- 가중 마일스톤 기법(weighted milestone)
  '자료조사 30%, 초안작성 50%, 최종안작성 80%, 검토/승인 완료 100%'로 인정
- 고정비율법(fixed formula)
  50-50법칙: 활동 시작 시 50%, 완료 시 50%로 진도율 인정
- 달성률(percentage completion)
  담당자의 직관적 판단에 의한 진도율 결정

> **[참고] 획득가치관리의 완료시점산정치(EAC)를 계산식**
>
> 지금까지의 원가 성과가 앞으로도 계속될 것이라는 가정
> $$EAC = BAC/CPI$$
> 지금까지의 원가 성과와 관계없이 계획된 비율로 미래 작업이 달성될 것이라는 가정
> $$EAC = AC + BAC - EV$$
> 초기 계획이 더 이상 유효하지 않아 새롭게 산정할 경우
> $$EAC = AC + Bottom-up\ ETC$$
> 지금까지의 원가 및 일정 성과가 앞으로도 계속될 것이라는 가정
> $$EAC = AC + [(BAC-EV)/(CPI * SPI)]$$

이터레이션 계획(Iteration plan)

현재 이터레이션의 세부 계획

본서의 '방법(method)' 중에서 '회의 및 행사 방법' 내에 '이터레이션 기획'에 상세하게 기술되어 있기에 이를 참고하기 바란다.

조달관리 계획서(Procurement management plan)

수행 조직 밖에서 상품/서비스를 확보하는 방법을 기술한 문서로, 프로젝트/프로그램관리 계획서의 구성 요소

조달관리 계획서에는 조달 계획, 조달 수행, 조달 통제 프로세스와 같이 프로젝트 동안 수행할 조달 활동들을 기술한다. 조달관리 계획서는 다음 사항에 대한 가이드를 제시할 수 있다.

- 프로젝트 일정개발 또는 일정통제 프로세스와 같은 조달 이외 프로젝트 측면과 조달 프로세스를 조율할 방법: 조달은 프로젝트의 일부이므로 프로젝트 전체 일정과 조달 일정에 대한 조율 방법
- 주요 조달활동 시간표: 주요 장비나 외주 관련한 발주, 입고 등의 시점
- 계약관리에 사용할 조달 지표: 외주나 발주 품목에 대한 진도율, 집행 원가, 주요 인도물 등의 측정 방법
- 프로젝트 팀 외부에 조달 부서가 있을 때 프로젝트팀의 권한과 제약을 비롯하여 조달 관련 이해관계자 역할 및 책임

- 계획된 조달에 영향을 줄 수 있는 제약 및 가정: 예를 들면, 특정 장비나 재료는 국산으로 한정, 외주 업체가 해당 기술을 보유할 것이라는 가정
- 관할 사법권과 지불 통화
- 독립산정치 사용 여부와 평가 기준으로 독립산정치가 필요한지 여부 결정: 제안 및 입찰 금액을 검증하기 위해 팀이 독립적으로 원가를 산정하고 제안 금액과 차이가 많을 경우에 원인을 조사
- 프로젝트 리스크를 완화하기 위한 이행보증 또는 보험계약 요구사항 식별을 포함하는 리스크 관리 이슈
- 사전심사 통과 판매자가 있을 경우 이용할 판매자: 일정 수준의 자격을 인증 받아 회사에 공식 등록된 공급업체를 이용할지 여부

프로젝트의 필요에 따라 상세하게 혹은 요약해서 공식적/비공식적 문서로 조달관리 계획서를 작성할 수 있다.

프로젝트관리 계획서(Project management plan)

프로젝트를 실행, 감시, 통제, 종료하는 방법을 기술한 문서.

프로젝트관리 계획서는 프로젝트를 실행, 감시, 통제 및 종료하는 방법을 기술한 문서이다. 다음은 프로젝트관리 계획서를 구성하는 요소의 예이다.

- 보조 관리 계획서(본 서의 "계획"에 있는 각종 관리계획 참조)
  - 범위관리 계획서
  - 요구사항관리 계획서
  - 일정관리 계획서
  - 원가관리 계획서
  - 품질관리 계획서
  - 자원관리 계획서
  - 의사소통관리 계획서
  - 리스크관리 계획서
  - 조달관리 계획서
  - 이해관계자 참여관리 계획서
- 기준선(본 서의 "기준선"에 있는 각종 기준선 참조)
  - 범위 기준선

- 일정 기준선
- 원가 기준선

- 추가 구성요소
  - 변경관리 계획서
    프로젝트 전반에서 변경요청이 공식적으로 승인되고 통합되는 방법을 기술

  - 형상관리 계획서
    프로젝트 제품/서비스의 일관성 및 작동 상태가 유지될 수 있도록 해당 항목에 관한 정보를 기록과 보존, 업데이트 방법을 기술

  - 성과측정 기준선
    프로젝트 작업에 대한 통합된 범위-일정-원가 계획서로, 성과를 측정하고 관리하기 위해 프로젝트 실행 결과와 비교할 기준으로 사용

  - 프로젝트 생애주기
    프로젝트 착수에서 종료까지 일련의 단계를 기술

  - 개발방식
    제품/서비스의 개발방식(예: 예측형, 반복형, 애자일 또는 혼합형 방식)을 기술

  - 경영진 검토
    프로젝트 관리자 및 이해관계자들이 프로젝트 진행 상황을 검토할 때 예상한 성과가 나왔는지, 예방조치나 시정조치가 필요한지 여부를 결정할 프로젝트 시점을 식별

프로젝트를 관리하는 데 사용되는 기본 문서 중 하나가 프로젝트관리 계획서이고, 기타 프로젝트 문서들도 함께 사용된다. 이 같은 기타 프로젝트 문서는 프로젝트관리 계획서의 일부가 아니지만 프로젝트를 효과적으로 관리하는 데 필요하다. 프로젝트 문서의 예로는, 각종 기록부 및 관리대장, 각종 산정치, 일정 데이터, 품질 측정치, 품질 및 리스크 보고서 등이 있다.

품질관리 계획서(Quality management plan)

품질 목표 달성을 위해 적용되는 정책과 절차, 지침을 구현하는 방법을 기술한 문서로, 프로젝트 관리/프로그램관리 계획서의 구성 요소

품질관리 계획서는 프로젝트 품질 목표를 달성하기 위한 정책과 절차, 지침을 구현하는 방법을 기술한 문서이다. 품질관리 계획서는 다음과 같은 내용들을 포함한다.

- 프로젝트에서 사용할 품질 표준: 해당 응용 분야의 KS 혹은 ISO 등의 사용할 품질 표준 결정
- 프로젝트의 품질 목표: 예를 들면, 새로 구축하는 시스템은 버그 없이 2초 이내 응답하는 성능을 목표로 함
- 품질 역할과 책임: 품질 보증 및 품질 통제를 위한 프로세스 개선이나 품질 검사 등의 역할과 책임
- 품질 심사를 받는 프로젝트 인도물과 프로세스: 주요 인도물과 프로세스는 품질 검사나 감사를 받도록 함
- 프로젝트에 대한 계획된 품질통제 및 품질관리(품질 보증) 활동
- 프로젝트에 사용할 품질 도구: 파레토도, 체크 시트, 관리도, 히스토그램, 원인결과도, 순서도, 산포도 등의 7대 품질관리 도구
- 프로젝트와 관련이 있는 주요 절차: 부적합 대응책, 시정 조치 절차, 지속적 개선 절차

그 밖에 품질 메트릭스(metrics)는 품질 측정 지표를 의미하며, 일부에서는 이 메트릭스를 품질관리계획서에 포함시키기도 한다. 품질 메트릭스는 프로젝트나 제품 속성에 대해 설명하고, 품질통제 프로세스를 통한 속성 준수 여부를 확인하는 방법을 설명한다. 품질 메트릭스의 예로는 계획대로 완료된 작업의 백분율, 원가성과지수(CPI), 실패율, 일별 결함 수, 월간 다운시간, 코드 행당 오류 수, 고객 만족 지수, 요구사항을 준수는 테스트의 백분율 등이 있다.

릴리즈 계획(Release plan)

여러 차례의 반복(iteration)을 거쳐 인도될 것으로 예상되는 날짜, 기능, 결과에 대한 기대치를 설정

본서의 앞에 있는 '방법(Method)' 중에서 '회의 및 행사 방법' 내에 '릴리즈 기획'에 상세하게 기술되어 있기에 이를 참고하기 바란다.

요구사항관리 계획서(Requirements management plan)

요구사항의 분석, 문서화, 관리 방법을 기술한 문서로, 프로젝트/프로그램관리 계획서의 구성 요소

요구사항관리 계획서는 프로젝트 및 제품 요구사항을 분석, 문서화, 관리하는 방법을 기술한 문서로, 프로젝트관리 계획서에 포함되는 요소이다. 요구사항관리계획서는 비즈니스 분석 계획서라고도

하며, 이 문서에는 다음과 같은 내용이 포함될 수 있다.

- 요구사항에 대한 활동을 계획하고 추적 및 보고하는 방법
- 형상관리 활동(예: 변경을 착수하는 방법, 영향력을 분석하는 방법, 변경을 추적하고 기록 및 보고하는 방법, 요청된 변경을 승인하는 데 필요한 권한 수준 등)
- 요구사항 우선순위 지정 프로세스
- 사용할 지표와 각 지표의 사용 사유
- 추적 매트릭스에 포함될 요구사항 속성을 반영하기 위한 추적 구조

다음은 요구사항관리 계획서의 예시와 설명이다.

- 관리 접근 방법

  요구관리의 역할과 책임

  프로젝트 단계별 요구사항 식별 방법과 시기

- 요구사항 수집

  초기 요구사항 수집을 위한 출처(예: 프로젝트 헌장, 이해관계자, 각종 규정 및 법규 등).

  프로젝트 요구사항 수집 방법(예: 인터뷰, 문서 분석, 포커스 그룹, 브레인스토밍, 마인드매핑 등).

- 요구사항 추적 방법: 수집된 요구사항은 요구사항 등록부에 기록되고, 이 요구사항들은 분석, 분류, 우선순위 지정 및 정량화된다. 분석 결과로 승인을 받은 것들은 요구사항 추적 매트릭스에 추가되고 프로젝트 완료까지 추적되어야 한다.
  - 요구사항 추적 매트릭스의 구성
  - 보고: 프로젝트 요구사항과 관련하여 어떤 정보를, 누구에게, 언제, 어떻게 보고할 것인가

요구사항 등록부(Requirement Register)						
접수일	출처	요구사항	분류범주	우선순위	요구사항의 전략 목표 연계 달성 방법	승인상태

[그림 3-91] 요구사항 등록부 양식

요구사항 추적 매트릭스(Requirement Traceability Matrix)								
ID	접수일	출처	요구 사항	WBS 인도물	담당자	인수기준	테스트 담당 및 날짜	승인자 및 날짜

[그림 3-92] 요구사항 추적 매트릭스 양식

- 요구사항 승인
  - 승인된 요구사항
  요구사항 승인 프로세스 설명(추적 매트릭스에 추가하고 프로젝트 작업을 수행하게 하는 절차 포함)

  - 거부된 요구사항
  프로젝트 요구 사항을 거부하는 프로세스 설명(거부 권한 보유자, 거부 사유 문서화 등 포함)

- 요구사항 분석: 광범위하고 모호한 요구사항, 중복 또는 상충되는 요구사항 등의 수집된 요구사항을 분석하여 선별
  - 카테고리화
  요구사항을, 비즈니스 요구사항, 기능 요구사항, 기술 요구사항, 법적 요구사항, 조직 요구사항 등으로 분류

  - 우선순위화
  우선순위 방법(우선순위 높은 카테고리 등), 우선순위화 책임자, 요구사항 중 어느 우선순위 수준까지 처리할 것인지 등을 기술

  - 계량화
  각 요구 사항은 실행, 측정 및 테스트가 가능해야 하기에, 요구사항의 완성 여부 결정을 위한 계량화 작업을 기술
  요구사항이 계량화되면 최종 결과는 수용 기준에 따라 상호 합의
  요구 사항의 계량화 책임자, 합격 기준 정의 책임자, 합격 기준에 동의해야 할 책임자 등 담당자를 나열

- 제품 메트릭스(metrics)
  비용/ 품질/ 성능: 각각의 측정 기준 및 허용 가능한 편차

- 요구사항 승인(validation)
  프로젝트 작업 또는 제품이 해당 허용 기준을 충족하는지 확인하기 위한 우선 검토자, 검토 프로세스, 최종 작업 또는 제품의 인수(수용) 권한을 갖는 책임자, 서면 승인 여부, 인도물을 수령할 권한이 있는 책임자, 인도물 거부 시 처리 절차 등을 명시

- 형상 관리: 식별된 요구사항은 요구사항 등록부에 명시되고, 그 중에 승인된 요구사항만 프로젝트 작업으로 진행되며 요구사항 추적 매트릭스에 나열됨
  - 감시(monitoring)
    프로젝트 요구사항 관리에는 프로젝트 요구사항의 현황 감시 및 요구사항의 변경 관리를 포함
    요구 사항의 감시 및 추적할 책임자를 정하고, 감시 절차 혹은 프로세스를 설명
  - 통합변경통제 절차
    요구사항에 대한 변경은 변경 관리 계획에 명시된 것과 동일한 변경 관리 절차를 따르며, 모든 변경 요청은 승인된 변경 요청 양식으로 서면 제출.(본서의 "변경통제계획서" 참조)

- 가정 및 제약
  프로젝트 요구사항을 정의하고 관리하는 동안 발생한 가정을 문서화하고, 필요시 관리를 위해 리스크 관리 계획으로 이관

- 이슈
  프로젝트 요구사항을 정의하고 관리하는 동안 발생한 이슈를 문서화

- 리스크
  프로젝트 요구사항을 정의하고 관리하는 동안 식별된 리스크를 문서화

자원관리 계획서(Resource management plan)

프로젝트 자원을 확보 및 할당, 감시 및 통제하는 방법을 기술한 문서로, 프로젝트관리 계획서의 구성 요소

자원관리 계획서는 프로젝트 자원을 분류, 할당, 관리 및 복귀시키는 방법에 관한 지침을 제공하는 프로젝트관리계획서의 일부이다. 자원관리 계획서는 프로젝트의 세부 내용에 따라 인적 자원에 대한 팀 관리 계획서와 물적 자원관리 계획서로 나눌 수 있다. 다음은 자원관리 계획서의 예시이다.

▶ 자원 식별
팀에 필요한 인적 자원과 물적 자원을 식별하고 정량화하는 방법
어떤 자원이, 언제, 얼마만큼 필요한지 계획하는 방법

▶ 자원 확보
프로젝트의 팀 자원과 물적 자원을 확보하는 방법에 대한 지침
팀원과 물적자원을 어디서 확보할 것인지(조직 내부, 아웃소싱, 신규 채용 등)

◎ 역할 및 담당업무

- 역할: 팀원에게 배정되는 직위, 토목기사/ 테스트 관리자 등의 역할
- 권한: 프로젝트 자원사용/ 의사결정/ 승인서 서명/ 인도물 인수 등의 권한, 그리고 의사결정 권한에는 활동완료/ 품질 승인기준/ 성과 차이에 대한 대응방법 선정 등
- 담당(업무): 팀원이 활동 완료를 위해 수행하도록 기대되는 의무와 작업
- 역량: 배정된 활동 완료를 위한 기량과 능력으로, 역량 미달의 경우는 교육과 채용, 일정변경이나 범위변경 등의 대응 조치

◎ 프로젝트 조직도

프로젝트 팀원과 그들 사이 보고 체계를 보여주는 도표

◎ 프로젝트팀 자원관리

프로젝트팀의 인적 자원을 정의, 충원, 관리 및 최종적으로 복귀시키는 방법
직원 관리계획(staffing management plan) 혹은 충원 관리계획이라고도 함

◎ 교육

팀원에 대한 교육 훈련 계획 혹은 전략

◎ 팀 개발

프로젝트팀의 역량과 개인의 역량을 높이기 위해 개발하는 방법

◎ 자원 통제

적정 물적 자원 확보, 확보된 물적 자원을 최적화하는 방법
프로젝트 생애주기 전반에 걸친 재고 관리, 장비 관리에 대한 정보

◎ 인정 계획

팀원에게 제공되는 인정과 보상, 즉, 포상계획으로 그 제공 시점 기술

리스크관리 계획서(Risk management plan)

리스크관리 활동의 체계적 구성과 수행 방법을 기술한 문서로, 프로젝트/프로그램/포트폴리오관리 계획서의 구성 요소

리스크관리 계획서는 리스크관리 활동인 리스크 식별, 분석, 대응, 감시 등을 수행하는 방법이 기술된 문서로, 프로젝트관리 계획서의 일부에 포함된다. 리스크관리 계획서에는 다음 요소가 포함될 수 있다.

◎ 리스크 전략

프로젝트 리스크 관리를 위한 일반적인 접근방식 설명

(예) 조직의 경영층에 의한 리스크 한계 설정 및 리스크관리팀의 지원에 의한 리스크 식별 및
분석

◎ 방법론

프로젝트에서 리스크관리를 수행하는 데 사용할 특정 접근방식, 도구 및 데이터의 출처 정의

(예) 프로세스: 리스크 착수 및 팀 구성 - 리스크 식별 - 정량적 리스크 분석 - 리스크 대응 계획
- 리스크 통제 - 리스크 종료

(예) 도구: 와이드밴드 델파이, 금전적 기대값(EMV)에 의한 분석, 일정/원가의 몬테칼로 시뮬레이
션 적용

◎ 역할 및 담당업무

리스크관리 업무 활동 유형별 리더, 리스크관리 담당 팀원 지정 및 담당업무의 기술

리스크 관리자의 역할, 프로젝트관리자 및 팀원들의 리스크관리 역할 등

[그림 3-93] 리스크 범주의 예

⊙ 자금조달

리스크관리 활동 수행에 필요한 자금 파악(리스크관리를 위한 소요 자원 시간 및 예산)

우발사태 및 관리예비의 사용 규약 제정(예비비 집행 결정 기준)

⊙ 시기 선정

리스크관리 프로세스의 수행 시기와 빈도를 정의 및 프로젝트 일정에 포함시킬 리스크관리 활동 설정

(예) 리스크 검토는 월 1회 프로젝트 상황 회의에서 실행하며, 주요 리스크 식별은 생애주기 단계 시작 시점에 수행

⊙ 리스크 범주(category)

개별 프로젝트 리스크를 그룹하는 수단으로 리스크분류체계(RBS)를 사용

⊙ 이해관계자 리스크 선호도

리스크 회피/중립/선호 등의 이해관계자 리스크 선호도는, 각 프로젝트 목표에 대한 측정 가능 리스크 한계선으로 표시

이 한계선은 포괄적 프로젝트 리스크 노출도의 허용 수준을 결정(예: 프로젝트는 리스크 노출도를 0.6 이하로 유지)

개별 프로젝트 리스크 평가와 우선순위를 결정에 사용될 확률-영향 정의를 알려주는 데 사용

(예: '높은 영향' 등급의 리스크 우선순위를 높이기 위해 영향의 척도를 '0.9, 0.8, 0.7, 0.6, 0.5'로 정의)

⊙ 리스크 확률-영향 정의

리스크 확률-영향 수준 정의는 프로젝트 환경, 이해관계자의 리스크 선호도 및 한계선을 반영

프로젝트 목표	매우낮음 - 0.5	낮음 -1	보통 -2	높음 -4	매우 높음 -8
원가	사소한 증가	5%미만 원가증가	5~10% 원가증가	10~20% 원가증가	20%초과 원가증가
일정	사소한 일정 지연	5%미만 일정 차질	5~10% 전체 프로젝트 일정 차질	10~20% 전체 프로젝트 일정 차질	20%이상 전체 프로젝트 일정 차질
범위	거의 인식할 수 없는 정도 범위 축소	범위의 사소한 영역이 영향을 받음	범위의 주요영역에 영향이 있음	고객이 인정할 수 없는 범위 축소	프로젝트 최종 목적물이 쓸모 없음
품질	거의 인식할 수 없는 정도 품질 저하	일부 엄격한 기능만 영향을 받음	고객의 승인이 필요한 품질 저하	고객이 인정할 수 없는 품질저하	프로젝트 최종 목적율이 쓸모 없음

[그림 3-94] 영향의 척도와 정의의 예

척도	발생 확률	목표에 미치는 영향		
		시간	원가	품질
매우 높음	〉80%	6개월 이상	10억 원 초과	전체 기능에 매우 큰 영향
높음	61~80%	3~6개월	6~10억 원	전체 기능에 큰 영향
보통	41~60%	1~3개월	1~5억 원	주요 기능에 다소 영향
낮음	21~40%	1~4주	0.5~1억 원	전체 기능에 작은 영향
매우 낮음	1~20%	1주 이내	0.5억 원 미만	일부 기능에 작은 영향

[그림 3-95] 확률–영향의 정의의 예

▶ 확률–영향 매트릭스(본서의 "확률–영향 매트릭스" 참조)

확률	위협					기회					확률
매우 높음 0.90	0.05	0.09	0.18	0.36	0.72	0.72	0.36	0.18	0.09	0.05	매우 높음 0.90
높음 0.70	0.04	0.07	0.14	0.28	0.56	0.56	0.28	0.14	0.07	0.04	높음 0.70
보통 0.50	0.03	0.05	0.10	0.20	0.40	0.40	0.20	0.10	0.05	0.03	보통 0.50
낮음 0.30	0.02	0.03	0.06	0.12	0.24	0.24	0.12	0.06	0.03	0.02	낮음 0.30
매우 낮음 0.10	0.01	0.01	0.02	0.04	0.08	0.08	0.04	0.02	0.01	0.01	매우 낮음 0.10
	매우 낮음 0.05	낮음 0.10	보통 0.20	높음 0.40	매우 높음 0.80	매우 높음 0.80	높음 0.40	보통 0.20	낮음 0.10	매우 낮음 0.05	

부정적 영향   긍정적 영향

[그림 3-96] 확률–영향 매트릭스의 예

▶ 보고 형식

보고 형식은 프로젝트 리스크관리 프로세스의 결과물을 문서화, 분석 및 의사 소통 방법 정의
리스크 관리대장 및 리스크 보고서의 내용 및 형식

▶ 추적

추적은 리스크 활동을 기록하는 방법과 리스크관리 프로세스를 감시하는 방법을 문서화
(예) 리스크 감사를 통한 리스크관리 방법의 이행 현황과 교훈을 기록하고 개선

범위관리 계획서(Scope management plan)

범위를 정의, 개발, 감시, 통제, 확인하는 방법을 기술한 문서로, 프로젝트/프로그램관리 계획서의 구성 요소

범위관리 계획서는 범위를 정의, 개발, 감시, 통제 및 확인하는 방법을 설명하는 프로젝트관리 계획서의 구성요소이다. 범위관리 계획서에는 다음과 같은 프로세스가 포함된다.

- 프로젝트 범위기술서를 준비하는 프로세스

  (예) 범위기술서의 내용 구성 및 상세 정도, 내용 작성을 위한 정보 수집 방법

- 프로젝트 범위기술서로부터 작업분류체계(WBS)를 작성할 수 있도록 하는 프로세스

  (예) WBS의 구조 결정 혹은 접근 방법, WBS 레벨과 상세 정도, WBS 코드 체계, WBS 사전의 구성 등의 지침

- 범위 기준선 승인 및 유지 방법을 확립하는 프로세스

  (예) 범위기준선 승인 절차 및 승인 권한, 변경 절차 및 변경 승인 권한 등 정의

- 완성한 프로젝트 인도물의 공식적인 인수 방법을 지정하는 프로세스

  (예) 품질통제 프로세스에서 산출되어 검증 완료된 인도물을 고객 검토 과정을 거쳐 공식적으로 인수하는 절차

범위관리 계획서는 프로젝트의 필요에 따라 상세히 혹은 개괄적으로 기술되는 공식적 또는 비공식적 문서가 될 수 있다.

일정관리 계획서(Schedule management plan)

일정을 개발, 감시 및 통제하기 위한 기준과 활동을 기술한 문서로, 프로젝트/프로그램 관리 계획서의 구성 요소

일정관리 계획서는 일정을 개발, 감시 및 통제하기 위한 기준과 활동을 기술한 문서로, 프로젝트 관리 계획서를 구성하는 요소이다. 일정관리 계획서에 다음과 같은 항목을 포함한다.

▶ 프로젝트 일정모델 개발

프로젝트 일정모델 개발에 사용할 일정계획 방법론과 일정계획 도구를 지정

(예) 주경로(CPM)법을 이용한 네트워크 다이어그램과 로직 바차트 형식으로 계획

▶ 릴리즈 및 반복(iteration) 기간

적응형 생애주기를 사용 때 릴리즈 및 이터레이션에 대한 타임 박스 주기 결정

타임 박스에 대한 개념은 본서의 '타임 박스'를 참고

정확도 수준

정확도 수준은 실제 활동기간 산정치를 결정하는 데 허용되는 범위(range) 지정(우발사태에 대한 기간 포함)

(예) 추정된 활동의 기간에 대한 정확도 수준을 -10% ~ +20%로 함

측정 단위

활동의 기간에 대한 측정 단위(예: 일, 주, 월) 정의

조직 절차 연계

작업분류체계(WBS)는 일정관리 계획서의 기준이 되는 프레임워크 제공으로 산정치 및 도출되는 일정과 일관성을 보장

(예) 일정 활동은 작업분류체계(WBS)의 연장 선상에서 분할하며, WBS 코드를 확장하여 활동 코드로 이용

프로젝트 일정모델 유지관리

프로젝트 실행 동안 일정모델의 프로젝트 현황을 업데이트하고 진행 상황을 기록하는 프로세스를 정의

통제 한계선

일정 조치를 수행해야 할 변이(편차)를 나타내는 한계로 일정 성과 감시 및 통제의 기준

(예) 기준일까지의 일정 성과에 대한 계획 대비 실적이 10% 이상 편차 발생 시, 즉각 원인을 파악하고 시정 조치를 수행

성과측정 규칙

달성률 설정 규칙(예: 진도율, 투입 자원량, 투입 원가 등으로 달성률 측정)

사용할 EVM 기법(예: 기준선, 고정비율법, 달성률 등) (상세내용은 '원가관리계획서' 참조)

일정차이(SV), 일정성과지수(SPI) 등의 변이(편차) 평가에 사용되는 일정 성과 측정치

보고 형식

다양한 일정 보고서의 형식과 주기를 정의

이해관계자 참여관리 계획서(Stakeholder engagement plan)

프로젝트/프로그램 의사결정 및 실행 과정에 이해관계자의 참여 촉진을 위해 필요한 전략과 조치를 기술한 문서로, 프로젝트관리 계획서의 구성 요소

이해관계자참여 계획은 이해관계자들의 요구와 기대, 미치는 영향을 바탕으로 프로젝트에 이해관계자의 참여를 위한 접근 방식을 기술한다. 이 계획의 주요 이점은 이해관계자들과의 효과적 의사소통을 위한 실행 계획을 제시한다는 점으로, 프로젝트 전반에 걸쳐 주기적으로 기획하고 업데이트한다. 의사소통관리가 프로젝트 전체에 대한 정보 소통과 관련된다면, 이해관계자 참여계획은 주요 이해관계자를 대상으로 하는 정보 소통과 관련한다. 그러므로 이해 관계자 참여 계획은 프로젝트에 대한 지원을 달성하기 위해 프로젝트 이해 관계자와 의사 소통하는 공식 전략이라 해도 과언이 아니다.

이해관계자 참여관리 계획 수립을 위해 이해관계자 참여 평가 매트릭스(본서 '이해관계자 분석' 참조), 이해관계자 분석을 위한 분류 및 정의(본서의 '이해관계자 분석' 참조)등을 이용할 수 있다.

이해관계자 참여관리 계획서는 의사결정 및 실행 과정에 이해관계자의 생산적인 참여를 촉진하기 위해 필요한 전략과 조치를 기술한 문서로, 프로젝트관리 계획서를 구성하는 요소이다. 프로젝트에 요구되는 수준과 이해관계자의 기대사항에 따라 상세하게 혹은 요약해서 공식/비공식적 문서로 이해관계자 참여관리 계획서를 작성할 수 있다. 이해관계자 참여관리 계획서의 일부 예로는 이해관계자의 참여를 위한 특정 전략이나 접근방식이 있다. 이해관계자 참여관리 계획에는 이해관계자 식별, 이해관계자와의 교류 계획, 이해관계자 참여 전략 혹은 활동으로 구성되며, 다음과 같은 예를 들 수 있다.

- 이해관계자 목록: 이해관계자를 나열하는 것으로, 이해관계자 등록부라고 함
- 프로젝트 단계: 이해관계자들이 많이 참여하는 프로젝트의 특정 단계
- 연락처 이름
- 영향 영역
- 권한
- 참여 접근 방식
  - 커뮤니케이션 유형 및 빈도(예: 주간 이메일, 월간 전화 통화 또는 주간 대면 회의)
  - 커뮤니케이션의 내용(예: 프로젝트 진행 상황, 설계 정보 및 오픈 하우스 계획이 포함된 주간 업데이트)
- 참여 전략
  - 파트너십: 의사결정 과정에 초대
  - 참여: 특정 업무나 책임을 배정
  - 상담: 피드백 수집을 위한 상담
  - 밀어내기(push) 의사소통: 보고서 등의 정보 전달
  - 당겨오기(pull) 의사소통: 웹, 인트라넷을 통한 보고서

이해관계자 참여를 개선하기 위해서는, 이해관계자에게 관심을 갖고 있음을 보여주고, 인간적인 면을 강조하며, 이해관계자의 목소리를 들으려 하는 노력을 해야 한다.

테스트 계획서(Test plan)

- 테스트 대상 인도물, 실행될 테스트, 테스트에 이용될 프로세스 등을 설명
- 구성 요소 및 인도물을 공식적으로 테스트하기 위한 기반

테스트 계획에는 테스트 범위, 테스트 방법 및 테스트 책임의 세 가지에 대한 데이터를 포함하여 다음과 같이 기술될 수 있다.

> **소개**(introduction)
> 문서에 대한 세부 정보를 제공하여 독자에게 테스트 계획에서 다룰 내용에 대한 아이디어를 제공

> **테스트 범위**(scope of testing)
> 테스트에서 포함되거나 제외된 전체 영역을 나열하여, QA 팀의 승인된 작업 범위에 대한 통찰력 제공과 보고를 위한 참고 자료로 사용
> - 테스트할 기능 목록
> - 테스트하지 않는 기능: 검증에 포함 되지 않을 요소들의 목록

> **테스트 접근 방식**(testing approach)
> 테스트 계획의 주요 목적은 테스트 접근 방식/방법을 전달하는 것으로, 테스트의 유형과 횟수, 결함 추적 프로세스 및 프로젝트에 사용할 도구 목록 등을 나열

> **항목의 합격/불합격 기준**(item pass/fail criteria)
> 시스템이 요구 사항과 일치할 때 테스트가 통과로 간주되지만, 테스터가 통과 또는 실패로 표시할지 확신할 수 없는 경우 테스트 조건이 필요

> **중단 기준 및 재개 요건**(suspension criteria&resumption requirements)
> 테스트 실행 중 테스트를 일정 기간 중단해야 하는 경우, 테스트 활동 중지 시점과 재개 시점을 명시적으로 언급
> (예) "결함이 40% 이상 열려 있을 때 테스트를 일시 중지" 또는 "차단된 결함이 수정되지 않으면 테스트를 일시 중지"

> **테스트 결과물**(test deliverables)
> 테스트 결과물은 계획된 모든 문서 목록을 작성 및 제출 일정을 포함하여 제공

> **테스트 작업**(testing tasks)
> 전체 테스트 단계에서 실행을 위해 계획된 모든 활동과 작업의 설명으로, 테스트 케이스 생성부터 결함 재테스트 및 테스트 종료 보고서에 이르기까지 모든 것을 포함

- ▶ **책임**(responsibilities)

  프로젝트 관리자를 포함하여 각 팀 구성원의 역할과 책임을 나열

- ▶ **자원 계획**(resource planning)

  환경 요구 사항은 테스트 중인 시스템 유형에 따라 다르며, 인적 자원에 대한 요구 사항도 다양하기에 필요한 모든 리소스를 나열

- ▶ **일정**(schedule)

  모든 테스트 관련 활동을 테스트 계획에 기록하며, 특히 전체 프로젝트 일정과 일치.

- ▶ **리스크 및 비상 계획**(risk & contingencies)

  프로젝트 시작 시 테스트 관련 리스크와 함께 완화 계획을 기록해야 하며, 리스크가 발생할 때 취해야 할 조치에 대한 세부 정보도 기술

계층도 결과물(Hierarchy Chart Artifacts)

계층도는 상위 수준의 정보에서 상세 수준으로 점진적 분할되는 차트로, 프로젝트의 더 많은 정보가 알려지면서 상세하게 세분화된다.

계층도의 종류와 적용 성과 영역

결과물	성과 영역							
	팀	이해관계자	개발방식	기획	프로젝트 작업	인도	측정	불확실성
조직분류체계(OBS: Organizational breakdown structure)	✓	✓		✓				
제품분류체계 (Product breakdown structure)				✓		✓		
자원분류체계(RBS : Resource breakdown structure)	✓			✓	✓		✓	
리스크분류체계 (Risk breakdown structure)					✓			✓
작업분류체계(WBS : Work breakdown structure)				✓		✓	✓	

프로젝트 수행 팀과 프로젝트 활동들 사이 관계를 보여주는 프로젝트 조직의 계통도

조직분류체계(OBS)는 계층구조형 도표로 전통적인 조직도 구조를 사용하여 직위와 관계를 상하 도식으로 보여줄 수 있다. 작업분류체계(WBS)가 프로젝트 인도물을 분할한 것이라면, 조직분류체계(OBS)는 조직의 현재 부서, 단위 또는 팀에 따라 정렬하고 그 아래에 프로젝트 활동 또는 작업패키지를 열거한 것이다. IT나 구매 부서 같은 운영 부서는 조직분류체계(OBS)의 해당 부분을 검토하여 프로젝트의 모든 담당업무를 확인할 수 있다.

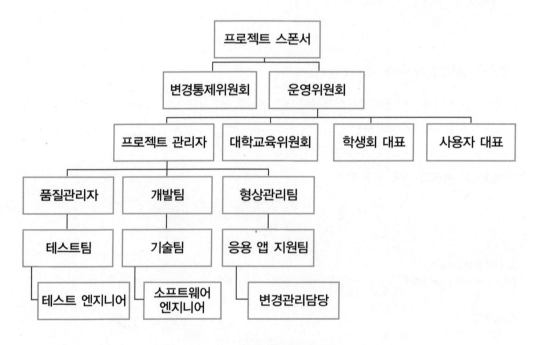

[그림 3-97] 조직분류체계(OBS)의 예

제품분류체계(Product breakdown structure)

제품의 구성요소 및 인도물을 반영하는 계층 구조

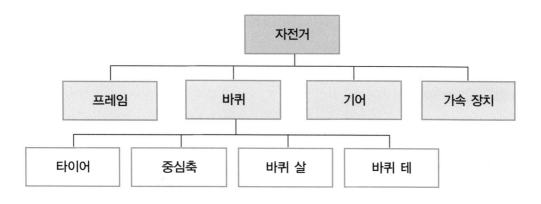

[그림 3-98] 제품분류체계(PBS)의 예

자원분류체계(RBS : Resource breakdown structure)

범주와 유형별로 자원을 분류한 계통도

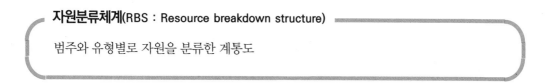

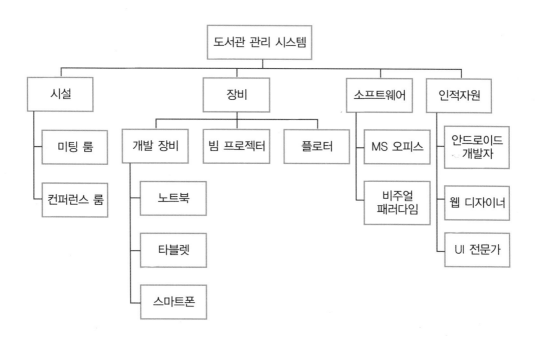

[그림 3-99] **자원분류체계**(RBS)의 예

자원분류체계(RBS)는 범주와 유형별로 자원을 분류한 계통도이다. 자원 범주(category)의 일부 예로 노동력, 자재, 장비, 보급품 등이 있다. 자원 유형에는 기량 수준, 등급 수준, 필요한 인증 또는 프로젝트에 적합한 기타 정보가 포함될 수 있다. 자원분류체계(RBS)는 관련 팀 및 물적 자원을 범주 (category) 및 자원 유형별로 분류한 계층구조 목록을 나타내며, 프로젝트 작업의 계획수립, 관리 및 통제 목적으로 사용된다. 단계가 내려갈수록 자원에 대한 설명이 점진적으로 구체화되며 최종적으로 작업분류체계(WBS)와 함께 사용하여 작업 계획수립, 감시 및 통제가 가능한 수준으로 정보가 상세하게 된다

　　자원관리 계획수립에서 프로젝트에 필요한 분류에 도움을 주기 위해 자원분류체계(RBS)가 사용되는데, 자원분류체계(RBS)는 자원을 확보 및 감시하기 위해 사용되는 문서이다.

RBS 수준 0	RBS 수준 1	RBS 수준 2
0. 프로젝트 리스크	1. 기술적 리스크	1.1 범위 정의
		1.2 요구사항 정의
		1.3 산정, 가정 및 제약
		1.4 기술
		1.5 기술적 프로세스
	2. 관리 리스크	2.1 프로젝트관리
		2.2 운영관리
		2.3 조직
		2.4 자원 조달
		2.5 의사소통
	3. 상용 리스크	3.1 계약 약관
		3.2 내부 조달
		3.3 공급 업체
		3.4 고객
		3.5 파트너십
	4. 외부 리스크	4.1 법규
		4.2 환율
		4.3 환경 및 기후
		4.4 경쟁 관계
		4.5 규제

[그림 3-100] 리스크 분류체계(RBS)의 예

리스크분류체계(Risk breakdown structure)

리스크의 잠재적 유발 근원을 보여주는 계통도

리스크를 범주(category) 별로 분류하면 리스크 노출도가 가장 높은 영역에 주의와 노력을 집중시키거나 관련 리스크 해결을 위한 일반 리스크 대응책을 개발함으로써 보다 효과적인 리스크 대응책을 개발할 수 있다. 프로젝트 리스크는 리스크 원인(예, 리스크분류체계(RBS) 사용), 영향을 받은 프로젝트 영역(예, 작업분류체계(WBS) 사용) 또는 기타 유용한 범주(예, 프로젝트 단계, 프로젝트 예산, 역할 및 책임)로 분류하여 불확실성 영향에 가장 많이 노출되는 프로젝트 영역을 판별할 수 있다.

리스크 범주(category)는 개별 프로젝트 리스크를 그룹화하는 수단으로, 리스크 범주를 구성하는 일반적인 방법은 리스크의 잠재적 원인을 보여주는 계통도인 리스크분류체계(RBS)를 사용하는 것이다. RBS는 프로젝트팀이 개별 프로젝트 리스크가 발생할 수 있는 원인의 전체 범위를 고려하는 데 도움을 준다. 이는 리스크를 식별할 때 또는 식별된 리스크를 분류할 때 활용할 수 있다. 조직은 모든 프로젝트에 일반 RBS를 사용할 수도 있고 프로젝트 유형마다 다른 여러 개의 RBS 프레임워크를 가지거나 프로젝트 별 RBS를 개발할 수도 있다. RBS를 사용하지 않는 경우, 조직은 프로젝트 목표에 기초한 구조 또는 단순 범주 목록 형태의 맞춤형 리스크 분류 프레임워크를 사용할 수도 있다.

작업분류체계(WBS : Work breakdown structure)

팀에서 프로젝트 목표를 달성하고 필요한 인도물 생산을 위해 수행할 전체 작업 범위를 계층 구조로 분할한 계통도

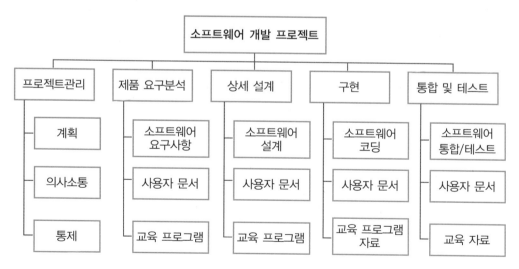

[그림 3-101] 작업분류체계(WBS)의 예

작업분류체계(WBS)는 프로젝트 인도물과 프로젝트작업을 더 작고 관리하기 쉬운 요소들로 세분한 것이다. 즉, 작업분류체계(WBS)는 프로젝트 목표를 달성하고 필요 인도물을 산출하기 위해 수행할 작업의 전체 범위를 계층 구조로 분할한 것이다. WBS는 전체 프로젝트 범위를 구성 및 정의하고, 현재 승인된 프로젝트 범위기술서에 명시된 작업을 표시해준다. 계층 구조 작업분류체계(WBS)에서 단계가 내려갈수록 프로젝트 작업에 대한 정의가 점진적으로 구체화 된다. 작업분류체계(WBS)의 최하위 수준은 고유한 식별자를 갖는 작업패키지(work package)이다. 고유한 식별자는 원가, 일정, 자원 정보의 계층적 요약 구조를 제공하며 WBS 코드를 구성한다. 작업의 일정을 계획하고 작업을 예측, 감시 및 통제하는 활동들을 분류하는 데 작업패키지를 사용할 수 있다. 작업분류체계(WBS)에서 작업이란 활동 자체가 아니라 활동의 결과로 창출되는 작업 결과물이나 인도물을 가리킨다. 즉, WBS의 작업패키지는 활동 중심이 아닌 인도물 중심으로 분할된다. 각각의 작업패키지는 통제단위의 일부이며, 통제단위는 성과측정을 목적으로 범위, 예산, 일정이 통합되고 획득가치와 비교되는 관리 통제점이다.

WBS는 프로젝트 범위와 프로젝트 인도물을 세분하는 분할 기법을 이용한다. 상위 수준 WBS 구성요소를 분할할 때 각 인도물 또는 하위 구성요소의 작업을 가장 기본적인 구성요소로 세분해야 한다. 이때 WBS 구성요소는 검증 가능한 제품, 서비스 또는 결과물을 나타낸다. 작업분류체계(WBS)에는 프로젝트관리 작업을 포함한 모든 제품 및 프로젝트 작업이 표시된다. 최하위 수준의 전체 작업이 상위 수준으로 완전히 연동되어서 남겨지는 항목도, 추가로 수행해야 할 작업도 없어야 한다(100퍼센트 규칙).

작업분류체계(WBS)가 만들어진 후에 함께 작성될 수 있는 것은 작업분류체계 사전(dictionary)이다. 이는 WBS의 각 구성요소와 관련된 상세한 인도물, 활동, 일정 정보를 제공하는 문서이다. 작업분류체계(WBS) 사전에 포함된 정보에는, WBS 코드 ID, 작업 설명, 가정사항 및 제약사항, 담당 조직, 일정 마일스톤, 연관된 일정활동, 필요 자원, 원가 산정치, 품질 요구사항, 인수기준, 기술 참고 문헌, 협약 정보 등이 있다.

작업분류체계(WBS)의 개념을 정리하면, 다음과 같다.

- 프로젝트 인도물과 작업을 작고 관리하기 쉽게 세분화한 것
- 프로젝트의 전반적인 범위를 한 눈에 볼 수 있음
- 계층 구조로 표시하며, 하위 수준으로 가면서 상세화 됨
- WBS에는 프로젝트에서 해야 할 모든 일이 포함되어야 함
- WBS에 없는 업무는 프로젝트 범위 밖의 업무임
- 가장 하위 레벨의 작업 덩어리를 작업패키지(work package)라 함
- 작업패키지는 활동 중심이 아닌 검증 가능한 산출물(인도물) 중심이어야 함
- 작업패키지를 통해, 일정 활동을 세분화하거나 원가 및 자원 산정을 할 수 있음

- 주간 단위로 프로젝트 현황을 업데이트 하는 조직에서는 작업패키지의 크기를 80시간 정도 (80 hour rule)로 권장
- WBS 각 요소는 빠진 것이 없어야 하고 동시에 중복되는 것도 없어야 함(MECE 원칙)

기준선 결과물(Baseline Artifacts)

기준선(baseline)은 작업 제품(work product) 또는 계획이 승인된 버전이며, 프로젝트는 변수(variance)를 식별하기 위해 실제 성과를 이들 기준선과 비교한다. 프로젝트 계획은 정보가 구체화됨에 따라 점진적으로 구체화되는 특성을 갖는다. 그러므로 초기 계획부터 시작해서 업데이트를 반복하게 된다. 그러나 계속 업데이트 되더라도 어느 순간에는 그 계획을 확정하고 승인 받아야 하는데, 이 때 최종 승인된 계획이 바로 기준선이며, 이 기준선을 기준으로 프로젝트의 성과를 측정하고 그 차이를 확인하여 통제할 수 있다.

이 확정 승인된 기준선이 바로 프로젝트 목표가 된다. 계획이 기준선으로 확정되기 전에는 그 계획이 쉽게 업데이트 혹은 변경이 가능하나, 기준선으로 확정된 후에는 함부로 변경할 수 없으며, 변경통제 절차에 따라 승인권자의 승인이 있어야 변경이 가능하다. 그러므로 기준선의 변경은, 프로젝트의 범위 변경이나 외부 환경 요인 등의 중대한 원인에 의해 발생한다.

기준선에는, 일정 기준선, 원가(예산) 기준선, 범위 기준선이 있으며, 이들을 합쳐서 프로젝트 기준선이라고 부른다.

기준선의 종류와 적용 성과 영역

모 델	성과 영역							
	팀	이해관계자	개발방식	기획	프로젝트작업	인도	측정	불확실성
예산(Budget)				✓	✓		✓	
마일스톤 일정 (Milestone schedule)			✓	✓	✓		✓	
성과측정 기준선(Performance measurement baseline)				✓	✓	✓	✓	
프로젝트 일정 (Project schedule)				✓	✓		✓	
범위 기준선 (Project schedule)				✓	✓	✓	✓	

예산(Budget)

예산은 프로젝트, 작업분류체계(WBS) 구성요소, 일정 활동(schedule activity)들에 대한 승인된 산정치

확정 승인된 예산은 원가 기준선을 포함한다. 이는 원가를 산정하여 예산으로 편성하는 단위는, WBS의 작업패키지나 기타 통제계정 레벨, 혹은 일정 활동에 해당된다. 이 요소별 원가를 추정하고 각 요소별 예산으로 승인을 받아 확정된 버전이 바로 예산에 대한 기준선이다. 예산은 산정된 원가(원가 기준선) 외에 프로젝트 예비비(우발사태 유보) 등을 포함한 것이며, 경우에 따라 원가 산정 요소 외에 별도의 예산 계정으로 배분하여 확정된 것을 의미한다.

- 승인 확정된 작업 원가 산정치 → 원가기준선
- 원가기준선 + 우발사태 예비 → 프로젝트 예산
- 프로젝트 예산 + 관리 예비 → 프로젝트 총 금액

마일스톤 일정(Milestone schedule)

마일스톤과 같은 일정 유형은 이정표(milestone)와 예정 날짜를 함께 제시

마일스톤은 일정 활동(activity)과 다르게 특정 시점의 주요 이벤트나 이정표들로 구성된 일정을 의미한다. 일정 활동이 작업을 완수하기 위한 기간(duration)이 있다면, 마일스톤은 특정 시점만을 나타내기에 소요 기간 없이(0 duration) 해당 날짜로만 표시된다. 승인 확정된 마일스톤 일정도 기준선이지

활동 코드	활동 설명	기간 단위	프로젝트 일정 기간				
			기간1	기간2	기간3	기간4	기간5
XA.1.1	개발 시작	0	◆				
XA.1.1.1	설계 시작	0			◆		
XA.1.1.2	설계 완료	0			◇		
XA.1.1.3	테스트 완료	0				◇	
XA.1.2	개발 종료	0					◇

데이터 기준일

[그림 3-102] 마일스톤 일정의 예

만, 이는 일반적으로 일정 기준선에 포함되기도 한다. 프로젝트 일정 계획의 유형에는 마일스톤 일정, 간트 차트, 로직 바차트 혹은 네트워크 다이어그램 등이 있다.

성과측정 기준선(Performance measurement baseline)

통합된 범위/일정/원가 기준선으로 프로젝트 실행 관리, 측정 및 통제 과정의 비교 기준

성과 측정 기준선은 범위, 일정, 원가 기준선을 모두 통합하여 표현한 방법이다. 예를 들면, 획득가치분석(EVA)에는 수행해야 할 범위들에 대해 일정과 원가를 통합한 계획된 가치(planned value)가 있으며, 이에 대해 일정의 차이를 분석하기 위한 획득 가치(earned value)와 실제 원가(actual cost)가 있다. 여기서 단순히 일정이나 원가 중에 하나의 차이만으로는 프로젝트의 성과를 정확히 분석할 수 없기에 이들을 통합하여 분석하는 방법을 이용한다. 이 승인 계획된 가치의 누적 S곡선이 바로 대표적인 성과측정 기준선이다.

프로젝트 일정(Project schedule)

프로젝트 일정은 예정일, 기간, 마일스톤, 자원들을 해당 활동과 연결하여 보여주는 일정 모델 산출물

최종 확정 승인된 일정 버전이 바로 일정 기준선이다. 이 일정 기준선에는 프로젝트 종료일 뿐만 아니라 각 활동들의 계획된 시작일과 종료일, 주요 마일스톤 일정 등을 포함한다. 경우에 따라서는 각 활동에 배정된 자원을 포함한 일정이 기준선으로 승인될 수 있다. 일정의 도식화 방법에 대한 사항은 본서의 '시각 데이터 및 정보'에 있는 '간트 차트'와 '일정 네트워크 다이어그램'에 기술되어 있다.

범위기준선(Scope baseline)

승인된 버전의 범위기술서, 작업분류체계(WBS), WBS 사전(dictionary)으로, 공식적 변경 통제 절차를 통해 변경할 수 있고 실제 결과와 비교하기 위한 기준으로 사용

범위 기준선 또한 초기 범위 계획에서 점차 구체화되다가 최종적으로 승인되고 확정된 프로젝트 범위 계획을 말한다. 범위 기준선에 해당되는 범위 계획에는, 확정 승인된 프로젝트 범위기술서, 작업분류체계, 작업분류체계 사전(dictionary)가 있다. 이들은 프로젝트 범위 성과를 측정하는

기준으로 항상 계획 대비 실적을 파악하여 그 차이를 확인하고 시정조치하기 위해 사용되는 기준이 되는 계획이다. 물론 범위 기준선도 공식적인 변경관리 절차에 따라 승인권자의 승인이 있어야 변경이 가능하다.

시각 데이터 및 정보 결과물(Visual Data and Information Artifacts)

시각 데이터 및 정보는 차트, 그래프, 매트릭스, 다이어그램 등의 시각적 형식으로 데이터와 정보를 제공하는 결과물(artifacts)이다. 데이터를 시각화하면 데이터를 보다 쉽게 이해하고 정보로 바꿀 수 있다.

시각화된 결과물은 데이터가 수집되고 분석된 후에 생성되며, 시각화 데이터는 쉽게 이해하고 정보로 바꿀 수 있다. 이들 결과물은 의사 결정 및 우선순위 지정에 도움이 된다.

시각 데이터 및 정보의 종류와 적용 성과 영역

결과물	성과 영역							
	팀	이해관계자	개발방식	기획	프로젝트작업	인도	측정	불확실성
친화도				✓	✓			
번다운/번업 차트				✓		✓	✓	
인과관계도					✓	✓		✓
누적흐름도						✓	✓	
사이클 타임 차트						✓	✓	
대시보드					✓		✓	
순서도				✓	✓	✓		
간트 차트				✓	✓		✓	
히스토그램							✓	
정보 상황판					✓		✓	
리드 타임 차트						✓	✓	
우선순위 매트릭스		✓			✓	✓		
일정 네트워크 다이어그램				✓	✓			
요구사항 추적 매트릭스		✓		✓		✓	✓	
책임배정 매트릭스				✓	✓			

결과물	성과 영역							
	팀	이해관계자	개발방식	기획	프로젝트작업	인도	측정	불확실성
산점도					✓	✓	✓	
S 곡선				✓			✓	
이해관계자 참여 평가 매트릭스				✓	✓			
스토리 맵				✓		✓		
처리량 차트						✓	✓	
유즈 케이스				✓		✓		
가치흐름 맵					✓	✓	✓	
속도 차트						✓	✓	

친화도(Affinity diagram)

검토와 분석을 위해 많은 아이디어들을 몇 개의 그룹으로 묶어 줌

여러 관리 기법 중에서 분류 혹은 그룹핑을 하는 이유는, 분류된 것 중에서 특정 그룹에 초점을 두는 등의 관리가 용이하도록 하기 위함이다. 예를 들면, 기술, 환경, 관리, 인력이라는 분류로 그룹핑을 한다면, 내부적인 관심이나 중요도가 '기술'에 있다면, 이에 속한 요소들에 우선 집중하거나 우선순위를 둘 수 있다.

가장 많이 사용하는 친화도 방법은, 각자 아이디어들을 메모지에 써서 보드판에 붙이고, 분류하는 방법이다. 최종 분류가 완료되었을 때, 분류 기준이 되는 각 그룹의 이름은 그 위에 붙여주면 완료된다.

본서의 친화도에 대한 예는 "방법(method)" 중에서 "산정 방법" 내에 있는 "친화 분류"에 설명되어 있다.

번다운/번업 차트(Burndown/Burnup chart)

타임박스에 남아있는 작업이나, 제품 혹은 프로젝트 인도물의 출시가 임박해 완료한 작업을 그래픽으로 표시

번다운 차트는 타임 박스화 되어 있는 각 출시를 위한 하나의 릴리즈나 이터레이션에 예정된 백로그 혹은 작업들의 양인 총 스토리 포인트를 기준으로 시간 진행에 따라 잔여 백로그 혹은 작업에 대한 스토리 포인트를 기록 표시한 그래프이다. 이와 반대로 지금까지 완료된 백로그 혹은 작업에 대한 스토리 포인트를 기록 표시한 그래프는 번업 차트라고 한다.

번다운/번업 차트는 작업 진행의 추세를 식별할 수도 있으며, 동시에 해당 릴리즈나 이터레이션 동안에 작업의 예상 속도와 실제 속도를 파악하여 해당 반복의 완료 시점 혹은 출시 시점을 예측하거나 다음 반복에서 수행할 백로그들을 그 속도에 맞춰 배정할 수 있다.

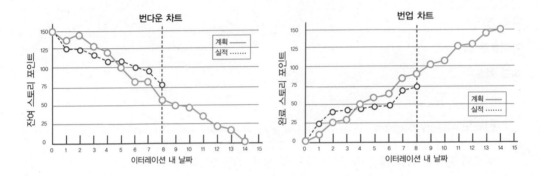

[그림 3-103] 번다운/번업 차트의 예

인과관계도(Cause-and-effect diagram)

바람직하지 않은 효과를 역으로 추적하여 근본 원인을 밝히는 데 유용한 시각적 표현

인과관계도는 특성요인도, 물고기뼈도표(fish bone diagram), 이유분석(why-why) 다이어그램, 또는 이시카와(Ishikawa) 다이어그램으로도 부른다. 이 도표는 식별된 문제의 원인을 주요 범주 별로 개별 분기하는 방식으로 분할하여 문제의 주 원인 또는 근본 원인을 식별하는 데 사용된다. 프로젝트에서는 주로 품질 통제를 위해 품질 결함과 오류로 인한 영향을 식별하거나 원인을 식별하는 데 사용된다.

인과 분석은 반복적인 '왜(why)' 분석법과 유사하나 더 복잡한 구조의 도형을 산출하고, 상호 연관된 원인을 많이 가지고 있는 문제에 더 적합하다. 문제의 원인이 되는 범주는 다음과 같은 내용들을 포함하는데, 제조업에서 결함의 원인들을 5M인 Man(사람), Material(재료), Machine(기계), Method(방법), Measurement(측정)으로 분류한다.

◐ **Man(사람)**

교육을 받고, 동기 부여를 받고, 숙련되고, 경험이 있고, 주기적으로 평가되고, 테스트되고, 훈련이 목적에 적합한지, 아니면 촉진자의 추적 기록에 의해 훈련이 촉진되는지 등

◐ **Material(재료)**

투입 재료가 양호한 상태인지, 투입 재료를 쉽게 구할 수 있는지, 재료 등급은 어느 정도인지, 교육 키트와 운영 도구 등이 가용 여부 등

◐ **Machine(기계)**

어떤 종류의 기계를 사용하고 있는지, 그것이 신뢰할 만 한지, 내부 수리가 필요한지 아니면 아웃소싱해야 하는지, 성능이 어느 정도인지 등

◐ **Method(방법)**

표준 방법인지 아니면 임의의 방법인지 등

◐ **Measurement(측정)**

계측기가 보정되고, 민감하고, 정밀한지, 결과치가 근사치인지, 허용 오차가 어느 정도인지, 어떻게 기록되는지, 적절하게 작동하는지 등

프로세스에 실질적으로 기여하는 모든 것이 파악될 때까지 다이어그램에 아이디어를 도입하는 브레인스토밍 세션을 갖는다. 그리고 나서 그 다음 질문은 골격(뼈) 화살표로 표시된 분기(구성 요소)에 어떤 문제가 발생할 수 있는가 하는 것이다. 이것은 아이디어를 창출하는 과정이며, 모든 아이디어는 장려된다. 더 많은 아이디어가 계속해서 나올수록 몇 개의 소분류가 있을 수 있다. 아이디어를 판단하는 것이 아니라 먼저 아이디어를 대표하는 지점을 작성하는 것이 촉진자의 의무이다.

물고기뼈도표 브레인스토밍 세션을 용이하게 하기 위해서는, 개방성, 진실을 얻고자 하는 욕구, 다른 사람들과의 관계 개선, 그리고 다른 생각을 받아들이는 능력 등을 도울 수 있는 부드러운 기술을 가지고 있어야 한다.

이러한 질문이 생성되면 객관적으로 질문을 면밀히 살펴보고 취약점을 확인해야 한다. 근본 원인 분석이란 바로 그 근본에서 문제를 해결하려는 것을 의미한다. 하나의 분기가 충분하지 않으면 추가 하위 분할을 수행할 수 있다.

근본 원인 분석의 장점
- 창의적 사고와 아이디어가 개발에 참여
- 순방향(품질 계획) 연구와 역방향(품질 통제) 연구 모두에 유용
- 문제의 원인을 식별하는 데 가장 유용한 도구
- 개선의 기회 창출

근본 원인 분석의 단점
- 잘 조정되지 않거나 원활하지 않을 경우 역효과를 낼 수 있다.
- 한 번에 하나의 문제만 해결하므로 여러 문제에 대한 브레인스토밍 세션이 필요할 수 있다.

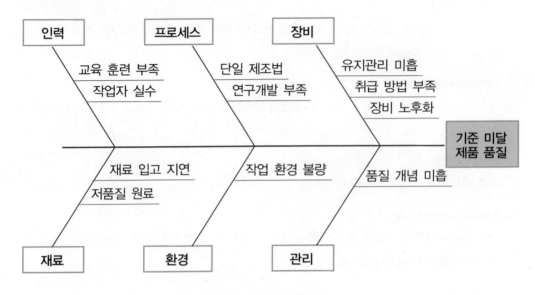

[그림 3-104] 인과관계도의 예

누적흐름도(CFD: Cumulative flow diagram)

- 시간 경과에 따라 완료된 기능, 개발 단계의 기능, 백로그 상의 기능 등을 표시
- 설계되었으나 아직 구성되지 않은 기능, 품질 보증 기능 또는 테스트 중인 기능 등과 같이 중간 상태에 있는 기능도 포함

누적 흐름도(CFD)는 칸반 방법에 기초한 분석 도구로, 팀들이 그들의 노력과 프로젝트 진행 상황을 시각화할 수 있게 해준다. 그 과정에서 장애가 발생할 경우 CFD에 장애가 먼저 눈에 띄게 된다. 그래프가 매끄럽게 유지되고 부드럽게 상승하는 대신에, 갑자기 오르거나 하강하는 모양이 생길 것이다. 문제를 예측할 수 있는 것은 바로 이 그래프이다.

CFD는 칸반의 각 열에 있는 작업 수를 보여주는 단순한 누적층 영역 차트다. 가장 낮은 선은 어느 시점에서든 완료된 상태의 항목 수를 나타낸다. 이 선의 진행은 전체 프로세스에 대한 번업 그래프의 역할도 한다. 누적 흐름도는 각 열에서 현재 활성 상태인 항목 수를 제공한다. 특정 요일(날짜)에 대한 이 데이터를 보면 해당 요일에 각 칸반 열에 몇 개의 작업 항목이 있는지 알 수 있다. 일정 기간 동안 열당 항목 수 차이를 계산하면 한 항목이 열에서 열로 진행되기까지 걸리는 시간을 파악할 수

있다. 누적 흐름도의 곡선은 주로 항목을 시작한 후 완료되기까지 경과한 시간에 초점을 맞춘다.('사이
클 타임 차트' 참조)

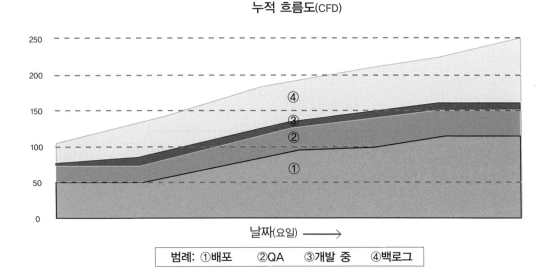

[그림 3-105] 누적흐름도의 예

누적 흐름도를 읽는 방법은 다음과 같다.

[그림 3-105]와 같이 백로그(Backlog), 진행 중(In Development), QA 및 배포(Deployment)의 4개 열이
있는 칸반 보드의 간단한 CFD의 예를 든다. 차트는 일정 기간 동안 작업 흐름(work flow)의 각 단계에
있는 항목 수를 보여준다. 특정 시점의 작업 분포를 이해하려면 해당 날짜의 그래프를 읽으면 된다.
그래프의 가장 아래 영역은 칸반 보드의 완료된 항목 수를 보여준다. 팀들이 점점 더 많은 항목을 완
성함에 따라, 그래프의 이 부분은 계속해서 증가할 것으로 예상된다. 이 또한 번업 그래프의 역할을
한다. 그 위의 선들은 보드의 진행 중인 상태(QA 중인 작업, 개발 중인 작업)의 각 작업 수를 나타낸다. 맨
위 줄은 백로그를 나타내며, 이 선이 증가하는 상황은 범위 변경으로 새 항목이 백로그에 추가될 때
발생한다.

사이클 타임 차트(Cycle time chart)

시간 경과에 따른 작업 항목의 평균 사이클 타임을 표시하며, 이 차트는 산점도나 막대
차트로 표시

사이클 타임은 작업을 시작한 내용이 완료되는 시간이며 리드 타임은 고객 요청과 인도 날짜 사이의 시간이다. 일반적으로, 특정 물품을 주문 발주해서 입고되기까지의 시간을 리드 타임이라고 한다. 예를 들어, 새로운 작업을 하기로 신규 생성해서 그 작업을 완료하기까지의 기간을 리드 타임이라고 하며, 본격적으로 작업을 시작해서 작업의 완료까지의 시간을 사이클 타임이라고 한다. 프로세스의 각 단계에는 별도의 사이클 타임(주문 처리 사이클 타임, 제품 포장의 사이클 타임, 배송 사이클 타임 등)이 있을 수 있다.

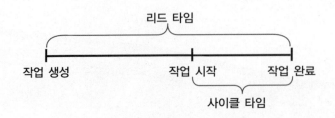

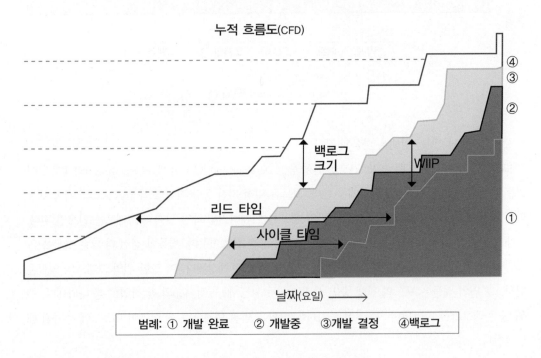

[그림 3-106] 누적흐름도의 예

- 리드 타임(Lead Time) = 대기 타임 + 사이클 타임
- 백로그 크기(Backlog Size) = 작업 시작 전의 백로그에 있는 항목 수
- WIP(Work in Progress or Process) = 현재 작업을 시작해서 완료 전까지 항목 수(진행 중인 작업 수)

[그림 3-107] 태스크 보드(칸반 보드)와 사이클 타임

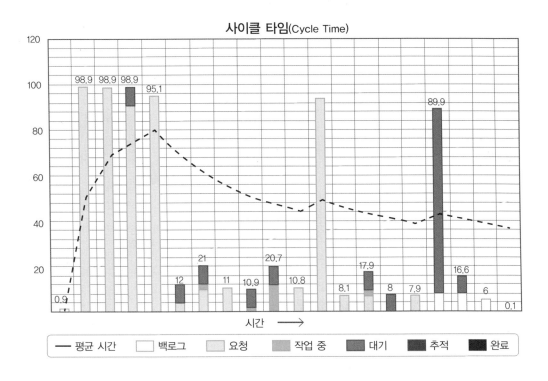

[그림 3-108] 사이클 타임 차트의 예

일반적으로 사이클 타임 차트는 칸반 보드에 붙여진 카드가 완료(done)로 되는 데 걸리는 시간([그림 3-106]과 [그림 3-107])을 보여준다. 이는 사이클 타임을 [그림 3-108]과 같이 막대 차트나 산점도로 표현한 도표이다. 일반적으로 관리자들은 왜 일이 예상보다 오래 걸리는지, 프로세스의 병목현상을 파악하고 주어진 과제를 완료하기 위해 추가적인 노력과 자원이 필요한 경우 팀을 지원하기 위해 분석한다.

대시보드(Dashboard)

프로젝트의 주요 측정치와 비교해 진척이나 성과를 보여주는 차트와 그래프

대시보드는 메트릭스(metrics)에 여러 정보를 한 번에 표시하는 일반적인 방법으로, 프로젝트 데이터를 개괄적으로 요약한 정보를 한 눈에 볼 수 있도록 제공하며, 필요시 유용한 데이터에 대한 상세 분석을 가능하게 한다.

대표적인 대시보드 유형에는 위험신호차트 혹은 신호등 차트(RAG: red-amber-green), 막대 차트, 파이(원형) 차트, 관리도(control chart) 등이 표시되며, 설정된 한계선을 넘는 측정 결과에 대해 텍스트로 주요 내용을 설명하는 경우도 포함된다. 이는 텍스트로 구성된 프로젝트 현황과 신호등 차트를 혼합한 문서 방식으로도 표현하기도 한다. 이 내용은 '2.7 측정 성과 영역' 내에 '대시 보드'를 참조할 수 있다.

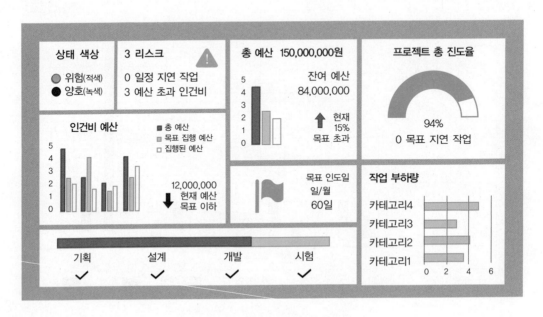

[그림 3-109] 대시보드 양식의 예

시스템에 속한 하나 이상의 프로세스에 대한 투입물(input), 프로세스 조치(action), 산출물(output)을 보여주는 도표

순서도는 투입물을 산출물로 변환하는 프로세스를 위해 존재하는 일련의 단계와 분기 가능성을 보여주기는 프로세스 맵이다. 순서도는 수평 가치사슬에 존재하는 운영 절차의 상세 사항을 대응시켜 프로세스의 전반적 순서, 활동, 의사결정 지점, 분기 루프, 병렬 경로를 보여준다. 프로세스의 품질비용(COQ) 파악 및 산정에 유용하다.

순서도는 7대 품질관리 도구 중 하나로 잘 알려져 있다. 순서도는 품질관리자가 병목 현상을 찾아내고 프로세스 흐름의 성능을 개선하는데 도움이 되는 다양한 단계를 보여준다. 순서도가 완성되면 각 단계와 프로세스를 검토하여 개선할 영역을 식별할 수 있다. 여기서 문제가 있는 부분이나 병목 등을 찾아 해소할 수 있다. 표준 운영 절차는 대부분 작업자가 프로세스 흐름을 이해할 수 있도록 흐름도가 필요하다. 또한 프로그램의 오류 디버깅과 컴퓨터 프로그래밍에 적용할 수도 있다.

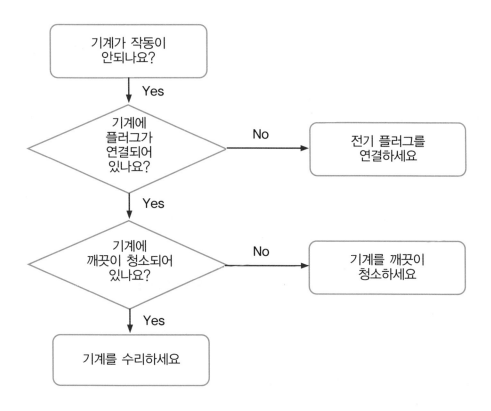

[그림 3-110] 순서도의 예

순서도의 장점은 다음과 같다.

- 프로세스 개선에 도움
- 프로세스 병목 제거에 도움
- 품질 감사에 유용
- 문제 해결에 도움
- 잠재적 문제 발견과 예방에 도움
- SIPOC(공급자, 입력, 프로세스, 출력, 소비자) 연구와 같은 전체 프로세스의 가치 사슬 연구에 사용
- 그림으로 표시하여 프리젠테이션에 효과적임

순서도의 단점은 다음과 같다.

- 근본 원인은 밝혀내지 못함
- 프로세스 검토 후 업데이트 필요

간트 차트(Gantt chart)

세로 축에는 활동들이 나열되고, 가로 축에는 날짜가 나열되며, 활동 기간은 시작일과 종료일에 따라 생성된 가로 막대로 표시되는 방식으로 일정 정보를 보여주는 막대(bar) 차트

간트 차트는 1910년대에 Henry Gantt가 창안해 냈다. 100년이 지난 현재도 일정 계획을 작성할 때 여전히 많이 사용되는 이유는, 그리기 쉽고 보기에 편하기 때문이다. 활동을 막대 모양으로 표시하기에 바차트(bar chart)라고 부르기도 한다.

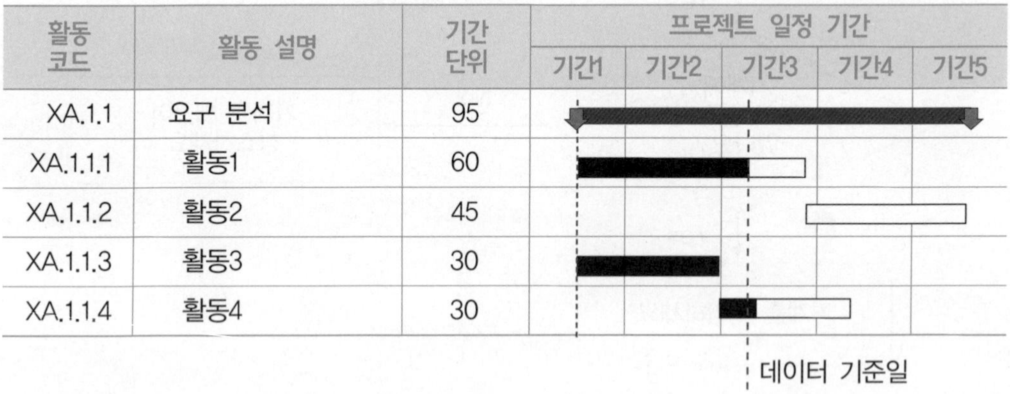

활동 코드	활동 설명	기간 단위	프로젝트 일정 기간				
			기간1	기간2	기간3	기간4	기간5
XA.1.1	요구 분석	95					
XA.1.1.1	활동1	60					
XA.1.1.2	활동2	45					
XA.1.1.3	활동3	30					
XA.1.1.4	활동4	30					

데이터 기준일

[그림 3-111] 간트 차트의 예

히스토그램(Histogram)

수치 데이터를 시각적으로 보여주는 막대 차트

히스토그램 다이어그램은 빈도의 분포를 보여 준다. 변수의 히스토리나 추세를 표시한다. 변수는 제품의 결함, 보증, 스크랩, 재작업, 응답 시간 등이 될 수 있다. 적시성 및 정확성 같은 변수의 편차는 히스토그램을 사용하여 그래픽으로 나타낼 수 있다. 이러한 변동을 관측치 또는 빈도수라고도 하며, 변수가 수평 축에, 관측치나 빈도수는 수직 축에 표시된다. 예를 들어, 표본 추출한 결과의 분포를 보려면 히스토그램 형식으로 추출된 과거 데이터를 사용할 수 있다.

히스토그램을 그리기는 쉽다. 전체 범위를 동일한 간격으로 나누고, 빈도는 수직 축에, 간격은 수평에 표시한다.

히스토그램 사용법

- 프로세스 내의 변화를 신속하게 파악할 수 있다.
- 가장 높은 빈도와 최대 확률을 가진 변수를 나타낼 수 있다.
- 많은 데이터들을 그래프로 구성하는 데 도움이 된다.
- 좋은 프레젠테이션 도구이다.

히스토그램의 장점

- 그리기가 쉽다.
- 이해관계자 발표에 사용할 수 있다.
- 빠른 의사결정을 강화한다.
- 편차의 수준을 식별하는 데 도움이 된다.
- 결함의 원인 순위를 표시한다.

제품 무게	갯수
30~40	10
41~50	15
51~60	30
61~70	25
71~80	20

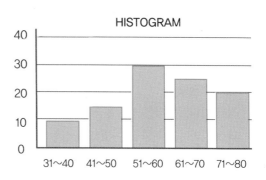

[그림 3-112] 히스토그램의 예

히스토그램의 단점

- 두 데이터 셋을 비교하기 어렵다.
- 연속적 데이터에만 사용할 수 있으며, 이산적 데이터에는 사용할 수 없다.

정보 상황판(Information radiator)

나머지 조직(rest of the organization)에 정보를 제공하는 가시적이고 물리적인 현황판(display)으로, 적시에 지식 공유가 가능한 결과물

정보 라디에이터는 BVC(Big Visible Chart)라고도 하며, 이는 신속한 변화를 위한 개발 팀의 공유 작업 공간 내에서 프로젝트 정보를 쉽게 볼 수 있도록 하는 대규모 그래픽 표현이다. 이 용어는 구체적이기보다는 일반적이다. 정보 라디에이터는, 번다운 차트(burn down charts), 태스크 보드(task boards), 기획 보드(planning boards), 스토리 보드(storyboards) 등 애자일 개발에 사용되는 대부분의 유형의 차트를 포함한다.

정보라디에이터은 팀원과 이해관계자 간의 효과적인 커뮤니케이션을 위해 눈에 잘 띄는 곳에 손으로 직접 그리거나, 인쇄 또는 전자 디스플레이를 표시하는 총칭이다. 정보 라디에이터는 그들이 비록 한눈에 볼 수 있지만 최근의 정보를 볼 수 있게 해준다.

애자일 팀은 모두가 함께 모여 과거의 이터레이션(스프린트)을 검토하고 회고를 통해 변화를 만드는 순간을 갖는다. 이러한 방법은 보통 애자일 팀과 일하는 방식을 적응시키고 개선하고자 하는 모든 조직에 필요하다. 따라서 팀원들은 효과적인 토론을 촉진하기 위해 서로 다른 주제에 대한 충분한 정보를 수집해야 한다. 특히 회고를 위해서는 사건, 피드백, 아이디어 및 의견을 기록하는 정보 라디에이터에 의존해야 한다.

애자일 기법에서 정보 라디에이터란 모든 팀원 및 기타 이해관계자와 공개적으로 공유되는 주요 팀 정보를 상세하게 표시하는 것을 말한다. 그것은 모든 구성원들과 이해관계자들이 정기적으로 업데이트되도록 보장한다.

효과적인 정보 라디에이터 적용을 위해 충족되어야 하는 몇 가지 변수가 있다.

⊙ 정확한 정보

정보 라디에이터는 상황을 개선하기 위해 정확한 정보를 보여주어야 한다. 이 정보는 팀이 성과를 평가하고 전환할 수 있도록 정확해야 한다.

⊙ 지속적인 업데이트

정보 라디에이터는 지속적인 업데이트를 제공해야 한다. 신속한 변화를 위한 최고의 데이터 업데이트 접근 방식은 일일 스탠드업 회의 또는 회고를 통해 이루어진다.

◉ 단순성

정보 라디에이터는 한눈에 이해하기 쉽게 간단해야 한다. 효율과 선명도를 높이기 위해 시각적 제어 신호등이나 컬러 스티커를 사용할 수 있다.

◉ 접근성 및 가시성

정보 라디에이터는 모든 이해관계자가 접근할 수 있어야 하며, 모든 팀원은 원격 팀을 포함하여 위치에 관계없이 최신 업데이트에 액세스할 수 있어야 한다.

> ### 리드 타임 차트(Lead time chart)
>
> 완료된 작업 항목의 시간 흐름에 따른 평균 리드 타임을 보여주는 차트로, 이 차트는 산점도나 막대 차트로 표시

앞서 설명한 사이클 타임 차트와 동일하게 평균 리드 타임을 막대 차트나 산점도로 표시한 그림이다. 사이클 타임과 리드 타임의 개념은 '사이클 타임 차트'를 참고하면 된다.

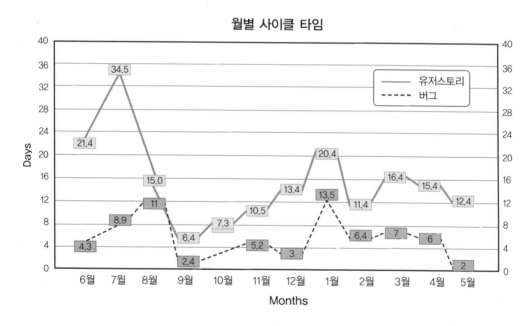

[그림 3-113] 리드 타임 차트

$$L = r \times W$$
- L : 공간 내에 머무는 객체 수
- r : 객체의 공간 유입량
- W : 객체가 머무는 시간

(예) 갑자기 늘어난 고객 수를 고려하여 식당 테이블 수를 추가하려 한다.
- 현재 식당 테이블 : 4개(테이블당 의자 : 4개)
- 점심시간 2시간(=120분) 동안 이용 고객 수 : 180명
- 테이블당 평균 이용시간 : 20분

r (객체의 공간 유입량) = 180명/120분 = 1.5명(분당)

W (객체가 머무는 시간) = 20분

$$r \times W = L$$

1.5명(분당) × 20분 = 30 (공간 내에 머무는 객체 수)

30/4(의자 수) = 7.5 테이블

그러므로, 테이블은 총8개가 필요하므로 4개의 테이블이 추가로 필요함

우선순위 매트릭스(Prioritization matrix)

우선순위에 따른 항목 분류를 위해 수평축 상에 '노력(effort)'과 수직축 상에 '가치'를 나타내고 사분면으로 나눈 산점도

우선순위 매트릭스

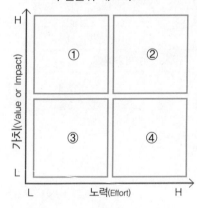

①	최상 (Great)	즉시 실행	빠른 실적 (Quick wins)	진행 (Proceed)
②	우수 (Good)	더 낮은 노력으로 동일한 영향에 도달할 수 있는가?	중요 프로젝트 (Major project)	조사 (Inverstigate)
③	양호 (Weak)	영향을 높일 수 있는가?	대체 안 (Fill-ins)	고려 (Consider)
④	불량 (Bad)	다른 아이디어에 중점	달갑지 않은 작업 (Thankless tasks)	회피 (Avoid)

[그림 3-114] 우선순위 매트릭스의 예

프로젝트 일정 네트워크 다이어그램(Project schedule network diagram)

프로젝트 일정 활동 사이의 논리적 관계를 그래프로 보여주는 도표

앞서 기술된 간트 차트는 작성이 쉽고 보기에 편하기에 오랫동안 프로젝트 일정에 사용되어 왔다. 그러나 간트 차트의 한계는 하나의 활동 지연이 다른 활동이나 프로젝트 전체에 미치는 일정 영향을 분석하기 어렵다는 것이다. 그래서 활동들 사이에 의존관계를 표시한 일정표를 이용하게 되었다. 활동들 사이에 의존관계를 표시하는 방법에는, [그림 3-115]와 같이 바차트(간트 차트)에 논리적 관계인

활동 코드	활동 설명	기간 단위	프로젝트 일정 기간				
			기간1	기간2	기간3	기간4	기간5
XA.1.1	요구 분석	0					
XA.1.1.1	활동1	60					
XA.1.1.2	활동2	45					
XA.1.1.3	활동3	30					
XA.1.1.4	활동4	30					

데이터 기준일

[그림 3-115] 로직 바차트(logic barchart)의 예

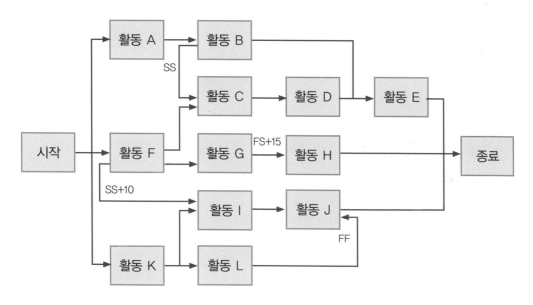

[그림 3-116] 일정 네트워크 다이어그램의 예

로직(logic)을 함께 표시하는 로직 바차트가 있다. 또한 이런 논리적 관계를 포함한 또다른 표현 방법이, [그림 3-116]과 같은 네트워크 다이어그램이다.

오늘날 사용되는 네트워크 다이어그램은 PDM(Precedence Diagramming Method) 방식이며, 활동을 상자(box) 모양으로 표현하고, 활동과 활동 사이에 의존관계는 화살표로 표시한다. 상자 모양의 노트(node) 상에 활동을 표시하므로, AON(Activity On Node) 방식이라고도 한다. 과거에 사용하던 ADM(Arrow Diagramming Method) 혹은 AOA(Activity On Arrow) 방식은 화살표 위에 활동을 표시하는 방식으로 하나의 활동이 종료된 후에 다음 후속 활동을 시작하는 '종료-시작(FS: finish to start)'방식의 로직만 적용할 수 있는 한계가 있다. 이에 반해, 선행도형법이라고 부르는 PDM 방식은, '종료-종료(FF)' 관계와 '시작-시작(SS)' 관계의 로직을 모두 사용 가능하다는 장점을 갖는다.

요구사항 추적 매트릭스(Requirements traceability matrix)

요구사항의 시작점(origin)에서부터 요구사항을 충족하는 인도물에 이르는 제품 요구사항을 연결해 놓은 매트릭스

요구사항 추적 매트릭스는 제품 요구사항의 원천에서 요구사항을 충족하는 인도물까지 연결한 도표이다. 요구사항 추적 매트릭스를 구현하면 각 요구사항을 비즈니스 및 프로젝트 목표와 연결시켜 비즈니스 가치를 높이는 데 도움이 된다. 프로젝트 전반에 요구사항을 추적할 수 있는 수단을 제공함으로써 프로젝트가 끝날 때 요구사항 문서에 승인된 요구사항이 인도되도록 지원한다. 또한, 제품 범위에 대한 변경을 관리하는 데 유용한 체계를 제공한다.

추적 요구사항의 예

- 비즈니스 요구, 기회, 목적 및 목표
- 프로젝트 목표
- 프로젝트 범위 및 WBS 인도물
- 제품 설계
- 제품 개발
- 테스트 전략과 테스트 시나리오
- 상위 수준부터 상세한 수준까지의 모든 요구사항

각 요구사항과 관련된 속성을 요구사항 추적 매트릭스에 기록하여 요구사항이 원하는 것을 반영되도록 할 수 있다. 이러한 속성은 요구사항에 관한 주요 정보를 정의하는 데 도움이 된다. 요구사항 추적 매트릭스에 사용되는 일반적인 속성에는 고유 식별자, 요구사항 설명, 포함시킨 사유, 소유자, 출

처, 우선순위, 버전, 현재 상태(활성, 취소, 연기, 추가, 승인, 할당, 완료 등의 상태), 상태 날짜 등이 포함된다. [그림 3-117]은 요구사항 추적 매트릭스의 예와 함께 연관 속성을 보여준다.

요구 사항과 관련한 상세한 내용은 본서의 '결과물(Artifacts)' 중에서 '계획(Plan)' 내에 '요구사항관리 계획서'를 참조하기 바란다.

ID	직원 ID	요구사항 설명	비즈니스 요구, 기회, 목적 및 목표	프로젝트 목표	WBS 인도물	제품 설계	제품 개발	테스트 케이스
001	1.0							
	1.1							
	1.2							
	1.2.1							

[그림 3-117] 요구사항 추적 매트릭스의 예

책임배정 매트릭스(RAM: Responsibility assignment matrix)

- 각 작업패키지에 배정된 프로젝트 자원을 보여주는 계통도
- RACI 차트는 프로젝트 활동, 의사 결정, 인도물과 관련하여, 그 부분에 대한 담당 (responsable), 책임(accountable), 자문(consult), 정보 받는(inform) 이해관계자를 할당한 것을 보여주는 일반적 방법

책임배정매트릭스(RAM)는 매트릭스 기반 도표의 한 예로 각각의 작업패키지에 배정된 프로젝트 자원을 보여주는 그림이다. 이 도표는 작업패키지 또는 활동과 프로젝트 팀원 간의 관계를 보여준다. 대형 프로젝트에서는 여러 수준으로 책임배정매트릭스(RAM)를 개발할 수 있다. 예를 들어, [그림 3-118]과 같이, 상위 수준 책임배정매트릭스(RAM)는 작업분류체계(WBS)의 각 구성요소 내 프로젝트 팀, 그룹 또는 단위의 담당업무를 정의할 수 있다. 하위 수준 책임배정매트릭스(RAM)는 그룹 내에서 역할, 담당업무 및 특정 활동의 권한 수준을 지정하는 데 사용된다. 매트릭스 기반 도표는 개개인과 연관된 모든 활동, 그리고 한 활동과 연관된 모든 사람을 보여준다. 또한 작업별 담당자가 한 사람씩 배정되므로 해당 작업에 대한 최종 책임이 있거나 권한을 가지고 있는지가 혼동되지 않는다. 책임배정매트릭스(RAM)의 한 가지 예는 [그림 3-119]와 같은 RACI(Responsible: 수행담당, Accountable: 총괄책임, Consult: 자문담당, Inform: 정보통지) 차트이다. 예시된 차트에서는 수행할 작업을 왼쪽의 활동 열에 표시한다. 배정된 인적자원은 개인 또는 집단으로 표시할 수 있다. 프로젝트 관리자는 프로젝트에 적합하

도록 '리드(lead)', '자원(resource)' 등의 다른 지정 옵션을 선택할 수도 있다. RACI 차트는 팀이 내부 자원과 외부 자원으로 구성되는 경우 역할과 담당업무를 명확하게 배정하기 위해 사용하는 유용한 도구이다.

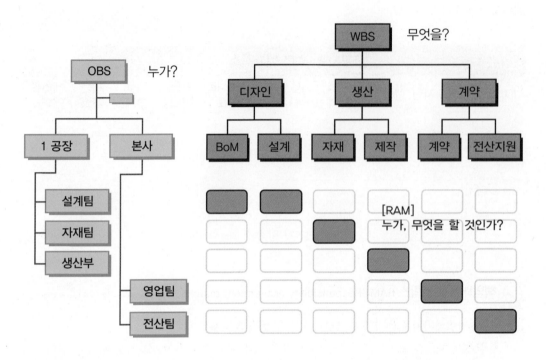

[그림 3-118] 책임배정 매트릭스(RAM)의 예

RACI 차트	팀원				
활동	김○○	유○○	박○○	정○○	최○○
팀 헌장 작성	A	R	I	I	I
요구수집	I	A	R	C	C
변경 요청 제출	I	A	R	R	C
테스트 계획 개발	A	C	I	I	R

R = 담당(Responsible) A = 책임(Accountable) C = 상담(Consult) I = Inform(알림)

[그림 3-119] RACI 차트의 예

산점도(Scatter diagram)

두 변수 간의 관계를 보여주는 그래프

산점도(correlation chart)의 또 다른 이름은 산점도(scatter plot), 산점 그래프(scatter graph) 및 상관도 (correlation chart)이다. 이는 두 개의 변수로 이 그래프를 그릴 수 있다. 첫 번째 변수는 독립 변수이며 두 번째 변수는 첫 번째 변수에 따라 달라지는 종속변수이다.

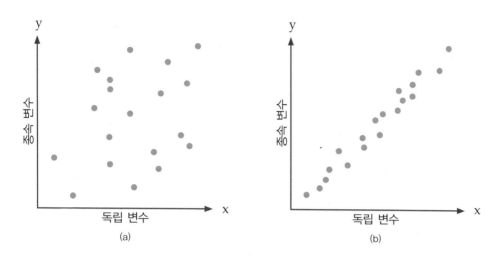

[그림 3-120] 산점도의 예

[그림 3-120]의 다이어그램은 이 두 변수 사이의 상관 관계, 즉 변수의 관계를 찾는 데 사용된다. 상관 관계를 결정한 후에는 독립 변수의 측정을 기반으로 종속 변수의 현상을 예측할 수 있다. 산점 도는 한 변수를 측정할 수 있고 다른 변수는 측정할 수 없는 경우에 유용하다.

PMBOK Guide 6판에 따르면, 산점도표는 "두 변수 사이의 관계를 보여주는 그래프"이다. 산점도 는 한 축에는 공정, 환경 또는 활동 등의 모든 요소와 다른 축에는 품질 결함 간의 관계를 나타낼 수 있다. 즉, 공정이나 환경적 변수가 품질 문제와 상관관계가 있는지를 확인할 수 있다.

예를 들면, 당신은 고속도로에서 사고 유형을 분석하고 있다. 자동차 속도(가로 X축)와 사고 횟수(세 로 Y축)라는 두 변수를 선택하고 다이어그램을 그린다. 도표가 완성되면 차량 속도가 빨라질수록 사고 건수가 증가한다는 것을 알 수 있다. 이것은 두 사이의 관계를 보여준다. 이 다이어그램은 변수 간의 상관 관계를 보여 주기 때문에 많은 전문가는 이를 상관 관계도(correlation chart)라고 한다.

대부분의 경우, 독립 변수는 수평 축(x 축)을 따라 표시되고 종속 변수는 수직 축(y 축)에 표시된다. 독립 변수는 종속 변수의 동작에 영향을 미치기 때문에 통제 매개 변수이다. 예를 들면, 광고 횟수(x) 가 매출액(y)에 얼마나 영향을 주는지 산점도로 분석하고, y=2x라는 관계를 갖는다면 매출액은 종속 변수이고 이에 영향을 미치는 광고 횟수는 독립변수이다.

많은 전문가들이 산점도가 물고기뼈 도표 fishbone diagram(Ishikawa diagram)와 유사하다고 생각하는 것을 보았다. 왜냐하면 산점도는 원인과 결과의 두 가지 매개 변수를 가지고 있기 때문이다. 그러나 이 두 다이어그램은 서로 다르다. 물고기뼈도표는 원인과 그 결과를 나타내지만 이 두 가지 사이의 관계를 보여주지는 않는다. 산점도는 두 변수 사이의 관계를 분석하는 데 도움이 된다. 그러나 이시카와 다이어그램은 산점도를 그리는 데 도움이 된다. 예를 들어 두 변수(원인 및 결과)를 찾은 다음 산점도를 그려 두 변수 사이의 관계를 분석할 수 있다.

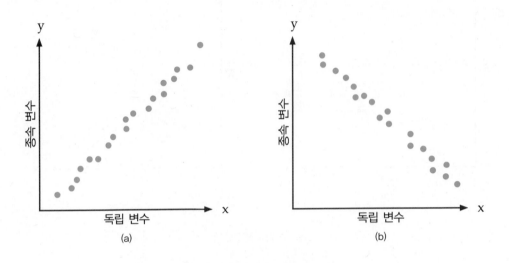

[그림 3-121] 산점도의 상관 관계

산점도를 여러 가지 방법으로 분류할 수 있다. 추세(trend)에 대한 상관 관계와 기울기를 기준으로 가장 일반적인 두 가지에 대해 설명하겠다. 프로젝트 관리에 사용되는 거의 모든 유형의 산점도는 상관 관계에 따라 다음과 같은 범주로 나눌 수 있다.

○ 상관 관계가 없는 산점도
이 다이어그램은 '상관도가 0인 산점도'라고도 한다. 여기서 데이터 점의 산포는 너무 랜덤해서 선을 그릴 수 없다. 따라서 이 변수들 사이에는 상관 관계가 없다고 말할 수 있다.

○ 중간 상관 관계가 있는 산점도
이 다이어그램은 '상관도가 낮은 산점도'라고도 한다. 여기서 데이터 점이 조금 더 가깝고 이 변수들 사이에 어떤 종류의 관계가 존재한다는 것을 알 수 있다.

○ 강한 상관 관계를 갖는 산점도
이 다이어그램은 '상관도가 높은 산점도'라고도 한다. 이 다이어그램에서 데이터 점은 서로 가깝고 패턴을 따라 선을 그릴 수 있다. 이 경우에는 이러한 변수들이 밀접한 관련이 있다고 말한다.

강한 양(+)의 상관이란 왼쪽에서 오른쪽으로 보이는 상승 추세를 의미하며, 강한 음(-)의 상관 관계는 왼쪽에서 오른쪽으로 보이는 하강 추세를 의미한다. 상관 관계가 약하다는 것은 추세가 명확하지 않다는 것을 의미한다. 왼쪽에서 오른쪽으로 수평으로 평탄한 선은 양 또는 음이 아니기 때문에 가장 약한 상관 관계이다. 상관 관계가 없는 산점도에서는 독립 변수가 종속 변수에 영향을 주지 않음을 보여 준다.

◑ 강한 양(+)의 상관 관계를 갖는 산점도

이 다이어그램은 양의 기울기가 있는 산점도(scatter diagram with positive slant)라고도 한다. 양의 기울기에서 상관 관계는 양수이다. 즉, X 값이 증가하면 Y 값이 증가한다. 데이터 점을 따라 그려진 직선의 기울기가 상승한다고 말할 수 있다. 그 패턴은 직선과 닮았다. 예를 들어, 날씨가 더워지면, 차가운 음료의 판매가 증가할 것이다.

◑ 강한 음(-)의 상관 관계를 갖는 산점도

이 다이어그램은 음의 기울기가 있는 산점도라고도 한다. 음의 기울기에서 상관 관계는 음수이다. 즉, X 값이 증가하면 Y 값이 감소합니다. 데이터 점을 따라 그려진 직선의 기울기는 아래로 내려간다. 예를 들어, 기온이 올라가면, 겨울 코트의 판매가 감소한다.

◑ 상관 관계가 없는 산점도

두 변수 사이에는 어떤 관계도 보이지 않는다. 추세(trend)는 보이지 않는 점들의 연속일 수도 있고, 점들이 평평한 직선일 수도 있다. 두 경우 모두 독립 변수는 종속 변수에 영향을 주지 않으며 종속적이지 않다.

산점도의 한계

- 산점도는 정확한 상관 관계를 제공할 수 없다.
- 산점도에는 변수 사이의 관계에 대한 정량적 측정값이 표시되지 않으며, 그것은 양적 변화의 양적 표현만을 보여준다.
- 이 차트에는 세 개 이상의 변수에 대한 관계가 표시되지 않는다.

산점도의 이점

- 이 그래프는 두 변수 간의 관계를 보여준다.
- 비선형 패턴을 보여주는 것이 가장 좋은 방법이다.
- 데이터 흐름의 범위(즉, 최대값과 최소값)를 결정할 수 있다.
- 관찰과 판독은 간단하다.
- 도표를 구성하는 것이 쉽다.

S 곡선(S-curve)

특정 기간의 누적 비용을 표시하는 그래프

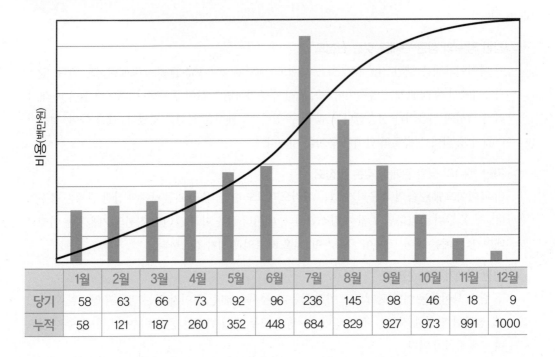

	1월	2월	3월	4월	5월	6월	7월	8월	9월	10월	11월	12월
당기	58	63	66	73	92	96	236	145	98	46	18	9
누적	58	121	187	260	352	448	684	829	927	973	991	1000

[그림 3-122] S 곡선의 예

이해관계자 참여 평가 매트릭스(Stakeholder engagement assessment matrix)

이해관계자 참여도의 현재 수준과 참여 정도에 대한 원하는 수준을 비교하는 매트릭스

주요 이해관계자의 바람직한 참여수준을 정의하고 각 이해관계자의 바람직한(desired) 참여수준과 현재(current) 참여수준을 비교하고 평가하고 현재 수준과 목표 수준 간의 격차나 상황 변경이 발생하면 이해관계자 참여감시를 통해 조정한다. 이해관계자의 참여도를 분류하는 한 가지 방법으로 다음과 같이 분류할 수 있다.

- 비인지형(unaware)
  프로젝트와 잠재적 영향력을 인지하지 못하는 수준

- 저항형(resistant)

  프로젝트와 잠재적 영향력은 인지하고 있지만 프로젝트 작업 또는 결과로 발생할 수 있는 변화에 저항하는 수준

- 중립형(neutral)

  프로젝트를 인지하고 있지만 비협조도 하지 않는 수준

- 지원형(supportive)

  프로젝트와 잠재적 영향력을 인지하고 프로젝트 작업 및 결과를 지원하는 수준

- 주도형(leading)

  프로젝트와 잠재적 영향력을 인지하며 프로젝트가 성공할 수 있도록 적극적으로 참여하는 수준

[그림 3-123] 내에 'C'는 이해관계자별 '현재(current) 참여도'를 나타내고, 'D'는 프로젝트팀이 프로젝트의 목표를 달성하기 위해 '원하는(desire) 필수적 참여 수준'을 나타낸다. 이해관계자별 현재 수준과 목표로 하는 참여 수준 간 격차를 근거로 이해관계자들의 참여를 효과적으로 유도하는 데 필요한 의사소통의 수준을 파악할 수 있다. 현재 수준과 목표 수준 간 격차를 좁히는 것은 이해관계자 참여 관리를 감시하는 데 필수적 요소이다.

이해관계자	비인지형	저항형	중립형	지원형	주도형
이해관계자 1	C			D	
이해관계자 2		C		D	
이해관계자 3					C D

C : Current(현재 참여 수준)　　　D : Desired(바람직한 참여 수준)

[그림 3-123] 이해관계자 참여 평가 매트릭스

스토리 맵(Story map)

> 스토리 맵은 주어진 제품에 원하는 모든 특징 및 기능을 시각적으로 보여주는 모델로, 팀이 제작하는 것과 그 이유에 대한 전체적인 시각을 제공

스토리 맵은 일련의 사용자 스토리를 만들기 위해 사용자 관점으로 상위 수준의 사용자 활동을 일의 흐름으로 분해하고, 이를 일련의 상세 업무로 분할하는 것이다.

가장 상위 수준은 에픽(epic)으로, [그림 3-124]와 같이 예를 들면, '제품 구매'와 같은 사용자에게 측정 가능한 경제적 가치가 있는 큰 활동을 표시한다.

다음으로 에픽(혹은 스토리 모음인 테마)을 만드는 사용자 작업 순서나 일반적 흐름을 생각한다. 시간의 흐름에 따라 테마를 나열하는데, 작업의 흐름에 따라 왼쪽에서 오른쪽 순으로 나열한다. 그림과 같이 '제품 검색' 후에 '장바구니 관리' 순으로 나열한다.

그 후에 각 테마는 구현 가능한 스토리로 분해되어 우선순위에 맞춰 수직으로 정렬한다.

스토리 맵은 사용자 중심적 설계의 개념과 스토리 분해를 결합해서 하나로 만들어, 사용자 관점에서 활동의 흐름을 보여주고 개별 스토리와 더 큰 사용자 가치의 연관성을 이해할 수 있는 배경을 제공한다.

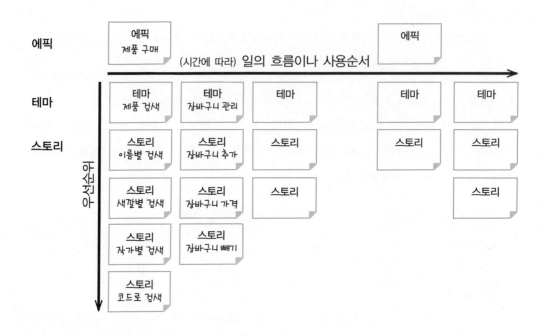

[그림 3-124] 스토리 맵의 예

처리량 차트(Throughput chart)

시간 흐름에 따라 인수된 인도물을 표시하는 차트로, 이 차트는 산점도나 막대차트로 표시

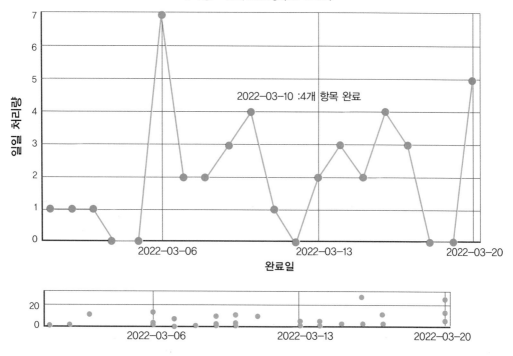

[그림 3-125] 처리량 차트의 예

유즈 케이스(Use case)

사용자가 특정 목표를 달성하기 위해 시스템과 상호 작용하는 방법을 설명하고 탐색

유스케이스는 강력한 요구사항 모델링 기법이다. 유스케이스는 시스템이 할 일(시스템 요구사항)을 파악하고, 탐구하며, 문서화는 표준 방법론을 제공한다. 기능 요구사항들을 이해하고, 이것들을 적당히 그룹으로 묶고, 다시 이들을 작은 기능별 패키지로 나누는 전통적인 분석적 사고방식은 시스템 개발에서는 문제 자체를 이해하기 힘들게 만드는 경향이 있다. 이에 비해 유스케이스는 근본적으로 합성하는 기술이다. 유스케이스를 작성하는 목적은 시스템과 그 행동에 대해서 모든 사람이 같은 개념 모델을 갖도록 보장하는 것이다.

유스케이스 기법이란 시스템을 블랙박스로 보고 행위자 입장에서 시스템을 어떻게 사용하는지 분석하는 것을 말한다. 예를 들면, TV 리모콘을 사용한다고 가정해보자. TV의 전원을 눌러서 TV를 켜고, 끄면 되고 채널을 돌리거나 음량을 조절하는 등 리모콘의 조작 방법만 알면 된다. 리모콘의 버튼을 누름으로써 리모콘 내부의 과정과 그 신호가 TV의 수신부로 전달되는 과정은 알 필요가 없다. 이

것이 블랙박스 분석이다. 사용자가 시스템의 어떤 기능을 사용(use)할 수 있는지를 파악하며 시스템 내부를 알 필요가 없이 시스템을 외부에서 바라보는 것이다.

시스템을 사용하는 대상은 여러 부류가 있다. 예를 들어 당신이 네이버 카페를 생성했다고 가정해 보자. 네이버 카페를 사용하는 사람은 당신을 비롯한 등급별로 나뉜 회원들과 비회원이 있을 수 있으며, 네이버 직원일 수도 있다. 각 부류가 카페를 접근할 수 있는 권한이 다르기 때문에 사용(use)할 수 있는 범위가 정해진다. 이처럼 시스템을 사용하는 객체들을 행위자(actor)라고 한다. 유스케이스를 분석하기 위해서는 행위자를 먼저 파악해야 하며, 각 행위자에 따라 시스템을 블랙박스로 바라보아 시스템의 기능을 파악하는 것이 유스케이스 기법의 목표이다.

유스케이스 다이어그램(use case diagram)은 사용자, 그리고 사용자가 수반한 다른 유스케이스 간의 관계를 보여주는 사용자-시스템 간 상호작용의 표현이다. 유스케이스 다이어그램은 각기 다른 종류의 시스템 사용자와 각기 다른 유스케이스를 식별할 수 있으며 다른 유형의 다이어그램이 수반되기도 한다. 유스케이스는 원이나 타원으로 표현된다.

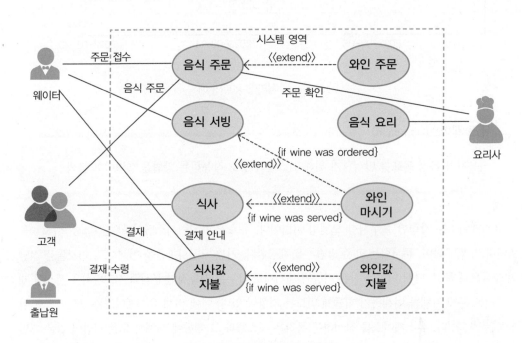

[그림 3-126] 유스케이스의 예

유스케이스 모델의 기본 구성 요소

○ **행위자**(actor)
시스템과 교류하는 사람이나 사물을 말한다.

유스케이스(use case)

시스템이 행위자를 위해서 수행하는 가치 있는 일들을 말한다.

유스케이스 설명

- 기본흐름: 사건 흐름에서 가장 중요 부분으로, 유스케이스 목적을 달성하는 정상적인 방법을 설명한다.
- 대안흐름: 기본 흐름에 더하여 다양하고 변칙적이며 예외적인 경로들을 설명한다.
- 서브흐름: 원래 흐름 중에서 따로 떼어낸 것으로서 복잡한 사건 흐름을 읽기 쉽게 만든다.
- 선조건: 유스케이스를 시작할 당시 시스템과 액터의 상태를 표현
- 후조건: 유스케이스를 종료할때 시스템 상태를 표현

가치흐름 맵(Value stream map)

고객을 위해 제품/서비스 생산에 필요한 정보나 자재의 흐름을 기록, 분석, 개선에 사용하는 린 엔터프라이즈 방법으로, 이 맵을 사용하여 낭비를 식별

가치흐름맵(VSM) 방법은 린생산방식의 도요타 버전(도요타 생산시스템)에 맞춰진 시각적인 도구이다. 이는 린생산방식의 도구와 기법을 활용하여 작업 프로세스를 이해하고 원활하게 하는데 도움이 된다. VSM의 목표는 프로세스의 낭비를 확인하고 설명하고 줄이기 위한 것이다. 낭비는 최종 제품에 가치를 추가하지 않는 모든 활동으로 정의된다. 이 단어는 제조 시스템에서 낭비의 양을 설명하고 줄이는데 사용되기도 한다. VSM은 경영진, 엔지니어, 생산담당자, 일정관리자, 공급자, 고객 등이 낭비를 인식하고 그 원인을 확인하는 것을 돕는 출발점으로서 기능한다. 그 결과 가치흐름지도는 1차적으로는 커뮤니케이션 도구이지만 또한 전략적인 기획도구로 이용될 수 있다. 그리고 변화관리 도구로도 사용될 수 있다.

이를 위해 가치흐름맵은 물자와 정보의 흐름을 시각적으로 보여준다. 제품이 원자재로서 뒷문으로 들어오는 순간부터 모든 제조 프로세스 단계를 거쳐 완제품으로 떠나는 순간까지 보여준다. 순환시간, 정지시간, 가공 중인 재고, 재료의 이동, 정보의 흐름 등 제조 프로세스에서의 활동들을 표시함으로써 현재 프로세스의 활동상태를 시각화하는데 도움이 되고, 향후 바람직한 상태로 안내하는데 도움이 된다.

그 프로세스는 보통 현재상태(current state)와 미래상태(future state)를 표시하는 것을 포함한다. 이것들은 뒤에 다른 린생산방식 전략의 기초로 기능한다. 이는 그림과 함께 본서의 앞에서 설명한 '방법(methods)' 중에 '데이터 수집 및 분석 방법' 내에 '가치흐름 매핑'을 참고할 수 있다.

가치 흐름에는 두 가지 유형이 있으며, 이는 앞서 설명한 운영 가치 흐름과 이제 설명할 개발 가치 흐름이다.

- 운영 가치 흐름 – 개발 가치 스트림에 의해 생성된 솔루션을 사용하여 최종 사용자의 가치를 제공하는 단계 및 인력 포함
- 개발 가치 흐름 – 운영 가치 스트림이 사용하는 솔루션 개발 단계 및 인력 포함

가치 흐름은 가치 전달에 필요한 모든 활동, 사람, 시스템, 정보와 자료의 흐름을 포함한다. 운영 가치 스트림은 목적에 따라 크게 다르지만, 개발 가치 스트림 단계는 상당히 표준적이다. [그림 3-127]은 개발 가치 흐름의 단순화된 구조를 보여준다.

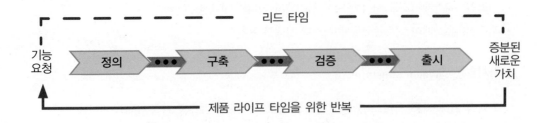

[그림 3-127] 개발 가치 흐름의 예

가치흐름 맵을 구성하는 요소는 그림과 같다. 리드 타임은 기능 요청에서부터 사용자의 환경에서 증분된 새로운 가치를 출시하기까지 필요한 시간 간격이다. 가치 흐름은 새로운 기능 요청에 의해 '유발'되지만, 실제로는 많은 새로운 기능 요청이 동시에 가치 흐름을 통해 이동하고 있다. '단계(step)'는 솔루션의 맥락에서 그 가치를 정의, 구축, 검증 및 공개하는 데 필요한 활동이다. 단계 사이의 '막대(bar)'는 한 단계에서 다음 단계로 이동하는 흐름과 자재를 나타낸다. 그것은 또한 다른 단계에 있는 사람들이 프로세스에 가치를 부가하면서 발생하는 전형적인 정보를 암시한다. '막대' 안에 있는 큰 점들은 이들 단계 사이의 지연을 나타내며, 일반적으로 긴 리드 타임에 가장 큰 기여를 한다. 따라서 지연을 줄이는 것이 리드 타임을 줄이는 가장 빠르고 효율적인 방법이다. 그 결과 솔루션이 새롭게 증분되며, 이 솔루션에는 이제 새로운 기능이 제공하는 부가 가치가 포함된다.

각 가치 흐름은 고객에게 식별 가능하고 측정 가능한 가치 흐름을 제공하며, 이 적용을 통해 인도 속도와 품질을 체계적으로 측정하고 개선할 수 있다.

속도 차트(Velocity chart)

사전 정의된 기간 내에 인도물이 생산, 확인(validate), 인수(accept)되는 속도를 추적하는 차트

릴리즈 번다운 차트에서 진도는 팀의 속도와 남은 일의 양에 대한 함수로 표현된다. 남은 이터레이션 횟수를 예측하는 가장 간단한 방법은, 앞으로 개발해야 할 스토리들의 점수를 합한 다음에, 팀의 속도로 나누어 정수값으로 올림 하는 것이다. 예를 들면, 앞으로 남은 일이 100 스토리 포인트이고 팀의 속도가 10이라면, 앞으로 10번의 이터레이션이 남은 것이다.

그러나 속도는 계속 변할 것이고 부정확하므로, 속도를 정하는 방법이 필요하다. 이 때, 지난 이터레이션들의 속도에 대한 평균을 이용할 수 있다. 평균을 이용하는 방법으로는 지난 3번의 이터레이션 속도를 평균하거나, [그림 3-128]과 같이, 매 이터레이션의 속도를 차트로 기록하여 지난 8번의 이터레이션에 대한 평균, 혹은 지난 이터레이션 중에서 최악의 속도를 냈던 세 번을 평균하는 방법을 이용할 수 있다.

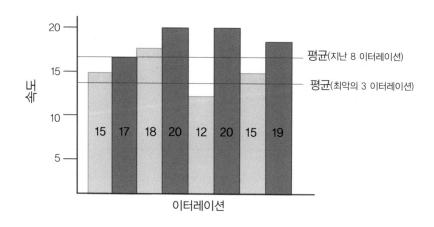

[그림 3-128] 속도 차트의 예

[참고] 파레토 차트(Pareto Chart)

7대 품질관리 도구 중 하나인, 파레토 차트는 관측치를 카테고리로 분류하고 "vital few(핵심 소수)"를 식별하는 히스토그램이다. 핵심 소수라는 단어는 솔루션에 미치는 영향이 최대화된 것들이기에 필요하게 된다. 모든 프로젝트에는 이슈가 있으며, 프로젝트 관리자는 이러한 모든 이슈를 해결하는 데 시간을 할애할 수 없다. 따라서 프로젝트에 가장 큰 영향을 미치는 몇 가지 주요 원인에 우선순위를 지정하고 우선순위가 높은 것부터 해결해 나가야 한다. 이슈의 우선순위를 지정한 후에, 우선순위가 높은 근본 원인의 20%를 해결하면 이슈의 80%를 제거할 수 있다. 이러한 현상을 파레토 법칙이라 한다.

파레토 차트는 품질 관리 및 6시그마의 핵심 툴이다. 이 그래프는 문제 또는 기회를 우선 순위에 따라 보여 주는 수직 막대 그래프이다. 그래프 왼쪽의 범주부터 상호 배타적인 항목이 빈도가 높은 것에서 작은 순으로 배열되어 있다. 파레토 차트는 문제를 분리하여 근본 원인을 찾는 데 도움이 된다. 이러한 원인에 노력을 투입하면 대부분의 문제를 해결할 수 있다.

파레토 차트를 그리려면 프로세스의 문제를 수집하고 유형별로 분류하고 범주별로 막대 차트를 그린다. 가장 자주 발생하는 빈도가 높은 문제는 왼쪽에, 오른쪽으로 갈 록에서 적게 발생하는 순이다. 파레토 차트를 그리는 사례로, 불량 유형이 C, D, A, B 순으로 분포된 파레토 차트는 [그림 3-129]와 같다.

파레토 차트의 편익
• 가장 많은 문제를 일으키는 몇 가지 원인을 해결하는 데 집중할 수 있다.
• 문제를 시각화하는 데 도움이 된다.
• 뛰어난 시각적 소통 도구이다.

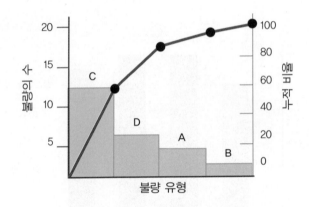

[그림 3-129] 파레토 차트의 예

파레토 차트의 장점
• 개별 데이터의 우선순위를 지정하는 데 이상적이다.
• 그리기가 쉽다.
• 빠른 의사 결정 능력 향상
• 중요한 문제에 주의를 집중하는 데 도움이 된다.

파레토 차트의 단점
• 문제의 근본 원인을 알 수 없다.
• 파레토 법칙은 경험의 법칙이며 모든 상황에 적용되는 것은 아니다.
• 심각도가 아니라 단지 빈도를 나타낸다.

[참고] 관리도(Control Chart)

관리도는 프로세스가 관리 상태에 있는지, 즉, 프로세스가 제대로 작동하고 있는지 확인하는 데 도움이 되는 그래픽 도구이다. 아무리 정밀한 기계라도 생산되는 제품은 미세한 차이인 변화(변동)를 갖는다. 변화(변동)는 모든 프로세스에서 발생하지만, 그 변화(변동)가 설정된 한계를 초과하고 프로세스가 통제 불능 상태가 되면 문제가 된다.

관리도에는 통제 한계(control limits)와 규격 한계(specification limits)라는 두 가지 한계가 있다.

그 중에 통제 한계(control limits)에는 두 가지 유형이 있다.

– 상위통제한계(Upper control limit: UCL): 이 값은 최대 한계이며 이 한계를 초과하면 조사를 시작한다.

– 하위통제한계(Lower control limit: LCL): 이 지점이 최소 한계 지점이며 변수가 이 지점 아래로 내려가면 조사를 시작한다.

프로젝트 관리자가 이 통제 한계를 설정한다.

통제 한계와 마찬가지로 규격 한계(specification limit)도 규격 상한과 하한의 두 가지 유형이 있으며, 고객이 규격 한계를 정의한다. 변수가 어느 방향으로든 규격 한계를 벗어나면 제품이 불량품이며 결점의 원인을 찾아야 한다고 말할 수 있다. 이 또한 상위규격한계(USL)과 하위규격한계(LSL)의 유형으로 구분한다. 통제 한계는 항상 고객의 규격 한계보다 엄격하다. 따라서 규격 한계는 항상 UCL 및 LCL을 벗어나 그 한계가 더 크다고 할 수 있다. 즉, USL과 LSL은 UCL과 LCL보다 밖에 있는 더 큰 한계를 허용한다.

통제 상한과 하한은 프로세스의 기본적 프로세스 능력을 설정하는 데 사용되는 표준 통계 계산을 기반으로 한다. 품질 팀은 통제 상한과 하한 사이의 범위를 설정해야 한다. 일반적으로 한계치는 +/− 3표준편차(3시그마) 품질 표준으로 설정된다.

표준정규분포의 표준 편차 면적(확률)은 다음과 같다.

> 1 시그마 = 68.26%, 2 시그마 = 95.46%, 3 시그마 = 99.73%

시그마는 품질 표준을 나타낸다. 일반적으로 +/− 3 시그마(표준편차)를 상한과 하한으로 그 한계치를 결정한다. 예를 들어, 제품의 평균 무게가 50그램이고 표준편차가 0.5그램이라면, 제품이 최소 48.5그램(50 − 3 x 0.5) 이상이어야 하고 최대 51.5그램(50 + 3 x 0.5) 이하여야 한다. 이 범위를 벗어나면 "프로세스가 관리되고 있지 않다(out of control)"고 판단되어 프로세스의 이상 원인을 찾고 해결해야 한다.

이렇게 한계를 벗어나는 경우 외에, 다른 "out of control"의 예로는 다음과 같다.

– Rule of Seven : 평균의 위나 아래 한쪽에 7개의 데이터 점이 연속으로 관측되면 프로세스가 관리 이탈 상태에 있을 수 있기 때문에 조사할 필요가 있다. 이것은 그림과 같은 관리도에 나와 있다.

– 데이터가 연속으로 상승하거나 하강하는 경우, 특별한 패턴을 반복하는 경우 등도 프로세스의 이상(out of control)으로 판단한다.

이러한 각 데이터의 크기가 매번 다르게 발생하는 변동(변화)이 발생하는 원인은 특수 원인 (special cause)일 수도 있고 공통 원인(common cause)일 수도 있다. 특수 원인은 일반적인 발생 으로 조사가 필요한 반면, 공통 원인은 정상적인 변동이며 허용 한계 내에서 미세하게 변동 할 가능성이 가장 높다. 즉, 특수 원인은 재료 불량, 기계나 공구 결함 등의 특별한 원인이 있 지만, 공통 원인은 그 조직의 기본적인 수준인 작업자의 능력이나 조직의 관리 수준이 원인이 된다. 허용한계 내에서의 미세한 변동인 공통 원인은 이러한 조직의 품질 수준에 따라 그 차 이가 난다. Rule of Seven은 특수 원인의 한 예이다.

관리도의 장점
- 프로세스 감시에 유용
- 프로세스의 실시간 동작을 보여줄 수 있음
- 재작업 및 시스템 고장 비용 절감
- 프로그래밍 및 자동화 가능
- 고객 사양에 부합하도록 지원

관리도의 단점
- 편차의 근본 원인을 표시하지 않음
- 관리도 사용 시 수준 높은 기술 전문 지식 필요
- 일반적인 원인을 특수 원인으로 오인하는 경향 및 그 반대 경향

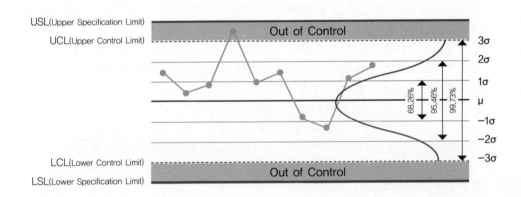

[그림 3-130] 관리도의 예

보고서 결과물(Report Artifacts)

보고서는 정보를 공식적으로 기록 또는 요약한 것으로, 이해관계자에게 일반적으로 요약 수준의 관련 정보를 전달한다. 보고서는 주로 스폰서, 사업주(business owner), PMO와 같이 프로젝트 상태 (status)에 관심 있는 이해관계자에게 제공된다.

보고서의 종류와 적용 성과 영역

결과물	성과 영역							
	팀	이해 관계자	개발 방식	기획	프로 젝트 작업	인도	측정	불확 실성
품질 보고서(Quality report)					✓	✓	✓	
리스크 보고서(Risk report)					✓			✓
상황 보고서(Status report)					✓			

품질 보고서(Quality report)

품질관리 이슈, 시정 조치 권고사항, 품질 통제 활동으로 발견된 결과 등을 요약한 내용을 포함

프로젝트 품질관리(quality management) 프로세스에는 품질 계획 수립(plan quality management), 품질관리(manage quality), 품질통제(control quality)가 있다. 이 중에 품질관리(manage quality)는 조직의 품질 정책을 프로젝트에 반영하여 품질관리 계획을 실행 가능한 품질 관련 활동으로 변환하는 프로세스이다. 이 프로세스의 주요 이점은 품질 목표의 달성 확률을 높이고 비효율적인 프로세스와 품질 저하 원인을 파악할 수 있다는 점이다. 품질관리(manage quality) 프로세스에서는 품질통제 프로세스의 데이터와 결과를 사용하여 프로젝트의 전반적인 품질 상태를 이해관계자에게 알려준다. 때로 품질관리를 품질보증이라고도 하지만 품질관리(manage quality)는 프로젝트와 무관한 작업에서도 사용되므로 품질보증(quality assurance)보다 넓은 의미를 갖는다. 프로젝트관리에서 품질통제가 '제품'에 초점을 맞추는 반면, 품질보증은 프로젝트에서 사용되는 '프로세스'에 초점을 맞춘다. 품질보증은 프로젝트 프로세스를 효과적으로 사용하기 위한 것이다. 품질 보증은 이해관계자들에게 최종 제품이 그들의 요구, 기대사항 및 요구사항을 충족할 것이라는 확신을 주기 위한 표준 이행 및 준수를 수반한다. 품질 보고서는 이러한 품질관리 혹은 품질보증의 결과로 산출된다.

품질 보고서가 제공하는 정보에는 다음과 같은 내용이 포함된다.

- 팀에서 보고한 모든 품질 관리 이슈
- 프로세스, 프로젝트, 제품 개선을 위한 권고사항
- 재작업, 결함/버그 수정, 전수 검사 등의 시정 조치 권고사항
- 품질통제 측정치, 검증된 인도물 등의 품질통제 프로세스의 결과 요약

품질 보고서는 시각적, 수치적 또는 정성적으로 작성할 수 있으며, 제공된 정보는 다른 프로세스와

부서에서 프로젝트 품질 기대사항 달성을 위한 시정 조치를 수행하는 데 사용할 수 있다.

리스크 보고서(Risk report)

리스크관리 프로세스 전반에 걸쳐 점진적으로 개발되는 문서로, 개별 프로젝트 리스크에 대한 정보와 전체 프로젝트 리스크의 수준을 요약

프로젝트 리스크관리를 위해, 리스크 식별, 정성적 리스크분석 수행, 정량적 리스크분석 수행, 리스크대응 계획수립, 리스크대응 실행 및 리스크 감시 등 각 프로세스가 완료되면 그 결과가 리스크 보고서에 포함된다.

가장 먼저 리스크 식별 후에 리스크 보고서에는 일반적으로 식별된 개별 프로젝트 리스크에 대한 요약 정보와 함께 포괄적 프로젝트 리스크 원인에 대한 정보가 지정된다. 리스크 식별 프로세스가 완료된 후 리스크 보고서에 포함되는 정보의 일부 예는 다음과 같다.

- 포괄적 프로젝트 리스크 노출도의 가장 중요한 요인을 나타내는 포괄적 프로젝트 리스크 유발원
- 식별된 위협 및 기회, 리스크 범주에서의 리스크 분포, 지표 및 추세 등과 같은 식별된 개별 프로젝트 리스크에 대한 요약 정보

정성적 리스크분석 후에, 리스크 보고서는 가장 중요한 개별 프로젝트 리스크(일반적으로 확률과 영향이 가장 큰 리스크)와 프로젝트에 대해 식별된 모든 리스크의 우선순위 목록 및 요약 결론을 반영하여 업데이트된다.

정량적 리스크 분석 후에 업데이트되는 리스크 보고서의 일반적인 내용은 다음과 같다.

- 포괄적 프로젝트 리스크 노출도 평가
  - 식별된 개별 프로젝트 리스크와 기타 불확실성 원인을 고려하여 프로젝트가 주요 목표(예를 들어 필수 종료 날짜 또는 중간 마일스톤, 필수 원가 목표 등)를 달성할 수 있는 확률로 표시된 프로젝트 성공 가능성
  - 분석 수행 시점에 프로젝트에 남아 있는 내재적인 가변성 정도(가능한 프로젝트 결과의 범위로 표시)
- 프로젝트의 상세 확률론적 분석: S-곡선, 토네이도도 및 중요도 분석과 같은 정량적 리스크 분석의 주요 산출물이 결과에 대한 설명식 해석과 함께 제시된다.
  - 지정된 신뢰도 수준을 제공하는 데 필요한 우발사태 예비 금액
  - 프로젝트 주공정에 가장 큰 영향을 미치는 개별 프로젝트 리스크 또는 기타 불확실성 원인 식별

- 프로젝트 결과의 불확실성에 가장 큰 영향을 미치는 포괄적 프로젝트 리스크의 주요 추진 요인
- 개별 프로젝트 리스크의 우선순위 목록
  - 이 목록에는 민감도 분석에 따라 프로젝트에 최대 위협 또는 최대 기회가 될 개별 프로젝트 리스크가 포함
- 정량적 리스크분석 결과의 추세
  - 프로젝트 생애주기에서 각기 다른 시점에 분석이 반복됨에 따라 리스크대응 계획수립의 필요성을 나타내는 추세가 뚜렷해짐
- 권고된 리스크대응
  - 리스크 보고서는 정량적 리스크분석 결과를 토대로 포괄적 프로젝트 리스크 노출도 또는 주요 개별 프로젝트 리스크에 대해 제안되는 대응책을 제시할 수 있다. 이러한 권고사항은 리스크대응 계획수립 프로세스의 투입물이 된다.

리스크 보고서는 리스크 대응 전략 선택 필요성을 알려주는 프로젝트의 현재 전체 리스크 노출도에 대한 정보를 제공한다. 리스크 보고서에는 또한 개별 프로젝트 리스크가 우선순위에 따라 나열되며 리스크대응 선택 필요성을 알려주는 개별 프로젝트 리스크 분포에 대한 추가 분석을 제공한다.

리스크 대응의 결과로, 리스크 보고서가 업데이트되면 현재 포괄적 프로젝트 리스크 노출도 및 우선순위가 높은 리스크에 대해 합의된 대응책과 해당 대응책을 구현한 결과로 예상될 수 있는 변경사항을 함께 나타낼 수 있다. 리스크 보고서에는 현재 포괄적 프로젝트 리스크 노출도 평가와 합의된 리스크 대응 전략이 포함된다. 또한 주요 개별 리스크를 계획된 대응과 함께 설명한다. 리스크대응 실행 프로세스 결과에 따른 리스크 보고서는 포괄적 프로젝트 리스크 노출도에 대해 이전에 합의된 리스크 대응에 대한 변경사항을 반영하여 업데이트될 수 있다.

리스크 감시 프로세스 결과로는, 새로운 정보를 얻을 수 있으므로 주요 개별 프로젝트의 현재 상태 및 포괄적 프로젝트 리스크의 현재 수준을 반영하여 리스크 보고서가 업데이트된다. 리스크 보고서에는 또한 상위 개별 프로젝트 리스크, 합의된 대응 및 담당자와 결론 및 권고사항이 포함될 수 있다. 리스크 관리 프로세스의 효과성에 대한 리스크 감사 결론도 포함될 수 있다.

상태(현황) 보고서(Status report)

- 프로젝트의 현재 상태에 대한 보고서를 제공
- 최종 보고서 이후의 진행 상황 정보와 비용 및 일정 성과에 대한 예측을 포함

프로젝트 상태 보고서(Status Report)

프로젝트 이름: PM 실무 교육 과정 개발　　　　　　　　　프로젝트 ID: AK474

프로젝트 목표

2022년부터 사내 직원을 교육할 수 있는 PM 실무 교육 과정을 개발한다.

프로젝트 상황

일정	Y	프로젝트 일정 3일 지연
예산	G	예산 유지
자원	R	교육 개발 인력(김○○)퇴사

마일스톤 일정 상황

WBS	마일스톤	계획 종료	실제 종료	설명
2.2.3	범위 확정	2022/06/13	2022/06/14	
4.1.2	교육 방법 확정	2022/06/22	2022/03/22	
4.2.2	평가지 개발 완료	2022/06/27		개발인력 퇴사로 03/27 완료 불가
4.4.1	사례 및 교재 확정	2022/07/26		

주요 이슈

번호	이슈 내용	조치 사항
D1322-1	팀장급 개발 인력의 퇴사로 자원 가용성이 잦아져 일부 작업의 일정이 지연됨	인력관리부에 근무하는 개발 인력을 프로젝트에 투입시키기 위해 프로젝트 스폰서가 인력관리부장과 협의

주요 작업 상황

당기 완료 작업	차기 계획 작업
1. 범위 검토 및 확정 2. 교육 방법 확정 3. 평가지 개발 완료	1. 교재 안 확정 2. 교재 초안 작성 완료

지연 작업

1. 사례 연구 자료 선정은 차기(2022/08/17)에 완료 예정

[그림 3-131] 프로젝트 상태 보고서의 예

프로젝트의 상태(현황)를 파악하고 의사결정을 내리거나 조치를 결정하는 데 활용하기 위해 물리적 또는 전자 형식으로 작업성과 정보를 통합 및 기록하고 배포가 필요하다. 이것을 포괄적으로 작업성과 보고서라고 하며, 이는 의사결정, 조치결정, 현황파악 목적으로 작성된 물리적 또는 전자 형식의 작업성과 자료이다. 프로젝트 의사소통관리 계획서에 정의된 의사소통 프로세스를 통해 작업성과 보고서를 프로젝트 이해관계자들에게 배포한다.

상태(현황) 보고서는 작업성과 보고서의 예로, 획득가치 그래프 및 정보, 추세선 및 예측치, 예비 번다운 차트, 결함 히스토그램, 계약이행 정보 및 리스크 요약 등이 보고서에 포함될 수 있다. 현황판,

히트 보고서, 신호등 차트 또는 현황 파악과 의사결정 및 조치결정에 유용한 그 밖의 시각 자료로 보고서를 제시할 수 있다.

PMI PMBOK 7판에서는 'Status'를 각 제목에서는 '상태'라고 번역하지만, 본문 설명에서는 '현황' 혹은 '상황'으로 혼용해서 번역하는 경우도 많이 있다. 추가적인 내용은 앞에 기술한 본서의 '방법(method)' 중에서 '회의 및 행사 방법' 내에 있는 '상태(status) 회의'를 참고하면 된다.

협약 및 계약(Agreements and Contracts)

협약(agreement)이란 당사자의 의도를 정의하는 문서나 의사소통을 말하며, 프로젝트에서 협약은 계약(contract)이나 기타 합의(understanding)의 형태를 취하게 된다. 계약은 지정된 제품, 서비스, 결과물을 제공할 판매자의 의무와 그 대가를 지불할 구매자의 의무를 명시하는 상호 간에 구속력 있는 협약이다. 대표적인 계약 유형에는 고정가 계약 방식과 원가정산 계약 방식이 있다.

협약 및 계약의 종류와 적용 성과 영역

결과물	성과 영역							
	팀	이해관계자	개발방식	기획	프로젝트작업	인도	측정	불확실성
고정가 계약(Fixed-price)		✓		✓	✓	✓	✓	✓
원가정산 계약 (Cost-reimbursable)		✓		✓	✓	✓	✓	✓
시간자재 (T&M : Time and materials)		✓		✓	✓	✓	✓	✓
불확정 인도 불확정 수량 (IDIQ : Indefinite time indefinite quantity)		✓		✓	✓	✓	✓	✓
기타 협약(Other agreements)		✓		✓	✓	✓	✓	✓

고정가 계약(Fixed-price)

- 이 계약 범주에는 정의된 제품, 서비스, 결과물에 대한 고정가 설정이 포함
- 고정가 계약에는 확정고정가(FFP), 성과급가산고정가(FPIF), 가격조정조건부고정가(FP-EPA)가 포함

고정가 계약(fixed price) 방식은 공급하기로 정의된 제품, 서비스 또는 결과물에 대한 고정가 총액을 설정하는 계약 유형이다. 이 유형의 계약은 요구사항이 잘 정의되고 범위에 중대한 변경이 예상되지 않을 때 사용할 수 있다. 고정가 계약에는 다음과 같은 유형이 있다.

◯ 확정고정가(FFP: Firm Fixed Price) **계약**

확정고정가(FFP) 계약은 가장 일반적으로 사용되는 계약 유형이다. 재화 가격이 착수 단계에서 지정되며, 작업 범위가 변경되는 경우에만 변동되므로 대부분의 구매 조직에서 선호한다. 즉, 1억 원에 수주하여 계약하면, 구매자가 판매자에게 1억 원만 지불하기에 계약을 통한 이익이나 손실은 모두 판매자에게 리스크가 있다.

◯ 성과급가산고정가(FPIF: Fixed Price Incentive Fee) **계약**

이 방식의 고정가 계약은 구매자와 판매자에게 성과 차이를 허용하는 유연성을 보이며, 합의된 지표 달성에 따른 금전적 성과급이 뒤따른다. 일반적으로 성과급은 판매자의 원가, 일정 또는 기술적 성과에 좌우된다. FPIF 계약에서는 가격 상한이 설정되고, 정해진 상한을 넘는 모든 비용은 판매자의 책임으로 돌아간다. [그림 3-132]와 같이 예를 들 수 있다.

FPIF(Fixed Price Incentive Fee)			
	계약	실적	
Target Cost	10,000	8,000	13,000
Target Prpfit	1,000	1,000	1,000
Target Price	11,000		
Sharing Formula (Buyer : Seller)	70 : 30	600	− 900
Ceiling Price	12,000		
Total Price		9,600	12,000
Profit		**1,600**	**− 1,000**

[그림 3-132] 성과급가산고정가(FPIF) 방식의 예

◯ 가격조정-조건부고정가(FPEPA: Fixed Price with Economic Price Adjustments) **계약**

이 방식은 판매자의 계약이행 기간이 몇 년간 지속되거나 다른 종류의 통화로 지불하는 경우에 사용한다. 고정가 계약의 일종이면서 특정 상품의 원가 상승(또는 하락)이나 인플레이션 변동 등에 따라 계약가에 미리 정의된 최종 조정을 허용하는 특별 조항이 추가되는 형태의 계약이다.

원가정산 계약(Cost-reimbursable)

- 작업 완료를 위해 발생한 실제원가와 판매자 수익에 해당하는 수수료를 가산한 금액을 판매자에게 지불하는 계약 유형
- 이 계약은 프로젝트 범위가 잘 정의되지 않거나 잦은 변경의 경우에 사용
- 원가정산 계약에는 보상금가산원가(CPAF), 고정비용가산원가(CPFF), 성과급가산원가(CPIF)가 포함

원가정산 계약은 완료한 작업에 발생한 모든 합법적인 실제원가와 판매자 수익에 해당하는 수수료를 합산한 금액을 판매자에게 지불(원가 상환)하는 유형의 계약이다. 이 유형은 계약 실행 도중 작업 범위에 상당한 변경이 예상되는 경우에 사용해야 한다. 다음은 원가정산 계약의 다양한 변형 방식이다.

◉ **고정수수료가산원가**(CPFF: Cost Plus Fixed Fee) **계약**

계약 작업 이행에 허용되는 제반 비용과 프로젝트 초기 산정 원가의 백분율로 산출된 고정 수수료가 판매자에게 지불된다. 프로젝트 범위가 변경되지 않는 한 수수료 금액은 일정하다.

CPFF(Cost Plus Fixed Fee)		
	계약	실적
Cost	10,000	10,000
Fee(10%)	1,000	1,000
Total Price	11,000	12,000

[그림 3-133] 고정수수료가산원가(CPFF) 방식의 예

◉ **성과급가산원가**(CPIF: Cost Plus Incentive Fee) **계약**

계약 작업수행에 허용되는 제반 원가와 계약서에 정의된 일정한 성과 목표 달성을 조건으로 책정된 성과급이 판매자에게 지불된다. CPIF 계약에서 최종 원가가 초기에 산정된 원가 미만이거나 초과한 경우, 구매자와 판매자가 사전 협상한 원가분담 공식에 따라 착수 시점부터 원가를 분담한다. 예를 들어, 판매자의 실제 성과를 기준으로 목표 원가 초과/미달 분할비를 80/20으로 지정하는 방법이 있다.

CPIF(Cost Plus Incentive Fee)			
	계약	실적	
Cost	10,000	8,000	12,000
Fee(10%)	1,000	1,000	1,000
Sharing Formula	80 : 20	400	− 400
Total Price		9,400	12,600

[그림 3-134] 성과급가산원가(CPIF)의 예

● 보상금가산원가(CPAF: Cost Plus Award Fee) 계약

판매자에게 합법적 원가는 모두 지불되지만, 수수료의 대부분은 미리 정하여 계약서에 정의된 일정한 수준의 주관적 성과기준 충족도를 기준으로 지불된다. 수수료 결정은 전적으로 판매자 성과에 대한 구매자의 주관적인 판단에 따르며, 일반적으로 항의 대상이 되지 않는다.

[참고 1] FPIF(Fixed Price Incentive Fee)와 CPIF(Cost Plus Incentive Fee)의 차이

이 두가지 계약 방식의 차이점은 다음과 같다.
- FPIF
  - 실제원가를 목표원가 이하로 절감했을 때 인센티브를 제공하되 총가격을 ceiling price로 통제
  - PTA까지는 구매자와 판매자가 공동부담이지만 그 이상부터는 전부 판매자가 부담
- CPIF
  - 실제원가를 보장해주며, 실제원가가 목표원가 이하로 절감했을 때 인센티브를 제공
  - 인센티브의 최소금액과 최대금액을 둘 수 있음(maximum fee와 minimum fee를 사전에 결정)

[참고 2] PTA(Point of Total Assumption)

이는 FPIF 계약 방식과 관련된 것으로, 지불 금액이 상한선(ceiling price)에 도달하는 점이다. 이 점을 넘어서면 추가로 발생되는 원가에 대해서는 판매자가 책임을 지게 되며, PTA부터는 sharing formula가 0 : 100이 된다.

시간자재(T&M: Time and materials)

- 이 계약은 고정 비율을 설정하나 정확한 작업기술서를 설정하지는 않음
- 인력 증원, 주제별 전문 지식, 기타 외부 지원에 사용

시간자재(T&M) 계약은 원가정산 계약과 고정가 계약, 두 가지 측면을 결합한 복합형 계약이다. 정확한 작업기술서를(SOW) 신속히 기술할 수 없을 때 팀원 증원, 전문가 영입, 외부 지원 확보를 위해 종종 사용되는 계약 유형이다.

예를 들어, 개발자 한 사람을 소싱하여 프로젝트에 투입할 때, 계약 상 지불할 인건비(시간당 단가)는 확정하고 필요시 발생되는 장비나 재료 등에 대해서는 발생 원가를 정산해 준다. 이 개발자는 근무 시간에 비례하여 인건비를 받을 수 있다.

> ### 불확정 인도 불확정 수량(IDIQ: Indefinite time indefinite quantity)
>
> 이 계약에서는 고정된 기간 내에 명시된 하한 및 상한 범위 내에서, 제품/서비스의 수량을 정하지 않고 제공

IDIQ 계약은 정해진 시간 동안 무한한 양의 서비스를 제공한다. IDIQ 계약에 따라, 정부는 개별 요구사항의 기본 계약에 따라 납품 주문(물자) 또는 업무 주문(용역)을 한다. IDIQ는 최소 또는 최대 수량 외에 조달되는 제품 또는 서비스의 정확한 수량을 지정하지 않는다. 이러한 제품, 서비스 또는 수량은 사람, 노트북, 노동 시간, 시스템, 애플리케이션, 헬프 데스크, 프린터, 기계, 전화기, 물류, 자재 등과 같은 여러 가지가 될 수 있다.

IDIQ 계약의 목적은 정부가 특정 산업에서 자격을 갖춘 공급업체를 선정할 수 있도록 하는 것이다. 이들 판매자들은 추후 출시될 업무 주문서(task orders)에 입찰할 것이다. IDIQ를 통해 정부는 조달 프로세스를 간소화하고 다양한 기관에서 동일/유사한 서비스를 조달하려는 기관의 비용을 절감할 수 있다. 이러한 계약에 포함되는 기간은 일반적으로 5년을 초과하지 않지만 필요한 경우 기간을 연장할 수 있는 옵션이 포함되는 것이 매우 일반적입니다.

이 계약을 통해 정부는 건설, 수리, 전기 공사, 건축 설계 등의 건설 분야에서 무기한으로 기술 전문성을 유지할 수 있으며, 동일하게 네트워크 업그레이드, 레거시 시스템, 인프라, 사이버 보안, 물류 등의 마이그레이션도 포함될 수도 있다.

이러한 계약에 대해 생각하는 더 간단한 방법은 인도물이 그 수량 측정을 필요하지 않은 방식으로 설계된다는 것이다. 서비스 또는 재화는 기간 동안 보장되지만 필요한 경우에만 제공된다. 정해진 시간이 끝나면 달성 여부에 관계없이 계약이 종료된다. IDIQ의 가격 설정 방법은 일반적으로 이전에 제공된 가격과 과거 경험을 기반으로 계산된다. 이는 유사한 프로젝트에 참여했을 때 지불한 금액을 직접 비교하기 때문에 일반적으로 계약을 체결하는 회사에 유리하다.

계약 방식 이름에 있는 '무한한(Indefinite)'이라는 단어의 강도는 많은 기업이 이러한 계약에 관심을 갖는 것을 두려워할 만큼 충분히 위협적일 수 있지만 이름이 암시하는 것보다 덜 위험하다. IDIQ

계약에는 최소 및 최대 예상 인도 수준이 포함되어 있다. 즉, 서비스 공급자가 일하는 시간의 상한선과 하한선이 있고, 재화나 자재를 공급하는 회사도 한도가 있다. 그러나 계약 규모에는 한도가 없으며, 계약이 체결되면 어떤 일이 발생할 수 있는지에 대한 한도일 뿐이다.

이러한 계약은 본질적으로 프로젝트에 대한 어려운 계산으로 인한 지연을 해결하기 위해 만들어졌다. 결정되지 않은 일에 시간을 허비하는 대신 프로젝트를 진행하는 데 도움이 되는 경우가 많다. 자금이 부족한 경우에도 프로젝트가 예산 제약 내에서 유지되도록 보장할 수 있다.

> ## 기타 협약(Other agreements)
>
> 이 유형에는 양해각서(MOU: Memorandum Of Understanding), 합의각서(MOA: Memorandum Of Agreement), 서비스 수준협약(SLA: Service Level Agreement), 기본발주계약 (BOA: Basic Ordering Agreement) 등

기타 협약의 종류는 다음과 같다.

▶ MOU: 양해각서(Memorandum of Understanding)

당사자 사이의 교섭 결과 서로 양해된 내용을 확인, 기록하기 위해 정식계약 체결에 앞서 행하는 문서로 된 합의를 의미한다. 원래는 본 조약이나 정식 계약의 체결에 앞서 국가 사이에 이루어지는 문서로 된 합의를 말하지만, 지금은 좀더 포괄적인 의미로, 기업 간 체결되는 계약에도 빈번히 활용되고 있다. 기업 사이에 합의에 대하여 작성하는 양해각서는 주로 정식계약을 체결하기에 앞서, 쌍방의 의견을 미리 조율하고 확인하는 상징적 차원에서 이루어지는 것이 보통이다. 과거에는 MOU의 경우 법적 구속력이 없으므로 위반시 도덕적 책임만을 부담할 뿐이라고 해석하였으나, 근래에는 MOU에 해당하는 경우에도 법적 구속력이 배제되지 않으므로 주의해야 한다.

▶ MOA: 합의각서(Memorandum of Agreement)

양해각서(MOU) 체결 후 이에 대한 사항을 구체적으로 명시화하여 계약을 한 것으로 볼 수 있다. 의미상으로 양해각서와 크게 다르지 않으나, 당사자 간 합의사항을 문서화하여 양해각서를 체결한 후 이에 대한 세부 조항과 이행사항 등을 구체화시켜 계약을 맺음으로써 법적 구속력을 가지는 문서이다.

▶ LOI: 의향서, 동의서(Letter Of Intent, Lunar Orbit insertion)

국제거래에 관한 협상 단계(정식계약체결의 이전 단계)에서, 당사자의 의도나 목적, 합의사항 등을 확인하기 위하여 문서로 작성하는 당사자간 예비적 합의의 일종이다. 일방의 의사표시에 의하

여 또는 합의에 의하여 작성되기도 하는데, 그 법률적 효력에 대하여 획일적 판단이 불가하고, 내용 및 표현에 따라 개별적으로 판단할 수밖에 없다. 어느 일방의 입장·의도·결정·약속 등을 전달하고자 할 필요한 경우, 최종협상에 앞서 회사내의 의사 확인용(결재용), 당해 거래관련 상대 회사의 인가·허가 등을 위한 사전협의 또는 조정 용도 등으로 작성된다. 통상 LOI는 법적 구속력이 약하게 작성되고 있다.

◯ **서비스 수준 협약**(SLA: Service Level Agreement)

고객이 공급업체에게 기대하는 서비스 수준을 기술한 문서이다. 이 문서에는 해당 서비스를 측정할 지표가 규정된다. 또 합의된 수준을 충족하지 못했을 때 해결책이나 불이익이 있으면 역시 명시된다. 통상적으로 SLA는 회사와 외부 공급업체 간에 체결되지만 한 회사에 속한 부서 사이에서도 체결될 수 있다. 예를 들어, 통신회사의 SLA는 99.999퍼센트의 네트워크 가용성을 약속할 수 있다. 이는 1년에 발생하는 다운 타임이 약 5.25분이라는 뜻이다. 만일 이 약속을 지키지 못하면 결제 금액을 소정 비율 깎아주는데, 통상적으로 할인 폭은 위반 정도에 따라 차등 적용된다.

◯ **BOA**(Basic Ordering Agreement: 기본 발주 계약)

국방 프로젝트의 경우 무기체계를 운영하는데 필수적인 주요 장비의 수리 부속 및 정비를 효율적으로 확보하기 위해 한도액을 설정하여 계약을 체결한 후 소요가 발생할 때마다 각 군 및 기관의 장비 계약 총액의 범위 내에서 이를 청구하여 구매하는 계약 방법이다. '한도액 계약'이라고도 한다.

기타 결과물(Other Artifacts)

특정 범주에 적합하지 않은 문서 및 인도물이지만, 다양한 용도로 사용되는 중요한 결과물(artifact)들도 있다.

기타 결과물의 종류와 적용 성과 영역

결과물	성과 영역							
	팀	이해관계자	개발방식	기획	프로젝트작업	인도	측정	불확실성
활동목록(Activity list)	✓	✓		✓	✓			
입찰 문서(Bid documents)		✓		✓	✓			
메트릭스(Metrics)				✓		✓	✓	

결과물	성과 영역							
	팀	이해관계자	개발방식	기획	프로젝트작업	인도	측정	불확실성
프로젝트 달력 (Project Calendar)	✓			✓	✓			
요구사항 문서 (Requirements documentation)		✓		✓		✓	✓	
프로젝트 팀 헌장 (Project team charter)	✓				✓			
유저 스토리(User story)		✓		✓		✓		

활동목록(Activity list)

일정 활동을 정리해서 기록한 표로, 팀원이 수행할 작업을 파악할 수 있도록 활동내용, 활동식별코드, 작업범위에 대한 자세한 설명을 제공

활동목록은 프로젝트에 필요한 일정 활동(schedule activity)을 열거한 목록이다. 연동기획 또는 애자일 기법을 사용하는 프로젝트의 경우, 프로젝트가 진행됨에 따라 주기적으로 활동목록이 업데이트된다. 프로젝트 팀원이 완료해야 하는 작업을 충분히 파악할 수 있도록 상세히 기술된 각 활동에 대한 작업 범위명세서와 활동식별자를 활동목록에 포함시킨다.

활동 목록은 작업분류체계(WBS)에서 식별된 인도물들을 생산하기 위해 추진해야 할 특정 활동들을 식별하는 것으로, 활동 목록을 만드는 활동정의 프로세스는 분할 방법으로 이루어진다. 이는 작업패키지를 관리적으로 통제하기 쉽게 세분화하는 것으로 활동정의의 결과물인 활동목록은 작업분류체계의 연장으로 완벽하게 구성해야 하며, 팀원들이 그 일을 어떻게 수행해야 하는지 이해할 수 있도록 각 활동에 대한 기술서를 포함한다. WBS와 활동은 모두 분할 방법으로 이루어지지만, WBS는 산출물 혹은 인도물 중심으로 분할하는 반면에, 활동은 행위를 중심으로 분할하여야 한다. 일반적으로 하나의 작업패키지를 여러 활동으로 분할하는 방법이 보통이지만, 경우에 따라서 하나의 작업패키지를 하나의 활동으로 만드는 경우도 있다.

활동 정의를 통해 활동 목록이 만들어지면, 각 활동에 대해서 활동속성도 정의된다. 활동속성은 각 활동과 연관된 여러 가지 구성요소를 식별함으로써 활동에 대한 설명을 보충한다. 시간이 경과함에 따라 각 활동의 구성요소들이 진화한다. 프로젝트 초기 단계의 속성으로는 고유한 활동식별자(ID), WBS ID 및 활동 레이블 또는 이름 등이 있다. 이후에는 활동 설명, 선행활동, 후행활동, 논리적 관계, 선도 및 지연, 자원 요구사항, 지정일자, 제약 및 가정 등이 포함될 수 있다. 작업을 수행해야 하

는 장소, 활동이 할당된 프로젝트 달력, 관련된 업무 유형을 식별하는데 활동속성을 사용할 수 있다. 일정을 개발하고, 계획된 일정활동을 다양한 방식으로 선별하여 보고서에 순서대로 배열하고 분류하는 데에도 활동속성이 사용된다.

활동 정의의 결과로, 마일스톤 목록 또한 활동 목록과 함께 정의된다. 마일스톤은 프로젝트에서 중요한 지점 또는 사건이다. 마일스톤 목록에는 모든 프로젝트 마일스톤이 열거되고, 각 마일스톤이 계약에 따른 필수사항인지 또는 선례정보에 근거한 선택사항인지 여부가 표시된다. 마일스톤은 중대한 지점이나 시점을 나타내므로 기간은 0이다.

번호	활동 ID	활동 이름	선행활동	담당자
1	1.1	자료수집		Beth
2	1.2	타당성 조사		Jack
3	1.3	타당성 보고서	1.2	Rose
4	2.1	사용자 인터뷰	3	Jim
5	2.2	현존시스템 분석	3	Steve
6	2.3	요건정의	3	Jeff
7	2.4	시스템 분석 보고서	5, 6	Jim
8	3.1	입력 출력	7	Tyler
9	3.2	자료처리 및 DB	7	Joe
10	3.3	평가	8, 9	Cathy
11	3.4	설계보고서	10	Sharon
12	4.1	소프트웨어 개발	11	Hannah
:	:			
21	6.4	완료보고서	20, 21	Jack

[그림 3-135] 활동 목록의 예

입찰 문서(Bid documents)

- 유력 판매자에게 제안서를 요청할 때 이 입찰 문서를 사용하며, 필요한 제품/서비스에 따라 입찰 문서에 다음을 포함
  - 정보요청서(RFI: Request for information)
  - 견적요청서(RFQ: Request for quotation)
  - 제안요청서(RFP: Request for proposal)

입찰 문서는 유력한 판매자에게 제안서를 요청할 때 사용한다. 일반적으로 입찰 또는 견적 등의 용어는 가격을 기준으로 판매자를 선정할 때(상용 또는 표준 품목 구매할 때처럼) 사용되고, 제안서 등의 용어는 기술적 역량이나 기술적 방식 등의 기타 고려사항이 가장 중요할 때 주로 사용한다. 필요한 재화 또는 서비스에 따라 정보요청서, 견적요청서, 제안요청서 또는 그 밖에 해당하는 조달문서가 입찰 문서에 포함될 수 있다.

○ **정보요청서(RFI)**

RFI는 구매할 재화와 서비스에 대한 추가 정보를 판매자에게 요청할 때 사용한다. 일반적으로 RFQ 또는 RFP가 뒤를 따른다.

○ **견적요청서(RFQ)**

RFQ는 판매업체가 요구사항을 충족할 방법 또는 소요될 원가에 대한 추가 정보가 필요할 때 일반적으로 사용한다. 표준 품목의 경우에는, 구매자가 RFQ를 보내면, 예상 판매자는 견적서(quotation)을 보내온다. 구매자가 이 견적서를 검토한 후에 구매 발주서(PO: Purchase Order)를 보내면 일방의 계약이 이루어 진다.

○ **제안요청서(RFP)**

RFP는 프로젝트에 문제가 있는데 해결책을 결정하기 어려울 때 사용한다. 가장 공식적인 문서 '요청서(request for)'로, 내용과 기간, 판매자 응찰서에 관한 엄격한 조달 규칙이 정해져 있다. 예를 들면, 컨설팅 프로젝트나 시스템 구축 프로젝트의 경우에는 그 범위와 내용이 판매자의 능력과 방법에 달려 있으므로, 이를 제안서(proposal)를 통해 제시한다.

구매자는 유력한 판매자들이 정확하고 완벽한 응찰서를 제출하기 쉽고, 제출된 응찰서를 평가하기 쉽도록 조달문서를 구성한다. 조달문서에 원하는 응찰서의 양식, 관련 조달 SOW, 모든 필요한 계약 조항에 관한 설명을 기술한다. 조달문서의 복잡성과 상세도는 계획된 조달의 가치 및 관련 리스크에 부합되는 수준이어야 한다. 조달문서는 일관되고 적절한 응찰서를 작성할 수 있을 정도로 상세한 수준이면서 동일한 요구사항을 더 효율적으로 충족하기 위해 판매자 제안사항을 고려할 수 있을 정도로 유연해야 한다.

메트릭스(Metrics)

메트릭스는 속성 및 측정 방법을 설명

메트릭스는 프로젝트나 제품의 다양한 속성과 특성을 측정하는 방법을 설명하는 것이다. 프로젝트 메트릭스는 프로젝트에서 측정되는 내용, 변수, 방법이 프로젝트 목표, 결과, 환경에 따라 달라진다. 메트릭스의 종류로는 인도물 메트릭스, 인도 메트릭스, 기준선 성과 메트릭스, 자원 메트릭스, 비즈니스 가치 메트릭스, 이해관계자 메트릭스, 예측치 메트릭스가 있다. 대표적인 프로젝트 메트릭스의 예로는 일정 준수성, 예산 통제, 결함 빈도, 실패율, 가용성, 신뢰성, 테스트 범위 등이 있다. 특히 프로젝트 품질관리를 위해 사용되는 품질 매트릭스는 특히 프로젝트 또는 제품 속성에 대해 설명하고, 품질통제 프로세스를 통한 속성 준수 여부를 확인하는 방법을 설명한다. 품질 매트릭스의 예로는 일정대로 완료된 작업의 백분율, 원가성과지수(CPI)로 측정되는 비용 대비 성과, 실패율, 일간 식별 결함 수, 월간 다운타임 총계, 코드 행당 오류 수, 고객 만족 지수, 테스트 범위 측정 수단으로서의 테스트 계획에 의해 보장되는 요구사항의 백분율 등이 있다.

메트릭스에 대한 상세 내용은 본서의 '2.7 측정 성과영역'을 참고할 수 있다.

프로젝트 달력(Project Calendar)

이 달력은 일정 활동을 수행할 수 있는 근무일과 휴무일 또는 근무 교대 시간을 식별

어떤 활동이 4일간의 기간이 필요하다고 산정되었고, 이 활동이 10월1일에 시작한다면 과연 몇 일에 종료하는 것으로 계산할 수 있을까를 생각해보자. 4일의 기간이 필요하기에 10월 4일에 종료되는 것으로 생각할 수 있으나, 10월 3일은 개천절로 공휴일이기 10월 5일이 종료일이 된다. 만일 10월 4일과 5일이 주말이라면, 종료일은 10월 7일이 종료일로 계획되어야 한다. 이처럼 프로젝트 일정을 개발하고 관리하는데 있어 적용되는 달력을 프로젝트 달력이라고 한다. 이는 프로젝트를 수행하는 국가나 지역, 회사의 환경에 따라 달라질 수 있다. 경우에 따라, 휴무일과 근무일만 표시되는 것이 아니라 일일 작업 가능 시간이나 근무 교대 시간도 달력에 표시되어 일정 계산에 적용될 수 있다.

프로젝트 달력은 일정 활동을 수행할 수 있는 근무일 또는 근무 교대시간을 보여준다. 예정된 작업에 사용할 수 없는 기간으로부터 예정 활동을 완료하는 데 할당할 수 있는 기간(일 수 또는 기간의 일부 구간)이 프로젝트 달력에 구분하여 표시된다. 프로젝트 일정을 계산할 때 일부 작업에 대해 여러 다른 작업기간을 허용하기 위해 프로젝트 달력을 두 개 이상 필요로 하는 일정 모델도 있다.

참고로 자원관리를 위해 적용되는 자원 달력(resource calendar)의 개념도 있다. 이는 개인마다 근무 가능한 날짜가 다를 수 있기에, 자원 달력에 휴무일과 근무일, 파트타임의 경우에 근무 가능 시간 등이 명시되어 해당 자원이 투입되는 활동의 일정 계획에 반영된다.

요구사항 문서는 개별 요구사항이 프로젝트의 비즈니스 요구를 충족하는 방법을 기술한 문서이다. 요구사항은 상위 수준에서 시작하여 관련 정보가 많아질수록 점차 구체화될 수 있다. 요구사항 문서의 형식은 이해관계자와 우선순위에 따라 분류된 모든 요구사항을 열거한 간단한 문서부터 경영진 개요와 상세한 설명, 부록을 포함한 구체적인 양식에 이르기까지 다양하다. 많은 조직에서 요구사항을 다양한 유형으로 분류하는데, 예를 들어 이해관계자 요구를 가리키는 비즈니스 해결책과 이해관계자 요구가 구현되는 방법을 가리키는 기술적 해결책 등이 있다. 요구사항 분류에는 다음과 같은 범주가 포함된다.

비즈니스 요구사항

비즈니스 이슈나 기회, 프로젝트를 수행한 이유 등과 같은 전체 조직의 상위 수준 요구를 설명한다.

이해관계자 요구사항

이해관계자 개인 또는 이해관계자 집단의 요구를 설명한다.

해결책 요구사항

비즈니스 및 이해관계자 요구사항을 충족할 제품, 서비스 또는 결과의 특성과 기능을 설명한다. 해결책 요구사항은 다시 기능적 요구사항과 비기능적 요구사항으로 세분된다.

기능적 요구사항

기능적 요구사항은 제품의 기능을 설명한다. 예로는 조치, 프로세스, 데이터, 제품이 실행해야 하는 상호작용이 있다.

비기능적 요구사항

비기능적 요구사항은 기능적 요구사항을 보충하며, 효율적인 제품이 되기 위해 요구되는 품질이나 환경 여건을 설명한다. 예로는 신뢰성, 보안, 성과, 안전성, 서비스 수준, 지원 가능성, 보유/제거 등이 있다.

전환 및 준비 요구사항

현재 상태에서 원하는 향후 상태로 전환하는 데 필요한 데이터 변환 및 교육 요구사항과 같은 한시적 역량을 설명한다.

프로젝트 요구사항

프로젝트가 충족해야 하는 조치, 프로세스 또는 그 밖의 조건을 설명한다. 예로는 마일스톤 날짜, 계약상 의무, 제약 등이 있다.

품질 요구사항

프로젝트 인도물의 성공적인 완료 또는 기타 프로젝트 요구사항의 충족 여부를 확인하는 데 필요한 기준이나 조건에 해당한다. 예로는 테스트, 자격증, 검증 확인 등이 있다.

요구사항 문서는 요구사항관리 계획서에 명시되어야 하며, 대표적인 요구사항 문서는 요구사항 등록부와 요구사항 추적 매트릭스가 있다. 이에 대한 상세한 내용은, 본서의 '결과물(Artifacts)' 중에서 '계획 결과물' 내에 '요구사항관리 계획서'에 설명되어 있다.

프로젝트 팀 헌장(Project team charter)

프로젝트 팀 가치, 합의사항, 운영 지침을 명시하고, 프로젝트 팀원에게 허용되는 행동과 관련한 명확한 기대사항을 기술한 문서

프로젝트 팀 헌장은 팀 가치, 협약 및 팀의 운영 지침을 규정하는 문서이다. 즉, 팀이 함께 일하면서 준수해야 할 규칙이다. 이는 자원관리계획서에 포함되어야 하는 내용으로, 프로젝트 인적자원관리를 위한 팀 개발과 팀 관리에 필요하다. 다음은 팀 헌장의 일부 예이다.

- 팀 가치
- 의사소통 지침
- 의사결정 기준 및 프로세스
- 갈등 해결 프로세스
- 회의 지침
- 팀 협약

팀 헌장은 프로젝트 팀원들에게 허용되는 행동에 대한 명확한 기대 사항을 규정한다. 초기부터 명확한 지침을 정하면 오해를 줄이고 생산성을 높일 수 있다. 행동강령, 의사소통, 의사결정 또는 회의 예절 등의 주제를 논의함으로써 팀원들이 서로에게 중요한 가치를 발견할 수 있다. 팀 헌장은 팀이 직접 개발하거나 최소한 개발에 기여할 수 있는 경우 가장 효과적이다. 모든 프로젝트 팀원은 팀 헌장에 명시된 규칙을 준수해야 할 책임이 있다. 팀 헌장을 주기적으로 검토 및 업데이트함으로써 팀 기본 규칙을 계속 이해하고 새로운 팀원에게 방향을 제시하고 그들을 팀에 합류시킬 수 있다.

유저 스토리(User story)

특정 사용자의 결과(outcome)에 대한 간략한 설명으로, 세부사항을 명확히 하기 위한 대화의 약속

제품 백로그 항목을 표현하는 방법으로 유저스토리나 유스케이스 등이 있다. 유저스토리는 여러 종류의 백로그 항목, 특히 제품 기능에 관련된 비즈니스 가치를 표현하는 방식이다. 이 방식이 편리한 이유는, 비즈니스 관계자들과 기술자들 모두가 이해하기 쉽게 구조적으로 단순하고 대화를 위한 많은 가능성을 갖고 있기 때문이다.

유저스토리는 고객이 자신의 제품에 원하는 기능을 짧게 표현 놓은 것이다. 유저스토리는 대부분 작은 인덱스카드에 적는데, 이는 모든 것을 다 적지 않기에 고객과 대화를 촉진하게 한다. 또한 해당 기능을 개발할 지는 아직 모르기 때문에 시간을 소비하여 상세하게 기록하기 보다는, 요구사항을 수집할 때 주요 내용만을 작성하는 것이다. 유저스토리는 반드시 업무와 관련하여 가치가 있어야 하며, 고객이 이해할 수 있는 언어로 간단 명료하게 작성한다.

일반적으로 다음과 같은 유저스토리 템플릿을 사용한다.

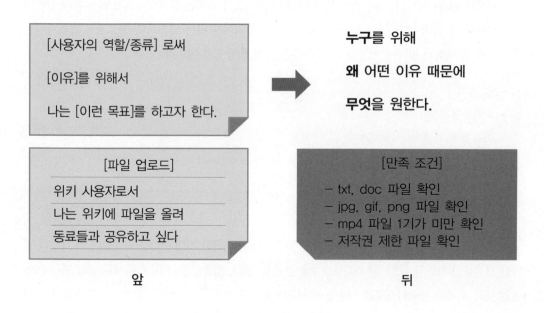

[그림 3-136] 유저스토리의 예1

에픽(Epic)	유저스토리(User Story)	인수 기준(Acceptance Criteria)
마케팅 리더로서, 저는 독자들에게 양질의 콘텐트와 경험을 관리하고 제공할 수 있는 콘텐츠 관리 시스템을 갖추고 싶다.	콘텐츠 소유자로서 고객에게 정보와 마케팅을 제공할 수 있도록 제품 콘텐츠를 만들고 싶다.	콘텐츠 소유자가 다음을 수행할 수 있는지 확인 •콘텐츠 관리 시스템에 로그인 •한 페이지를 만들기 •기존 내용 페이지 편집/업데이트 •변경 사항을 저장 •검토를 위해 편집기에 내용 페이지 할당
	편집자로서, 나는 그것이 올바른 문법과 어조로 최적화되었다는 것을 확신할 수 있도록 출판되기 전에 내용을 검토하고 싶다.	편집자가 다음을 수행할 수 있는지 확인 •콘텐츠 관리 시스템에 로그인 •기존 내용 페이지 보기 •콘텐츠 페이지 편집/업데이트 •마크업 설명 추가 •변경 사항 저장 •콘텐츠 소유자에게 다시 할당하여 업데이트 •콘텐츠 게시 예약

[그림 3-137] 유저스토리의 예2

유저스토리에 대한 내용은 본서의 '방법(methods)' 중에서 '산정 방법' 내에 '스토리포인트(story point)' 설명을 함께 참조할 수 있다.

4

Chapter

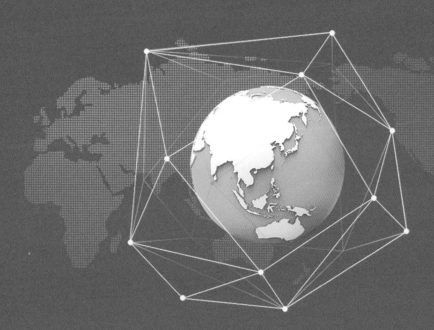

부록

1 스폰서(Sponsor)

스폰서(sponsor)란, 프로젝트, 프로그램 또는 포트폴리오에 필요한 자원과 지원을 제공하고 성공으로 이끌 책임이 있는 개인 또는 집단이다.

단편적으로 표현하면 프로젝트에서 스폰서란 일반적으로 프로젝트에 자금을 지원해주는 사람이다. 자금을 지원한다는 의미는 프로젝트의 예산을 승인해주는 사람으로 주로 프로젝트 관리자의 상위 관리자나 경영층이 스폰서 역할을 수행한다. 스폰서는 예산을 승인해주는 책무 만을 갖는 사람은 아니며, 그의 다양한 역할은 프로젝트에 긍정적인 결과를 달성하는데 있어 중요한 성공 요인이 된다.

스폰서의 역할(The Sponsor Role)

- 프로젝트 스폰서는 프로젝트 관리자 권한 밖의 의사결정을 수행
- 스폰서는 주로 조직의 경영진이 그 역할을 수행하며 프로젝트는 조직의 전략을 이행하는 하나의 사업이기에 프로젝트를 전략 및 전체적 관점과 연결하는 역할

스폰서의 기능

- 팀에 비전, 목표, 기대치 알리기
- 프로젝트와 팀을 지지(advocate)하기
- 경영진 수준의 의사결정 촉진하기
- 자원 확보 돕기
- 비즈니스 목표에 맞게 프로젝트 정렬(align)하기
- 장애물 제거하기
- 프로젝트팀의 권한을 넘어 이슈 해결(address)하기
- 프로젝트 내 기회를 상위 경영진에게 보고하기
- 프로젝트 종료 후 결과 감시로 비즈니스 편익 실현 확인하기

스폰서의 주요 지원 사항

- 비전
  프로젝트 비전과 방향을 제시하고 팀과 소통
- 비즈니스 가치
  비즈니스 가치를 달성하기 위해 조직 전략 및 비즈니스 목표에 맞게 조정
- 고객 중심
  이해관계자의 요구와 우선순위 사이에 적절한 균형 유지

- 의사결정

  프로젝트 관리자의 권한 밖 의사결정을 위한 의사결정 촉진, 지시, 직접 결정
- 동기 부여

  프로젝트 팀과 적극적 의사소통 및 지원을 통한 동기 부여
- 책무(responsibility)

  프로젝트 성과에 대한 책임 및 인도물에 대한 수락 여부 결정

프로젝트에 스폰서가 지정되지 않았거나 프로젝트에 스폰서가 적극 참여하지 않을 경우에 다음과 같이 프로젝트의 효율성에 부정적인 영향을 준다.

- 우선순위 충돌, 의사결정 지연에 따른 저성과 초래
- 적시 자원 확보 지원 부족으로 작업 일정 지연 및 저성과 초래
- 결과적으로 프로젝트의 목표인 범위, 일정, 예산, 품질의 저성과 초래

스폰서의 행위(Sponsor Behaviors)

프로젝트 결과 향상을 위한 스폰서의 프로젝트 팀 지원 행위

- 자원(Resource)

  프로젝트 팀이 프로젝트 수행에 요구되는 기술과 물적 자원의 보유 여부 확인
- 지침(Guide)

  팀 결집을 위해 동기 부여될 수 있는 비전 제공
- 정렬(Align)

  프로젝트 결과를 조직의 전략 목표와 일관성 있도록 일치시키기
- 조정(Tailor)

  팀과 함께 구조, 문화, 프로세스, 역할, 작업을 프로젝트에 맞게 조정
- 영향(Influence)

  종료 후 운영을 위한 변경 사항 반영을 위한 리더십, 참여, 이해관계자와의 협업
- 의사소통(Communication)

  프로젝트 팀과 조직 사이에 지속적인 정보 교환
- 파트너(Partner)

  프로젝트 목표에 대한 코칭, 멘토링, 개인적 헌신 등으로 팀과 협력
- 점검(Check)

  팀과의 소통을 통해 문제 제기, 가정사항 점검, 혁신을 위한 비판적 사고 자극
- 장애 제거(Unblock)

  프로젝트의 각종 장벽 제거 및 팀의 권한이나 능력을 벗어난 이슈 해결

PMO는 포트폴리오, 프로그램 또는 프로젝트관리오피스(project management office)를 의미한다. 프로젝트관리오피스(PMO)는 프로젝트 관련 거버넌스 프로세스를 표준화하여 자원, 방법론, 도구, 기법의 공유를 촉진하는 관리 구조를 나타낸다. 프로젝트관리오피스(PMO)를 설립하는 이유는, 일정, 비용, 품질, 리스크 등의 프로젝트관리 개선이라는 핵심 편익을 위해서이다. 또한 PMO는 이해관계자와의 소통 및 협력, 인재 개발, 프로젝트에 대한 투자로부터 가치를 실현하는 등 전략적 목표에 업무를 정렬하는 역할을 한다.

프로젝트관리오피스(PMO)의 책임은 프로젝트관리 지원 기능을 제공하는 것부터 프로젝트를 직접 관리하는 실무에 이르기까지 다양하다. PMO는 여러 형태가 있으며, 조직 내에서 계층을 이룰 수 있다. 예를 들어 EPMO는 특정 부서 내에서 하위 프로젝트관리오피스(PMO) 및 VDO(Value Delivery Office)를 가질 수 있다. 이러한 계층화를 통해 EPMO(Enterprise Project Management Office) 수준에서 전략적 정렬을 지원하고 부서별 프로젝트관리오피스(PMO) 또는 VDO 내의 특정 프로젝트관리 역량을 지원한다. PMO나 VDO는 인도되는 프로젝트의 유형, 조직의 규모, 조직 구조, 중앙 집중/분산식 의사결정의 정도, 기업 문화 등에 따라 그 유형이 형성된다.

프로젝트관리오피스(PMO)의 필요성

역할과 책임, 편익의 범위에 따른 PMO의 형태는 다음과 같다.

- PMO는 프로젝트 인도 방법을 지원하는 프로젝트관리 지침 제공
  - 교육/코칭과 함께 지침, 템플릿, 실무사례 등의 표준 접근방식과 도구 제공
  - 이런 PMO는 프로젝트관리 기능을 막 개선하기 시작한 조직에 존재

- PMO는 기획 활동, 리스크 관리, 성과 추적 등의 프로젝트 지원 서비스 제공
  - 이런 PMO는 프로젝트의 직접 통제와 인도 지원을 원하는 독립 사업부나 여러 사업부를 보유한 조직에 존재

- PMO가 부서나 사업부에 소속되어, 프로젝트 포트폴리오를 감독
  - 감독에는 프로젝트 착수를 위한 비즈니스 케이스 요구, 프로젝트 인도를 위한 재무 및 자원 할당, 프로젝트 범위나 활동의 변경 요청 승인 등을 포함
  - 프로젝트의 중앙 집중식 관리를 제공
  - 복수 프로젝트 진행, 혹은 중요한 전략적 프로젝트 수행 조직에 존재

- 엔터프라이즈 프로젝트관리오피스(EPMO)는, 전사적 수준의 프로그램 및 프로젝트에 대한 포트폴리오 수준의 투자를 조직 전략 구현과 연계
  - 조직 전략/비즈니스 목표에 대한 프로젝트 관리 역량이 확립된 조직에 존재

- ACoE(Agile Center of Excellence) 또는 VDO(Value Delivery Office)는, 수평적 구조로 고객 중심적이며, 적응력 높은 인도 접근방식을 가진 조직에서 채택하는 형태
  - ACoE/VDO는 관리 감독 기능보다는 조력자(enabler) 역할 수행
  - 팀 코칭, 조직의 애자일 기술과 역량 구축, 스폰서와 제품 책임자(PO)의 효과적 역할 수행을 위한 멘토링 등에 중점
  - 변화하는 고객 요구에 신속 대응할 수 있는 분산형 구조의 조직 내에 존재

프로젝트관리오피스(PMO)의 주요 기능

프로젝트는 조직 내 가치 인도 시스템의 일부이며, PMO는 이 시스템의 일부이며 동시에 시스템을 지원한다. PMO는 특정 역량이 필요하며, 가치 인도를 지원하는 세 가지 핵심적 기여 기능을 갖는다.

- 인도 및 결과(outcomes) 중심 역량 육성
  - PMO는 내외 직원이나 계약자 등의 프로젝트관리 역량을 육성
  - 프로젝트의 프로세스와 거버넌스를 조정하여, 고품질의 결과를 도출

- '전체적인(big picture)' 관점 유지
  - PMO는 지속적 개선을 목표로 프로젝트의 성과를 평가
  - 전략 및 비즈니스 목표에 맞지 않는 범위 추가와 새로운 우선순위로 인한 프로젝트 경로 이탈을 방지
  - 특정 프로젝트 결과의 극대화보다 조직 전반의 성공 측면으로 업무 평가
  - 팀과 경영진의 의사결정을 지원하는 상황과 선택 관련 정보와 지침 제공

- 지속적인 개선, 지식 이전 및 변경 관리
  - PMO는 프로젝트에서 얻은 지식 이전을 위해 조직 전체에 정기적으로 공유
  - 공유 활동을 통해 전략 목표와 비즈니스 목표를 알리며 향후 프로젝트 인도를 강화하는 활동을 개선
  - 효과적 조직 변화관리로 프로젝트관리 프로세스 업데이트, 역량 개선, 신기술의 구축과 지속

프로젝트관리오피스(PMO)의 주요 기능은 다양한 방법으로 프로젝트 관리자를 지원하는 것이며, 정리하면 다음과 같은 가장 일반적인 예를 들 수 있다.

- 모든 프로젝트 전반에 걸쳐 공유되는 자원 관리
- 프로젝트관리 방법론, 모범 사례, 표준의 식별 및 개발
- 지도, 편달, 교육 및 감독

- 프로젝트 감사를 통해 프로젝트관리 표준, 정책, 절차 및 템플릿의 준수 여부 감시
- 프로젝트 정책, 절차, 템플릿 및 기타 공유 문서(조직 프로세스 자산) 개발 및 관리
- 프로젝트 간 의사소통 조정

프로젝트관리오피스(PMO)는 비즈니스 목표들과 연계성 유지를 위해 프로젝트의 생애 전반에 걸쳐 핵심 이해관계자나 의사결정자 역할을 수행할 권한을 갖는다. 이러한 권한에는, 권고사항 제안, 지식 이전 주도, 프로젝트 중단, 그 밖의 필요한 조치 등을 수행할 수 있다.

[참고] CoE(Centers of Excellence)

CoE(Centers of Excellence)는 C4E(Center for Excellence)라고도 하는데, 이는 리더십을 제공하고 조직 내에서 의도적으로 해당 지식을 전파하는 전문 기술과 전문 지식을 가진 사람들의 그룹이다. CoE는 일반적으로 조직 내 기술 및 지식 부족을 해결하기 위해 구성된다. CoE의 구성원은 일반적으로 코치이므로 Agile CoE는 Agile Coach 모임이며, CoE 코치는 지속적인 개선 활동에 참여한다. 코치들은 다음과 같은 임무와 기술이 요구된다.

- 식별 기술: 일하는 방식을 개선하기 위해 채택에 도움이 될 수 있는 잠재적 기술(실무, 전략, 원칙)의 식별
- 공유 기술: 상호 효과적이라고 생각하는 기술을 공유
- 캡처 기술: 실무자들과 협력하여 실행 가능한 기술을 포착하고 프로세스 및 전략에 대한 조직적 보존을 구축
- 팀 지원: 개인 및 팀 학습의 지원
- CoP 준비: 교육 노력을 지원하기 위해 하나 이상의 실행 커뮤니티(CoP: Communities of Practice) 를 시작하거나 시작을 지원
- 개선 거버닝: 메트릭스의 수집과 추적으로 CoE에 대한 조직의 투자를 관리하고 정당화

[참고] Agile Center of Excellence(ACoE)

Agile Center of Excellence(ACoE)는 조직에서 애자일 작업 방식을 관리하도록 구성된 팀이다. ACoE는 혁신(transformation)의 원동력으로, 애자일 조직 내 기술 및 지식 격차를 해결하기 위해 구성된다. 이는 지속적인 개선을 지원하는 전문 지식과 활동을 제공한다. CoE는 조직 내 애자일 실무자를 위한 기본 자원 역할을 하며, 이러한 기능을 통해 조직은 애자일 기능을 지속적으로 확장 및 개선하고 궁극적으로 새로운 작업 방식을 채택하여 얻은 가치를 극대화할 수 있다. ACoE는 조직에서 애자일 사고 방식을 채택하는 엔진 역할을 한다. 그들은 팀이 방법론과 관행에 대해 배울 수 있는 학습 센터 역할을 할 뿐만 아

니라 조직이 애자일 가치와 원칙을 구현하는 비즈니스 문제에 대한 솔루션을 찾도록 도와준다. ACoE의 세 가지 임무는 다음과 같다.

- 조직에 애자일 실무 관행 확립
- 새로운 사고 방식 및 행동의 양성
- 팀의 성과 극대화

기업은 조직 내에서 해결해야 할 기술 및 지식 격차가 있는 경우 ACoE가 필요하다. ACoE에는 소규모의 전문 애자일 전문가 그룹이 있으며, 이 그룹은 ACoE 리더, 리더십 코치 및 애자일 코치로 구성된다. 그들은 지원, 공유 및 지속적인 개선의 커뮤니티 역할을 할 수 있다. 애자일 코치는 팀 간에 모범 사례를 공유하고 에픽 및 유저 스토리의 품질을 보장하기 위한 지원을 제공한다.

과거의 프로젝트관리 개념은 범위, 일정, 예산 목표를 충족하는 것을 프로젝트 성공으로 정의하였으나, 오늘날의 관점은 프로젝트의 산출물(output)이 아닌 결과(outcomes)와 가치를 측정하는 방향으로 전환되었다. 즉, 과거에는 프로젝트관리자가 목표로 하는 제품을 주어진 시간 내에 주어진 예산 범위 내에서 완료하면 프로젝트 성공이라고 정의하였으며, 그 제품이 추후 운영상에 조직에 어떤 편익이나 가치를 부여하는지에 대해서는 판단하지 않았다. 그러나 오늘날의 프로젝트관리는 프로젝트에서 산출된 제품이 조직에 어떤 편익이나 가치를 부여하는지에 대한 부분까지 확장되었다. 제품 관리(product management)는 이러한 가치 관점에 부합하고 프로젝트의 시작과 끝에 대한 관리뿐만 아니라 프로젝트 이후까지 보다 장기적인 관점을 더한다.

특성	프로젝트 관점	제품 관점
초점	성과	성과
전형적 메트릭스	가치	비즈니스 가치
인력 충원 모델	임시팀	안정적인 팀
인도 강조	"가치 인도" 책임	"시작에서 폐기까지" 책임

[그림 4-1] 프로젝트와 제품의 관점

용어 정의

- 제품
  제품은 생산되어 정량적으로 표현될 수 있고, 자체가 완제품이거나 다른 제품의 구성요소인 품목
- 제품 관리
  제품 관리는 생애주기에 걸쳐 제품이나 서비스를 생산, 유지 및 발전시키기 위한 사람, 데이터, 프로세스 및 비즈니스 시스템의 통합
- 제품 생애주기
  제품 생애주기는 개념 수립부터 인도(도입), 성장, 성숙 과정을 거쳐 폐기 단계에 이르기까지 제품의 진화를 나타내는 일련의 단계

제품은 편익 실현을 극대화하는 데 중점을 둔 장기 실행 프로그램과 유사하게, 제품은 프로젝트보다 생애주기가 더 길다. 1부에서 예를 들었던 내용으로, 과거에 무선전화기가 시장에 나오기 전에

일명 '삐삐'라고 불렀던 무선호출기(pager)가 인기를 끌었던 시기가 있었다. 시장에 무선호출기가 도입되고, 그 기능이 점차 개선되면서 성장되고 성숙기를 거쳐, 결국 시장에서 사라지는 폐기 단계에 이르러 시장에서 사라졌다. 이 시기에 시장에서 성장하고 성숙해지면서 제품 업그레이드를 위한 다수의 프로젝트들이 수행되었다. 이와 같이 제품 생애주기 내에 다수의 프로젝트들이 존재하므로, 프로젝트 생애주기는 제품 생애주기 안에 다수가 존재한다. 또 다른 예를 들면, 건설 프로젝트를 통해 건물이 완성되면 프로젝트도 종료되지만, 이후 그 건물에 대한 운영과 유지관리는 계속되고 수십 년 후에는 결국 건물을 폐기하게 되는데, 이 전체 기간이 제품 생애주기가 된다. 건물의 운영과 유지보수 동안에도 건물을 개조하거나 일부 용도를 위한 재정비 등의 프로젝트들이 진행된다.

제품 관리와 글로벌 추세

고객 중심, 소프트웨어 강화 가치, 지속적인 공급 및 지불의 세 가지 글로벌 비즈니스 추세가 기존 비즈니스 모델의 작용을 방해하고 제품과 서비스를 변화시켜 제품 관리에 영향을 미치고 있다.

- 고객 중심
  - 오늘날 조직은 고객 충성도 파악, 고객 지원과 유지를 위해 변화 중
  - 고객 참여, 고객 경험, 고객 가치, 고객 관계 등과 같이, 조직이 제품 개선, 신제품 아이디어 등의 분석을 위한 고객 데이터 및 요구사항을 수집

- 소프트웨어 강화 가치
  - 다양한 소프트웨어 기능으로 제품과 서비스의 주요 차별화
  - (예) 무선 위성통신 시스템의 발달로 가정용품에 스마트 기능이 포함되고, 이를 위해 제품의 많은 업그레이드와 서비스 프로젝트가 발생하므로, 이 경우는 제품이나 서비스가 사용 중지되었을 때만 개발이 완전히 종료

- 지속적인 공급 및 지불
  - 기존 경제 모델의 변경은 많은 조직을 변화시키고 있음
  - (예) 단일 거래 서비스가 지속적인 공급 및 지불로 대체되고 있는데, 과거에는 음반을 제작해서 한 번 지불로 구매가 끝나지만, 오늘날에는 음원 제공을 받기 위해 지속적으로 지불

시장이 단일 프로젝트 인도 모델에서 지속적인 인도 모델로 전환함에 따라 일부 조직에서는 단일 제품, 변경 또는 서비스를 제공하는 임시 프로젝트 구조에 대한 대안 대신에 지속적인 서비스 및 수익 흐름에 맞춘 인도 구조를 모색하고 있다. 이러한 이유로 가치 인도에 대한 제품 관리 생애주기에 대한 관심이 높아지고 있다. 제품 관리에는 동일한 팀의 지원, 지속 및 지속적인 발전을 포함하는 긴 생애주기에 대한 관점이 필요하다. 제품 관리를 위한 안정적인 팀이 유용해지고 있으며, 일부 프로젝

트 중심 조직에서는 자체 인도 모델을 적용하고 있다.

특성	프로젝트	프로그램	제품
기간	단기, 임기	더 장기간	장기간
범위	프로젝트에서 목표를 정의 생애주기 동안 점진적 구체화	프로그램은 구성요소들을 통해 인도되는 종합적인 편익을 제공	제품은 고객 중심적이고 편익 주도적
변화	팀은 변경을 예측하고 필요 시 변경 처리 프로세스를 실행	팀은 변경을 탐색하고 편익 인도를 극대화 하도록 적용	팀은 편익 인도를 최적화하기 위해 변경을 탐색
성공	제품 및 프로젝트 품질, 일정, 예산, 고객만족도, 의도한 성과의 성취 등 측정	의도된 편익의 실현과 그 편익 제공에 따른 효율성 및 효과성 측정	의도된 편익 인도 능력과 자금 조달을 위한 실행 능력 측정
자금 조달	투자수익률 추정치와 최초 추정치를 기반으로 결정. 자금조달은 실제 성과 및 변경 요청에 따라 업데이트	자금조달이 선행되어 진행. 편익 인도의 결과로 자금조달 업데이트	팀은 자금 조달, 개발 블록, 가치 인도 검토를 통해 지속적 개발에 참여

[그림 4-2] 프로젝트, 프로그램, 제품의 특성 비교(PMBOK 7판 표X4-2 인용)

제품 관리를 위한 전략

장기간 실행되는 제품 기반 환경의 조직은 지속적 가치 인도를 위해 다음과 같은 전략을 활용하여 제품 관리를 정렬 및 조정할 수 있다.

- 안정적인 팀 구성
  초기 개발 완료 시 한번의 프로젝트 후에 팀을 해체하는 대신, 해당 팀을 활용하여 제품을 유지하고 발전시킬 수 있다.
  - 지식 이전이 불필요하고 암묵적 지식 손실로 인한 향후 개선 작업에서 리스크 감소
  - 장기적 팀은 단기적 팀보다 시장에 대한 인식, 고객 공감대를 통해 고객 중심 방식으로 가능
  - 제품 유지관리 및 개선의 책임을 알기에 향후에 대한 책임감 향상

- 점증적 지침 및 자금 조달 사용
  미리 정의된 프로젝트 예산 대신 다음 분기에 대한 검토 및 자금 조달을 더 자주 고려한다.
  - 빈번한 평가 및 자금 조달로 진행 상황, 방향 및 의사결정을 보다 세밀하게 통제
  - 벤처 캐피탈 펀드와 같이 인도된 가치에 대한 정기적 검토로 이니셔티브에 대해 투자를 증대하거나 축소 가능

- 프로그램관리 구조 활용

  고객 중심 제품을 지원하는 안정적인 팀은 장기 실행 이니셔티브를 관리하기 위한 프로그램관리 구조를 적용할 수 있다.

  - 프로그램은 우선순위와 함께 시장 변화에 적응하고 고객의 편익에 초점을 맞추는 데 적합
  - 배포할 초기 제품을 개발하는 계약자는 효과적 변경 관리를 통합하여 고객이 제품 전환 후 제품을 유지 관리할 수 있는 역량을 갖추도록 함

1. 비전과 적용 대상

1.1. 비전과 목적

프로젝트관리 실무자로서 우리는 옳고 명예로운 일에 전념할 것을 약속한다. 우리는 높은 기준을 세우고, 직장과 가정, 그리고 전문직을 서비스하는 곳에서 생활의 모든 측면에 그 기준을 준수하려고 노력한다.

이 윤리 및 전문직 행동 강령은 전세계 프로젝트관리 분야의 실무자들이 지녀야 할 기대치에 대해 설명하고, 프로젝트관리 분야 실무자의 직무 및 자원봉사자 역할의 의무적인 행동과 더불어 소망하는 숭고한 목표를 명확히 밝힌다.

이 강령의 목적은 프로젝트관리 분야에 자신감을 심어주고 개개인이 유능한 실무자로 발전하도록 도와주는 데 있다. 그 방법으로 적절한 행동에 대한 분야 전반의 이해를 구축하려고 한다. 우리는 프로젝트관리 분야의 신용과 명성은 실무자 개개인들의 행동을 토대로 형성된다고 믿는다.

그리고 이 윤리 및 전문직 행동 강령을 수용함으로써 개인적으로 그리고 전체적으로 우리 분야의 전문성을 향상시킬 수 있을 것으로 믿고 있다. 또한 이 강령은 특히 실무자로서 청렴성이나 가치를 훼손시킬 수 있는 어려운 상황에 직면했을 때 현명한 결정을 내리는 데 일조할 것으로 믿는다.

우리는 이 윤리 및 전문직 행동 강령이 다른 사람들이 윤리와 가치를 연구, 숙고, 기술하는데 있어 촉진제의 역할을 할 것을 바란다. 더 나아가 이 강령이 궁극적으로 프로젝트관리 분야의 전문성을 구축하고 발전시킬 것을 희망한다.

1.2. 강령의 적용 대상

윤리 및 전문직 행동 강령의 적용 대상은 다음과 같다.

1.2.1. 모든 PMI 회원

1.2.2. PMI 회원은 아니지만 다음 기준을 하나 이상 충족하는 개인

1) 비회원으로 PMI 인증서를 소지하고 있는 개인

2) 비회원으로 PMI 인증 프로세스의 착수를 신청하는 개인

3) 비회원으로 PMI에 자발적인 참여자

[설명: 회원 여부에 관계없이 PMI(Project Management Institute) 자격증 소지자는 이전에 PMP(Project Management Professional) 또는 CAPM(Certified Associate in Project Management)의 전문직 행동 강령을 따를 책임이 있었고, PMI 윤리 및 전문직 행동 강령을 따른 책임을 계속 보유하는 사람이다. 과거에는

1.3. 행동 강령의 구성

윤리 및 전문직 행동 강령은 프로젝트관리 분야에 가장 중요한 것으로 식별되었던 네 가지 가치에 맞춘 강령 기준이 포함된 몇 개의 조항으로 나뉜다. 이 행동 강령의 몇몇 조항은 설명을 포함하고 있다. 그러한 설명은 강령의 의무적 사항이 아니라 예와 자세한 설명을 제공하기 위한 것이다. 마지막으로 지침서 맨 뒤에 용어 정리가 실려 있다. 용어 정리에서는 행동 강령에 사용되는 단어와 문구를 정의한다. 편의상, 용어 정리 편에 정의된 용어들을 강령에서는 밑줄로 강조하여 표시한다.

1.4. 행동 강령을 뒷받침하는 가치

전세계 프로젝트관리 분야의 실무자들에게 의사 결정의 기준을 형성하고 행동의 지침이 되는 가치를 식별해줄 것을 요청했다. 전세계 프로젝트관리 분야에서 가장 중요한 것으로 정의를 내린 가치는 책임, 존중, 공정성, 정직성의 네 가지이며, 이 행동 강령은 네 가지 가치를 토대로 한다.

1.5. 기본적 및 의무적 행동

윤리 및 전문직 행동 강령의 각 조항은 기본적 기준과 의무적 기준을 포함하고 있다. 기본적 기준은 실무자로서 유지하기 위해 노력할 행동에 대해서 설명한다. 기본적 기준의 준수 여부를 판단하기는 쉽지 않지만 기준에 따라 행동하는 것은 선택 사항이 아니라 전문가로서 갖추도록 기대되는 자세이다.

의무적 기준은 요구 조건을 규정하며, 일부 상황에서는 실무자의 행동을 제한하거나 금지하기도 한다. 의무적 기준에 따라 행동하지 않는 실무자들은 징계 절차를 거쳐서 PMI의 윤리심의 위원회로 보내진다.

[설명: 기본적 기준이 적용되는 행동과 의무적 기준이 적용되는 행동은 서로 배타적이지 않다. 다시 말해서, 특정한 행동의 수행이나 태만이 기본적 기준과 의무적 기준을 모두 위반할 수도 있다.]

2. 책임

2.1. 책임에 대한 설명

책임은 자신이 내린 결정 또는 내리지 못한 결정, 수행 또는 수행하지 못한 행동, 그로 인해 초래되는 결과에 대해 주체 의식을 가져야 하는 의무이다

2.2. 책임: 기본적 기준

전세계 프로젝트관리 분야의 실무자로서 준수할 사항은 다음과 같다.

2.2.1. 우리는 사회, 공공 안전, 환경에 최고의 이익에 따라 의사결정을 내리고 조치를 수행한다.

2.2.2. 우리는 자신의 배경, 경험, 기량, 자격에 맞는 업무만을 맡는다.

[설명: 범위가 확장 또는 확대되는 업무로 간주되는 경우, 주요 이해관계자에게 실무자의 자격요건 격차에 관한 완벽한 정보를 적시에 제공함으로써 충분한 자료에 근거하여 특정 업무에 적합성 여부를 결정하도록 한다.
계약 업무인 경우, 조직이 수행할 역량을 갖춘 업무에만 입찰하고 작업을 수행할 수 있는 기량이 있는 개인에게만 업무를 할당한다.]

2.2.3. 우리는 책임을 맡은 의무를 완수한다. 즉, 완수한다고 약속한 일을 수행한다.

2.2.4. 실수를 범하거나 태만한 경우 주체 의식을 갖고 즉시 시정조치를 수행한다. 다른 사람이 저지를 실수나 태만 행위를 발견하는 경우, 확인한 즉시 해당 주체와 문제에 대해 논의한다. 실수나 태만으로 초래되는 모든 문제와 부수적인 결과에 대해 책임감을 갖는다.

2.2.5. 우리는 위임 받은 독점 또는 기밀 정보를 보호한다.

2.2.6. 우리는 이 행동 강령을 유지하고 서로가 책임 의식을 갖는다.

2.3. 책임: 의무적 기준

전세계 프로젝트관리 분야에서 실무자로서 본인과 동료 실무자가 준수할 사항은 다음과 같다.

<규제 및 법적 요구조건>

2.3.1. 우리는 업무, 전문성, 자발적 활동을 관리하는 정책, 규칙, 규제 및 법률의 최신 정보를 파악하고 유지한다.

2.3.2. 우리는 비윤리적 또는 불법적 행동을 해당 관리진에, 그리고 필요하면 그러한 행동의 영향을 받는 당사자들에게 보고한다.

[설명: 이러한 조항은 몇 가지 의미를 내포하고 있다. 특히 도난, 위조, 부패, 횡령, 뇌물 및 기타의 불법적 행동에 관여하지 않는다. 더 나아가 지적재산권을 포함하여 타인의 자산을 취하거나 남용하지 않으며, 허위 선전 또는 명예 훼손에 연루되지 않는다. 전세계 실무자들이 중심이 되는 핵심 그룹에서 이러한 종류의 불법적 행위는 문제 행위로 지칭된다.

전문직 대표 및 실무자로서 불법적 행위에 관여하는 사람을 묵인하거나 그에 협력하지 않으며, 우리는 모든 불법적 또는 비윤리적 행동을 보고한다. 보고란 중대한 사안이며 부정적 결과를 낳을 수 있음을 인지한다. 최근 기업 부정 사건 이후, 많은 조직에서 불법적 또는 비윤리적 행동을 폭로하는 사원들을 보호하기 위한 정책을 채택하였다. 몇몇 정부에서도 진실을 폭로하는 사원을 보호하는 법률을 채택하였다.]

<윤리 불만사항>

2.3.3. 우리는 이 행동 강령의 위반 사항을 해결하기 위해 합당한 기구로 보낸다.

2.3.4. 우리는 윤리 불만사항 중 사실로 입증되는 사항만을 정식으로 제기한다.

[설명: 이러한 규정은 몇 가지 의미를 내포하고 있다. 윤리 위반 사항과 불만사항의 제기자인지 혹은 답변자인지 여부에 관한 정보의 수집과 관련하여 PMI와 협력한다. 또한 모든 사실 내용을 확보하지 않은 상태에서 다른 사람을 윤리적 비행으로 고발하지도 않는다. 더 나아가 고의로 다른 사람에 거짓 진술하는 개인에게 징계 처분을 수행한다.]

2.3.5. 우리는 윤리적 문제를 제기하는 사람에게 보복하는 개인에 대해 징계 처분을 수행한다.

3. 존중

3.1. 존중에 대한 설명

존중이란 실무자 본인과 타인, 그리고 위임 받은 자원에 대해 존경을 표시할 의무이다. 실무자에게 위임된 자원에는 사람, 금전, 명예, 타인의 안전, 천연 또는 환경 자원 등이 포함될 수 있다.

존중하는 환경은 상호 협력을 촉진하여 신뢰, 확신, 우수한 성과를 낳는다. 즉, 다양한 견해와 관점이 장려되고 높이 평가되는 환경이다.

3.2. 존중: 기본적 기준

전세계 프로젝트관리 분야의 실무자로서 다음 사항을 준수한다.

3.2.1. 우리는 다른 사람들의 규범과 관례를 충분히 파악하여 그들에게 실례가 되는 행위에 연루되지 않도록 한다.

3.2.2. 우리는 다른 사람들의 관점에 귀를 기울여서 그들을 이해하려고 노력한다.

3.2.3. 우리는 충돌이나 의견 차이를 보이는 사람들과 직접 접촉한다.

3.2.4. 우리는 답례하는 상황이 아닐지라도 전문가다운 태도로 업무를 수행한다.

[설명: 이러한 규정은 뒷공론에 연루되는 것을 피하고 다른 사람의 명예를 훼손한다는 부정적 낙인이 찍히지 않도록 한다는 의미를 내포하고 있다. 또한 이 강령 아래 이러한 유형의 행위에 연루되는 다른 사람들과 맞설 의무도 지닌다.]

3.3. 존중: 의무적 기준

전세계 프로젝트관리 분야의 실무자로서 본인과 동료 실무자가 준수할 사항은 다음과 같다.

3.3.1. 우리는 성의 있는 태도로 협상에 임한다.

3.3.2. 우리는 전문성 높은 능력과 지위를 이용하여 개인적인 이득을 위해 다른 사람의 의사결정 또는 행동에 영향력을 행사하지 않는다.

3.3.3. 우리는 다른 사람들을 악용하는 태도로 행동하지 않는다.

3.3.4. 우리는 다른 사람들의 재산권을 존중한다.

4. 공정성

4.1. 공정성에 대한 설명

공정성이란 공평하고 객관적인 태도로 의사결정을 내리고 행동해야 할 의무이다. 실무자로서 행동이 개인적 이익, 편견, 편파성에 좌우되지 않도록 한다.

4.2. 공정성: 기본적 기준

전세계 프로젝트관리 분야의 실무자로서 다음을 준수한다.

4.2.1. 우리는 의사결정 프로세스에서 투명성을 보인다.

4.2.2. 우리는 공평성과 객관성을 지속적으로 재검토하여 적절한 시정 조치를 취한다.

[설명: 실무자 대상 조사에 따르면 이해의 상충 문제가 전문직 종사자들이 직면하는 가장 큰 과제 중 하나이다. 실무자들이 보고하는 가장 큰 문제 중 하나는 충성도가 상충되는 상황, 부주의로 인해 본인과 타인의 이해가 상충되는 상황을 만드는 일을 인식하지 못하는 문제이다. 실무자로서 사전 대처하는 자세로 상충 가능성을 찾아서 서로의 잠재적인 이해 상충 사안을 조명하고 해결하도록 지원함으로써 상부상조한다.]

4.2.3. 우리는 특정 정보에 대해 동일한 접근 권한을 해당 정보를 보유할 권한이 있는 사람들에게 제공한다.

4.2.4. 우리는 자격을 갖춘 후보자들에게 동일한 활용 기회를 제공한다.

[설명: 협정 계약 시, 이러한 조항은 입찰 프로세스 동안 정보에 동일한 접근성을 제공함을 의미한다.]

4.3. 공정성: 의무적 기준

전세계 프로젝트관리 분야의 실무자로서 본인과 동료 실무자가 따라야 할 사항은 다음과 같다.

<이해의 상충 상황>

4.3.1. 우리는 실제 또는 잠재적 이해의 상충사항을 적극적이고 완전하게 해당 이해관계자에게 공개한다.

4.3.2. 우리는 실제 또는 잠재적 이해의 상충이 있음을 깨달을 때, 의사결정 프로세스에 관여하거나 결과에 영향력을 행사하려고 하지 않는다. 단, 영향을 받는 이해관계자에게 완전히 공개한 경우, 승인된 완화 계획이 마련된 경우, 이해관계자에게 처리 동의를 받는 경우는 제외된다.

[설명: 이해의 상충은 의사결정 또는 기타 결과로 인해 충성도가 상충하는 하나 이상의 다른 주체에 영향이 미칠 수 있는 상황에서 실무자가 해당 주체를 대신하여 그러한 의사결정 또는 기타 결과에 영향력을 행사할 위치에 있을 때 발생한다. 예를 들어 사원으로서 업무를 수행할 때는 고용주에 충성도 의무를 갖고, PMI 자원봉사자로서 업무를 수행할 때, PMI에 충성도 의무를 지닌다. 이와 같이 다양한 이해를 인식하고, 이해의 상충 상황에서 의사결정에 영향력을 행사하는 일이 없도록 한다. 더 나아가, 분열된 충성도를 무시하고 공평한 결정을 내릴 수 있다고 확신할 경우에도 이해의 상충 상황을 이해의 상충 기준으로 처리하고, 행동 강령에 설명된 규정을 따른다.]

<편파성과 차별성>

4.3.3. 우리는 편파성, 족벌주의, 뇌물 및 기타 사적인 이해를 근거로 고용 또는 해고, 상벌, 계약 수주 또는 거절 행위를 범하지 않는다.

4.3.4. 우리는 성별, 인종, 종교, 장애, 국적, 성적 지향성 및 기타 사항에 근거하여 다른 사람을 차별하지 않는다.

4.3.5. 우리는 편파성이나 편견 없이 조직(고용주, PMI 또는 기타 그룹)의 규칙을 적용한다.

5. 정직성

5.1. 정직성에 대한 설명

정직성은 진실을 파악하고 실무자 의사소통 및 행동에서 진실한 태도로 보여야 할 의무이다.

5.2. 정직성: 기본적 기준

전세계 프로젝트관리 분야의 실무자로서 다음 사항을 준수한다.

5.2.1. 우리는 진실을 파악하기 위해 진심으로 노력한다.

5.2.2. 우리는 진실한 태도로 의사소통과 행동에 임한다.

5.2.3. 우리는 시기 적절한 태도로 정확한 정보를 제공한다.

[설명: 이러한 규정은 의사결정의 근거가 되거나 다른 사람에게 제공하는 정보의 정확성, 신뢰성, 시기 적절성을 유지하기 위해 필요한 조치를 취함을 의미한다.

여기에는 받아들여지기 어려울 수 있어도 나쁜 소식을 과감히 공유하는 용기가 포함된다. 또한 결과가 부정적일 때 정보를 은폐하거나 다른 사람에게 책임을 전가하지 않도록 한다. 결과가 긍정적일 때는 다른 사람의 공적을 가로채지 않도록 한다. 이러한 규정은 정직성과 책임성에 대한 의무를 강화한다.]

5.2.4. 우리는 선의적인 태도로 암묵적 또는 명시적 헌신과 약속을 이행한다.

5.2.5. 우리는 다른 사람이 안심하고 진실을 말할 수 있는 환경을 조성하기 위하여 노력한다.

5.3. 정직성: 의무적 기준

전세계 프로젝트관리 분야의 실무자로서 본인과 동료 실무자가 따라야 할 사항은 다음과 같다.

5.3.1. 우리는 다른 사람을 기만하기 위한 행동에 관여하거나 그러한 행위를 묵과하지 않는다. 여기에는 현혹적 또는 허위 진술, 절반의 진실 언급, 알고 있다면 현혹적이거나 불완전한 진술이 될 전후 관계를 무시한 정보 또는 부분적 공개 정보를 제공하는 것을 비롯하여 다양한 행동이 포함된다.

5.3.2. 우리는 개인적 이득을 위해 또는 다른 사람에게 폐를 입히며 부정직한 행동에 관여하지 않는다.

[설명: 기본적 기준은 성실한 업무 태도를 권장한다. 이해관계자를 현혹할 의도가 있는 절반의 진실 및 비공개를 적극적으로 허위 진술하는 것과 마찬가지로 전문가답지 않은 행위이다. 완전하고 정확한 정보를 제공하여 신뢰를 쌓는다.]

A.1. 이 기준의 역사

독립적인 전문 기관으로서 PMI의 프로젝트관리 비전에 따라 일찍이 윤리 문제를 다루기 시작했고, 1981년에는 PMI 이사회에서 윤리, 기준 및 인가 그룹(ESAG, Ethics, Standards and Accreditation Group)을 구성하였다. 한 가지 태스크로 인해 그룹에서 직업 윤리 규정을 심의해야 하는 상황이 발생하였다. 팀의 보고서에는 프로젝트관리 전문직의 직업 윤리에 대해 최초로 명문화한 PMI 논의 사항이 포함되었다. 이 보고서는 1982년 8월에 PMI 이사회로 제출되었고, 1983년 8월 프로젝트관리 분기보고서(project management quarterly)의 부록으로 출간되었다.

1980년대 말, 기준이 진화되어 PMP(Project Management Professional)의 윤리 기준이 되었다. 1997년에 PMI 이사회는 회원 윤리 강령이 필요하다는 결론을 내리고, PMI 회원의 윤리 기준의 초안을 마련해 출간하기 위하여 윤리방침 명문화 위원회(EPDC, Ethics Policy Documentation Committee)를 구성하였다. 이사회는 1998년 8월에 새로운 회원 윤리 강령을 승인하였다. 이어서 1999년 1월, 윤리 불만사항 제출 절차와 위반 사항인지에 대한 결정 절차를 제시하는 회원 사례 절차(member case procedures)를 승인하였다.

1998년 강령이 채택된 이래, PMI 및 사업 환경에서 역동적 변화가 수없이 일어났다. PMI 회원이 상당히 증가하였고, 북미 밖의 지역들이 엄청난 성장을 이룩하였다. 비즈니스 세계에서 윤리 의혹 사건은 다국적 기업과 비영리 기관의 몰락을 야기하면서 대중의 분노와 정부 규제의 강화를 유발하였다. 국제화는 전세계 경제를 응집시키고 동시에 다양한 문화에서 윤리 사례가 다를 수 있다는 사실을 깨닫게 하였다. 또한 급격하고 지속적인 기술 변혁은 새로운 기회를 제공함과 동시에 새로운 윤리적 난제를 포함하여 다양한 과제를 낳았다.

이러한 이유로 2003년 PMI 이사회는 윤리 강령의 재검토를 요청하였다. 2004년 PMI 이사회는 윤리기준 검토 위원회(ESRC, Ethics Standards Review Committee)에 윤리 강령을 검토하고 강령 개정 프로세스를 개발하는 과제를 위임하였고, ESRC는 전세계 프로젝트관리 분야의 적극적 참여를 장려할 프로세스를 개발하였다. 2005년 PMI 이사회는 프로젝트관리 분야의 국제적 참여가 최선책이라는 데 동의하면 강령 개정 프로세스를 승인하였다. 2005년 PMI 이사회는 또한 윤리기준 개발 위원회(ESDC, Ethics Standards Development Committee)에 이사회 승인 프로세스를 수행하여 2006년까지 개정된 강령을 제출하는 과제를 위임하였다. 이 윤리 및 전문직 개발 강령은 2006년 10월에 PMI 이사회에서 승인되었다.

A.2. 이 기준 작성에 사용된 프로세스

강령을 개발함에 있어서 ESDC가 맨 처음 수행한 단계는 프로젝트관리 분야에서 직면하고 있는 윤리적 문제를 파악하고 전세계 모든 지역에 분포된 실무자 가치와 관점을 이해하는 것이었다.

여기에 핵심 그룹 토의와 실무자, 회원, 자원자, PMI 인증서 소지자들이 참여하는 두 가지 인터넷 조사를 포함하여 다양한 기법을 활용하였다. 또한 전세계 다양한 지역의 비영리 협회 24곳의 윤리강령을 분석하여 윤리기준 개발에 모범적인 실례 사례를 조사하고 PM의 전략적 계획의 윤리 관련 원칙을 검토하였다.

ESDC가 실시한 광범위한 연구는 PMI 윤리 및 전문직 행동 강령의 공개 초안 개발의 배경이 되었다. 의견 수렴 목적으로 전세계 프로젝트관리 분야에 공개 초안을 배부하였다. 강령 개발 과정에서 미국립표준연구소(ANSI, American National Standards Institute)가 제정한 엄격한 기준 개발 프로세스를 따랐다. 그 이유는 ANSI 기준 개발 프로세스는 PMI 기술 기준 개발 프로젝트에 사용되며 공개 초안에 대한 이해관계자 피드백을 확보하고 판정하는 데 모범적 실무 사례를 나타내는 것으로 간주되기 때문이다.

이러한 노력의 결과물이 윤리 및 전문직 행동 강령으로, 전세계 프로젝트관리 분야에서 열망하는 윤리적 가치를 설명할 뿐만 아니라 강령을 적용 받는 모든 개인에게 의무적인 특정 행동에 대해서도 설명한다. PMI 윤리 및 전문직 행동 강령의 위반은 윤리 사례 절차 아래 PMI에 의해 제재를 초래할 수 있다.

ESDC는 프로젝트관리 실무자로서 매우 진지한 태도로 윤리 준수에 힘쓰며, 본인 및 전세계 프로젝트관리 분야의 동료가 이 강령의 규정에 따라 행동할 의무를 지님을 파악하였다.

B.1. 용어 정리

- 악용하는 태도. 신체적 위험을 초래하거나 공포감, 수치심, 속임수, 다른 사람을 착취하는 기분과 같은 감정을 조성하는 행동

- 이해의 상충. 프로젝트관리의 실무자가 본인 또는 충성도 의무가 실무자에게 있는 다른 개인이나 조직에는 이익이 되면서 동시에 실무자에게 유사한 충성도 의무가 있는 다른 개인이나 조직에는 피해가 되는 의사결정을 내리거나 행동을 수행하는 상황에 직면할 때 발생하는 상황. 실무자가 의무 상충 문제를 해결할 수 있는 유일한 방법은 영향을 받는 당사자들에게 상충 내용을 공개하고 실무자가 어떻게 처리할 지에 대한 결정을 내리도록 하는 것이다.

- 충성도 의무. 조직 또는 제휴된 다른 개인에게 최상의 이익을 도모하기 위한 개인의 법적 또는 도덕적 책임.

- PMI[Project Management Institute]. 위원회와 그룹, 그리고 총회, 팀, 특정 이해그룹 등과 같이 정식 구성된 조직을 포함하여 총체적 PMI

- PMI 회원. 회원 자격으로 PMI에 가입한 개인

- PMI 후원 활동. PMI 회원 자문 그룹, PMI 표준 개발팀 또는 다른 PMI 실무 그룹 또는 위원회에 참여를 포함하여 다양한 활동. 또한 구성 조직에서 리더 역할 수행자인지 또는 구성 조직에서 리더 역할 수행자인지 또는 다른 유형의 구성 조직 교육 활동 또는 이벤트인지 관계없이 정식 구성된 PMI 구성 조직의 원조 아래 수행되는 활동도 여기에 포함된다.

- 실무자. 프로젝트관리 전문직의 일환으로 프로젝트, 포트폴리오 또는 프로그램 관리에 기여하는 활동에 종사하는 사람

- PMI 자원봉사자. PMI 회원인지 여부에 관계없이 PMI 후원 활동에 참여하는 사람

5 PMP 시험 내용 요약

PMP 시험 내용 요약

아래 표는 시험에 포함되는 각 영역의 문제 비율을 나타낸다

영역	테스트 항목의 비율
I. 사람	42%
II. 프로세스	50%
III. 비즈니스 환경	8%
총계	100%

중요한 참고 사항: JTA를 통해 실시한 연구에서는 오늘날의 프로젝트관리 실무자가 다양한 프로젝트 환경에서 일하고 다양한 프로젝트 접근방식을 활용한다는 점이 확인되었다. 그러므로 PMP 인증은 이 점을 반영할 것이며 가치 제공 스펙트럼 전체에 걸쳐 여러 접근방식을 통합할 것이다. 시험의 절반 정도는 예측 프로젝트관리 접근방식을 취할 것이고 나머지 절반은 애자일 또는 혼합형 접근방식을 취할 것이다. 예측, 애자일, 혼합형 접근방식은 위에 나열된 세 영역 전반에 걸쳐 사용될 것이며 특정 영역 또는 과제에만 적용되지는 않을 것이다. 각 질문 유형 및 접근방식에 대한 항목 수는 양식에 따라 다를 수 있다. 채점 모델은 채점 전문가가 주기적으로 검토하여 지식 및 스킬을 유효하게 평가되도록 한다.

영역, 과제 및 과제 요소

이 문서에서는 PMP 시험 내용 요약의 업데이트된 구조를 확인할 수 있다. 고객 및 이해관계자의 피드백을 바탕으로 PMI는 PMP 시험 내용 요약을 더 쉽게 이해하고 해석할 수 있도록 형식을 단순화했다.

다음 여러 페이지에서 JTA에서 정의하는 영역, 과제 및 과제 요소에 대해 알아볼 수 있다.

- 영역: 프로젝트관리 실무에 필수적인 높은 수준의 지식 영역으로 정의된다.
- 과제: 각 영역 내에서 프로젝트 관리자가 수행해야 할 기본적인 책임이다.
- 과제 요소: 과제와 관련된 작업의 예시이다. 과제 요소는 과제를 모두 나열한 목록이 아니라 과제의 범위를 보여주기 위해 사용되는 몇 가지 예시를 제공한다는 점에 유의하십시오.

각 PMP 시험에는 영역에 대한 모든 과제가 포함되며, PMI는 이전 페이지에서 설명된 대로 영역 수준의 범위 백분율을 고수한다.

새로운 과제 구조의 예는 다음과 같다.

과제 설명 ⟶ 갈등 관리

과제 요소 {
- 갈등의 원인 및 단계 해석
- 갈등의 상황 분석
- 적절한 갈등 해결책 평가/권유/조정

영역 I. 사람 42%

과제 1 갈등 관리
- 갈등의 원인 및 단계 해석
- 갈등의 상황 분석
- 적절한 갈등 해결책 평가/권유/조정

과제 2 팀 선도
- 분명한 비전과 임무 설정
- 다양성과 포용성 지원(예: 행동 유형, 사고 프로세스)
- 섬김형 리더십 존중(예: 섬김형 리더십의 원칙을 팀에게 불어넣기)
- 적절한 리더십 스타일 결정(예: 지시적, 협력적)
- 팀 구성원/이해관계자에게 영감을 주고 동기를 부여하고 영향을 끼침(예: 팀 계약, 사회적 계약, 보상 체계)
- 팀 구성원 및 이해관계자의 영향 분석
- 다양한 팀 구성원 및 이해관계자를 선도하기 위한 다양한 선택 사항 구분

과제 3 팀 성과 지원
- 핵심성과지표를 기준으로 팀 구성원의 성과 평가
- 팀 구성원의 발전과 성장을 지원하고 인정
- 적절한 피드백 방식 결정
- 성과 개선 검증

과제 4 팀 구성원 및 이해관계자의 역량 강화
- 팀의 강점을 바탕으로 조직화
- 팀의 과제 책임 지원
- 과제 책임 설명 평가
- 의사결정 권한 수준을 결정 및 부여

과제 5 팀 구성원/이해관계자에 대한 적절한 교육 제공

- 필요한 능력과 교육 요소 결정
- 교육 요구 사항에 따라 교육 옵션 결정
- 교육을 위한 자원 할당
- 교육 결과 측정

과제 6 팀 구축

- 이해관계자의 스킬 평가
- 프로젝트 자원 요구사항 추정
- 프로젝트 요구 사항을 충족하기 위해 지속적으로 팀의 스킬을 평가 및 개선
- 팀 및 지식 전달 관리

과제 7 팀에 대한 방해 요소, 장애물, 차단 요인을 해결 및 제거

- 팀에 대한 중대한 방해 요소, 장애물, 차단 요인을 파악
- 팀에 대한 중대한 방해 요소, 장애물, 차단 요인의 우선 순위 지정
- 팀에 대한 방해 요소, 장애물, 차단 요인을 네트워크를 활용하여 제거하기 위한 솔루션 실행
- 팀에 대한 방해 요소, 장애물, 차단 요인을 해결하도록 지속적으로 재평가 작업 실시

과제 8 프로젝트 협약 협상

- 협약을 위한 협상 한계 분석
- 우선 순위를 평가하고 궁극적인 목표를 결정
- 프로젝트 협약의 목표가 충족되었는지 확인
- 협약 협상에 참여
- 협상 전략 결정

과제 9 이해관계자와 협업

- 이해관계자의 참여 요구 사항 평가
- 이해관계자의 요구 사항, 기대 사항, 프로젝트 목표를 최적으로 조율
- 신뢰를 형성하고 이해관계자에게 영향을 미쳐 프로젝트 목표 달성

과제 10 공감대 형성

- 상황을 분석하여 오해의 원인 파악
- 필요한 모든 당사자의 의견을 듣고 합의에 도달
- 당사자의 동의에 대한 결과 지원
- 잠재적 오해 조사

과제 11 가상팀의 참여 및 지원

- 가상팀 구성원의 요구 사항 파악(예: 환경, 지리, 문화, 글로벌 등)
- 가상팀 구성원의 참여를 위한 대안적 방법 파악(예: 커뮤니케이션 도구, 동일장소배치)
- 가상팀 구성원의 참여를 위한 옵션 실행
- 가상팀 구성원 참여의 효율성을 지속적으로 평가

과제 12 팀의 기본규칙 정의

- 팀 및 외부 이해관계자에게 조직의 원칙 전달
- 기본규칙 준수를 장려하는 환경 조성
- 기본규칙 위반 사례를 관리 및 정정

과제 13 관련된 이해관계자 멘토링

- 멘토링을 위한 시간 할당
- 멘토링 기회를 인식하고 실천

과제 14 감성 지능을 적용하여 팀 성과 높이기

- 성격 지표를 사용하여 행동 평가
- 성격 지표 분석 및 주요 프로젝트 이해관계자의 감성적 요구 사항 조정

영역 II. 프로세스 50%

과제 1 비즈니스 가치를 실현하는 데 요구되는 절박함으로 프로젝트 실행
- 점증적으로 가치를 실현할 수 있는 기회 평가
- 프로젝트 전체에서 비즈니스 가치 알아보기
- 최소의 성공 가능한 제품을 찾기 위해 필요에 따라 프로젝트 과제를 나누도록 팀 지원

과제 2 의사소통관리
- 모든 이해관계자의 의사소통 요구 사항 분석
- 모든 이해관계자를 위한 의사소통 방법, 채널, 빈도, 세부적 수준 결정
- 프로젝트 정보와 업데이트를 효과적으로 전달
- 전달 내용을 이해하고 피드백을 받았는지 확인

과제 3 리스크 평가 및 관리
- 리스크 관리 옵션 결정
- 반복적으로 리스크를 평가하고 우선 순위 지정

과제 4 이해관계자 참여
- 이해관계자 분석(예: 권력–관심 그리드, 영향력, 영향)
- 이해관계자 범주 분류
- 범주 별로 이해관계자 참여
- 이해관계자 참여를 위한 전략을 개발, 실행, 검증

과제 5 예산과 자원 계획 및 관리
- 프로젝트 범위와 과거 프로젝트에서 얻은 교훈을 바탕으로 예산 요구사항을 추정
- 향후 예산 관련 요청 예측
- 예산 변화를 감시하고 거버넌스 프로세스를 필요에 따라 조정
- 자원 계획 및 관리

과제 6 일정 계획 및 관리

- 프로젝트 과제 추정(마일스톤, 의존관계, 스토리포인트)
- 벤치마크 및 과거 데이터 활용
- 방법론 기반으로 일정 준비
- 방법론 기반으로 진행 상황 측정
- 방법론 기반으로 필요에 맞게 일정 수정
- 다른 프로젝트 및 운영 활동과 조정

과제 7 제품/인도물의 품질 계획 및 관리

- 프로젝트 인도물에 요구되는 품질 표준 결정
- 품질 격차에 따라 개선을 위한 옵션 권유
- 프로젝트 인도물의 품질에 대해 지속적으로 조사

과제 8 범위 계획 및 관리

- 요구사항 결정 및 우선 순위 지정
- 범위 나누기(예: 작업분류체계(WBS), 백로그)
- 범위 감시 및 확인

과제 9 프로젝트 계획 활동 통합

- 프로젝트/단계 계획 통합
- 의존관계, 격차, 지속적 비즈니스 가치를 위한 통합된 프로젝트 계획 평가
- 수집된 데이터 분석
- 정보에 근거한 프로젝트 결정을 내리기 위해 데이터를 수집 및 분석
- 중대한 정보 요구사항 결정

과제 10 프로젝트 변경 사항 관리

- 변경의 필요성을 예측하고 수용(예: 변경 관리 지침 준수)
- 변경에 대처하기 위한 전략 결정
- 방법론에 따라 변경 관리 전략 실행
- 변경에 대한 대응 방법을 결정하여 프로젝트 진행

과제 11 조달 계획 및 관리

- 자원 요구사항 및 필요성 정의
- 자원 요구사항 전달
- 공급업체/계약 관리
- 조달 전략 계획 및 관리
- 제공 솔루션 개발

과제 12 프로젝트 결과물 관리

- 프로젝트 결과물 관리를 위한 요구사항(무엇을, 언제, 어디서, 누가 등) 결정
- 프로젝트 정보가 최신 상태(예: 버전 관리)이고 모든 이해관계자가 접근할 수 있는지 확인
- 프로젝트 결과물 관리의 효율성을 지속적으로 평가

과제 13 적절한 프로젝트 방법론/방법 및 실무 사례 결정

- 프로젝트 요구 사항, 복잡성, 규모 평가
- 프로젝트 실행 전략 권유(예: 계약, 자금)
- 프로젝트 방법론/접근방식 권유(예: 예측, 애자일, 혼합형)
- 프로젝트 생애주기 전반에서 반복적이고 점증적 실무 사례 활용(예: 교훈, 이해관계자 참여, 리스크)

과제 14 프로젝트 거버넌스 구조 확립

- 프로젝트를 위한 적절한 거버넌스 결정(예: 조직 거버넌스 반복)
- 에스컬레이션 경로 및 한계선 정의

과제 15 프로젝트 이슈 관리

- 리스크가 이슈로 변하는 시점 인식
- 프로젝트 성공을 달성하기 위한 최적의 조치를 취하여 이슈 공략
- 이슈를 해결하기 위한 접근방식에 관해 관련 이해관계자와 협업

과제 16 프로젝트 연속성을 위한 지식 전달 보장

- 팀 내에서 프로젝트 책임 논의
- 업무 환경에 대한 기대 사항 요약
- 지식 전달을 위한 접근방식 확인

과제 17 프로젝트/단계 종료 또는 이동 계획 및 관리

- 프로젝트 또는 단계를 성공적으로 종료하기 위한 기준 결정

- 이동할 준비가 되었는지 여부 확인(예: 운영 팀 또는 다음 단계로 이동)

- 프로젝트 또는 단계를 마무리하기 위한 활동 종결(예: 마지막으로 얻은 교훈, 회고, 조달, 자금, 자원)

영역 III. 비즈니스 환경 8%

과제 1 프로젝트 규정 준수 계획 및 관리

- 프로젝트 규정 준수 요구사항 확인(예: 보안, 건강 및 안전, 규정 준수)
- 규정 준수 범주 분류
- 규정 준수에 대한 잠재적 위협 결정
- 규정 준수 지원 방법 활용
- 규정 위반의 결과 분석
- 규정 준수 요구 사항을 충족하기 위해 필요한 접근방식 및 조치 결정(예: 리스크, 법무)
- 프로젝트가 어느 정도 규정을 준수하고 있는지 측정

과제 2 프로젝트 이점과 가치 평가 및 제공

- 이점이 파악되었는지 조사
- 지속적인 이점 실현을 위해 소유권에 대한 동의 문서화
- 이점 추적을 위해 측정 시스템이 실행 중인지 검증
- 가치 증명을 위한 제공 옵션 평가
- 가치 획득 프로세스의 이해관계자 평가

과제 3 범위에 미치는 영향에 대한 외부 비즈니스 및 환경의 변화를 평가 및 대응

- 외부 비즈니스 환경에 대한 변경 사항 조사(예: 규정, 기술, 지정학적 요인, 시장)
- 외부 비즈니스 환경의 변화를 기반으로 프로젝트 범위/백로그에 대한 영향 평가 및 우선 순위 지정
- 범위/백로그 변경 사항에 대한 옵션 권유(예: 일정, 비용 변경)
- 프로젝트 범위/백로그에 대한 영향을 주는 외부 비즈니스 환경을 지속적으로 검토

과제 4 조직의 변화 지원

- 조직의 문화 평가
- 조직의 변화가 프로젝트에 주는 영향을 평가하고 필요한 조치를 결정
- 프로젝트가 조직에 주는 영향을 평가하고 필요한 조치를 결정

성공하는 프로젝트관리자를 위한

PMP 챌린저 PMI의 PMBOK® 7판 중심

발행일 2022년 6월 20일

지은이 민택기 · 이형근 · 최용운
펴낸이 박승합
펴낸곳 노드미디어

편 집 박효서
디자인 권정숙

주 소 서울시 용산구 한강대로 341 대한빌딩 206호
전 화 02-754-1867
팩 스 02-753-1867
이메일 nodemedia@naver.com
홈페이지 www.enodemedia.co.kr

등록번호 제302-2008-000043호

ISBN 978-89-8458-349-8 13320
정 가 39,000원